스토리가 살아 있는

EXCEL 2016

박혜정 저

YoungJin.com Y.
영진닷컴

스토리가 살아있는
EXCEL
2016

ISBN : 978-89-314-5522-9

독자님의 의견을 받습니다.

이 책을 구입한 독자님은 영진닷컴의 가장 중요한 비평가이자 조언가입니다. 저희 책의 장점과 문제점이 무엇인지, 어떤 책이 출판되기를 바라는지, 책을 더욱 알차게 꾸밀 수 있는 아이디어가 있으면 팩스나 이메일, 또는 우편으로 연락주시기 바랍니다. 의견을 주실 때에는 책 제목 및 독자님의 성함과 연락처(전화번호나 이메일)를 꼭 남겨 주시기 바랍니다. 독자님의 의견에 대해 바로 답변을 드리고, 또 독자님의 의견을 다음 책에 충분히 반영하도록 늘 노력하겠습니다.

파본이나 잘못된 도서는 구입처에서 교환 및 환불해 드립니다.

이 메 일 : support@youngjin.com
주   소 : (우)08505 서울시 금천구 가산디지털2로 123 월드메르디앙벤처센터 2차 10층 1016호

STAFF

저자 박혜정 | **기획** 기획 1팀 | **책임** 김태경 | **진행** 성민
표지 · 내지 디자인 지화경 | **내지 편집** 지화경, 함세영 | **내지 편집** 예림인쇄

독자님들께 드리는 감사의 인사

엑셀을 선택한 여러분! 또 수많은 책 중에 이 책을 선택한 여러분! 고맙습니다. 이 책을 선택한 여러분께 쓸고 있는 책이 도길 간절히 바라는 마음으로 내용을 구성했습니다. 또한 독자들이 '엑셀의 본질을 저대로 이해하여 자유롭게 다룰 수 있으면 얼마나 좋을까?'하는 마음을 담아 책을 집필했습니다. 요즘 필자는 나도 모르는 사이 엑셀에 대한 기득권의 옷을 입고 있지 않은가 생각해 보았습니다. 그래서 쉽게 설명할 수 있는 내용을 전문 용어라는 허울을 씌워 더 어렵게 말하고 있지는 않은가 반성해 봅니다. 혹여 그런 부분이 있다면, 언제든 제게 메일을 보내 주시기 바랍니다. 반성하고 성심을 다해 설명해 드리겠습니다.

엑셀은 수를 다루는 프로그램입니다

하나의 셀이 수를 담고, 그 수가 어떤 의미를 지니는지를 주변 셀에 담습니다. 그렇게 관련 된 자료들이 도여 하나의 데이터 집합체가 됩니다. 그런데 엑셀의 작업은 단순히 수와 그 의미를 담는데서 자료의 서식, 편집, 관리, 요약, 분석, 시각화 등으로 분류하여 말하는 것입니다. 여러분들이 해야 하는 작업은 위와 같이 분류됩니다.

엑셀을 어렵게 느끼는 이유는 무엇일까를 고민해 보았습니다

엑셀은 수를 이용해 새로운 값을 만들어 내는 프로그램이기에 산수, 수학이 엑셀 전반에 녹아 들어 있습니다. 수학에 대한 필자의 느낌은 '어렵다', '수학은 특별한 사람들만이 이해할 수 있는 외계어다', '나랑은 안 맞다'였습니다. 그래서 포기했고, 일찌감치 잊어버린 학문이었습니다. 그런데, 수학을 다시 소환하지 않을 수 없었습니다. 연산자, 논리 값, 함수, 통계 등을 이해하기 위해 중학생용 EBS 강의를 듣기도 했습니다. 독자님들! 마음을 열어 주실쇼! 엑셀에서는 반드시 수학적 접근, 수학적 사고 과정이 필요합니다.

엑셀은 어디로 가고 있을까?

엑셀은 누구도 부인할 수 없는 스프레드시트의 대명사가 되었습니다. 아마도 스프레드시트라는 말은 몰라도 '엑셀'이란 말은 대부분 알고 있을거라 생각합니다. 위키피디아에 따르면 첫 번째 엑셀 버전은 매킨토시용으로 1985년에 출시되었고, 1987년 11월에는 최초의 윈도우용 버전이 출시되었다고 합니다. 엑셀이 만들어진지 30년이 된 것입니다. 우리에게 엑셀은 그 어떤 프로그램보다 친숙한 프로그램이 되었고, 엑셀로 하는 일은 점점 증가하고 그에 따라 프로그램의 품질도 발전에 발전을 거듭했다고 말씀 드릴 수 있겠습니다. 엑셀 2016은 감히 완결판 정도로 얘기해 볼 수 있습니다. 소량의 데이터를 취급하던 엑셀은 이제 대량의 데이터를 빠르게 편집, 관리 및 분석하여 보고할 수 있는 꽤 매력적인 프로그램이 되었습니다. 때문에 엑셀을 의사 결정을 할 수 있는 의미 있는 정보를 만들어 내는 프로그램, BI(Business Intelligence)라고 이름을 붙였습니다.

어떻게 사용하는 것이 엑셀을 잘 쓰는 것일까?

우리는 과연 엑셀을 잘 사용하고 있는 것일까? 엑셀을 강의하고 책을 쓰는 저자로서 프로그램의 최선의 사용법을 제대로 전하고 있는 것일까? 독자의 고민을 알고는 있는 것일까? 이 책은 이러한 여러 가지 고민의 결과입니다. 책을 부분적으로 보는 것이 아니라, 크게 두 가지 이야기로 봐 주길 바랍니다. 첫 번째 이야기에서 엑셀의 기본기를 충실히 다지고, 두 번째 이야기에서는 엑셀 업무의 큰 그림을 그릴 수 있도록 준비할 수 있기를 바랍니다.

저자 박혜정 드림

이 책은 엑셀 2016을 처음 사용하는 입문자들이 체계적으로 학습할 수 있도록 2개의 스토리와 11개의 Part로 구성되어 있습니다. 본격적인 학습에 앞서 이 책이 어떤 요소들로 만들어졌는지 알아보겠습니다.

Story

두 개의 Story로 내용을 구분하며, 첫 번째 Story에서는 엑셀의 기본기를 튼튼히 다지고, 두 번째 Story에서는 비즈니스 데이터 분석 및 관리, 모델링과 같은 수준 높은 내용을 학습합니다.

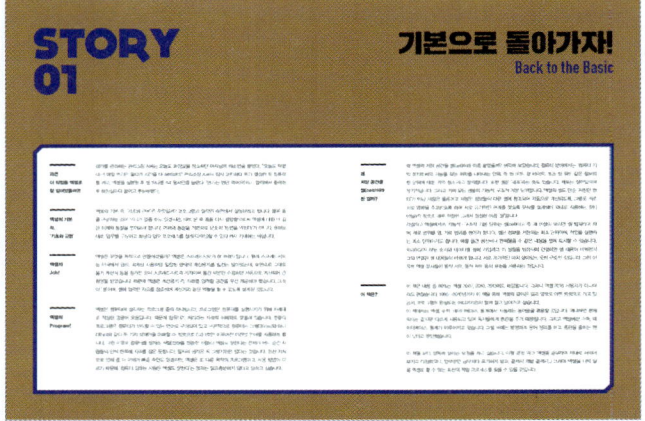

Part

총 11개의 Part로 구성되어 있으며, 각각의 Part는 엑셀의 작업 환경 구성과 핵심 기본 기능, 엑셀의 필수 함수, 데이터 추출과 모델링, 분석 및 관리 방법 등을 제대로 써먹을 수 있도록 체계적으로 소개합니다.

Special Page

본문의 학습 내용과 연계하여 학습할 수 있는 내용들을 별도의 페이지로 구성하여 소개합니다.

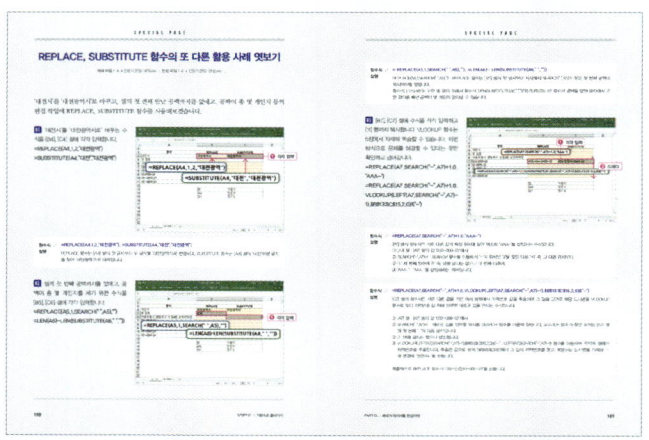

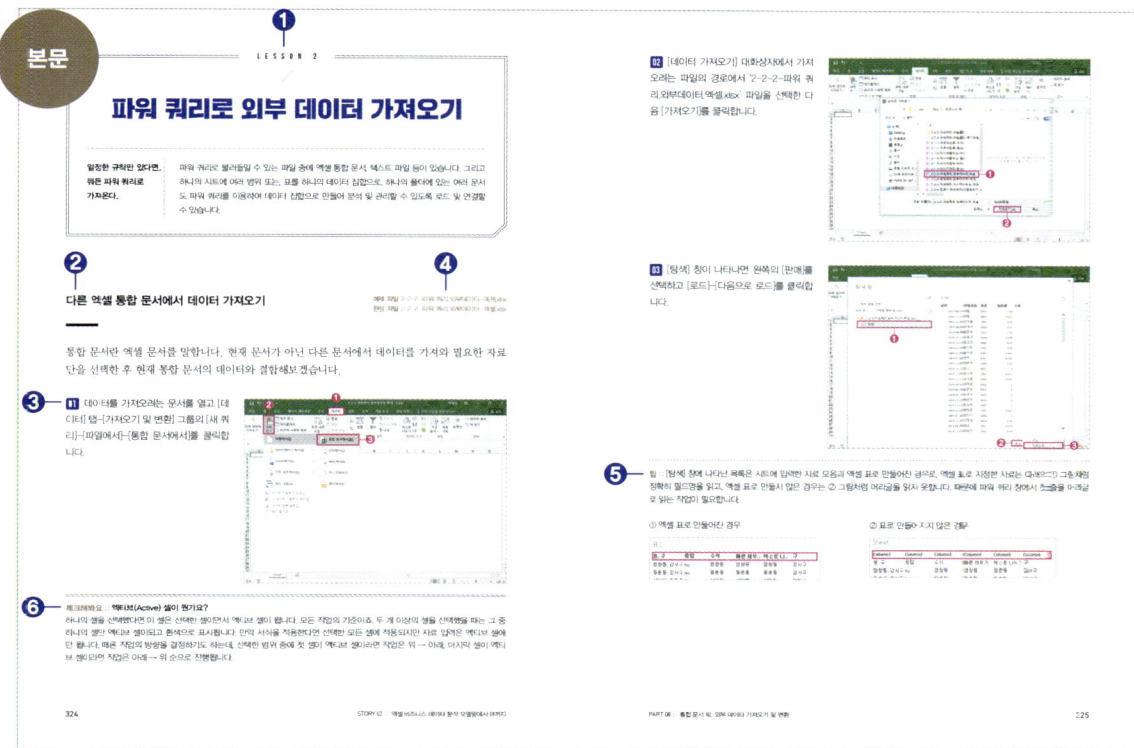

❶ Lesson

엑셀 2016의 다양한 기능을 Lesson으로 구성합니다.

❷ 소제목

본격적인 학습 코너로써, 이론적인 내용을 소개하기도 하며, 따라하기 형식으로 엑셀 본연의 기능을 익힐 수 있도록 유도합니다.

❸ 따라하기

마우스 클릭 표시로 따라하기 내용을 하나하나 순서대로 쉽게 학습할 수 있도록 구성했습니다.

❹ 예제/완성 파일

본문의 학습에 필요한 예제/완성 파일 경로를 알려 줍니다. 예제/완성 파일을 영진닷컴 홈페이지에서 다운로드할 수 있습니다.

❺ 팁

본문의 따라하기 과정에서 참고해야 할 사항을 알려 줍니다.

❻ 체크해봐요

본문의 따라하기 과정에서 발생하는 문제들이나, 주의해야 하는 내용들을 소개합니다.

이 책의 구성

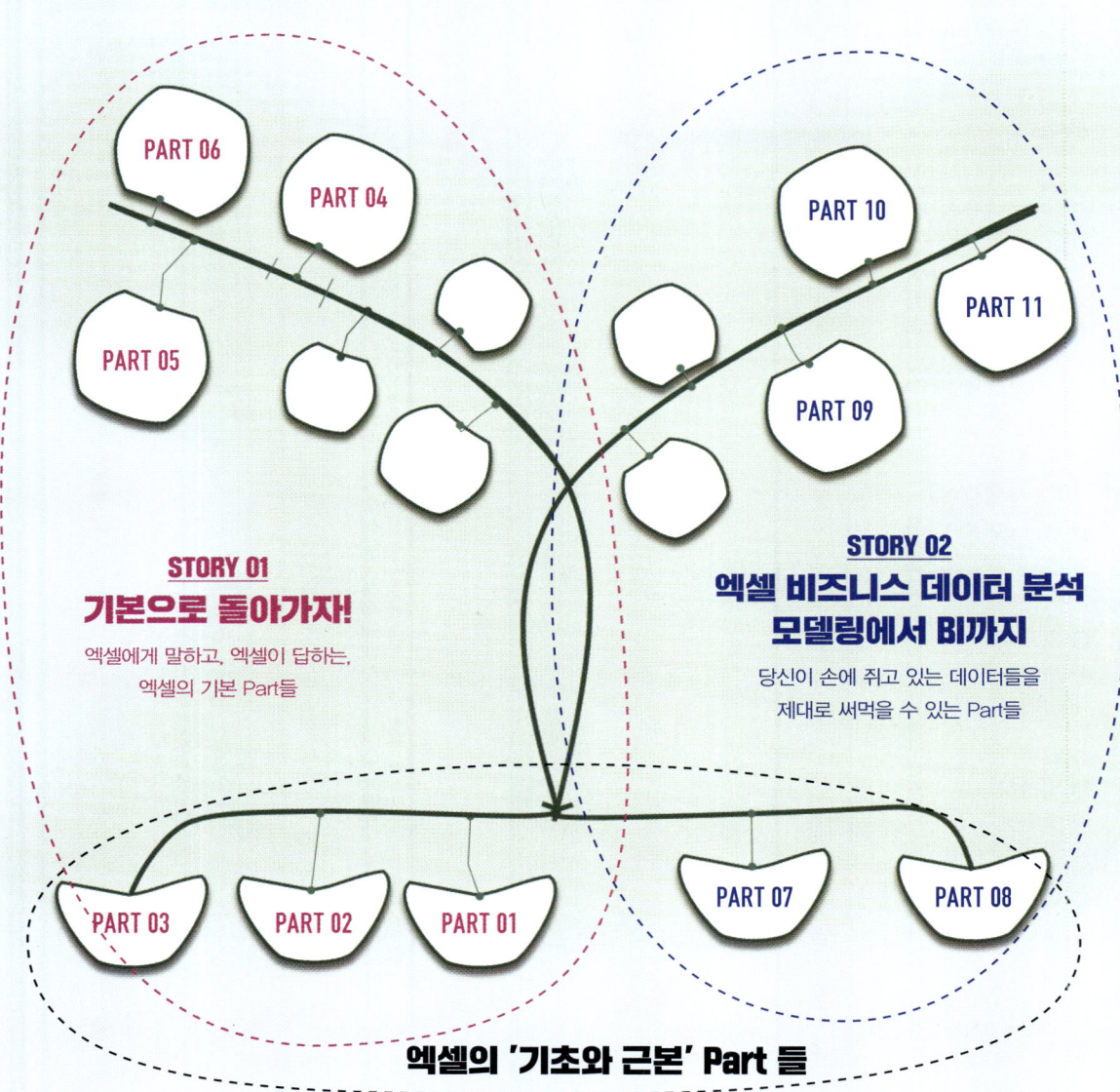

STORY 01
기본으로 돌아가자!
엑셀에게 말하고, 엑셀이 답하는,
엑셀의 기본 Part들

PART 06

PART 04

PART 05

STORY 02
엑셀 비즈니스 데이터 분석
모델링에서 BI까지
당신이 손에 쥐고 있는 데이터들을
제대로 써먹을 수 있는 Part들

PART 10

PART 11

PART 09

PART 03 PART 02 PART 01   PART 07 PART 08

엑셀의 '기초와 근본' Part 들

STORY 01

기본으로 돌아가자!
(Back to the Basic)

PART 01 | 엑셀 속, 나만의 공간을 연출하다!

Part 01에서는 엑셀의 구성과 새롭게 바뀐 엑셀 2016을 살펴보고 편리하게 사용할 수 있는 사용자 환경을 만드는 작업을 알아봅니다. 또한 엑셀의 약점인 인쇄 관련 기능도 알아보고, 기본 구성 요소를 편집하는 방법을 익혀 앞으로의 작업을 위한 기초 다지기를 할 예정입니다.

PART 02 | 엑셀 2016 자기 소개서

엑셀을 처음 사용하거나, 익숙하지 않은 독자들의 답답한 마음을 풀어주기 위해 Part 02에서는 엑셀의 본질적인 목적을 파악하고 그에 따른 구성과 특징을 살펴보는 진정한 엑셀 2016 자기 소개서가 될 것입니다.

PART 03 | 논리값이 뭐야? 어떻게 만들고, 어디에 써먹어?!

Part 03에서는 엑셀을 완벽한 내편으로 만들기 위해, 논리 데이터 형에 대한 개념을 정리하고, 만드는 방법을 익혀 다양한 함수와 기능에 활용해 봅니다.

PART 04 | 빠르게 데이터를 편집하라!

작업하려는 목적에 알맞은 데이터를 구성하기 위해 반드시 필요한, 데이터 형의 이해와 각종 함수의 적절한 활용으로 데이터를 빠르게 편집하는 방법을 알려줍니다.

PART 05 | 데이터의 병합, 비교, 조회

Part 05에서는 기존에 엑셀 문서에서 특정 인수만 살짝 바꿔서 필요한 데이터를 뽑아내는 편법(?)을 벗어나, 내가 진짜 원하는 데이터를 뽑아낼 수 있는 진정한 함수의 이해 및 활용법을 소개합니다.

PART 06 | 데이터 숨은 그림 찾기, 분석을 위한 함수 & 기능 활용

앞선 Part에서 왜?! 이런 상황에서 이런 함수를 사용하는지 알아봤다면, Part 06에서는 이렇게 정리된 데이터들을 보다 큰 덩어리로 만들 수 있는 핵심 함수들의 활용법을 소개합니다.

STORY 02

엑셀 비즈니스 데이터 분석 모델링에서 BI까지

PART 07 I 통합 문서의 내부 데이터 관리
Part 07에서는 데이터를 체계적으로 관리하고, 필요할 때 바로 써먹을 수 있도록 구조적인 표를 만드는 방법은 물론, 불필요한 데이터를 정리하는 다양한 방법을 소개합니다.

PART 08 I 통합 문서 밖, 외부 데이터 가져오기 및 변환
엑셀의 강력한 분석 도구들을 활용할 수 있도록 주먹구구식으로 작성했던 문서들을 정리하고, 외부 데이터들을 엑셀로 불러와 써먹을 수 있는 파워 쿼리에 대해 알아봅니다.

PART 09 I 비즈니스 데이터 모델링
Part 09에서는 앞선 Part에서 관리한 엑셀 자료들이 의미 있는 정보가 될 수 있도록 하나의 테이블 안에서, 또 서로 다른 테이블 간에 개연성 즉, 연결고리를 만들어 봅니다.

PART 10 I 비즈니스 데이터 분석
엑셀 2016은 비즈니스 데이터를 분석하여 의사 결정에 도움이 될 정보를 만들어 내는 유용한 도구가 되었습니다. Part 10에서는 성공적인 비즈니스를 위한 데이터 분석의 모든 것을 소개합니다.

PART 11 I 분석한 데이터를 한 눈에 볼 수 있게 해석하자!
데이터 분석이 확실히 되었더라도 보고의 과정에서 잘못 선택한 그래프의 종류와 바르게 표현하지 못한 축 값 그리고, 서식으로 인해 사실과는 다르게 정보가 전달되는 경우가 많습니다. Part 11에서는 내가 전달하려는 내용을 제대로 표현하는 차트 활용법을 알아봅니다.

예제/완성 파일 다운로드

이 책의 학습에 필요한 예제/완성 파일은 영진닷컴 홈페이지(www.youngjin.com)의 [고객센터]-[도서자료실/CD 다운로드] 게시판에서 검색 창에 도서명(스토리가 살아있는 엑셀 2016)이나 키워드(엑셀 2016)를 입력한 후 다운로드해 사용할 수 있습니다.

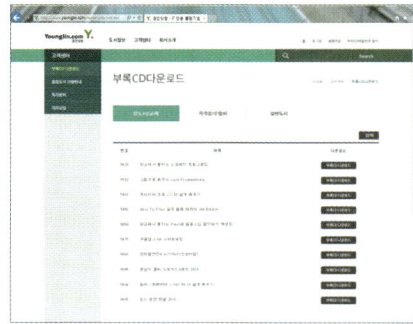

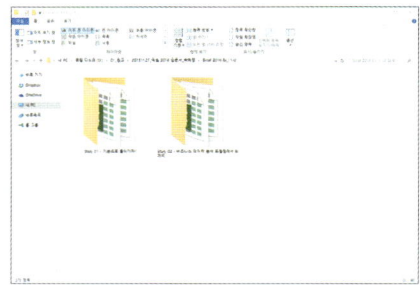

▲ 다운로드한 압축 파일을 해제한 Story별 예제/완성 파일 폴더

CONTENTS

엑셀 비즈니스 데이터 분석 모델링에서 BI까지

STORY 01

**과연
이 작업을 엑셀로
할 일이었을까?!**

상가를 관리하는 관리소장 A씨는 오늘도 화장실을 청소하던 여사님의 하소연을 들었다. "오늘도 막혔네…! 매일 변기만 뚫다가 시간을 다 허비하네" 관리소장 A씨는 잠시 고민하다 뭔가 결심한 듯 컴퓨터를 켜고, 엑셀을 실행한 후 셀 하나를 A4 용지만큼 늘렸다. '변기는 변만 먹어요!'라고 입력해서 출력한 후 화장실마다 붙이고 뿌듯해했다.

**엑셀의 기본
즉,
'기초와 근본'**

엑셀의 기본 즉, '기초와 근본'은 무엇일까? 프로그램과 일적인 측면에서 설명하려고 합니다. 물론 둘을 구분하는 것이 의미가 없을 수도 있겠지만, 따로 본 후 둘을 다시 결합함으로써 엑셀에 대한 더 깊은 이해와 통찰을 얻어보려 합니다. 이해와 통찰을 기반으로 단순히 '방법을 익힌다'가 아니라, 원하는 대로 '업무를 구상하고 최상의 업무 프로세스를 설계(디자인)할 수 있다'까지 기대하는 바입니다.

**엑셀의
Job!**

엑셀은 무엇을 목적으로 만들어졌을까? 엑셀은 스프레드시트의 한 브랜드입니다. 원래 스프레드시트는 미국에서 경리, 회계상 사용하던 일정한 형태의 계산용지를 일컫는 말이었는데, 화면으로 그대로 옮겨 계산식 등을 첨가한 것이 스프레드시트의 시작이며 틀린 부분만 수정하면 자동으로 계산되어 큰 환영을 받았습니다. 때문에 엑셀은 계산용지 즉, 자료를 입력할 공간을 우선 제공해야 했습니다. 그것이 '셀'이며, 셀에 입력한 자료를 참조하여 계산기와 같은 역할을 할 수 있도록 설계된 것입니다.

**엑셀의
Program!**

엑셀은 컴퓨터에 설치하는 프로그램 중의 하나입니다. 프로그램은 컴퓨터를 실행시키기 위해 차례대로 작성된 명령어 모음입니다. 때문에 컴퓨터가 처리하는 자료의 이해와도 맞물려 있습니다. 컴퓨터 프로그램은 컴퓨터가 인식할 수 있는 언어로 구성되어 있고 근본적으로 컴퓨터는 그렇다(Yes)와 아니다(No)와 같이 두 가지 상태만을 이해할 수 있으므로 0과 1로만 이루어진 이진법 언어를 사용하게 됩니다. 그런 이유로 컴퓨터를 잘하는 사람(전산을 전공한 사람)이 엑셀도 잘한다는 전제가 어느 순간 사람들의 인식 한쪽에 자리를 잡은 듯합니다. 필자의 생각은 꼭 그렇지만은 않다는 것입니다. 전산 지식으로 인해 좀 더 이해가 빠른 측면도 있겠지만, 엑셀은 또 다른 목적의 프로그램이고, 사용 방법이 다르기 때문에 '컴퓨터 잘하는 사람은 엑셀도 잘한다'는 명제는 필요충분하지 않다고 말하고 싶습니다.

기본으로 돌아가자!
Back to the Basic

**왜
저장 공간을
셀(cell)이라
한 걸까?**

왜 엑셀의 저장 공간을 셀(cell)이라 이름 붙였을까? 생각해 보았습니다. 컴퓨터 분야에서는 '컴퓨터 기억 장치로써의 기능을 갖는 위치를 나타내는 단위. 즉 한 비트, 한 바이트, 또는 한 워드 같은 정보의 한 단위에 대한 기억 장소'라고 정의합니다. 또한 셀은 '세포'라는 뜻도 있습니다. 세포는 살아있으며 유기적입니다. 그리고 거의 모든 생물의 기능적, 구조적 기본 단위입니다. 엑셀의 셀도 단순 '저장만 한다'가 아닌 저장은 물론이고 저장된 정보들이 다른 셀에 참조되어 자동으로 계산되도록, 그렇듯 서로서로 영향을 주고받도록 하여 서로 유기적인 관계를 맺도록 문서를 설계해야 제대로 사용하는 것이 아닐까? 참으로 매우 적절한 그래서 절절한 이름 '셀'입니다.

각설하고 엑셀에서의 기능적·구조적 기본 단위는 셀(cell)이고 두 개 이상이 모이면 셀 범위라고 하며, 세로 범위를 열, 가로 범위를 행이라 합니다. 셀은 정보를 저장하는 최소 단위이며, 작업을 실행하는 최소 단위이기도 합니다. 예를 들면 생산비나 판매물품 수 같은 내용을 셀에 표시할 수 있습니다. 처리하고자 하는 숫자와 데이터를 셀에 기입하고 이 셀들을 방정식에 연결하면 셀 내용이 바뀌면서 그와 연결된 셀 내용들이 바뀌게 됩니다. 서로 유기적인 마치 살아있는 듯한 구조인 것입니다. 그런 이유로 엑셀 강사들이 동적 시트, 동적 차트 등의 표현을 사용하는 것입니다.

이 책은?

이 책은 내용 중 80%는 엑셀 2007, 2010, 2013에도 해당됩니다. 그러니 엑셀 2016 사용자가 아니더라도 괜찮습니다. 1995~2016년까지 이 책을 통해 엑셀의 걸어온 길과 앞으로 어떤 방향으로 가고 있는지, 프로그램의 완성도는 어디까지인지 함께 짚고 넘어가고 싶습니다.

이 책에서는 엑셀, 수학, 데이터베이스, 통계에서 사용하는 용어들을 혼용할 것입니다. 왜냐하면 현재 의미는 같지만 다르게 사용되고 있어 독자들에게 혼란을 주기 때문입니다. 그리고 엑셀에선 수학, 데이터베이스, 통계가 이루어지고 있습니다. 그럴 바에는 분명하게 용어 정리를 하고, 혼란을 줄이는 편이 낫다고 판단했습니다.

이 책을 부디 정독해 달라는 요청을 하고 싶습니다. 이왕 큰맘 먹고 엑셀을 공부하여 제대로 써먹어 보자고 다짐했으니, 앞부분만 공부하다 포기하지 말고, 끝까지 제발 끝까지...! 그래야 엑셀을 나의 일을 엑셀로 할 수 있는 최선의 작업 프로세스를 찾을 수 있을 것입니다.

PART
01

엑셀 속,
나만의 공간을
연출하다!

마이크로소프트 오피스 2016 버전이 2015년 9월 23일 전 세계 동시 출시되었습니다. 눈에 띄게 사용자 환경과 사용 방법이 바뀌진 않았고, 엑셀 2007 이후부터 시작된 리본 탭이 그대로 유지되고 있습니다. 주목할만한 것은 [데이터] 탭에 추가된 [가져오기 및 변환] 그룹인데, 엑셀이란 프로그램이 어떤 부분을 강화하고 있는지 알 수 있습니다. 이번 장에서 우리는 엑셀의 전체적인 구성과 새롭게 바뀐 엑셀 2016을 살펴보고 편리하게 사용할 수 있는 사용자 환경을 만드는 작업을 진행함과 동시에 엑셀의 약점인 인쇄 관련 기능도 알아보려고 합니다. 그리고 기본 구성 요소를 편집하는 방법을 익혀 앞으로의 작업을 위한 기초 다지기를 할 예정입니다.

LESSON 1

엑셀 2016의 새로운 얼굴

우리의 엑셀 2016이 이렇게 달라졌어요.

엑셀 2016에는 이전 엑셀 2013에 없던 [데이터] 탭-[가져오기 및 변환] 그룹이 추가되었으며, 이 그룹을 통해 정돈되지 않은 데이터를 빠르고 쉽게 편집하여 사용할 수 있게 되었습니다. 또한 기존에 없던 몇몇 유용한 함수가 추가되었고, 강력한 시각화를 위한 차트도 추가되었습니다. 여기서는 한 페이지로 보는 엑셀 2016 인터페이스, 추가된 함수, 시각화 기술, 데이터 처리 기능에 대해 간략히 살펴보겠습니다.

엑셀 2016 인터페이스

마이크로소프트(Microsoft)사가 제공하는 빠른 시작 가이드를 통해 엑셀 2016의 얼굴, 변화, 주목할 만한 기능을 전체적으로 살펴봅니다. 이 파일은 예제 파일과 함께 PDF로 제공됩니다.

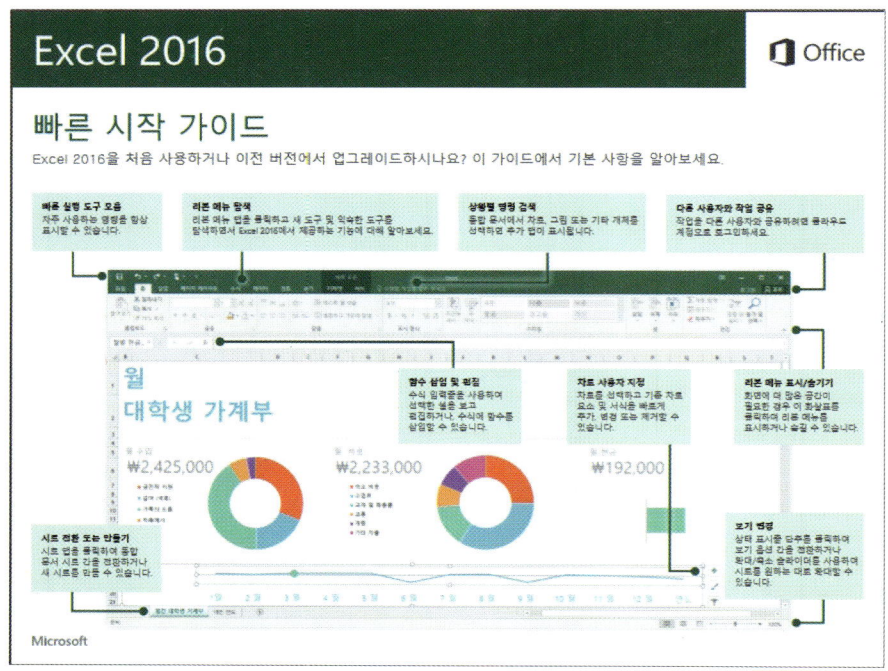

▲ Excel 2016 빠른 시작 가이드.pdf

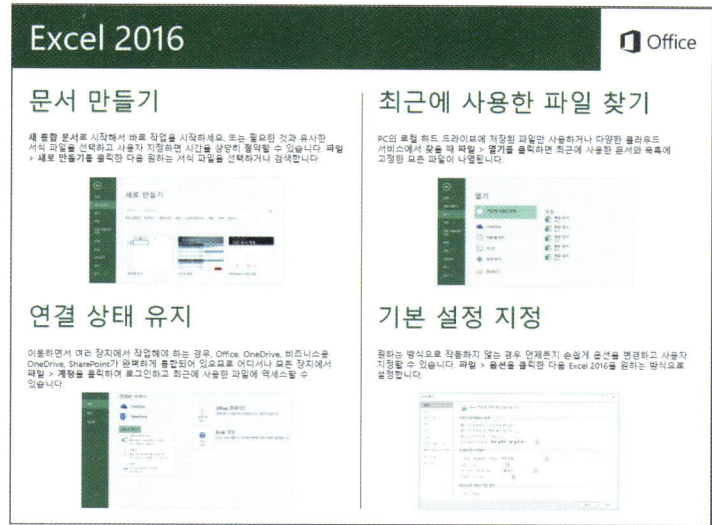

◀ 문서 만들기, 최근에 사용한 파일 찾기, 연결 상태 유지, 기본 설정 지정

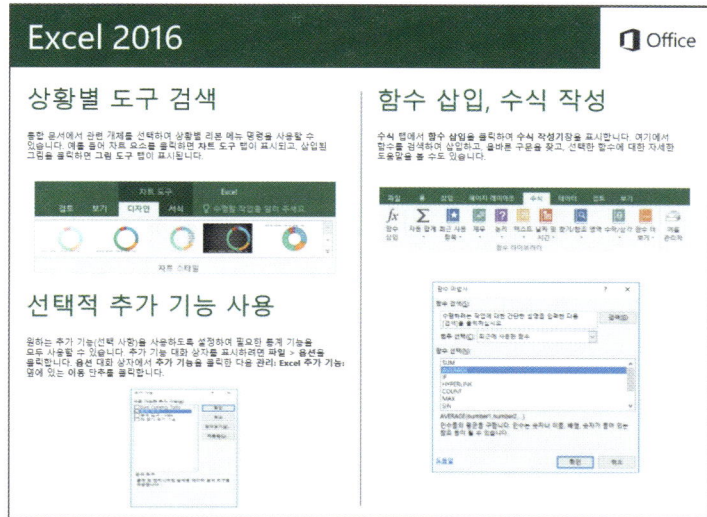

◀ 상황별 도구 검색, 함수 삽입, 수식 작성, 선택적 추가 기능 사용

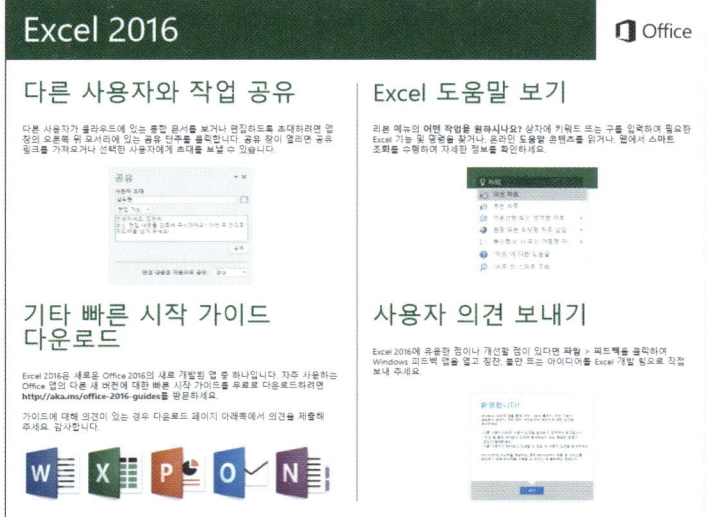

◀ 다른 사용자와 작업 공유, Excel 도움말 보기, 기타 빠른 시작 가이드 다운로드, 사용자 의견 보내기

새롭게 추가된 함수 _ CONCAT, TEXTJOIN, IFS, SWITCH, MAXIFS, MINIFS

엑셀 2016에서 새롭게 추가된 TEXTJOIN, CONCAT, IFS, SWITCH, MAXIFS, MINIFS 함수들의 사용법과 기존 함수와의 차이점을 알아보겠습니다.

새 함수	내용	학습 페이지
CONCAT	CONCATENATE 함수가 지정한 값 하나하나를 연결한다면 CONCAT 함수는 두 개 이상 범위를 지정하면 지정 범위의 값을 연결해줍니다.	2부
TEXTJOIN	TEXTJOIN 함수는 CONCAT 함수처럼 단순 연결에 그치지 않고, 연결 항목 사이에 구분 기호를 지정할 수 있습니다. 또한 텍스트 문자열 목록은 물론이고 범위도 연결합니다.	2부
IFS	IFS 함수는 중첩 IF 함수를 좀 더 효율적으로 사용하기 위한 함수라고 볼 수 있습니다.	1부 3
SWITCH	값의 독록에 대해 식을 평가하고 첫 번째로 일치하는 값에 알맞은 결과를 나타냅니다. 일치하는 항목이 없는 경우 선택적인 기본값이 나타납니다. SWITCH 함수는 기존에 CHOOSE 함수와 비교할 수 있습니다.	1부 3
MAXIFS	MAX 함수는 지정 범위에서 최대값을 구하는 함수이고, MAXIFS 함수는 한 개 이상의 조건을 만족하는 자료 중에서 최대값을 구하는 함수입니다.	SUMIFS 함수와 사용 방법 동일
MINIFS	MIN 함수는 지정 범위에서 최소값을 구하는 함수이고, MINIFS 함수는 한 개 이상의 조건을 만족하는 자료 중에서 최소값을 구하는 함수입니다.	

팁 :: 오피스 365와 오피스 2016의 차이점

오피스 365는 최신 버전의 오피스(현재 오피스 2016)를 포함하는 구독 서비스입니다. 워드, 파워포인트, 엑셀, 온라인 저장소 등의 익숙한 응용 프로그램과 지속적인 기술 지원을 추가비용 없이 제공합니다. 오피스 365 구독 요금은 월 또는, 연 단위로 지불할 수 있으며 오피스 365 홈 요금제를 선택하여 최대 4명의 가족 구성원과 구독을 공유할 수 있습니다. 다른 오피스 365 요금제로는 홈 및 개인용, 중소기업, 대기업, 학교 및 비영리 목적으로 사용할 수 있습니다. 반면에 오피스 2016은 일회성 구입으로도 판매됩니다. 즉, 비용을 선불로 한 번 지불하면 컴퓨터 1대용 오피스 응용 프로그램을 구입하는 것입니다. 일회성 구입은 PC(예: Office Home & Student 2016) 및 Mac(예: Mac용 Office Home & Student 2016) 모두에 사용할 수 있습니다.
〈출처 https://support.office.com/ko-kr/article/〉

탭으로 보는 새롭게 추가된 시각화 기술

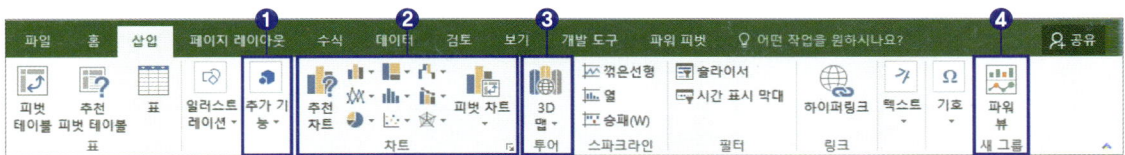

❶ **추가 기능** : 스토어를 클릭하면 오피스 스토어와 연결되어 마켓에서 무료로 엑셀에 유용한 앱을 다운받아 사용할 수 있습니다. 아직 한글로 만들어진 앱은 제공하지 않지만, 언어와 상관없이 다른 나라에서 제공되는 앱을 사용할 수 있습니다. 사용 방법은 [삽입] 탭-[추가 기능] 그룹의 [추가 기능]-[스토어]를 클릭하면, [Office 추가 기능] 창이 나타납니다. 원하는 범주에서 앱을 선택하고 [추가]를 클릭하면, [내 추가 기능] 목록에 나타나 쉽게 재사용할 수 있습니다.

❷ 차트 : 엑셀 2016에 트리맵, 선버스트, 상자수염, 폭포, 깔때기, 히스토그램 그래프가 추가되었으며 2부에서 자세히 학습할 수 있습니다.

❸ 3D 맵 : 엑셀 2013에 추가된 Microsoft Excel용 3D 맵은 새로운 방법으로 정보를 확인할 수 있는 3D(3차원) 데이터 시각화 도구입니다. 3D 맵에서는 기존의 2D(2차원) 표 및 차트에서 나타나지 않을 수 있는 정보를 발견할 수 있습니다.

❹ 파워 뷰 : 파워 뷰는 직관적인 임시 보고를 촉진하는 대화형 데이터 탐색, 시각화, 프레젠테이션을 진행할 수 있습니다. 파워 뷰는 엑셀 2013부터 추가된 기능입니다.

새롭게 추가된 [데이터] 탭 _ [가져오기 및 변환], [예측], [분석] 그룹 및 [파워 피벗] 탭

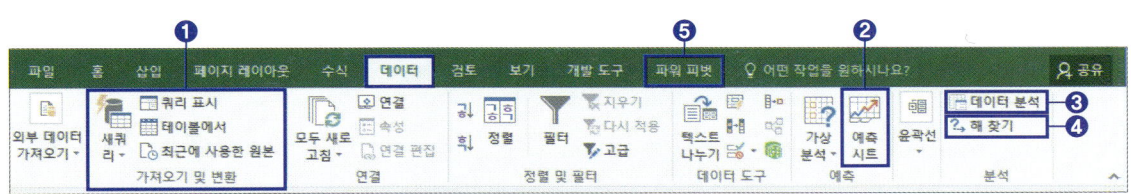

❶ **가져오기 및 변환** : 2부에서 자세히 설명하겠지만, 엑셀 2016에는 2010, 2013 버전에서 별도 설치 후 사용하던 쿼리가 [가져오기 및 변환] 그룹으로 기본 제공됩니다. 또 [데이터 도구] 그룹에 [관계], [데이터 모델 관리] 메뉴가 추가되어 분석 데이터베이스의 자료 편집 및 모델링 기능이 한층 강화되었습니다.

❷ **예측 시트** : 시간을 기록한 데이터가 있는 경우에 사용할 수 있는 기능으로 시간에 따른 매출금액이 있어야 하며, 두 열의 값으로 차트를 지정한 예측 종료일까지 예측된 값 열(FORECAST.ETS를 사용하여 계산)을 만들고 원본을 포함한 새로운 워크시트를 만듭니다. 판매금액, 재고 요구사항 또는, 소비자 추세를 예측하는 데 도움이 됩니다.

❸ **데이터 분석** : [파일] 탭-[옵션]을 클릭하여 나타나는 [Excel 옵션]-[추가 기능]-[Excel 추가 기능]에서 [분석 도구]를 추가하면 나타납니다. 상관 분석, 공분산 분석, 기술 통계법, 지수 평활법, 히스토그램 등의 다양한 통계 분석을 실행할 수 있습니다.

❹ **해 찾기** : [파일] 탭-[옵션], [Excel 옵션] 대화상자의 [추가 기능], [이동]을 클릭하고 [해 찾기 추가 기능]을 체크한 후 [확인]을 클릭합니다. 공학용 계산기의 방정식 해법기(Equation Solver)라는 기능과 데이터 최적화 기능을 합쳐놓은 고급 기능입니다. 기존 목표값 찾기가 하나의 수식을 바탕으로 하나의 셀을 변경하여 원하는 값을 얻었다면 해 찾기는 여러 개의 수식으로 얽혀있는 데이터에서 원하는 다수의 셀을 변경해 목표값을 찾을 수 있습니다.

❺ **[파워 피벗] 탭**

파워 피벗 기능은 엑셀 2010, 2013 버전과 같이 [COM 추가 기능]으로 추가해서 사용해야 합니다. 파워 피벗은 피벗 테이블 기능에 데이터베이스 기능을 합친 것으로 표들의 관계를 지정하여 하나의 데이터베이스로 관리합니다. 파워 피벗을 이용하여 저장한 데이터들은 관계를 기반으로 하나의 피벗 테이블 보고서로 요약할 수 있습니다.

Excel 옵션으로 작업 환경 재구성

**불편하면
바꿔야지!**

프로그램 사용이 어렵고 불편하다고 느끼지만 어디서 변경해야 하는지 몰라서 그냥 사용하는 경우가 종종 있을 것으로 생각됩니다. 필자가 구미에 있는 한 회사로 강의를 갔을 때 이야기입니다. 수업을 듣는 직원 중 한 명이 쉬는 시간에 다급하게 질문을 했습니다. '`Enter`를 누를 때마다 마우스 포인터가 오른쪽으로 갑니다. 해결하는 방법이 있을까요?', 난 되물었다. '언제부터요?', '입사할 때부터요.', 난 다시 물었다. '입사한지 얼마나 되셨는데요?', '7개월 됐습니다.' 필자는 너무 안타까웠습니다. 이렇게 별것 아닌데 사용자를 힘들게 하는 몇몇 상황에 대한 사례를 들고 해결책을 제시해보려 합니다.

새 통합 문서 만들 때, 사용자의 기본 환경을 변경하는 방법 _ [일반]

[파일] 탭-[옵션]을 클릭하고 [Excel 옵션] 대화상자에서 [일반] 범주를 선택하면 [새 통합 문서 만들기]에 대한 기본값을 변경할 수 있습니다. 필자의 취향은 '맑은 고딕'에 '9포인트', '기본 보기' 상태로 하나의 시트로 구성된 통합 문서로 사용합니다. 그리고 [이 응용 프로그램을 시작할 때 시작 화면 표시]의 체크를 해제함으로써 엑셀을 실행했을 때 시트가 바로 보이도록 설정했습니다.

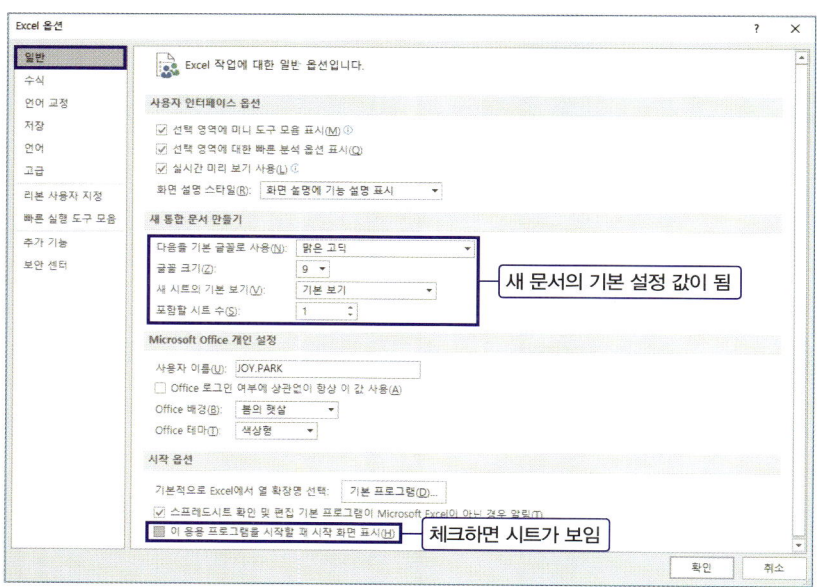

팁 :: 변경한 후 엑셀 2016을 재실행하면 설정한 내용이 반영됩니다.

수식의 계산 및 오류 발생 시점 변경 방법 _ [수식]

[Excel 옵션] 대화상자에서 [수식] 범주를 선택하면 수식의 계산 시점을 자동 또는 수동으로 선택할 수 있고, 오류 관련 옵션을 변경할 수도 있습니다. 심지어는 엑셀이 어떤 상황을 오류로 판단해 표시하는지에 대한 정보도 얻을 수 있습니다. 필자의 경우 오류는 '더 오류스럽게' 표시되길 바라는 마음으로 색상을 ❶ '빨간색'으로 변경했고, 간혹 의도적으로 숫자가 입력된 SUM 인수로 지정하지 않았는데, 그걸 또 오류가 아니냐고 표시하는 게 싫어서 ❷ [수식에 사용된 영역에 누락된 셀 있음 표시]의 체크를 해제했습니다.

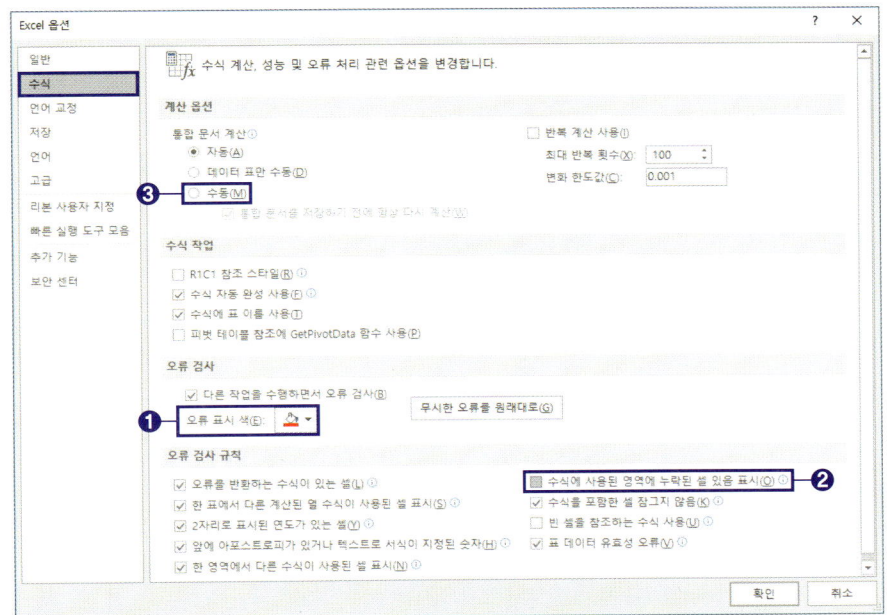

체크해봐요 :: ❸ [계산 옵션]을 [수동]으로 선택하면 수식이 참조한 셀이 변경되어도 바로 적용되지 않습니다.

팁 :: [Excel 옵션] 대화상자의 [수식] 범주-[오류 검사 규칙]에서 [수식을 포함한 셀 잠그지 않음]이란?

기본적으로 모든 셀은 [셀 서식] 대화상자-[보호] 탭의 [잠금]이 체크되어 있습니다. 만약 [수식을 포함한 셀 잠그지 않음]의 체크를 해제하면 [오류 검사 규칙]에 의해 해당 셀이 오류로 표시되는 것입니다.

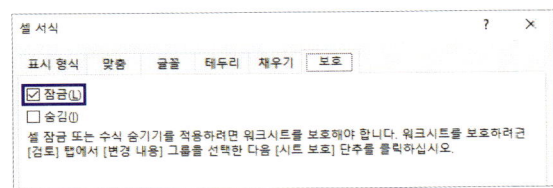

입력한 값이 자동으로 바뀌는 상황에 대한 대처 방법 _ [언어 교정]

[Excel 옵션] 대화상자에서 [언어 교정] 범주를 선택한 후 [자동 고침 옵션]을 클릭하면 어떤 기준으로 입력한 자료를 자동으로 변경하는지 확인이 가능합니다. 필자는 ❶ [한/영이 자동 고침]의 체크를 해제하여 자동으로 바뀌지 않도록 하였고, ❷ 'ㅇ ㅇ'을 입력하면 '영진출판사여 영원하라~~!!'로 바뀌도록 줄임말을 등록했습니다.

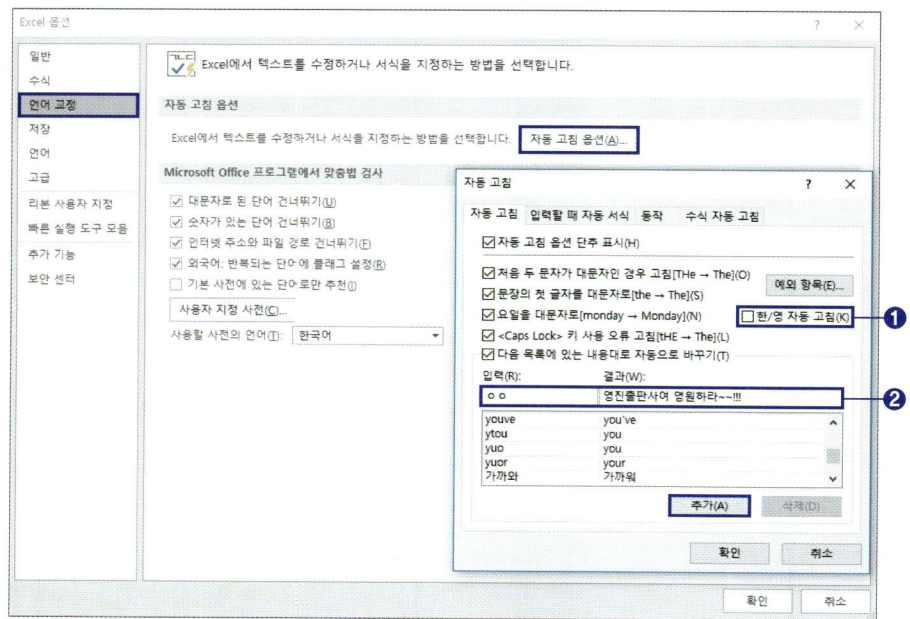

....

팁 :: 만약 자동으로 변경되는 것이 싫다면, 설정 후 바로(Enter 로 작업을 완료하기 전에) Ctrl + Z 를 누릅니다.

....

팁 :: 사용 빈도수가 높은 등록된 몇 가지 약어 정리 표

입력	—x—	(tel)	...	(r)	:-)
변환	※	☎	…	®	☺

....

팁 :: 등록한 자동 고침 목록 삭제 요령
사용자가 입력한 목록은 물론이고 기존 목록도 삭제할 수 있습니다. 해당 항목을 선택하고 [추가] 옆의 [삭제]를 클릭합니다.

저장 기본값 지정 방법 _ [저장]

[파일] 탭을 클릭하면 저장 관련 옵션을 설정할 수 있는데, 파일을 열거나 저장할 때 나타나는 Backstage 화면을 원하지 않는다면 [옵션]–[저장] 범주의 [파일을 열거나 저장할 때 Backstage 표시 안 함] 체크를 해제하면 됩니다. 또 중요한 옵션이 [다른 형식으로 파일 저장]인데, 그림과 같이 'Excel 97–2003 통합 문서'로 설정하면 기능 일부가 저장되지 않는 문제가 발생할 수 있음에 주의해야 합니다. 특별한 경우가 아니라면 'Excel 통합 문서'로 설정합니다.

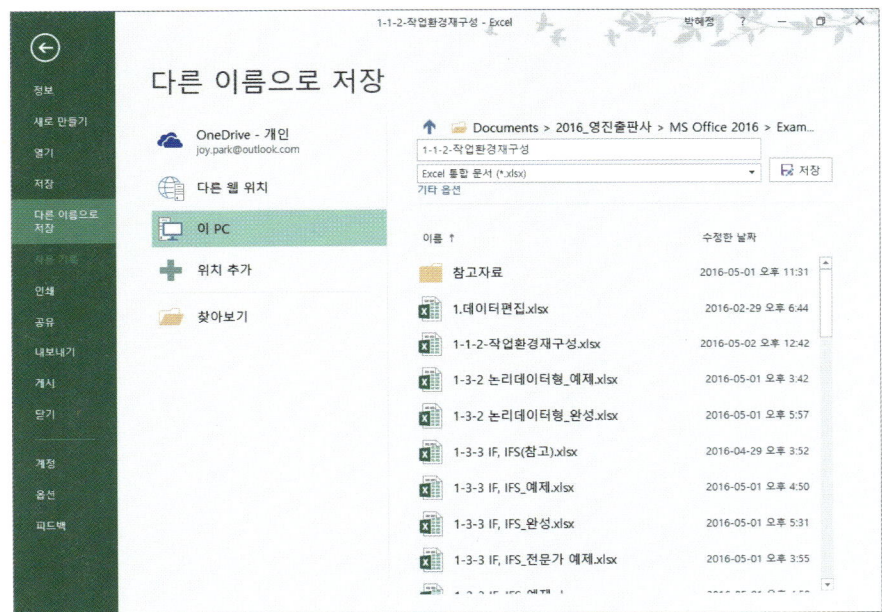

◀ Backstage 화면

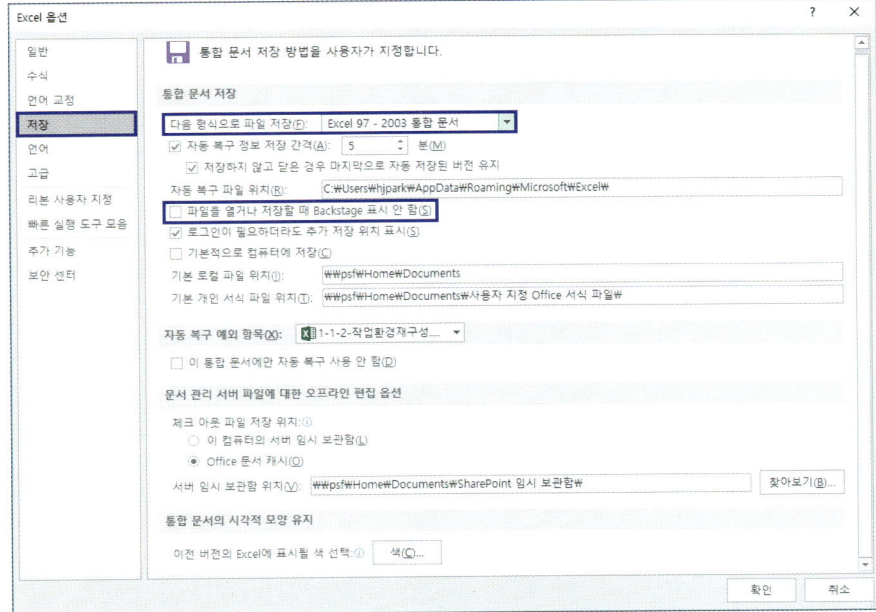

◀ 저장 옵션 설정 모습

[Enter]의 방향 바꾸기 _ [고급]

앞에서 언급했던 구미 사건에 대한 답입니다. 어느 날 갑자기 **Enter** 를 눌렀는데 마우스 포인터가 위로 이동한다면 얼마나 당황스러울까요! 이런 상황에서 이제 우리는 당황하지 말고 [Excel 옵션] 대화상자의 [고급] 범주에서 [편집 옵션] 그룹에 [〈Enter〉키를 누른 후 다음 셀로 이동]의 이동하는 방향을 변경하면 됩니다.

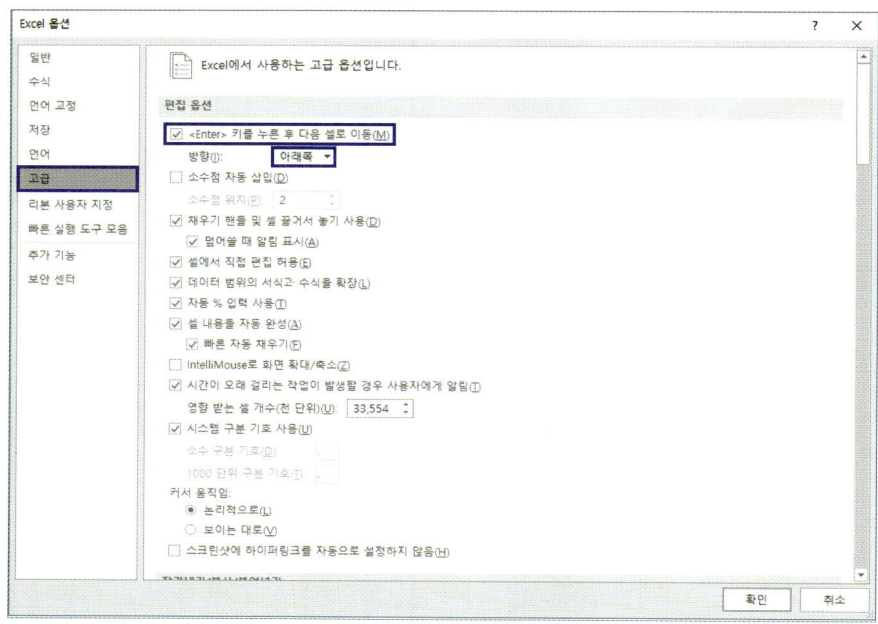

팁 :: 수식 입력줄, 머리글, 눈금선, 스크롤 막대, 시트 탭은 어디로 사라진 걸까?

• 수식 입력줄, 머리글, 눈금선은 [보기] 탭–[표시] 그룹에서 체크하면 됩니다.

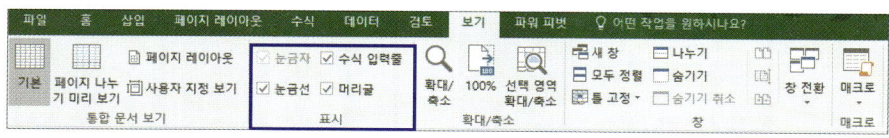

• 가로 스크롤 막대, 세로 스크롤 막대, 시트 탭은 [Excel 옵션]–[고급] 범주에서 표시 여부를 결정합니다.

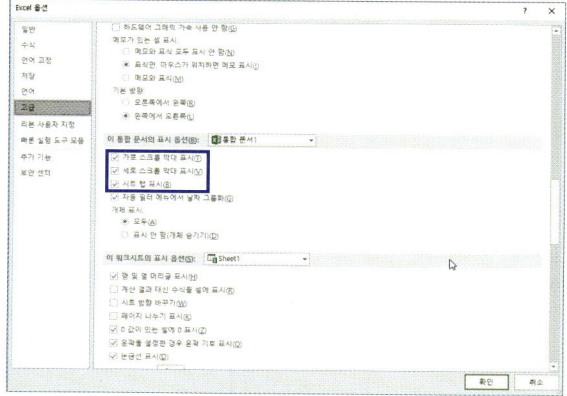

리본 탭과 빠른 실행 도구 재구성 _ [리본 사용자 지정], [빠른 실행 도구 모음]

리본 메뉴와 빠른 실행 도구는 엑셀이 제공하는 대부분의 명령을 모아둔 곳입니다. 기본값 그대로 사용하면 누구의 엑셀을 사용하더라도 익숙한 위치에 원하는 기능이 있을 것이지만, 일단 방법을 알아야 선택할 수 있을 테니, 자주 사용하는 기능을 모은 새로운 메뉴 모음을 만들고 몇몇 기능을 빠른 실행 도구에 등록해보겠습니다.

01 새로운 통합 문서를 열고 작업을 진행합니다. 먼저 재구성할 리본 메뉴와 빠른 실행 도구를 미리 살펴보겠습니다.

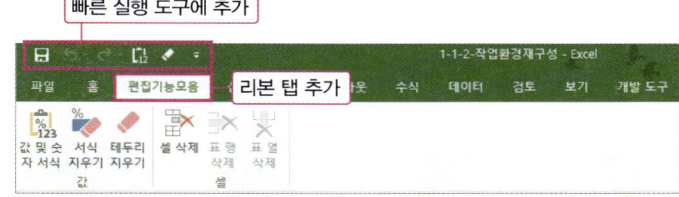

02 [파일] 탭–[옵션]을 클릭하여 나타나는 [Excel 옵션] 대화상자에 [리본 사용자 지정] 범주를 선택하고 [개발 도구]를 체크합니다. [새 탭]을 클릭하면 새로운 탭이 추가됩니다. 추가된 탭을 선택하고 [이름 바꾸기]를 클릭하면 편집 모드에서 새로운 이름을 입력할 수 있습니다.

팁 :: 추가된 탭을 선택하고 [새 그룹]을 클릭하면 새로운 그룹을 만들 수도 있습니다. 사용자에 취향에 따라 [추가]를 클릭하여 왼쪽 명령을 오른쪽 추가된 탭에 추가합니다.

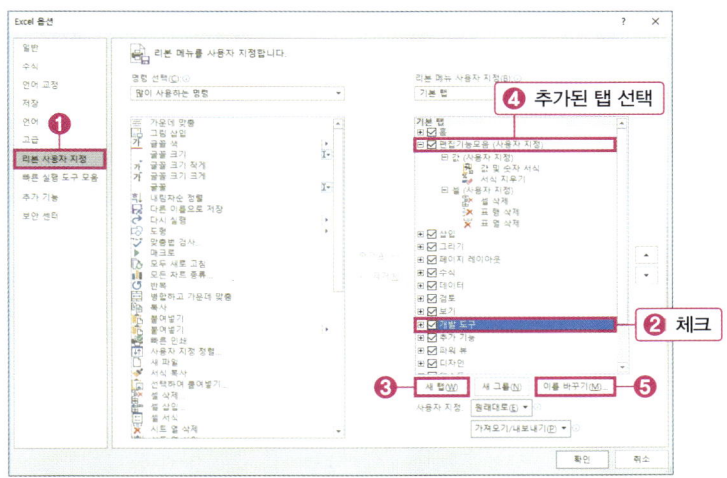

03 [빠른 실행 도구 모음] 범주에서 '모든 명령' 선택. [값 붙여넣기]를 찾아 선택한 다음 [추가]를 클릭하면 [빠른 실행 도구 모음]에 추가됩니다.

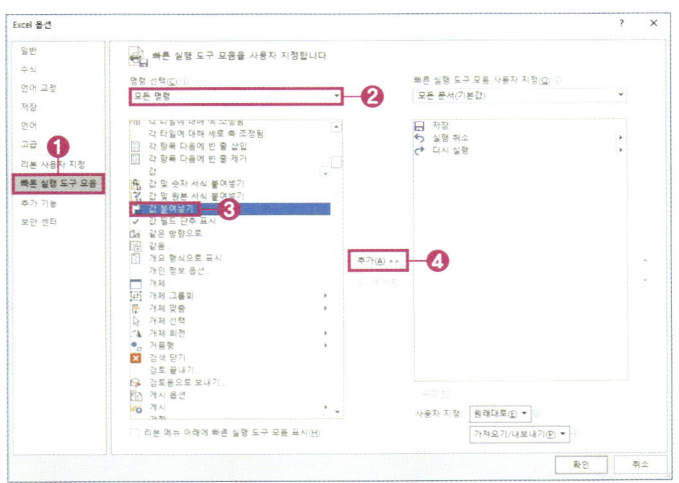

04 빠른 실행 도구 모음에 추가된 기능은 순차적으로 1번부터 값이 주어집니다. 빠른 실행 도구 모음과 리본 메뉴의 기능은 Alt 를 누른 상태에서 단축키로 사용할 수 있습니다. [값 붙여넣기]는 네 번째에 등록되었기 때문에 단축키는 Alt + 4 가 됩니다.

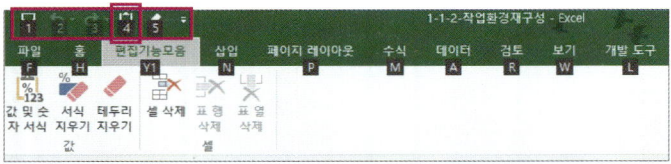

. . . .

팁 :: Alt 를 이용해 등록된 기능을 실행하는 방법

01 Alt 를 누릅니다.

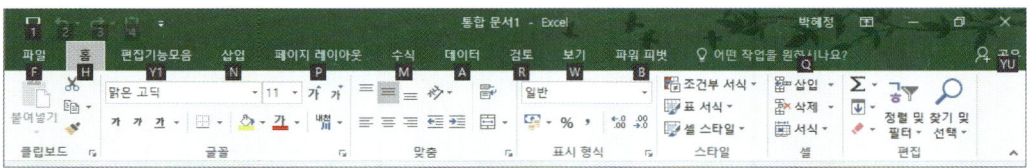

02 [홈] 탭의 메뉴를 실행하려면 H 를 누릅니다. 만약 '병합하고 가운데 맞춤' 기능을 실행하려면 M 을 누릅니다.

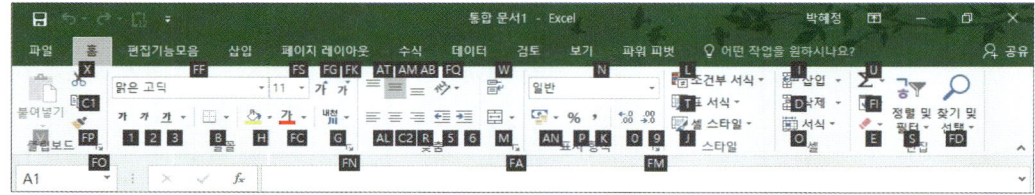

03 앞선 상황으로 돌아가려면 Esc 를 누릅니다.

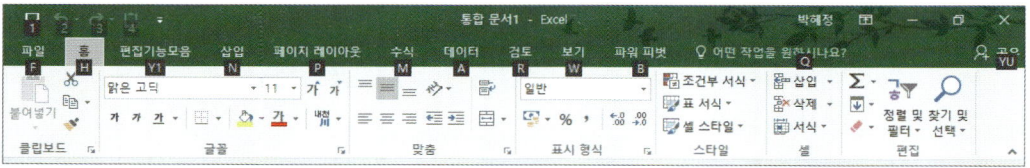

04 다시 한 번 Esc 를 누르면 Alt 단축키 모드가 사라집니다.

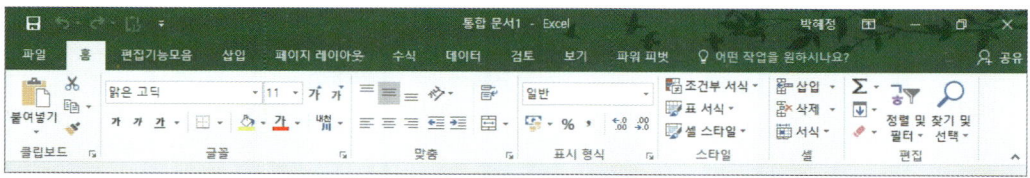

추가 기능을 사용할 수 있도록 설정하기

엑셀에는 사용 빈도가 낮은 일부 기능을 별도로 제공하여 사용자가 원하면 추가하여 사용할 수 있도록 했습니다. 이러한 추가 기능 중 분석 도구, 파워 피벗, 매크로 프로그램 등을 사용할 수 있도록 설정해보겠습니다.

01 [파일] 탭–[옵션]을 클릭하여 [Excel 옵션] 대화상자를 불러옵니다. [추가 기능] 범주–[관리]에서 'Excel 추가 기능'을 선택하고 [이동]을 클릭합니다. [추가 기능] 대화상자의 [사용 가능한 추가 기능]에서 [분석 도구]를 체크하고 [확인]을 클릭합니다.

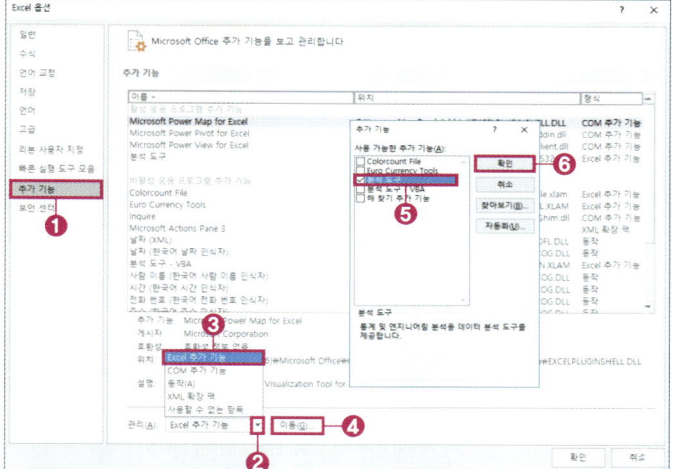

02 다시 [Excel 옵션] 대화상자를 불러온 후 [추가 기능] 범주–[관리]의 'COM추가 기능'을 선택하고 [이동]을 클릭합니다. [COM 추가 기능] 대화상자의 [사용 가능한 추가 기능]에서 [Map, Pivot, View]를 모두 체크하고 [확인]을 클릭합니다.

....

팁 :: 추가된 [분석 도구]는 [데이터] 탭–[분석] 그룹에서 [데이터 분석]이란 이름으로 추가되고, [COM 추가 기능]은 [파워 피벗] 탭, [삽입] 탭에 추가됩니다. 추가된 기능은 이 책에 두 번째 이야기 '비즈니스 데이터 모델링'에서 자세히 설명합니다.

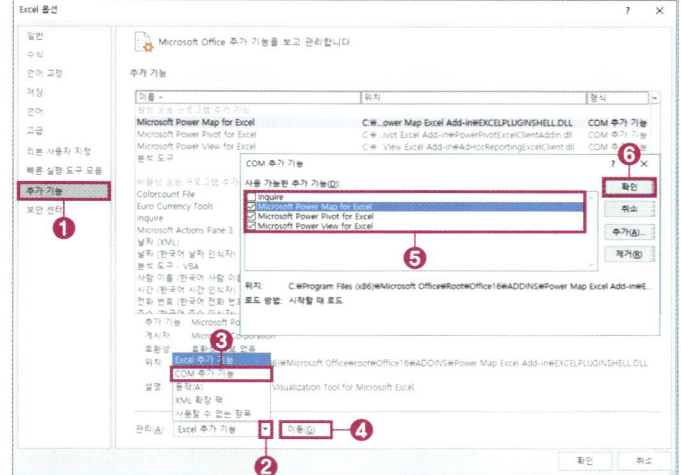

엑셀에서 제대로 인쇄하기

저는 'Spread(펼쳐진) Sheet(공간)'에서 작업해요!

엑셀은 참 자유로운 프로그램인 것처럼 보입니다. 끝없이 펼쳐진 셀들. 경계도 특별히 없는 것 같이 느껴집니다. 맞습니다! 자유롭습니다! 그런데, 자유로운 셀들을 종이라는 틀에 넣으려면 그때부터 난감해집니다. 결론을 먼저 말하자면, 엑셀은 네모난 틀에 내용을 담아내는 인쇄에 약합니다! 오피스 프로그램에는 워드, 엑셀, 파워포인트, 액세스 아웃룩 등이 있죠. 물론 다른 프로그램도 있지만, 흔히 사용하는 오피스만 얘기하자면 그렇습니다. 이 다섯 가지 프로그램 중에서 인쇄라는 측면에서 워드는 종이 인쇄, 파워포인트는 화면 인쇄(슬라이드 쇼)에 강점이 있고 나머지 프로그램은 '인쇄'보다는 다른 부분에 더 강점이 있다고 할 수 있습니다. 이 사실을 염두하고 엑셀의 인쇄 기능을 꼼꼼히 살펴보려 합니다.

화면으로 인쇄하기 _ 작업 화면 변경 : [보기] 탭

예제 파일 1-1-3 인쇄.xlsx

[보기] 탭에는 [통합 문서 보기], [표시], [확대/축소], [창], [매크로] 그룹이 있습니다. 종이 인쇄와는 무관한 기능들로 작업 화면의 상태를 변경하고 재구성하는 작업을 이곳에서 합니다.

01 옆의 그림은 [보기] 탭–[통합 문서 보기] 그룹에서 [페이지 레이아웃]를 선택한 상태입니다. 이 모드를 통해 한 페이지에 표시되는 내용을 확인할 수 있습니다. 일반적으로는 [기본] 보기 상태에서 작업합니다.

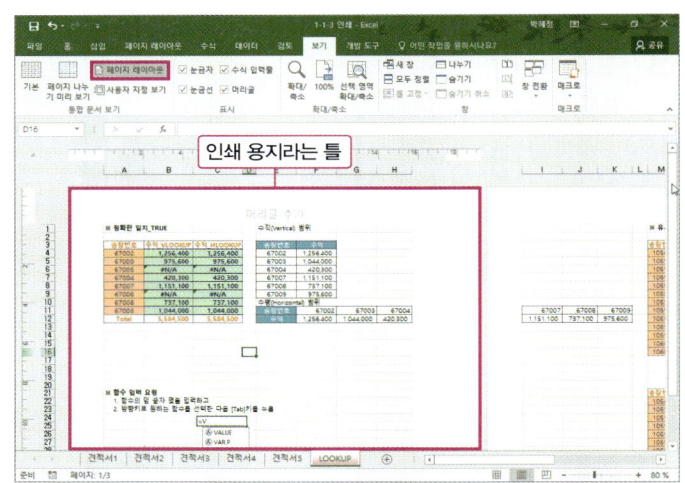

02 [표시] 그룹에서는 화면에 눈금자, 수식 입력줄, 눈금선, 머리글의 표시 여부를 결정할 수 있습니다. 옆의 그림은 [표시] 그룹의 모두 기능을 사용하지 않도록 체크 해제한 상태입니다.

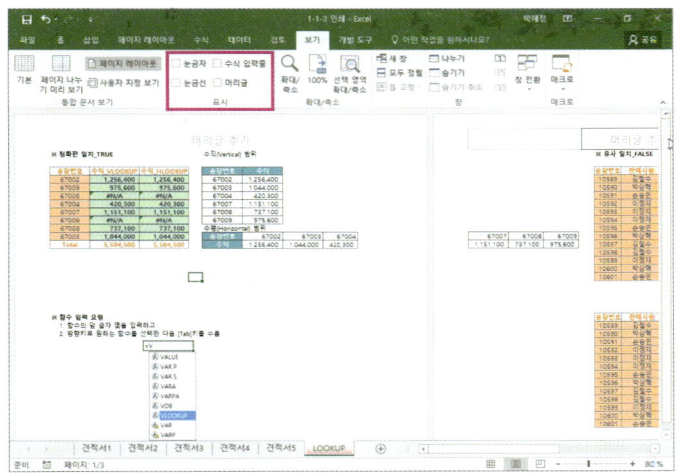

03 [확대/축소] 그룹에서는 데이터의 실제 크기가 아닌 작업 시 보여지는 크기를 지정할 수 있습니다. 변경하려면 [보기] 탭–[확대/축소] 그룹에서 [확대/축소]를 클릭하고, [확대/축소] 대화상자에서 [사용자 지정]을 체크한 후 화면 표시 비율을 직접 입력하면 됩니다.

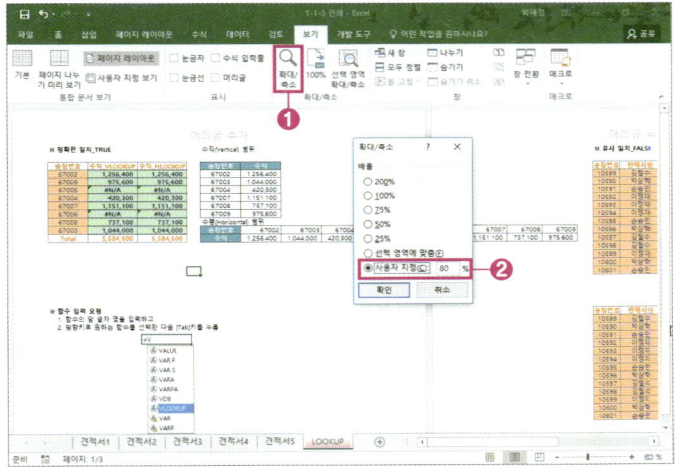

04 [창] 그룹에서는 하나의 통합 문서를 여러 창으로 표시할 수 있는 [새 창]을 비롯하여 여러 개로 나눈 창을 배치하는 [모두 정렬] 그리고 [틀 고정], [나누기], [숨기기] 등의 기능이 있습니다. 하나의 문서를 두 개의 창으로 분리하고 세로로 배치해 보겠습니다. [보기] 탭–[창] 그룹에서 [새 창]을 클릭합니다.

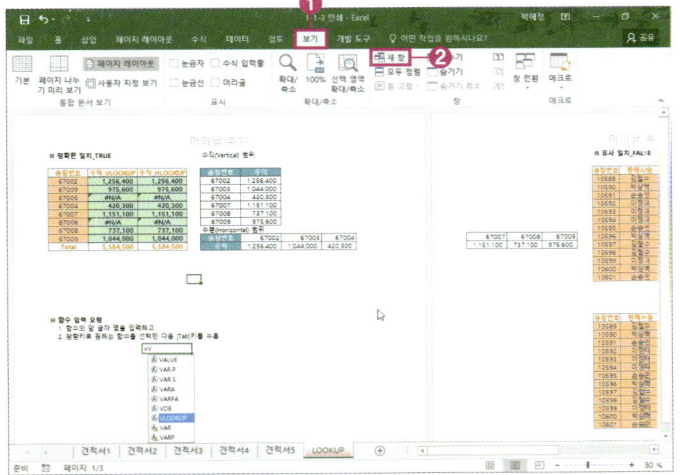

05 추가된 창 '1–1–3 인쇄:2'를 확인한 후 [보기] 탭–[창] 그룹에서 [모두 정렬]을 클릭합니다. [창 정렬] 대화상자에서 [세로]와 [현재 통합 문서 창]을 체크한 다음 [확인]을 클릭합니다.

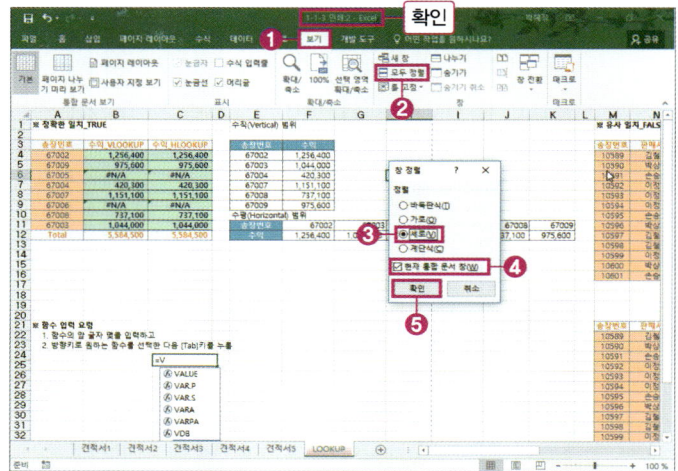

06 하나의 통합 문서가 두 개의 창으로 열리고, 세로로 배치된 것을 확인할 수 있습니다.

·····································

팁 :: 어떤 창에서 작업하더라도 문서에 작업 내용이 반영되며, 두 개의 창을 원치 않으면 하나의 창을 닫으면 됩니다.

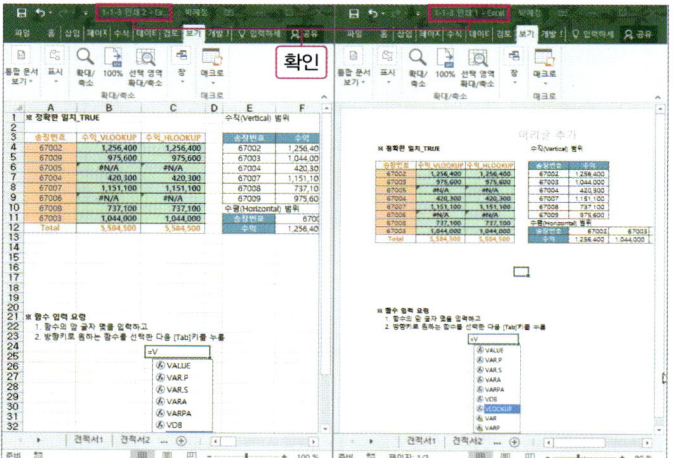

종이에 인쇄하기 _ A4 용지 : [페이지 설정] 탭

[페이지 레이아웃] 탭–[페이지 설정] 그룹의 [페이지 설정] 대화상자에서 적용하는 기능은 화면에 보이는 모습 그대로 종이에 인쇄됩니다.

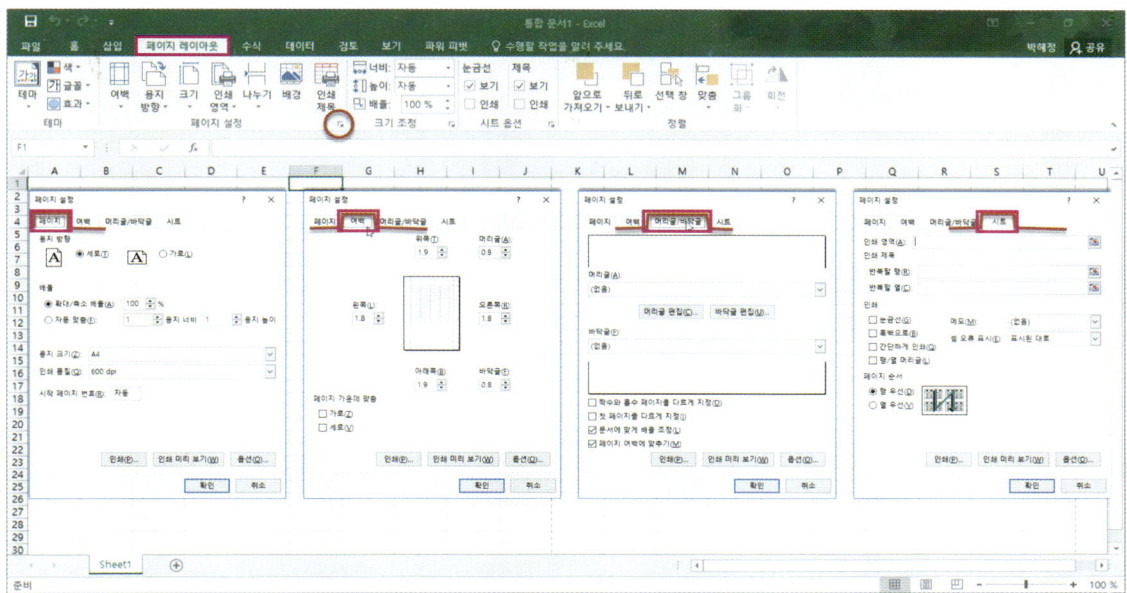

- [페이지] 탭 : [배율]의 [자동 맞춤]을 체크하면 실제 글자 크기를 무시하고 화면에 모두 나타나도록 자동으로 맞춥니다.
- [여백] 탭 : 상하좌우 및 머리글/바닥글의 여백을 지정할 수 있고, 하나의 용지를 기준으로 내용을 가로 및 세로 가운데로 맞출 수 있습니다.
- [머리글/바닥글] 탭 : 지정한 머리글/바닥글 여백에 텍스트를 직접 입력하거나 페이지 번호, 날짜, 시간, 파일 경로, 파일 이름 또는 탭 이름을 넣을 수 있으며, 특정 그림을 삽입할 수도 있습니다.
- [시트] 탭 : 인쇄 영역을 지정하거나 페이지마다 반복할 행, 열을 지정할 수 있습니다. 또 엑셀의 구성 요소인 눈금선, 메모, 행/열 머리글의 인쇄 여부를 지정할 수도 있습니다.

체크해봐요 :: [페이지 레이아웃] 탭–[테마] 그룹에는?

테마, 색, 글꼴, 효과 기능이 있습니다. 엑셀보다는 파워포인트나 워드에서 중요하게 다뤄지는 기능으로 문서 전체에 서식에 대한 콘셉트를 실제로 반영하여 서식을 쉽고 빠르게 적용 및 수정하기 위한 기능입니다. 테마는 새롭게 만들어 사용할 수도 있고, 만들어진 테마는 엑셀은 물론이고 파워포인트, 워드, 아웃룩 등에서 함께 사용할 수 있습니다.

한 페이지에 인쇄하기

'견적서1' 시트의 견적서를 한 장의 종이에 인쇄되도록 설정하고, 내용이 가로/세로 가운데 오도록 배치해보겠습니다.

01 인쇄 범위 [A1:F42]를 선택한 다음 [페이지 레이아웃] 탭–[페이지 설정] 그룹에서 [인쇄 영역]–[인쇄 영역 설정]을 클릭합니다.

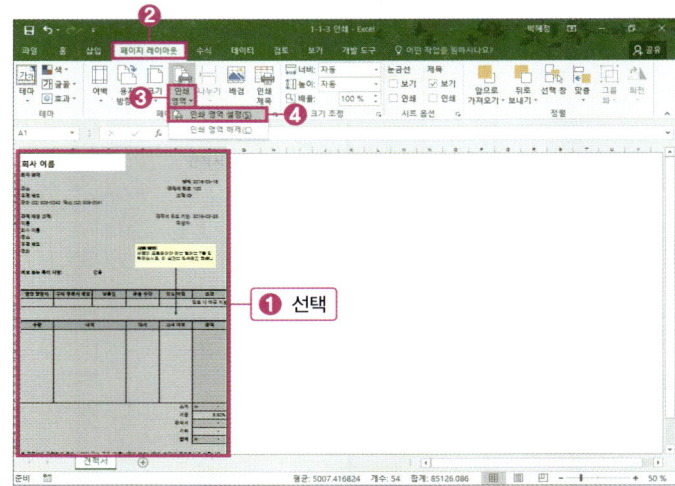

02 [페이지 설정] 대화상자의 [페이지] 탭에서는 [자동 맞춤]을 체크하고 [여백] 탭에서는 [가로], [세로]에 모두 체크한 후 [인쇄 미리 보기]를 클릭합니다.

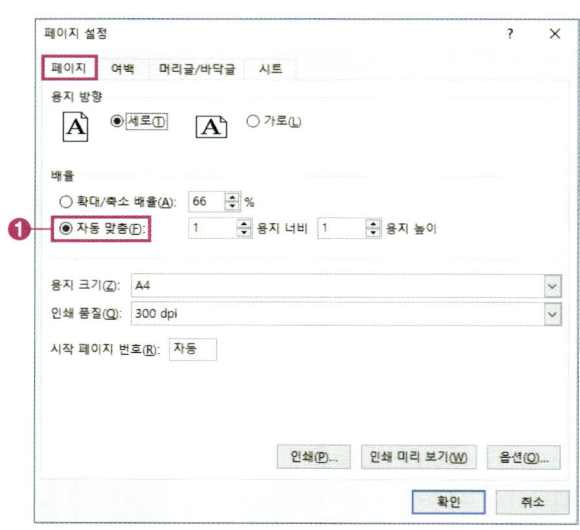

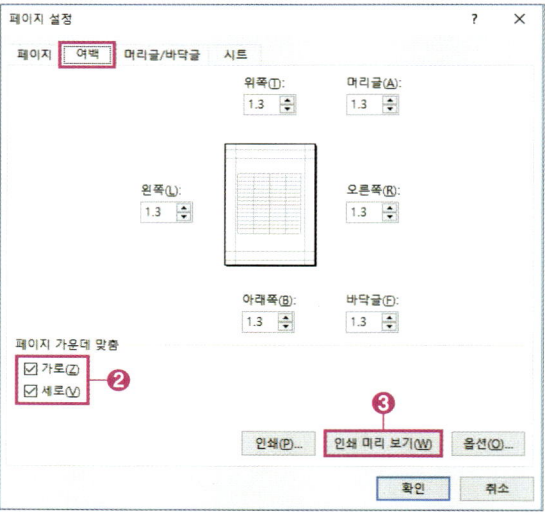

체크해봐요 :: 자동 맞춤을 실행하면 글자 크기는?
지정한 용지에 따라 자동으로 인쇄 내용의 크기를 조정합니다. 설정한 그대로 인쇄하려면 [확대/축소 배율]을 '100%'로 설정하고, 한 페이지에 인쇄되도록 임의로 조종해야 합니다.

03 [인쇄 미리 보기] 화면의 여백 조정 아이콘(▦)을 이용하면 미리 보기 상태에서 여백 및 열 간격을 조정할 수 있습니다.

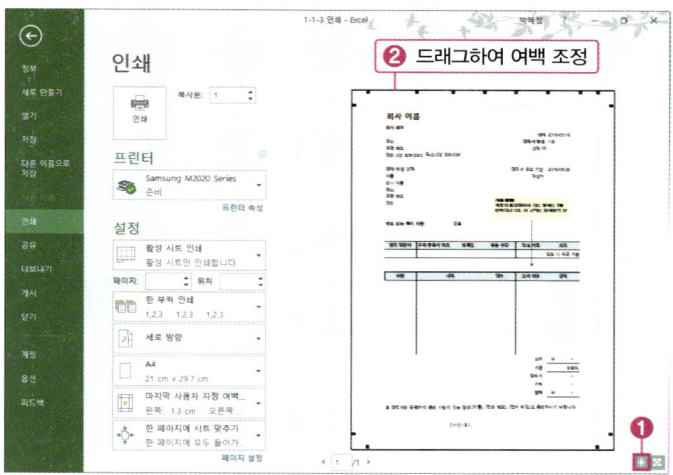

팁 :: 인쇄 페이지 영역 재설정

만약 인쇄 페이지 영역을 다시 설정하려면 새 인쇄 범위를 지정하고 [페이지 레이아웃] 탭–[페이지 설정] 그룹에서 [인쇄 영역]–[인쇄 영역 설정]을 클릭하거나, [페이지 레이아웃] 탭–[페이지 설정] 그룹의 [페이지 설정]을 클릭한 후 [페이지 설정] 대화상자가 나타나면 [시트] 탭에서 [인쇄 영역]을 다시 참조합니다.

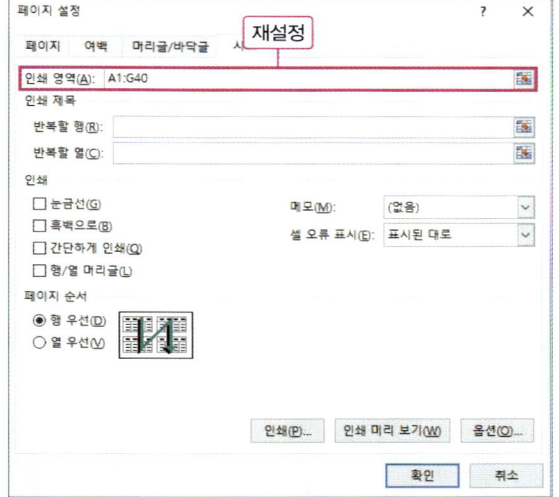

팁 :: [페이지 설정] 대화상자의 [옵션]에는 어떤 기능이?

[옵션]을 클릭하면 나타나는 대화상자의 [레이아웃] 탭에서 [한 면에 인쇄할 페이지 수]를 지정할 수 있고, [용지/품질] 탭에서는 [흑백] 으로 인쇄되도록 지정할 수도 있습니다.

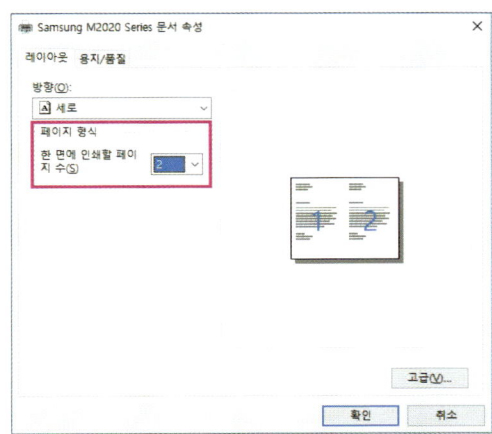

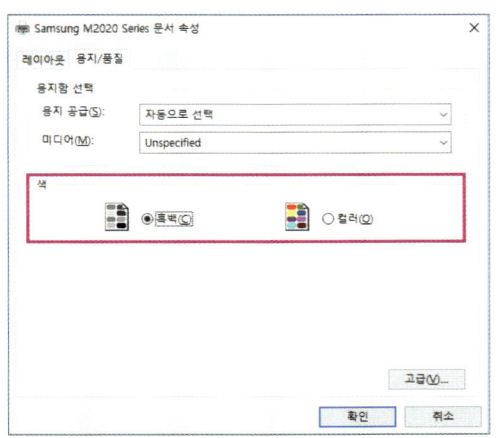

통합 문서 전체를 인쇄하기

예제 파일 1-1-3 인쇄.xlsx

통합 문서에서 인쇄하려는 모든 시트를 선택하고 한 번 인쇄를 실행하면 인쇄가 가능합니다. 이곳에서는 다섯 개의 시트에 있는 견적서를 한 번에 인쇄해보겠습니다.

01 '견적서1' 시트를 선택하고 **Shift** 를 누른 상태에서 '견적서5' 시트를 클릭합니다.

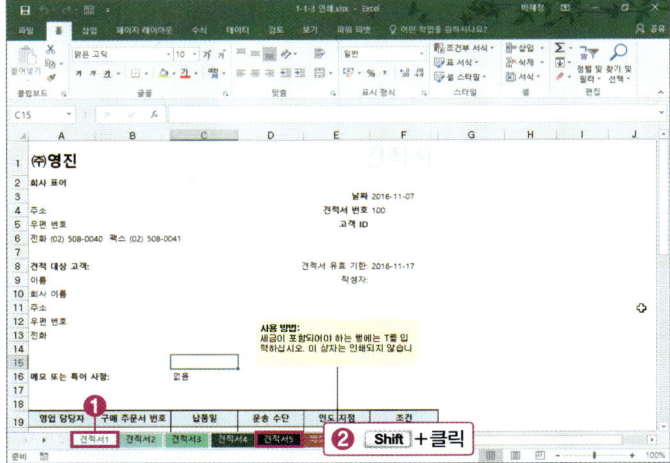

02 모든 시트가 선택된 상태에서 한 장에 인쇄할 범위 [A1:F42]를 선택하고, [페이지 레이아웃] 탭-[크기 조정] 그룹의 [너비]와 [높이] 둘 다 '1페이지'로 설정합니다.

....

팁 :: 여러 개의 시트가 선택되면 다일 이름 옆에 '[그룹]'이 표시됩니다.

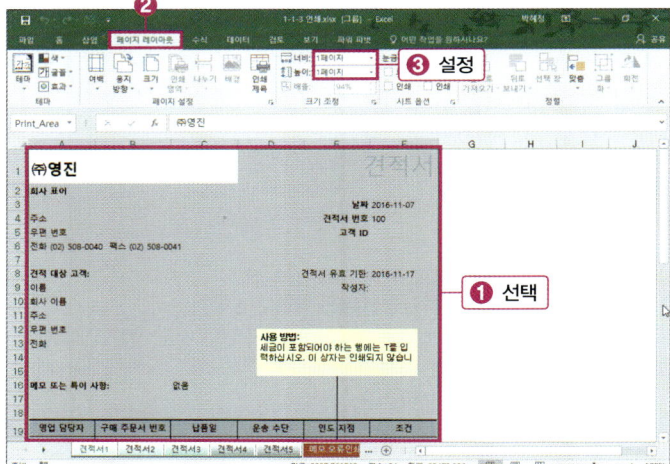

03 인쇄할 모든 시트가 선택된 상태에서 [파일] 탭-[인쇄]를 클릭합니다. 선택한 인쇄 범위가 용지에 맞게 반영되지 않음을 확인하고 해결하기 위해 [설정]의 [선택 영역 인쇄]를 선택합니다.

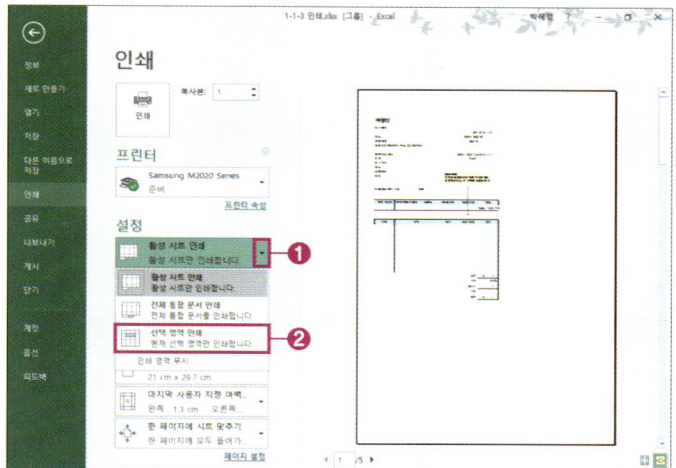

04 다음 페이지를 눌러 선택한 모든 시트의 지정한 범위가 용지에 맞게 하나의 페이지로 인쇄됨을 확인하고 [인쇄]를 클릭합니다.

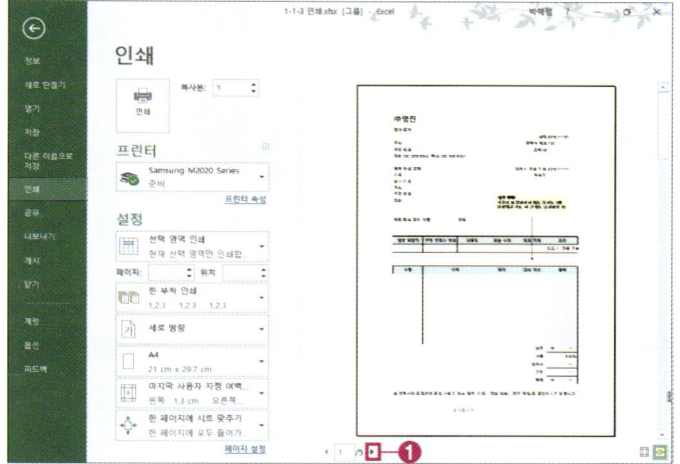

체크해봐요 :: 여러 시트가 선택된 상태를 해제하려면?

시트 위에서 마우스 오른쪽 버튼을 클릭한 후 [시트 그룹 해제]를 선택합니다. 파일 이름 옆에 '[그룹]' 표시가 사라지면 그룹이 해제된 것입니다.

❶ 마우스 오른쪽 클릭

팁 :: 인쇄 화면에서 여백 표시 아이콘(▦)의 역할은?

여백 표시 아이콘을 클릭하면 화면에 여백이 표시되며, 여백 표시 선에 마우스를 옮겨 행과 열 및 여백을 마우스로 조절(✛)할 수 있습니다.

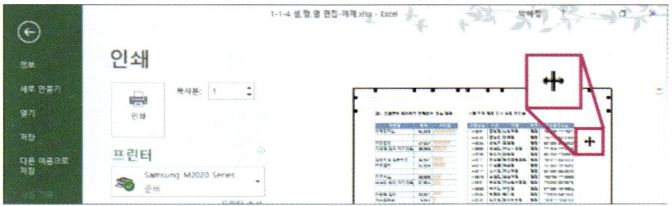

셀의 메모 인쇄 및 오류 표시 인쇄하지 않기

예제 파일 1-1-3 인쇄.xlsx

메모의 경우 대부분은 화면에 표시되지 않은 상태로 작업하지만 오류는 다릅니다. 오류는 셀의 값이므로 화면에 표시되기 때문에 인쇄하지 않으려면 인쇄하지 말라는 요청이 필요한 것입니다. 여기서는 메모는 표시하여 인쇄하고, 오류는 인쇄되지 않도록 설정해보겠습니다.

01 메모를 화면에 표시하기 위해 인쇄할 메모가 있는 [E4] 셀을 선택하고 [검토] 탭-[메모] 그룹에서 [메모 표시/숨기기]를 클릭합니다. [E7] 셀도 같은 방법으로 메모를 화면에 표시합니다.

팁 :: 안타깝게도 메모 표시는 하나씩 해야 합니다. 인쇄하려는 메모가 다섯 개라면 다섯 번 메모 표시 명령을 실행해야 합니다. 답답한 마음에 메모 표시 단축키를 찾아보았습니다. Shift + F2 는 메모 삽입, 표시할 메모가 있는 셀에서 Alt + R + H 를 누르면 메모가 표시됩니다. 토글키이므로 한 번 더 누르면 숨겨지며, Ctrl + Shift + O 를 누르면 메모가 있는 모든 셀이 선택됩니다.

02 메모가 표시되면 적절한 위치에 배치하고 [페이지 레이아웃] 탭-[페이지 설정] 그룹에서 [페이지 설정]을 클릭합니다. [페이지 설정] 대화상자가 나타나면 [시트] 탭의 [메모]를 '시트에 표시된 대로'로 설정한 다음 [인쇄 미리 보기]를 클릭합니다.

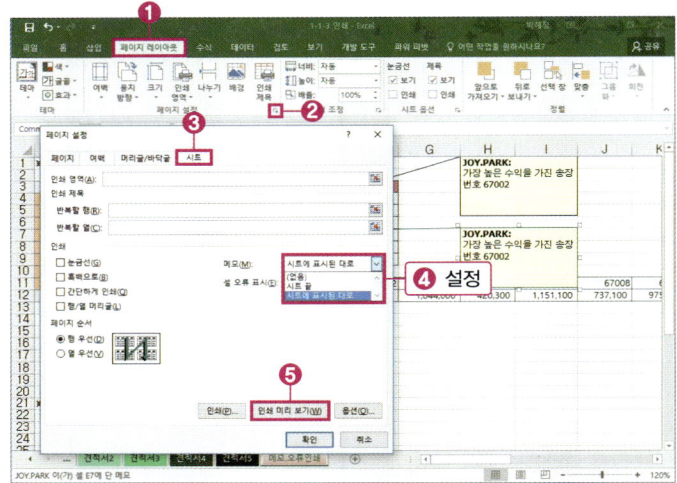

03 인쇄 미리 보기 창이 나타나면 메모가 표시되는 것을 확인한 후 [인쇄]를 클릭합니다.

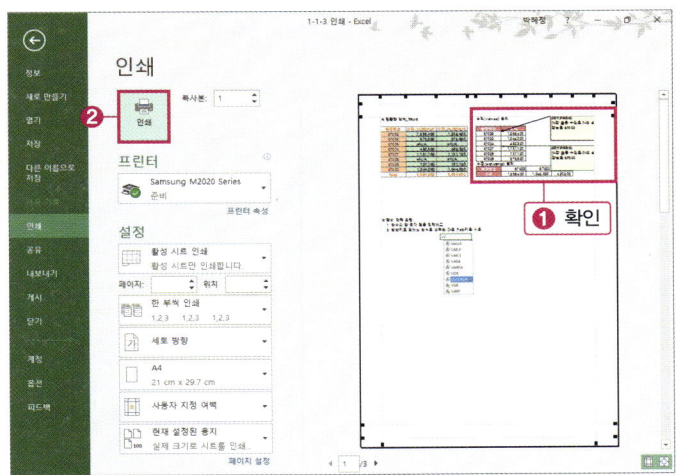

04 이번에는 화면 곳곳에 오류가 있는데, 인쇄하지 않기 위해 [페이지 레이아웃] 탭-[페이지 설정] 그룹에서 [페이지 설정]을 클릭합니다. [시트] 탭에서 [셀 오류 표시]를 〈공백〉으로 설정한 후 [인쇄 미리 보기]를 클릭합니다.

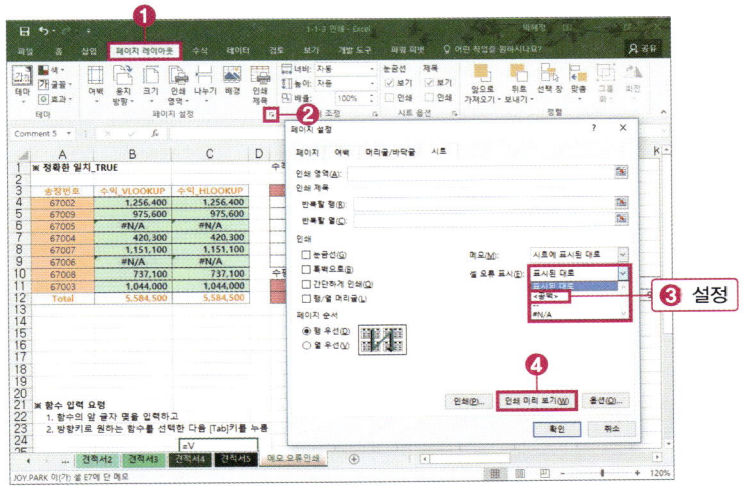

05 인쇄 미리 보기 창이 나타납니다. 오류가 표시되지 않았음을 확인하고 [인쇄]를 클릭합니다.

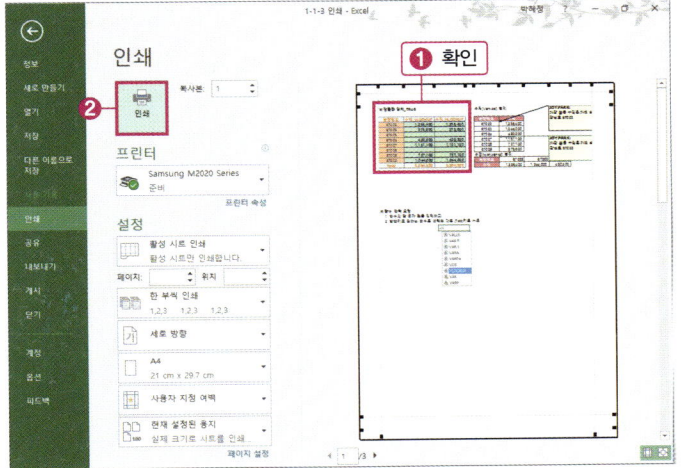

견적서에 워터마크(회사 로고) 삽입하기

예제 파일 1-1-3 인쇄.xlsx, 1-1-3 영진로고.png

견적서는 계산이 필요하므로 워드가 아닌 엑셀에서 주로 작업합니다. 이런 경우에 문서의 변경을 막기 위해 우리는 문서 전체에 걸쳐 특정 글자, 예를 들어 '복사금지'라는 문구를 넣는데 이를 워터마크 효과라고 합니다. 엑셀도 워드처럼 여러 페이지에 워터마크 효과를 낼 수 있습니다. 단, 머리글 영역에 그림으로 삽입하여 같은 효과를 낼 것이므로 작업 전에 문구를 만들어 그림으로 저장해 놓습니다.

01 [페이지 레이아웃] 탭-[페이지 설정] 그룹에서 [페이지 설정]을 클릭하고 [페이지 설정] 대화상자의 [머리글/바닥글] 탭-[머리글 편집]을 클릭합니다.

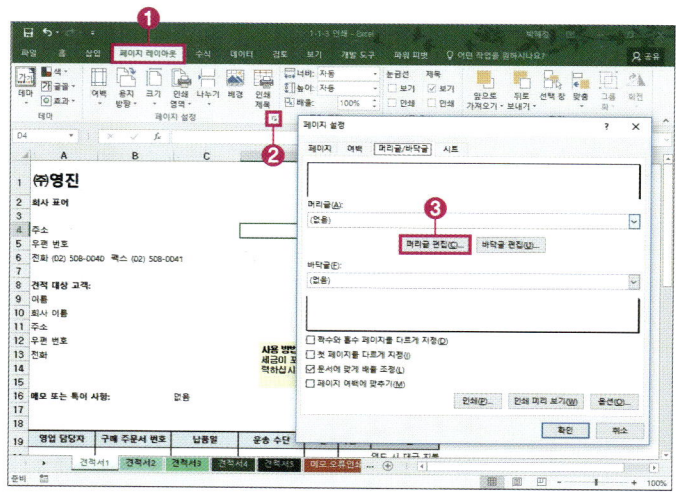

02 [머리글] 대화상자에서 [가운데 구역]을 선택하고 [그림 삽입]( )을 클릭합니다.

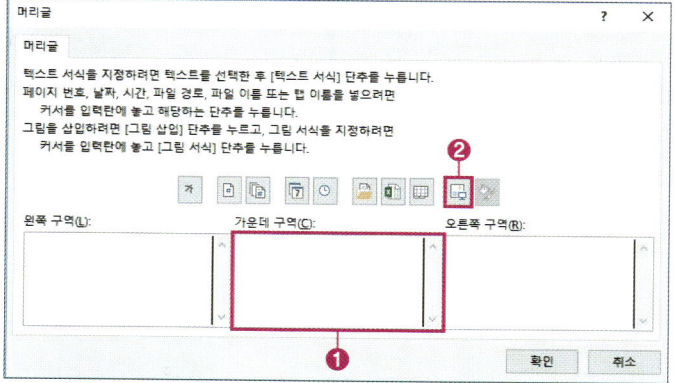

03 [그립 삽입] 대화상자가 나타나면 [파일에서]–[찾아보기]를 클릭합니다.

04 [그림 삽입] 대화상자에서 저장된 그림(1-1-3 영진로고.png)을 선택하고 [삽입]을 클릭합니다.

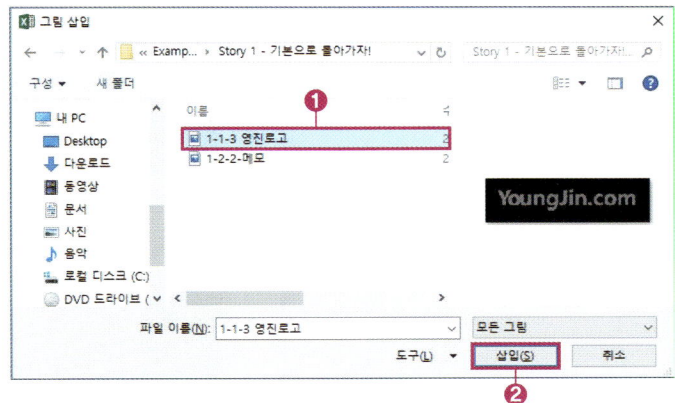

05 그림이 적용된 것을 확인한 후 [머리글] 대화상자에서 [확인]을 클릭합니다.

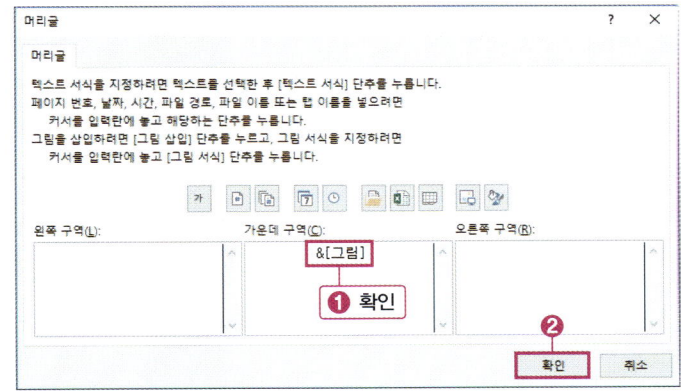

팁 :: 만약 삽입된 그림을 바꾸려면 [그림 삽입](🖼)을 클릭한 후 나타난 대화상자에서 [바꾸기]를 클릭합니다.

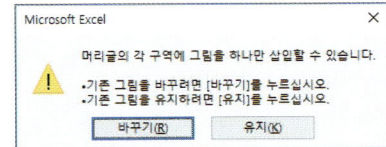

06 [페이지 설정] 대화상자에서 [인쇄 미리 보기]를 클릭합니다.

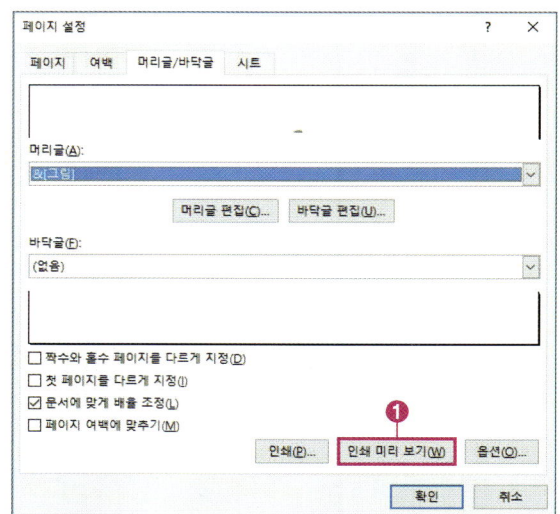

07 그림의 위치를 변경하기 위해 [여백 표시]를 클릭해 적용한 다음 표시된 여백 중 가장 위에 선을 아래로 드래그하여 삽입한 이미지의 위치를 조정합니다.

··

팁 :: 선 위에 마우스 포인터를 옮기면 나타나는 상하 조절 마우스 포인터(✥) 상터에서 위아래로 드래그하여 조절합니다.

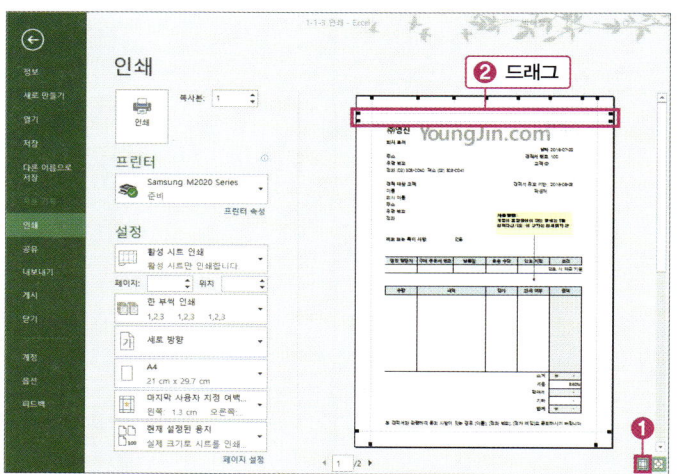

08 [인쇄]를 클릭하면 미리 보기 상태 그대로 인쇄됩니다.

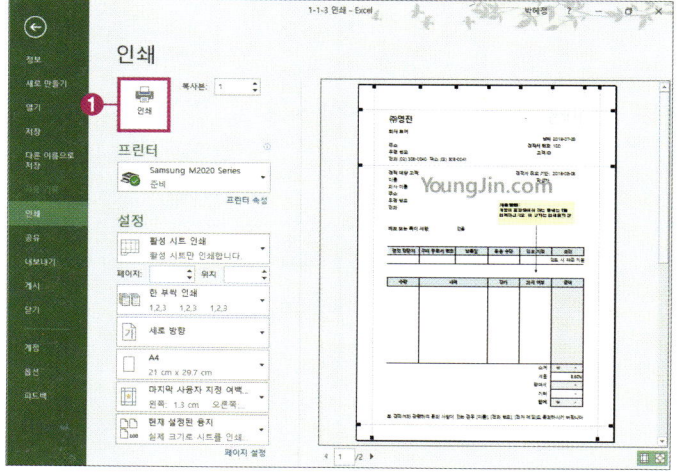

셀, 행, 열, 영역과 시트 편집

**모든 작업의
시작은
선택으로부터...**

모든 작업의 시작은 작업 대상을 선택하는 것에서부터 시작합니다. 특히 셀을 선택하는 작업
은 때로는 대단히 까다롭기 때문에 작업을 어렵게 만들기도 합니다. 이곳에서는 엑셀의 구성
요소인 셀, 행, 열, 범위, 시트를 선택하는 다양한 방법을 익혀 작업 속도를 높여보겠습니다.
더불어 이동 및 복사하는 방법도 알아보겠습니다.

마우스로 시트 다루기 _ 선택, 이동, 복사

마우스로 시트를 선택하고, 이동하고, 복사하는 방법을 간략히 설명하고, 시트 이동/복사 기능은
따라하기를 통해 알아보겠습니다.

■ 마우스로 시트 선택 및 이동/복사

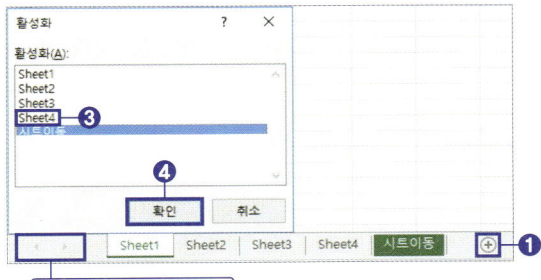

❶ [새 시트]를 클릭하면 시트가 추가됩니다.

❷ 마우스 오른쪽 버튼을 클릭하면 시트를 이동할 수 있는 [활성화] 대화상자가 나타납니다.

❸ [활성화] 대화상자에서 시트 이름을 선택하고,

❹ [확인]을 클릭하면 해당 시트로 이동합니다.

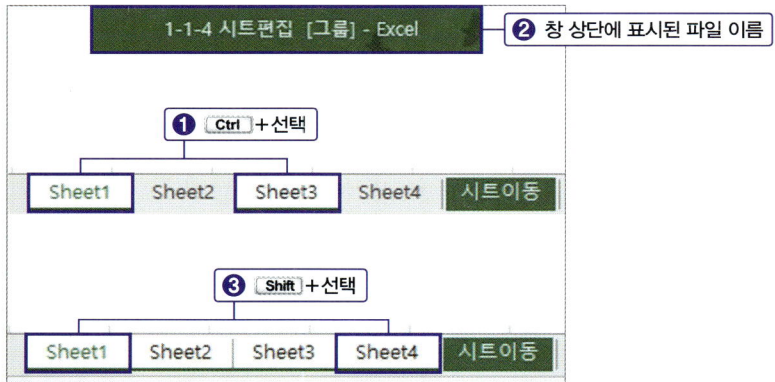

❶ **Ctrl** 을 누른 상태로 시트의 이름을 클릭하면 떨어져 있는 시트를 선택할 수 있습니다.

❷ 두 개 이상의 시트를 선택하면 창 제일 위의 통합 문서 옆에 [그룹]이라고 표시됩니다. [그룹] 표시가 있으면 일부 작업이 제한됩니다.

❸ 첫 시트를 선택하고 **Shift** 를 누른 상태로 마지막 시트를 선택하면 사이에 위치한 모든 시트가 모두 선택됩니다.

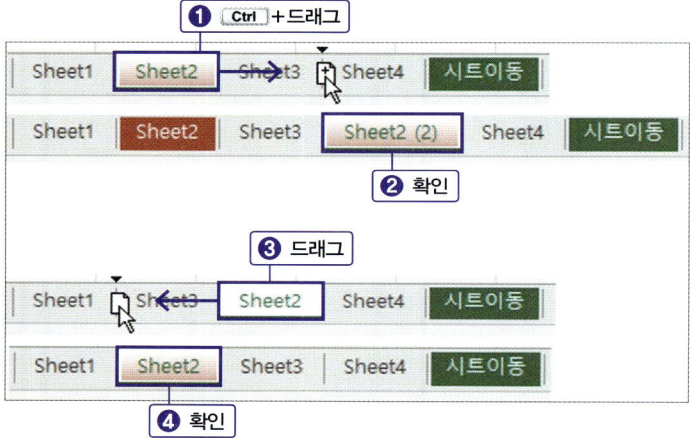

❶ 하나의 시트가 선택된 상태에서 **Ctrl** 을 누른 상태로 드래그합니다.

❷ 'Sheet2(2)'처럼 시트가 복사됩니다.

❸ 시트 이름 위에서 마우스 왼쪽 버튼을 누른 채로 드래그하면,

❹ 시트 순서를 바꿀 수 있습니다.

시트 복사하기 _ 이동/복사 메뉴 이용

예제 파일 1–1–4 시트편집.xlsx

이번에는 [이동/복사] 메뉴를 이용하여 시트를 이동 및 복사해보겠습니다.

01 '1–1–4 시트편집.xlsx' 파일과 새 문서를 열고 '1–1–4 시트편집.xlsx' 통합 문서의 '시트이동' 시트 위에서 마우스 오른쪽 버튼을 클릭한 후 [이동/복사]를 선택합니다.

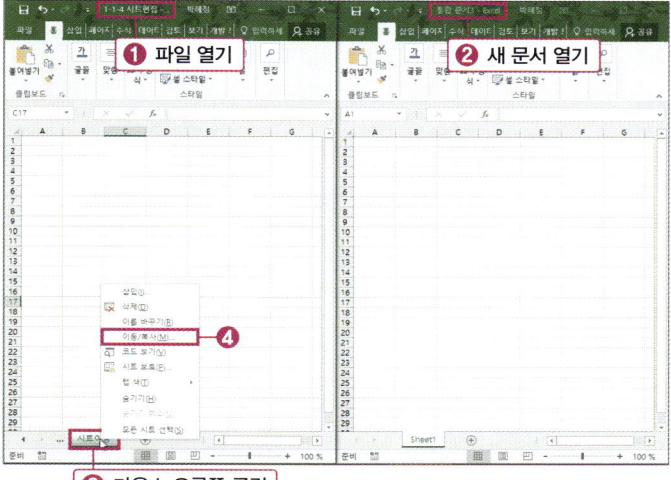

02 [이동/복사] 대화상자의 [대상 통합 문서]에서 옮겨질 새 문서 '통합 문서3'을 선택하고 [복사본 만들기]를 체크한 다음 [확인]을 클릭합니다.

팁 :: 시트를 복사가 아닌 이동만 하려면 [복사본 만들기]를 체크하지 않습니다. 또 선택한 시트를 가져다가 새로운 문서를 만들려면 [새 통합 문서]를 선택합니다.

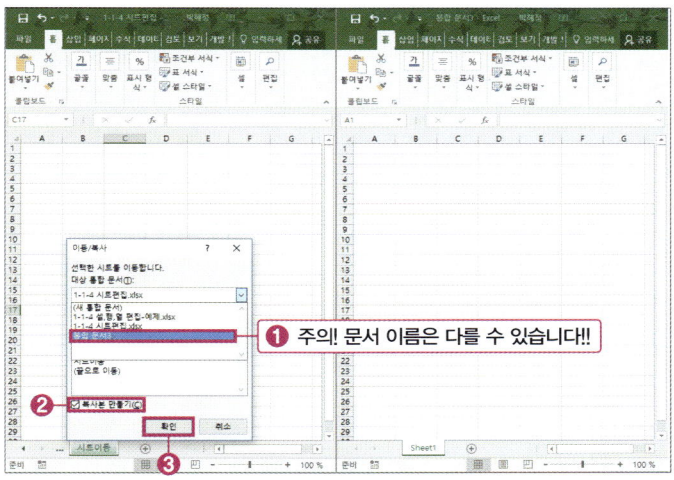

03 선택한 문서로 '시트이동' 시트가 옮겨집니다.

팁 :: 같은 통합 문서에서 시트를 복사하려면 [이동/복사] 메뉴를 사용하는 것보다 Ctrl 을 누른 상태로 드래그하여 복사하는 것이 간편합니다.

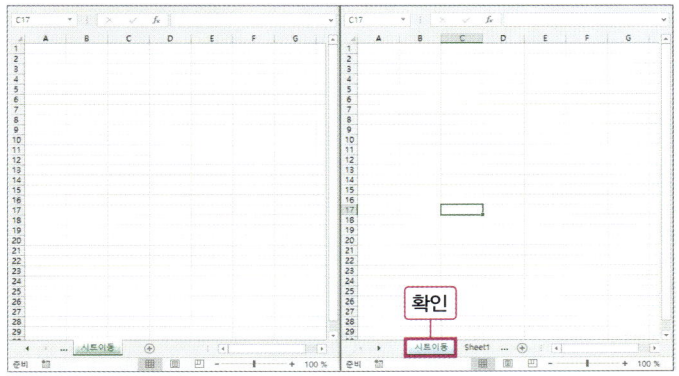

행과 열 다루기 _ 선택, 삽입/삭제, 이동, 복사

예제 파일 1-1-4 셀.행.열 편집-예제.xlsx
완성 파일 1-1-4 셀.행.열 편집-완성.xlsx

마우스와 단축키를 이용하여 행 및 열 전체를 선택하고 새로운 행 및 열을 삽입하며, 기존 행 및 열을 삭제, 이동, 복사하는 등의 각종 편집 작업을 알아보겠습니다.

01 [A], [C] 열을 선택하려면 머리글에 [A] 열을 먼저 선택한 상태에서 **Ctrl**을 누른 상태로 [C] 열을 선택합니다.

....

팁 :: 반드시 열 이름을 클릭합니다.

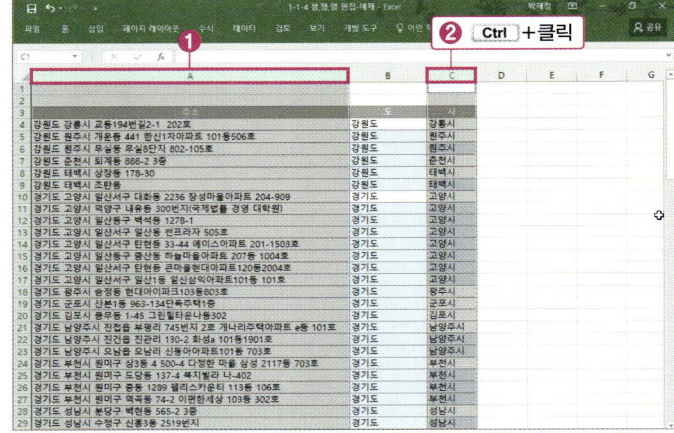

02 [A:C] 열을 선택하려면 드래그하거나 [A] 열을 선택한 상태에서 **Shift**를 누른 상태로 [C] 열을 선택합니다.

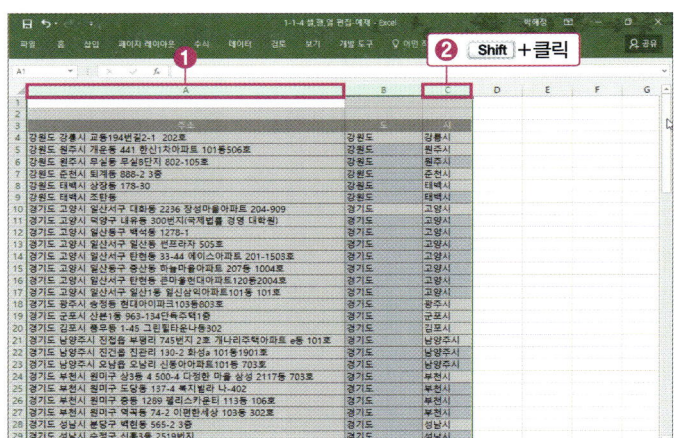

03 [C] 열을 [A]와 [B] 열 사이로 옮기려면, [C] 열이 선택된 상태에서 테두리로 마우스 포인터를 옮기고 이동 마우스 포인터(⊕)상태에서 **Shift**를 누른 상태로 [A]와 [B] 열 사이로 드래그하고, 그림과 같이 I 모양으로 표시될 때 마우스를 뗍니다.

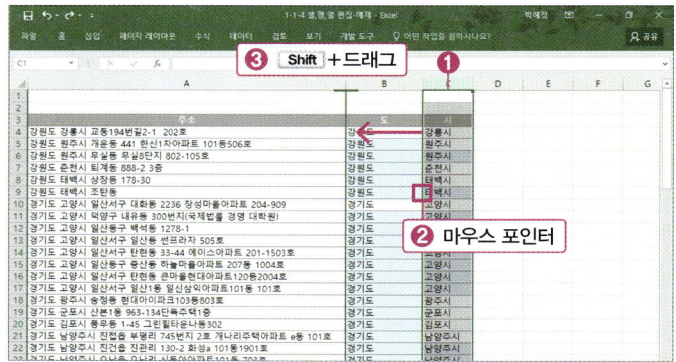

04 [A] 열 앞에 새로운 세 개의 빈 열을 삽입하려면 [A:C] 열을 선택하고 **Ctrl** + **Shift** + **+**를 누릅니다.

⋯⋯⋯⋯⋯⋯⋯⋯⋯⋯⋯⋯⋯⋯⋯⋯⋯⋯⋯⋯⋯⋯

팁 :: 선택한 만큼의 열을 선택한 첫 번째 열 앞에 삽입합니다.

⋯⋯⋯⋯⋯⋯⋯⋯⋯⋯⋯⋯⋯⋯⋯⋯⋯⋯⋯⋯⋯⋯

팁 :: 키보드에 키패드가 있다면 **Ctrl** + **+**를 누릅니다.

05 빈 열을 삽입하면 삽입 옵션이 나타나는데, 이곳에서 [서식 지우기]를 클릭합니다.

⋯⋯⋯⋯⋯⋯⋯⋯⋯⋯⋯⋯⋯⋯⋯⋯⋯⋯⋯⋯⋯⋯

팁 :: 삽입 메뉴를 실행하면 삽입 옵션(🖷)에서 세 개의 옵션을 제공하는 데 적절히 사용하면 쉽게 원하는 서식을 사용할 수 있습니다.

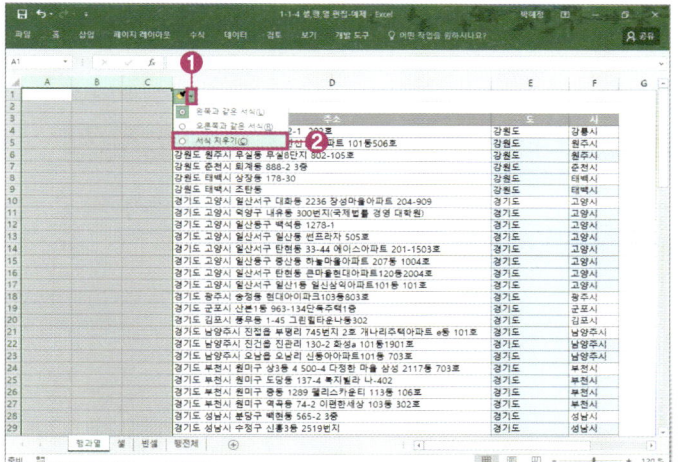

06 [A:C] 열을 삭제하려면 [A:C] 열을 선택하고 **Ctrl** + **−**를 누릅니다.

⋯⋯⋯⋯⋯⋯⋯⋯⋯⋯⋯⋯⋯⋯⋯⋯⋯⋯⋯⋯⋯⋯

팁 :: 또는 선택한 상태를 유지하면서 마우스 오른쪽 버튼을 클릭하고 [삭제]를 선택해도 됩니다.

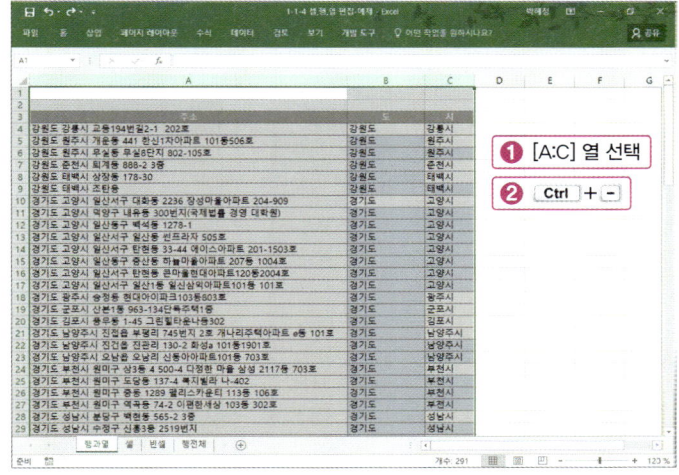

▲ 삭제한 후의 모습

셀 및 범위 다루기 _ 선택, 삽입/삭제, 이동, 복사

예제 파일 1-1-4 셀.행.열 편집-예제.xlsx
완성 파일 1-1-4 셀.행.열 편집-완성.xlsx

하나의 셀 또는 두 개 이상의 셀을 선택, 삽입/삭제, 이동/복사하는 방법에 대해 알아보겠습니다.

01 '셀' 시트에서 [직급] 열과 [지점] 열의 위치를 바꾸기 위해 [D3:D16]을 선택하고 선택된 범위 테두리에 마우스 포인터를 옮기면 나타나는 이동 마우스 포인터 상태에서 **Shift** 를 누른 상태로 [이름]과 [지점] 열 사이로 마우스 포인터를 옮긴다. 이때 I 모양의 표식이 나타날 때 마우스를 뗍니다.

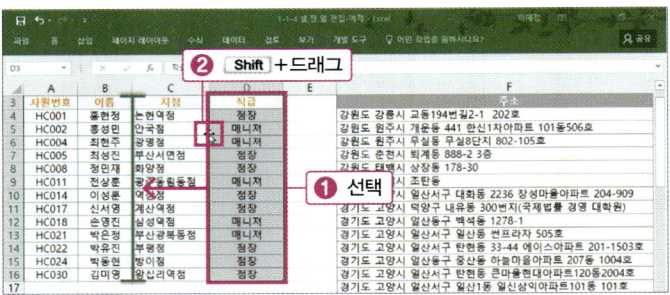

02 또는 [D3:D16]을 선택하고 **Ctrl** + **X** 를 눌러 잘라내기를 한 다음 [A3] 셀을 선택하고 마우스 오른쪽 버튼을 클릭한 후 [잘라낸 셀 삽입]을 선택합니다.

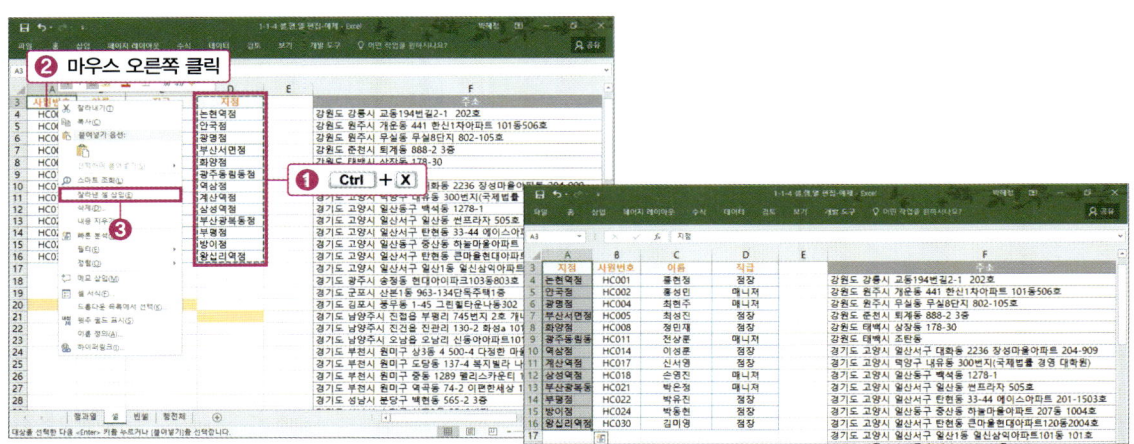

03 기준이 될 [F3] 셀을 선택하고 **Ctrl** + **A** 를 누르면 전체 선택, **Ctrl** + **Shift** + **↓** 를 누르면 세로로 입력된 모든 데이터 범위를 선택할 수 있습니다.

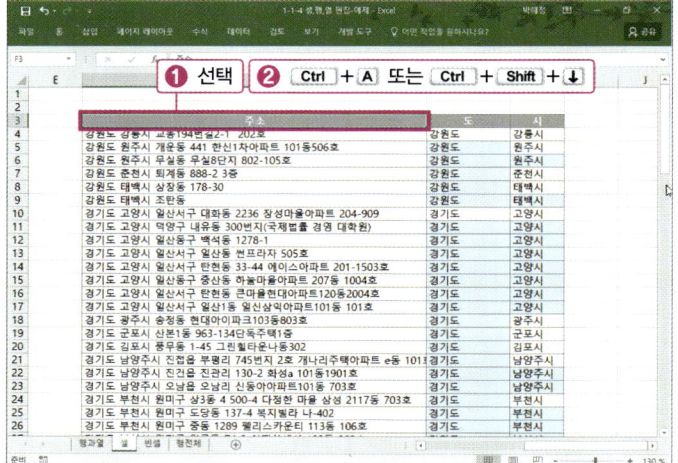

04 범위가 선택된 상태에서 **Ctrl** + **Back Space** 를 누르면 [F3] 셀 즉, 엑티브(Active) 셀이 있는 화면으로 전환됩니다.

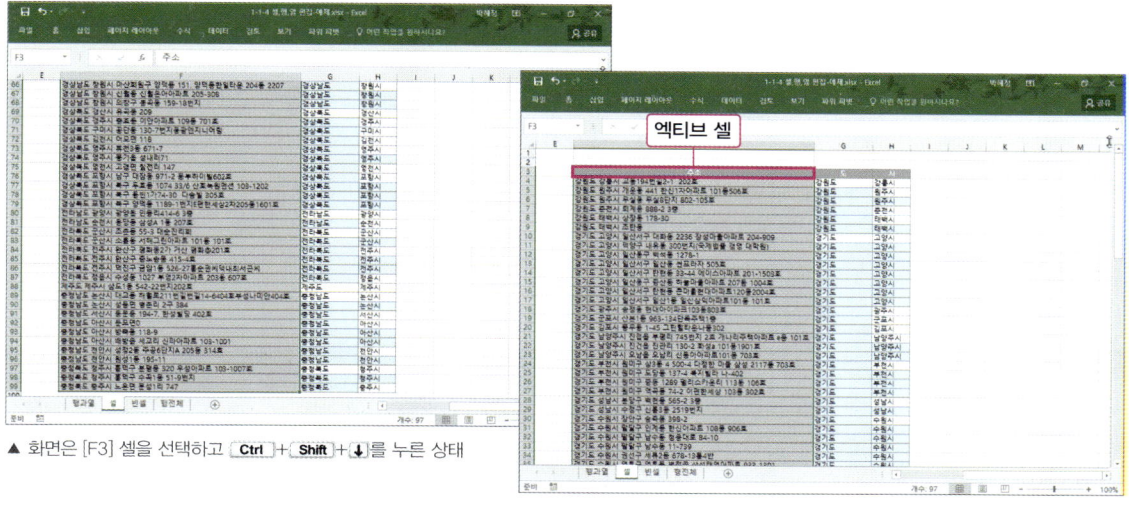

▲ 화면은 [F3] 셀을 선택하고 **Ctrl** + **Shift** + **↓** 를 누른 상태

체크해봐요 :: 엑티브(Active) 셀이 뭔가요?

하나의 셀을 선택했다면 이 셀은 선택한 셀이면서 엑티브 셀이 됩니다. 모든 작업의 기준이죠. 두 개 이상의 셀을 선택했을 때는 그 중 하나의 셀만 엑티브 셀이되고 흰색으로 표시됩니다. 만약 서식을 적용한다면 선택한 모든 셀에 적용되지만 자료 입력은 엑티브 셀에 만 됩니다. 때론 작업의 방향을 결정하기도 하는데, 선택한 범위 중에 첫 셀이 엑티브 셀이라면 작업은 위 → 아래, 마지막 셀이 엑티 브 셀이라면 작업은 아래 → 위 순으로 진행됩니다.

---

05 선택할 범위의 첫 번째 시작 셀인 [F3] 셀을 선택하고 이름 상자에 마지막 셀 주 소 'F99'를 입력한 다음 **Shift** + **Enter** 를 누르면 [F3: F99]까지 선택됩니다.

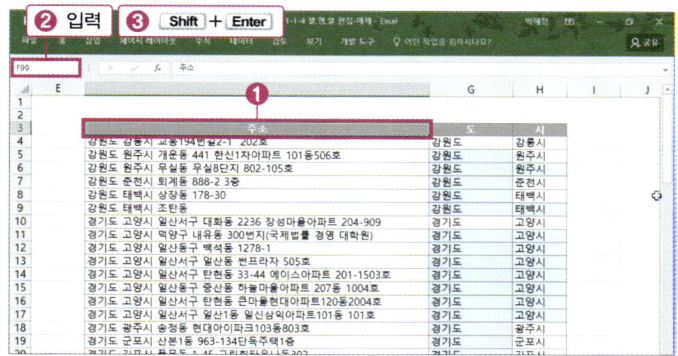

06 흩어진 여러 셀을 선택할 때는 첫 번째 셀인 [A1] 셀을 선택하고, **Ctrl** 을 누른 상태로 그림과 같이 [A20], [B21], [C20], [D21] 셀을 차례대로 선택합니다. 마지막으로 선택한 셀이 엑티브(Active) 셀이 됩니다.

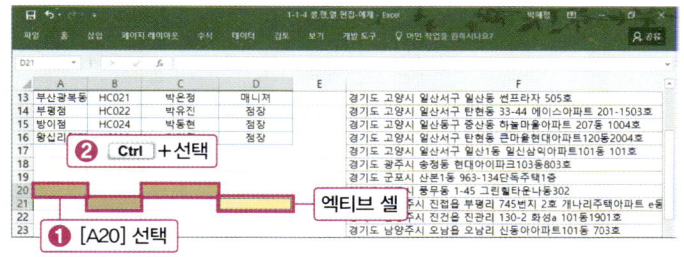

체크해봐요 :: 여러 개의 셀이 선택된 상태에서 액티브(Active) 셀을 변경하려면 어떻게 하나요?

Enter : 아래, **Shift** + **Enter** : 위, **Tab** : 오른쪽, **Shift** + **Tab** : 왼쪽으로 이동합니다.
Ctrl + **.** : 를 누르면 오른쪽 → 아래쪽 → 왼쪽 → 위쪽 순으로 엑티브 셀이 이동합니다.

특별한 셀 선택 _ 이동 옵션

예제 파일 1-1-4 셀,행,열 편집-예제.xlsx | 완성 파일 1-1-4 셀,행,열 편집-완성.xlsx

이동 기능은 이름에서 나타나듯 워크시트의 특정 셀로 이동하는 것으로 결과는 셀을 선택하는 것으로 나타납니다. 우리는 빈 셀, 수식이 입력된 셀, 화면에 보이는 셀 등 특별한 속성을 갖고 있는 셀을 구분하여 선택해볼 예정입니다. 작업에 앞서 반드시 이동 옵션을 실행될 범위를 지정해야 합니다. 만약 범위를 선택하지 않고 작업을 한다면 작업과 관련 없는 워크시트 전체 모든 셀에서 실행되어 원하지 않은 셀까지 선택될 것입니다.

01 '빈셀' 시트에서 특정 범위의 빈 셀만 선택하기 위해 선택할 빈 셀이 포함된 범위 [A3:C17]을 선택하고 **Ctrl**+**G**를 누른 후 [이동] 대화상자에 [옵션]을 클릭합니다. [이동 옵션] 대화상자에서 [빈 셀]을 체크하고 [확인]을 클릭합니다.

팁 :: 범위를 선택하지 않고 이동 옵션을 실행하면 작업과 관련 없는 워크시트의 모든 빈 셀들이 선택됩니다.

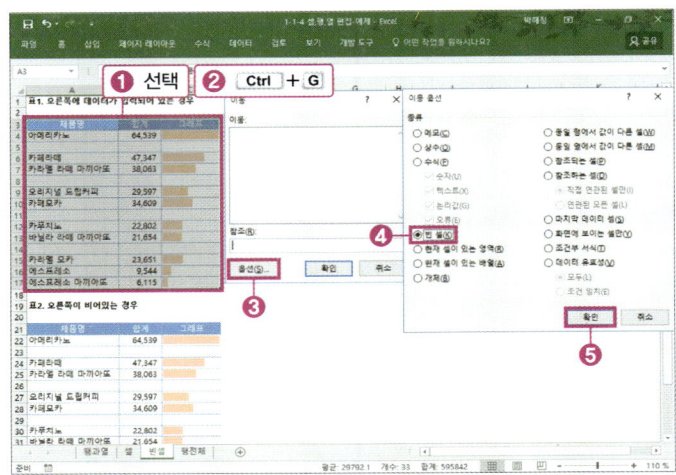

02 범위의 빈 셀이 선택된 상태에서 **Ctrl**+**-**를 누르면 [삭제] 대화상자가 나타나는데 [셀을 위로 밀기]를 체크하고 [확인]을 클릭합니다. 표1과 표2를 비교해보면, 표1처럼 오른쪽에 자료가 입력되어 있는 경우에는 [셀을 위로 밀기]를 표2처럼 오른쪽이 비어있는 경우는 [행 전체]를 체크해도 같은 결과가 됩니다.

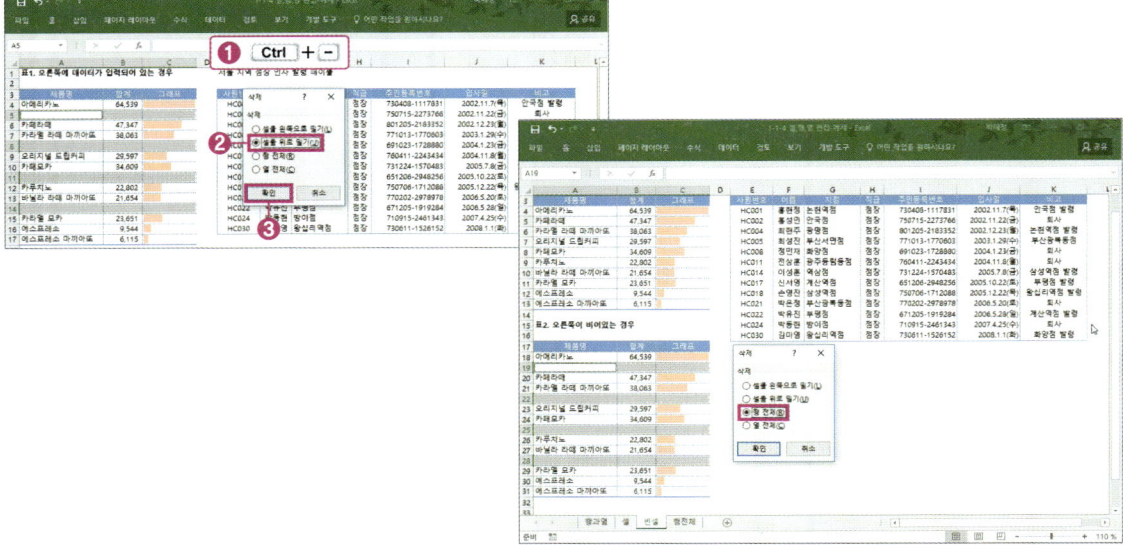

03 [비고]에서 빈 셀을 기준으로 포함된 전체 행을 삭제하려면 [G3:G16]을 선택하고 [이동 옵션] 대화상자를 불러 온 후 [빈 셀]을 체크합니다. Ctrl + - 를 눌러 [삭제] 대화상자를 불러온 후 [행 전체]을 체크하고 [확인]을 클릭합 니다.

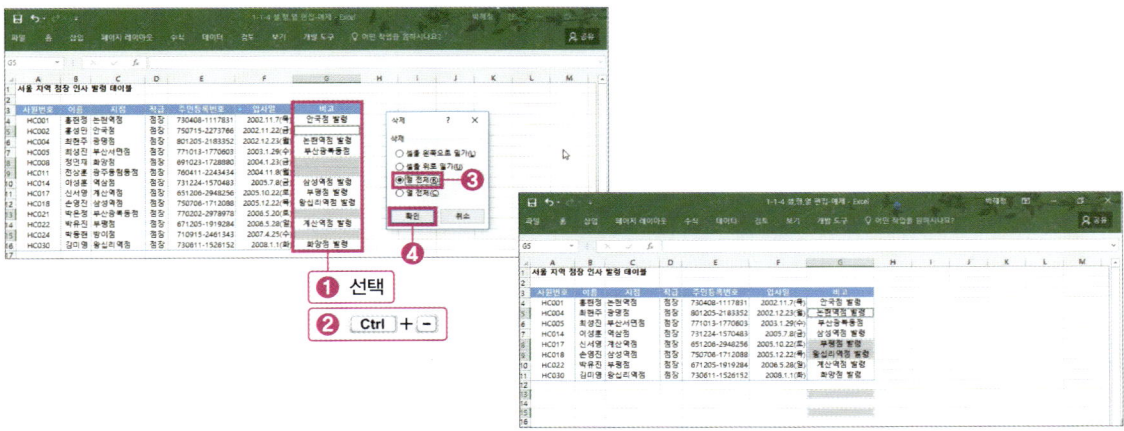

팁 :: 위의 빈 셀을 선택하는 작업을 [찾기 및 바꾸기]로 한다면?

01 [A3:C17]을 선택하고 Ctrl + H 를 눌러 [찾기 및 바 꾸기] 대화상자가 나타나면 [모두 찾기]를 클릭합니다.

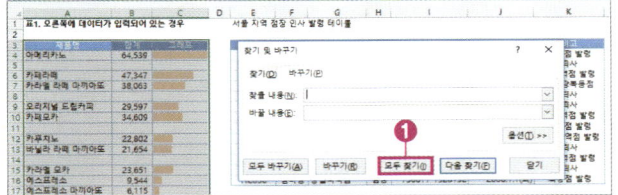

02 [찾기 및 바꾸기] 대화상자 아래에 해당 셀이 표시됩니다. 이 상태에서 Ctrl + A 를 누르면 표시된 모든 셀이 선택됩니다.

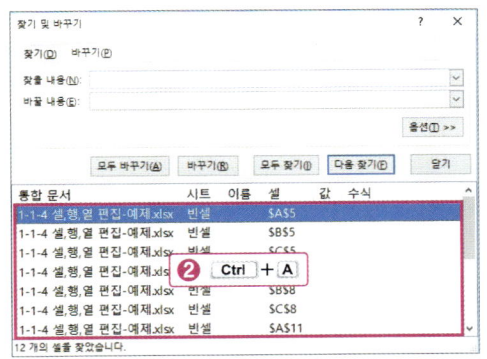
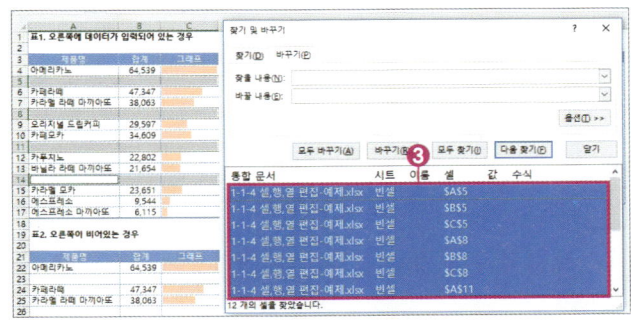

03 [찾기 및 바꾸기]로 삭제하려는 빈 셀을 선택했고, 이후에 앞선 과정의 03 따라하기를 실행하여 삭제합니다.

자동 채우기

예제 파일 1-1-5 SP.자동채우기,이동옵션,셀서식_예제.xlsx ┃ **완성 파일** 1-1-5 SP.자동채우기,이동옵션,셀서식_완성.xlsx

자동 채우기는 엑셀에서 숨쉬기 같은 것으로 셀에 있는 모든 구성 요소를 인접한 셀에 복사하고, 자주 사용하는 몇몇 목록이 등록되어 있어 셀에 특정 목록을 빠르게 입력할 수 있습니다. 또한 사용자가 목록을 지정하여 사용할 수도 있습니다. 엑셀에 자료를 입력하기 전에 자동 채우기의 목록에는 어떤 것이 있으며 새로운 목록은 어떻게 만드는지 등을 꼼꼼히 살펴보겠습니다.

01 자동 채우기로 일련번호(1~10)를 입력하기 위해 [A4] 셀에 '1'을 입력하고 자동 채우기 상태에서 [A13] 셀까지 드래그한 다음 나타나는 자동 채우기 옵션(⊞)을 클릭하여 [연속 데이터 채우기]를 선택합니다.

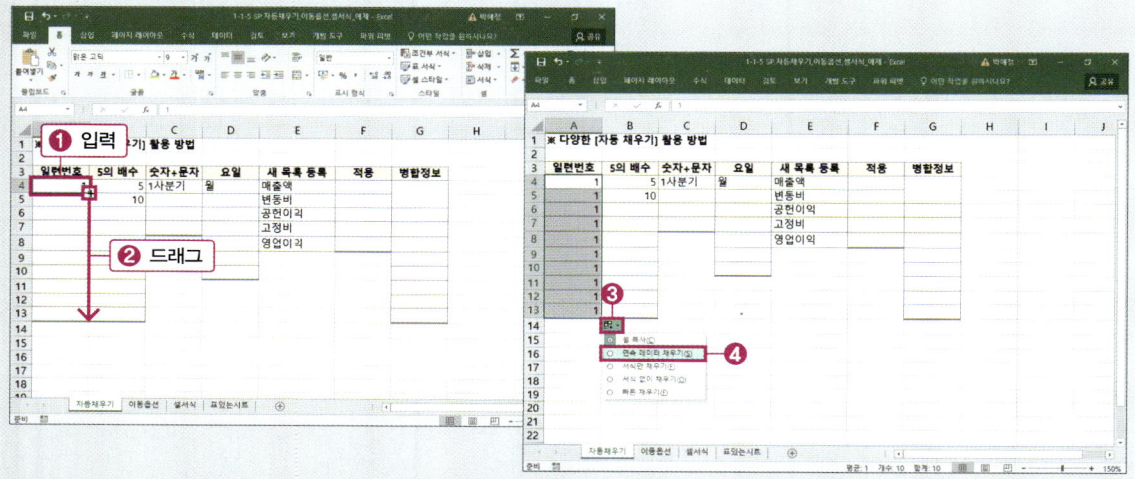

02 이번에는 자동 채우기로 '5, 10, 15'와 같은 배수를 입력하기 위해 [B4] 셀에 '5', [B5] 셀에 '10'을 입력하고 [B4:B5]를 선택한 다음 자동 채우기 옵션 상태에서 더블클릭을 합니다.

팁 :: 자동 채우기는 위, 아래, 오른쪽, 왼쪽으로 모두 가능하며 자동 채우기 옵션 상태에서 더블클릭을 할 경우 왼쪽 또는 오른쪽에 입력한 높이만큼 아래로 채워집니다.

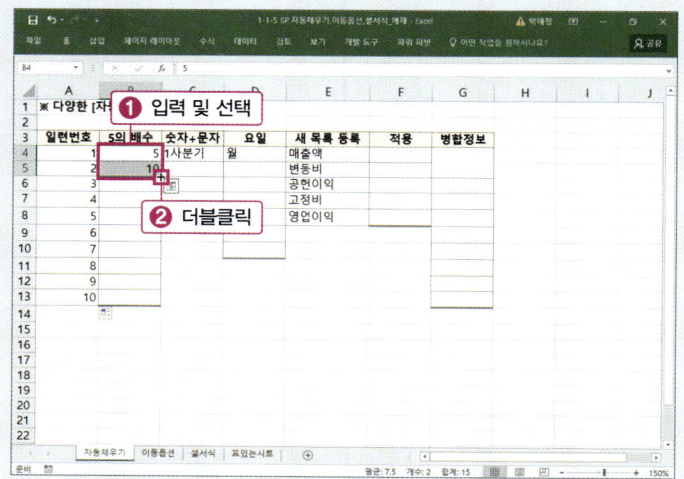

03 자동 채우기로 숫자와 문자가 섞여 있는 '1사분기~4사분기'를 입력하기 위해 기준이 되는 [C4] 셀을 선택하고 [C7] 셀까지 드래그합니다. 숫자는 '1'씩 증가하고, 문자는 그대로 복사됩니다.

···

팁 :: 만약에 '1사분기'를 그대로 여러 번 복사하기 원한다면, 드래그 후 나타나는 자동 채우기 옵션을 클릭한 후 [셀 복사]를 선택합니다.

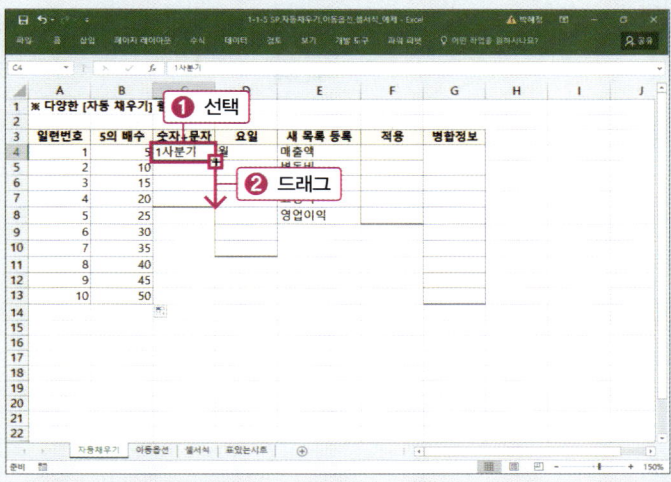

04 기존 자동 채우기 목록에서 요일 '월 ~일'까지를 입력하기 위해 [D4] 셀을 선택하고 [D10] 셀까지 드래그합니다.

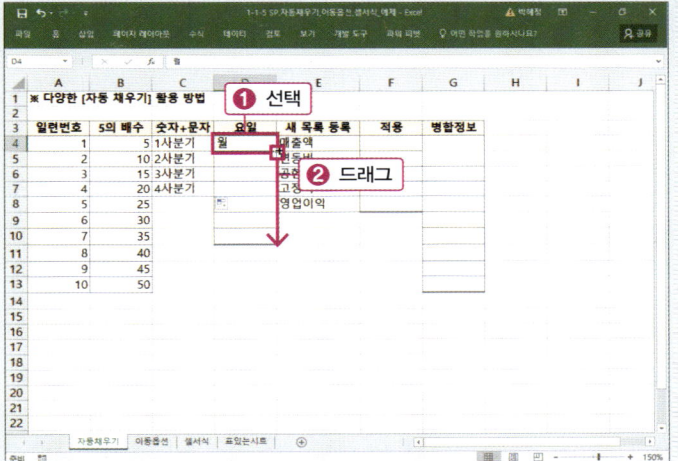

05 이번에는 기존 자동 채우기 목록에 없는 내용을 등록하기 위해 등록 내용 범위 [E4:E8]을 선택하고 [파일]
탭–[옵션]을 클릭합니다. [Excel 옵션] 대화상자의 [고급] 범주에서 [사용자 지정 목록 편집]을 클릭합니다.

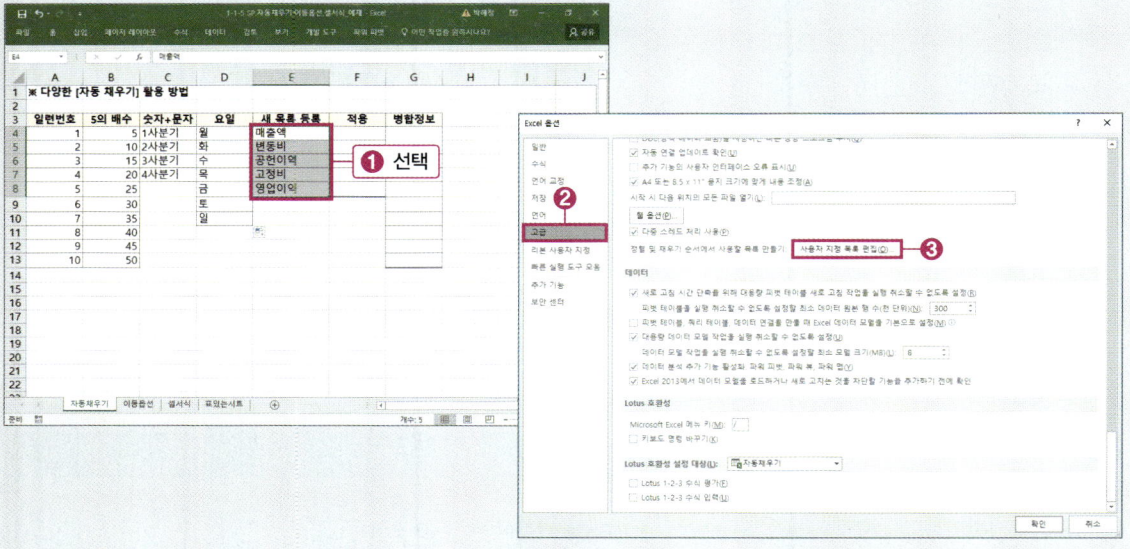

06 참조가 되었는지 확인하고 [가져오기]를 클릭한 다음 추가된 것을 확인한 후 [확인]을 클릭합니다.

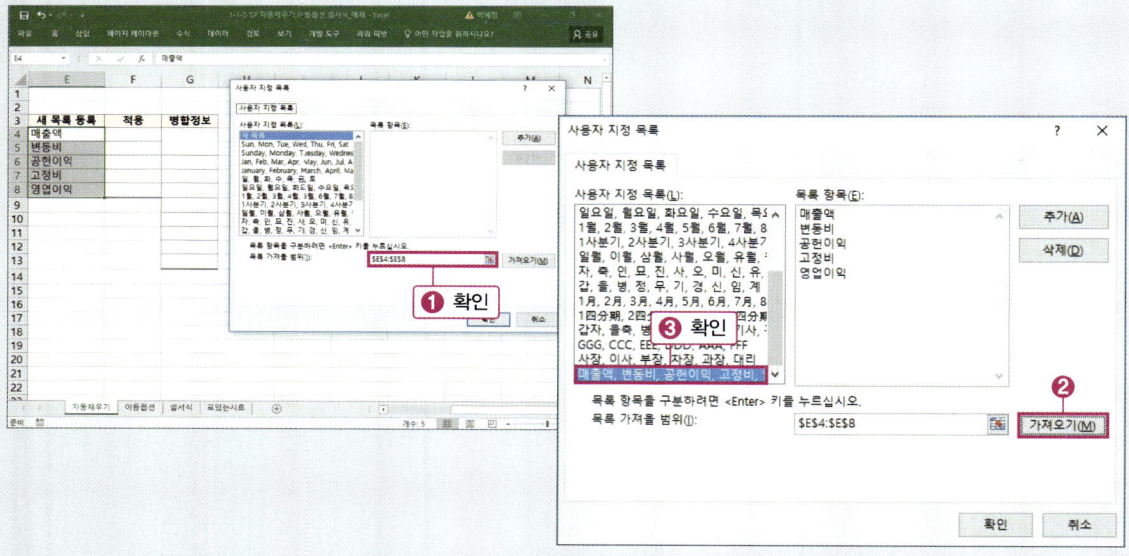

팁 :: 목록을 선택하지 않고 [사용자 지정 목록]을 실행했다면, [참조]([🖳])를 이용하여 참조한 다음 [가져오기]를 클릭하고, 혹시 목록이
없다면 [목록 항목]에 〈Enter〉나 콤마(,)를 항목 사이에 넣어서 구분하여 직접 입력한 다음 [추가]를 클릭합니다.

07 자동 채우기를 이용하여 등록한 내용을 입력하기 위해 [F4] 셀을 선택하고 시작 항목 '매출액'을 입력한 다음 자동 채우기 버튼 상태에서 [F8] 셀까지 드래그합니다.

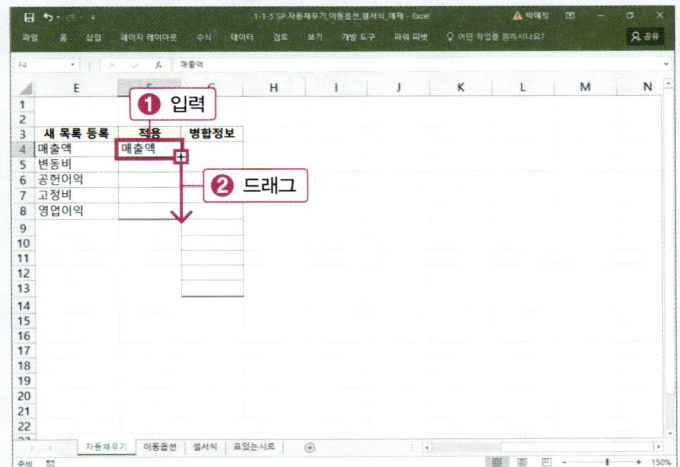

팁 :: 등록한 목록은 [사용자 지정 목록 편집] 대화상자에서 삭제하지 않는 한 엑셀 문서 전체에서 사용할 수 있습니다.

08 이번에는 병합한 정보를 자동 채우기로 복사하기 위해 [G4] 셀과 [G5] 셀이 병합되어 [G4] 셀이 된, [G4] 셀을 선택하고 자동 채우기 상태에서 [G13] 셀까지 드래그합니다.

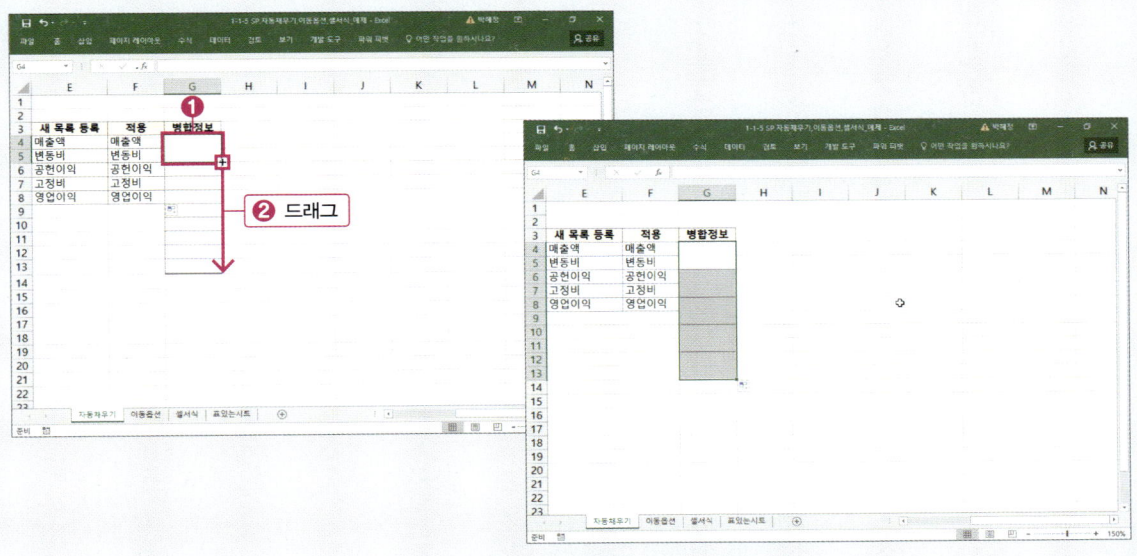

팁 :: 병합한 셀의 개수가 서로 다른 경우에는 자동 채우기 기능을 사용할 수 없습니다.

팁 :: 셀 병합하는 방법
병합하려는 두 개 이상의 셀을 선택하고 [홈] 탭–[맞춤] 그룹에서 [병합하고 가운데 맞춤]을 클릭합니다.

[이동 옵션] 대화상자 더 알아보기

[이동 옵션] 대화상자의 다양한 옵션이 의미하는 바를 90% 이상 알고 있다면, 엑셀과 친하다고 말할 수 있지 않을까요? 이동 옵션은 앞으로의 작업에서 빈번하게 사용할 것이므로, 구체적인 내용은 설명하지 않기로 하고, 간단한 사용 방법 및 옵션의 의미만 소개합니다.

01 [이동 옵션] 대화상자를 실행하려면 **F5**, **Ctrl**+**G** 또는 [홈] 탭–[편집] 그룹에서 [찾기 및 선택]–[이동]을 클릭합니다.

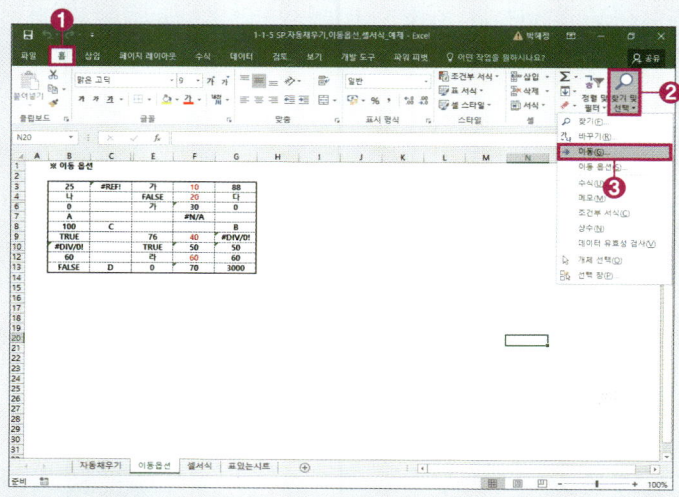

02 [이동] 대화상자는 통합 문서에 정의한 이름, 만들어진 표 이름 등이 표시됩니다. '사원관리'를 선택하고 [확인]을 클릭하면, 해당 표가 있는 시트의 [표] 범위로 이동합니다.

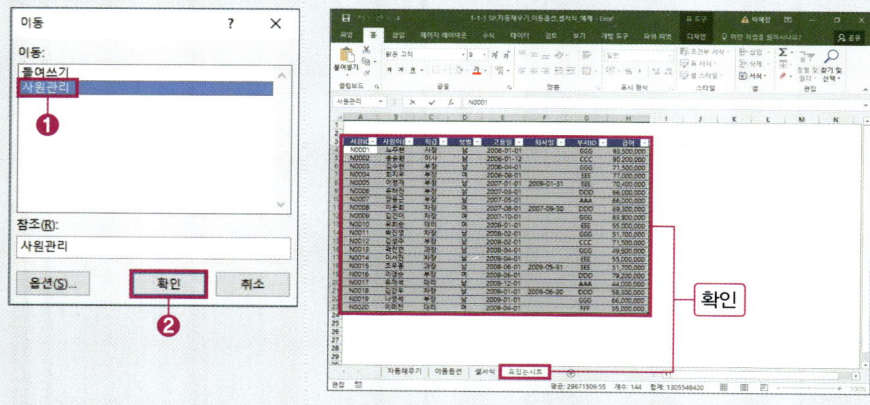

팁 :: [이동] 대화상자에 나타난 [이동] 목록은 정의한 이름과 엑셀 표 이름입니다.

팁 :: [이동 옵션] 대화상자의 기능 설명

앞선 과정에서 [이동] 대화상자의 [옵션]을 클릭하면 [이동 옵션] 대화상자가 나타납니다. [이동 옵션] 대화상자를 실행하기 전에 하나의 셀을 선택하면 시트 전체에서 찾고, 범위를 지정하고 실행하면 범위 내에서 해당하는 셀을 선택합니다. [이동 옵션] 대화상자를 메뉴로 선택하려면 [홈] 탭-[편집] 그룹의 [찾기 및 선택]-[이동 옵션]을 클릭합니다.

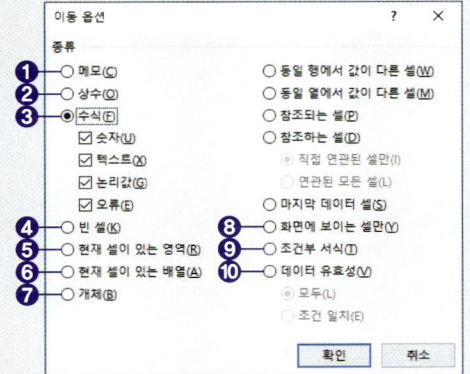

❶ 메모 : 메모가 적용된 셀들을 선택합니다.

❷ 상수 : 직접 입력한 값 중에 '숫자, 텍스트, 논리값, 오류'를 구분해서 선택할 수 있습니다.

❸ 수식 : 수식을 이용해 만들어진 값 중에 숫자, 텍스트, 논리값, 오류를 구분해서 선택할 수 있습니다.

❹ 빈 셀 : 빈 셀만 선택합니다.

❺ 현재 셀이 있는 영역 : [Ctrl]+[A]와 같은 역할을 합니다. 선택한 셀을 기준으로 빈 셀을 만나기 전까지 이어진 모든 셀을 선택합니다.

❻ 현재 셀이 있는 배열 : 선택한 셀을 기준으로 [Ctrl]+[Shift]+[Enter]로 배열 처리한 모든 범위를 선택합니다.

❼ 개체 : 시트 내에 셀이 아닌 도형, 차트, 그림 등을 모두 선택합니다.

❽ 화면에 보이는 셀만 : 숨겨지거나 필터링되지 않은 셀을 제외하고 선택합니다([Alt]+[;](세미콜론)).

❾ 조건부 서식 : 선택하면 [모두] 또는 [조건 일치]를 선택할 수 있습니다. [조건 일치]를 체크하여 선택한 셀과 동일한 조건부 서식이 적용된 모든 셀을 선택하거나, [모두]를 체크하여 시트에 조건부 서식이 적용된 모든 셀을 선택합니다.

❿ 데이터 유효성 : 선택하면 [모두] 또는 [조건 일치]를 선택할 수 있습니다. [조건 일치]를 클릭하여 선택한 셀과 동일한 데이터 유효성이 적용된 모든 셀을 선택하거나, [모두]를 클릭하여 시트에 데이터 유효성이 적용된 모든 셀을 선택합니다.

❾—[조건부 서식]을 선택했을 때	❿—[데이터 유효성]을 선택했을 때

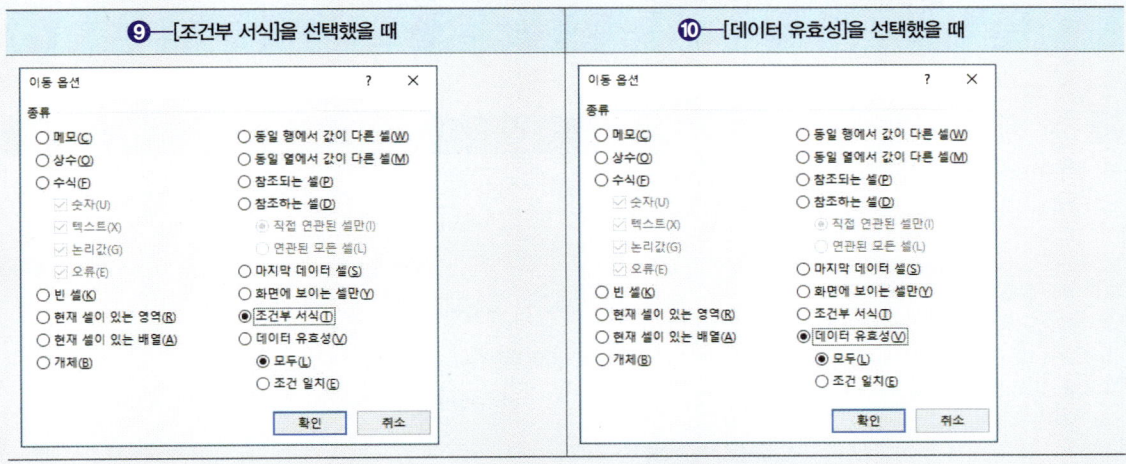

셀 서식 꾸미기

'서식'이란 셀을 꾸미는 방식을 말하며, 엑셀의 서식은 [글꼴] 그룹의 몇몇 기능(글자 단위로 적용하는 색상, 크기, 진하게, 밑줄, 기울림, 위첨자, 취소선 등)을 제외하고 대부분 '셀' 단위로 이루어집니다. 셀 서식을 자동화하는 기능에는 조건부 서식, 표 서식, 셀 스타일이 있는데, 조건부 서식과 표 서식은 뒤에서 자세히 다룰 것이고 여기서는 간단한 서식 적용 방법과 서식을 빠르게 재사용할 수 있는 셀 스타일에 대해 알아보겠습니다.

■ [글꼴] 서식

01 '셀 서식' 시트에서 셀에 입력한 내용 일부에 위 첨자를 적용하기 위해 [C6] 셀을 더블클릭하여 편집 모드로 만들고 '2'를 드래그하여 선택한 다음 [홈] 탭-[글꼴] 그룹에 [글꼴 설정]을 클릭합니다. [셀 서식] 대화상자에서 [글꼴] 탭의 [효과]-[위 첨자]를 체크합니다.

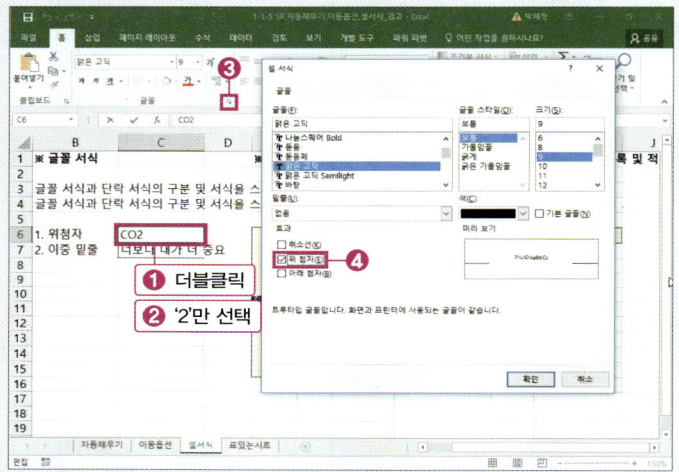

> **팁 :: 편집 모드란?**
> 셀에 커서가 나타나는 모양으로 셀을 더블클릭하거나, 수식 입력줄을 클릭, 또는 F2 를 누르면 편집 모드가 됩니다.

02 이중 밑줄을 적용하기 위해 '내가'를 선택하고 [홈] 탭-[글꼴] 그룹에서 [밑줄]-[이중 밑줄]을 클릭합니다.

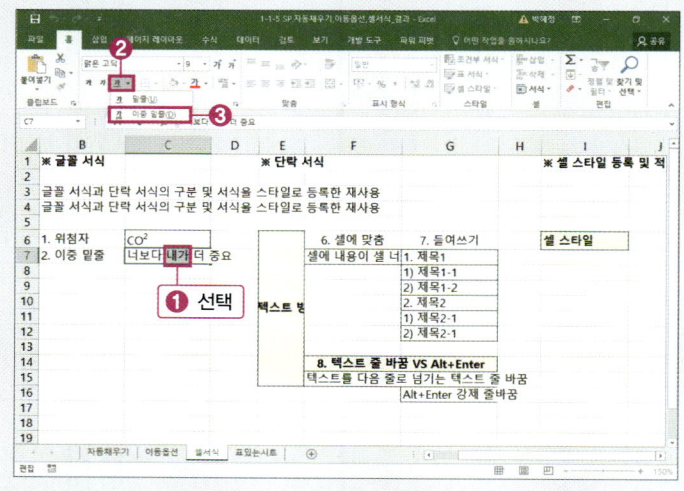

> **팁 :: [셀 서식] 대화상자 불러오기**
> [셀 서식] 대화상자를 불러오는 또 다른 방법은 Ctrl + 1 을 누르는 것입니다. 주의할 점은 커서가 있을 때와 없을 때 [셀 서식] 대화상자에 나타나는 탭의 종류가 다릅니다. 커서가 있는 상태에서 [셀 서식] 대화상자를 불러오면 [글꼴] 탭만 나타납니다.

03 여러 셀을 병합하고 내용을 가운데 정렬하기 위해 [B3:G3]을 선택하고 [홈] 탭-[맞춤] 그룹에서 [병합하고 가운데 맞춤]을 클릭합니다.

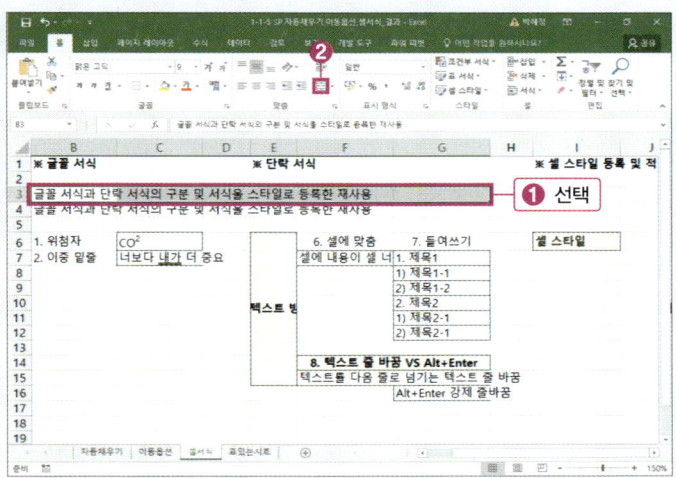

팁 :: 병합하지 않은 상태로 되돌리려면, 병합한 셀을 선택하고 [병합하고 가운데 맞춤]을 한 번 더 클릭합니다. 클릭할 때마다 병합, 병합 해제를 반복합니다.

■ [단락] 서식

01 하나에 셀에 입력한 내용을 병합하지 않고 여러 셀의 가로 가운데에 배치하기 위해 [B4:G4]를 선택하고 **Ctrl**+**1**을 누릅니다. [셀 서식] 대화상자의 [맞춤] 탭-[가로] 목록에서 '선택 영역에서 가운데로'를 선택한 다음 [확인]을 클릭합니다.

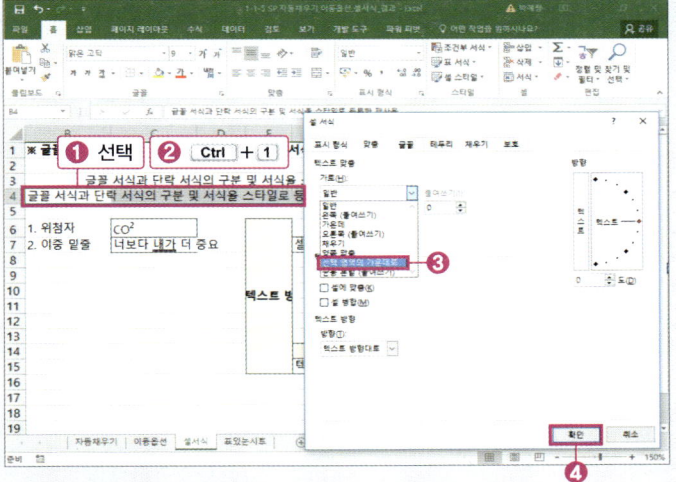

02 텍스트의 방향을 세로로 맞추기 위해 [E6] 셀을 선택하고 Ctrl+1을 눌러 [셀 서식] 대화상자를 불러옵니다. [맞춤] 탭에서 [방향]에 [텍스트]를 한 번 클릭해 검은 색으로 만들고 [확인]을 클릭합니다.

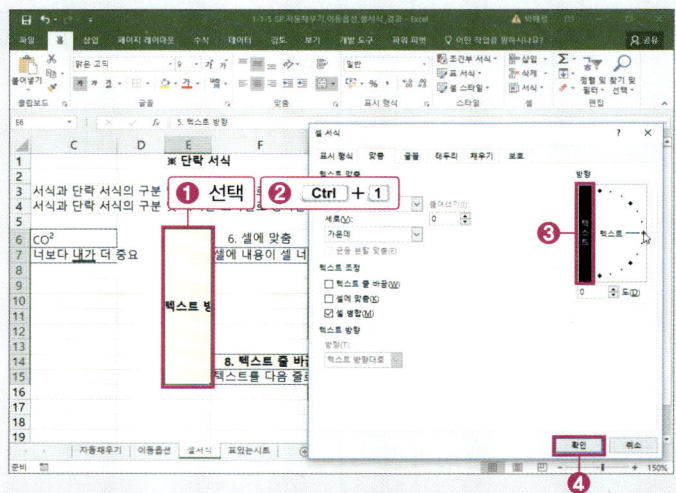

03 셀에 맞춰 텍스트 크기를 줄이기 위해 [F7] 셀을 선택하고 Ctrl+1을 눌러 [셀 서식] 대화상자가 나타나면 [맞춤] 탭에서 [셀에 맞춤]을 체크한 후 [확인]을 클릭합니다.

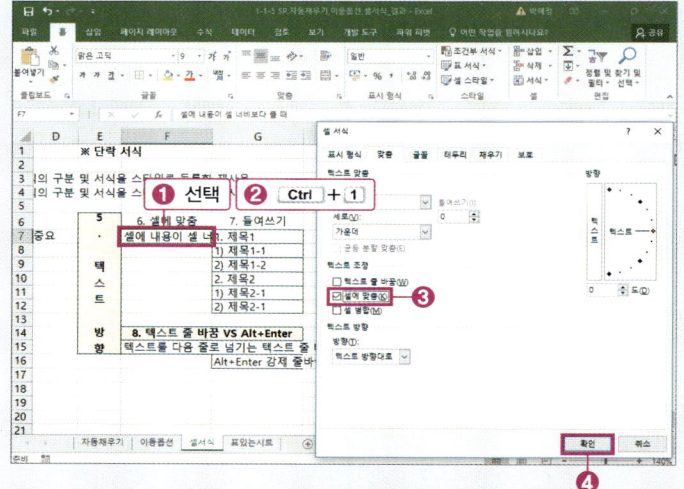

04 들여쓰기를 적용하여 중요도를 구분 하기 위해 [G8], [G9], [G11], [G12] 셀을 선 택하고 [홈] 탭-[맞춤] 그룹에서 [들여쓰기] 를 한 번 클릭합니다.

· ·

팁 :: 들여쓰기나 내어쓰기는 클릭할 때마다 추가 적용됩니다.

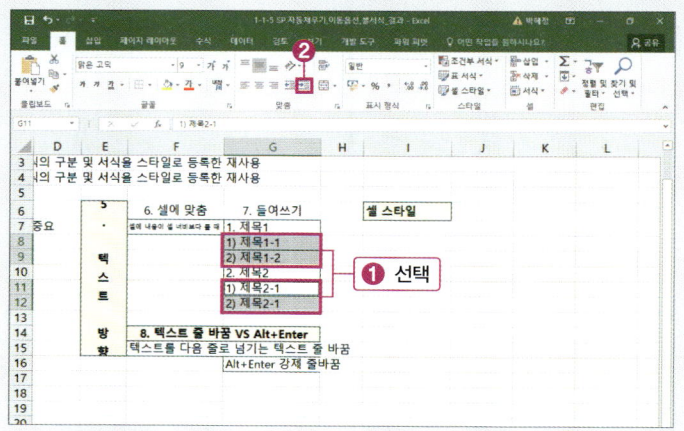

05 이번에는 [F15] 셀을 선택하고 [홈] 탭-[맞춤] 그룹에서 [텍스트 줄 바꿈]을 클릭합니다.

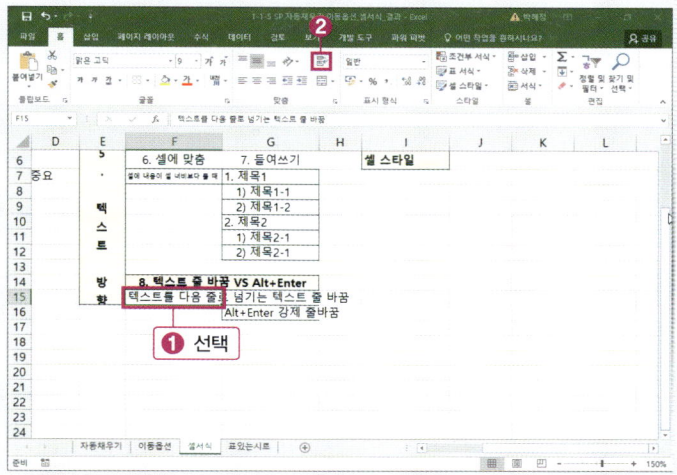

06 [G16] 셀을 더블클릭하여 편집 모드로 만들고 '강' 앞에 커서를 위치시킨 다음 Alt + Enter 를 눌러도 줄바꿈을 할 수 있습니다.

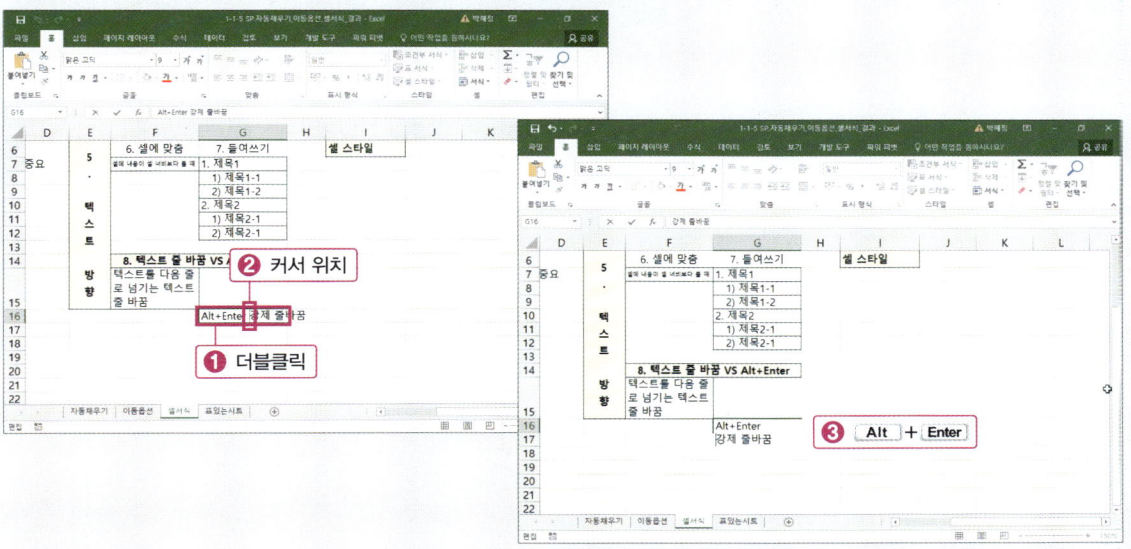

체크해봐요 :: 어떤 차이가 있나요?
텍스트 줄 바꿈 기능은 다시 한 번 클릭하면 적용이 취소되지만, Alt + Enter 는 키를 누른 정보가 그대로 남아서 셀에 값으로 있습니다.

■ 셀 스타일

01 셀 스타일을 등록하기 위해 여러 스타일을 적용한 [I6] 셀을 선택하고 [홈] 탭–[스타일] 그룹에서 [셀 스타일]–
[새 셀 스타일]을 클릭합니다. [스타일] 대화상자의 [스타일 이름]에 '내스타일'을 입력하고 [확인]을 클릭합니다.

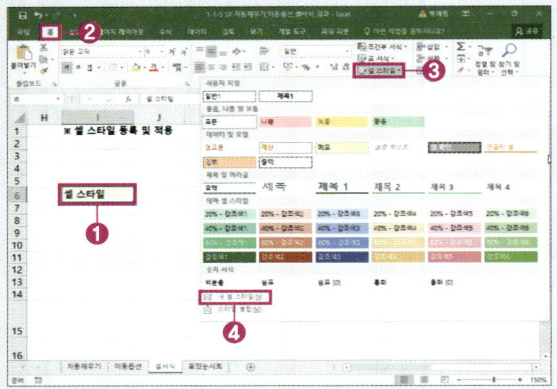 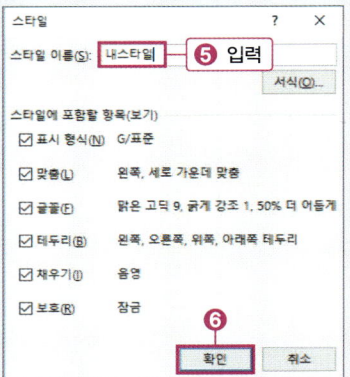

02 만들어진 스타일을 기존 셀에 적용하기 위해 **Ctrl** 을 누른 상태로 [A3], [A4], [B6], [B7], [F6], [G6] 셀을 모두 선택하고 [홈] 탭–[스타일] 그룹에서 [셀 스타일]–[내스타일]을 클릭합니다.

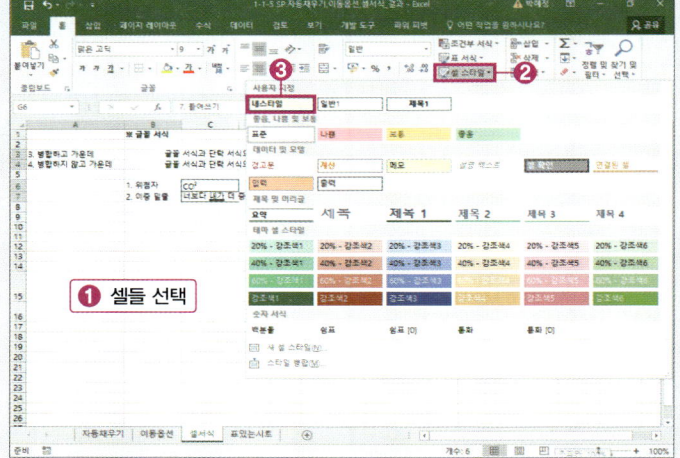

체크해봐요 :: 셀 스타일을 사용하면 어떤 점이 좋은가요?

셀 스타일은 적용 범위가 통합 문서입니다. 여러 셀에 걸쳐 동일한 스타일을 적용해서 사용한다면 해당 스타일의 서식을 한번 수정하여 서식 변경 시간을 현저히 줄일 수 있게 됩니다. 또한 일관된 서식 적용으로 문서의 내용을 좀 더 쉽게 파악할 수 있습니다.

03 '내스타일'을 적용한 셀의 서식을 한꺼번에 변경하기 위해 [홈] 탭–[스타일] 그룹의 [셀 스타일]–[내스타일]에서 마우스 오른쪽 버튼을 클릭한 후 [수정]을 선택합니다.

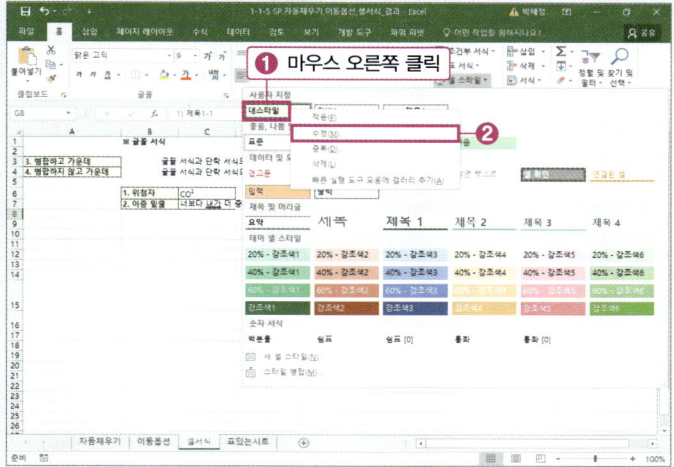

04 [스타일] 대화상자에서 [서식]을 클릭하고, [셀 서식] 대화상자의 [글꼴] 탭에서 [굵게]와 [글꼴 색]을 설정한 후 [확인]을 클릭합니다.

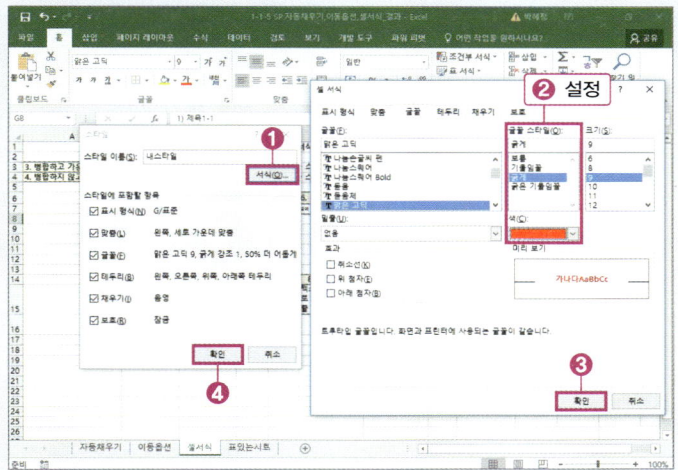

05 '내스타일'을 적용한 모든 셀의 서식이 변경된 것을 확인합니다.

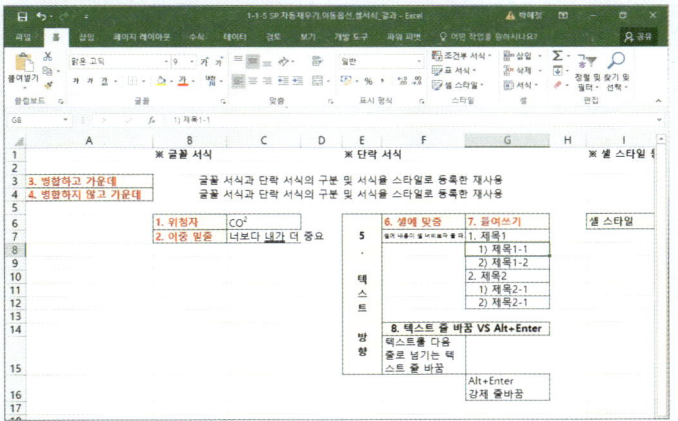

PART
02

엑셀 2016
자기 소개서

엑셀은 데이터를 분석하고 풍부한 정보를 바탕으로 비즈니스적인 결정을 내리기 위해 통합 문서를 만들고 해당 서식을 지정할 수 있습니다. 또한, 엑셀을 사용하면 데이터를 추적하고, 분석을 위한 모델링을 만들고, 해당 데이터에 대한 계산을 실행하기 위한 수식을 작성하고, 다양한 방식으로 데이터를 피벗하고, 전문가 수준의 차트에 데이터를 나타내는 등의 작업을 실행할 수 있다'라고 제조사인 마이크로소프트(Microsoft)사는 말하고 있습니다만, 가슴은 물론이고 머리에도 와 닿지 않는 말들입니다. 독자들의 답답한 마음은 과정의 전체를 학습함으로 해결되겠지만, 이번 장은 엑셀의 본질적인 목적을 파악하고 그에 따른 구성과 특징을 살펴보는 진정한 엑셀 2016 자기 소개서가 될 것입니다.

'엑셀', 너는 대체 누구이며,
내게 무엇을 해줄 수 있더냐?

**무차별적으로
쏟아지는 정보들!**

우리에게는 하루에도 엄청난 공적, 사적인 정보가 구분 없이 눈, 코, 입, 메일, 회사 네트워크 등으로 입력됩니다. 범위를 줄여서 회사로 들어와 보자. 상사와 동료의 말, 메일, 거래처 담당 자와의 통화 등 그들 중에는 저장이 필요한 정보도 있고, 그렇지 않은 정보도 있을 것입니다. 저장이 필요한 정보라면 그것을 어디에 어떤 모양으로 저장할 것인가? 정보의 입력 범위를 줄여서 '나는 인사관리팀입니다. 회사의 직원은 대략 2,000명 정도가 되며, 업무 중 하나가 직 원들에 휴가를 관리하는 것입니다.' 직원들은 매일 여럿이 휴가를 가고, 오는 날짜는 다 다른 데, 연말에 직원마다 휴가일수의 총합을 내어 급여에 반영해야 한다면?' 이런 정보를 흔히 사 용하는 워드로 구구절절 '누가 휴가를 갔고, 왔고, 며칠 됐다'고 적어 놓을 순 없지 않은가? 메 모를 하더라도 그 자료를 재사용해서 할 수 있는 일이 과연 무엇이란 말인가?!

엑셀을 사용해야 하는 이유

먼저 엑셀, 워드, 파워포인트 중에 어떤 오피스 프로그램을 이용하여 자료를 입력할 것인지를 선 택해야 합니다. 엑셀을 선택했다면 셀에 명확하게 값을 입력해야 하고, 올바른 모양을 갖춰야 합 니다. 그러나 사용자들은 본인들 입장만 생각하고, 엑셀의 입장은 생각하지 않습니다. 심지어 엑 셀로 작업하는 것이 적절하지 않은 경우도 가끔 발생합니다. 엑셀은 다음과 같은 경우에 선택하면 좋습니다!

:: 계산 작업이 필요할 때

:: 함수를 써야 할 때

:: 데이터가 정기적으로 관리되어야 할 때

:: 데이터를 분석해야 할 때

:: 그래프를 그려야 할 때

엑셀 작업의 흐름을 한 눈에 파악하자!

Story 01 – Part 01	Story 01 – Part 01
① 문서를 만들어,	② 작업 환경을 조정하며,

Story 01 – Part 01, 04 / Story 02 – Part 07	Story 01 – Part 03 / Story 02 – Part 11
③ 문서에 자료를 입력 및 편집하고,	④ 주목해야 할 정보에 서식을 지정하고,
▲ 자동 채우기, 참조, 표, 이동, 찾기 및 바꾸기	▲ 셀 서식, 셀 스타일, 조건부 서식

Story 01 – Part 02	Story 01 – Part 03, 04, 05, 06

⑤ 때에 따라 원하는 데이터를 추적하며,

⑥ 계산을 실행하기 위한 수식을 설계.

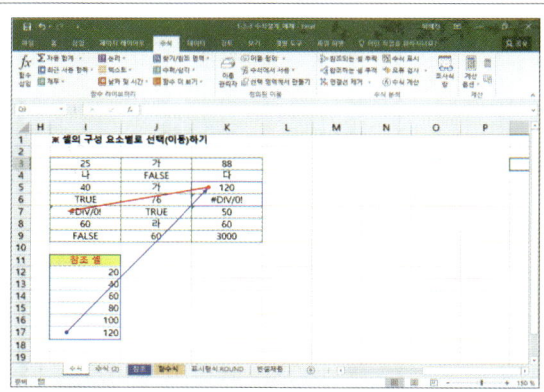

▲ 수식 추적, 이동 옵션, 연결

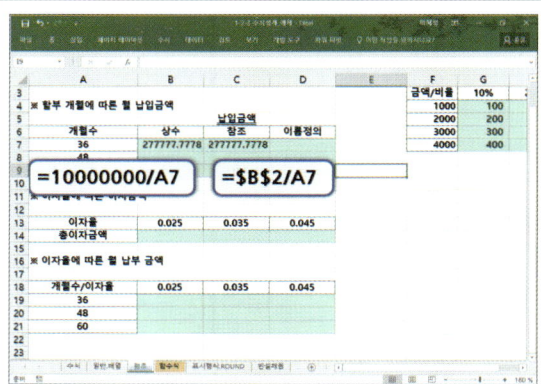

▲ 직접 입력 및 참조

Story 01 – Part 03, 04 / Story 02 – Part 07, 08, 09, 10	Story 02 – Part 07, 10

⑦ 함수를 이용하여 데이터 분석을 위한 자료를 생성, 변형, 불러옴, 관리, 모델링

⑧ 다양한 방식으로 데이터 분석하며,

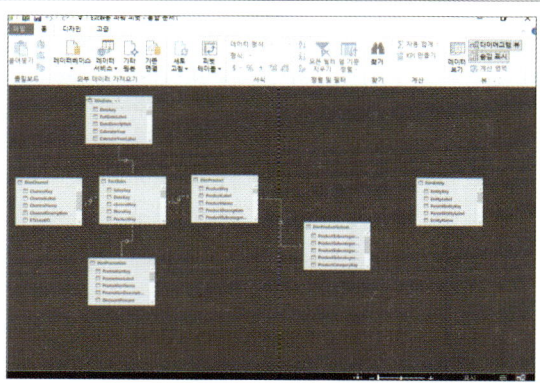

▲ IF, IFS, VLOOKUP, INDEX,

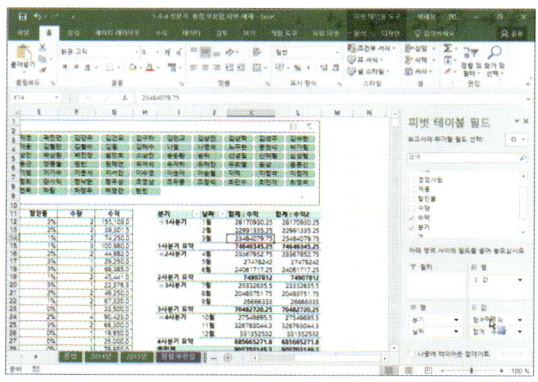

▲ 부분합, 통합, 피벗 테이블, SUMIFS

Story 02 – Part 11	Story 01 – Part 01

⑨ 분석 결과로 전문가 수준의 차트를 만들어 보고할 수 있는 툴을 제공합니다.

⑩ 필요에 따라 인쇄를 합니다.

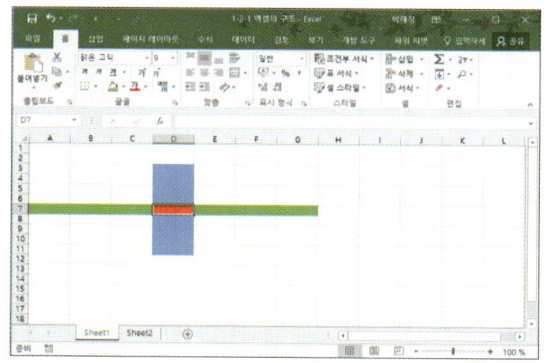

▲ 조건부 서식, 차트

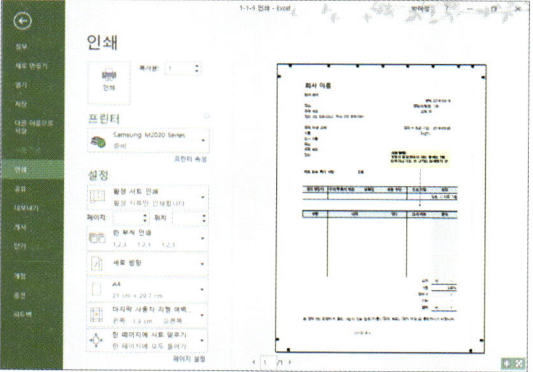

▲ 인쇄

엑셀 통합 문서의 구조(Structure)

구조(Structure)의 사전적 정의는 이렇습니다. '부분이나 요소가 어떤 전체를 짜서 이룸. 또는 그렇게 이루어진 얼개라 합니다.' 엑셀의 구조는 이렇습니다. 자료를 저장하는 ❶ 셀이 있습니다. 셀의 가로 모음을 ❷ 행, 세로 모음을 ❸ 열이라 하며, 행과 열이 모여 하나의 ❹ 워크시트를 이룹니다. 여러 개의 워크시트가 모여 하나의 ❺ 통합 문서로 저장됩니다. 이외에 ❻ 파워 쿼리와 파워 피벗 데이터 모델, 매크로도 통합 문서에 함께 저장됩니다.

셀 < 행과 열 < 시트 < 통합 문서

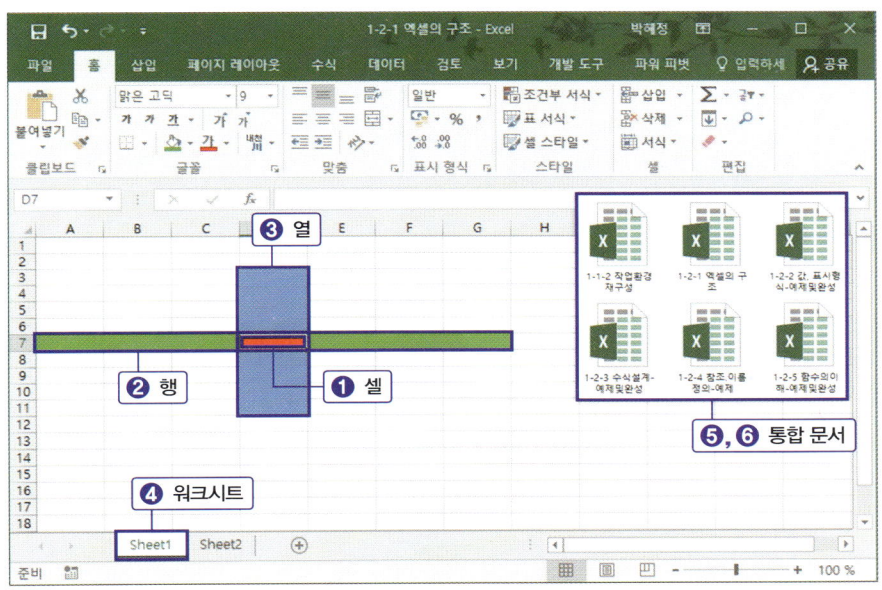

■ 주목해야 하는 엑셀 통합 문서 확장자

아이콘	문서	확장자	아이콘	문서	확장자
Excel 통합 문서	Excel 통합 문서	.xlsx	Excel 97-2003 통합 문서	Excel 97–2003 통합 문서	.xls
Excel 매크로 사용 통합 문서	Excel 매크로 사용 통합 문서	.xlsm	Excel 서식 파일	Excel 서식 파일	.xltx

셀과 값, 그리고 작업과의 관계

셀은 저장소,
값은 그 안에 입력한
데이터,
표시 형식은
Facade[허울]

엑셀을 사용하면서 알아야 할 가장 기본이 '셀에 입력한 값이 무엇인지를 알아내는 것'입니다. 이 말이 좀 황당하게 들릴 수도 있겠지만, 엑셀을 이용하여 실제 업무를 하는 사람들이 가장 많이 실수하는 일이 셀에 들어있는 값에 대한 것인데, 사용자는 분명 있다고 생각하고, 엑셀은 없다고 판단합니다. 누구의 말이 맞는 걸까요? 당연히 일하는 당사자, 엑셀이 없다면 없는 것입니다. 그렇다면 그 오해는 도대체 왜 생기는 것일까요?!

셀에 값 '숫자, 문자, 논리 오류' 입력

네모난 상자 모양의 셀은 데이터가 저장되는 곳입니다. 셀에 저장할 수 있는 값은 '숫자, 문자, 논리, 오류'이며, 이들을 '데이터 형(type)'이라고 합니다. 엑셀은 셀이 취급할 수 있는 데이터 형을 네 가지로 구분하고 데이터 형에 따라 어떤 작업이 가능한지를 정해 놓았습니다. 엑셀 사용자는 데이터를 어떤 용도로 쓸 것인지 정하고, 용도에 맞게 옳게 입력해야 합니다. 꼭 기억해야 할 것은 셀에 개체(그림이나 도형 등)를 저장할 수 없다는 것입니다.

■ 셀에 저장되는 값은?

값의 구분	숫자	문자	논리	오류
종류	❶ 정수, ❷ 지수, ❸ 분수, ❹ 날짜, ❺ 시간	❶ 공백 문자 ❷ 특수 기호(○) ❸ 〈Alt〉+〈Enter〉	❶ TRUE ❷ FALSE	#VALUE! 포함 9 가지
기본 정렬 상태 입력 및 맞춤	**숫자** 오른쪽 정렬 ❶ 10 ❷ 1.23457E+14 ❸ 1/2 ❹ 2016-07-30 ❺ 12:36 PM	**문자** 왼쪽 정렬 ❶ 홍길동 공백문자 ❷ ○ ❸ Alt+Enter	**논리** 가운데 정렬 ❶ TRUE ❷ FALSE	**오류** 가운데 정렬 #DIV/0! #REF! #NAME? #N/A #VALUE! #NULL! #NUM! ############

팁 :: 숫자 중 정수, 지수, 분수, 날짜, 시간 입력 요령

정수	지수	분수	날짜	시간
양의 정수(1,2,3)는 그대로 입력하고 음의 정수(-1,-2,-3)는 '-'와 함께 입력	'100'을 입력하고 표시 형식을 지수로 변경하면 '1.E+02'로 표시	'1/2'을 입력한다면 '0'을 먼저 입력 후 '1/2' 입력	연월일을 "-"나 "/"로 구분 하여 입력	시분초를 ":"으로 구분하 여 입력

■ 오류 메시지의 종류와 의미 그리고 발생 원인

표에 수식 또는 값에 대한 정확한 이해를 위해서 [참조 데이터]를 추가했으니 함께 확인해보겠습니다.

메시지	의미	사례	수식 또는 값
#DIV/0!	0에 의해 나누기를 실행한 경우에 나타난다.	#DIV/0!	=100/0
#REF!	❶ 수식에서 사용한 참조 셀이 지워졌거나,	#REF!	=#REF!
	❷ 다른 인식불가능한 셀을 참조했을 때 나타난다.	#REF!	=#REF!
#NAME?	❶ 함수의 이름과 정의된 이름의 철자가 틀렸을 때나	#NAME?	=aveage(H5:H9)
	❷ 함수 내에 텍스트의 입력 자리에 큰 따옴표 없이 텍스트를 입력했을 때 나타난다.	#NAME?	=INDEX(H5:J9,0,MATCH(삼월,H4:J4,0))
#N/A	❶ Not Available/ No Answer MATCH함수 사용 시나	#N/A	=VLOOKUP("P7",G5:J9,2,0)
	❷ VLOOKUP, HLOOKUP, LOOKUP함수 사용 시 나타난다.	#N/A	=MATCH("P1 ",G5:G9,0)
#VALUE!	❶ 인식 불가능한 피연산자나 인수의 데이터 형을 사용했을 때와	#VALUE!	="이름"^2
	❷ 배열 수식을 Ctrl + Shift + Enter로 입력하지 않은 때 나타난다.	#VALUE!	=SUM(H5:H9*10%)
#NULL!	교차점(교집합 데이터)이 없는 경우에 나타난다.	#NULL!	=H7:I7 J5:J9
#NUM!	❶ 함수나 수식에 인식불가능한 숫자 데이터 형, IRR함수 같은 반복작업에서 답을 찾을 수 없을 때와	#NUM!	=9E+99^3000
	❷ 숫자가 너무 크거나 작을(숫자는 -1*10^307 ~ 1*10^307) 때 나타난다.	#NUM!	=-9E+99^3000
#######	❶ 숫자 데이터를 표시하기에 열 너비가 충분치 않거나	#######	100000000
	❷ 날짜와 시간이 음수로 표시된 경우	#######	-0.25
셀 순환참조	수식에 셀을 참조할 때 자신의 셀을 참조할 경우 이 오류에 대하여 오류 메시지 대화상자가 표시된다.	0	=SUM(I5:I9,D19)

◀ 위의 오류 메시지 이해를 위한 참고 데이터

셀 순환 참조를 했을 경우 아래와 같은 메시지 창이 나타납니다.

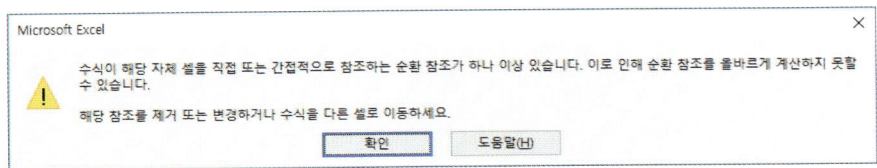

셀에 저장되지 않는 개체(Object) 관리는?

예제 파일 1-2-2 값, 표시형식-예제 및 완성.xlsx, 1-2-2-메모.jpg

필자는 여러 회사에서 강의하면서 이미지 자료를 엑셀로 관리하는 사람들을 많이 만났습니다. 엑셀이 데이터베이스 프로그램이 아닌데 셀에 이미지를 넣으니, 정렬을 해도 그 자리에 그림만 남아있고, 필터를 해도 다른 자료들과 무관하게 움직이는데 이를 어떻게 해야 할까요?! 필자는 이미지 데이터를 엑셀에서 관리하려면 메모를 삽입한 후 이미지로 채워서 사용할 것을 권합니다.

01 '값' 시트에서 [F3] 셀을 선택하고 마우스 오른쪽 버튼을 클릭한 후 [메모 삽입]을 선택합니다.

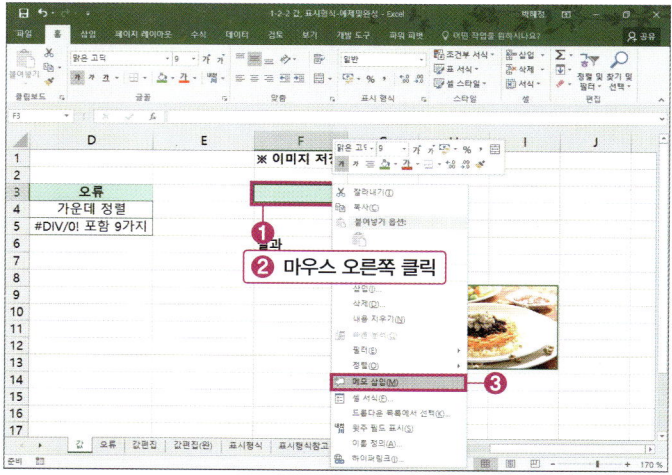

02 삽입된 메모를 커서 없0 선택하고 마우스 오른쪽 버튼을 클릭한 후 [메모 서식]을 선택합니다.

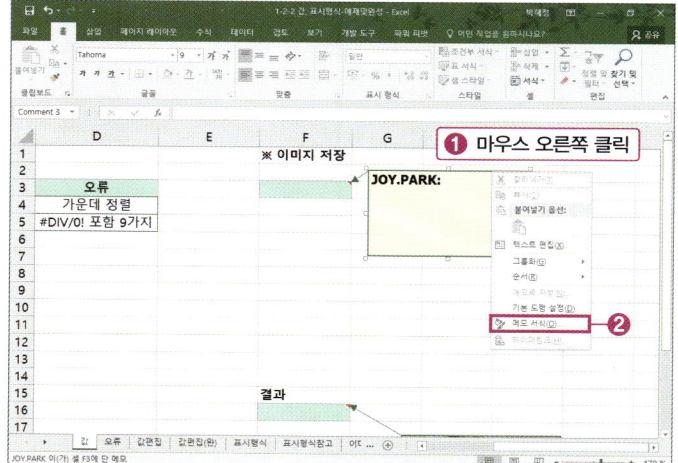

03 [메모 서식] 대화상자의 [색 및 선] 탭에서 [채우기]의 [색]–[채우기 효과]를 선택하고, [채우기 효과] 대화상자의 [그림] 탭에서 [그림 선택]을 클릭합니다.

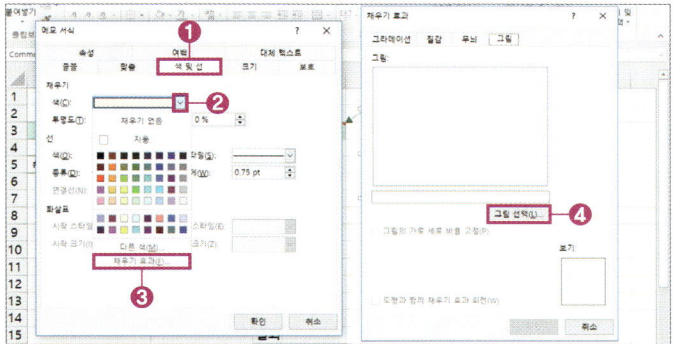

04 [그림 삽입] 대화상자에서 [찾아보기]를 클릭하고, [그림 선택] 대화상자에서 그림(1–2–2–메모.jpg)을 선택한 후 [삽입]을 클릭합니다.

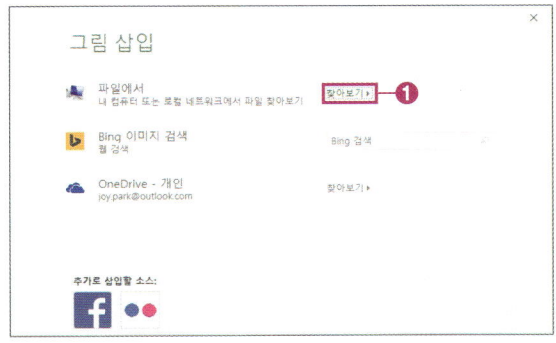

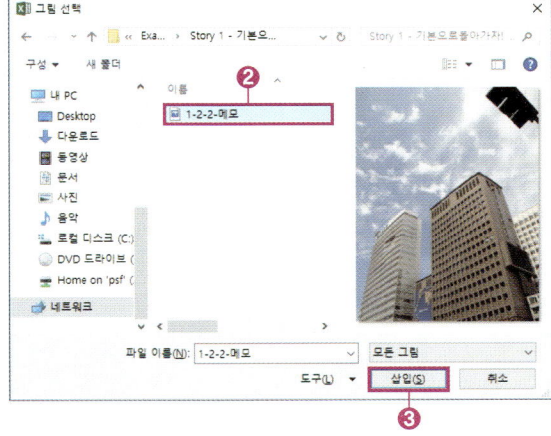

05 그림을 확인하고 [확인]을 클릭합니다. 삽입된 메모는 셀의 구성 요소가 되므로 정렬이나 필터를 적용할 때 함께 움직입니다. 그림은 화면에 계속 표시할 수도 있고 마우스 포인터가 메모 표시 위에 위치할 때만 나타나도록 할 수도 있습니다.

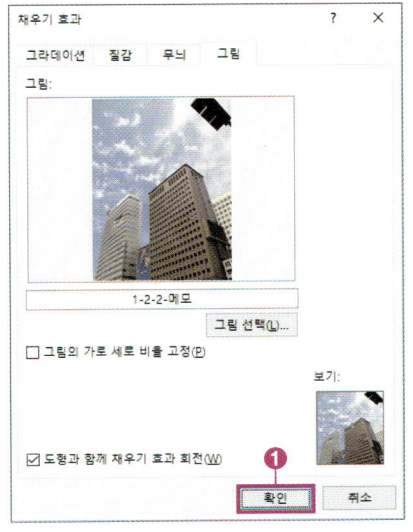

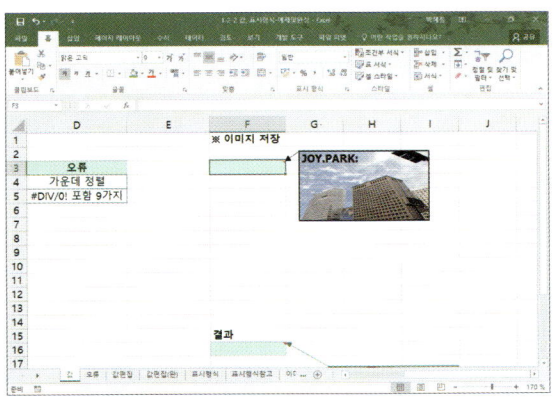

값을 구분하여 선택 _ 상수의 숫자와 수식의 숫자

예제 파일 1-2-2 값, 표시형식-예제 및 완성.xlsx

이동 옵션을 이용하여 직접 입력한 값과 수식을 통해 만들어진 값 중 숫자만 선택하고 결과의 다름을 확인해보겠습니다.

01 '값 편집' 시트에서 구성 요소별로 구분하여 선택하기 위해 [A10:C16]을 선택하고 **Ctrl**+**G** 또는 **F5**를 눌러 [이동] 대화상자를 불러옵니다. [옵션]을 클릭하고 [이동 옵션] 대화상자에서 [상수]와 [숫자]만 체크한 후 [확인]을 클릭합니다.

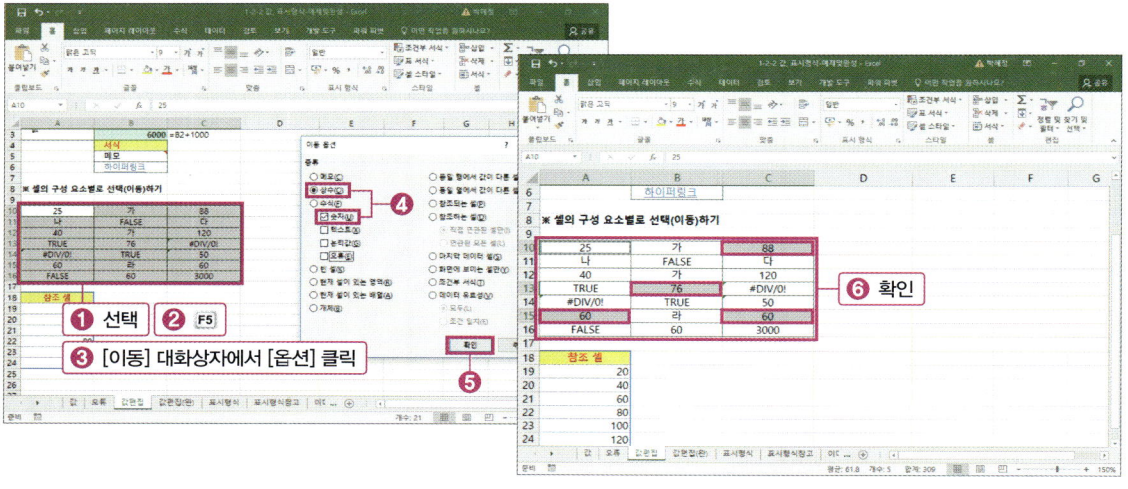

팁 :: 사용자가 셀에 직접 입력하여 만든 값 모두를 '상수'라고 합니다. 이 작업을 통해 선택되지 않은 숫자는 수식의 결과로 만들어진 값이거나 숫자처럼 보이지만 문자로 인식되었을 거라고 추측할 수 있습니다.

02 다시 구성 요소별로 구분하여 선택하기 위해 [A10:C16]을 선택하고 **Ctrl**+**G** 또는 **F5**를 눌러 [이동] 대화상자를 불러옵니다. [옵션]을 클릭하고 [이동 옵션] 대화상자에서 [수식]과 [숫자]만 체크한 후 [확인]을 클릭합니다.

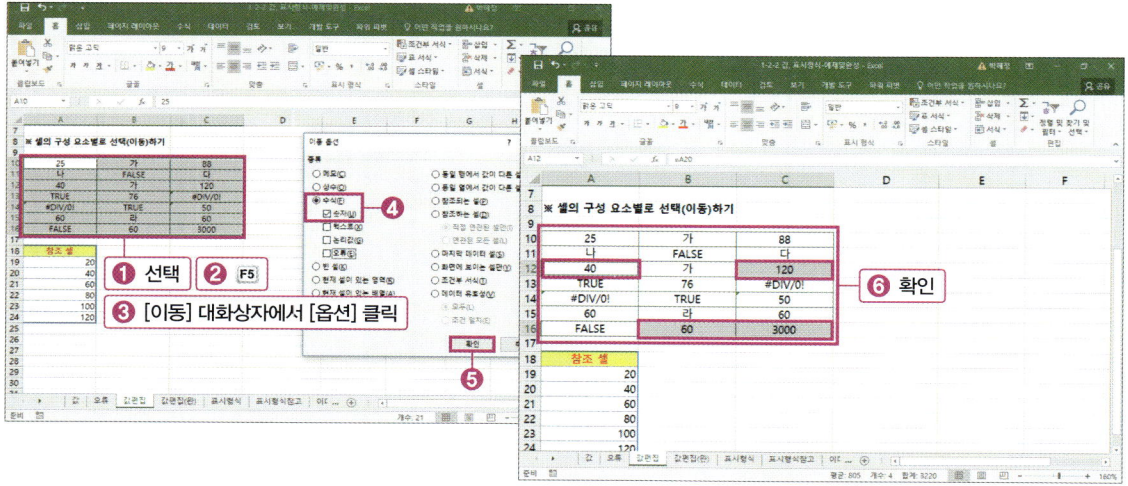

만약에 특정 내용만을 표시하고 싶다면?! _ 표시 형식

예제 파일 1-2-2 값, 표시형식-예제 및 완성.xlsx

표시 형식은 서식의 일부분으로 실제 값이 아닙니다. 셀에 숫자를 입력하고 수의 단위가 잘 읽힐 수 있도록 세 자리마다 콤마를 입력한다면, 이 콤마가 숫자와 섞여 결국 문자 데이터 형이 됩니다. 그렇게 되면 숫자가 갖는 특성이 없어지기 때문에 연산 대상으로써의 자격을 잃어버리게 됩니다. 이런 현상을 방지하기 위해 콤마가 표시는 되지만 실제 값에 영향을 주지 않는 방법이 필요했고, 이것이 엑셀의 '표시 형식' 기능입니다. 몇몇 표시 형식 적용 사례를 통해 표시 형식에 대한 이해를 넓혀봅니다.

01 '표시 형식' 시트에서 입력한 숫자의 첫 단위마다 콤마로 구분하고 숫자 뒤에 '원'을 표시하기 위해 [J4:J16]을 선택하고 **Ctrl** + **1**을 누릅니다. [셀 서식] 대화상자의 [표시 형식] 탭에서 [사용자 지정]을 선택하고 [형식]에 '#,##0"원"'을 입력한 다음 [확인]을 클릭합니다.

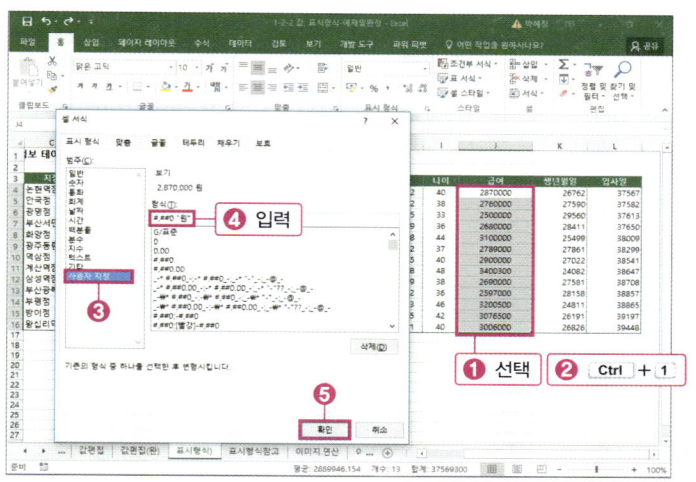

··

팁 :: 표시 형식 코드 '#,##0"원"' 상세 설명

• #과 0 : 선택한 각각의 셀에 숫자 값을 표시하라는 의미로 마지막 자리에 '0'을 입력한 이유는 '0'이 아닌 '#'으로 입력했을 때 지정 범위의 '0' 값은 화면에 표시되지 않습니다.

• "원" : 화면에 그대로 표시할 내용은 큰따옴표로 묶어 입력합니다.

02 선택한 범위에 표시를 확인하고 특별히 하나의 셀(J4)을 선택하고 수식 입력줄을 확인해보면 보이는 것과 실제 값이 다른 것을 확인할 수 있습니다.

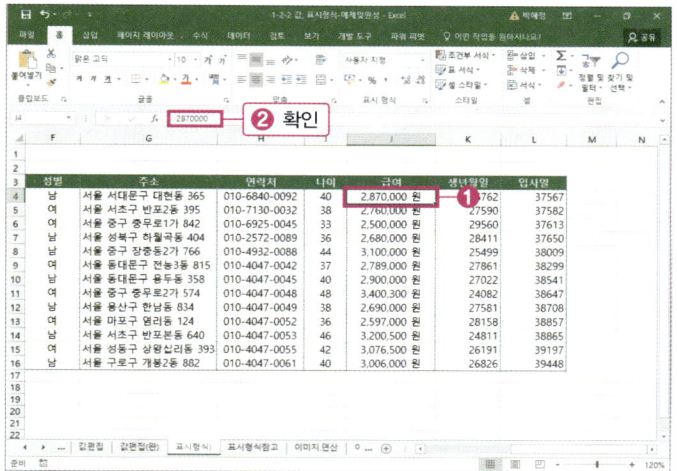

체크해봐요 :: 숫자가 너무 커서 6자리를 표시하지 않으려 합니다. 이럴 때는 어떻게 하나요?

만약 3자리만 표시하지 않으려면 '#,###.'를 입력하고 6자리를 표시하지 않으려면 '#,###.'처럼 입력하면 됩니다. 콤마(,)하나가 세 자리를 의미하며 오른쪽 자리부터 차례로 자릿값을 읽게됩니다.

03 이번에는 텍스트 값에 일괄적으로 같은 기호를 삽입하기 위해 [F4:=16]을 선택하고 **Ctrl** + **1** 을 누릅니다. [셀 서식] 대화상자에서 [표시 형식]–[사용자 지정]을 선택합니다. 기존에 입력된 [형식]에 '@"자"'를 입력한 다음 [확인]을 클릭합니다.

....

팁 :: @는 문자를 대신하는 코드이고, 문자 형식의 자료는 자릿값의 개념이 없으므로 @를 여러 번 입력하지는 않습니다. 만약 @를 두 번 '@@'처럼 입력한다면 같은 문자가 두 번 화면에 표시됩니다.

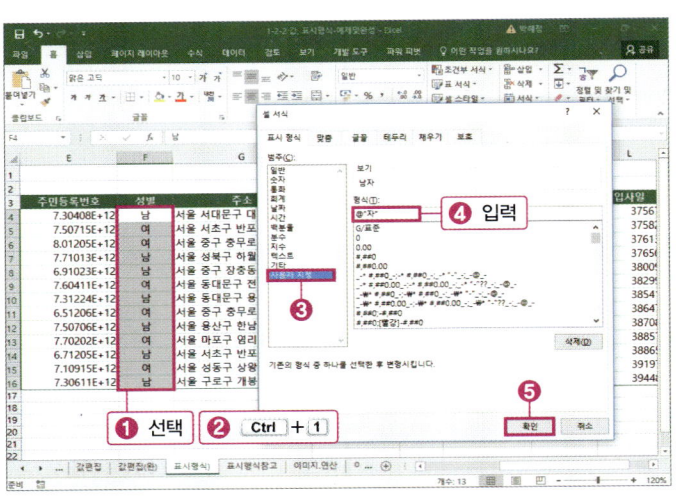

04 마찬가지로 화면에 표시될 뿐 실제 값으로 저장되지 않습니다.

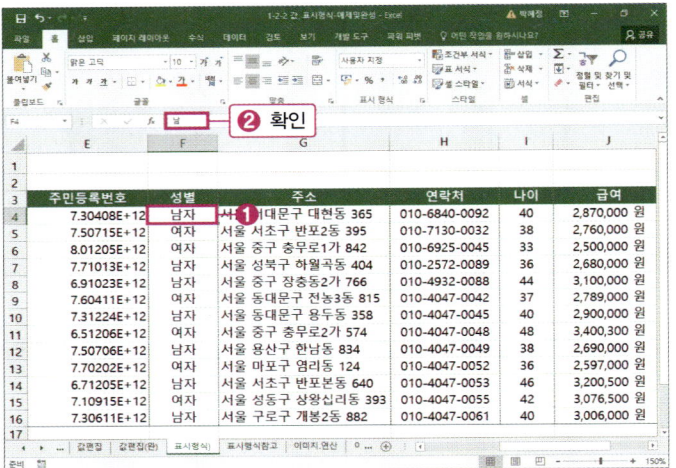

05 날짜 형식의 자료에 요일 정보를 표시하기 위해 [K4:L16]을 선택하고 **Ctrl** + **1** 을 누릅니다. [셀 서식] 대화상자의 [표시 형식] 탭에서 [사용자 지정]을 선택하고, 기존에 입력된 [형식]에 'yyyy.m.d(aaa)'를 입력한 후 [확인]을 클릭합니다.

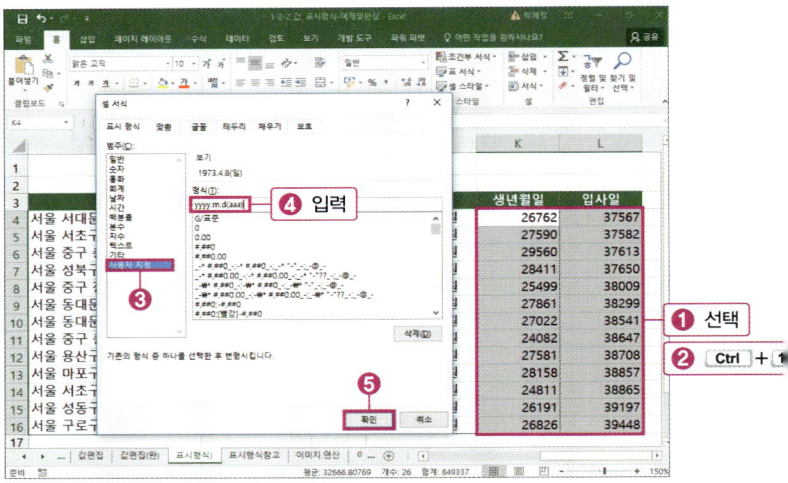

• yyyy : 날짜 데이터 중 연도를 의미하며, 4자리 모두 표시하라는 의미로 네 개의 Y를 삽입합니다.
• m : 날짜 데이터 중 월을 의미하며, 9월인 경우 '09'처럼 표시하지 않기 위해 한 자리만 입력합니다.
• d : 날짜 데이터 중 일을 의미하며, '1'일 인 경우 '01'처럼 표시하지 않기 위해 한 자리만 입력합니다.
• aaa : 날짜 데이터 중에 요일을 추출하여 한글 한 글자로 표시합니다.
• 괄호( )와 점 : 의미 없이 표시되는 특수 기호입니다. 글자는 큰따옴표(") 안에 입력하지만, 특수 기호는 그냥 입력해도 됩니다.

06 이처럼 표시 형식을 이용하면 날짜 일 련번호의 값은 변하지 않은 상태에서 화면에 표시만 달라집니다.

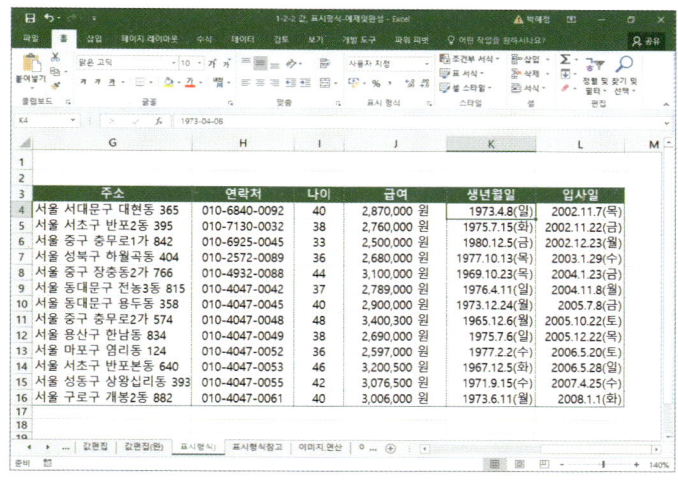

값을 표시하려는 범위를 선택하고 Ctrl + Shift + ~ 를 누르거나 범위 선택 없이 Ctrl + ' 를 누릅니다. Ctrl + Shift + ~ 는 되돌려지지 않고 Ctrl + ' 는 한 번 더 누르면 원래 상태로 되돌아갑니다. Ctrl + Shift + ~ 는 표시 형식을 [일반]으로 처리하는 것과 같은 기능이고, Ctrl + ' 은 수식이 입력된 셀은 셀의 결과 값이 아닌 수식으로 표시하고 표시 형식이 적용된 셀은 실제 값을 화면에 표시합니다.

07 입력한 주민등록번호 중간에 하이픈(–)을 표시하기 위해 [E4:E10]을 선택하고 Ctrl + 1 을 누릅니다. [셀 서식] 대화상자에서 [표시 형식]–[기타]에 '주민등록번호'를 선택하고 [확인]을 클릭합니다.

팁 :: 숫자 12자리가 넘으면 지수로 표시합니다.

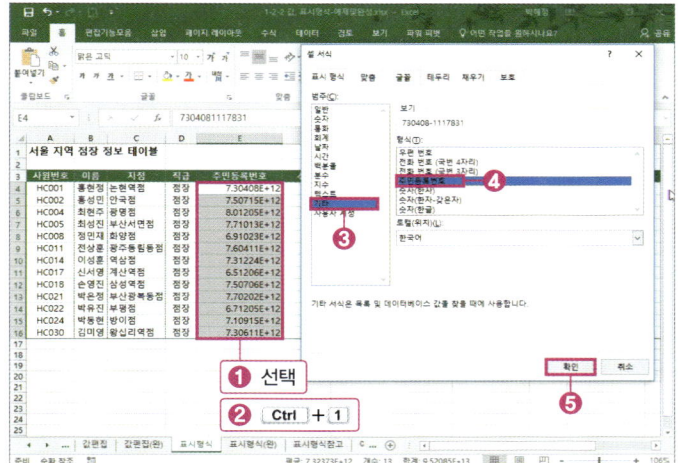

셀을 이미지로 복사/연산하여 붙여넣기

예제 파일 1-2-2 값, 표시형식-예제 및 완성.xlsx

이미지로 복사하면 셀이라는 속성을 버리고 개체 형태로 셀을 붙여넣을 수 있기 때문에 견적서 양식을 만들거나 여러 시트에 걸쳐 작성된 요약 표를 한 시트에 몰아 표시할 때 유용합니다. 그리고 연산하여 붙여넣기는 단가를 관리하는 기존 테이블에 상승한 가격 정보를 더해서 새로운 자료를 생성할 때 적절합니다.

01 범위 [G3:J17]을 선택하고 **Ctrl** + **C** 를 눌러 복사한 다음, [B3] 셀을 선택하고 [홈] 탭–[클립보드] 그룹의 [붙여넣기]–[연결된 그림]을 클릭합니다.

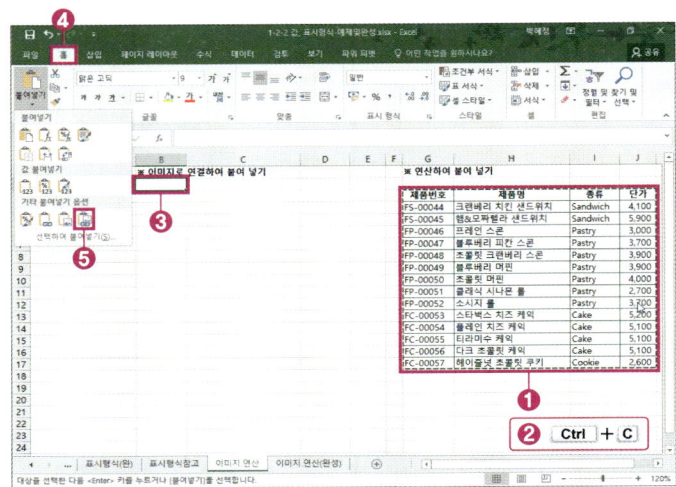

02 범위가 셀이 아닌 그림으로 붙여넣어지며, 붙여넣은 그림을 선택하고 수식 입력줄을 확인해 보면 참조 수식(=$G$3:$J$17)을 확인할 수 있습니다. 연결된 그림은 원본 범위의 셀이 수정되면 함께 수정됩니다.

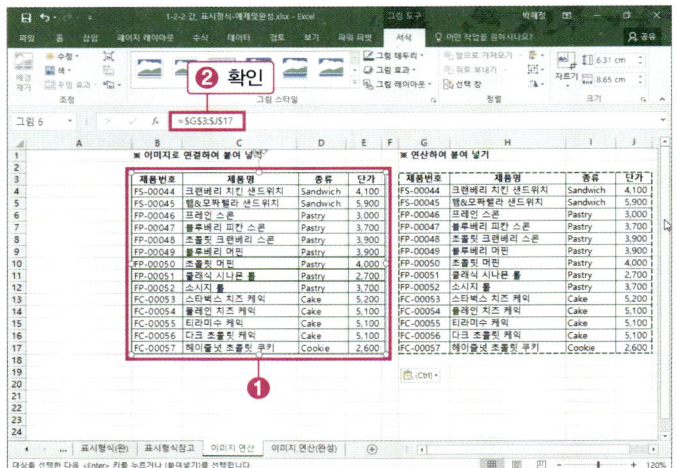

03 이번에는 단가 조정 범위 [L4:L17]을 선택하고 Ctrl+C를 눌러 복사한 다음 붙여 넣을 범위 [J4:J17]을 지정하고 [선택하여 붙여넣기]를 클릭합니다.

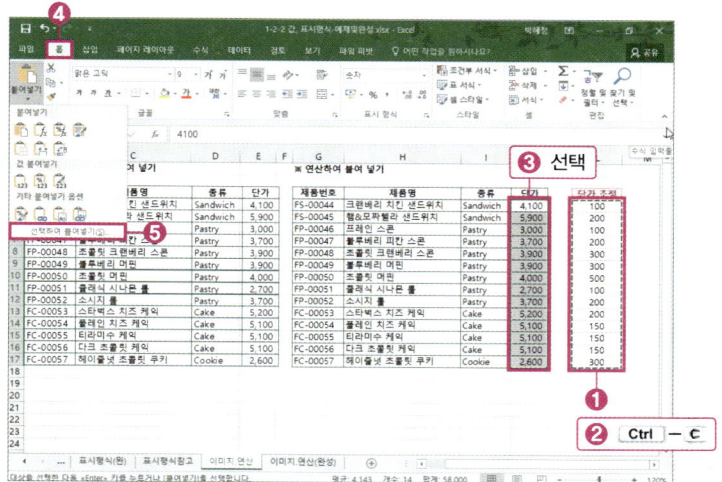

04 [선택하여 붙여넣기] 대화상자에서 실행 [값], [더하기]를 차례대로 체크하고 [확인]을 클릭합니다.

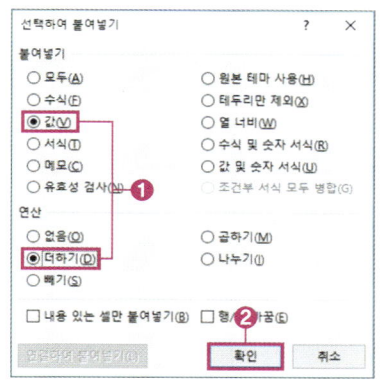

05 결과를 보면 복사한 첫 번째와 붙여넣기 범위의 첫 번째가 짝이되어 더하기 연산이 실행된 것을 확인할 수 있습니다. 복사한 셀 수와 붙여넣기할 셀 수가 같으면 1대1 대응되어 순서쌍으로 실행됩니다.

....

팁 :: 이 작업은 원본과는 무관하게 작동합니다. 복사한 셀에 값이 수정되더라도 붙여넣은 단가 범위에는 변화가 없습니다. 만약 원본으로 돌아가려면 빼기 연산을 실행해야 합니다.

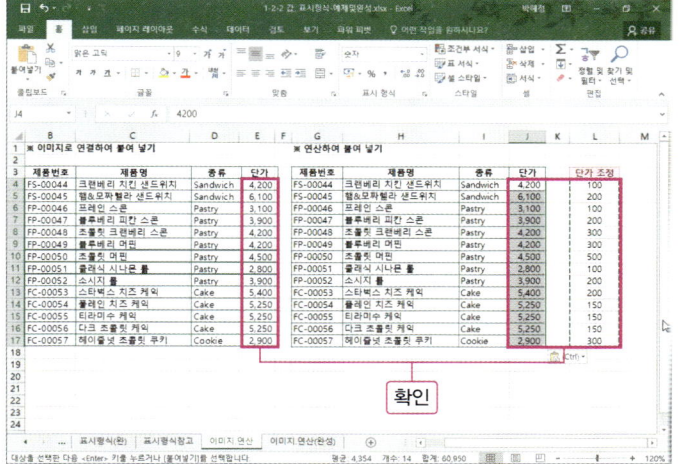

효과적인 수식 설계를 위한 기초 작업

**엑셀 앞에서
계산기를
사용할 것이냐?
아니면 수식을
활용할 것이냐?**

엑셀에서 함수를 포함한 수식이 차지하는 비중은 꽤 큽니다. 물론 사용자에 따라서 차이가 있겠지만 수식을 사용하지 않는다면 엑셀이란 프로그램을 사용하는 것이 어쩌면 의미 없는 일이 될지도 모르겠습니다. 엑셀의 시작은 계산이 필요한 사람들의 요구였고, 또 그들의 자료 - 한 번 사용되고 끝나는 휘발성 자료가 아닌 영구적으로 저장하고 관리할 수 있는 공간이 필요했습니다. 또한 자료의 수정은 불가피한 일이었고, 그 변화를 수용하도록 수식이 설계되기를 바라지 않았을까요? 이러한 작업이 가능한 것이 엑셀입니다. 때문에 엑셀의 핵심은 자료의 올바른 입력과 수식의 효과적인 설계라고 할 수 있습니다.

수식(formula) 작성을 위한 기본 _ 연산자, 수식 단축키, 수식 분석 도구

예제 파일 1-2-3 수식설계-
예제 및 완성.xlsx

엑셀에서 수식의 의미와 역할, 수식을 잘 사용하기 위한 기본 지식, 수식 편집을 위한 단축키에 대해서 알아보겠습니다.

■ 엑셀에서 수식의 역할은?

가. 연산 및 함수를 이용하여 새로운 값을 만들어 냅니다.

나. 기존 셀 값을 참조하여 활용합니다.

다. 참조한 셀 값의 변화를 그대로 수용하여 실시간으로 새로운 값을 만들어 냅니다.

라. 수식에 함수를 활용하면 어려운 문제를 쉽게 해결할 수 있습니다.

마. 설계된 수식을 통해 작업 내용을 파악할 수 있습니다.

■ 산술 연산자

연산자	의미	연산자	의미
+ (더하기 기호)	덧셈	/ (슬래시)	나눗셈
− (빼기 기호)	뺄셈	% (백분율 기호)	백분율(×100) 표시
* (별표)	곱셈	^ (캐럿)	거듭제곱

■ 연산자 우선순위(왼쪽에서 오른쪽)

하나의 수식에 여러 연산자들이 사용된 경우 약속된 우선순위를 적용하여 처리합니다.

연산자	콜론(:) 공백( ) 쉼표(,)	−	&	^	* 및 /	+ 및 −	&	= ◇ 〈 〉 〈= 〉=
설명	참조 연산자	부정(예:−1)	백분율	거듭제곱	곱하기와 나누기	더하기와 빼기	두 개의 값 연결	비교 연산자

■ 연산자 사용 사례

위에 열거한 연산자가 실제 수식에서 어떤 모양으로 입력되어 활용되는지에 대한 사례입니다. 엑셀에서 직접 실습하려면 예제 파일의 '수식' 시트를 활용합니다.

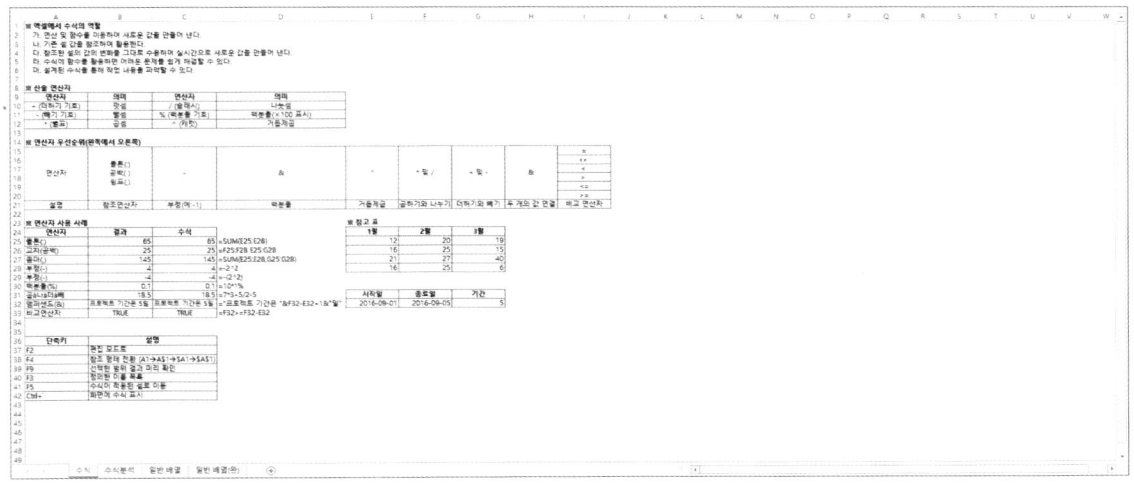

연산자	수식	결과	참고표
콜론(:)	=SUM(E25:E28)	65	
교차(공백)	=F25:F28 E25:G28	25	
콤마(,)	=SUM(E25:E28,G25:G28)	145	
부정(−)	=−2^2	4	
부정(−)	=−(2^2)	−4	
백분율(%)	=10*1%	0.1	
곱 → 나 → 더 → 빼	=7*3+5/2−5	18.5	
앰퍼샌드(&)	="프로젝트 기간은 "&F32−E32+1&"일"	프로젝트 기간은 5일	
비교 연산자	=F32〉=F32−E32	TRUE	

■ 일반 수식과 배열 수식 비교표

수식은 일반 수식과 배열 수식으로 구분하며, 일반 수식의 특징은 하나의 결과 값인데 비해 배열 수식은 하나 또는, 여러 개의 결과를 만들어 낼 수 있다는 것입니다. 다음은 하나의 결과 값을 얻기 위한 일반 수식과 배열 수식의 처리 과정입니다.

분류	일반 수식	배열 수식
수식 입력	① 먼저 범위 [B4:B9]와 [C4:C9]의 셀을 ② 각각 곱한 결과를 [D4:D9]에 구하고 ③ =D4+D5+D6+D7+D8+D9 또는 ④ =SUM(D4:D9)	=SUM(B4:B9*C4:C9)
완료	Enter	Ctrl + Shift + Enter
완료 후 수식	변함 없음 =D4+D5+D6+D7+D8+D9 =SUM(D4:D9)	중괄호 표시됨 {=SUM(B4:B9*C4:C9)}

■ 빠른 수식 작성 및 편집을 위한 단축키 정리 표

단축키	설명	단축키	설명
F2	편집 모드	F3	정의한 이름 목록
F4	참조 형태 전환 (A1 → A$1 → $A1 → $A$1)	F5	수식이 적용된 셀로 이동
F9	선택한 범위 결과 미리 확인	Ctrl + '	화면에 수식 표시로 누를 때 마다 수식 → 값 표시 순으로

※ F9 사용 요령

① 확인을 원하는 함수 전체나 인수를 선택하고,

② F9 를 누릅니다. 참조했던 셀의 값으로 표시됩니다. 확인한 상태에서 Enter 를 누르면 변경된 상태로 입력됩니다. 다시 참조 형태로 되돌리려면 Ctrl + Z 를 누릅니다.

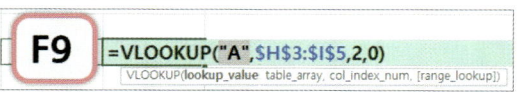

■ Ctrl + ' 사용 요령

결과 화면에 표시된 상태에서 Ctrl + ' 를 누르면 수식이 적용된 셀에 결과 값이 아닌 수식이 그대로 노출됩니다. 왼쪽은 결과 화면에 표시된 상태이고, 오른쪽 화면은 Ctrl + ' 를 눌러 화면에 수식을 노출한 화면입니다. 다시 한 번 Ctrl + ' 를 누르면 다시 값이 표시됩니다. 이 키는 [수식] 탭-[수식 분석] 그룹의 [수식 표시]와 같습니다.

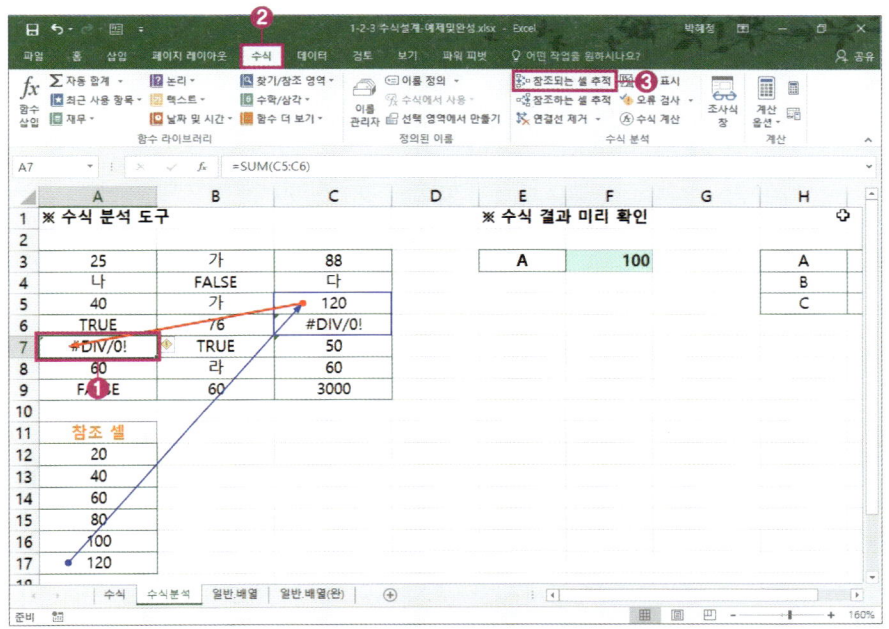

■ 수식 분석 도구 사용

값을 참조하여 수식을 설계한 경우 엑셀 화면에는 결과 값으로 표시되기 때문에 셀이 어떤 값을 참조하여 만들어졌는지 쉽게 파악하기 어렵습니다. 이런 경우에는 수식이 입력된 [A7] 셀을 선택하고 [수식] 탭-[수식 분석] 그룹에서 [참조되는 셀 추적]을 클릭하여 결과를 확인합니다. 그러면 어떤 값을 참조했는지 표시되어 수식의 내용을 파악하기가 쉬워집니다.

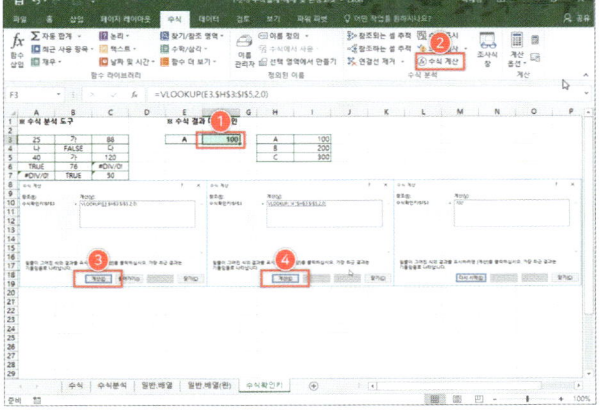

> **팁** :: 화면에 표시된 표시를 지우려면 [수식] 탭-[수식 분석] 그룹에서 [연결선 제거]를 클릭하거나 저장을 실행하면 없어집니다.

체크해봐요 :: 수식이 입력된 셀을 선택하고 [수식] 탭-[수식 분석] 그룹의 [수식 계산]을 클릭하면 [수식 계산] 대화상자가 나타납니다. 이 기능은 하나의 값을 만들기 위해 다양한 함수를 사용한 경우에 유용한 도구입니다. [계산]을 실행하면 순차적으로 계산하여 결과를 확인하면서 엑셀의 계산 순서 및 어떤 부분에 오류가 생겼는지를 쉽게 파악할 수 있습니다.

일반 수식과 함수식, 배열 수식으로 더하기

예제 파일 1-2-3 수식설계-예제 및 완성.xlsx

더하기를 하는데, 어떤 사람은 산술 연산자 '+'를 사용하고 다른 사람은 SUM 함수를 이용합니다. 이렇듯 수식은 특정한 일을 이루기 위한 공식으로 단순히 산술 연산자(사칙연산)만으로 해결 가능한 것이 있는가 하면, 해결할 수 없는 복잡한 계산도 있을 것입니다.

이곳에서는 총판매금액, 단 하나의 값이 필요합니다. 값을 만들기 위해서는 각각의 개당 단가와 수량을 곱하여 판매금액을 구하고 그것들을 다 합한 총판매금액을 구합니다. 그런데 각각의 판매금액은 필요 없고, 총판매금액만 필요하다고 가정한 후 작업하겠습니다.

01 일반적인 '총판매금액'의 계산 과정은 먼저 '판매금액'을 구하는 것으로 시작합니다. '일반 배열' 시트의 [D4] 셀에는 수식 '=B4*C4', [E4] 셀에는 수식 '=PRODUCT(B4,C4)'을 입력한 다음 수식을 [9]행까지 복사합니다.

·····

팁 :: 자세한 함수 사용 방법은 뒷부분에서 확인합니다. 참고로 PRODUCT 함수는 지정한 인수를 곱하는 과정이 정의된 함수입니다.

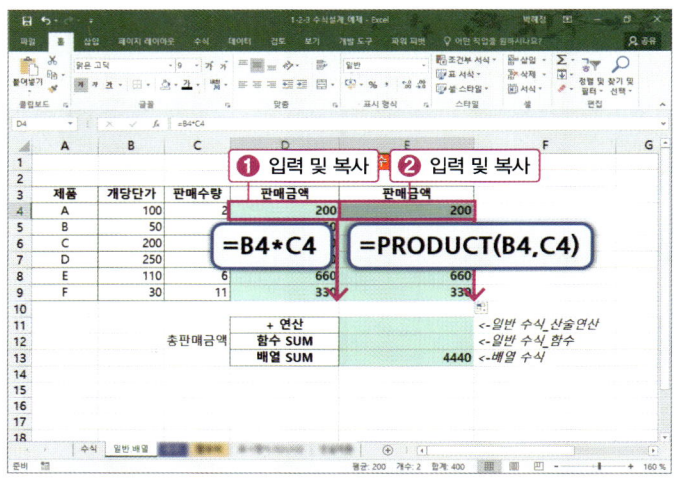

02 각 제품의 판매금액이 계산되었다면 총판매금액을 구할 수 있습니다. [E11] 셀을 선택하고 수식 '=E4+E5+E6+E7+E8+E9', [E12] 셀에는 수식 '=SUM(E4:E9)'를 입력하고 **Enter**를 누릅니다.

·····

팁 :: SUM 함수의 사용법 및 특징은 뒤에 자세히 설명할 예정이니, 이 예제를 통해서는 일반 수식과 함수식이 다르다는 것만 알고 넘어갑니다.

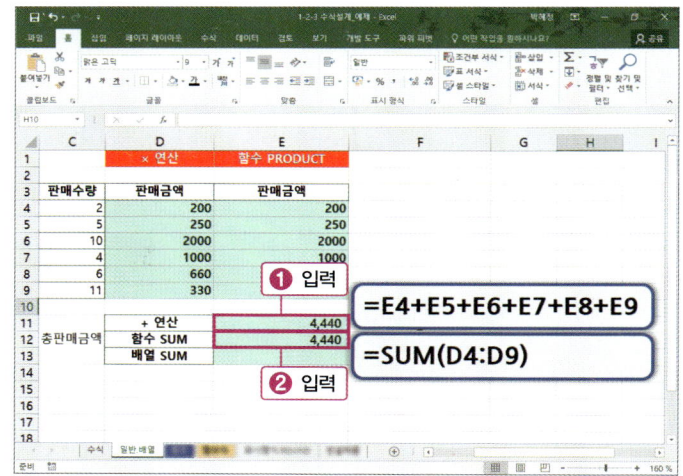

03 이번에는 배열 수식으로 '총판매금액'을 계산해보고 수식을 비교해봅니다. [E13] 셀에 수식 '=SUM(B4:B9*C4:C9)'를 입력하고 [Ctrl]+[Shift]+[Enter]를 누릅니다. 이 배열 수식은 앞선 01번 따라하기의 과정 없이도 총판매금액 '4,440'을 구할 수 있습니다.

……………………………………………

팁 :: 배열 수식은 반드시 [Ctrl]+[Shift]+[Enter] 로 마무리해야 하며 [Enter]를 눌러 일반 수식으로 처리하면 #VALUE! 오류가 나타납니다.

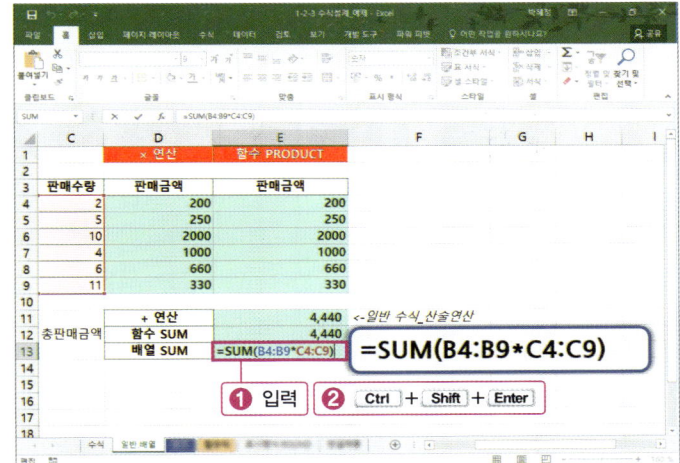

……………………………………………

팁 ::

수식 '=SUM(D4:D9)'의 콜론(:) = 참조 연산자

계산에 필요한 값이 포함된 모든 셀(D4, D5, D6, D7, D8, D9)을 SUM 함수에 전달하기 위해 참조 연산자인 콜론(:)을 사용했습니다. 콜론 연산자는 연속된 데이터 범위를 참조할 때 사용합니다.

배열 수식 '=SUM(B4:B9*C4:C9)'의 처리 과정

B4*C4의 결과 값, B5*C5의 결과 값, B6*C6의 결과 값, B7*C7의 결과 값, B8*C8의 결과 값, B9*C9의 결과 값 모두를 SUM(더하기)합니다.

……………………………………………

팁 :: 6장 Special page → 배열 수식 더 보기

────────────────────────────────

체크해봐요 :: '4,440'을 얻기 위해

일반 수식 처리 방식인 + 연산과 SUM 함수는 먼저 개당 단가와 판매 수량을 곱하여 새로운 판매금액 값을 새로운 셀에 만들어야 합니다. 배열 수식 처리는 하나의 수식과 하나의 셀만 이용하여 결과를 얻어낼 수 있었습니다.

기존 자료를 활용하기 위한 '참조'

엑셀의 황금룰 (Golden Rule) '입력한 셀의 값을 참조할 수 있어야 한다!' | 수식에 사용할 값을 지정할 때 직접 입력하는 방법과 셀에 입력되어 있는 것을 활용하는 두 가지 방법이 있습니다. 직접 입력하는 값을 '상수'라고 하며, 기존 셀의 값을 활용하는 것을 '참조'라고 합니다. 참조에는 '상대, 혼합, 절대 참조'가 있으며, 참조를 할 수 없다는 것은 하나에서부터 열까지 다 직접 해야 한다는 말인데....그렇다면 굳이 엑셀을 사용해야 할 이유가 있을까요?

제대로 된 참조를 위한 준비 작업

예제 파일 1–2–4 참조_이름정의–예제.xlsx ｜ 완성 파일 1–2–4 참조_이름정의–완성.xlsx

참조에 관련된 참조 형태, 참조 범위, 참조 연산자, 엑셀 사용자가 가장 많이 사용하는 참조 모양 등의 기본 지식을 학습합니다.

■ 참조 형태에 따른 비교표

참조에는 상대 참조(A1), 절대 참조($A$1, 혼합 참조($A1, A$1)가 있습니다.
수식에서 셀을 선택하면 기본적으로 상대 참조되며, 참조 형태를 변경하려면 **F4**를 누르거나, 행과 열 주소 앞에 직접 '$'를 입력합니다.

방식	상대 참조	절대 참조	혼합 참조	
참조 모양	[A2]	[$A$2]	[A$2]	[$A2]
복사하여 붙여 넣으면	행과 열 모두 변함	행과 열 모두 변하지 않음	열만 변함	행만 변함
복사한 셀 수식	=A2*5	=$A$2*5	=A$2*5	=$A2*5
붙인 셀 수식	=A5*5	=$A$2*5	=A$2*5	=$A5*5
적용 결과 이미지				

■ F4 사용 요령

		수식 안에서 셀을 참조하고 F4 로 참조 형태를 변경하는 과정
1	**=**	'='을 입력하고
2	**=A1**	[A1] 셀을 마우스로 클릭하면 수식에는 'A1'이 상대 참조 형태로 표시되고, 그 셀의 값이 사용됩니다.
3	**=$A$1**	F4 를 한 번 누르면 절대 참조 형태로 바뀌고,
4	**=A$1**	그 상태에서 F4 를 한 번 더 누르면 행만 고정 참조되는 혼합 참조 형태가 됩니다.
5	**=$A1**	그 상태에서 F4 를 다시 한 번 더 누르면 열만 고정 참조되는 혼합 참조 형태가 됩니다.
6	**=A1**	그 상태에서 F4 를 한 번 더 누르면 다시 상대 참조 형태로 바뀝니다. F4 를 누를 때마다 'A1 → $A$1 → A$1 → $A1' 순서대로 변경됩니다.

■ 어디까지 참조 가능한가?

범위	표시	설명
현재 시트의 셀	=A1	수식이 입력된 현재 시트의 [A1] 셀
다른 시트의 셀	=보고서!A1	'보고서' 시트의 [A1] 셀
다른 통합 문서, 시트의 셀	=[연말.xlsx]정산!A1	'연말' 문서의 '정산' 시트에 [A1] 셀

다른 통합 문서에 시트의 셀을 참조한다는 것은 현재 파일과 참조한 파일의 연결을 의미하며, 이렇게 연결된 경우에 파일을 열었을 때 [보안 경고] 메시지 창이 나타납니다.

■ 참조 연산자 종류, 사용 요령, 의미

연산자	수식	설명
:(콜론)	=SUM(A1:D4)	[A1]부터 [D4] 셀까지 모든 값의 합
,(콤마)	=SUM(A1,D4)	[A1]와 [D4] 셀 두 값의 합
(공백)	=SUM(A1:C4,C1:D4)	두 범위(A1:C4)에 모두 포함된 [C1, C2, C3, C4] 셀 값의 합

■ 보고서 표를 워드 그리고, 엑셀로 만든다!

흔히 우리가 만드는 보고서 표는 왼쪽 열과 위쪽 행 부분에 머리글을 입력하여 정보를 읽도록 구성합니다. 첫 번째 그림은 워드에서 표를 만든 것입니다. 워드에서 이러한 표를 만들 때는 먼저 행과 열수를 입력하여, 입력 틀을 만들고 각각의 셀에 일일이 데이터를 입력해야 할 것입니다. 같은 작업을 엑셀로 한다면 왼쪽 열과 첫 행인 머리글만 입력하고 나머지 숫자 값은 입력한 왼쪽 열과 첫 행을 참조하여 새로운 값을 빠르고 쉽게 만들어 낼 것입니다.

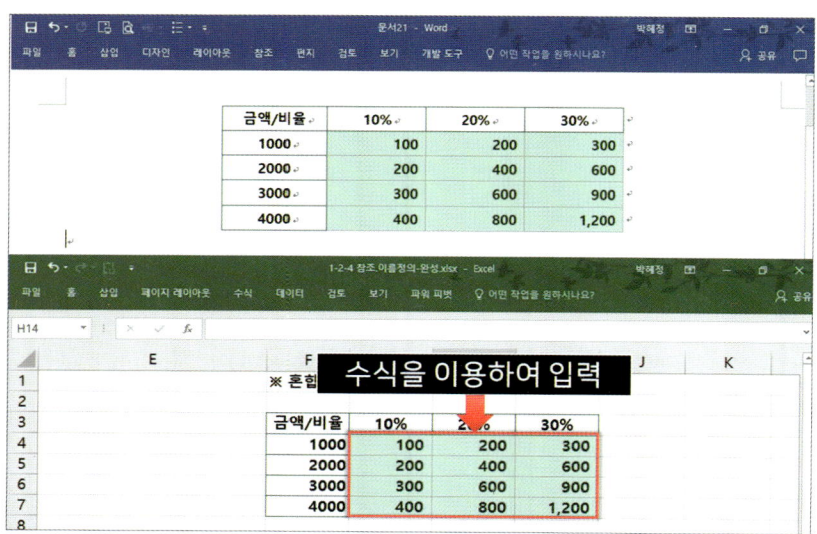

■ 가장 대표적인 참조 사례로 금액 열과 비율 행을 각각 참조(혼합 참조의 예)한 경우입니다

표의 ❶ 왼쪽 열인 금액과 ❷ 첫 행인 비율 값이 참조하여 ❸ 금액에 비율을 곱한 이자를 구할 범위 [G4:I7]에 작성해야 합니다. 각각의 셀 수식이 달라야 합니다. 그래서 금액의 경우 [F] 열은 고정하고 행은 상대 참조했고, 비율은 [G] 열은 상대 참조하고 3행은 절대 참조한 ❹ 수식 '=$F4*G$3'을 [G4] 셀에 입력한 다음 자동 채우기로 [I4] 셀까지 드래그, [G4:I4]가 선택된 상태에서 자동 채우기로 [I7] 셀까지 드래그하여 복사했습니다. 수식 입력을 완료하고 ❺ 결과가 아닌 수식을 확인하기 위해 **Ctrl** + **'** 를 눌렀더니 화면에 ❻ 수식이 나타났습니다.

적용 결과

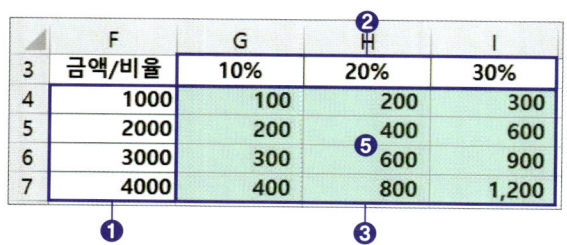

수식 표시

	F	G	H	I
3	금액/비율	0.1	0.2	0.3
4	1000	=$F4*G$3	=$F4*H$3	=$F4*I$3
5	2000	=$F5*G$3	=$F5*H$3	=$F5*I$3
6	3000	=$F6*G$3	=$F6*H$3	=$F6*I$3
7	4000	=$F7*G$3	=$F7*H$3	=$F7*I$3

사례로 이해하는 참조의 형태 _ 상대 참조, 절대 참조, 혼합 참조

예제 파일 1-2-4 참조,이름정의-예제.xlsx
완성 파일 1-2-4 참조,이름정의-완성.xlsx

10,000,000원짜리 자동차를 산다고 가정하고, 할부 개월 수에 따른 이자율을 계산하여 매월 얼마를 납부해야 하는지를 나타내는 표의 모양에 따른 적절한 참조 형태를 반영한 수식을 설계해보겠습니다.

01 [B7] 셀을 선택하고 수식 ' =10000000 /A7', [C7] 셀에는 수식 '=$B$2/A7'을 입력합니다.

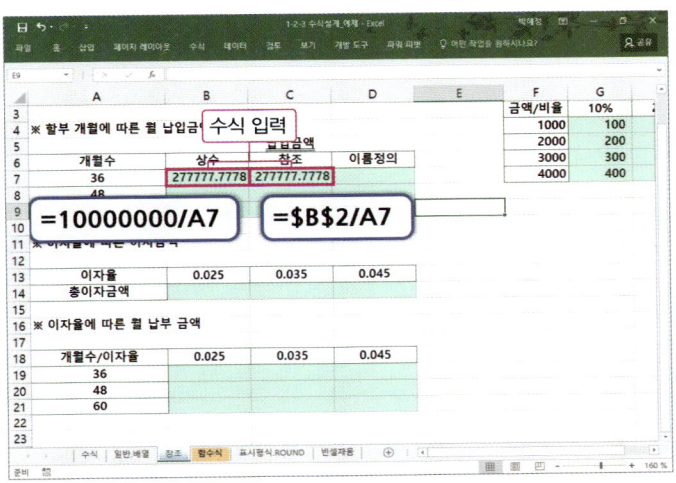

02 [B2] 셀에 자동차 가격을 '15,000,000' 원으로 수정하고 [B7], [C7] 셀의 변화를 살펴보면, 자동차 가격을 직접 입력한 수식의 결과는 변함이 없고, 셀을 참조한 수식은 변화가 있습니다.

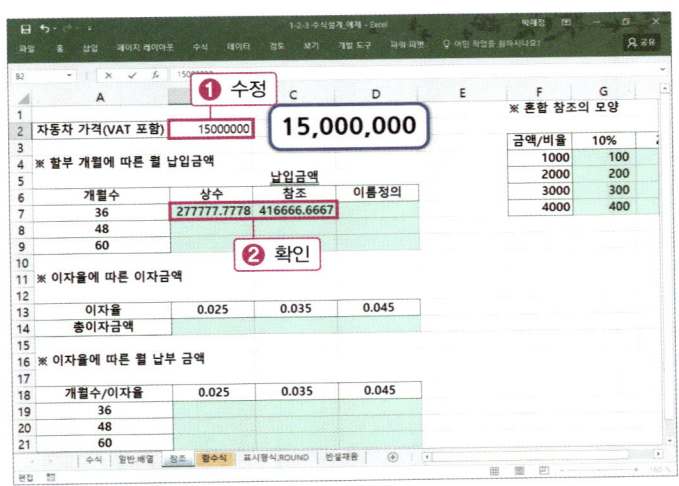

03 수식이 입력된 [B7:C7]을 선택하고 자동 채우기로 [9] 행까지 복사합니다. 개월 수가 [A7, A8, A9] 셀로 상대 참조되어 계산됩니다.

··

팁 :: 자동 채우기의 자세한 사용 방법은 1장의 스페셜 페이지에서 확인하세요.

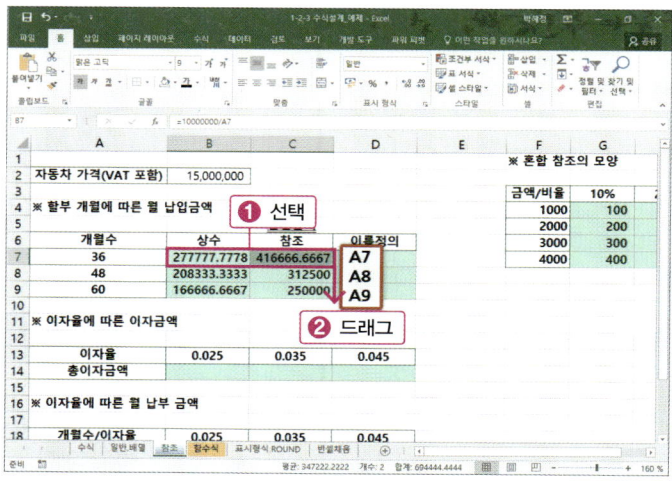

04 이자율에 따라 총이자를 구하기 위해 [B14] 셀을 선택하고 수식을 입력한 다음 [D] 열까지 복사합니다.

=$B$2*B13

··

팁 :: 수식 '=$B$2*B13'은 [B13] 셀을 상대 참조한 상태로 오른쪽으로 수식을 두 번 복사했으므로 수식은 '=$B$2*C13', '=$B$2*D13'로 상대 참조됩니다.

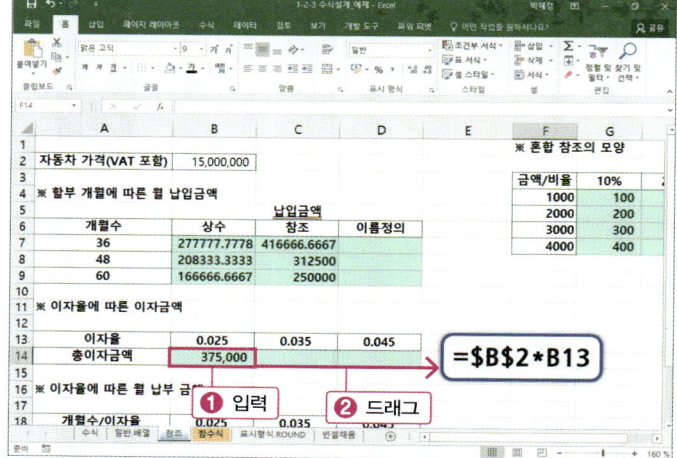

05 이자율에 따른 월 납부 금액을 구하기 위해 [B19] 셀을 선택하고 수식을 입력한 다음 [D21] 열까지 복사합니다.

=(($B$2*B$18)+$B$2)/$A19

··

팁 :: 수식의 복사가 아래와 오른쪽으로 필요하다면 수식을 입력한 셀부터 수식을 적용할 모든 범위를 선택하고 F2를 눌러 수식이 입력된 셀을 편집 상태로 만들고 Ctrl + Enter 를 눌러 복사합니다.

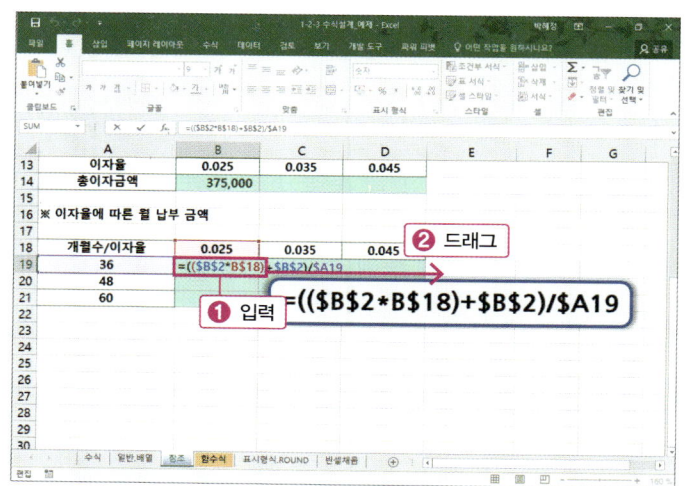

'이름 정의'하여 참조하기

하나 또는, 그 이상의 셀에 선택한 후 선택한 셀 및 범위에 이름을 지정해서 사용할 수 있으며, 기본적으로는 절대 참조 형식으로 지정되지만 사용자가 이름 관리자에서 참조의 형태를 변경할 수 있습니다. 자동차 가격을 입력한 하나의 셀을 절대 참조하는 이름 정의를 수식에서 사용해보겠습니다.

01 앞선 따라하기에 이어서 [B2] 셀을 선택하고 이름 상자에 '자동차가격'이라고 입력한 다음 **Enter** 를 누릅니다.

....

팁 :: 이름 정의에 대한 부족한 이해는 이 장의 스페셜 페이지에서 채우세요.

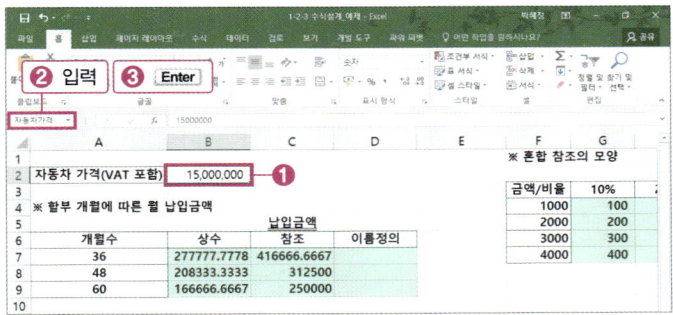

02 [수식] 탭-[정의된 이름] 그룹에서 [이름 관리자]를 클릭합니다. [이름 관리자] 대화상자에 정의된 이름 '자동차가격'이 표시되고 선택하면 [참조 대상]에 구체적인 참조의 내용이 나타납니다.

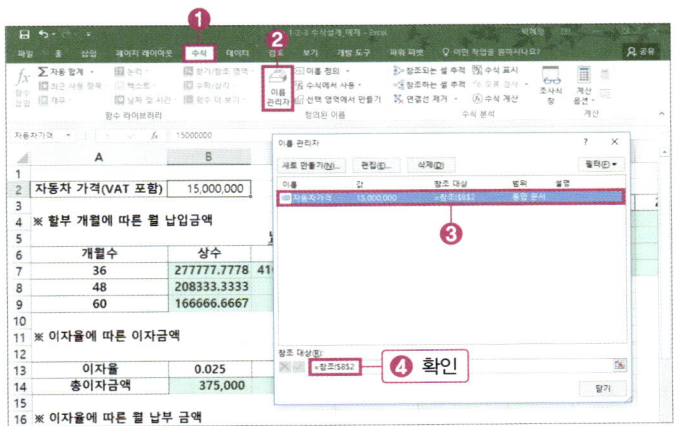

03 이렇게 정의된 이름을 수식에 활용하려면 [D7] 셀을 선택하고 수식 '=자동차가격/A7'로 입력한 다음 수식을 복사합니다. 'B2'라는 셀 주소 대신에 '자동차가격'이란 이름을 사용하게 되며, 이름 관리자에서 확인해보면 절대 참조 방식으로 지정되어 있기 때문에 참조 방식을 바꿀 필요가 없습니다.

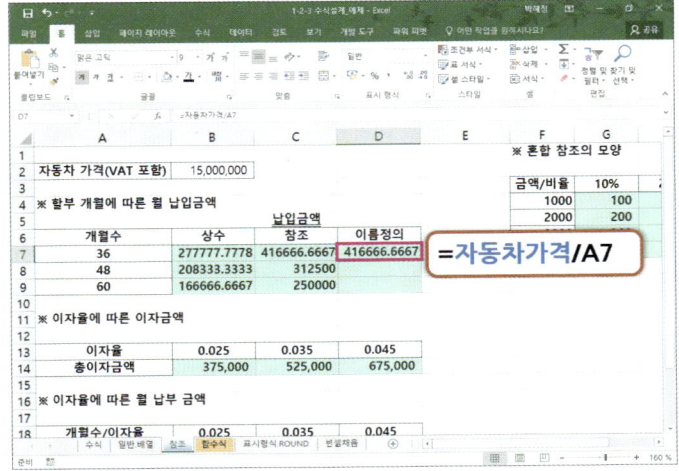

상대 참조를 활용하여 한 번에 빈 셀들 채우기

예제 파일 1-2-4 참조,이름정의~예제.xlsx
완성 파일 1-2-4 참조,이름정의~완성.xlsx

셀에 입력된 값은 다양한 정보를 사용자에게 제공합니다. 반면 빈 셀은 명확한 해석이 불가능할 수밖에 없습니다. 작업을 하다 보면 분명 값이 필요한 경우인데 값을 비워놓은 사례가 있습니다. 이때 빈 셀에 아무 값이나 입력할 수는 없고, 주변에 자료를 참조하면 쉽게 정확한 정보로 만들어지는 경우가 있습니다.

01 [C3:C19]를 선택하고 [홈] 탭-[편집] 그룹에서 [찾기 및 선택]-[이동 옵션]을 클릭합니다.

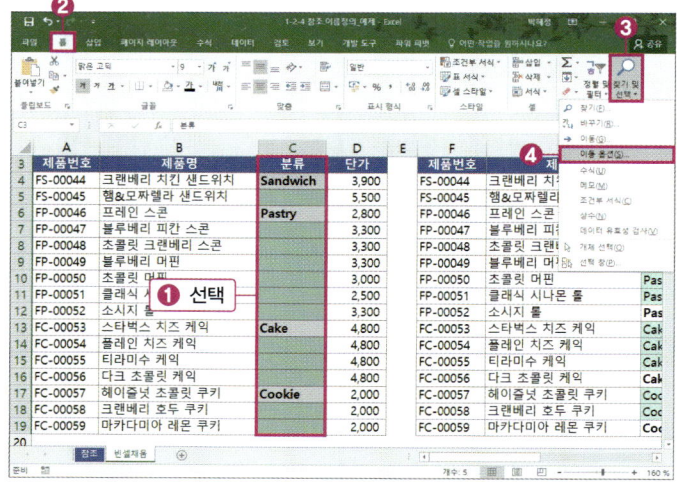

02 [이동 옵션] 대화상자에서 [빈 셀]을 체크하고 [확인]을 클릭합니다.

....

팁 :: 빈 셀만 선택된 상태에서 다른 셀을 클릭하면 선택 상태가 무효가 될 수 있으니 조심하세요.

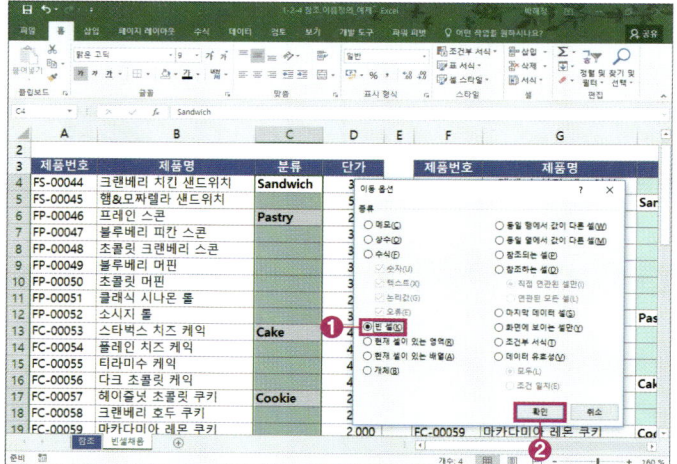

03 현재 엑티브 셀은 [C5]입니다. 수식 '=C4'을 입력하고 Ctrl + Enter 를 누르면 선택한 모든 셀에 수식이 복사되며, 상대 참조로 수식을 설계했기 때문에 수식이 입력된 셀을 기준으로 한 칸 위의 자료를 참조하게 됩니다.

....

팁 :: '=C4'라는 수식에는 행과 열 어디에도 '$'가 없습니다. 이는 '=C4'가 복사되는 셀들에게 '바로 위에 있는 셀을 참조하라'는 정보가 전달되는 것입니다. 이것을 상대 참조라고 합니다.

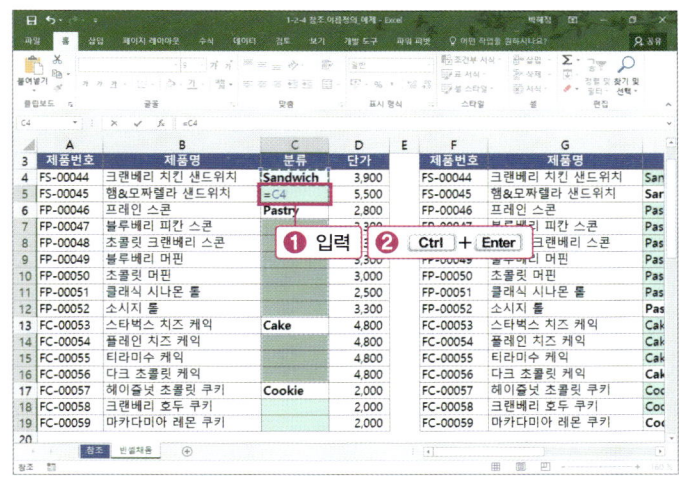

04 이번에는 범위 [H3:H19]를 선택하고 01, 02 과정을 반복해서 범위에 빈 셀을 선택합니다. 이번 경우는 기준 값이 아래에 있으므로 수식을 '=H5'로 입력하고 Ctrl + Enter 를 눌러 선택한 모든 셀에 복사합니다.

....

팁 :: 만약 범위에 모든 셀을 선택했는데 엑티브 셀이 [H4]가 아니라면 엑티브 셀의 아래 셀을 참조하면 됩니다.

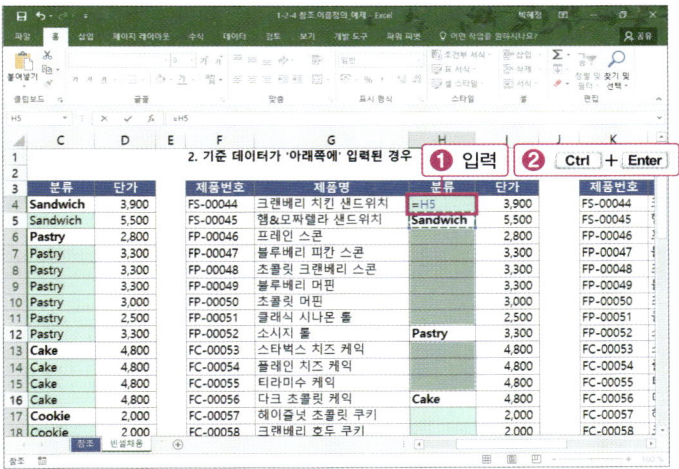

05 자료가 병합되어있으면 병합을 풀고 01. 02 과정을 반복합니다.

─────────────────

체크해봐요 :: Ctrl + Enter 를 이용한 복사가 잘 안 되는데요?
같은 값이나 수식을 입력할 셀들을 먼저 선택하고, 수식이 입력되어 있는 셀에 커서가 나타나도록 하거나, 값 또는 수식을 입력합니다. 커서가 깜박이는 상태에서 Ctrl + Enter 를 누릅니다.

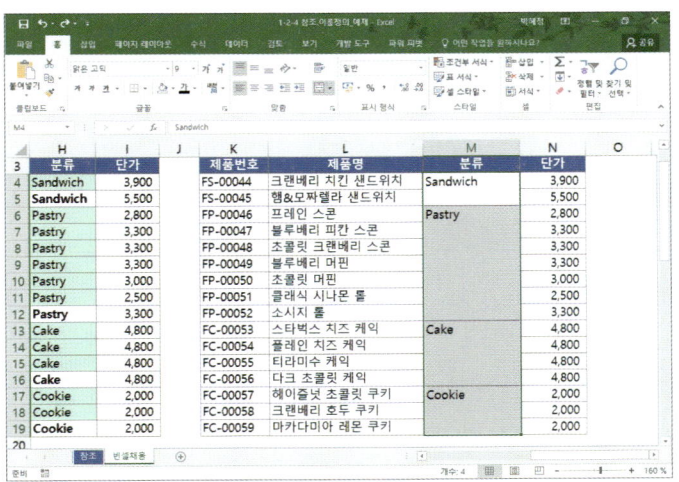

핵심 함수의 이해

**한 시간 짜리
작업을 1분으로!**

함수는 특정 목적을 위해 만들어진 명령어입니다. 함수를 사용하기 위해서는 먼저 함수의 사용 목적과 선택한 함수가 원하는 인수의 개수, 자리, 데이터 형을 파악해야 합니다. 함수는 어떤 값을 인수로 지정하는지에 따라 결과가 달라집니다.

함수 라이브러리로 확인하는 함수의 분류

■ 함수 라이브러리로 보는 함수의 분류

파일	홈	삽입	페이지 레이아웃	수식	데이터	검토	보기	개발 도구	파워 피벗	♀ 어떤 작업을 원하시나요?

fx 함수 삽입 | ∑ 자동 합계 ▾ | 논리 ▾ | 찾기/참조 영역 ▾ | 최근 사용 항목 ▾ | 텍스트 ▾ | 수학/삼각 ▾ | 재무 ▾ | 날짜 및 시간 ▾ | 함수 더 보기 ▾

함수 라이브러리

이름 관리자 | 이름 정의 ▾ | 수식에서 사용 ▾ | 선택 영역에서 만들기

정의된 이름

참조되는 셀 추적 | 수식 표시 | 참조하는 셀 추적 | 오류 검사 ▾ | 연결선 제거 ▾ | 수식 계산

수식 분석

조사식 창 | 계산 옵션 ▾

계산

재무	논리
DURATION, EFFECT, FV, IRR, NPER, NPV, PMT, PV, RATE	AND, FALSE, IF, IFERROR, IFNA, IFS, NOT, OR, SWITH, TRUE, XOR
텍스트	**날짜 및 시간**
ABC, CLAEN, CONCAT, FIND, LEFT, RIGHT, MID, LEN, LOWER, UPPER, PROPER, REPLACE, SUBSTITUTE, TEXT, REPT, TEXTJOIN, TRIM	DATE, EOMONT, HOUR, MINUTE, SECOND, TODAY, NOW, WEEKDAY, WEEKNUM, NETWORKDAYS, YEAR, MONTH, DAY
찾기/참조 영역	**수학/삼각**
CHOOSE, COLUMN, FORMATTEXT, GETPIVOTDATA, HLOOKUP, HYPERLINK, INDEX, INDIRECT, LOOKUP, MATCH, TRANSPOSE, VLOOKUP, OFFSET,	ABS, ACOS, ATAN, LCM, SIGN, AGGREGATE, MMULT, MOD, PRODUCT, RANDBETWEEN, ROW, SUBTOTAL, SUM, SUMIF, SUMIFS, TRUNC
통계	**정보**
AVERAGE, BINOM.DIST, CHISG.DIST, CORREL, CONFIDENCE.T, GAMMA, FREQUENCY, LARGE, COVARIANCE.P, COVARIANCE.S, F.DIST, COUNT, FORECASE.ETS, LINEST, PEARSON, MAX, MIN	ISNUMBER, ISERROR, ISNA, ISLOGICAL,

팁 :: 엑셀 2016에서 제공하는 함수 목록과 간략한 사용 목적은 엑셀 파일(엑셀 2016 함수 목록.xlsx)로 제공합니다.

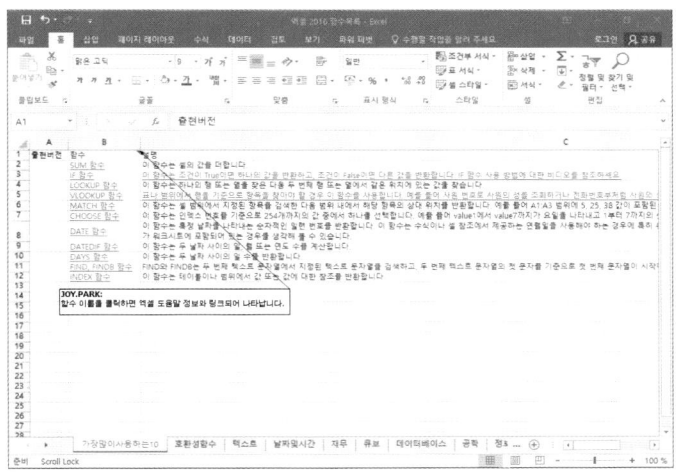

▲ 엑셀 2016 함수 목록.xlsx

■ 함수의 역할로 보는 함수의 분류

데이터 형의 전환	추출 및 결합
VALUE, TEXT, DATE, TIME	LEFT, RIGHT, MID, YEAR, MONTH, DAY, WEEDAY, WEEKNUM, CONCATENATE, CONCAT, PHONETIC
찾기 및 바꾸기	**조회하여 연관 자료 가져오기 및 처리**
FIND, SEARCH, SUBSTITUTE, REPLACE, SWITCH, CHOOSE	MATCH, VLOOKUP, HLOOKUP, LOOKUP, INDEX, OFFSET
집계 및 통계	**셀의 데이터 정리**
SUM, SUMIF, SUMIFS, COUNT, COUNTA, COUNTIF, COUNTIFS, SUBTOTAL, AGGREGATE	CLEAN, TRIM, ROUND, ROUNDUP, ROUNDDOWN INT
논리값을 이용한 작업 및 새로운 데이터 생성	**특수 목적**
IF, IFS, AND, OR, TRUE, FALSE, NOT	IS 정보, 공학, 특수 통계, 재무 함수

SUBSTITUTE 함수로 보는 함수식의 구성

함수식은 수식의 시작을 알리는 '='과 함수 이름, 함수의 시작과 끝을 나타나는 '(', ')', 그리고 함수 안에 필요한 인수(인자)로 구성됩니다. 특정 값을 지목해서 다른 값으로 바꾸는 SUBSTITUTE로 함수의 구성 요소를 살펴보겠습니다.

■ 함수가 하나인 경우

> **=SUBSTITUTE("A001-ABC-CA", "-", "/", 1)**

인수의 구조

가. 시작 : '='로 합니다.
나. 함수 이름 : 함수 이름이 틀리면 '#NAME?'오류가 표시됩니다.
다. 함수 이름을 입력한 다음 '('로 시작, ')'로 마무리합니다.
다. 인수의 구문 : 콤마(,)로 합니다.
라. 문자가 필요한 자리 : 값을 직접 입력하려면 큰따옴표 안에 기술합니다.

SUBSTITUTE 함수의 인수 설명

가. "A001-ABC-CA" : 바꿀 텍스트로 직접 입력할 땐 ""(큰따옴표) 안에 입력합니다.
나. "-" : 첫 번째 인수의 변경 대상 텍스트로 ""(큰따옴표) 안에 입력합니다.
다. "/" : 대체할 새로운 텍스트로 ""(큰따옴표) 안에 입력합니다.
라. 첫 인수에 변경 대상 텍스트가 둘 이상이라면 몇 번째 텍스트를 바꿀지 지정하는 것으로 숫자로 입력하며, 생략하면 모두 변경합니다.

결과

> **A001/ABC-CA**

■ 함수 안에 함수 있다! 함수의 중첩

절대 당황하지 마라! 함수의 결과 값을 활용하기 위해 얼마든지 함수 안에 인수로 함수를 사용할 수 있습니다. 사용한 함수에 대한 정확한 사용 방법을 안다면 어려울 것이 없습니다.

> **=LEFT(SUBSTITUTE("A001-ABC-CA", "-", "/", 1) ,6)**

가. LEFT 함수의 첫 번째 인수 자리는 오류 값을 제외하고 모든 종류의 값을 수용합니다.
나. SUBSTITUTE 함수의 결과 "A001-ABC-CA"에서 LEFT 함수는 왼쪽부터 세어 여섯 글자를 추출합니다.

결과

> **A001/**

함수식을 쉽게 입력하고, 수정하려면?!

예제 파일 1-2-5 함수의이해 - 예제및완성.xlsx

함수를 입력하는 방식은 다양합니다. 직접 입력, 함수 마법사, 둘을 적절히 배합하는 방법 등이 있습니다. 여기서는 함수를 정확하고 빠르게 입력하고 입력한 함수를 쉽게 수정하는 요령을 설명합니다. 본 작업은 함수 마법사로 COUNTIF 함수를 입력한다고 가정하겠습니다.

01 수식을 입력할 [C2] 셀을 선택하고 '='을 입력한 후 함수의 첫 글자부터 두 세 글자를 입력하면, '=COU' 함수 목록이 나타납니다. 이때 방향키를 이용하여 원하는 함수가 파랗게 되도록 선택하고 **Tab** 을 누릅니다. 함수와 함께 시작하는 괄호까지 입력되며 함수 도움말이 나타납니다.

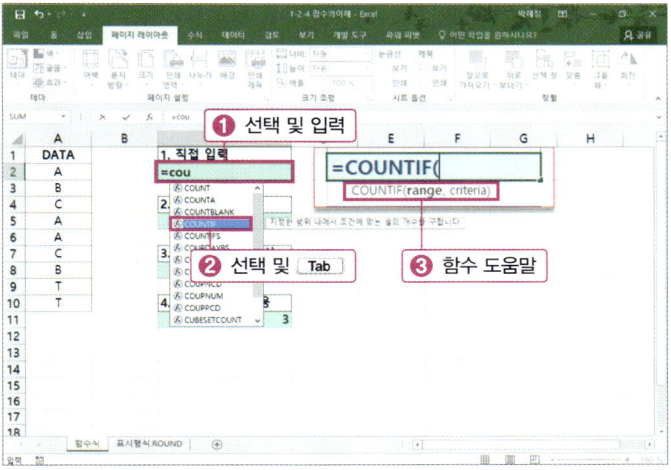

02 [C5] 셀을 선택하고 [수식] 탭-[함수 라이브러리] 그룹에서 [함수 삽입]을 클릭합니다. [함수 마법사] 대화상자가 나타나면 [함수 검색]에 해당 함수를 입력(또는, 함수를 직접 찾는다)하고 [검색]을 클릭하면 [함수 선택]에서 관련 함수들이 나타납니다. 'COUNTIF'를 선택하고 [확인]을 클릭합니다.

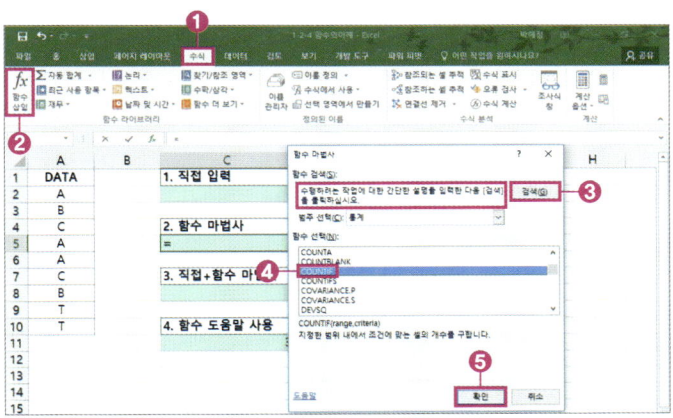

03 [함수 인수] 대화상자에서 각각의 인수 자리에 커서를 옮기고 셀 또는 해당 인수 값을 입력한 후 [확인]을 클릭합니다.

....

팁 :: [Criteria]에 'A'만 입력하면 "A"처럼 입력됩니다.

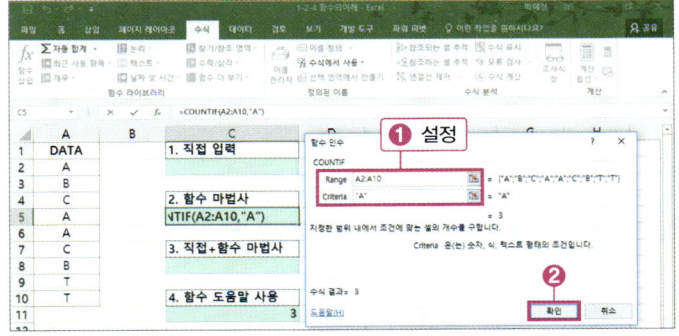

04 함수는 입력했는데, 인수 자리가 생각나지 않는다고 가정합니다. 이럴 때는 직접 입력하는 방법으로 함수식 '=COUNTIF('를 입력(시작 괄호까지)하고 Ctrl + A 를 누릅니다. [함수 인수] 대화상자가 나타나면 03번 따라하기 작업처럼 해당 인수에 커서를 위치시키고 인수 설명을 참조하여 각각의 자리에 해당 값을 지정한 다음 [확인]을 클릭합니다.

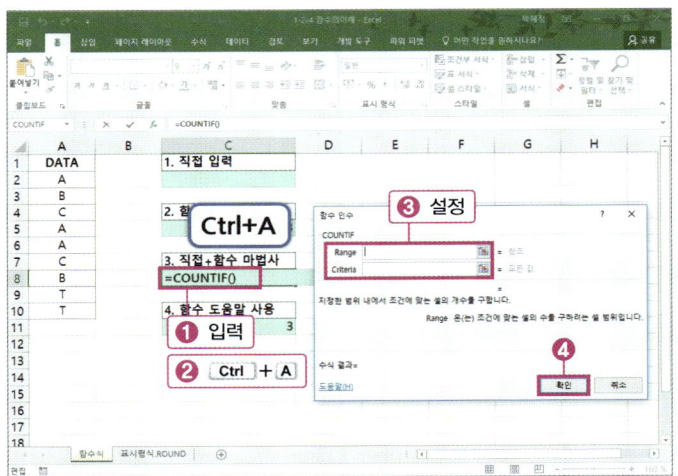

05 함수식에 커서를 위치시키면 함수 도움말이 나타납니다. 함수에 대한 도움말을 보려면 함수 이름을 클릭합니다. 각각의 인수 설명을 클릭하면 해당 인수로 커서를 옮김과 동시에 해당 인수가 선택되기 때문에 인수 확인 및 수정이 쉽습니다.

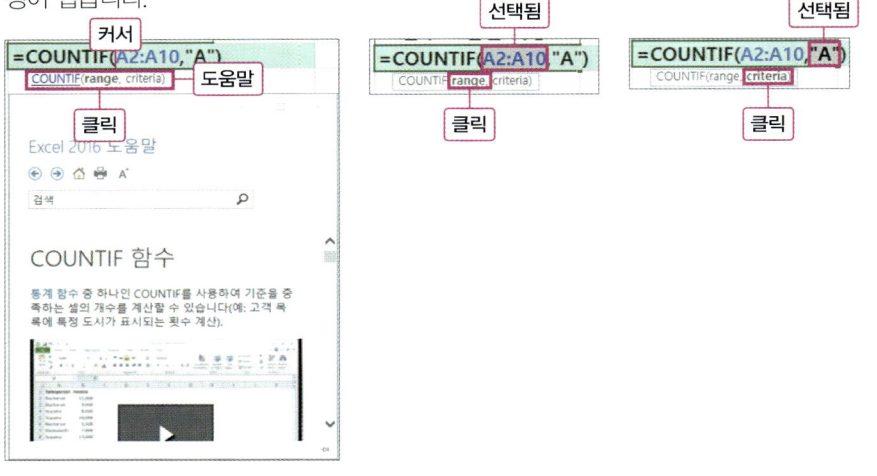

함수식 설명	COUNTIF 함수	
함수	=COUNTIF(A2:A10,"A") COUNTIF(**range**, criteria)	=COUNTIF(A2:A10,"A") COUNTIF(range, **criteria**)
인수 설명	"A"가 포함된 전체 범위	"A"는 지정 범위에서 카운트의 기준
전체 설명	범위 [A2:A10]에서 "A"가 몇 개인지 센다.	

소수점 이하 자릿수 처리 계획 _ AVERAGE, 표시 형식과 ROUND 함수

예제 파일 1-2-5 함수의이해_예제 및 완성.xlsx

평균을 구했는데 소수점 이하 자릿수가 너무 많아 화면에 다 표시할 수 없습니다. 그래서 표시 형식과 ROUND 함수를 이용하여 소수점 이하 둘째 자리까지 화면에 나타나도록 작업했습니다. 그런데 두 작업의 평균은 같지만 결과 값들을 다 더했을 때 아주 작은 차이지만 다른 결과로 나타난다면 그 이유는 무엇일까요?

01 A는 평균을 AVERAGE 함수로 구하고 [D3:D6]을 선택한 다음 [홈] 탭-[표시 형식] 그룹의 [자릿수 줄임]과 [자릿수 늘림]을 이용하여 소수점 이하 첫째 자리까지 표시합니다.

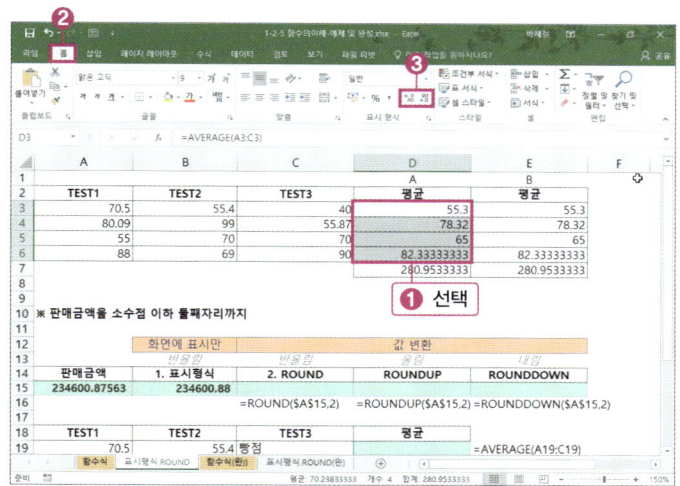

02 B는 수식에 ROUND 함수를 이용하여 소수점 이하 첫째 자리까지만 나타나도록 수식을 수정합니다.
=ROUND(AVERAGE(A3:C3),1)

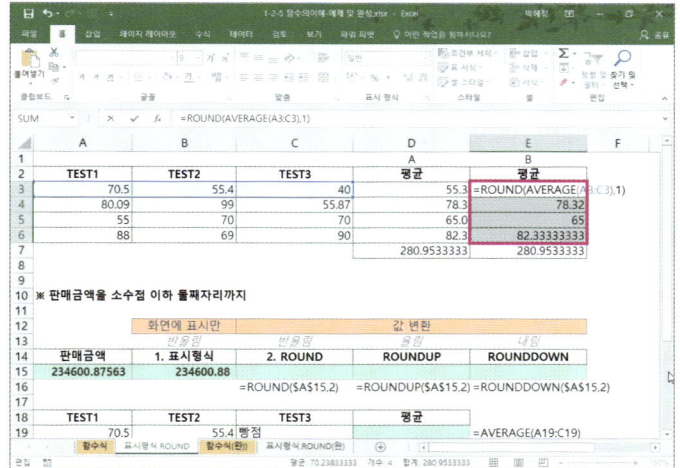

함수식 / 설명

함수	=ROUND(**AVERAGE(A3:C3)**,1) ROUND(**number**, num_digits)	=ROUND(AVERAGE(A3:C3)**1**) ROUND(number, **num_digits**)
인수 설명	반올림할 값	표시할 자릿수
전체 설명	ROUND는 반올림 함수로 AVERAGE(A3:C3)의 결과를 소수점 이하 첫째 자리까지 표시하며 소수점 이하 둘째 자리에서 반올림합니다.	

03 합계를 구한 [D6], [E6] 셀은 표시 형식과 ROUND 함수도 적용하지 않은 상태입니다. [A3:E6]을 선택하고 [홈] 탭–[표시 형식] 그룹의 [자릿수 줄임]과 [자릿수 늘림]를 클릭해 소수점 이하 둘째 자리까지 표시하여 결과가 다르게 나타남을 확인합니다. 표시 형식은 표시만을, ROUND 함수는 실제 값을 변경합니다.

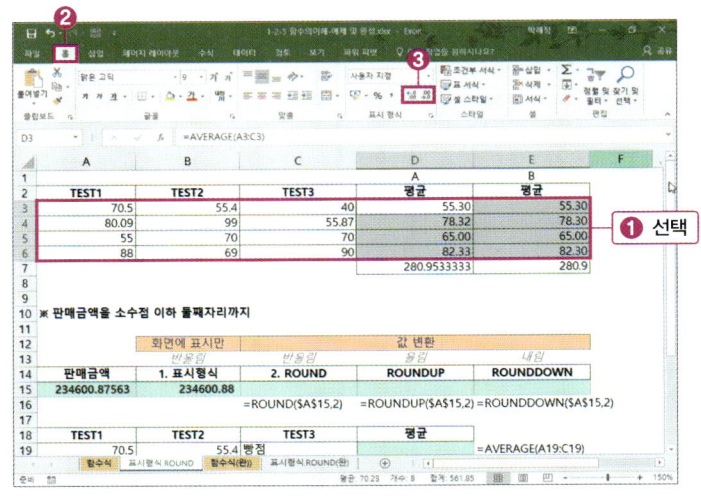

체크해봐요 :: AVERAGE와 AVERAGEA 함수의 차이 ROUND, ROUNDUP, ROUNDDOWN 함수의 차이는 뭔가요?

AVERAGE 함수는 숫자 값만 인식하고, AVERAGEA 함수는 문자가 입력된 셀도 나누는 수에 포함시킵니다. ROUND 함수는 반올림(사사오입), ROUNDUP 함수는 무조건 올림, ROUNDDOWN 함수는 무조건 내림합니다.

AVERAGE, AVERAGEA 함수				
TEST1	**TEST2**	**TEST3**	**평균**	
70.5	55.4	빵점	62.95	=AVERAGE(A19:C19)
			41.96666667	=AVERAGEA(A19:C19)

ROUND, ROUNDUP, ROUNDDOWN 함수				
	화면에 표시만	값 변환		
	반올림	*반올림*	*올림*	*내림*
판매금액	**1. 표시형식**	**2. ROUND**	**ROUNDUP**	**ROUNDDOWN**
234600.87563	234600.88	234600.88	234600.88	234600.87
		=ROUND($A$15,2)	=ROUNDUP($A$15,2)	=ROUNDDOWN($A$15,2)

팁 :: 특정 수의 배수로 반올림, 올림, 내림 처리하는 MROUND, CEILING, FLOOR 함수와 가까운 정수로 내림하는 INT 함수

MROUND(숫자, 배수)	원하는 배수로 숫자를 반올림 즉, 5 이상은 올림하고 나머지를 내림한 값을 나타냅니다.
CEILING(숫자, 배수) CEILING(number, significance)	원하는 배수로 숫자를 올림한 값을 나타냅니다. 음수인 경우에는 내림 처리합니다.
CEILING.MATH(숫자, 배수, 선택 요소) CEILING(number, significance,mode)	엑셀 2016에 추가된 함수로 CEILING함수에 mode인수를 추가한 것입니다. 예를 들어 수식 '=CEILING.MATH(−5.5,2,−1)'에 mode를 '−1'로 지정했다면, 올림 방향을 역으로 하고 −5.5를 2의 배수에 해당하는 0쪽에서 먼 방향의 가장 가까운 정수로 내림하여 결과는 '−6'이 됩니다.
FLOOR(숫자, 배수)	원하는 배수로 숫자를 내림한 값을 나타냅니다. 음수인 경우에는 올림 처리합니다.
INT(숫자)	소수점 아래를 버리고 가장 가까운 정수로 내림합니다.

표시 형식

예제 파일 1-2-6 SP.표시형식,이름정의,편집도구,더함수_예제.xlsx **| 완성 파일** 1-2-6 SP.표시형식,이름정의,편집도구,더함수_완성.xlsx

■ 엑셀 값 표시의 특징

가. 표시 형식은 실제 값과 화면에 표시되는 값을 다르게 표시하는 기능입니다. 셀에 입력한 모든 값은 표시 형식 코드를 부여받습니다. 값을 입력하고 표시 형식을 변경하지 않았다면 [표시 형식] 범주는 '일반'이고 [표시 형식 코드]는 'G/표준'이 됩니다. 표시 형식 코드를 이용하면 사용자가 원하는 대로 표시할 수 있는데, 이를 사용자 지정 표시 형식 코드라고 합니다.

나. 셀에 12자리 이상 입력하면 지수(**1.2346E+11**)로 표시합니다. 표시 형식을 '일반'이 아닌 '숫자'로 변경하면 화면에 모두 표시됩니다.

다. 16자리부터는 값을 '0'으로 표시합니다. 예를 들어 '1234567891234567'을 입력하면 '1234567891234560'으로 표시합니다.

■ 표시 형식 실행 및 [셀 서식] 대화상자

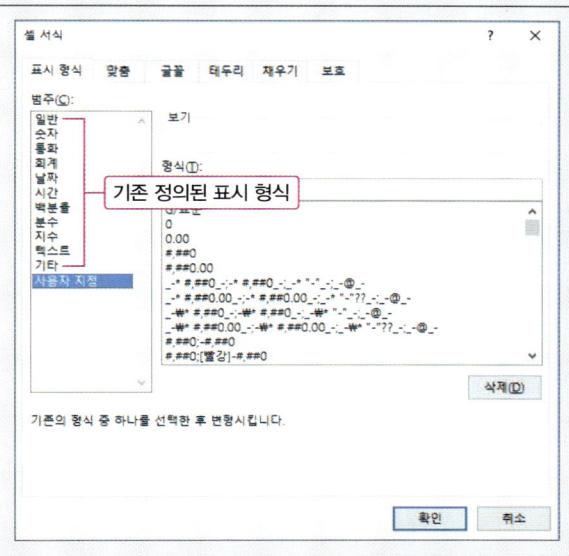

가. 표시 형식을 변경할 셀을 선택하고 **Ctrl**+**1**을 누르거나 마우스 오른쪽 버튼을 클릭한 후 [셀 서식]을 선택합니다.

나. 기존에 정의된 표시 형식을 사용하거나,

다. [사용자 지정]을 선택해 [형식]을 만들어 사용하기도 합니다.

라. [일반]을 선택하면 표시 형식이 적용되지 않은 상태이고,

마. [숫자]~[지수]까지는 숫자 관련 표시 형식으로 해당 범주를 선택하면 흔히 사용되는 표시 형식이 정의되어 있습니다.

바. [텍스트]를 선택하면 텍스트 데이터 형으로 바뀌며,

사. [기타]에는 국가마다 자주 사용하는 표시 형식이 다르게 등록되어 있습니다.

■ 표시 형식 코드 표

구분	코드	설명
숫자	#	숫자 대체 기호로 유효한 값만 표시합니다.
	0	숫자 대체 기호로 유효하지 않은 값도 표시합니다. 예를 들어 '0'을 입력하고 사용자 지정 표시 형식을 '#'으로 입력하면, 화면에 '0'은 나타나지 않습니다. '0'을 입력하면 '0'은 표시됩니다.
	?	유효한 숫자를 표시하기 원할 때 하나의 숫자를 대체하는 역할을 하고 숫자가 유효하지 않을 때는 행동하지 않습니다. 그래서 주로 소수점을 기준으로 숫자를 맞추기 위해 사용합니다.
문자	@	입력한 문자를 그대로 표시할 때 사용합니다.
날짜	Y	연도를 표시합니다.	연월일이 '-'나 '/'로 구분된 값만 정확하게 해당 날짜에 연월일을 추출하여 표시합니다.
	M	월을 표시합니다.	
	D	일을 표시합니다.	
시간	H	시간을 표시합니다.	시분초가 ':'으로 구분된 값만 정확하게 해당 시간에서 시분초를 추출합니다. 누적 시간 또한 정확하게 계산할 수 있습니다.
	M	분을 표시합니다.	
	S	초를 표시합니다.	
	[h]	누적 시간을 표시합니다.	
백분율	%	입력한 값에 'X100'을 하고 뒤에 '%' 기호를 삽입합니다.
빈 공간 처리	*	셀에 값이 표시되지 않는 빈 공간을 특수 기호나 빈 공간으로 채울 때 사용합니다.
빈칸 삽입	_	특정 텍스트의 너비를 이용하여 빈 칸을 만들기 위해 사용합니다.
소수점	.	소수 기호로 사용합니다.
천 단위 구분	,	천 단위마다 구분 또는 천 단위마다 표시하지 않으려 할 때 사용합니다.
조건 또는 색	[ ]	큰 대괄호 안에 [〉=100]처럼 사용하면 조건을 의미하고, [파랑]처럼 사용하면 색을 의미합니다. 사용 가능한 한글 색상명 : 파랑, 녹청, 녹색, 자홍, 빨강, 노랑, 흰색
특정 문자 표시	" "	큰따옴표(" ") 안에 문자는 그대로 표시합니다.

■ 사용자 지정 표시 형식 코드

하나의 셀에 다양한 형식의 자료가 입력될 것을 가정하고 서로 다르게 표시할 수 있도록 하기 위한 사용자 지정 표시 형식입니다. 사용자 지정 표시 형식의 구조와 몇몇 적용 사례를 살펴봅니다.

구조	양수 ; 음수 ; 0 ; 문자
설명	네 영역으로 구분하여 표시 형식을 다르게 지정할 수 있습니다. 세미콜론(;)을 구분자로 사용합니다.
적용 사례 1	#,### ; -#,### ; 0 ; @
설명 1	양수는 세 자리마다 콤마를 찍어 표시, 음수는 세 자리마다 콤마를 찍고 앞에 음수 기호(–)를 표시, 0이 입력되면 '0'을 꼭 표시, 문자도 그대로 표시합니다.
적용 사례 2	[>=2000]#,### ; [빨강]-#,### ; 0 ; @
설명 2	양수는 세 자리마다 콤마를 찍어 표시하되 2000 이상부터 합니다. 1999를 입력하면 세 자리에 콤마가 표시되지 않습니다. 음수는 세 자리마다 콤마를 찍고 앞에 음수 기호(–)를 표시하되 빨강으로 표시합니다.
적용 사례 3	; ; ;
설명 3	구분자만 덩그러니 있군요. 이런 경우에는 양수, 음수, 0값, 문자 그 어떤 것도 표시할 수 없습니다. 그러나 값은 여전히 있습니다. 표시 형식이니까요.

■ 다양한 표시 형식의 코드 및 적용 사례 표_숫자

사용		숫자 입력	적용 후 값 표시
####.#		12.77	12.8
		5	5.
소수점 이하 유효 숫자 한 자리만 표시합니다(둘째 자리에서 반올림).			
0.00		0.35	0.35
		23	23.00
유효하지 않은 숫자 자리에도 '0'을 표시합니다.			
00000		345	00345
0.000000000000000		.125489632586635	0.125489632586635
0.00?		27.3	
		0.132	
0.00????		27.3	
		5.132	
0.00%		0.3	30.00%
백분율은 1이 100%로 표시됩니다. 따라서 0.3은 30%로 표시됩니다.			
#,###		1000000	1,000,000
#,###,		1000000	1,000
#,,		1000000	1
①	₩* 0.00	5480	₩ 5480.00
②	₩*^0.00	5480	₩ ^^^^^^5480.01
①은 ₩와 숫자 사이를 공백(*)으로 채우고, ②는 ^기호로 채웁니다.			
_(₩* #,##0.00_);_($₩* (#,##0.00);_(* "-"??_);_(@_)		256.36	₩ 256.36
_(₩* #,##0.00_);_(₩* (#,##0.00);_(* "-"??_);_(@_)		−256.36	₩ (256.36)
_(₩* #,##0.00_);_(₩* (#,##0.00);_(* "-"??_);_(@_)		0	−

팁 :: 구분자를 하나만 사용하는 경우 첫 번째 자리는 양수와 0에 해당하고, 두 번째 자리는 음수입니다. 문자는 그대로 표시되는 것으로 약속되어 있습니다.

■ 문자 표시 형식 적용 사례

사용	숫자 입력	적용 후 값 표시
0.00" 가"	23	23.00 가
"A";"B" 코드 설명 : 양수면 A가, 음수면 B가 표시됩니다.	5	A
	-10	B
_("$"@_)	none	($none)
글자 앞에는 '('의 너비만큼 한 칸이, 뒤에서 ')'의 너비만큼 한 칸의 공간이 삽입됩니다.		
0.00;-0.00;"—";	none	
문자 영역에는 표시 형식 코드가 없으므로 텍스트 none이 표시되지 않습니다.		
_(* #,##0.00_);_(* (#,##0.00);_(* "-"??_);_(@_)	가	^가
_($* #,###0.00_);_($* (#,###0.00);_(* "-"??_);_(@_)	가	가

■ 날짜 표시 형식 적용 사례 : 입력 값은 '2016-02-04'입니다.

사용	의미	적용 후	사용	의미	적용 후
d	요일 영문 : ddd or dddd	Thu or Thursday	y	연 : yyyy or yy	2006 or 06
m	월 영문 : mmm or mmmm	Feb or February	m	월 : m or mm	2 or 02
a	요일 한글 : aaa or aaaa	목 or 목요일	d	일 : d or dd	1 or 01

■ 시간 표시 형식 적용 사례

사용	의미	입력	적용 후 값 표시
hh:mm:ss AM/PM	시간	8:00 AM	08:00:00 AM
[h]:mm	24 시간보다 클 때	2	48:00

이름 정의 제대로 써먹기

예제 파일 1-2-6 SP.표시형식,이름정의,편집도구,더함수_예제.xlsx | 완성 파일 1-2-6 SP.표시형식,이름정의,편집도구,더함수_완성.xlsx

이름 정의는 참조의 또 다른 형태입니다. 하나의 셀, 두 개 이상의 셀 범위를 하나의 이름으로 정의하여 수식에서 정의한 이름으로 참조합니다.

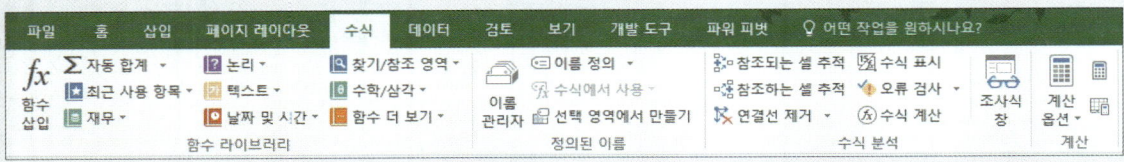

■ 이름을 정의하는 방법

하나의 이름으로 묶을 ❶ 범위를 선택하고 ❷ 이름 상자에서 이름 '판매수량'을 입력한 다음 Enter 를 누릅니다.

표의 첫 줄을 만드는 방법으로 ❶ 전체 범위를 선택하고 ❷ [수식] 탭-[정의된 이름] 그룹에서 [선택 영역에서 만들기]를 클릭합니다. ❸ 나타난 대화상자에서 [첫 행]만 체크하고 [확인]을 클릭합니다.

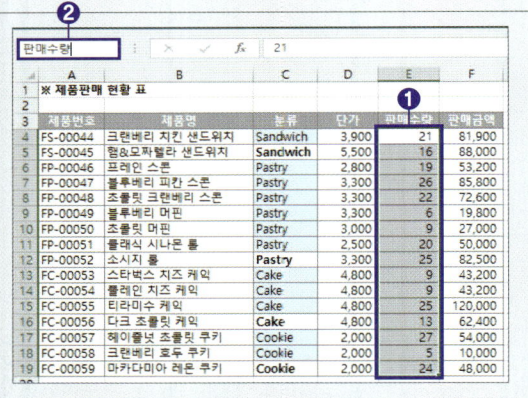

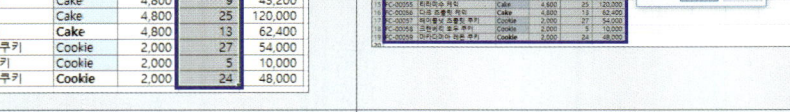

❶ 이름 상자를 선택하면 정의한 이름을 모두 확인할 수 있고, 이름을 클릭하면 해당 이름의 범위가 ❷ 선택됩니다.

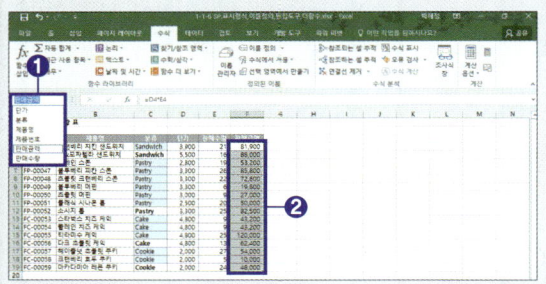

■ 정의한 이름을 입력하는 방법

직접 입력하거나 [수식] 탭–[정의된 이름] 그룹에서 ❶ [수식에서 사용]을 선택하고 해당 이름을 클릭합니다.	[이름 붙여넣기] 대화상자를 이용하려면 F3 을 누른 다음 해당 이름을 선택하고 [확인]을 클릭합니다.

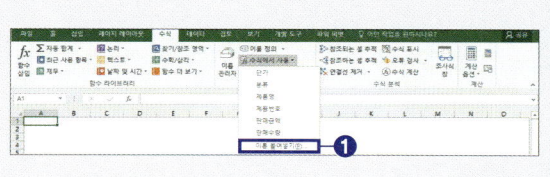

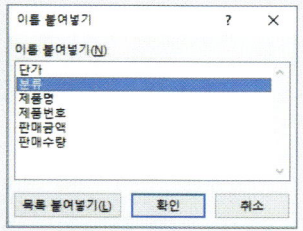

■ 정의한 이름 확인 및 편집

[수식] 탭–[정의된 이름] 그룹에서 [이름 관리자]를 클릭하면 [이름 관리자] 대화상자가 나타납니다. ❶ 해당 이름을 선택하면 ❷ [참조 대상]에서 참조 시트와 셀을 확인하거나 편집할 수 있고, 삭제하려면 ❸ [삭제]를 클릭합니다.

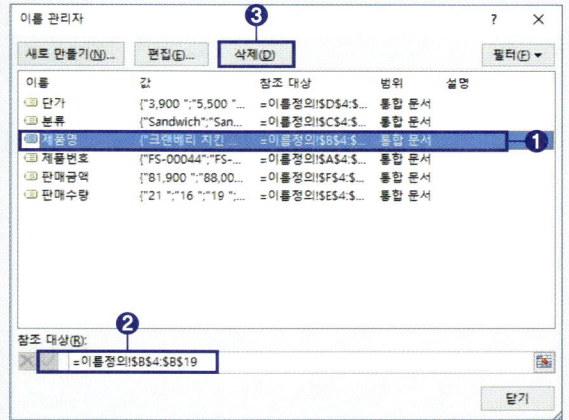

정의한 이름은 [이동] 대화상자에 나타나는데 F5 나 Ctrl + G 를 눌러 [이동] 대화상자를 실행하고 이름을 선택한 다음 [확인]을 클릭합니다.

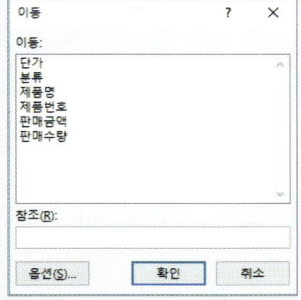

■ 주의 사항

하나의 통합 문서에는 하나의 이름이 존재하는 것이 정의한 이름을 다루기 좋습니다. 만약 같은 범위에 같은 이름을 정의하면 아래와 같은 ❶ 메시지 창이 나타납니다. ❷ [예]를 클릭하면 기존 이름 범위가 새로 정의한 이름 범위로 변경됩니다.

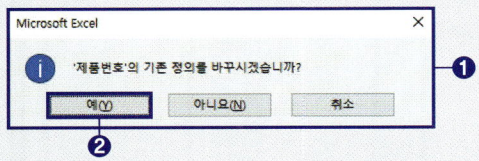

다른 시트에서 같은 이름으로 이름을 정의하면 메시지 창 없이 정의되고, [이름 관리자] 대화상자를 실행했을 때 아래의 그림과 ❶ 같이 같은 이름이 존재함을 확인할 수 있습니다. 이름은 같지만 ❷ [참조 대상]에 시트 이름이 다릅니다. 사용자는 이 둘을 잘 구분하여 사용해야 합니다.

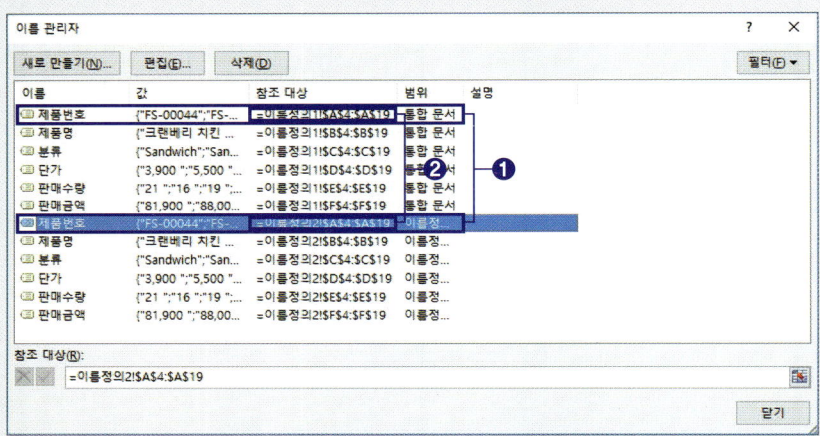

▶ [이름 관리자] 대화상자의 [이름]과 [값] 사이, [값]과 [참조 대상] 사이에 마우스 포인터를 옮기면 나타나는 너비 조절(✛) 상태에서 좌우로 드래그하거나 더블클릭하면 너비를 조정하여 전체를 확인할 수 있습니다.

▶ 대화상자 아래의 모서리 상자 크기 조절(◢) 상태에서 [이름 관리자] 대화상자의 크기를 늘릴 수 있습니다.

▶ [필터]를 클릭하면 그림과 같은 옵션을 적용하여 이름을 표시할 수 있습니다.

모두 지우기 목록, 선택하여 붙여넣기 더 보기

예제 파일 1-2-6 SP.표시형식,이름정의,편집도구,더함수_예제.xlsx | **완성 파일** 1-2-6 SP.표시형식,이름정의,편집도구,더함수_완성.xlsx

셀에는 값만 있을까요? 아니겠지요! 셀에는 값은 물론이고 수식, 서식, 하이퍼링크, 메모 정보도 포함됩니다. 값은 실재하고, 나머지는 적용한 정보만 있다고 크게 구분하면, 값은 직접 입력(상수라 한다)하거나 수식을 통해 생성되고 값이 아닌 나머지는 메뉴에 의해 적용하는 것입니다. 우리가 이 둘을 굳이 구분해야 하는 이유는 엑셀도 구분하여 작업하기 때문입니다. 이동, 선택하여 붙여넣기, 모두 지우기의 구성 요소를 이용하면 셀에 있는 특정 값 또는, 정보를 기준으로 여러 셀을 선택하고 원하는 곳에 붙여넣기도 하며 원하는 내용만 지울 수 있게 됩니다.

■ 모두 지우기 목록의 구분

잘 이해되지 않는다면 실습 파일('값 편집' 시트)을 열어 하나하나 실행해보고, 이해가 된다면 넘어가는 걸로…
셀에 구성 요소를 구분하여 삭제 : [홈] 탭-[편집] 그룹의 [지우기](✐ ▾)에서…

구성 요소	값	수식	서식	메모	하이퍼링크
셀 선택	[B2] 셀	[B3] 셀	[B4] 셀	[B5] 셀	[B6] 셀
메뉴 선택	✐ 모두 지우기(A) % 서식 지우기(F) **내용 지우기(C)** 메모 지우기(M) 하이퍼링크 해제(L)		✐ 모두 지우기(A) **% 서식 지우기(F)** 내용 지우기(C) 메모 지우기(M) 하이퍼링크 해제(L)	✐ 모두 지우기(A) % 서식 지우기(F) 내용 지우기(C) **메모 지우기(M)** 하이퍼링크 해제(L)	✐ 모두 지우기(A) % 서식 지우기(F) 내용 지우기(C) 메모 지우기(M) **하이퍼링크 해제(L)**
실행	내용 지우기		서식 지우기	메모 지우기	하이퍼링크 해제
지우기 전	5000 6000		서식	메모	하이퍼링크
지운 후			서식	메모	하이퍼링크

팁 :: 모두 지우기는 값과 수식을 삭제하는 Delete 또는 Back Space 와 같은 역할입니다.

■ [붙여넣기]와 [선택하여 붙여넣기] 대화상자 살펴보기

셀에 구성 요소를 구분하여 붙여넣는 방법은 복사 후 ❶ [홈] 탭–[클립보드] 그룹의 [붙여 넣기] 목록이나 ❷ 마우스 오른쪽 버튼을 클릭한 후 [선택하여 붙여넣기] 대화상자를 이용하는 것입니다.

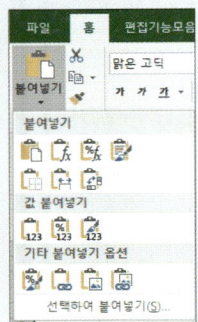
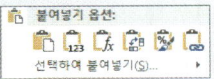

[붙여넣기] 목록	설명	[선택하여 붙여넣기]를 선택하면
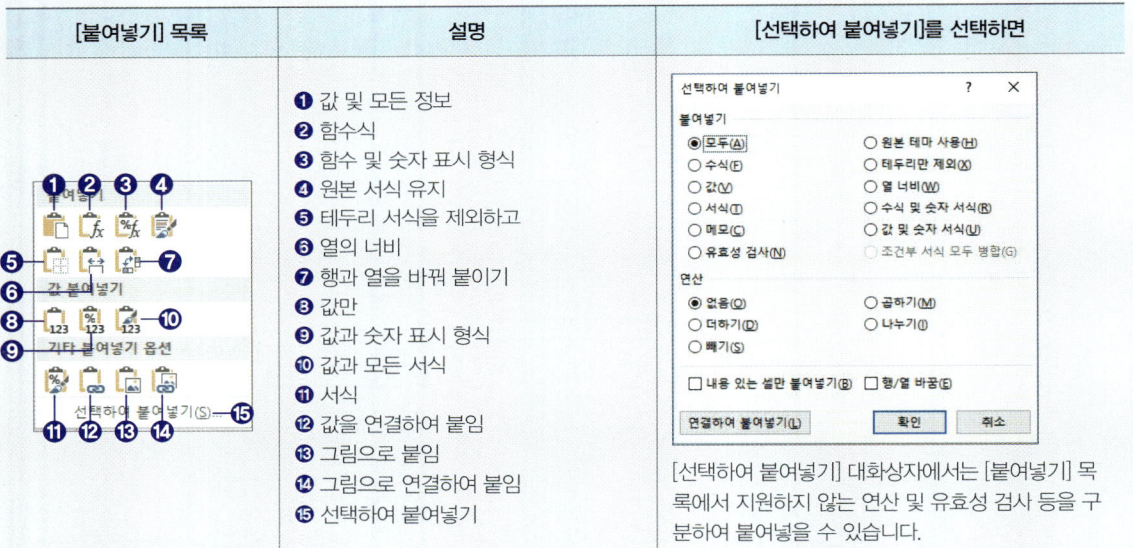	❶ 값 및 모든 정보 ❷ 함수식 ❸ 함수 및 숫자 표시 형식 ❹ 원본 서식 유지 ❺ 테두리 서식을 제외하고 ❻ 열의 너비 ❼ 행과 열을 바꿔 붙이기 ❽ 값만 ❾ 값과 숫자 표시 형식 ❿ 값과 모든 서식 ⓫ 서식 ⓬ 값을 연결하여 붙임 ⓭ 그림으로 붙임 ⓮ 그림으로 연결하여 붙임 ⓯ 선택하여 붙여넣기	 [선택하여 붙여넣기] 대화상자에서는 [붙여넣기] 목록에서 지원하지 않는 연산 및 유효성 검사 등을 구분하여 붙여넣을 수 있습니다.

체크해봐요 :: **[내용 있는 셀만 붙여넣기]를 어떤 경우에 사용하면 좋은가요?**

왼쪽에 두 표는 행사 참석 여부를 두 사람이 각각 표시한 결과이고, 오른쪽 표는 그 두 표의 참석 여부(O)를 취합한 최종 참석자 목록입니다. 두 표를 이용하여 최종 참석자 표를 만든다면, 첫 번째 [확인자1] 열을 선택에 복사한 다음 세 번째 표의 [확인] 열에서 [내용 있는 셀만 붙여넣기]를 실행한 다음, 두 번째 [확인자2] 열을 선택에 복사한 다음 세 번째 표 [확인] 열에 [내용 있는 셀만 붙여넣기]를 실행하면 세 번째 표처럼 붙여넣기가 완성됩니다. 이때 표 전체를 복사해도 됩니다.

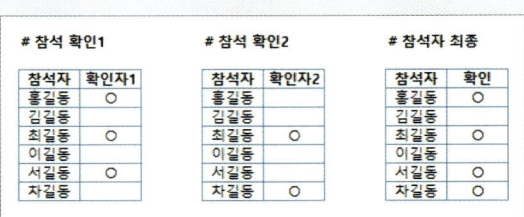

참석 확인1

참석자	확인자1
홍길동	O
김길동	
최길동	O
이길동	
서길동	O
차길동	

참석 확인2

참석자	확인자2
홍길동	
김길동	
최길동	O
이길동	
서길동	
차길동	O

참석자 최종

참석자	확인
홍길동	O
김길동	
최길동	O
이길동	
서길동	O
차길동	O

소개하지 않으면 아쉬운 함수들의 모임 _
RANK, PERCENTRANK.EXC, MAX, MIN, LARGE,
SMALL 함수

예제 파일 1-2-6 SP.표시형식,이름정의,편집도구,더함수.xlsx

01 '더함수' 시트에서 이름을 정의할 범위를 이름이 될 항목 이름과 함께 선택하기 위해 범위 [B3:B185]를 선택하고 [수식] 탭-[정의된 이름] 그룹에서 [선택 영역에서 만들기]를 클릭합니다. [선택 영역에서 이름 만들기] 대화상자에서 이름이 될 [첫 행]만 체크한 다음 [확인]을 클릭합니다.

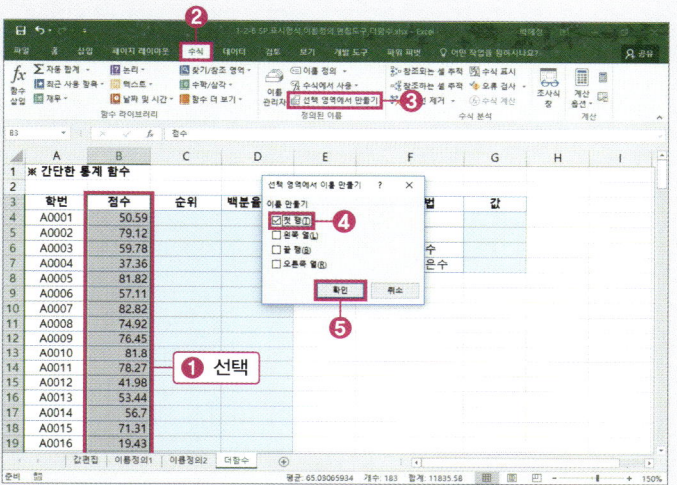

02 순위를 구할 [C4] 셀을 선택하고 수식을 '=RANK.AVG(B4,'까지 입력한 다음 [수식] 탭-[정의된 이름] 그룹에서 [수식에서 상용]-[점수]를 클릭하여 두 번째 인수에 적용한 다음 수식을 [185] 행까지 자동 채우기로 복사합니다.

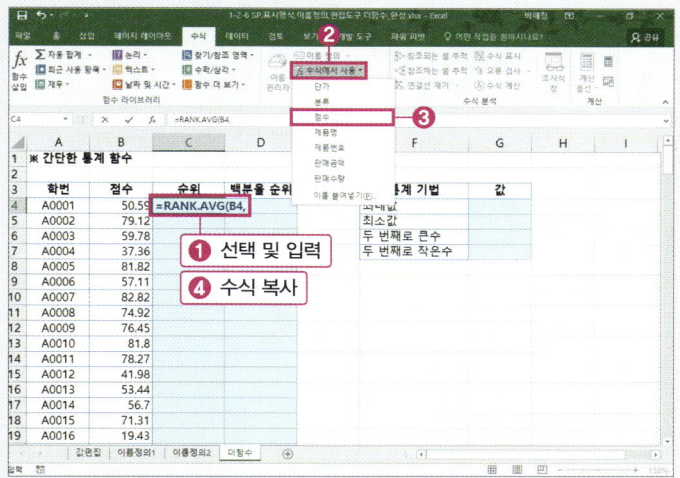

함수식 설명	RANK.AVG 함수	
함수	**=RANK.AVG(B4,점수)** RANK.AVG(number, **ref**, [order])	
인수 설명	[B4] : 순위를 구할 점수	점수 : 모든 점수 범위
전체 설명	RANK.AVG 함수는 [B4] 셀의 값이 점수 범위 중에서 몇 등인지를 구합니다. 이 수식에서는 마지막 인수 [order]가 생략됐는데, 생략하면 내림차순으로 점수가 큰 순으로 1부터 순위가 매겨지고 '1'을 입력하면 오름차 순으로 점수가 작은 순으로 1부터 순위가 매겨집니다.	

03 백분율 순위를 구할 [D4] 셀을 선택 하고 수식 '=PERCENTRANK.EXC(점 수,B4,1)'을 입력한 후 185 행까지 수식을 복사합니다.

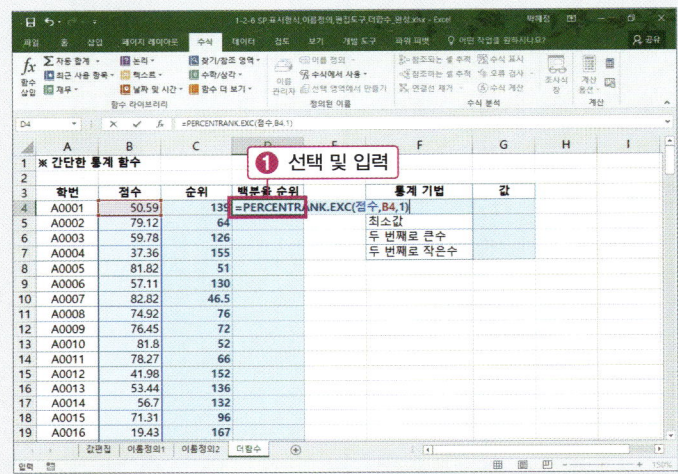

함수식 설명	PERCENTRANK.EXC 함수		
함수	**=PERCENTRANK.EXC(점수,B4,1)** PERCENTRANK.EXC(array, x, [**significance**])		
인수 설명	점수 전체 배열 또는 범위	순위를 확인할 값	백분율 값의 유효 자리 수
전체 설명	PERCENTRANK 함수는 백분율 순위를 구하는 함수로 점수 범위에서 [B4] 셀의 값이 몇 %에 해당하는지 구 합니다. 마지막 인수는 소수점 이하 자리 처리에 관한 인수로 '1'을 입력하면 첫째 자리까지, '2'를 입력하면 둘 째 자리까지 반올림하여 표시합니다.		

04 구한 백분율 순위의 표시 형식을 백분율로 변경하기 위해 [D4:D185]를 선택하고 [홈] 탭-[표시 형식] 그룹에서 [백분율](%)을 클릭합니다.

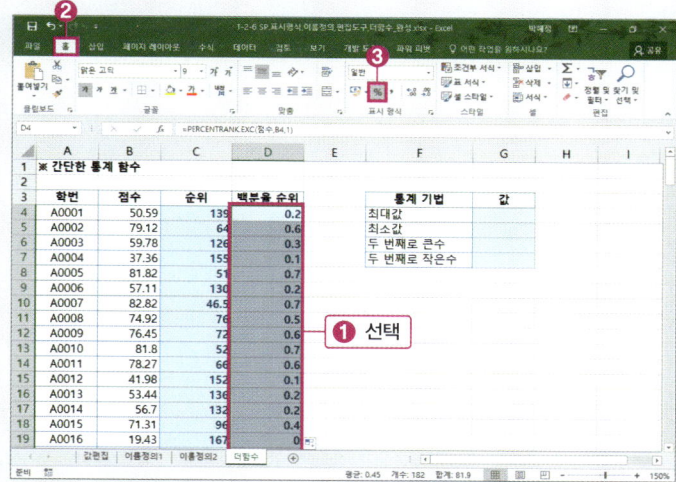

05 순위 항목을 정렬하기 위해 순위 범위 중에 하나의 셀을 선택하고 [데이터] 탭-[정렬] 그룹에서 [오름차순](김)을 클릭합니다.

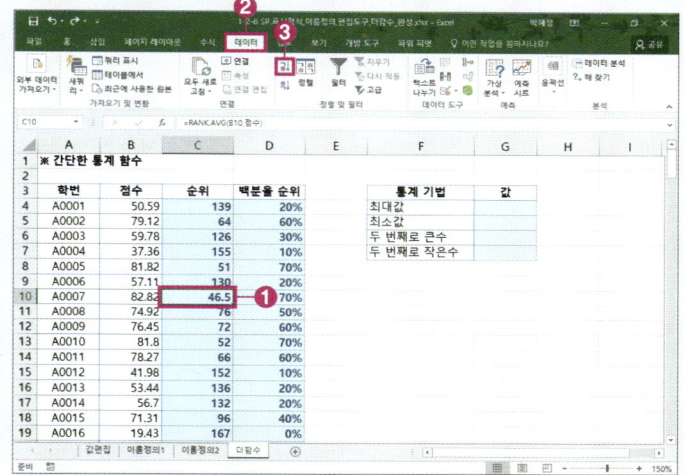

06 굳이 정렬을 한 이유는 RANK.AVG 함수를 설명하기 위함입니다. 엑셀은 순위를 구하는 함수로 RANK, RANK.AVG, RANK.EQ를 지원합니다. RANK는 RANK.EQ 함수와 같고, RANK.AVG 함수는 두 명의 동점자가 있을 경우 '.5'로 표시합니다.

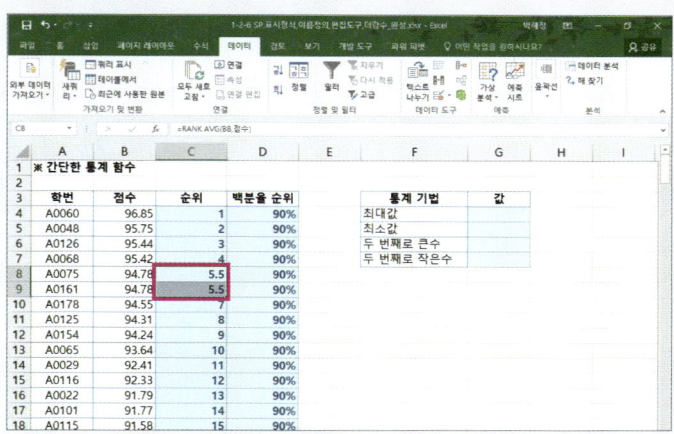

07 수식 입력표를 참고하여 각각의 셀에 수식을 입력하고 결과를 확인합니다.

수식 입력

입력 셀	수식
[G4] 셀	=MAX(점수)
[G5] 셀	=MIN(점수)
[G6] 셀	=MEDIAN(점수)
[G7] 셀	=LARGE(점수,2)
[G8] 셀	=SMALL(점수,2)

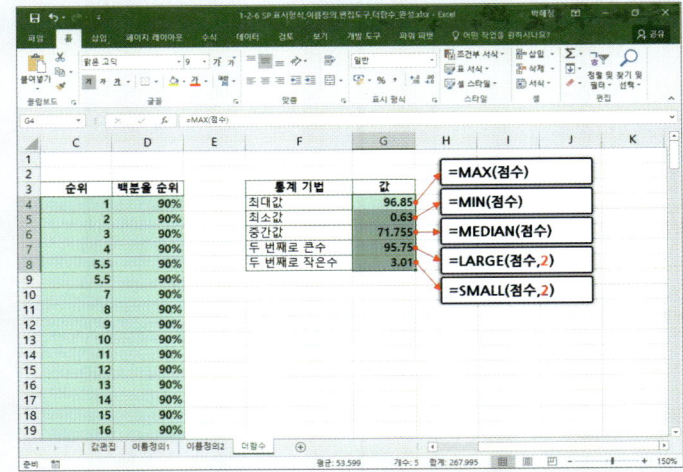

함수식 / 설명 **LARGE 함수**

함수	=LARGE(점수,2) LARGE(array, k)	
인수 설명	점수 : 전체 점수 범위	가장 큰 수를 기준으로 두 번째 값
전체 설명	LARGE 함수로 점수 범위에서 두 번째 큰 값을 구합니다.	

팁 :: 중간값을 구하는 함수 비교

	함수	설명
평균	AVERAGE	인수로 지정한 모든 숫자 값을 더하고 숫자 값이 입력된 셀 수 만큼 나눕니다.
중앙값	MEDIAN	인수로 지정한 값 중에서 가장 중간에 위치한 값을 구합니다. 만약 인수의 수가 짝수면 중간에 두 수를 더해 2로 나눕니다.
최빈값	MODE	인수로 지정한 값 중 가장 다수의 값을 구합니다. 최빈값이 여러 개인 경우 두 개 이상의 결과가 되므로 그런 경우 배열 수식으로 입력해야 합니다.

통계에서 평균(mean)이란 전체 합을 개수로 나눈 것을 의미하고 엑셀에서 평균(average)과는 구별해야 합니다. 평균(average)에는 중앙값(median), 최빈값(mode)을 모두 포함한 더 모호한 개념입니다. 엑셀에서 MEAN() 대신 AVERAGE()라는 이름을 쓰는 것은 좀 불편한 진실입니다. 평균(mean)은 중급이나 상급 이상의 통계 분석에서는 중간값(median)이나 최빈값(mode)보다 더욱 의미 있는 특징을 가집니다. 그 특징은 각 측정값에 측정값의 평균으로부터 얼마나 떨어져 있는지와 관계가 있습니다.

중심 성향을 측정하는 값 중에서는 중간값(median)은 평균(mean)보다 좀 더 설명하기 쉽습니다. 중간값은 관찰값의 개수에 따라 다르고, 평균값은 관찰값의 크기에 따라 다릅니다. 중간값은 잘 변하지 않는 특성이 있기 때문에 집의 가격이나 이와 비슷한 데이터의 중심 경향을 측정할 때 더 선호하는 측정값이다. 그리고 분포가 기울거나 치우치면 중간값은 중심경향이 어떻게 변했는지 더 잘 알려줍니다.

평균을 계산할 때는 그룹 안의 모든 값을 계산해서 중심 경향을 측정합니다. 중간값은 값의 순위를 매겨 중간에 있는 값을 가지고 중심 성향을 측정합니다. 최빈값(mode)은 어떤 값이 가장 많이 등장했는지를 사용합니다.

· ·

팁 :: '우리집 월평균 소득이 455만 원?, 평균의 함정' 기사 내용에 대해 설명하고자 함(노컷뉴스 '16.6.1(수) 내용)

■ 언론보도 내용

소득·자산 평균은 중앙값도 함께 살펴봐야 하는데, 가구가중치를 사용하지 않은 원본자료를 이용할 경우, 가계소득 월 평균값은 360만 8천 원이며, 중앙값은 315만 6천 원으로 약 50만 원의 차이가 난다는 기사 내용

■ 설명 내용

표본조사의 경우, 각각의 표본가구들은 지역이나 가구 특성에 따라 전체 가구의 대표 정도가 다르므로, 원본 자료를 사용할 경우에는 가구가중치를 사용하여야 함. 따라서, 2015년 1인 이상 가구기준 평균소득은 월 372만 2천 원이며, 중앙값은 333만 5천 원으로, 평균값과 중앙값의 차이는 38만 7천 원임(표본가구들은 추출된 지역이나 가구 특성에 따라 모수(모집단의 특성을 나타내는 수치)를 대표하는 크기가 각각 다르므로, 가구가중치를 고려하지 않을 경우 편향된 결과를 초래)

또한, 기사 내용 중 '통계청 국가통계포털 자료로 보면 2015년 우리나라 가계 월평균 소득은 약 440만 원인데, 원본자료 기준으로 약 361만 원으로 측정'은 오해의 소지가 있으므로 설명하고자 함. 기사에서 언급된 통계청 가계소득 440만 원은 2인 이상 가구 기준이고, 비교되는 361만 원은 1인 이상 가구 기준으로 두 수치 간에 차이는 1인 가구 제외 여부에 따른 차이가 대부분임(2015년 2인이상 가구 월평균 소득은 437만 3천 원)

〈출처 : 2016. 06. 01 통계청 설명 자료〉

PART
03

논리값이 뭐야?
어떻게 만들고,
어디에 써먹어?

셀이 구분하여 처리하는 값에 '숫자, 문 자, 논리, 오류'가 있다고 했습니다. 숫자, 문자, 오류는 설명하지 않아도 알고 있지만 논리값은 생소하기도 하고, 그걸 대체 왜 알아야 하는지 매우 궁금할 것입니다. 결론부터 얘기하자면, 엑셀에서 논리 데이터 형은 참 유용하다는 것과 논리 데이터 형을 생산해 낼 수 있다면, 활용할 수 있는 곳은 많을 것이고, 그 값이 어려운 문제를 해결하는 쉬운 방법이 될 수 있다는 것입니다. 반가운 소식 하나는 논리 데이터 형을 만드는 방법이 겨우 다섯 가지 밖에 되지 않는다는 것과 그 방법이 쉽다는 것입니다. 이곳에서는 논리 데이터 형에 대한 개념을 정리하고, 만드는 방법을 익혀 다양한 함수와 기능에 활용해보려 합니다. 엑셀을 사용하면서 논리 데이터 형에 대해 몰랐던 그대! 오늘은 피하지 말자고요! 새로운 세계가 열릴 테니까요.

논리 데이터 형이란?

참 ⋯ TRUE, 거짓 ⋯ FALSE	'작업의 결과를 논리 데이터 형로 만들었다'는 말은 과거형이지만 엑셀에서는 작업의 끝이 아닌 시작입니다. 대부분은 어떤 작업을 수행하기 위한 과정에서 논리 데이터 형이 필요하며 그에 따른 후속 작업이 있게 마련입니다. TRUE, FALSE로 만들어진 자료를 이용해 TRUE일 때와 FALSE일 때 서로 다른 작업을 실행하게 되는 것입니다.

논리값의 사전적 정의와 논리 데이터 형을 만드는 방법

고전논리학에서 옳은 명제에 '참'(T, True)을, 그른 명제에 '거짓'(F, False)을 할당한 것을 '진릿값'이라고 합니다(내용 출처 : 네이버 학생 백과사전). 만들어진 논리 데이터 형은 다양한 함수와 기능에 활용됩니다.

■ 논리값의 사전적 정의

'논리형의 데이터가 취할 수 있는 값'으로 보통은 참과 거짓의 값을 취합니다. 논리 데이터 형(logic data type)과 같은 의미입니다.

■ 논리학, 철학, 수학, 전산 과학 등에서

'참인지 거짓인지 판별할 수 있는 의미 있는 평서문'을 명제라고 합니다. 논리값은 이를 엑셀에서 활용한 것입니다. 예를 들면 '토마토는 야채다'와 '토마토는 과일이다'라는 명제가 있습니다. 첫 번째는 '참'이고 두 번째는 '거짓'입니다.

■ 엑셀에서 논리 데이터 형이란?

앞에서 '토마토는 과일이다'라는 명제의 결과는 참이고 엑셀은 참을 'TRUE'로 그 외 다른 것은 거짓 즉, 'FALSE'로 표시합니다. 표시는 'TRUE, FALSE'로 하지만 엑셀은 FALSE를 '0'으로 인식하고, TRUE는 흔히 '1'이라고 인식하는데, 더 정확히 말하자면 값이 있는 '0'이 아닌 모든 수를 TRUE로 봅니다.

'0'이 아닌 수를 참으로 인식한다는 것을 기억하면 더 유연하게 엑셀에게 작업 지시를 내릴 수 있을 것입니다. 셀에 직접 입력해도 논리 데이터 형으로 인식하고 대문자로 표시합니다.

■ 논리 데이터 형을 사용하는 기능 및 수식

기능	수식
조건부 서식 – 수식으로 조건 생성 고급 필터 – 수식으로 조건 생성 데이터 유효성 – 사용자 지정에서 수식으로 입력 허용 조건 생성	IF, IFS(2016) – 조건 생성 AND, OR – 조건 생성 IS 정보 – 인수로 지정 가능 배열 수식 – 조건 생성

■ 비교 연산자와 의미

비교 연산자를 사용하기 위해서는 두 개의 값이 필요하며 결과는 논리 데이터 형 즉, TRUE나 FALSE로 나타납니다.

비교 연산자는 수식에 여러 연산자가 섞여 있을 때 제일 마지막에 처리됩니다(P87의 연산자 우선순위 참조)

비교 연산자	설명	비교 연산자	설명
A = B	A와 B가 같으면 TRUE	A〈〉B	A와 B가 다르면 TRUE
A〉=B	A보다 B가 크거나 같으면 TRUE	A〈=B	A보다 B가 작거나 같으면 TRUE
A〉B	A가 B보다 크면 TRUE	A〈B	A가 B보다 작으면 TRUE

■ 비교 연산자 활용 사례

여기서 A와 B 자리에 값은 ① 직접 입력, ② 셀 참조, ③ 수식 또는 함수식으로 입력합니다. 결론적으로 하나의 값으로 만들어진 모든 값은 A와 B 자리에 위치할 수 있습니다.

① 값 직접 입력	="A"="B" or =1000〈2000	문자는 큰따옴표 안에 기술하고, 숫자는 큰따옴표 없이 입력함
② 셀을 참조하여 입력	= A1〉= B1	셀을 참조하여 해당 값 비교
③ 수식으로 값을 만들어 입력	=SUM(A1:A4)〉SUM(B1:B4)	함수식을 만들고 그 결과 값을 비교
③ 수식의 값과 셀 값	=SUM(A1:A4)〉B1	함수식의 결과 값과 셀 값 비교

논리값 생성 요령 _ 직접 입력, 비교 연산자, AND, OR 함수

예제 파일 1-3-1 논리데이터형-예제.xlsx
완성 파일 1-3-1 논리데이터형-완성.xlsx

셀에 TRUE, FALSE를 직접 입력하여 어떻게 인식하는지 보고, 두 값을 비교 연산자로 비교하는 방법과 두 개 이상의 조건을 담아 모두 만족할 때, 둘 중에 하나만 만족할 때 논리 데이터 형을 생성하는 AND, OR 함수 사용 방법을 알아봅니다.

01 [A4], [A5] 셀에 각각에 소문자로 'true', 'false'를 입력하면 대문자로 변경되어 입력되고 가운데로 정렬됩니다. 이렇게 직접 입력한 값도 논리 데이터 형으로 인식됩니다.

....

팁 :: 입력 후 **Enter** 를 눌러 완료해야 변경됩니다.

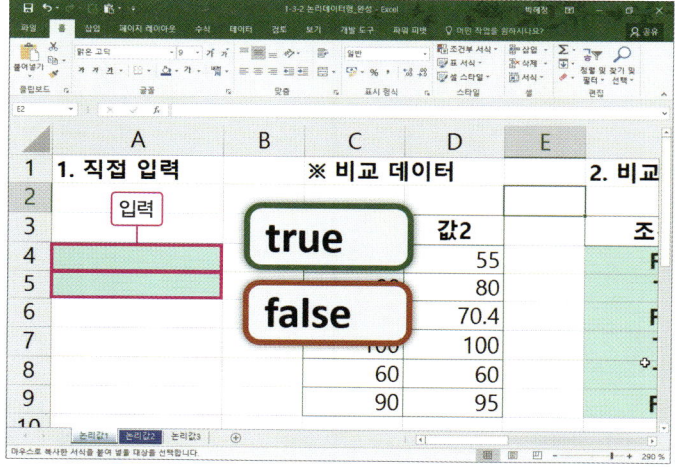

02 두 값, 값1과 값2가 같은지 비교하기 위해 [F4] 셀에 수식 '=C4=D4'를 입력하고 **Enter** 를 누릅니다.

....

팁 :: 앞에 '='은 수식을 나타내는 기호이고, 뒤에 '='은 비교 연산자로 두 값이 같으던 TRUE로 판정합니다.

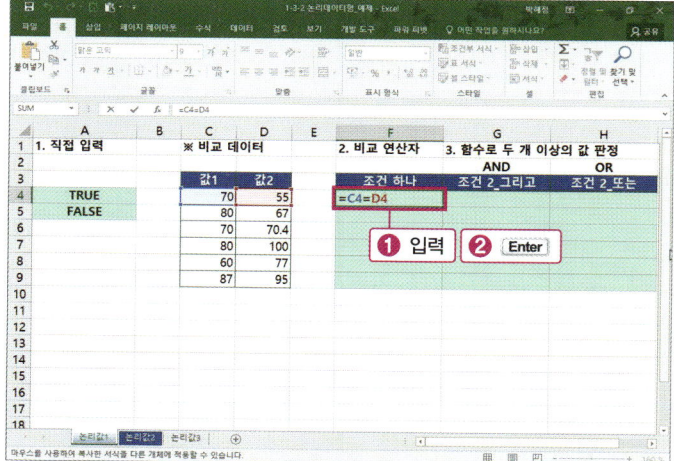

03 [G4] 셀에 수식 '=AND(C4)=70,D4〉=70)'을, [H4] 셀에 수식 '=OR(C4)=70,D4〉=70)'을 입력합니다. AND 함수는 둘 다 70 이상이면 TRUE를 OR 함수는 둘 중 하나만 70 이상이면 TRUE를 결과로 판정합니다.

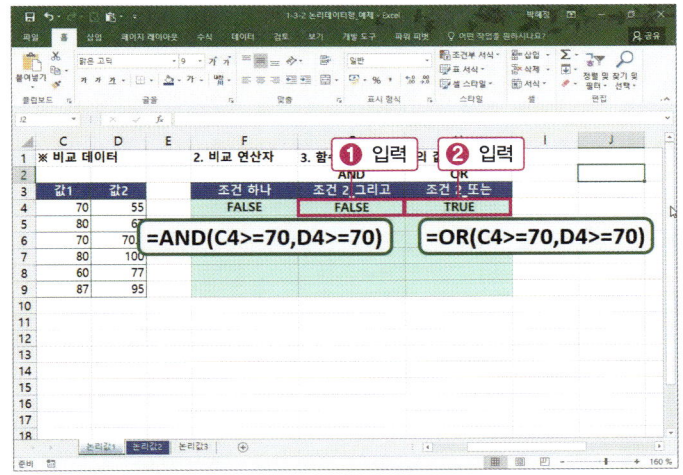

함수식 / 설명	=AND(C4〉=70,D4〉=70)	
함수	=AND(C4>=70,D4>=70) 〈br〉 AND(**logical1**, [logical2], [logical3], …)	=AND(C4>=70,D4>=70) 〈br〉 AND(logical1, **[logical2]**, [logical3], …)
인수 설명	결과가 논리값이 되도록 합니다.	결과가 논리값이 되도록 합니다.
전체 설명	AND 함수는 인수 결과 모두가 TRUE로 판정되면 최종 결과를 TRUE로 나타냅니다. 〈br〉 값1(C4)이 70 이상이고, 값2(D4)도 70 이상이면 참(TRUE)이 됩니다.	

04 수식이 입력된 [F4:H4]를 선택하고 자동 채우기 버튼 상태에서 드래그하여 [9]행까지 복사합니다.

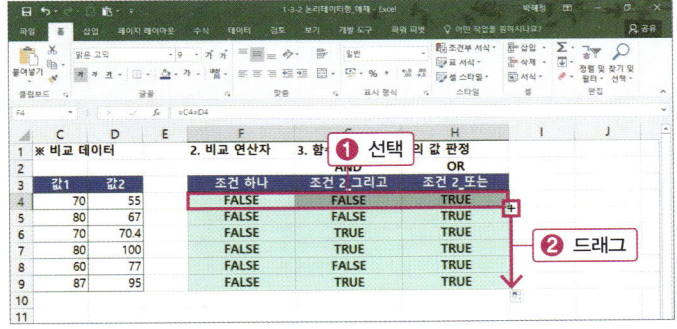

팁 :: TRUE를 만드는 다양한 사례
다음은 수식은 TRUE를 만드는 다양한 사례로 예제 파일을 열어('논리값3' 시트) 수식을 입력한 후 결과를 확인해봅니다.

항목	수식 작성 셀	TRUE 조건	수식 설계
판정1	[E4] 셀	연도가 '2016'일 때	=B4=2016
판정2	[F4] 셀	도시가 '서울'이고 판매금액이 100만 원 이상	=AND(A4="서울",D4)=10000000)
판정3	[G4] 셀	월이 '1' 또는 '2' 또는 '3'(1사분기)	=OR(C4=1,C4=2,C4=3)
판정4	[H4] 셀	'2016'년도의 1월, 또는 3월	=AND(B4=2016,OR(C4=1,C4=3))
판정5	[I4] 셀	도시의 글자 수가 3일 때	=LEN(A4)=3

값(value) 정보를 물으면 TRUE/FALSE로 대답하는 IS 정보 함수

예제 파일 1-3-1 논리데이터형-예제.xlsx
완성 파일 1-3-1 논리데이터형-완성.xlsx

IS 정보 함수는 'IS'로 시작하는 함수를 말하며, 결과는 논리 데이터 형입니다. [A4] 셀에 직접 입력한 논리 데이터 형을 엑셀이 어떻게 인식하는지 ISNUMBER, ISTEXT, ISLOGICAL 함수를 이용하여 확인하고, 더불어 IS 정보 함수의 특징도 알아보겠습니다.

01 '논리값2' 시트의 [C4] 셀에 수식 '=ISNUMBER(A4)'로 '너 숫자야?'라고 물어보면, '아니다(FALSE)'라고 대답합니다.

··

팁 :: ISNUMBER 함수는 인수로 지정한 값이 숫자일 때 TRUE, 아닐 때 FALSE를 나타냅니다.

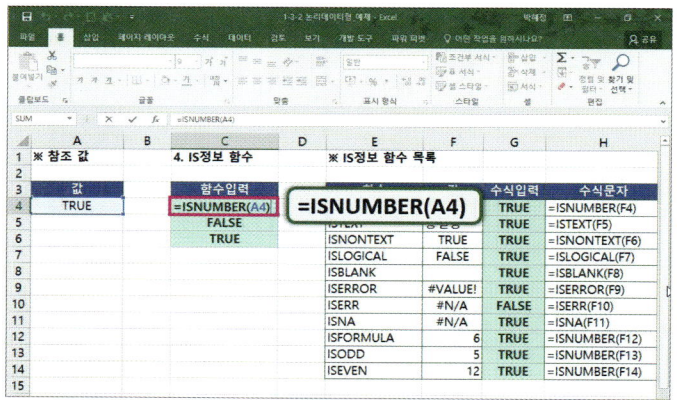

02 [C5] 셀에 수식 '=ISTEXT(A4)'으로 '아님 너 문자인 거야?'라고 물어보면, 역시 '아니다(FALSE)'라고 대답합니다.

··

팁 :: ISTEXT 함수는 인수로 지정한 값이 문자일 때 TRUE, 아닐 때 FALSE를 나타냅니다.

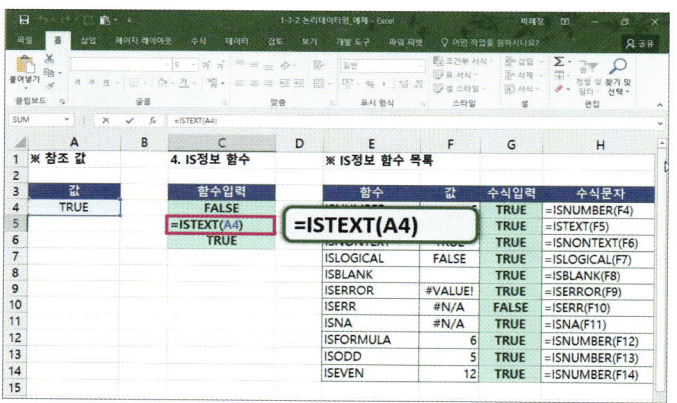

03 마지막으로 [C6] 셀에 수식 '=ISLOGICAL(A4)'으로 '그럼 너 논리 데이터 형이야?' 물어보면, '그렇다(TRUE)'고 대답합니다. 엑셀에서 TRUE, FALSE는 숫자도 문자도 아닌 논리 데이터 형임을 알 수 있습니다.

··

팁 :: ISLOGICAL 함수는 인수로 지정한 값이 논리값일 때 TRUE, 아닐 때 FALSE를 나타냅니다.

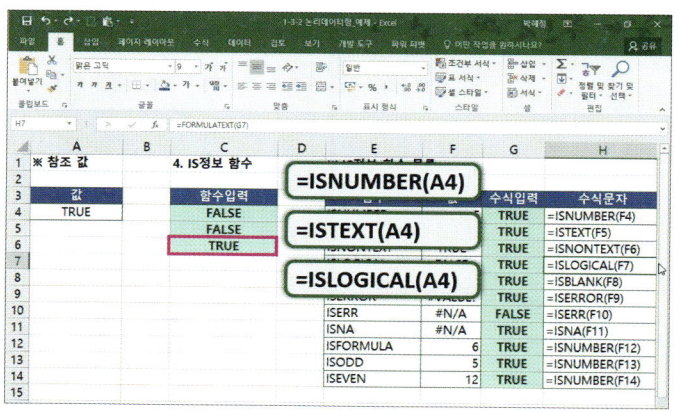

논리 데이터 형을 IF, IFS 함수에 써먹자!

**최종 결과를
원하는 대로!**

앞서 논리 데이터 형을 만드는 방법에 대해서 설명했고, 대부분의 작업에서 TRUE, FALSE를 만드는 것이 최종 목적은 아니라고 했습니다. 이번에는 만들어진 TRUE와 FALSE를 또 다른 값으로 바꾸는 IF, IFS 함수 사용 방법에 대해 학습합니다.

IF, IFS 함수의 기본 사용법

■ IF 함수 설명서

IF 함수는 세 개의 인수로 구성됩니다. 첫 번째 인수는 반드시 결과가 TRUE 또는 FALSE로 나타나야 합니다. 첫 번째 인수의 결과를 이용해 TRUE일 때는 두 번째 인수, FALSE일 때는 세 번째 인수가 결과 값이 됩니다.

인수	❶ logical_test	❷ value_if_true	❸ Value_if_false
입력	필수	둘 중 하나의 인수는 생략 가능	
결과	반드시 논리값(TRUE, FALSE)으로 나타나야 합니다.	어떤 값도 사용 가능합니다.	어떤 값도 사용 가능합니다.
비고	❹ 사이에 공백 없이 큰따옴표(" ")를 입력하면 결과는 공백 문자가 됩니다. 화면에는 빈 셀로 나타나지만 빈 셀이 아닌 공백 문자로 인식됩니다.		

- =IF(A1=1,"남","여") : [A1] 셀 값이 '1'이면 '남'으로, 아니면 '여'로 셀 값을 생성
- =IF(OR(A1=1,B1=1),10,"A") : [A1] 셀과 [B1] 셀 중 하나라도 값이 '1'이면 숫자 값 '10'을, 아니면 'A'를 셀 값으로 생성
- =IF(ISNUMBER(A1), SUM(A1:B1), "") : [A1] 셀 값이 숫자면, 함수 'SUM(A1:B1)'을, 아니면 공백("")을 생성
- =IF(AND(A1=1,B1=1), 10+4, A1) : [A1] 셀 값과 [B1] 셀 값이 모두 '1'이면 연산 '10+4'을 아니면 [A1] 셀의 값을 가져옴

하나의 예제로 보는 IF 함수

■ IF 함수 처리 내용

월 필드에는 1부터 12까지의 숫자 자료가 입력되어 있습니다. 입력된 월 데이터를 이용해서 분기 정보를 새롭게 만들려 합니다. '1, 2, 3'을 묶어 '1/4분기'로, '4, 5, 6'을 묶어 '2/4분기'로, '7, 8, 9'를 묶어 '3/4분기'로, '10, 11, 12'를 묶어 '4/4분기'가 되게 합니다.

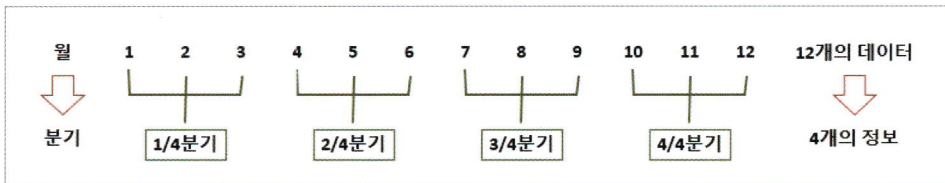

■ 위의 처리 내용을 IF 함수식으로 표현한다면

=IF(월>=10,"1/4분기",IF(월>=7,"2/4분기",IF(월>=4,"3/4분기","4/4분기")))

■ IF 함수식의 처리 흐름도

가. 조건 월이 10 이상이면 입력(출력) 처리

나. 아닌 경우에 조건 월이 7 이상이면 입력(출력) 처리

다. 아닌 경우에 조건 월이 4 이상이면 입력(출력) 처리

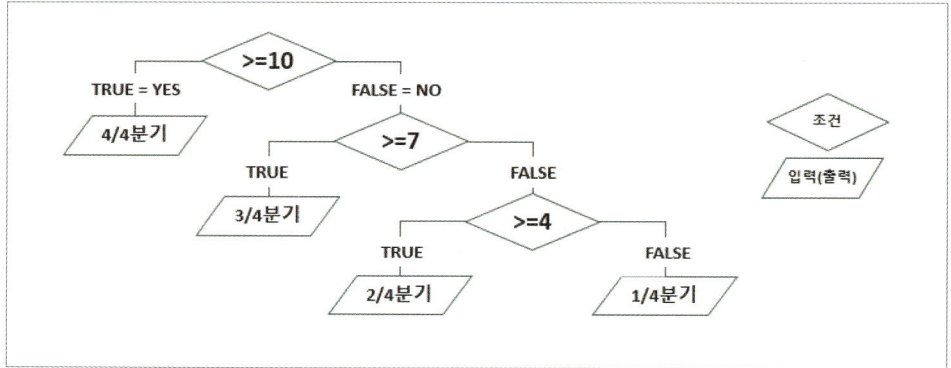

IF 함수 기본 사용 방법

예제 파일 1-3-2 IF, IFS-예제.xlsx | 완성 파일 1-3-2 IF, IFS-완성.xlsx

입력한 값에 따라 다르게 표시 및 계산하는 IF 함수식과 입력 여부에 따라 실행 여부를 결정하는 IF 함수식을 만들어 필요한 모든 셀에 복사한 뒤 새로운 데이터를 입력해 계산이 완성되도록 하는 수식을 설계해보겠습니다.

01 매출이 비용보다 크다면 '이익'으로 아니면 '손실'로 처리하기 위해 [A5] 셀에 수식 '=IF(B3>B4,"이익","손실")'을, 매출이 비용보다 크다면 매출에서 비용을 빼고 아니면 비용에서 매출을 빼기 위해 [B5] 셀에 수식 '=IF(B3>B4,B3-B4,B4-B3)'을 입력합니다.

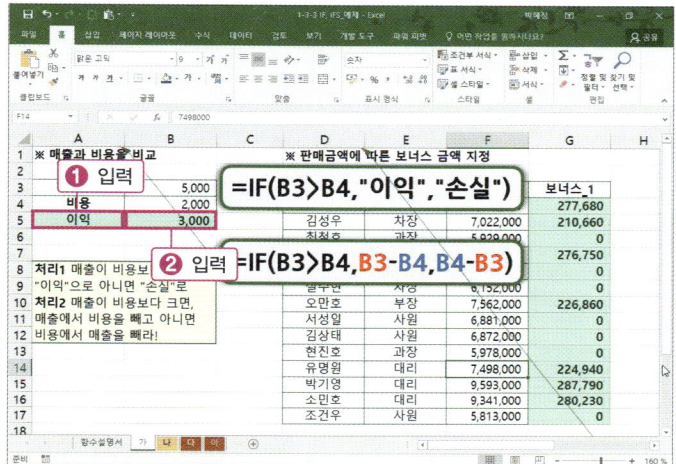

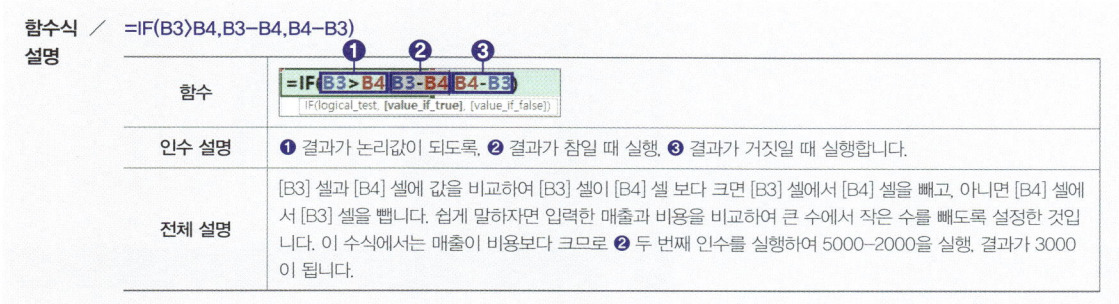

함수식 설명	=IF(B3>B4,B3-B4,B4-B3)		
함수	❶ ❷ ❸ =IF(B3>B4,B3-B4,B4-B3) IF(logical_test, **[value_if_true]**, [value_if_false])		
인수 설명	❶ 결과가 논리값이 되도록, ❷ 결과가 참일 때 실행, ❸ 결과가 거짓일 때 실행합니다.		
전체 설명	[B3] 셀과 [B4] 셀에 값을 비교하여 [B3] 셀이 [B4] 셀 보다 크면 [B3] 셀에서 [B4] 셀을 빼고, 아니면 [B4] 셀에서 [B3] 셀을 뺍니다. 쉽게 말하자면 입력한 매출과 비용을 비교하여 큰 수에서 작은 수를 빼도록 설정한 것입니다. 이 수식에서는 매출이 비용보다 크므로 ❷ 두 번째 인수를 실행하여 5000-2000을 실행, 결과가 3000이 됩니다.		

체크해봐요 :: 입력 값을 수정하여 결과의 IF 함수식 변화를 확인!
매출 값 [B3] 셀을 '1500'으로 수정하고 [A5] 셀이 '손실', [B5] 셀이 '500'으로 바뀌는지 확인해 봅니다.

02 판매금액이 7백만 원 이상이면 판매금액에 3%를 보너스로 지급하기 위해 [G4] 셀에 수식 '=IF(F4>=7000000,F4*0.03,0)'을 입력하고 [G17] 셀까지 복사합니다.

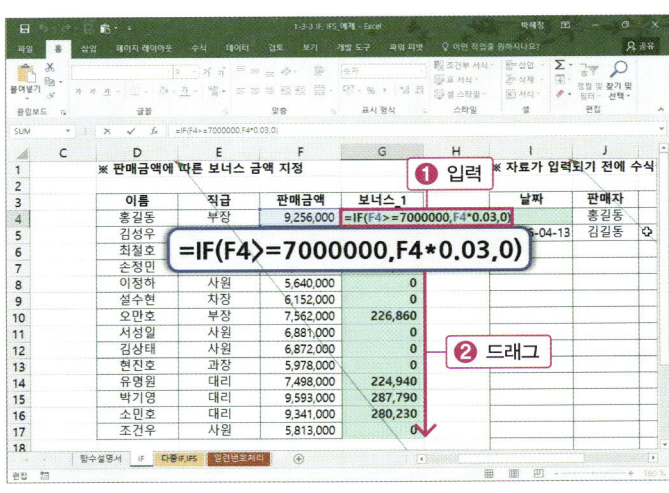

함수식 / =IF(F4>=7000000,F4*0.03,0)
설명
    [F4] 셀에 값이 7,000,000원보다 크거나 같으면 [F4] 셀에 '0.03'을 곱한 값을 나타내고 그렇지 않으면 '0'을 나타내도록 합니다.

03 이번에는 [N4] 셀에 수식 '=L4*M4'을 입력하고, 수식을 [N19] 셀까지 복사하고, 개당 단가와 가격이 입력되지 않을 경우에 '0'이 표시됨을 확인합니다.

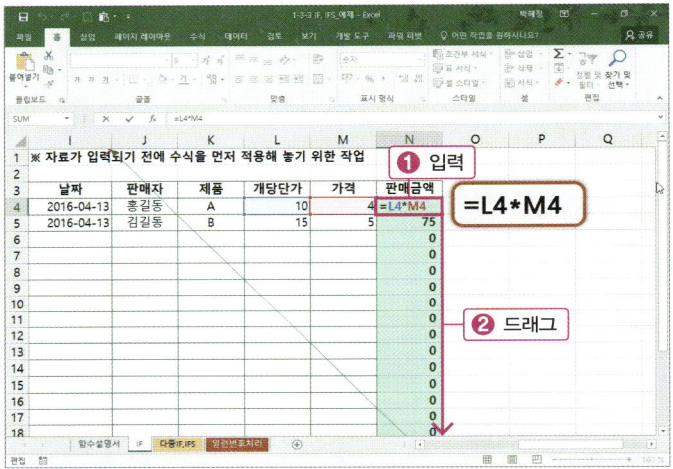

04 [N4] 셀을 더블클릭하여 편집 모드로 만들고 개당 단가의 입력 시점을 기준으로 수식을 수정한 후 다시 [N19] 셀까지 복사합니다.

=IF(L4<>"",L4*M4,"")

함수식 / =IF(L4<>"",L4*M4,"")
설명
    IF 함수를 이용하여 판매금액의 계산 시점을 개당 단가가 '입력되면'이란 전제 조건을 만들려고 합니다. 여기서는 개당 단가가 처음 입력된 [L4] 셀이 빈 셀("")이 아니면 (<>), 개당 단가와 가격을 곱하고 (L4*M4) 그렇지 않으면 비워두라 ("")고 했습니다.

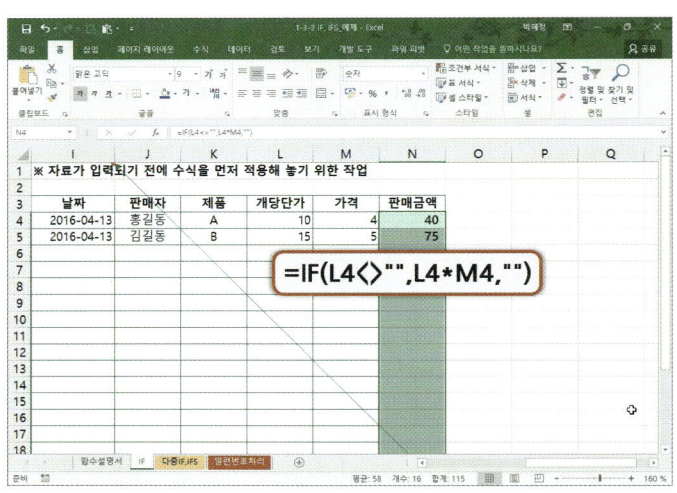

다중 조건 처리를 위한 AND, OR 함수 사용 및 중첩 IF 함수 그리고, 새로 추가된 IFS 함수

예제 파일 1-3-2 IF, IFS-예제.xlsx | **완성 파일** 1-3-2 IF, IFS-완성.xlsx

직급이 대리 또는 사원인데 판매금액이 7백만 원이 넘었다면 판매금액의 '1%'를 더 지급한 금액을 [보너스2] 열에, [보너스지급 기준표 2]에 따라 보너스를 산출한 금액을 [보너스3] 열에 만들고 같은 작업을 엑셀 2016에 추가된 IFS 함수로 수식을 설계하여 두 수식을 비교해보겠습니다.

01 [E4] 셀에 수식을 입력하고 [E17] 셀까지 수식을 복사합니다.

=IF(AND(OR(B4="대리",B4="사원"),C4>=$J$3),1%,0)*C4

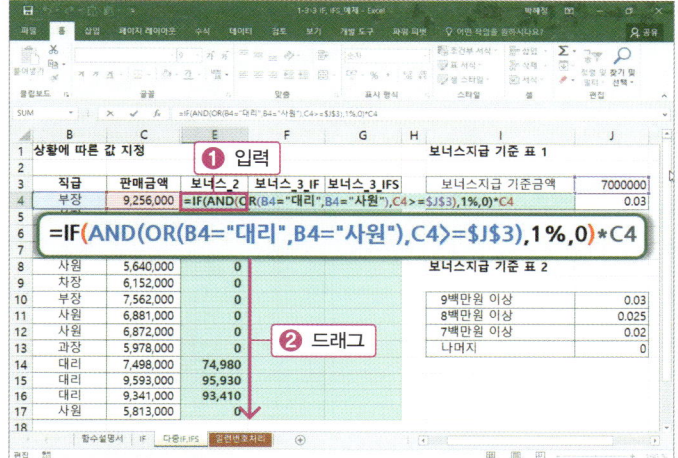

함수식 설명 / =IF(AND(OR(B4="대리",B4="사원"),C4>=$J$3),1%,0)*C4

=IF(**AND(OR(**B4="대리",B4="사원"**),**C4>=$J$3**)**,1%,0)*C4
IF(**logical_test**, [value_if_true], [value_if_false])

❶ OR(B4="대리",B4="사원") : OR 함수는 [B4] 셀이 '대리'이거나 '사원'이면 참을 만듭니다.
❷ AND(OR(B4="대리",B4="사원"),C4>=$J$3) : AND 함수는 OR 함수의 결과가 참이면서 [C4] 셀이 [$J$3] 셀보다 크거나 같은 경우라면 참을 만듭니다.
❸ IF 함수는 AND 함수의 결과에 따라 참이라면 '1%'를, 거짓이라면 '0'을 만들고, 거기에 [C4] 셀의 값을 곱해 새로운 값을 만드는 수식입니다.

02 [F4] 셀에 수식을 입력하고 [F17] 셀까지 복사합니다.

=IF(C4>=9000000,3%,IF(C4>=8000000,
2.5%,IF(C4>=7000000,2%,0)))*C4

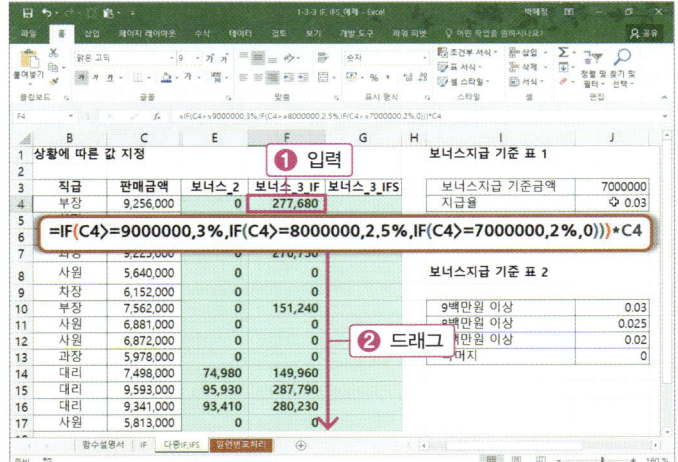

함수식 / =IF(C4>=9000000,3%,IF(C4>=8000000,2.5%,IF(C4>=7000000,2%,0)))*C4
설명

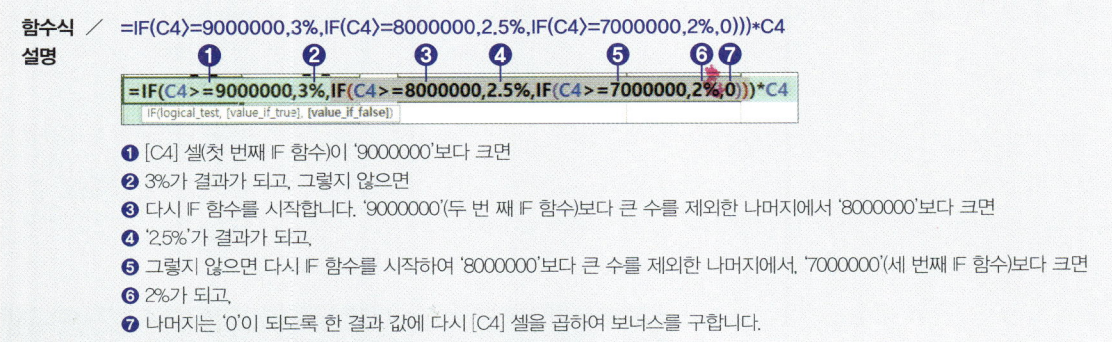

❶ [C4] 셀(첫 번째 IF 함수)이 '9000000'보다 크면

❷ 3%가 결과가 되고, 그렇지 않으면

❸ 다시 IF 함수를 시작합니다. '9000000'(두 번 째 IF 함수)보다 큰 수를 제외한 나머지에서 '8000000'보다 크면

❹ '2.5%'가 결과가 되고,

❺ 그렇지 않으면 다시 IF 함수를 시작하여 '8000000'보다 큰 수를 제외한 나머지에서, '7000000'(세 번째 IF 함수)보다 크면

❻ 2%가 되고,

❼ 나머지는 '0'이 되도록 한 결과 값에 다시 [C4] 셀을 곱하여 보너스를 구합니다.

03 [G4] 셀에 수식을 입력하고 [G17] 셀까지 복사합니다.

=IFS(C4>=9000000,3%,C4>=8000000,2.5%,C4>=7000000,2%,TRUE,0)*C4

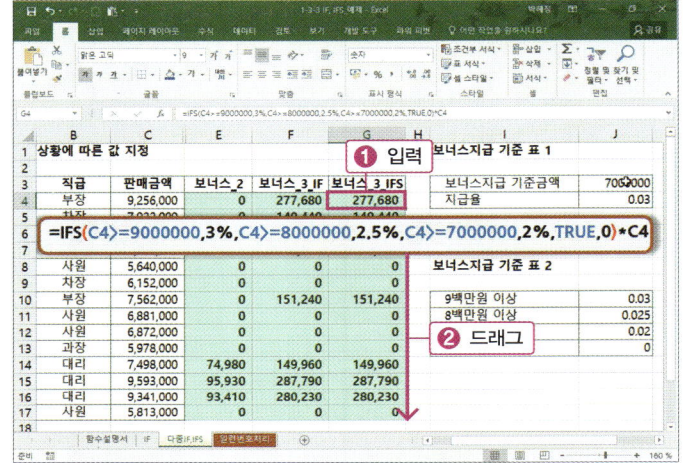

함수식 / =IFS(C4>=9000000,3%,C4>=8000000,2.5%,C4>=7000000,2%,TRUE,0)*C4
설명

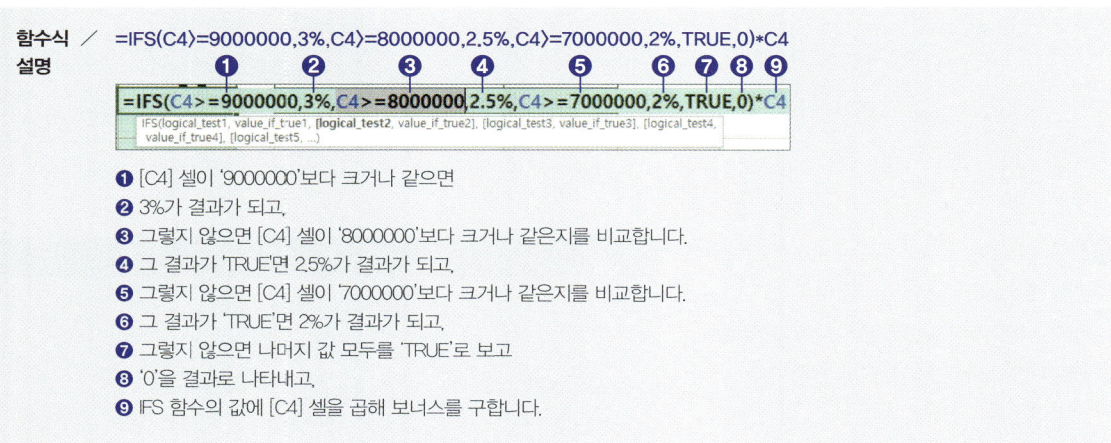

❶ [C4] 셀이 '9000000'보다 크거나 같으면

❷ 3%가 결과가 되고,

❸ 그렇지 않으면 [C4] 셀이 '8000000'보다 크거나 같은지를 비교합니다.

❹ 그 결과가 'TRUE'면 2.5%가 결과가 되고,

❺ 그렇지 않으면 [C4] 셀이 '7000000'보다 크거나 같은지를 비교합니다.

❻ 그 결과가 'TRUE'면 2%가 결과가 되고,

❼ 그렇지 않으면 나머지 값 모두를 'TRUE'로 보고

❽ '0'을 결과로 나타내고,

❾ IFS 함수의 값에 [C4] 셀을 곱해 보너스를 구합니다.

IFS, CHOOSE, SWITCH 함수의 비교

예제 파일 1-3-2 IF, IFS-예제.xlsx | 완성 파일 1-3-2 IF, IFS-완성.xlsx

WEEKDAY 함수를 이용하여 요일번호를 추출했고, 그 결과를 이용하여 요일 이름으로 값을 바꾸려고 합니다. 요일 번호에 따라 순서대로 월~일까지 값으로 바꾼 새로운 요일 이름 열을 만들어 보는데, 이 작업을 IFS, CHOOSE, SWITCH 함수로 하고 쓰임새를 비교해보겠습니다.

01 [C4] 셀에 수식을 입력하고 [153] 행까지 복사합니다.

=IFS(B4=1,"월",B4=2,"화",B4=3,"수",B4=4,"목",B4=5,"금",B4=6,"토",TRUE,"일")

....

팁 :: WEEKDAY(날짜 데이터 형, 옵션)
수식 '=WEEKDAY(A4,2)'는 1~7까지의 값을 결과로 나타냅니다. 두 번째 인수에 '2'를 넣으면 월요일이 '1'이 되고, 생략하거나 '1'을 넣으면 일요일이 '1'이 됩니다.

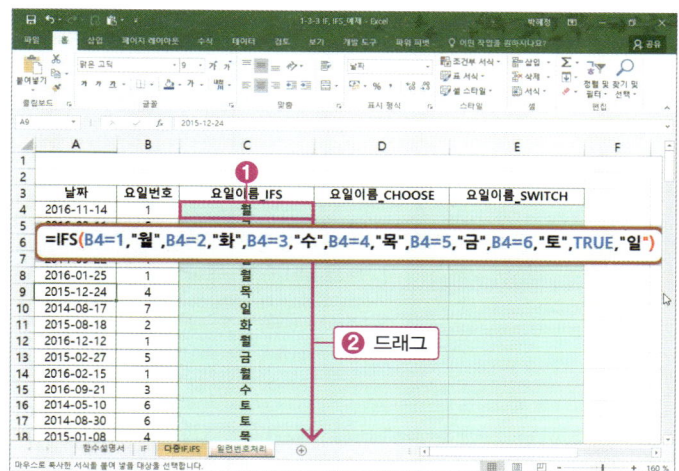

02 [D4] 셀에 수식을 입력하고 [153] 행까지 복사합니다.

=CHOOSE(B4,"월","화","수","목","금","토","일")

....

팁 :: CHOOSE 함수는 첫 인수에 '1'부터의 값이 올 수 있고, 다음 인수 값을 '1'부터 차례대로 값으로 나타냅니다.

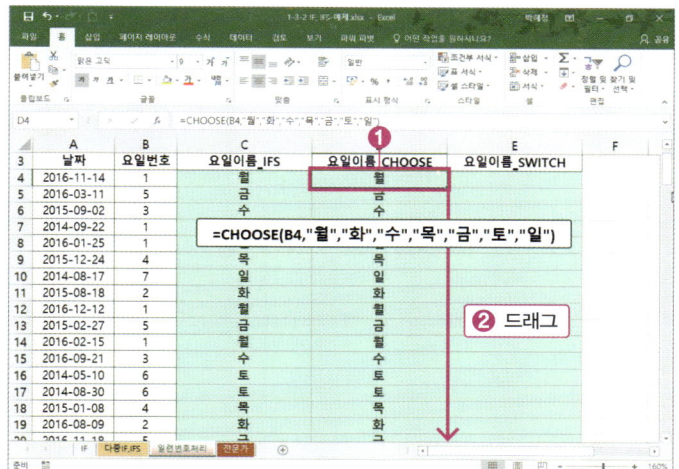

함수식 / =CHOOSE(B4,"월","화","수","목","금","토","일")
설명

=CHOOSE(B4,"월","화","수","목","금","토","일")
CHOOSE(index_num, value1, [value2], [value3], [value4], [value5], [value6], [value7], [value8], [value9], ...)

❶ CHOOSE 함수의 첫 번째 인수인 [B4] 셀에 따라 값이 정해지도록 설계된 함수로 첫 번째 인수의 '1' 이상의 값이여야 합니다.
❷ 첫 번째 인수의 값이 '1'이라면 결과가 "월"이 됩니다.
❸ 첫 번째 인수의 값이 '2'라면 결과가 "화"가 됩니다. 이처럼 두 번째 인수부터 순서대로 값이 대체됩니다.

03 [E4] 셀에 수식을 입력하고 [153] 행까지 복사합니다.

=SWITCH(B4,1,"월",2,"화",3,"수",4,"목",5,"금",6,"토",7,"일")

팁 :: SWITCH 함수는 엑셀 2016에 새롭게 추가된 함수로 첫 인수에 따라 두 번째부터 해당 값, 결과 값의 순서로 입력합니다.

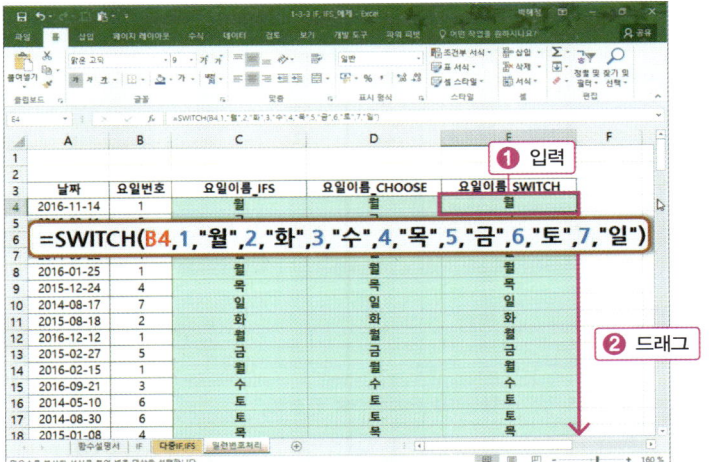

함수식 ／ =SWITCH(B4,1,"월",2,"화",3,"수",4,"목",5,"금",6,"토",7,"일")
설명

=SWITCH(B4,1,"월",2,"화",3,"수",4,"목",5,"금",6,"토",7,"일")
SWITCH(expression, **value1**, result1, [value2, result2], [value3, result3], [value4, result4], [value5, result5], [value6, result6], [value7, result7], [default_or_value8, result8], [default_or_value9, result9], ...)

SWITCH 함수의 첫 인수 expression=식은 필수 요소로, 두 번째 인수 value1…value126, 세 번째 result1…result126, 마지막 인수 [default_or_value8, result8]=기본값은 선택 사항으로 구성됩니다. 수식에 첫 인수인 [B4] 셀이 '1'이므로 value1에 입력된 '1'에 비교되는 결과(result1)는 '월'이, '2'(value2)라면 '화'(result2)가 해당 값이 됩니다.

만약에 수식을 '=SWITCH(B4,1,"월",2,"화",3,"수",4,"목",5,"금",6,"토",7,"일","해당요일없음")'으로 입력하면, 기본 인수 [default_or_value8]에 해당합니다. 만약 [B4] 셀의 값이 '8'이라면 결과는 '해당요일없음'으로 나타납니다.

함수는 254개 인수로 제한되므로 최대 126개의 값 및 결과 인수 쌍을 사용할 수 있습니다. 일치하는 값의 인수가 없고 기본 인수가 제공되지 않은 경우 SWITCH 함수는 #N/A! 오류를 반환합니다.

이런 상황 어쩔?? _ 날짜 데이터를 월·반기·분기로 구분하여 요약하기

예제 파일 1-3-2 IF, IFS-예제.xlsx
완성 파일 1-3-2 IF, IFS-완성.xlsx

내게 주어진 데이터는 날짜와 판매금액 정보입니다. 이 자료를 이용해서 상반기/하반기, 분기별로 판매금액의 총합과 오른쪽에 [판매금액분류] 표를 참고하여 판매금액 그룹을 만들고, 그룹별로 또 총판매금액의 합을 구해야 한다면?

01 먼저 날짜 열에서 월 정보를 추출하기 위해 [C4] 셀에 수식을 입력하고 [153] 행까지 복사합니다.
=MONTH(A4)

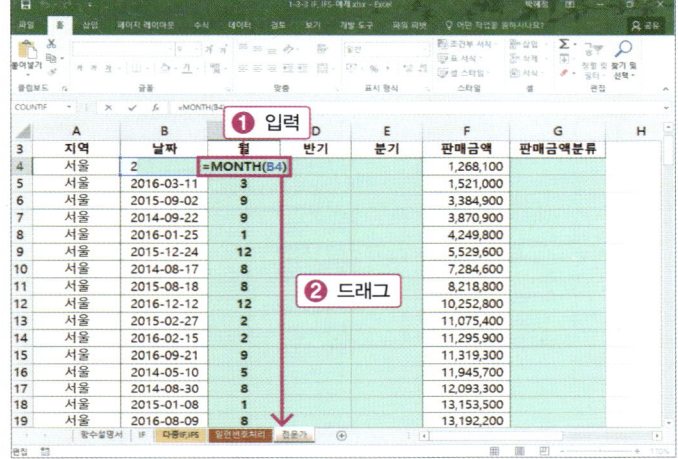

02 추출한 월 정보에 따라 분기, 반기를 구분합니다. [D4], [E4] 셀에 각각 수식을 입력하고 [153] 행까지 복사합니다.
=IF(C4)=6,"상반기","하반기")
=IF(C4)=10,"4/4분기",IF(C4)=7,"3/4분기",IF(C4)=4,"2/4분기","1/4분기")))

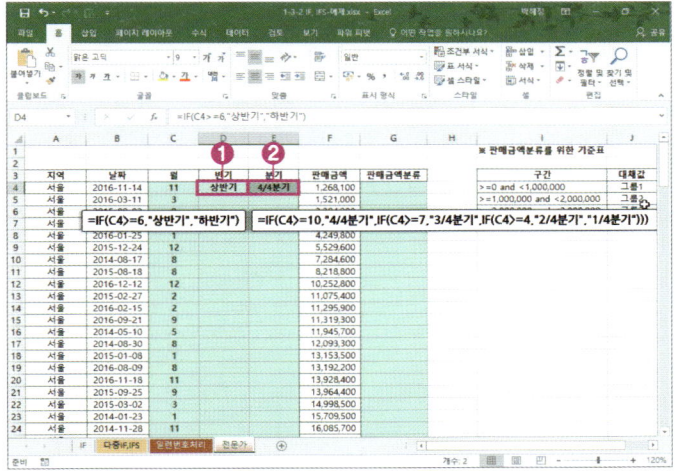

함수식 / =IF(C4)=6,"상반기","하반기")
설명   [C4] 셀이 '1, 2, 3, 4, 5, 6'에 해당한다면 '상반기'가 결과가 되고, 그렇지 않으면 '하반기'가 결과로 나타납니다.

함수식 / =IF(C4)=10,"4/4분기",IF(C4)=7,"3/4분기",IF(C4)=4,"2/4분기","1/4분기")))
설명   (첫 번째 IF 함수)[C4] 셀이 '10'보다 크거나 같으면 '4/4분기'가 결과가 되고, 그렇지 않으면 다시 IF 함수를 시작합니다. (두 번째 IF 함수)'10'보다 큰 수를 제외한 나머지에서 '7'보다 크거나 같으면 '3/4분기'가 결과가 되고, 그렇지 않으면 다시 IF 함수를 시작하여, '7'보다 큰 수를 제외한 나머지에서, (세 번째 IF 함수)'4'보다 크거나 같으면 '2/4분기'가 되고, 나머지는 '1/4분기'가 됩니다.

03 판매금액을 구간으로 나눠 그룹 정보를 만들기 위해 [G4] 셀에 수식 '=IF(F4>=3000000,"그룹4",IF(F4>=2000000,"그룹3",IF(F4>=1000000,"그룹2","그룹1")))'을 입력하고 [153] 행까지 복사합니다.

....

팁 :: IF, IFS 함수를 이용하여 구간을 나눌 때는 가장 큰 수부터 처리하라!

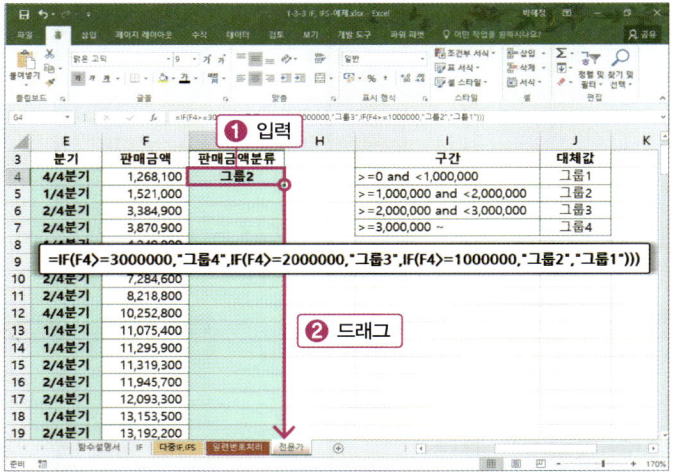

함수식	=IF(F4>=3000000,"그룹4",IF(F4>=2000000,"그룹3",IF(F4>=1000000,"그룹2","그룹1")))
설명	(첫 번째 IF 함수)[F4] 셀이 '3000000'보다 크거나 같으면 '그룹4'가 결과가 되고, 그렇지 않으면 다시 IF 함수를 시작합니다. (두 번째 IF 함수)'3000000'보다 크거나 같은 수를 제외한 나머지에서 '2000000'보다 크거나 같으면 '그룹3'이 결과가 되고, 그렇지 않으면 다시 IF 함수를 시작하여 '2000000'보다 크거나 같은 수를 제외한 나머지에서, (세 번째 IF 함수)'1000000'보다 크거나 같으면 '그룹2'가 되고, 나머지는 '그룹1'이 됩니다.

데이터 유효성 검사, 조건부 서식, 고급 필터에서 논리 데이터 형 사용하기

어떤 기준으로 작업을 원하시나요?

앞서 학습한 논리 데이터 형을 IF, IFS 함수에만 활용하는 것은 아닙니다. 셀에 원하는 값만 입력받고자 할 때, 기준에 부합하는 자료에만 특별한 색을 적용할 때, 기준에 따른 자료만 추출할 때 등등 엑셀 작업에 다양한 곳에서 논리 데이터 형을 원하고 있습니다.

결과가 TRUE일 때만 데이터를 입력받는 데이터 유효성 검사

예제 파일 1-3-3 유효성, 조건부, 고급필터-예제.xlsx
완성 파일 1-3-3 유효성, 조건부, 고급필터-완성.xlsx

'범위의 숫자 데이터 형만 입력받도록, 오늘 이후 날짜 자료만 입력받도록, 주민등록번호를 입력하는 열에 전체 글자 수를 13으로 제한하고 반드시 7번째는 '—'이 입력받도록'하는 수식을 설계하고, 각각의 셀에 기준에 어긋난 자료를 입력한 후 확인해보겠습니다. 그리고, 셀에 입력 가능한 데이터 목록을 지정해보겠습니다.

01 [A4:A16]을 선택하고 [데이터] 탭-[데이터 도구] 그룹의 [데이터 유효성 검사]-[데이터 유효성 검사]를 클릭합니다. [데이터 유효성] 대화상자가 나타나면 그림과 같이 설정합니다.

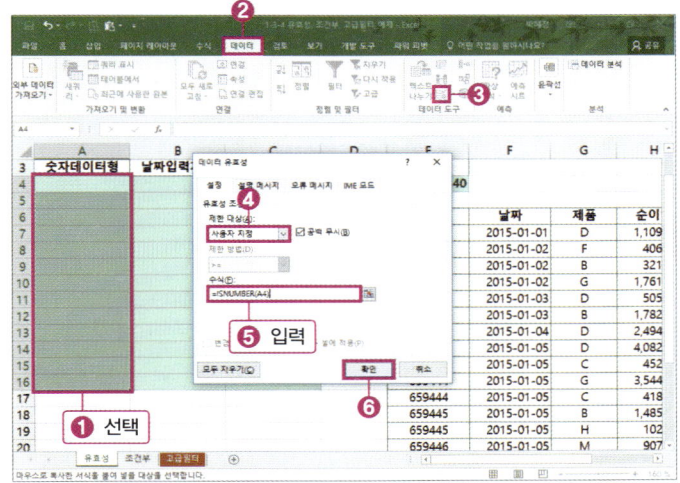

02 오늘 이후의 자료를 입력받기 위해 [B4:B16]을 선택하고 [데이터] 탭–[데이터 도구] 그룹의 [데이터 유효성 검사]–[데이터 유효성 검사]를 클릭합니다. [데이터 유효성] 대화상자의 [설정] 탭에서 [제한 대상]–[사용자 지정]을 선택합니다. [수식]에 '=B4>=TODAY()'를 입력합니다.

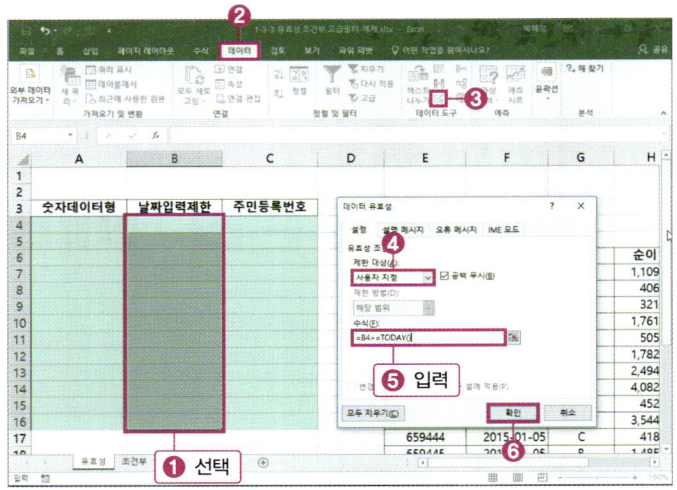

함수식 / **=B4>=TODAY()**
설명
TODAY()는 인수가 없는 함수로 결과는 컴퓨터 시스템의 오늘 날짜입니다. TODAY()의 결과와 [B4] 셀을 비교하여 TODAY()의 결과보다 더 크거나 같다면 즉, 오늘 이후의 날짜라면 TRUE를 결과로 나타내고 데이터 유효성 검사는 오늘 이후의 날짜만 입력되도록 합니다.

03 [C4:C16]을 선택하고 [데이터] 탭–[데이터 도구] 그룹의 [데이터 유효성 검사]–[데이터 유효성 검사]를 클릭합니다. [데이터 유효성] 대화상자의 [설정] 탭에서 [제한 대상]–[사용자 지정]을 선택하고, [수식]에 수식을 입력합니다.
=AND(LEN(C4)=13, MID(C4,7,1)="−")

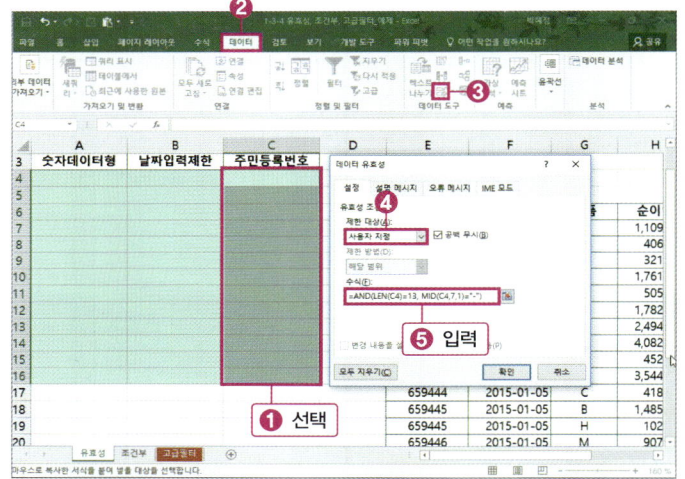

함수식 / **=AND(LEN(C4)=13, MID(C4,7,1)="−")**
설명
MID(C4,7,1)는 값의 일부를 추출하는 함수로 결과는 입력한 주민등록번호의 일곱 번째 글자입니다. LEN 함수는 지정한 값의 전체 글자 수를 구합니다. AND 함수는 MID 함수의 추출 결과가 '−'이면서 LEN의 결과 전체 글자 수가 13일 때만 결과를 TRUE로 만듭니다. MID 함수의 사용 방법은 2부에서 더 자세히 설명합니다.

04 [설명 메시지] 탭에서 [제목]은 '주의', [설명 메시지]는 '13글자로 입력해주세요. 일곱 번째 글자에 반드시 '-'을 입력해주세요.'를 입력합니다. [오류 메시지] 탭의 [제목]은 '규칙을 어기셨습니다', [오류 메시지]는 '글자수와 '-'을 입력했는지 확인하세요'라고 입력하고 [확인]을 클릭합니다.

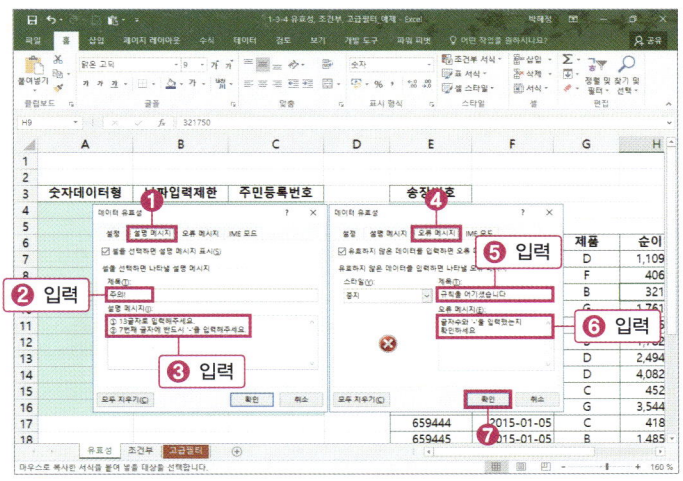

05 적용한 규칙에 어긋나는 자료를 각각 입력하고 [Enter]를 누르면 그림과 같이 경고 메시지가 나타나고 자료는 입력되지 않습니다. [A4] 셀에 '0001', [B4] 셀에는 과거 날짜 '2016-12-01', [C4] 셀에는 '760926234162'를 입력한 다음 [Enter]를 누릅니다.

．．．．．．．．．．．．．．．．．．．．．．．．．．．．．．．．．

팁 :: [규칙을 어기셨습니다] 대화상자가 나타나면 [취소]를 클릭하여 닫습니다.

06 [C4] 셀을 선택하고 [데이터] 탭-[데이터 도구] 그룹의 [데이터 유효성 검사]-[데이터 유효성 검사]를 클릭합니다. [데이터 유효성] 대화상자의 [설정] 탭에서 [제한 대상]-[목록]을 선택한 다음 [K7:K15]를 참조하고 [확인]을 클릭합니다.

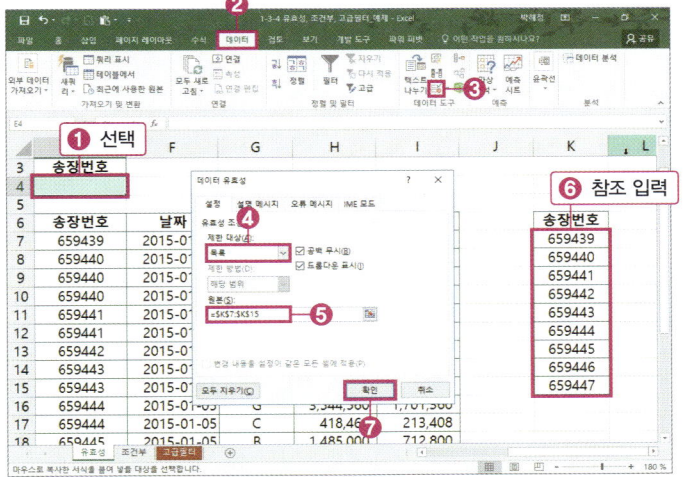

결과가 TRUE일 때만 셀에 색상을 칠하는 조건부 서식

예제 파일 1-3-3 유효성, 조건부, 고급필터-예제.xlsx
완성 파일 1-3-3 유효성, 조건부, 고급필터-완성.xlsx

제품 'A'의 모든 정보(날짜, 순이익, 비용)에 서식을 적용해야 한다면? 예산과 실제 값을 비교하여 실제 값이 더 크면 항목을 포함한 모든 정보에 서식을 적용하려면? [J4] 셀에서 선택된 송장번호 중에서 순이익이 1,000,000원이 넘는 모든 정보에 서식을 적용하려면?

01 서식 적용 범위 [A4:D14]를 선택하고 [홈] 탭-[스타일] 그룹에서 [조건부 서식]-[새 규칙]을 클릭합니다. [수식을 사용하여 서식을 지정할 셀 결정]을 선택하고 수식 입력란에 수식 '=$B4="A"'를 입력한 다음 [서식]을 클릭하여 적당한 서식을 적용한 후 [확인]을 합니다.

....

팁 :: 꼭 범위의 첫 번째 [A4] 셀이 엑티브 셀이 되도록 선택합니다.

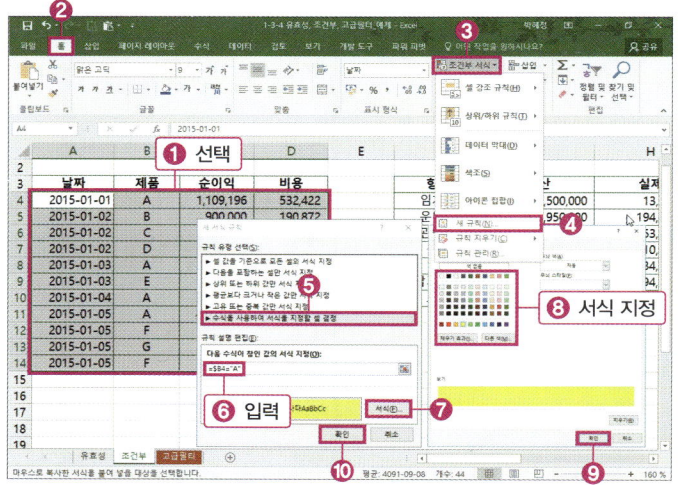

함수식 /	=$B4="A"
설명	[B] 열을 기준으로 하고 4행부터 시작하여 'A'값과 비교합니다. 결과가 TRUE로 판정되는 값을 기준으로 그 값이 포함된 전체 행에 지정한 서식을 적용합니다.

02 서식 적용 범위 [F4:H10]을 선택하고 [홈] 탭-[스타일] 그룹에서 [조건부 서식]-[새 규칙]을 클릭합니다. [수식을 사용하여 서식을 지정할 셀 결정]을 선택하고 수식 입력란에 수식 '=$G4>$H4'를 입력한 다음 [서식]을 클릭하여 적당한 서식을 적용한 후 [확인]을 클릭합니다.

....

팁 :: 반드시 [F4] 셀이 엑티브 셀이 되도록 선택합니다.

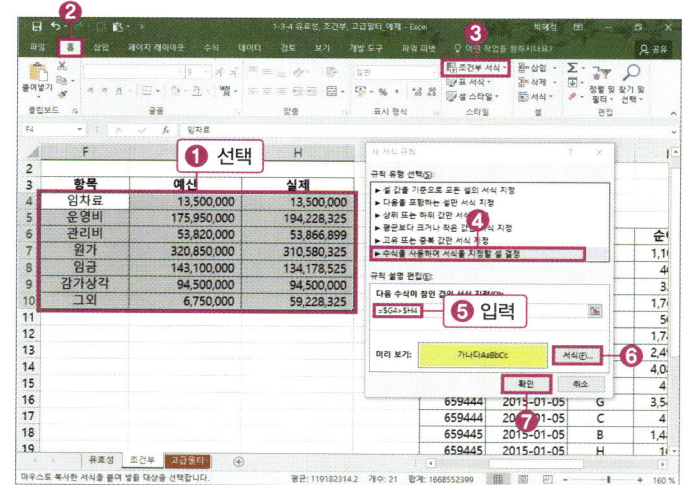

함수식 /	=$G4>$H4
설명	G4와 H4, G5와 H5, G6과 H6 순서대로 비교하고, 결과가 TRUE로 판정되면 항목, 예산, 실제 데이터에 지정한 서식을 적용합니다.

03 [J4] 셀에 선택한 송장번호가 같고 순이익이 1,000,000보다 큰 지금의 서식을 적용하기 위해 서식 적용 범위 [J7:N26]을 선택하고 [홈] 탭-[스타일] 그룹의 [조건부 서식]-[새 규칙]을 클릭합니다.

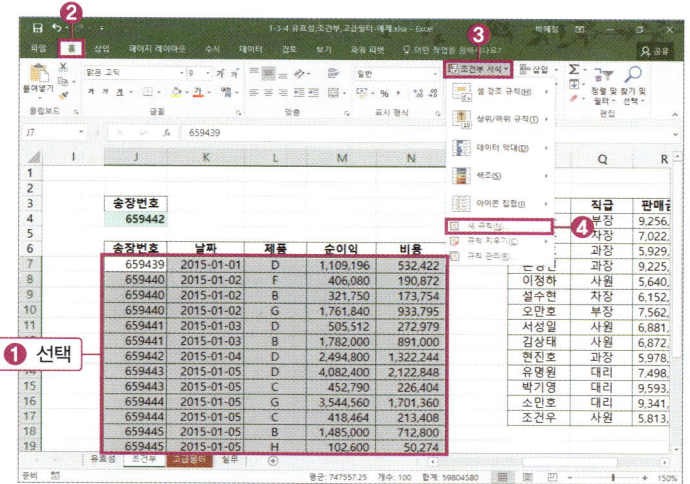

04 [수식을 사용하여 서식을 지정할 셀 결정]을 선택하고 수식 입력란에 수식을 입력한 다음 [서식]을 클릭하여 적당한 서식을 적용한 후 [확인]을 클릭합니다.

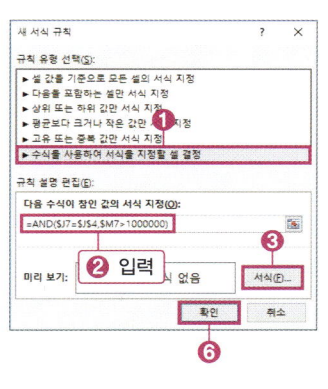

함수식 / =AND($J7=$J$4,$M7>1000000)
설명 [J7] 셀부터 [J4] 셀과 같은지 비교하고, [M7] 셀부터 '1,000,000'보다 큰지 비교하여 둘 다 만족하면 AND 함수가 최종 결과를 'TRUE'로 판정. 그 값을 기준으로 전체 행에 지정한 서식을 적용합니다.

05 [J4] 셀을 선택하고 송장번호를 '659444'로 변경한 다음 결과를 확인해 봅니다.

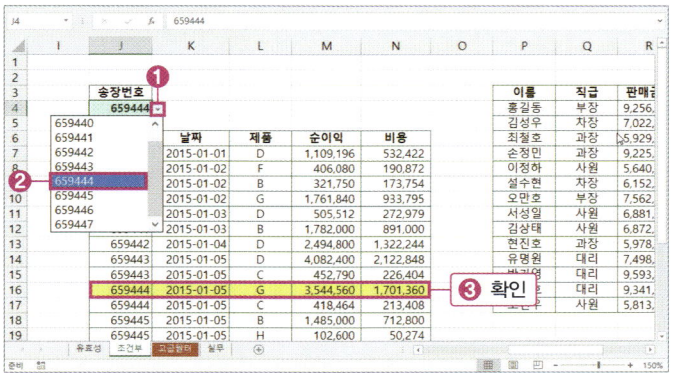

결과가 TRUE인 데이터만 추출하는 고급 필터

예제 파일 1-3-3 유효성, 조건부, 고급필터-예제.xlsx
완성 파일 1-3-3 유효성, 조건부, 고급필터-완성.xlsx

목록의 날짜 항목 중에서 연도와 상관없이 4월, 5월에 해당하는 자료 중에 '서울' 지역의 정보만 추출하고 싶다면?

01 [A2] 셀에 수식을 입력하고 [데이터] 탭-[정렬 및 필터] 그룹에서 [고급]을 클릭합니다. [고급 필터] 대화상자에서 [다른 장소에 복사]를 체크하고 아래 표를 참고하여 각각 참조한 다음 [확인]을 클릭합니다.

수식	=AND(OR(C5=4, C5=5),A5="서울")
목록 범위	고급필터!$A$4:$G$154
조건 범위	고급필터!$A$1:$A$2
복사 위치	고급필터!$J$4

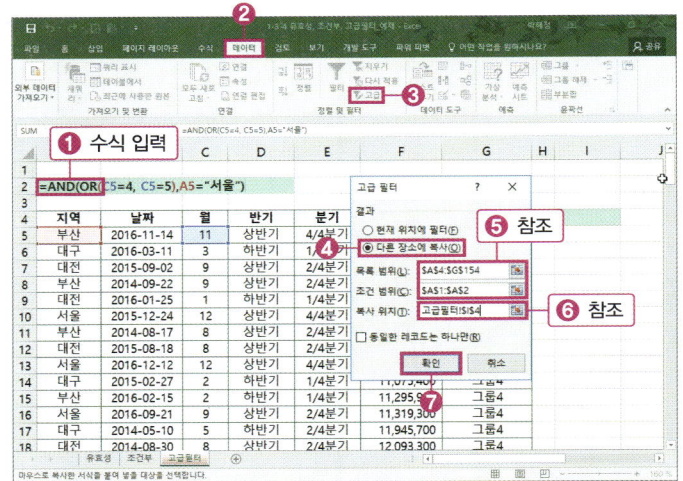

....

팁 :: 조건 범위의 필드명 자리 즉, [A1] 셀은 비워두거나, 목록의 필드명과는 관련 없는 데이터 값이 입력되어 있어야 합니다.

02 수식이 정확하게 반영되었는지 고급 필터의 실행 결과를 확인합니다.

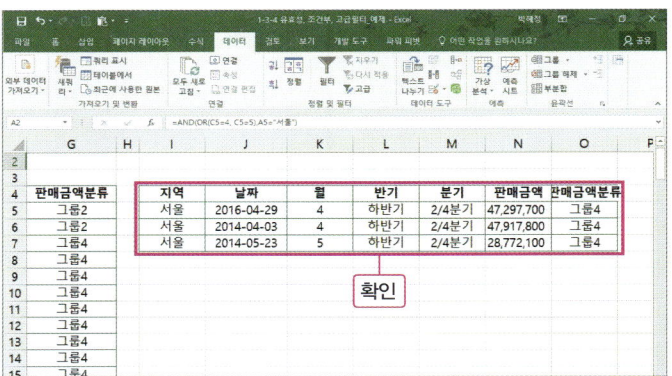

....

팁 :: **고급 필터의 조건을 수식으로 작성 및 실행할 때 주의 사항!**
❶ 하나의 수식에 원하는 모든 조건을 만듭니다.
❷ 추출하기 원하는 조건을 모두 만족하여 결과가 TRUE로 판정되도록 수식을 설계합니다.
❸ 'C5'처럼 목록의 첫 시작 셀을 상대 참조로 입력합니다.
❹ [고급필터] 대화상자에서 [조건 범위]를 지정할 때는 반드시 첫 번째 셀은 빈 셀로, 두 번째 셀에 설계한 수식이 있도록 지정합니다.

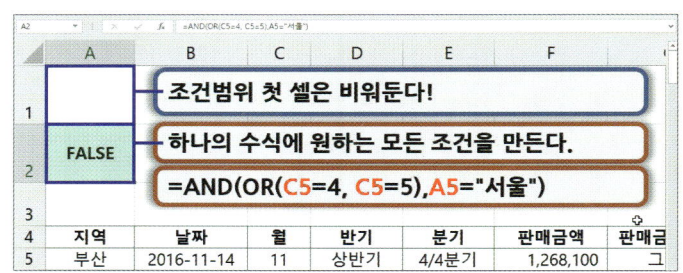

조건부 서식과 고급 필터 활용하기

예제 파일 1-3-3 유효성, 조건부, 고급필터-예제.xlsx
완성 파일 1-3-3 유효성, 조건부, 고급필터-완성.xlsx

지점별로 제품 판매 정보를 보내왔습니다. 모두 한 곳에 취합했고, 지점별 합과 총합계를 구하려고 하는데, 아무리 계산을 해도 금액이 맞지 않습니다. 이럴 때는 먼저 합을 구하려는 숫자 자료가 숫자로 인식되지 않을 가능성을 의심해야 합니다. 조건부 서식을 이용하여 문제 있는 자료에 색상을 적용하고, 고급 필터를 이용하여 그 자료를 추출해보겠습니다.

01 조건부 서식을 적용하려는 범위를 선택하기 위해 범위의 첫 셀이면서 엑티브 셀이 위치할 [C4] 셀을 선택합니다. `Ctrl` + `Shift` + `↓`를 한 번을 눌러 전체 열을 선택하고 `Ctrl` + `Back Space`를 눌러 화면을 엑티브 셀이 있는 화면으로 전환한 다음 [홈] 탭–[스타일] 그룹에서 [조건부 서식]– [새 규칙]을 클릭합니다.

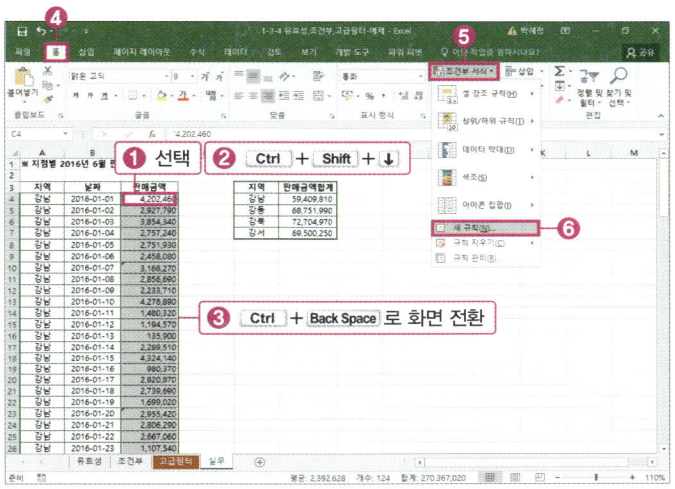

02 [새 서식 규칙] 대화상자에서 [수식을 사용하여 서식을 지정할 셀 결정]을 선택합니다. 수식 '=ISTEXT(C4)'를 입력한 다음 [서식]을 클릭해 글꼴에 빨간색 및 굵게 서식을 적용하고 [확인]을 클릭합니다.

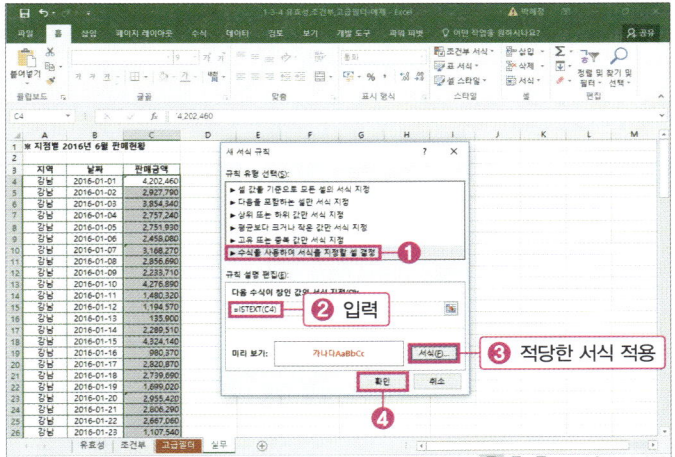

03 조건부 서식으로 표시한 문자로 인식된 숫자를 고급 필터를 이용하여 원본과는 다른 위치에 추출하기 위해 범위 내 임의의 셀을 선택하고 [데이터] 탭-[정렬 및 필터] 그룹에서 [고급]을 클릭합니다. [고급 필터] 대화상자에서 [목록 범위], [조건 범위], [다른 장소에 복사]를 지정하고 [복사 위치]는 [H9] 셀로 설정한 후 [확인]을 클릭합니다.

목록 범위	$A$3:$C$127
조건 범위	$H$3:$H$4
복사 위치	$H$9

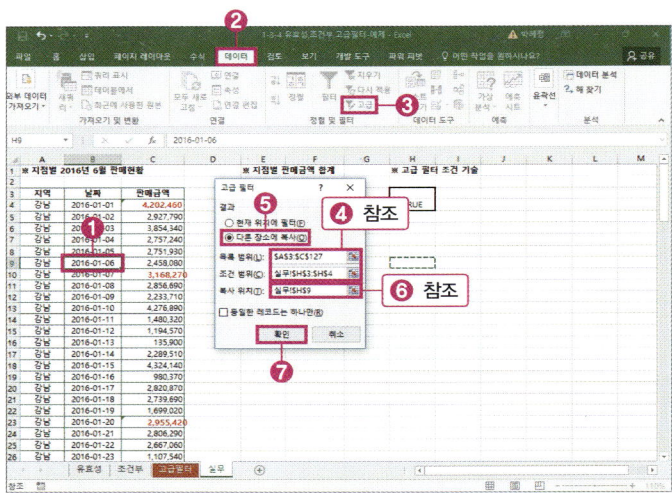

04 고급 필터를 이용하여 문자로 인식된 판매금액 자료를 추출하여 조건부 서식으로 표시한 결과와 비교해봅니다.

──────────

체크해봐요 :: 고급 필터에 조건 범위에는?

조건 범위로 지정한 [$H$3:$H$4]어 [$H$3] 셀은 빈 셀이고, [$H$4] 셀에는 수식 '=ISTEXT(C4)'가 입력되어 있습니다. ISTEXT 함수는 [C4] 셀부터 정보를 확인하여 문자 자료만 결과를 'TRUE'로 판정합니다. 그 결과를 기반으로 고급 필터는 'TRUE'로 판정된 해당 값만 추출하는 것입니다.

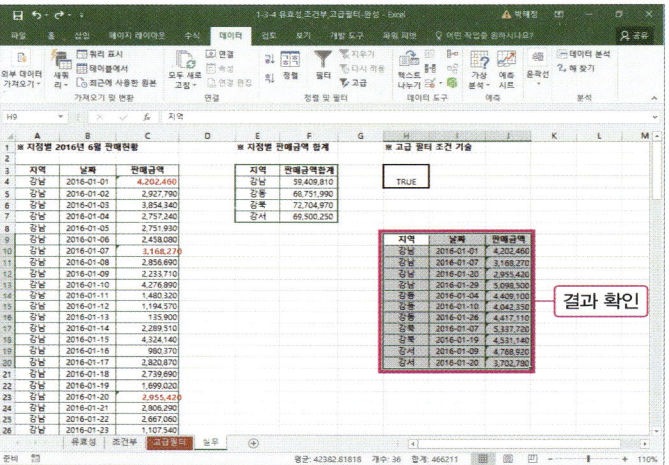

05 지점별 합계를 정확히 구하려면 판매금액 열에서 문자로 인식된 데이터들을 숫자로 변경해야 합니다. 01번 따라하기와 같은 방법으로 판매금액 범위 즉, 문자로 인식된 숫자 자료가 포함된 전체를 선택하고 [데이터] 탭-[데이터 도구] 그룹에서 [텍스트 나누기]를 클릭합니다. [텍스트 나누기-3단계 중 1단계] 대화상자에서 [마침]을 클릭합니다.

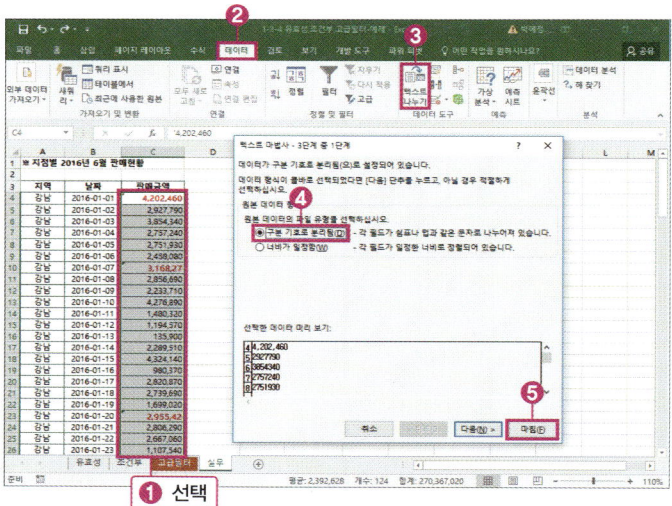

06 문자로 인식된 숫자들의 형식이 정상적으로 변경되었으므로 조건부 서식에 의해 빨간색으로 표시된 것이 없어지며, 그 범위로 합계를 구한 집계 표의 값이 수정됩니다.

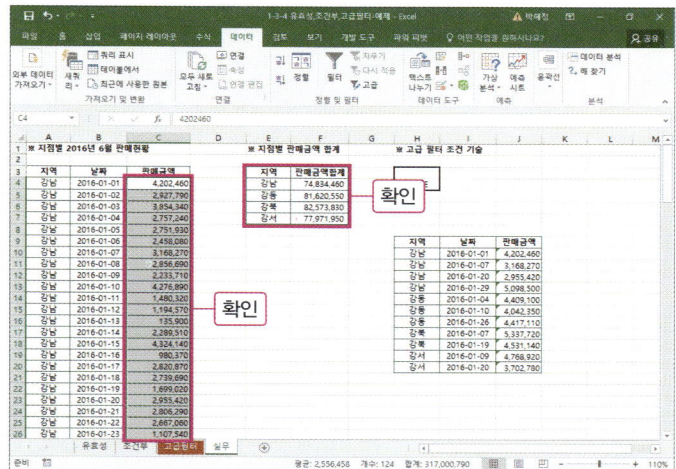

팁 :: 네 개의 창으로 나누기하는 방법

기준이 되는 [E12] 셀을 선택하고 [보기] 탭-[창] 그룹의 [나누기]를 클릭하면, 선택한 [E12] 셀을 기준으로 위와 왼쪽에 나누기가 실행됩니다. 옆의 엑셀 창은 네 개의 영역으로 나누어졌으며, 왼쪽 아래 영역은 데이터의 아랫부분을 보여주고 있습니다.

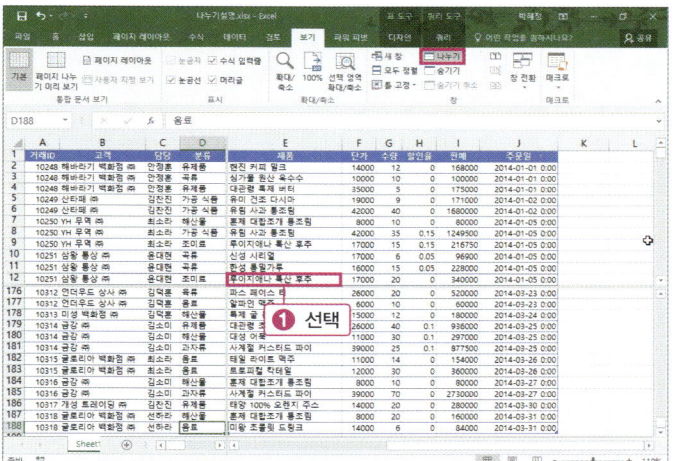

데이터 유효성 검사

데이터 유효성 검사는 셀에 정확하게 값을 입력하기 위한 안전 장치로 값이 입력되기 전에 유효한 값이 무엇인지 규칙을 정합니다. 데이터 유효성 검사가 적용된 셀에 허용되지 않은 값이 입력되면 오류 메시지가 나타납니다.

■ [데이터] 탭-[데이터 도구] 그룹에서 [데이터 유효성 검사] 클릭하여 나타난 [데이터 유효성 검사] 대화상자

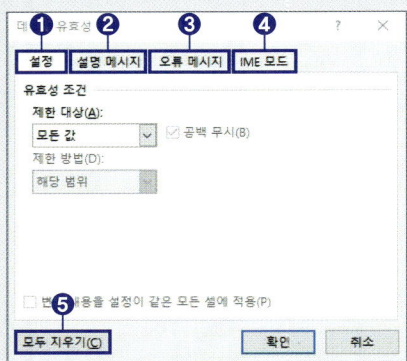

❶ [설정] 탭에서 [제한 대상]을 선택합니다.
❷ [설명 메시지] 탭에서 입력 가능한 값에 대한 설명을 지정합니다.
❸ [오류 메시지] 탭에서 유효하지 않은 값을 입력했을 때 나타나는 오류 메시지를 변경할 수 있고, 변경하지 않으면 기본값으로 표시됩니다.
❹ [IME 모드] 탭을 이용하면 특정 셀에 포인터가 옮겨졌을 때 기본 입력(영문 또는 한글) 모드를 지정할 수 있습니다.
❺ 적용한 데이터 유효성 지우려면, 데이터 유효성 검사가 적용된 셀을 선택하고 [모두 지우기]를 클릭합니다.

■ [오류 메시지] 탭-[스타일]에서 [중지] 또는, [경고] 또는, [정보] 선택

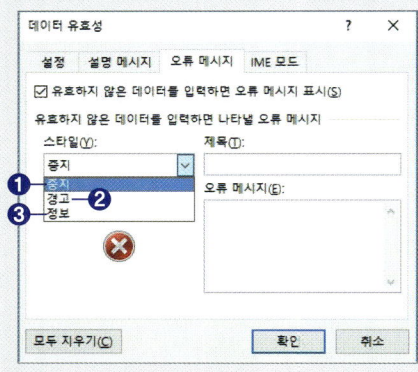

❶ 중지 : 오류 메시지 표시 후 오류가 발생한 셀이 선택되며, 값을 수정하지 않으면 오류 메시지가 반복해서 표시됩니다.
❷ 경고 : 오류 메시지를 표시할 때, 입력된 값을 허용할지 여부를 묻는다. 이때 [예]를 클릭하면 유효하지 않은 값도 입력됩니다.
❸ 정보 : 유효하지 않은 값이라도 입력되고, 오류 메시지도 표시됩니다.

■ 데이터 유효성 검사 적용 사례
데이터 유효성 검사를 실행할 셀 범위를 선택하고 [데이터] 탭-[데이터 도구] 그룹의 [데이터 유효성 검사] 클릭

사례1 [설정] 탭-[제한 대상]-[정수] 선택	**사례2** [설정] 탭-[제한 대상]-[날짜] 선택
1에서 1000까지의 정수 입력이 허용됩니다.	'2016-05-01'부터 '2016-05-31'까지 한 달 날짜 데이터의 입력이 허용됩니다.
사례3 [설정] 탭-[제한 대상]-[목록] 선택	**사례4** [설정] 탭-[제한 대상]-[텍스트 길이] 선택
셀에 목록 버튼이 표시되며 클릭하면 원본 값이 세로로 표시되고 입력이 허용됩니다.	글자 수가 다섯 글자부터 입력이 허용됩니다.

조건부 서식

예제 파일 1-3-5 조건부서식-예제 및 완성.xlsx

조건부 서식의 목적은 원하는 값이 입력된 셀에만 서식이 적용되도록 하는 것입니다. 서식을 적용할 때 일치하는 셀에만 적용할 수도 있고, 해당 셀을 기준으로 동일 행 또는, 열 단위로도 적용할 수도 있습니다.

■ 실습 파일을 열어 아래 내용을 적용해보자

조건부 서식은 적용 범위 선택 → 조건 지정 → 서식 지정 순으로 실행합니다.

적용 범위	[C6:C16]	[D6:D16]
실행1	[홈] 탭-[스타일] 그룹의 [조건부 서식] 목록	
실행2	[셀 강조 규칙]-[보다 큼]	[셀 강조 규칙]-[보다 큼]
조건 입력		

적용 범위	[B6:B16]	[C6:C16]
실행2	[셀 강조 규칙]-[텍스트 포함]	[셀 강조 규칙]-[텍스트 포함]
조건 입력		

적용 범위	[G6:G16]	[H6:H16]
실행2	[상위/하위 규칙]-[상위 10개 항목]	[상위/하위 규칙]-[평균 초과]
조건 입력		

적용 범위	[A21:A30]	[B21:B30]
실행2	[색조]–[녹색 – 노랑 – 빨강 색조]	[아이콘 집합]–[3색 신호등]

적용 범위	[D21:D30]	
실행2	❶ 범위 [D21:D30]를 선택하고, ❷ [데이터 막대]–[빨강 데이터 막대]를 클릭해 적용합니다. ❸ 적용 범위 중에 [D21] 셀을 선택하고, [홈] 탭–[스타일] 그룹에서 [조건부 서식]–[규칙 관리]를 클릭합니다. ❹ [조건부 서식 규칙 관리자] 대화상자에서 적용된 '데이터 막대'를 선택하고 [규칙 편집]을 클릭합니다. ❺ [서식 규칙 편집] 대화상자에서 [최소값]–[숫자] → '0'을, [최대값]–[숫자] → '100'을 입력하고 [막대만 표시]를 체크한 다음 [확인]을 클릭합니다.	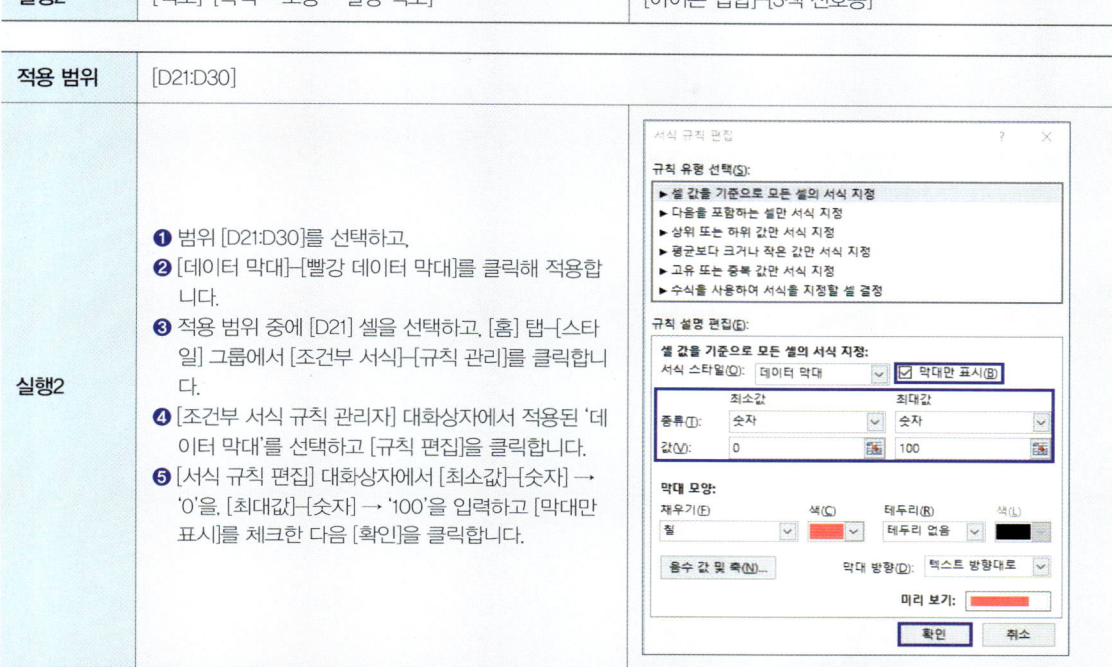

■ 규칙 관리 : 적용한 규칙의 삭제 및 수정

[홈] 탭–[스타일] 그룹의 [조건부 서식] –[규칙 관리]를 클릭하면, [조건부 서식 규칙 관리자] 대화상자가 나타납니다.

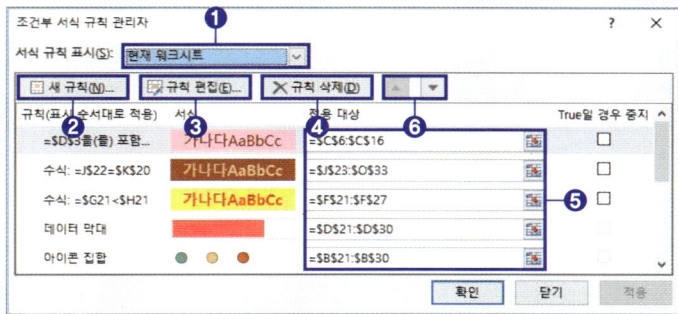

❶ 서식 규칙 표시 : '현재 워크시트'를 선택하면 시트에 적용한 모든 조건부 서식이 나타납니다.

❷ 새 규칙 : [새 규칙]을 클릭하면 새로운 조건부 서식을 만들 수 있습니다.

❸ 규칙 편집 : 해당 조건부 서식을 선택한 다음 [규칙 편집]을 클릭합니다. 해당 조건부 서식의 수식과 서식을 수정한 다음 [확인]을 클릭합니다.

❹ 규칙 삭제 : 해당 조건부 서식을 선택하고 [규칙 삭제]를 클릭하거나, 적용 범위를 직접 선택하고 [홈] 탭–[스타일] 그룹의 [조건부 서식]–[규칙 지우기]–[선택한 셀에 규칙 지우기]를 클릭합니다.

❺ 적용 대상 : 해당 조건부 서식이 적용된 범위로, [참조]를 클릭하여 적용 범위를 수정할 수 있습니다.

❻ 우선 순위 변경 : 만약 같은 범위에 여러 조건부 서식을 적용한 경우 우선 순위를 변경할 수 있습니다. 우선 순위는 위에서 아래입니다.

고급 필터

예제 파일 1-3-4 고급필터-예제 및 완성.xlsx

엑셀의 고급 필터는 기준(조건)에 해당하는 자료를 걸러내어 얻도록 하는 장치로 자동 필터와는 다르게 원하는 조건을 외부에 기록하고, 특정 목록에서 기록한 조건에 만족하는 자료를 원본 범위가 아닌 다른 곳에 새롭게 만들 수 있습니다.

■ 고급 필터 실행 경로 및 [고급 필터] 대화상자

[데이터] 탭-[정렬 및 필터] 그룹에서 [고급] 작업 단위 행(레코드)

[고급 필터] 대화상자	설명
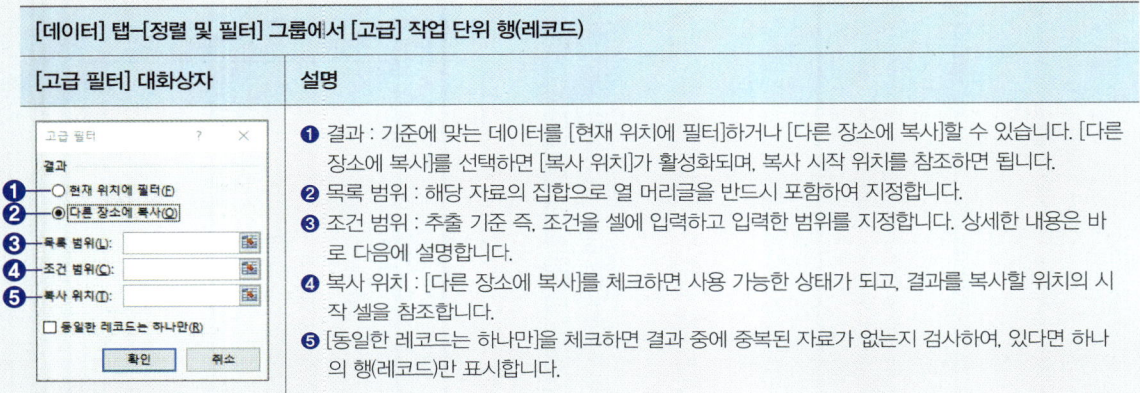	❶ 결과 : 기준에 맞는 데이터를 [현재 위치에 필터]하거나 [다른 장소에 복사]할 수 있습니다. [다른 장소에 복사]를 선택하면 [복사 위치]가 활성화되며, 복사 시작 위치를 참조하면 됩니다. ❷ 목록 범위 : 해당 자료의 집합으로 열 머리글을 반드시 포함하여 지정합니다. ❸ 조건 범위 : 추출 기준 즉, 조건을 셀에 입력하고 입력한 범위를 지정합니다. 상세한 내용은 바로 다음에 설명합니다. ❹ 복사 위치 : [다른 장소에 복사]를 체크하면 사용 가능한 상태가 되고, 결과를 복사할 위치의 시작 셀을 참조합니다. ❺ [동일한 레코드는 하나만]을 체크하면 결과 중에 중복된 자료가 없는지 검사하여, 있다면 하나의 행(레코드)만 표시합니다.

■ 고급 필터 적용 사례

결과를 확인하려면 사례1, 사례2, 사례3은 '필터1' 시트에서 사례4는 '필터2' 시트에서 실습합니다.

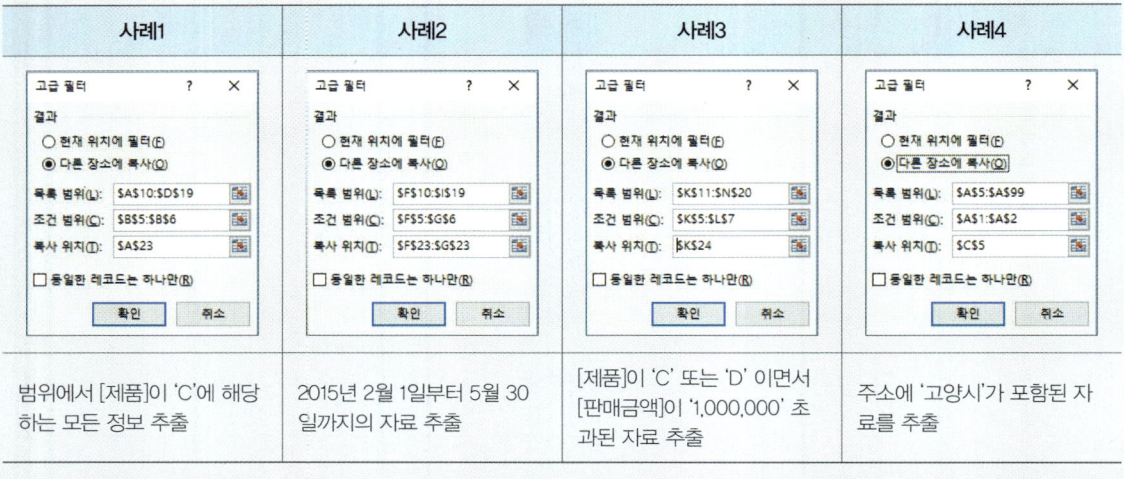

사례1	사례2	사례3	사례4
범위에서 [제품]이 'C'에 해당하는 모든 정보 추출	2015년 2월 1일부터 5월 30일까지의 자료 추출	[제품]이 'C' 또는 'D' 이면서 [판매금액]이 '1,000,000' 초과된 자료 추출	주소에 '고양시'가 포함된 자료를 추출

■ 조건 범위에 작성 사례 및 그에 따른 결과

사례	[조건 범위] 작성 요령	결과
1	첫 줄에 필드 이름 입력, 두 번째 줄부터 조건을 입력합니다. **제품** C	**날짜 / 제품 / 영업사원 / 판매금액** 2014-11-29 / C / 이철수 / 1,069,200 2014-08-19 / C / 최형준 / 613,800
2	같은 줄에 입력하면 둘 다 만족해야 하는 조건입니다. **날짜 / 날짜** >=2015/2/1 / <=2015/5/30	**날짜 / 판매금액** 2015-02-09 / 453,600
3	다른 줄에 입력하면 둘 중에 하나만 만족하면 되는 조건입니다. **제품 / 판매금액** C / >1000000 D / >1000000	**날짜 / 제품 / 영업사원 / 판매금액** 2014-11-29 / C / 이철수 / 1,069,200 2014-05-17 / D / 박기준 / 1,190,700
4	'*'은 패턴 일치 카드로 '모든 것'을 의미합니다. '고양시'가 포함된 모든 주소를 추출합니다. **주소** *고양시*	**주소** 경기도 고양시 일산서구 성화동 7736 장성마을아파트 경기도 고양시 덕양구 내유동 300번지 경기도 고양시 일산동구 백석동 경기도 고양시 일산서구 일산동 썬프라자 경기도 고양시 일산서구 탄현동 33-44 에이스아파트 경기도 고양시 일산동구 중산동 하늘마을아파트 707동 경기도 고양시 일산서구 탄현동 경기도 고양시 일산서구 일산1동 일신삼익아파트101동

■ 고급 필터 실행 시 주의 사항

❶ 고급 필터는 실행 취소되지 않습니다.

❷ 고급 필터의 결과 복사 장소를 다른 시트로 지정할 수 없습니다. 허나, [목록 범위]를 다른 시트로 지정할 수는 있습니다.

❸ 고급 필터의 [결과]를 [현재 위치에 필터]로 선택하면, 자동 필터와 같이 목록 범위에 추출 결과가 표시되고, 해당하지 않는 자료는 숨겨집니다.

PART
04

빠르게
데이터를
편집하라!

앞서 학습한 데이터 유효성을 기억하나요? 셀에 원하는 값을 정확하게 입력하기 위한 안전 장치라고 설명했었는데요. 만약 데이터 유효성 검사와 같은 장치가 없고, 정해진 기준 없이 데이터가 입력되어 사용된다면, 엑셀이 제공하는 여러 기능 및 함수를 사용하는 데 어려움이 발생할 것입니다. 때문에 기존 자료를 활용해야 할 때 반드시 자료를 편집 및 재구성해야 할 때가 올 것입니다. 이번 장에서 학습할 내용이 이러한 문제를 해결하기 위한 다양한 방법들입니다. 왜 다양한 방법을 학습해야 하냐면, 데이터 형과 구성된 모양에 따라 편집 함수 및 기능의 선택이 달라져야 작업의 정확한 처리와 시간 단축을 기대할 수 있기 때문입니다. 분명한 것은 엑셀 사용자에게 편집의 힘이 있다면 작업이 좀 더 자유롭고, 엑셀 덕분에 시간의 여유가 생길 것이라고 필자는 확신합니다.

값의 데이터 형 변경하기

**엑셀과 나의
시각 차이
극복 프로젝트!**

엑셀이 취급하는 데이터 형에 대해서 앞에서 한차례 설명했었습니다. 엑셀은 '숫자, 문자, 논리, 오류'라는 네 가지 값을 셀에 입력받고 구분한다고 했는데, 이미 입력해놓은 데이터 중에 엑셀의 인식과 사용자의 생각이 다를 때가 자주 있습니다. 그래서 사용자는 입력한 자료의 데이터 형을 알아낼 수 있어야 하고, 또한 문제 있는 값들을 빠르게 수정할 수 있어야 합니다.

문자로 인식된 숫자를 숫자로 바꾸기 _ 연산, 텍스트 나누기, VALUE 함수

예제 파일 1-4-1 데이터형변경-예제.xlsx | **완성 파일** 1-4-1 데이터형변경-완성.xlsx

숫자가 문자가 되는 일, '어떻게 그런 일이 벌어질 수 있냐?'고 물어보는 독자들이 있을 것 같아서 몇몇 경우를 소개하려고 합니다. 숫자를 입력하려는 범위의 표시 형식이 '텍스트'로 지정된 경우, 회사 전산 시스템에서 다운로드 받는 자료 중에 숫자 데이터 형이 엑셀에는 숫자로 전달되지 않은 경우, 억지로 작은따옴표(')를 이용해 숫자를 문자로 만든 경우 등이 이에 해당합니다.

01 '숫자로' 시트에서 먼저 [A11] 셀의 수식 '=SUM(A4:A10)'을 확인합니다. SUM 함수에 지정된 범위의 값들이 숫자로 보이지만 계산되지 않는다면 문자로 인식됐다고 볼 수 있습니다. [A4:A10]을 선택하고 왼쪽 오류 버튼을 클릭한 후 [숫자로 변환]을 선택합니다.

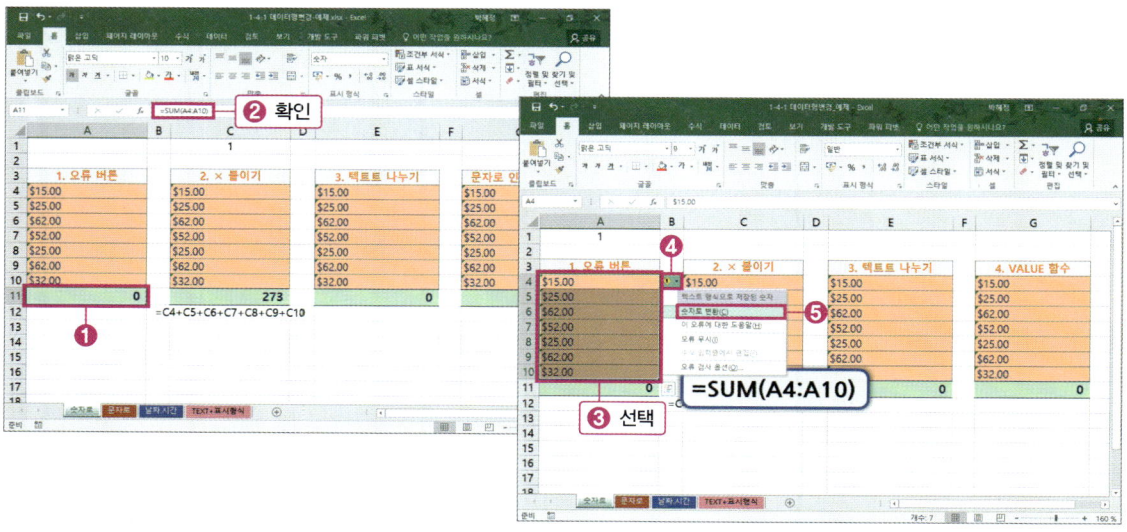

02 먼저 [C11] 셀을 선택해 수식을 확인합니다. 앞선 상황과 같지만 SUM 함수와는 다르게 수식은 문제없이 연산이 됩니다. 이런 특징을 사용하여 범위의 셀을 숫자 형식으로 변경하기 위해 [C1] 셀을 선택한 다음 Ctrl + C 를 눌러 복사합니다. 범위 [C4:C10]을 선택하고 마우스 오른쪽 버튼을 클릭한 후 [선택하여 붙여넣기]를 선택합니다. [선택하여 붙여넣기] 대화상자에서 [값], [곱하기]를 차례대로 체크하고 [확인]을 클릭합니다.

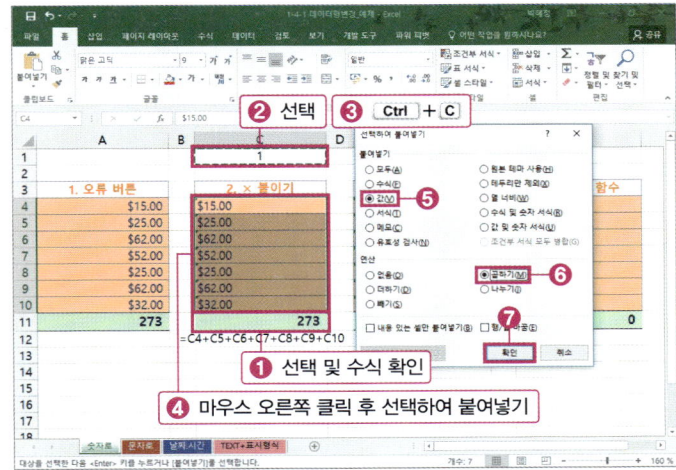

팁 :: 이 작업을 위해 필자가 [C1] 셀에 '1'을 입력했습니다. 어디든 좋으니 곱해서 붙여넣기 전에 임의의 셀에 '1'을 입력하고 복사하면 됩니다.

03 이번에는 [텍스트 나누기] 기능을 이용하여 해결하기 위해 문자로 인식된 숫자 범위 [E4:E10]을 선택하고 [데이터] 탭–[데이터 도구] 그룹에서 [텍스트 나누기]를 클릭합니다. [텍스트 나누기] 대화상자에서 [마침]을 클릭합니다.

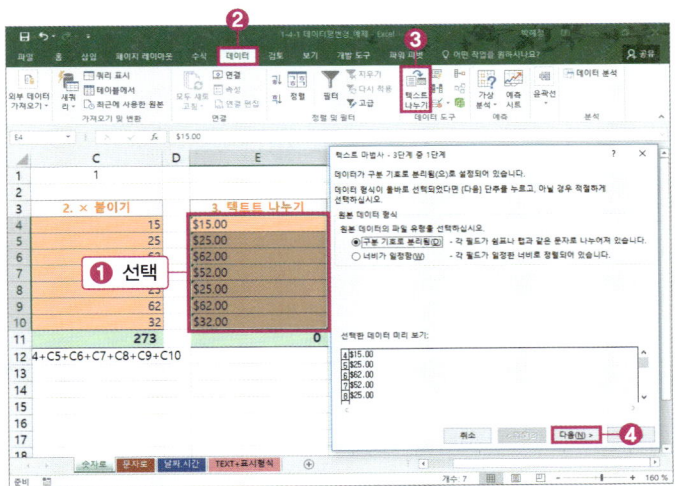

팁 :: 2단계, 3단계를 거치지 않고, [마침]을 클릭합니다. 다른 어떤 작업도 필요없습니다.

04 이번에는 데이터 형식을 숫자로 바꾸는 VALUE 함수를 이용해 같은 문제를 해결하기 위해 [H4:H10]을 선택하고 수식 '=VALUE(G4)'를 입력한 다음 Ctrl + Enter 를 누릅니다.

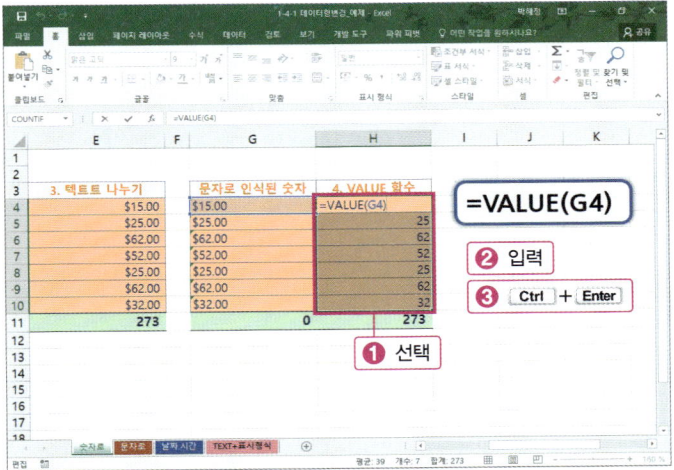

팁 :: Ctrl + Enter 를 누르면 선택한 모든 셀에 수식이 복사됩니다.

05 [J4:J10]은 표시 형식을 이용하여 숫자를 텍스트 형식으로 바꾼 경우입니다. 이러한 경우는 앞선 세 가지 방법이 아무 소용 없을 수도 있습니다.

··

팁 :: [홈] 탭–[표시 형식] 그룹에서 [텍스트]를 선택한 상태입니다.

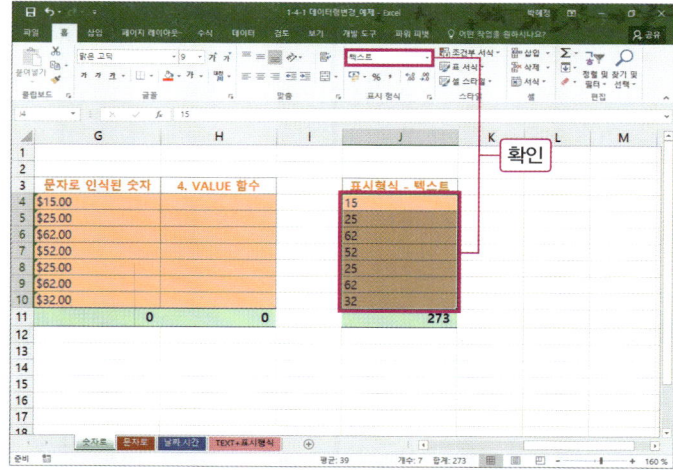

06 이때는 [J4:J10]을 선택하고 [홈] 탭–[표시 형식] 그룹에서 [표시 형식]–[일반]이나 [숫자]로 설정해야 문자로 인식된 값이 숫자로 바뀝니다.

─────────────

체크해봐요 :: **숫자로 보이지만 숫자로 인식되지 않은 데이터의 특징**

① 계산되지 않거나 결과가 틀립니다.
② 표시 형식의 숫자 코드 '#, 0, ?'를 인식하지 못합니다.
③ 각종 함수 및 기능에서 정확히 지정한 값을 처리하지 못해 결과 값을 신뢰할 수 없습니다.

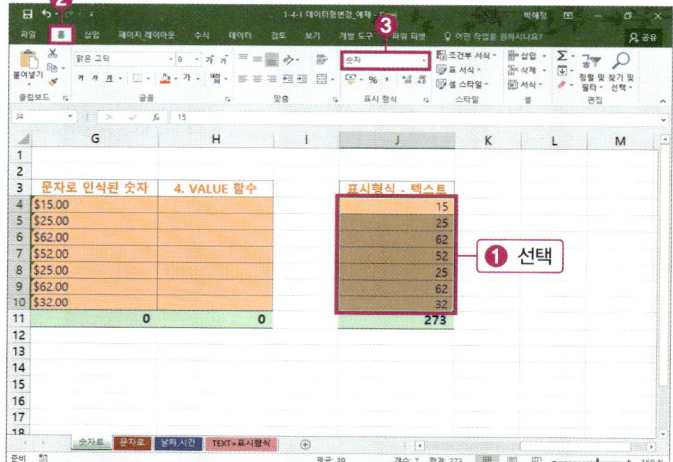

숫자를 문자로 _ '(작은 따옴표), 표시 형식, TEXT 함수

예제 파일 1-4-1 데이터형변경-예제.xlsx
완성 파일 1-4-1 데이터형변경-완성.xlsx

그렇다면 숫자를 굳이 문자로 입력해야 하는 경우가 있을까요? 있다면 어떤 경우일까요? 그리고 그런 상황에서 어떻게 숫자를 문자로 만들 수 있을까요?

01 '문자로' 시트에서 입력되어 있는 셀을 변경해야 하므로 먼저 [A4] 셀을 더블클릭하여 편집 모드로 만듭니다. 숫자 앞에 작은따옴표(')를 입력하고 **Enter** 를 누릅니다.

팁 :: 작은따옴표(')는 값으로 인식하지 않습니다. 보통은 '0001'과 같이 효과가 없는 숫자 앞에 '0'을 입력하기 위한 수단으로 사용합니다.

체크해봐요 :: **편집 모드로 만드는 다른 방법은 없나요?**
셀을 선택하고 **F2** 를 누르거나 수식 입력줄을 클릭하여 이용하면 됩니다.

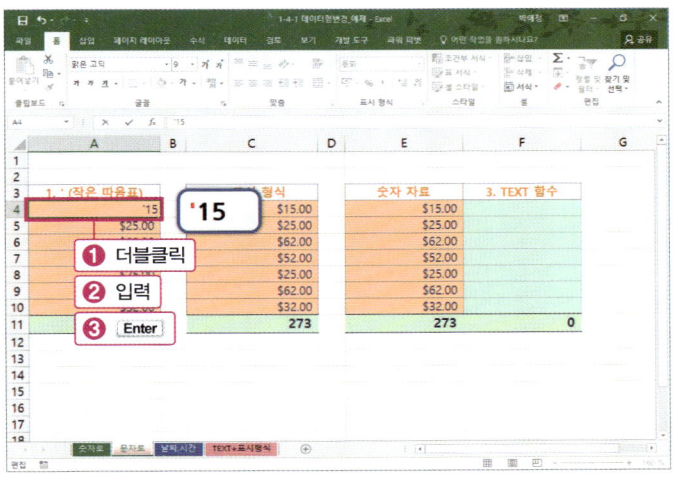

02 이번에는 텍스트로 변경하려는 [C4:C10]을 선택하고 [홈] 탭-[표시 형식] 그룹에서 [표시 형식]-[텍스트]를 선택합니다.

팁 :: 표시 형식을 텍스트로 변경한 다음 다시 숫자로 바꾸려면 앞선 과정의 05, 06 단계를 실행합니다.

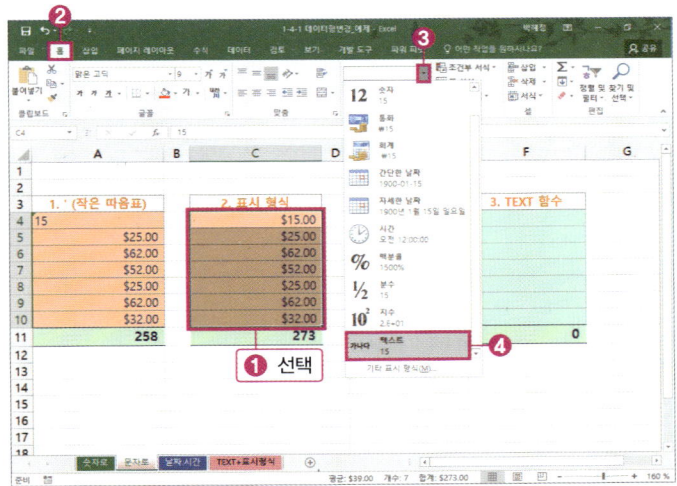

03 이번에는 TEXT 함수를 이용하여 기존에 입력된 숫자 자료를 문자로 변경해보겠습니다. [F4] 셀을 선택하고 수식 '=TEXT(E4,"$#.00")'을 입력한 후 **Ctrl**+**Enter**를 누른 다음 입력한 수식을 [F10] 셀까지 복사합니다. TEXT 함수의 결과 그대로 결과 값이 셀에 실재하며, 무조건 문자 형식이 됩니다.

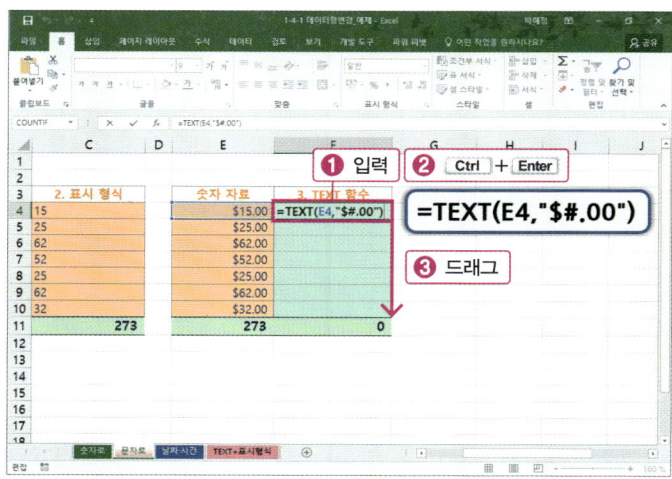

체크해봐요 :: 왜 **Ctrl**+**Enter**를 누르죠?
Ctrl+**Enter**를 누르면 수식을 입력한 셀에 마우스 포인터가 머물러 있어서 수식을 복사하기 위해 셀 지정 위치를 바꾸지 않아도 됩니다.

팁 :: TEXT 함수와 표시 형식
표시 형식과 TEXT 함수의 큰 차이는 만들어진 결과의 실재 여부입니다. 표시 형식은 보이는 것과 실제 값이 다를 수 있고, TEXT 함수의 결과는 보이는 그대로 값이며, 값의 데이터 형은 무조건 문자입니다.

아래의 첫 번째 표는 다양한 TEXT 함수 적용 사례와 결과입니다. 두 번째 표를 주목해야 하는데요. [F6] 셀의 수식 '=E4&" "&F4'은 [E4] 셀과 [F4] 셀 사이에 공백 문자(" ")를 삽입하여 &연결 연산자로 연결한 것이고, [F7] 셀의 수식 '=E4&" "&TEXT(F4,"YYYY.MM.DD")'는 참조한 날짜 [F4] 셀을 단순히 연결하지 않고 TEXT 함수를 이용하여 날짜 모양으로 갖춘 후 연결한 것입니다. 결과를 보면 알 수 있듯이 특정 날짜 값을 참조하여 연결할 경우 날짜의 실제 값인 날짜 일련번호로 표시되어 날짜 정보를 명확히 전달할 수 없음을 확인할 수 있습니다. 이때 TEXT 함수를 이용하면 원하는 모양으로 값을 만들어 표시할 수 있게 됩니다.

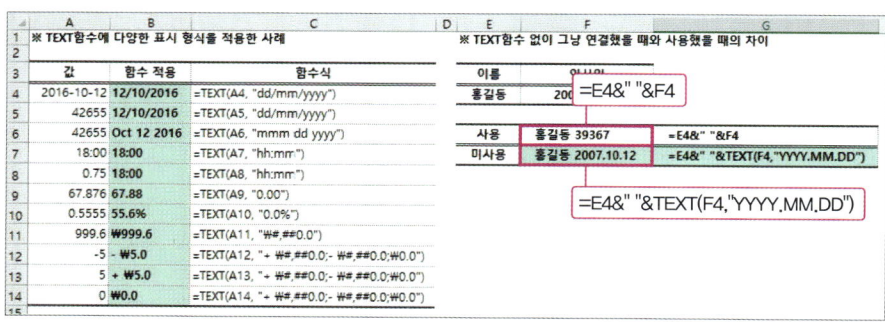

날짜와 시간으로 바꾸기 _ 텍스트 나누기, DATE, TIME

예제 파일 1-4-1 데이터형변경-예제.xlsx
완성 파일 1-4-1 데이터형변경-완성.xlsx

입력 값의 데이터 형을 날짜로 바꿀 때는 DATE 함수, 시간으로 바꿀 때는 TIME 함수를 사용해야 합니다. 엑셀은 날짜와 시간 데이터 형을 좀 특별히 관리합니다. 이 둘은 본질적으로는 숫자이면서 또 다른 데이터 형을 부여받고, 날짜와 시간 관련 정보를 모두 담고 있습니다.

01 연월일을 하이픈(–)이나 슬래쉬(/)로 구분하지 않았기 때문에 날짜 데이터 형식이 아닌 [A4:A10]을 선택하고 [데이터] 탭–[데이터 도구] 그룹에서 [텍스트 나누기]를 선택합니다. 1단계와 2단계는 그냥 [다음], [다음]을 차례로 클릭하여 넘어가고, 3단계에서 [날짜]를 체크한 다음 [마침]을 클릭합니다.

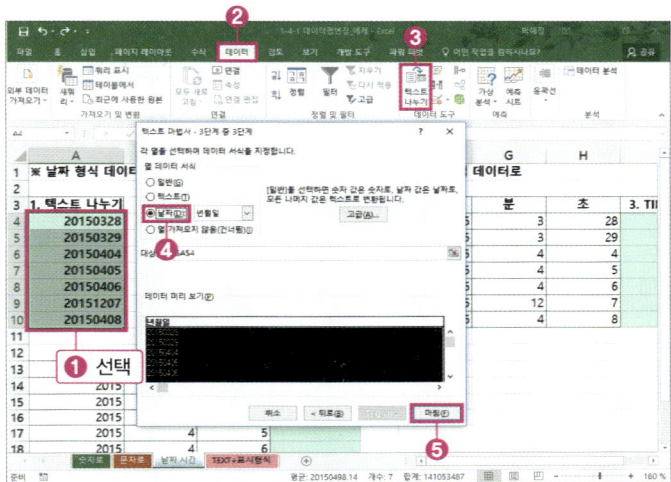

02 연월일을 구분하여 입력한 세 값을 모아 하나의 날짜 형식 데이터로 만들기 위해 [D14] 셀을 선택하고 수식 '=DATE(A14, B14,C14)'를 입력한 후 `Ctrl` + `Enter`를 누르고 [D20] 셀까지 수식을 복사합니다.

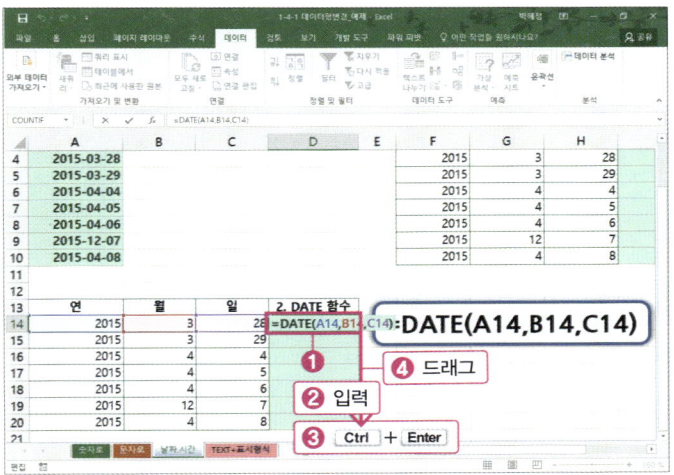

함수식 / =DATE(A14,B14,C14)
설명 DATE 함수에 연월일 값을 차례로 인수로 지정하면, 그 값을 이용하여 날짜 형식으로 자료를 변경합니다. 참조로 지정한 [A14, B14, C14] 셀은 '2015-03-28'이 되며 실제 값은 '42091'입니다.

팁 :: 날짜와 시간에 대한 이해

	날짜	시간
입력	년, 월, 일을 하이픈(–)이나 슬래쉬(/)로 구분하여 입력	시, 분, 초를 콜론(:)으로 구분하여 입력
빠른 입력	오늘 날짜 : **Ctrl** + **;** (세미 콜론)	현재 시간 : **Ctrl** + **Shift** + **;** (콜론)
표시	2016–04–12 또는 2016/4/12	23:30:11
실제 값	42472	0.979293981481482
설명	1900–1–1은 '1' 1900–1–2은 '2'로 하루 24시간에 '1'이라는 숫자값을 부여했으며, 이를 날짜 일련번호라 합니다. 각 날짜에는 요일 정보도 포함되어 있습니다.	1을 24로 나눈 값이 한 시간의 값입니다. 시간은 소수점 이하의 값을 갖습니다. 때문에 정확한 계산을 위해서는 단위 환산의 과정이 필요합니다.
표시 형식 코드	Y, m, d, a	H, m, s, [h]
함수	TODAY	NOW

실제 값을 표시하려면 **Ctrl** + **Shift** + **~** 나 표시 형식을 '일반'으로 변경합니다.

단위 환산이란?
하루에 '1'이라는 값을 부여하기 위해 엑셀은 1을 24로 나눈 값 '0.0416666666666667'을 1시간의 값으로 인식합니다. 때문에 실제 우리가 시간을 취급할 때는 다시 이 값에 '24'를 곱하는 과정이 필요합니다. '=0.0416666666666667*24'는 '1'입니다.

체크해봐요 :: 엑셀의 날짜에 대한 단상

=TODAY()+1	=TODAY()-1
=TODAY()+7	=TODAY()-7

TODAY 함수는 컴퓨터에 등록된 오늘 날짜 값을 말합니다. 때문에 수식 '=TODAY( )'로 만들어진 값은 매일 달라집니다. 또 엑셀에서 날짜를 취급할 때 '1'은 하루입니다. 그렇다면 수식 '=TODAY( )+1'은 내일, 수식 '=TODAY( )–1'은 어제라고 말할 수 있습니다. 또한 수식 '=TODAY( )+7'은 일주일 후, 수식 '=TODAY( )–7'은 일주일 전이라고 읽고 엑셀은 물론 동료들과도 소통할 수 있습니다.

=TODAY()-"1976-09-26"

그렇다면 이런 수식 '=TODAY( )–"1976–09–26"'은 가능할까요? 결론은 가능합니다. 먼저 수식에 날짜 값을 입력할 때는 숫자이지만 큰따옴표 안의 연월일을 하이픈(–)이나 슬래시(/)를 이용하여 입력해야 한다는 것을 알고 있어야겠죠? 오늘에서 "1976–09–26'에 해당 하는 값을 빼면 경과된 일수가 나타납니다. "1976–09–26'은 필자의 생년월일인데요. 수식의 결과가 오늘을 '2016–10–12'로 가정하면 '14626'이 나옵니다. 결과를 다른 시각으로 보면 필자는 만사천육백이십육일을 살았다라고 말할 수 있습니다. 독자 여러분도 며칠을 살았는지 엑셀을 열고 계산해보는 것이 어떨까요?

TEXT 함수와 표시 형식이 만나 새로운 값을 만든다!

예제 파일 1-4-1 데이터형변경-예제.xlsx
완성 파일 1-4-1 데이터형변경-완성.xlsx

TEXT 함수를 이용하여 만들어낸 값은 모두 문자 데이터 형이 되고 표시 형식과는 다르게 결과 그 대로 실제 값이 됩니다. 또한 TEXT 함수는 원하는 값을 원하는 모양대로 만들기 위해 사용자 지정 표시 형식 코드를 이용합니다. 이 둘을 이용하여 어떻게 새로운 값을 만드는지 알아보겠습니다.

01 'TEXT+표시 형식' 시트의 [B5:E5]는 표시 형식을 적용한 것입니다. 같은 작업을 TEXT 함수를 이용해 [B6:E6] 에 적용하고 이 둘을 비교해보기 위해 아래 표를 참조하여 [B6], [C6], [D6], [E6] 셀에 각각 수식을 입력하고 결과를 확인합니다.

수식 입력			
[B6] 셀	[C6] 셀	[D6] 셀	[E6] 셀
=TEXT(B3,"#,###,")	=TEXT(C3,"고객 @ 님")	=TEXT(D3,"aaa yy.mm.dd")	=TEXT(E3,"[h]:mm")

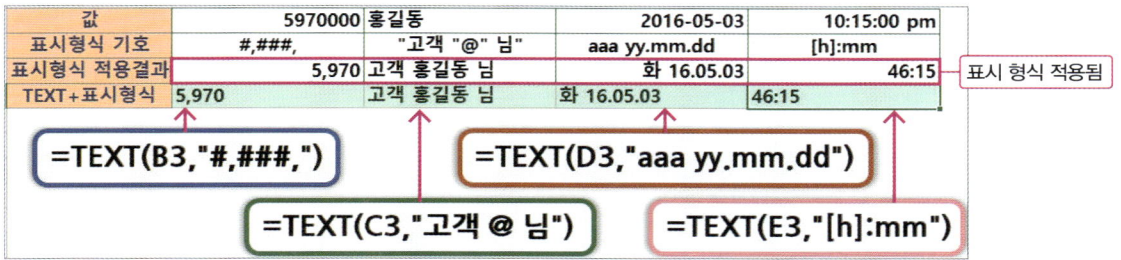

02 표시 형식을 적용한 데이터와 TEXT 함수 결과의 값을 빈 셀에 붙여 넣어 둘의 차이를 확인하기 위해 [A5:E6]을 선택하고 Ctrl + C 를 눌러 복사합니다. [A15] 셀을 선택하고 [홈] 탭-[붙여넣기] 그룹의 [붙여넣기]-[값 붙여넣기]를 선택합니다.

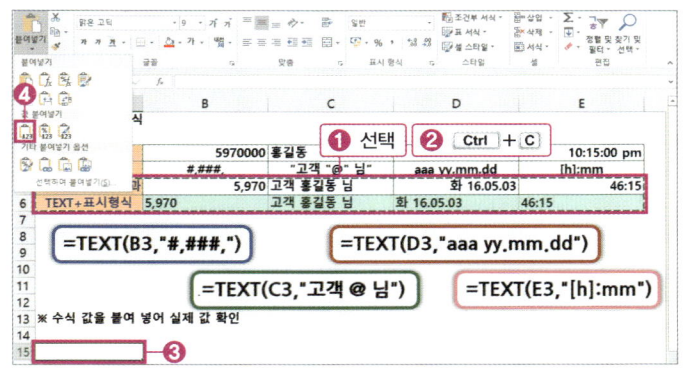

03 표시 형식을 적용한 것과 TEXT 함수로 만든 결과의 표시는 같으나, 전혀 다른 결과를 보여줍니다.

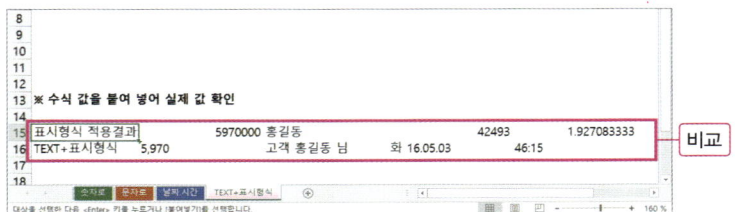

데이터 찾기 및 바꾸기 - TRIM 함수

찾기 및 바꾸기의 재발견

[찾기 및 바꾸기] 대화상자는 볼 때마다 새롭습니다. 필자는 엑셀 사용자가 이 기능을 제대로 이해하고 써먹지 못하는 것이 늘 안타까웠습니다. 번번히 사용하지만 미처 알아차리지 못했던 찾기 및 바꾸기의 능력이 실제 업무에서 어떻게 활용되는지 다양한 사례를 살펴보겠습니다.

범위에 '0'을 지워서 '빈 셀'로 만들기

예제 파일 1-4-2 찾기및바꾸기-예제.xlsx ㅣ 완성 파일 1-4-2 찾기및바꾸기-완성.xlsx

종종 수식에 결과가 없이 '0'으로 나타나는 경우가 있습니다. '0' 또한 확실한 정보를 담고 있으므로 '0'으로 변경된 셀이 때로는 특정 작업을 방해할 수도 있습니다. '0'을 빈 셀로 바꾸는 방법을 알아보겠습니다.

01 빈 셀로 만들려는 '0'이 포함된 범위 [B3:G12]를 선택하고, **Ctrl** + **H** 를 눌러서 [찾기 및 바꾸기] 대화상자를 불러옵니다. [찾을 내용]에 '0', [바꿀 내용]은 비워두고, [전체 셀 내용 일치]를 체크한 다음 [모두 바꾸기]를 클릭합니다.

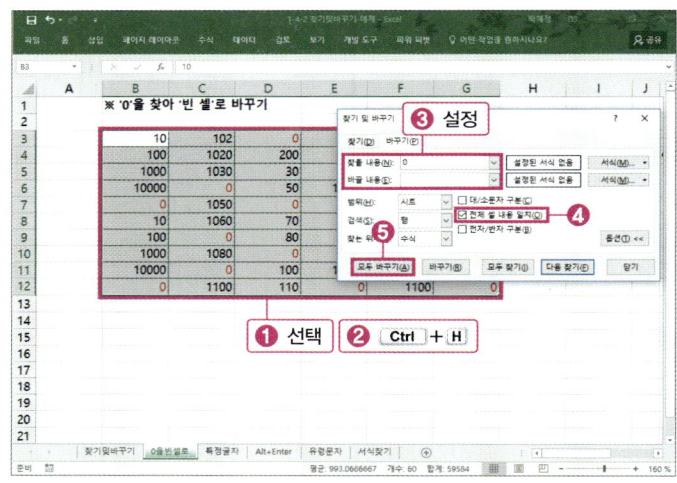

체크해봐요 :: [찾기 및 바꾸기] 메뉴는 어디 있나요?
[찾기 및 바꾸기] 메뉴는 [홈] 탭-[편집] 그룹의 [찾기 및 선택] 목록에 있습니다.

02 '0'이 모두 빈 셀이 됐습니다.

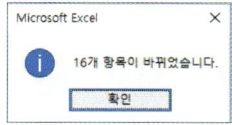
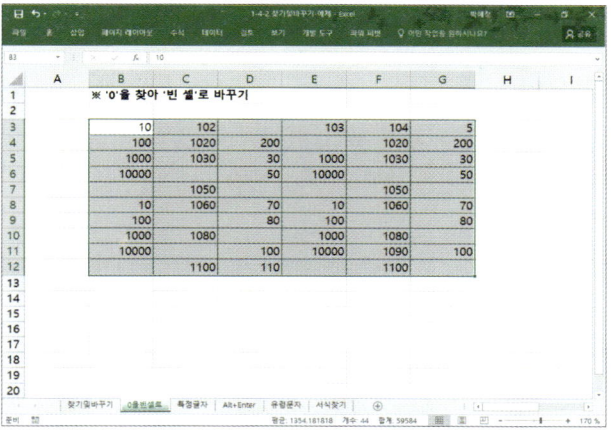

체크해봐요 :: 특정 내용을 찾을 때, 찾을 내용이 셀 전체와 같은지 아니면 셀 일부 글자인지를 선택할 수 있으며, 만약 [전체 셀 내용 일치]를 체크하지 않은 경우 십의 자리, 백의 자리에 입력된 '0'도 모두 지워집니다.

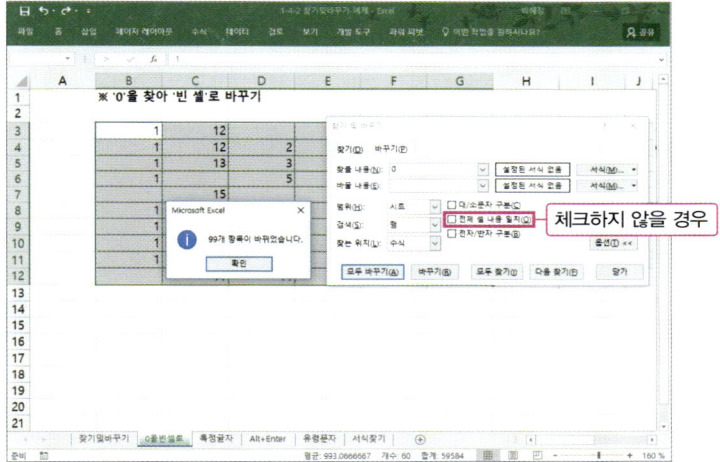

체크하지 않을 경우

체크해봐요 :: 찾기 및 바꾸기는 어떤 범위를 대상으로 작업을 실행하나요?

① 하나의 셀을 선택했을 경우 : 선택한 셀에 해당하는 전체 시트
② 범위를 지정했을 경우 : 선택한 범위에서만
③ [찾기 및 바꾸기] 대화상자에서 [범위]를 '통합 문서'로 지정했을 경우 : 문서의 모든 시트

특정 글자를 찾고, 포함된 전체 행 삭제하기

예제 파일 1-4-2 찾기및바꾸기-예제.xlsx
완성 파일 1-4-2 찾기및바꾸기-완성.xlsx

앞선 예제도 그랬지만, 찾기 및 바꾸기는 셀 자체를 삭제하는 것이 아니라 셀의 값을 지우거나 다른 값으로 바꾸는 것입니다. 이번 사례는 '퇴사'가 입력된 셀의 값을 지워 빈 셀로 만든 다음 빈 셀이 포함된 전체 셀을 삭제해 퇴사자의 모든 정보를 지워보겠습니다.

01 '특정글자' 시트에서 '퇴사'가 포함된 [비고] 열의 [G4:G16]를 선택하고, **Ctrl** +**H**를 누르거나 [홈] 탭–[편집] 그룹에서 [찾기 및 선택]–[바꾸기]를 클릭합니다. [찾기 및 바꾸기] 대화상자에서 [찾을 내용]에 '퇴사', [바꿀 내용]을 비워두고 [모두 찾기] 를 클릭합니다.

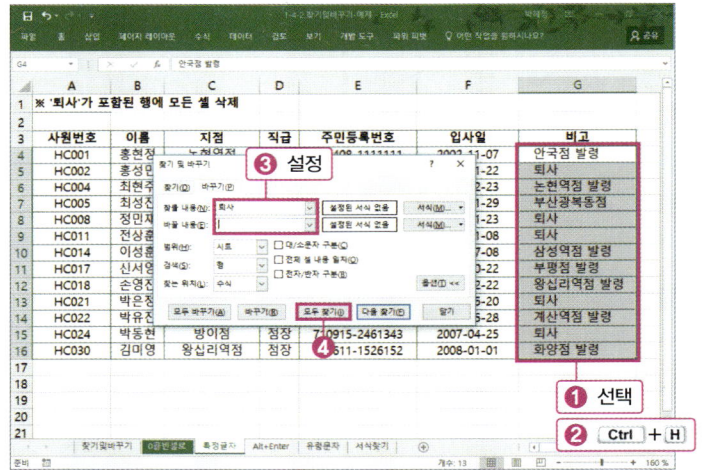

체크해봐요 :: **이때 [전체 셀 내용 일치]는 체크해야 하나요?**
'퇴사'는 전체이기도 하고, 일부이기도 하니, 둘 다 됩니다.

02 [찾기 및 바꾸기] 대화상자의 아랫부분이 열리면서 해당 셀이 하이퍼링크로 참조되며, 그중 하나가 선택된 상태로 나타납니다. 이때 **Ctrl**+**A**를 누르면 '퇴사'가 포함된 셀이 모두 선택됩니다. [닫기](❌) 를 클릭하여 [찾기 및 바꾸기] 대화상자를 닫습니다.

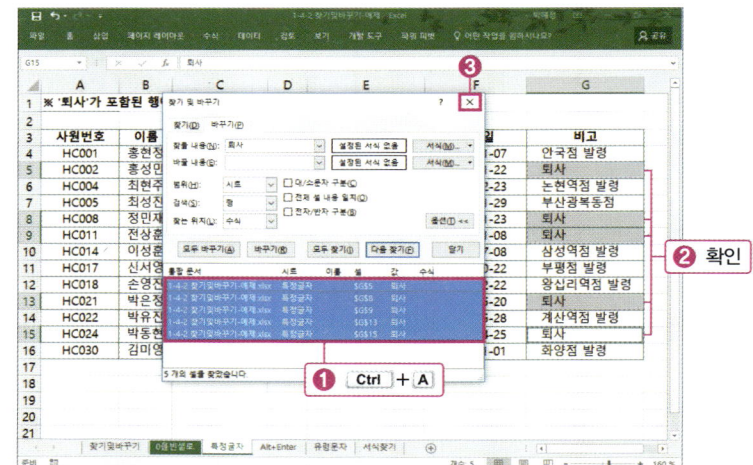

03 '퇴사'가 입력된 셀이 모두 선택된 상태로 **Ctrl** + **−** 를 누르면 나타나는 [삭제] 대화상자에서 [행 전체]를 선택하고 [확인]을 클릭합니다.

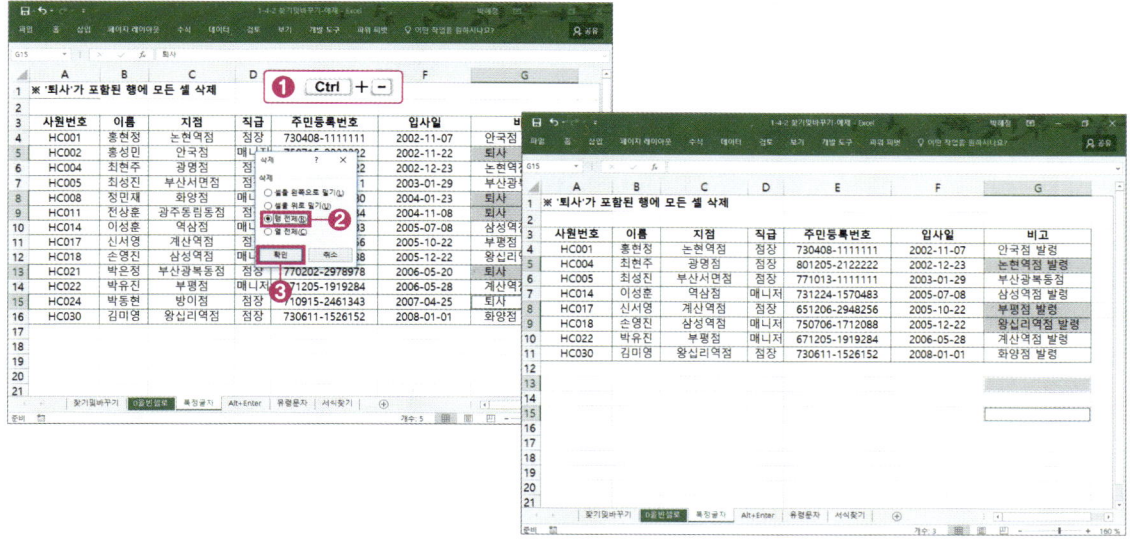

체크해봐요 :: 작업하려는 테이블 옆에 자료가 입력되어 있었다면?

그림과 같은 결과가 나타날 것입니다. 때문에 삭제 명령 중에 [행 전체]나 [열 전체]를 실행할 때 주변에 자료가 있으면 자료를 다른 곳으로 옮겨 놓고 작업합니다.

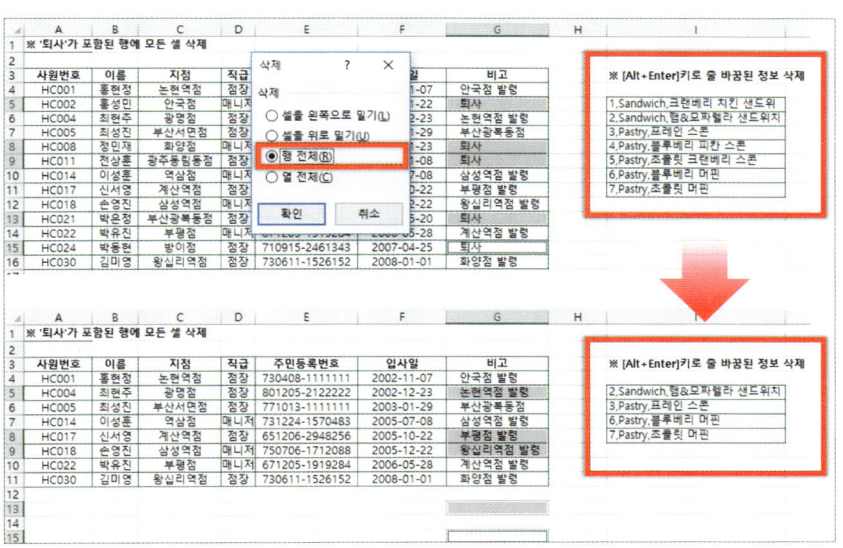

`Alt`+`Enter`를 눌러 줄 바꾼 기록을 없애야 한다면?

예제 파일 1-4-2 찾기및바꾸기-예제.xlsx
완성 파일 1-4-2 찾기및바꾸기-완성.xlsx

셀에 값을 입력하고 `Enter`를 누르면 입력이 완료됩니다. `Alt`+`Enter`를 누르면 완료가 아닌 셀 내에서 다음 줄로 커서가 강제로 이동합니다. 이렇게 강제로 나뉜 줄은 `Alt`+`Enter`의 입력 정보를 `Delete`나 `Back Space`로 지워야만 없앨 수 있습니다. 엑셀에서 `Alt`+`Enter` 입력 정보를 일일이 삭제하지 않고 찾기 및 바꾸기를 이용하여 한 번에 없애보겠습니다.

01 `Alt`+`Enter`를 눌러 줄 바꾼 정보가 포함된 전체 범위 [B3:B9]를 선택하고, `Ctrl`+`H`를 눌러 나타난 [찾기 및 바꾸기] 대화상자에서 [찾을 내용]에 커서를 옮기고 `Alt`를 누른 상태로 키패드의 '1'과 '0'을 차례대로 누릅니다. [바꿀 내용]에는 ','를 입력하고 [모두 바꾸기]를 클릭합니다.

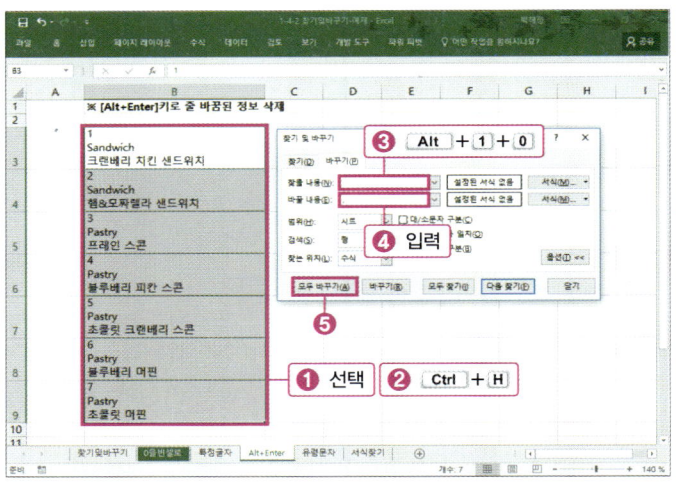

팁 :: 키패드란 키보드의 오른쪽에 숫자를 입력할 수 있는 키 모음을 말하며, 반드시 키패드에 위치한 숫자 '1'과 '0'을 이용합니다. 이렇게 입력한 [찾을 내용]에 입력한 키 정보는 화면에는 표시되지 않지만 입력 정보는 있기 때문에 또 다른 [찾기 및 바꾸기]를 실행할 때는 완벽히 지워야 합니다.

02 줄 바꿈이 취소되며 `Alt`+`Enter` 자리에 콤마(,)가 입력됩니다.

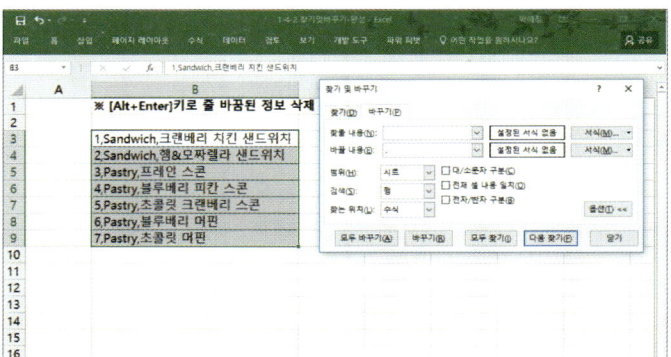

체크해봐요 :: [홈] 탭-[단락] 그룹에서 [줄 바꿈]을 클릭해도 한 줄로 바뀌는데요?
네. 그렇습니다. 그러나 일시적인 것입니다. `Alt`+`Enter`를 누른 정보는 그대로 남아있어서 그 셀을 편집하면 다시 줄이 나뉘게 됩니다. 그러니 완전히 제거하려면 위의 방법을 사용해야 합니다.

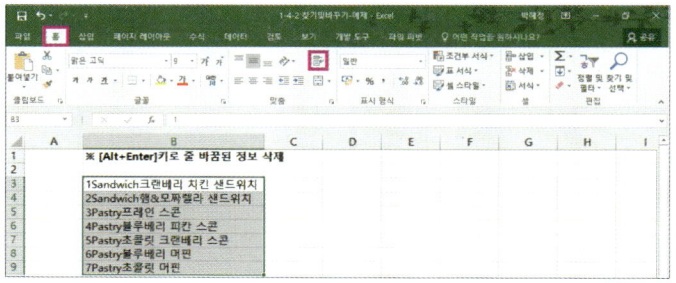

보이지 않지만 분명 존재하는 '유령 문자' 제거하기

예제 파일 1-4-2 찾기및바꾸기-예제.xlsx
완성 파일 1-4-2 찾기및바꾸기-완성.xlsx

셀의 값을 다루다 보면 간혹 알 수 없는 문자들이 셀에 섞여 엑셀에게 내린 작업 지시를 불분명하게 만들 때가 있습니다. 이런 문제는 외부에서 데이터를 복사하여 붙여 넣었을 때 주로 발생하고 눈으로 확인할 수 없어서 다루기가 좀 까다롭습니다. 여기서는 이런 문자를 '유령 문자'라 부르기로 하고 어떻게 다루어야 할지 알아보겠습니다.

01 먼저 [M4] 셀에 수식 '=L4*D5'을 확인해보면 수식에는 문제가 없고 값은 '#VALUE!' 오류가 표시되었습니다. 이 오류는 숫자가 필요한 자리에 문자를 참조하거나 입력한 경우에 발생합니다. [L4] 셀은 직접 입력한 값으로 문제가 없습니다. 문제가 되는 [D5] 셀을 더블클릭하여 편집 상태로 만든 다음 숫자 뒤에 공간을 드래그하여 복사합니다.

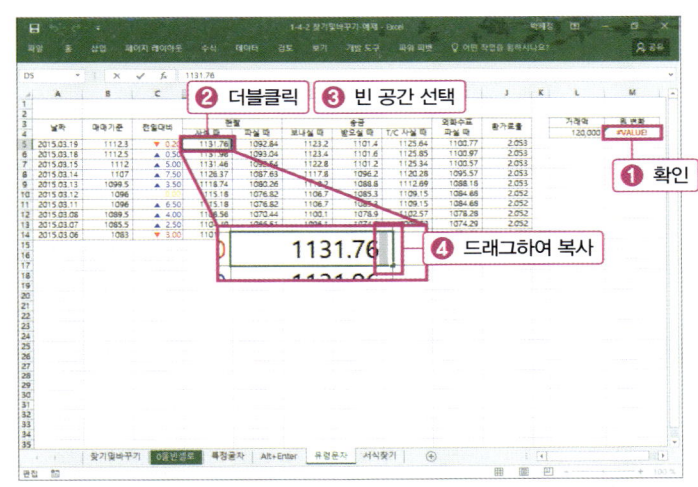

팁 :: 이 셀에 포함된 문자는 공백 문자(Spacebar)가 아닙니다. 만약 공백 문자라면 복사할 필요 없이 [찾을 내용]에 공백 문자를 **Space Bar** 로 입력하면 됩니다.

02 유령 문자가 의심되는 범위 [D5:J14]를 선택하고 **Ctrl** + **H** 를 누르거나 [홈] 탭-[편집] 그룹에서 [찾기 및 선택]-[바꾸기]를 클릭합니다. [찾기 및 바꾸기] 대화상자의 [바꾸기] 탭에서 [찾을 내용]에 커서를 놓고 **Ctrl** + **V** 하여 붙여 넣은 후 [모두 바꾸기]를 클릭합니다.

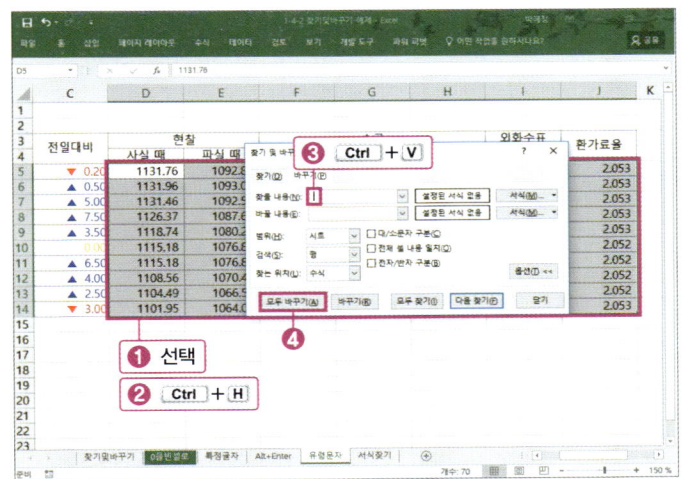

팁 :: [D5:J14]를 선택하고 바꾸기를 한 이유는 범위에서만 찾기 및 바꾸기를 실행하기 위해서 입니다.

03 복사해 붙여 넣기 한 문자가 지워지고,
수식 '=L4*D5'의 결과 값이 나타납니다.

....

팁 :: #VALUE! 오류는 숫자 형식이 필요한 자리
에 문자 형식의 자료가 위치해 있기 때문에 나타
납니다.

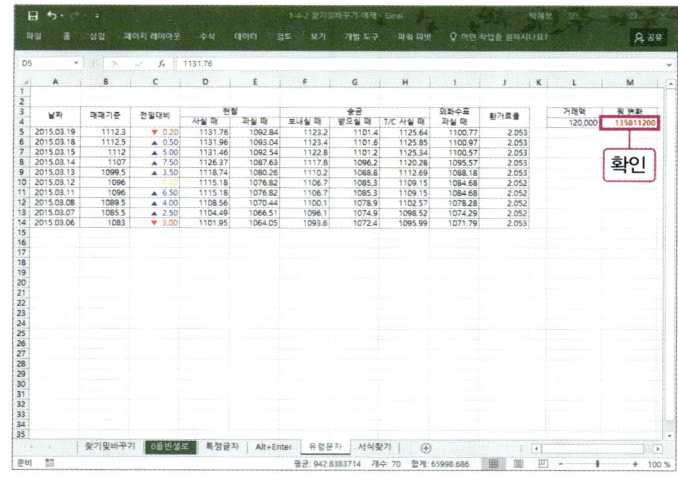

체크해봐요 :: **유령 문자 어디에서 오는 걸까?**

• 엑셀 외의 프로그램이나 웹사이트에서 자료를 엑셀로 다운받은 경우.

• 인터넷 화면이나 한글 문서의 내용을 드래그하여 엑셀에 붙여넣은 경우.

• 액세스 등 데이터베이스를 쿼리로 불러왔을 경우.

등이 있습니다. 유령 문자는 엑셀의 공백과는 다르며 Ascii(아스키)라는 문자 규칙이 엑셀에서 코드로 표현된 것으로 봐야합니다. 유령
문자는 공백처럼 눈에 보이지 않으며 엑셀에서 글자의 공백을 없애는 TRIM 함수, 인쇄할 수 없는 문자를 제거하는 CLEAN 함수도 제
거할 수 없습니다.

우리가 앞선 과정에서 [Alt]+[Enter]를 누른 것을 키 값([Alt]를 누른 상태에서 키패드의 [1]과 [0])으로 입력하여 삭제했던 것처럼
유령 문자 또한 아스키 값이 있습니다. 방법은 [Alt]나 [Ctrl]을 누른 상태에서 [1], [6], [0]를 순서대로 누르면 됩니다.

적용된 서식을 기준으로 셀을 찾고, 바꾸기
예제 파일 1-4-2 찾기및바꾸기-예제.xlsx ┃ 완성 파일 1-4-2 찾기및바꾸기-완성.xlsx

찾기 및 바꾸기 기능은 참 대단한 것 같습니다! 값만 취급하는 것이 아니라 적용한 서식을 기준으로 셀을 찾고, 찾은 후 해당 셀의 값은 물론이고 서식도 변경할 수 있도록 도와주니 말입니다. 바꾸기로 입력한 값과 서식을 기준으로 셀을 찾고 서식은 그대로 두고 값만 바꿔보겠습니다.

01 '서식찾기' 시트에서 [홈] 탭–[편집] 그룹의 [찾기 및 선택]–[바꾸기]를 클릭합니다. [찾기 및 바꾸기] 대화상자의 [바꾸기] 탭에서 [찾을 내용]에는 '매니저'를 [바꿀 내용]에는 '점장'을 입력한 다음 [찾을 내용]–[서식 목록]에서 [셀에서 서식 선택]을 클릭합니다.

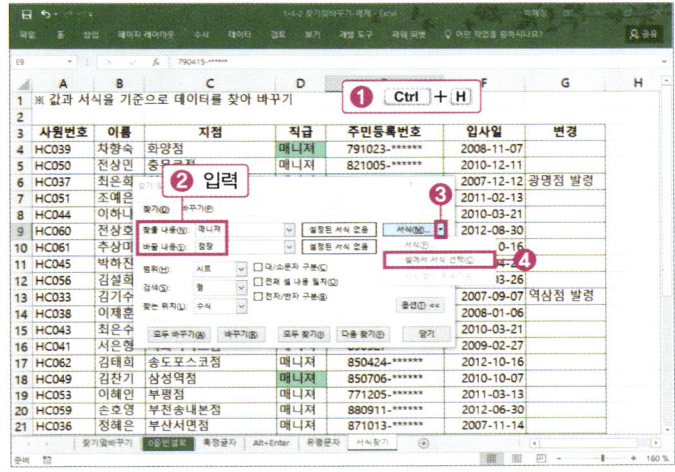

02 셀에서 서식 선택을 할 수 있는 마우스 포인터가 나타나면 서식이 포함된 셀 중 하나의 셀을 클릭합니다.

팁 :: [찾기 및 바꾸기]를 실행할 범위를 선택하지 않고 작업한 이유는 [셀에서 서식 찾기]를 실행하기 위에 선택한 범위는 무효가 되기 때문입니다. 그래서 언제나 [셀에서 서식 찾기] 기능은 시트 전체를 상대로 작업을 실행합니다.

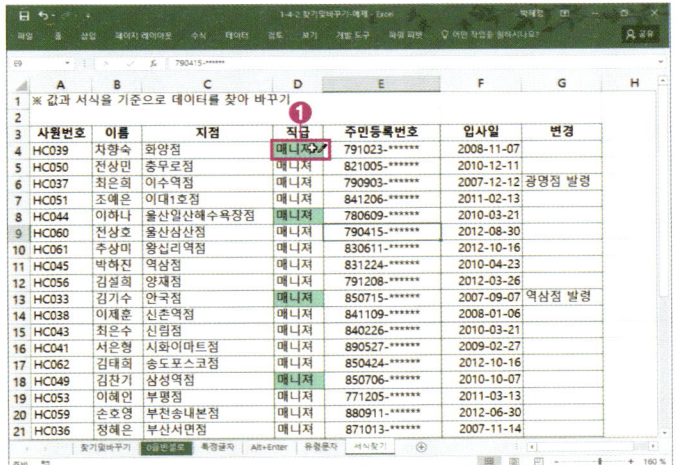

03 다시 [찾기 및 바꾸기] 대화상자로 전환됩니다. 서식이 그대로 적용된 것을 확인하고 [모두 바꾸기]를 클릭합니다.

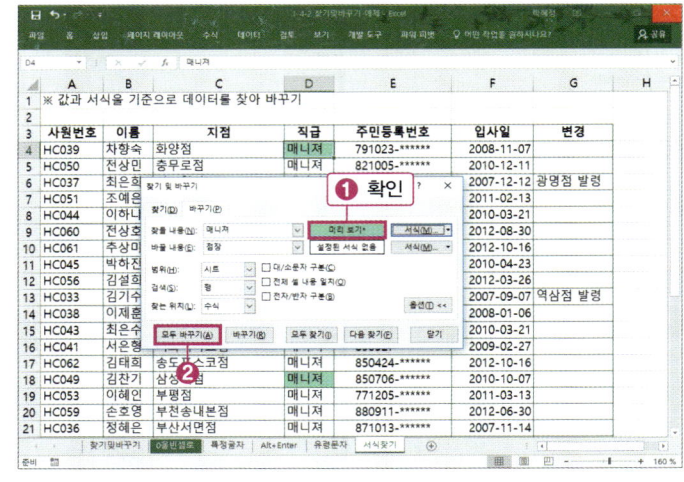

체크해봐요 :: 똑같이 따라했는데, 왜 안되고 바꿀 대상을 찾지 못했다는 대화상자가 나타날까요?!

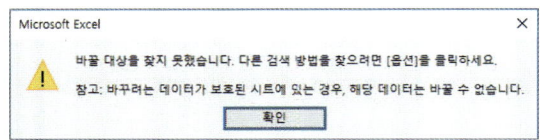

아마도 이전에 작업했던 찾을 내용이 그대로 남아있어서 그럴 가능성이 있습니다. 유령 문자나 [Alt]+[Enter] 정보는 눈에 보이지 않으니까요. 찾을 내용에 커서를 옮기고 [Back Space]와 [Delete]를 여러 번 눌러 지우고 다시 시도해 보세요.

그리고 서식 찾기에 적용한 서식도 초기화해야 합니다. [찾을 내용]과 [바꿀 내용]에 적용했던 서식을 초기화하지 않아서도 찾지 못하는 문제가 발생합니다. [찾기 및 바꾸기] 대화상자에 적용한 서식은 [서식]-[서식 찾기 지우기]를 클릭하여 [설정된 서식 없음]처럼 만듭니다.

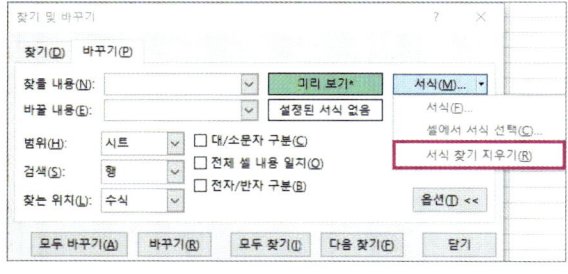
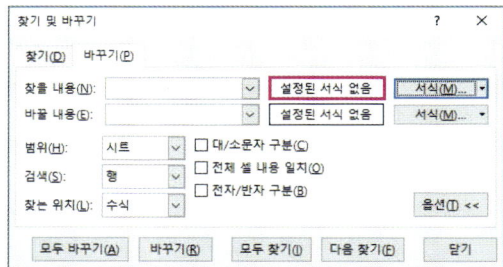

데이터 추출 및 정돈 작업

**하나의 셀에는
한 가지 정보만!!**

셀에 입력한 일부 데이터를 추출하고 불필요한 내용을 정리하기에 앞서, 꼭 기억해야 할 것은 '하나의 셀에는 하나의 정보를 담자'라는 말입니다. 일회성 자료가 아니라 계속 관리돼야 하고, 재사용된다면 하나의 셀에는 하나의 정보만 담겨있는 것이 바람직합니다. 여기서는 함수를 이용하여 이런 원리를 무시한 자료들을 추출하거나 분리하려는 것입니다. 이 과정은 원하는 작업을 정확하고 빠르게 하기 위한 작업이라고 보면 됩니다.

데이터의 일부를 추출하는 _ LEFT, RIGHT, MID 함수

예제 파일 1-4-3 편집함수-예제.xlsx
완성 파일 1-4-3 편집함수-완성.xlsx

'추출' 시트의 주소 열을 확인해보면 '−', '/'로 구분하여 하나의 셀에 세 가지 정보가 담겨있습니다. 자료를 구분하는 구분 기호도 있고, 정보마다 글자 수가 같아서 어렵지 않게 각각의 정보를 추출하여 다른 셀에 배치할 수 있습니다. 이곳에서는 셀의 일부를 추출하기 위해 만들어진 LEFT, RIGHT, MID 함수를 이용해보겠습니다.

01 [B] 열에서는 주소에서 왼쪽 세 글자를, [C] 열에서는 오른쪽에서 두 글자를, [D] 열에서는 왼쪽에 다섯 번째 글자부터 시작에서 세 글자를 추출하려 합니다. 아래 표를 참고하여 각각의 셀에 수식을 입력하고 [9] 행까지 복사합니다.

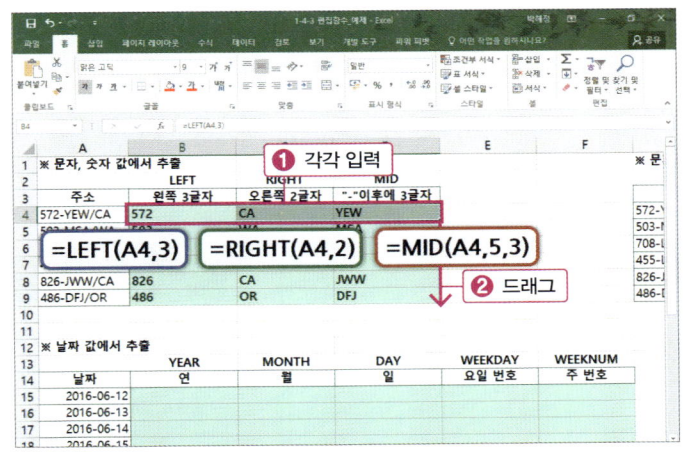

셀	수식	의미
[B4]	=LEFT(A4,3)	왼쪽 세 글자
[C4]	=RIGHT(A4,2)	오른쪽 두 글자
[D4]	=MID(A4,5,3)	'−' 이후에 세 글자

팁 :: LEFT, RIGHT 함수의 두 번째 인수는 생략할 수 있고, 생략하면 '1'로 한 글자를 추출합니다. MID 함수는 생략할 수 있는 인수가 없습니다.

함수식 / =MID(A4,5,3)
설명

=MID(A4,5,3)—❸
MID(text, start_num, num_chars)
❶❷

❶ [A4] 셀은 추출할 값이 있는 셀입니다. MID 첫 번째 인수 [A4] 셀의 값 중에 왼쪽 ❷ 다섯 번째 글자 'Y'부터 시작하여
❸ 세 글자 'YEW'를 추출합니다.

02 LEFT, MID, RIGHT 함수로 값을 추출하면, 무조건 추출한 값의 데이터 형이 문자가 됩니다. LEFT 함수로 추출한 세 글자는 우편 번호이기 때문에 문자라고 해도 크게 문제가 되진 않겠지만, 다음 작업을 위해 형식을 바꾸기로 합니다. [B4] 셀의 수식을 '=VALUE(LEFT(A4,3))'으로 수정하고 **Enter**를 누릅니다. 그리고 [9] 행까지 복사합니다.

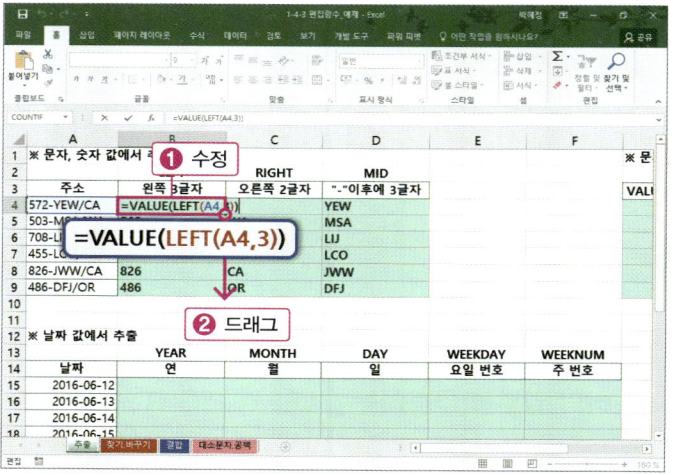

수식 입력 셀	같은 말 다른 표현
[G4]	=VALUE(LEFT(A4,3))
[H4]	=--LEFT(A4,3)
[I4]	=LEFT(A4,3)+0
[J4]	=LEFT(A4,3)-0
[K4]	=LEFT(A4,3)*1
[L4]	=LEFT(A4,3)/1

팁 :: 앞선 과정에서 이미 문자로 인식된 숫자를 숫자 형식으로 변경하는 방법을 학습한 적이 있습니다.

함수식 / =VALUE(LEFT(A4,3))
설명
LEFT 함수는 [A4] 셀에서 세 글자 '572'를 추출했습니다. LEFT 함수로 추출한 모든 결과는 문자 타입이 되기 때문에 VALUE 함수를 이용하여 '572'를 숫자 형식으로 바꿉니다.

03 임의로 셀 맞춤을 지정하지 않았음에도 왼쪽 정렬되어 있던 값이 오른쪽 정렬로 변경되는 것을 확인할 수 있습니다.

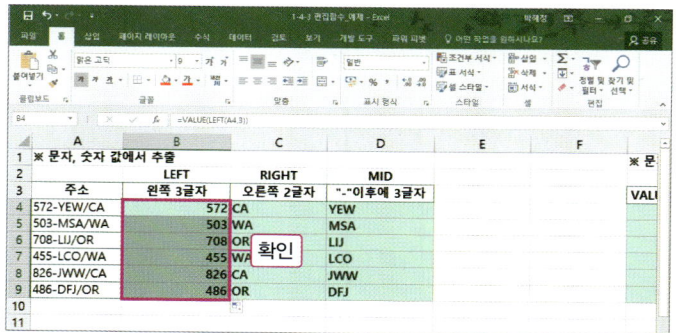

날짜의 일부를 추출하는 _ YEAR, MONTH, DAY, WEEKDAY, WEEKNUM 함수

예제 파일 1-4-3 편집함수-예제.xlsx | 완성 파일 1-4-3 편집함수-완성.xlsx

날짜 데이터 즉, 연월일을 '-'이나 '/'로 구분하여 입력한 데이터는 보이는 값과 실제 값이 다릅니다. 실제 값은 숫자지만 화면에는 연월일 사이사이에 문자 '-'나 '/'로 구분되어 '2016-01-01'처럼 표시됩니다. 때문에 앞선 LEFT, RIGHT, MID 함수를 이용해서 연월일을 추출해 낼 수는 없습니다. 그렇기 때문에 날짜 형식을 잘 이해하고 날짜에서 연월일을 추출하기 위해 만들어진 YEAR, MONTH, DAY 함수를 사용합니다.

01 날짜 형식의 데이터에서 연월일을 추출하기 위해 아래 표를 참고하여 YEAR, MONTH, DAY 함수식을 각각의 셀에 입력하고 [22] 행까지 복사합니다.

셀	수식	의미
[B15]	=YEAR(A15)	연 추출
[C15]	=MONTH(A15)	월 추출
[D15]	=DAY(A15)	일 추출

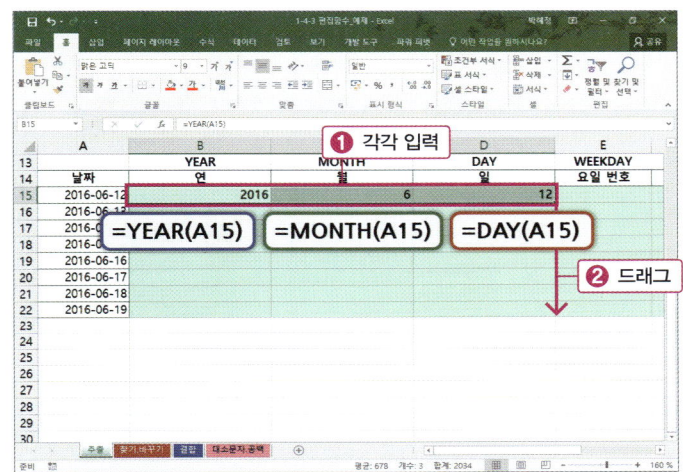

함수식 / =YEAR(A15)

설명　YEAR, MONTH, DAY 함수는 날짜 형식의 값 즉, 연월일이 '-'이나 '/'로 구분된 자료를 취급하는 함수들로 인수로 반드시 날짜 형식의 데이터를 지정해야 합니다. YEAR 함수는 인수로 지정된 날짜의 연도만 숫자로 추출하고 결과의 데이터 형식은 숫자입니다. '2016-06-12'의 실제 값은 '42533'으로 만약 LEFT(A15,4)와 같은 수식을 실행한다면 결과는 '4253'이 됩니다.

02 날짜 형식의 데이터에서 요일 번호와 주 번호를 추출하기 위해 아래 표를 참고하여 각각의 셀에 수식을 입력하고 [22] 행까지 복사합니다.

셀	수식	의미
[E15]	=WEEKDAY(A15)	요일 번호 추출
[F15]	=WEEKNUM(A15)	주 번호 추출

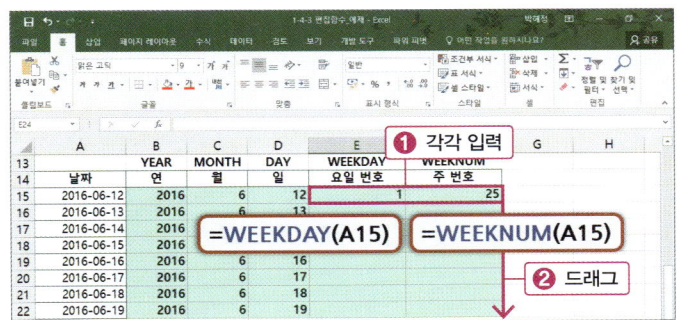

함수식 / =WEEKDAY(A15)

설명　WEEKDAY 함수 역시 첫 번째 인수로 날짜 형식의 값을 지정해야 하며, 두 번째 인수를 생략하면 일요일부터 1~7까지 숫자로 바뀌어 나타납니다. 수식 '=WEEKDAY(A15)'의 결과 '1'은 일요일을 의미합니다.

WEEKDAY, WEEKNUM 함수의 두 번째 인수는 생략할 수 있고 생략하면 '1'로 일요일이 주 시작이 됩니다.

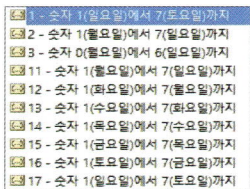

03 요일 번호에 해당하는 요일을 화면에 표시하기 위해 해당 범위 [A15:A22]를 선택하고 `Ctrl`+`1`을 눌러 [셀 서식] 대화상자를 불러옵니다. [사용자 지정]을 선택한 다음 [형식]을 'aaa YYYY–MM–DD'로 수정하고 [확인]을 클릭합니다.

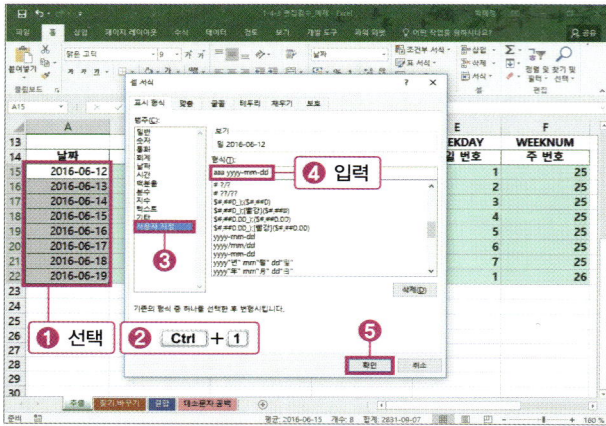

14	날짜
15	일 2016-06-12
16	월 2016-06-13
17	화 2016-06-14
18	수 2016-06-15
19	목 2016-06-16
20	금 2016-06-17
21	토 2016-06-18
22	일 2016-06-19

체크해봐요 :: 사용자 지정 코드를 입력할 때 대소문자를 구분하나요?
아니요. 대소문자는 구분하지 않으니 편안하게 입력하세요.

찾기와 바꾸기 함수 _ FIND, SEARCH, SUBSTITUTE, REPLACE 함수

예제 파일 1-4-3 편집함수-예제.xlsx | 완성 파일 1-4-3 편집함수-완성.xlsx

앞서 우리는 찾기 및 바꾸기의 다양한 기능을 살펴보았습니다. 이번에는 찾기 및 바꾸기 함수를 이용하여 데이터의 일부 또는 전체를 찾고, 찾은 값을 또 다른 데이터로 바꿔보려고 합니다. [찾기 및 바꾸기] 대화상자에서 소개했던 [전체 셀 내용 일치] 옵션을 기억하나요? 학습할 FIND, SEARCH 함수는 [전체 셀 내용 일치] 옵션을 체크하지 않는 것과 같이 하나의 셀에 입력된 값 중 전체가 아닌 일부분을 찾는다는 것을 기억하고 시작합니다.

01 [B4], [C4] 셀을 선택하고 각각 수식을 입력한 후 [12] 행까지 복사합니다. [A4] 셀에서 '-'을 처음부터 찾는 FIND, SEARCH 함수는 같은 결과를 만듭니다.

=FIND("-",A4)

=SEARCH("-",A4)

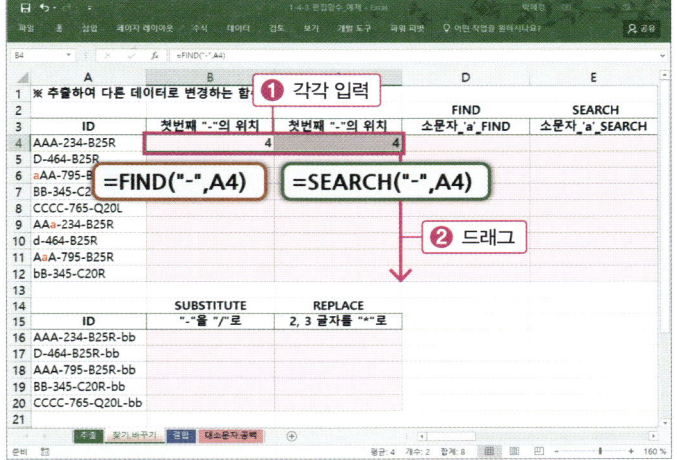

02 이번에는 FIND와 SEARCH 함수의 대소문자 취급을 알아보기 위한 수식을 [D4], [E4] 셀에 각각 입력하고 [12] 행까지 복사합니다.

=FIND("a",A4)

=SEARCH("a",A4)

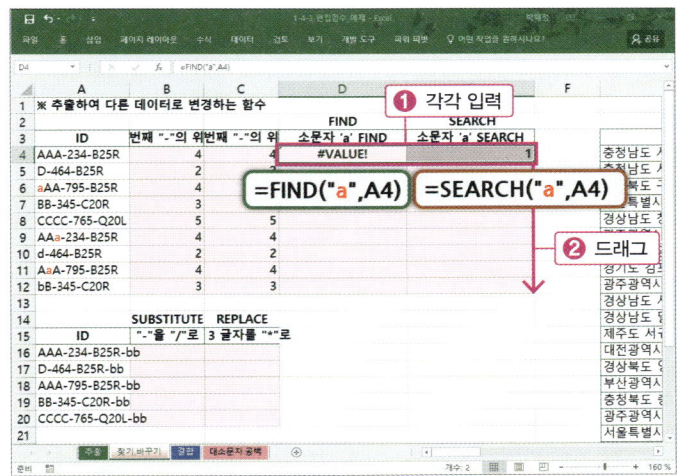

함수식 / =SEARCH("a",A4), =FIND("a",A4)

설명
두 함수 모두 'a'를 [A4] 셀에서 찾습니다. '=SEARCH("a",A4)'의 결과 '1'은 첫 번째 'a'의 위치입니다. FIND 함수는 대소문자를 구분하기 때문에 찾지 못합니다.

03 '서산시'가 포함된 주소를 알아내기 위해 [H4], [I4] 셀에 각각 수식을 입력하고 [28] 행까지 복사합니다. 결과를 확인해보면 SEARCH 함수만 와일드 카드를 인식하는 것을 알 수 있습니다.
=FIND("*서산시*",G4)
=SEARCH("*서산시*",G4)

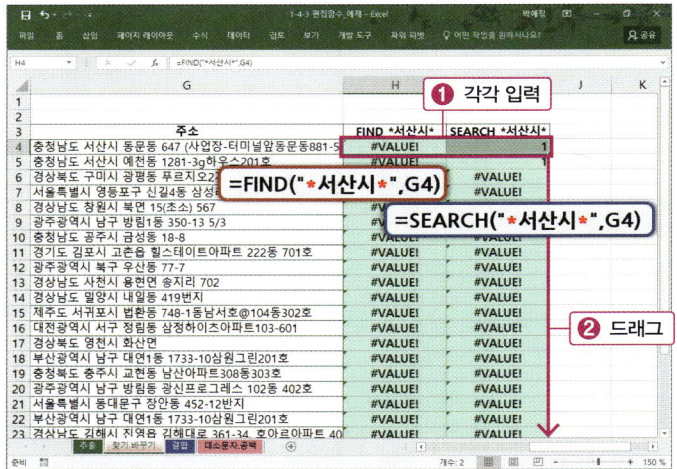

함수식 / =FIND("*서산시*",G4), =SEARCH("*서산시*",G4)
설명
주소에서 '*서산시*'가 포함된 첫 시작 위치를 찾는데, SEARCH 함수는 해당 값이 어디있든지 있음을 '1', 없음을 #VALUE!로 표시합니다. FIND 함수는 패턴 일치인 "*"을 사용할 수 없습니다.

---

04 셀에 입력된 '─'을 '/'로 바꾸는 수식 '=SUBSTITUTE(A16,"─","/",1)'을 [B16] 셀에 입력하고 셀의 두 번째, 세 번째 글자를 '**'로 대체하는 수식 '=REPLACE(A16, 2,2,"**")'을 [C16] 셀에 입력한 다음 [20] 행까지 복사합니다.

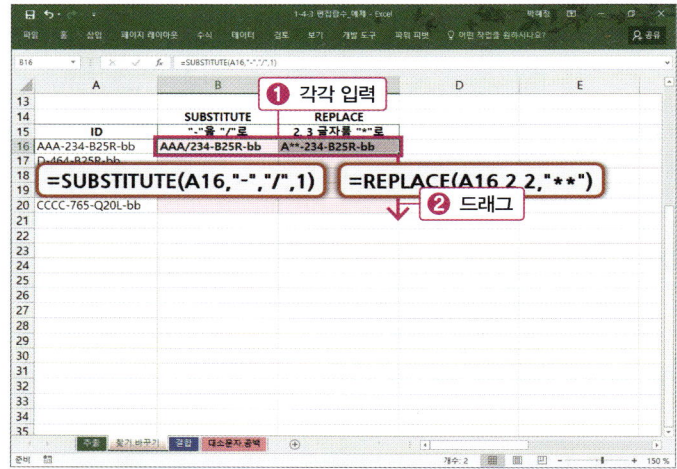

함수식 / =SUBSTITUTE(A16,"─","/",1)
설명
[A16] 셀에 있는 '─'을 '/'로 바꿉니다. 마지막 인수 '1'은 첫 번째 '─'을 의미합니다. 만약에 마지막 인수를 '2'로 지정하면 [A16] 셀의 두 번째 '─'이 '/'로 바뀝니다.

함수식 / =REPLACE(A16,2,2,"**")
설명
[A16] 셀의 두 번째 글자인 'A'부터 세 번째 글자인 'A'까지 즉, 두 번째, 세 번째 글자를 별 두 개(**)로 바꿉니다. 이때 별을 하나만 지정하면 'AA → *'로 바뀝니다.

05 바꾸려는 텍스트가 분명할 때는 SUB
STITUTE 함수를, 분명하지 않지만 특정 위
치를 인식해 값을 대체할 때는 REPLACE
함수를 사용합니다.

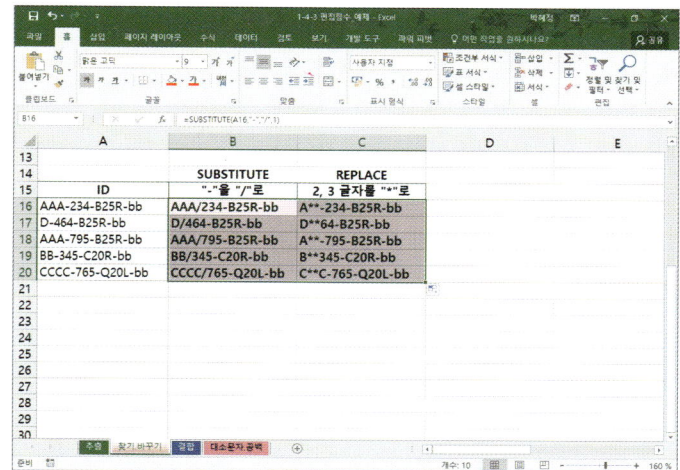

....

팁 :: FIND, SEARCH 함수 사용 방법 정리

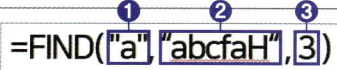

=FIND("a", "abcfaH", 3)
  ❶   ❷   ❸

인수	❶ find_text "a" 찾을 값	❷ within_text "abcfaH" 어디에서 찾는지	❸ [start_num] 3 세 번째 이후 글자부터 시작
특이 사항	FIND : 대소문자 구분/와일드카드 인식 못함 SEARCH : 대소문자 구분 못함/와일드카드 사용 가능		생략 가능 생략하면 '1'로 간주
인수 조건	셀 참조 또는 직접 입력 값	셀 참조 또는 직접 입력 값	숫자
함수 결과	찾을 값이 발견되면 숫자로 나타나고 발견되지 않으면 #VALUE! 오류 값으로 나타남		
사례	• =FIND("a", "AbcfGH") 결과 : #VALUE!	• =SEARCH("a", "AbcfGH") 결과 : 1	

값과 값의 결합 _ CONCATENATE, TEXTJOIN, CONCAT 함수

예제 파일 1-4-3 편집함수-예제.xlsx | **완성 파일** 1-4-3 편집함수-완성.xlsx

값과 값을 결합하여 하나의 값으로 만드는 작업을 하려고 합니다. 여기서 값은 직접 입력할 수도 있고, 셀을 참조하거나, 하나의 수식이 만들어내는 결과로 지정합니다. 여러 값을 하나의 값으로 만들 때 사용하는 &연산자와 기존에 있던 CONCATENATE 함수 그리고, 엑셀 2016에 새롭게 추가된 TEXTJOIN, CONCAT 함수도 소개합니다.

01 같은 작업을 네 가지 방법 즉, &연산자 및 함수로 아래 표를 참고하여 셀에 입력하고 [9] 행까지 복사하여 비교해보겠습니다. 모두 같은 결과로 나타납니다. 엑셀 2016에 추가된 TEXTJOIN 함수를 사용하면 여러 값을 연결할 때 지정 인수를 줄일 수 있습니다.

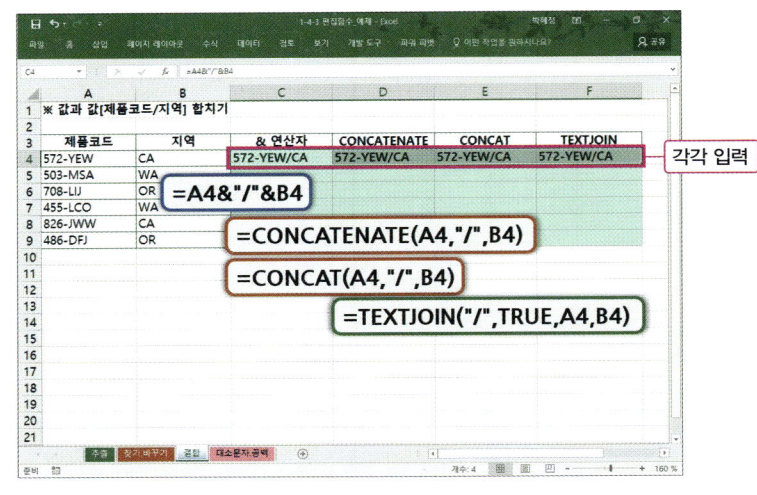

입력 셀	수식
[C4]	=A4&"/"&B4
[D4]	=CONCATENATE(A4,"/",B4)
[E4]	=CONCAT(A4,"/",B4)
[F4]	=TEXTJOIN("/",TRUE,A4,B4)

....

팁 :: CONCAT 함수는 CONCATENATE 함수와 같고 함수 이름을 줄여 새로 만들었다고 보면 됩니다. 필자도 이 함수의 이름이 너무 긴 것이 늘 불만이었습니다.

함수식 / **=CONCAT(A4,"/",B4)**
설명 CONCAT 함수는 인수로 지정한 세 값([A4] 셀, '/', [B4] 셀)을 모두 연결해 하나의 값 '572-YEW/CA'로 만듭니다.

함수식 / **=TEXTJOIN("/",TRUE,A4,B4)**
설명

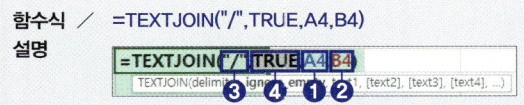

TEXTJOIN 함수는 ❶ 세 번째 인수 [A4] 셀과 ❷ 네 번째 인수 [B4] 셀을 ❸ 첫 번째 인수 '/'로 구분하여 연결하고 만약 [A4]와 [B4] 셀에 ❹ 빈 셀이 있다면 연결하지 않습니다(ignore_empty). 이는 두 번째 인수가 TRUE로 지정됐기 때문입니다 (TRUE-빈 셀 무시, FALSE-빈 셀 포함).

이전에 만들어진 함수라는 표시로 CONCATENATE 함수는 CONCAT이란 이름으로 변경되었습니다. 그러나 둘 다 사용 가능이 가능합니다.

```
CONCAT
CONCATENATE
```

팁 :: CONCATENATE, CONCAT, TEXTJOIN 함수 비교표

연산자	&	&연산자는 값과 값 중간에 위치합니다.
함수	CONCATENATE	(text1, ...) : 값을 인수로 지정합니다. 셀을 참조할 때는 하나의 셀만 참조 가능합니다.
	CONCAT	(text1, ...) : 값을 인수로 지정합니다. 셀을 참조할 때 두 개 이상의 셀 범위 참조 가능합니다. 엑셀 2016에 새롭게 추가된 함수입니다.
	TEXTJOIN	(delimiter, ignore_empty, text1....) : 구분 문자와 공백 문자를 제외시킬 수 있는 인수가 추가된 엑셀 2016 함수입니다. 셀 참조할 때 두 개 이상의 셀 범위 참조가 가능합니다.

체크해봐요 :: 많은 수의 셀의 값을 연결하여 하나의 값으로 만들 때 가장 좋은 방법은?

아래의 그림에서 주소1, 주소2, 주소3에 입력한 각각의 값을 참조하여 하나의 주소를 생성하려 합니다. 그런데 단순히 연결만하면 주소 읽기가 어려울 것 같아 사이에 공백을 넣으려 합니다. 이 문제를 &연산자와 CONCATENATE, CONCAT, TEXTJOIN 함수가 어떻게 해결하는지 보고 함수의 강점과 약점을 살펴보겠습니다.

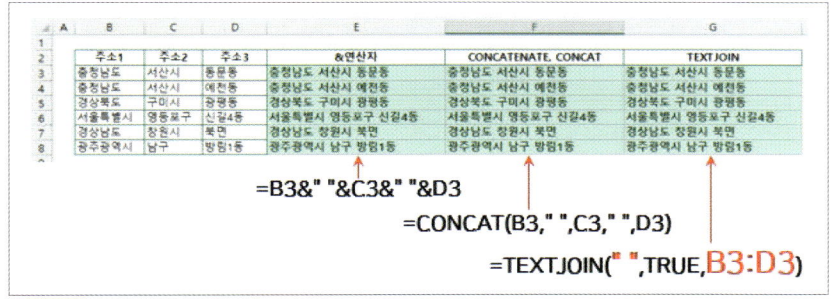

대소문자 바꾸기, 불필요한 문자 정리 _ UPPER, LOWER, PROPER, TRIM, CLEAN 함수

예제 파일 1-4-3 편집함수-예제.xlsx | 완성 파일 1-4-3 편집함수-완성.xlsx

셀에 입력한 영문의 대소문자를 바꿔야 하는 경우와 또한, 셀에 불필요하게 삽입된 공백을 제거해야하는 경우 그리고 인쇄되지 않지만 포함된 특수 문자 등을 제거하는 방법에 대해 학습해보겠습니다. '불필요하게 삽입된 공백'이란 단어나 문장의 좌우 끝에 삽입된 공백과 단어와 단어 사이에 하나의 공백을 제외한 나머지를 의미합니다. UPPER 함수는 모든 글자를 대문자로, LOWER 함수는 모든 글자를 소문자로, PROPER 함수는 지정한 값의 단어마다 첫 글자를 대문자로 바꿉니다. TRIM 함수는 공백을, CLEAN 함수는 인쇄되지 않는 문자를 제거합니다.

01 그림을 참고하여 [B4] 셀에는 수식 '=UPPER(A4)'를, [C4] 셀에는 수식 '=LOWER(A4)'를, [D4] 셀에는 수식 '=PROPER(A4)'를 입력하고 수식을 [8] 행까지 복사합니다.

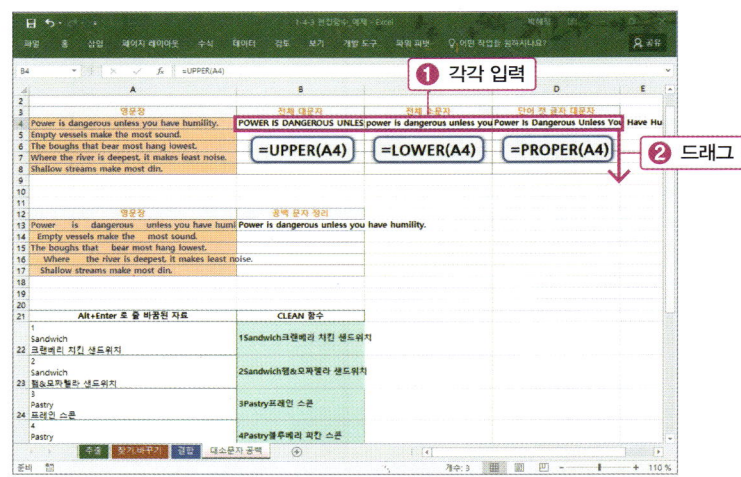

02 불필요한 글자들을 정리하기 위한 수식 '=TRIM(A13)'을 [B13] 셀에 입력하고 [B17] 셀까지 복사합니다.

....

팁 :: TRIM 함수는 지정한 문자 값의 좌우에 공백은 모두 지우고, 중간 중간에 삽입된 공백은 하나씩만 남기고 모두 정리합니다.

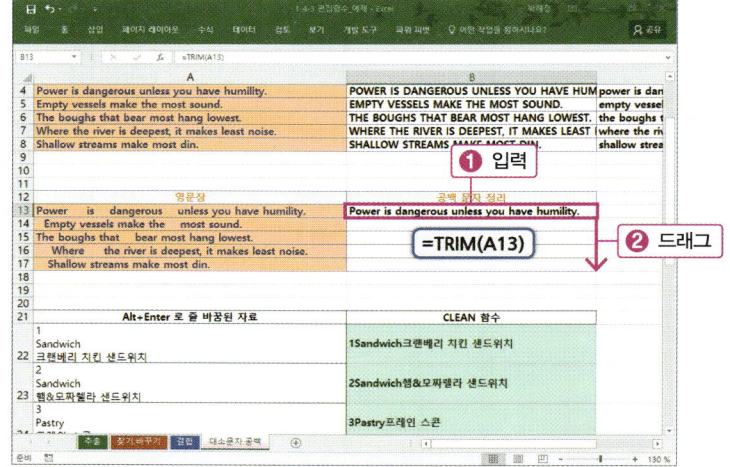

03 인쇄할 수 없는 모든 문자를 제거하기 위한 수식 '=CLEAN(A22)'를 [B22] 셀에 입력합니다.

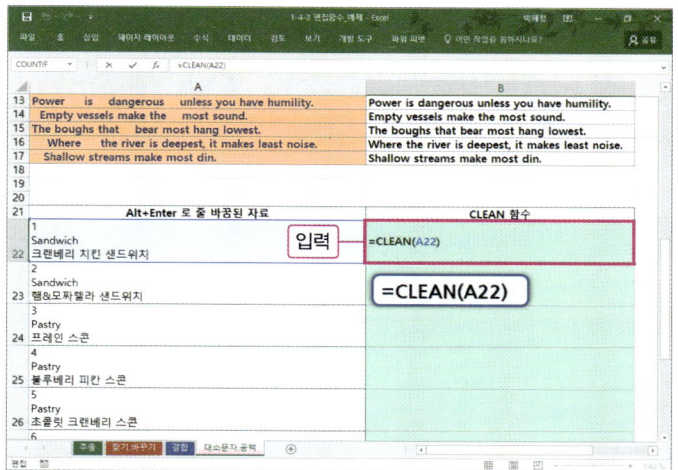

04 수식을 [B28] 셀까지 복사합니다. 여기서는 Alt + Enter 값을 제거했습니다.

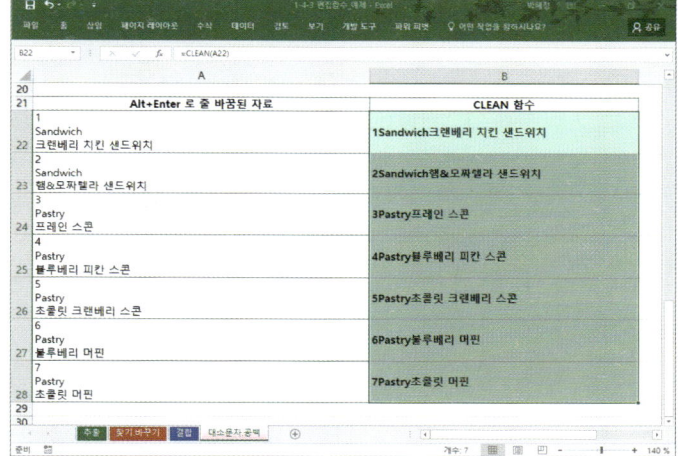

경과된 일수 구하기 _ DATEDIF, NETWORKDAYS 함수

예제 파일 1-4-4 전문가.편집-예제.xlsx | 완성 파일 1-4-4 전문가.편집-완성.xlsx

DATEDIF 함수로 날짜와 날짜 사이에 경과된 일수, 개월 수, 연수, 개월 수를 뺀 나머지 일수, 연수를 뺀 나머지 개월 수를 구하고, NETWORKDAYS 함수로 기간 사이에 쉬는 날 목록을 지정하여 그 목록을 뺀 나머지 일수를 구해보겠습니다.

01 '함수 편집1' 시트의 [B5], [B6], [B7], [B8], [B9] 셀에 수식을 각각 입력합니다.

셀	수식
[B5]	=DATEDIF(B3,C3,"D")
[B6]	=DATEDIF(B3,C3,"M")
[B7]	=DATEDIF(B3,C3,"Y")
[B8]	=DATEDIF(B3,C3,"YM")
[B9]	=DATEDIF(B3,C3,"MD")

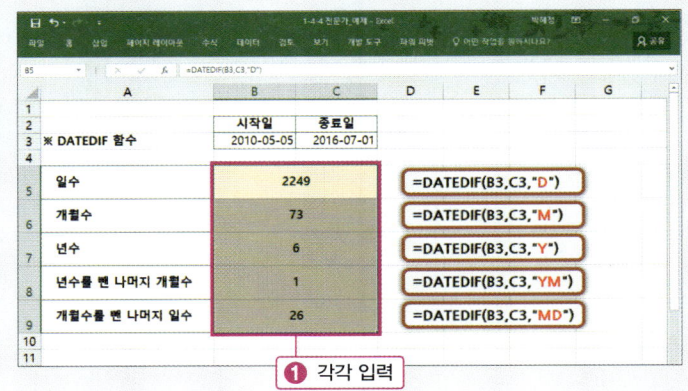

함수식 설명 =DATEDIF(B3,C3,"MD")

DATEDIF 함수는 첫 번째 인수 [B3] 셀을 시작일, 두 번째 인수 [C3] 셀을 종료일로 보고 마지막 인수에 따라 결과 값을 달리 하는데 'MD'는 [B3] 셀로부터 [C3] 셀까지 경과된 개월 수를 제외한 나머지 일수를 구합니다.

02 [A14] 셀에 수식을 입력합니다. 세 번째 인수로 지정한 목록 [A17:A33]은 2016년도 휴일 목록을 날짜로 입력해놓은 자료입니다. 지정한 목록과 토, 일요일은 제외하고 기간을 구합니다.
=NETWORKDAYS("2016-01-01","2016-12-31",A17:A33)

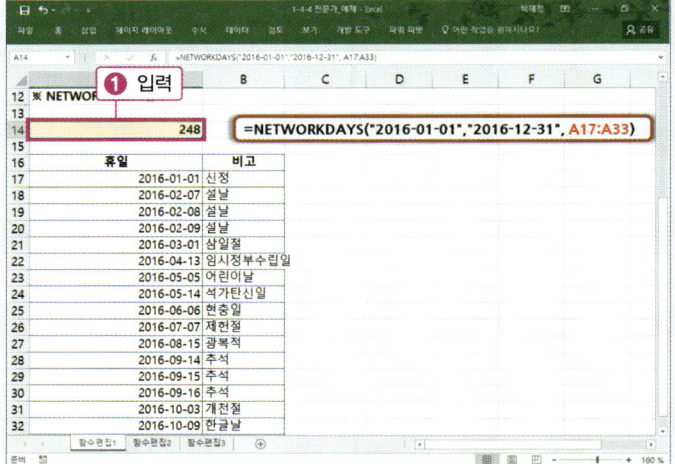

함수식 설명 =NETWORKDAYS("2016-01-01","2016-12-31",A17:A33)

NETWORKDAYS 함수는 "2016-01-01"부터 "2016-12-31"에서 토, 일을 제외한 일수를 구하고 거기에 마지막 인수로 지정한 [A17:A33]까지 제외시킨 일수를 구합니다.

주민등록번호 뒷자리를 별표로 또는 없애기, 불규칙한 자료 중 일부를 추출하기

예제 파일 1-4-4 전문가.편집-예제.xlsx ㅣ 완성 파일 1-4-4 전문가.편집-완성.xlsx

셀에 값은 있지만 감추고 싶을 때가 있습니다. 대표적인 예가 주민등록번호의 일부 숫자를 숨겨야 하는 경우입니다. 또 데이터를 추출하는데, 왼쪽에서 세 글자와 같이 단순하지 않은 경우, VLOOKUP 함수로 자료를 찾아 가져오려는데 셀 값에 공백 문자가 포함되어 쉽게 해결되지 않는 경우 등 다양한 작업 상황의 해결 방법을 이곳에서 학습해보겠습니다.

01 '함수 편집2' 시트의 [B4], [C4] 셀에 각각 수식을 입력합니다.
=LEFT(A4,7)&"******" 또는 =REPLACE(A4,9,6,"******")
=REPLACE(A4,9,6,"") 또는 =LEFT(A4,7)

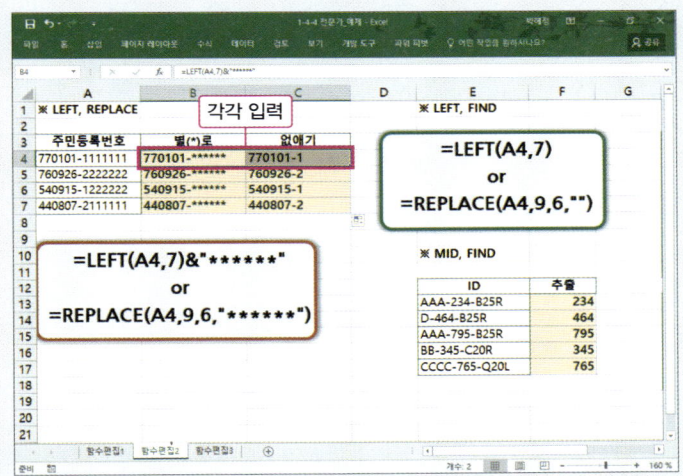

함수식 / =LEFT(A4,7)&"******", =REPLACE(A4,9,6,"******")
설명　LEFT 함수는 [A4] 셀에서 일곱 글자를 추출한 다음 별(*) 여섯 개를 연결 연산자(&)로 연결합니다.
　REPLACE 함수는 [A4] 셀의 아홉 번째 글자부터 여섯 글자를 추출하고 추출한 글자를 별(*) 여섯 개로 바꿉니다.

함수식 / =REPLACE(A4,9,6,"")
설명　REPLACE 함수는 [A4] 셀의 아홉 번째 글자부터 여섯 글자를 추출하고 추출한 글자를 없는 것("")으로 만듭니다.

02 왼쪽에서 첫 번째 '−'을 만나기 전까지의 글자를 추출하기 위한 수식을 [F4] 셀에, 첫 번째 '−'을 만난 이후의 세 글자를 추출하기 위한 수식을 [F13] 셀에 각각 입력하고 복사합니다.

=LEFT(E4,FIND("−",E4)−1)

=−−MID(E13,FIND("−",E13)+1,3)

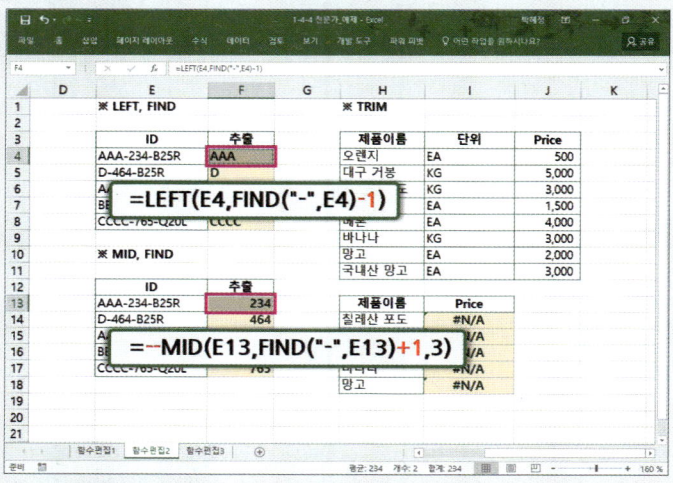

함수식	=LEFT(E4,FIND("−",E4)−1)
설명	LEFT 함수는 [E4] 셀에서 FIND 함수가 찾은 '−'의 위치(4)에서 하나를 뺀(4−1)만큼 추출합니다. LEFT 함수의 두 번째 인수에는 FIND 함수가 '−'을 [E4] 셀에서 찾고 찾은 위치 4에서 1을 뺀 3을 전달합니다.

함수식	=−−MID(E13,FIND("−",E13)+1,3)
설명	MID 함수는 [E13] 셀에서 FIND 함수가 찾은 위치 값(4)에서 1을 더한(5) 값 5부터 시작해서 세 글자를 추출합니다. 'MID(E13,FIND("−",E13)+1,3)'앞에 '−−'은 부정(negative) 부호로 문자 형식이 된 것을 부정하여 숫자 형식으로 변경할 수 있습니다.

03 VLOOKUP 함수는 다음 장에서 학습하겠지만, 현재 이 상황의 문제는 [H14] 셀의 값 뒤에 공백 문자가 포함되어 있는 것으로 기존에 입력된 [I14] 셀의 수식 '=VLOOKUP(H14,$H$4:$J$11,3,0)'을 '=VLOOKUP(TRIM(H14),$H$4:$J$11,3,0)'으로 수정합니다.

팁 :: VLOOKUP 함수의 사용 방법은 다음 장에 상세하게 설명합니다.

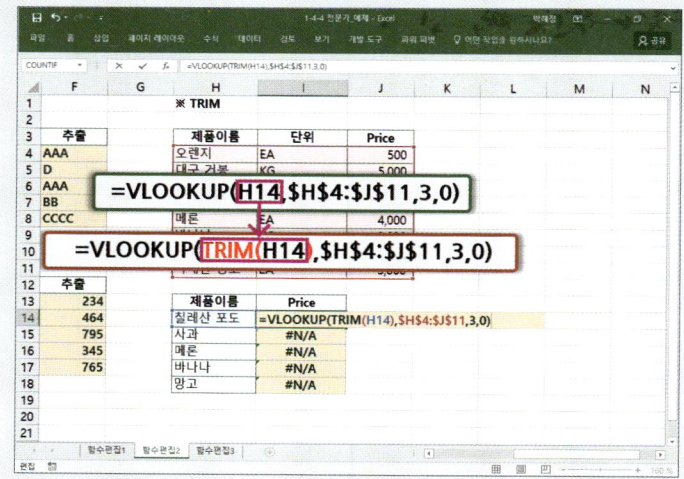

04 공백이 포함된 하나의 셀 값이 아닌 목록 [$M$4:$M$11]에 있는 경우입니다. 이를 해결하기 위해 [N4] 셀에서 기존에 입력된 수식 '=VLOOKUP(M14,$M$4:$O$11,3,0)'을 '=VLOOKUP(M14,TRIM($M$4:$O$11),3,0)'으로 수정하고 Ctrl + Shift + Enter 를 눌러 완료합니다.

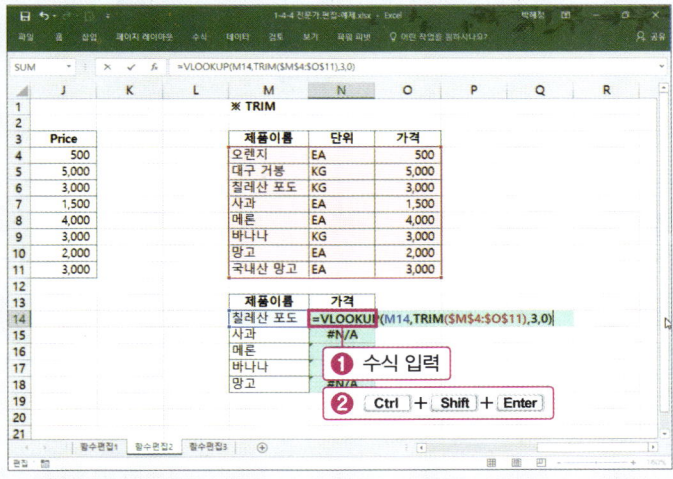

체크해봐요 ::

TRIM(H14) VS TRIM($M$4:$O$11)
일반 함수식에서 하나의 셀 값을 처리할 때 'TRIM(H14)'처럼 사용하는 것은 아무런 문제가 되지 않습니다. 그러나 'TRIM($M$4:$O$11)'처럼 여러 셀 값을 처리하는 경우에는(처리하더라도 여러 값이 소유 및 표시) 문제가 됩니다. 이때 범위의 여러 셀을 각각 처리 및 소유하기 위해 배열 수식으로 처리해야 합니다. 수식 'TRIM($M$4:$O$11)'을 배열 처리하면 참조한 모든 값, [8] 행과 [3] 열의 총 21개 값을 TRIM 함수로 처리하고, 처리한 모든 값을 표 형태의 배열 상수로 모두 소유하고 있습니다. 이 값을 VLOOKUP 함수의 두 번째 인수인 배열 범위(Table Array)로 사용할 수 있습니다.

TRIM 함수로 공백을 제거한 배열 상수
{"오렌지","EA","500";"대구 거봉","KG","5000";"칠레산 포도","KG","3000";"사과","EA","1500";"메론","EA","4000";"바나나","KG","3000";"망고","EA","2000";"국내산 망고","EA","3000"}

REPLACE, SUBSTITUTE 함수의 또 다른 활용 사례 엿보기

예제 파일 1-4-4 전문가.편집-예제.xlsx | **완성 파일** 1-4-4 전문가.편집-완성.xlsx

'대전시'를 '대전광역시'로 바꾸고, 셀의 첫 번째 만난 공백까지를 없애고, 공백이 총 몇 개인지 등의 편집 작업에 REPLACE, SUBSTITUTE 함수를 사용해보겠습니다.

01 '대전시'를 '대전광역시로' 바꾸는 수식을 [B4], [C4] 셀에 각각 입력합니다.
=REPLACE(A4,1,2,"대전광역")
=SUBSTITUTE(A4,"대전","대전광역")

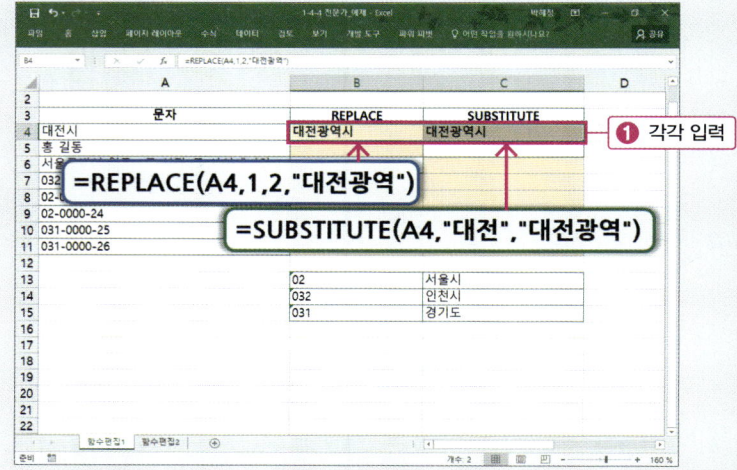

함수식	=REPLACE(A4,1,2,'대전광역"), =SUBSTITUTE(A4,"대전","대전광역")
설명	REPLACE 함수는 [A4] 셀의 첫 글자부터 두 글자를 '대전광역'으로 변경하고, SUBSTITUTE 함수는 [A4] 셀의 '대전'이란 글자를 찾아 '대전광역'으로 대체합니다.

02 셀의 첫 번째 공백까지를 없애고, 공백이 총 몇 개인지를 세기 위한 수식을 [B5], [C6] 셀에 각각 입력합니다.
=REPLACE(A5,1,SEARCH(" ",A5),"")
=LEN(A6)—LEN(SUBSTITUTE(A6," ",""))

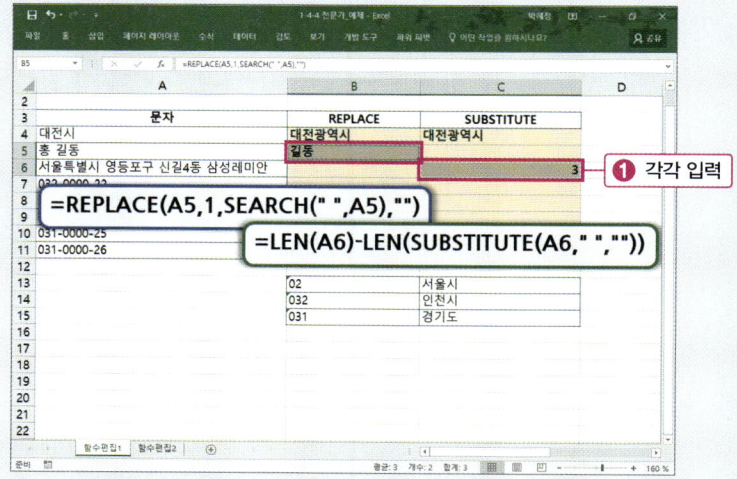

함수식	= REPLACE(A5,1,SEARCH(" ",A5),""), =LEN(A6)− LEN(SUBSTITUTE(A6," ",""))
설명	REPLACE(A5,1,SEARCH(" ",A5),"") : REPLACE 함수는 [A5] 셀의 첫 글자부터 시작해서 SEARCH(" ",A5)가 찾은 첫 번째 공백의 위치까지를 없앱니다. 함수식 'LEN(A6)'이 구한 총 글자 수에서 함수식 'LEN(SUBSTITUTE(A6," ",""))'의 SUBSTITUTE 함수가 공백을 없앤 글자에서 구한 길이를 빼면 공백이 몇 개인지 알아낼 수 있습니다.

03 [B7], [C7] 셀에 수식을 각각 입력하고 [11] 행까지 복사합니다. VLOOKUP 함수는 5장에서 자세히 학습할 수 있습니다. 이런 방식으로 문제를 해결할 수 있다는 것만 확인하고 넘어갑니다.

=REPLACE(A7,SEARCH("−",A7)+1,0, "AAA−")

=REPLACE(A7,SEARCH("−",A7)+1,0, VLOOKUP(LEFT(A7,SEARCH("−",A7)− 1),\$B\$13:\$C\$15,2,0)&"−")

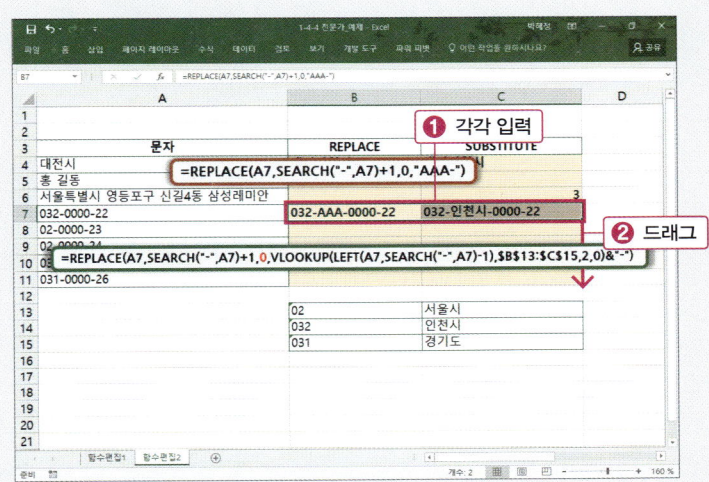

함수식	=REPLACE(A7,SEARCH("−",A7)+1,0,"AAA−")
설명	[B7] 셀의 함수식은 서로 다른 값의 특정 위치에 같은 텍스트 'AAA−'를 삽입하는 수식입니다. ① [A7] 셀 : [A7] 셀의 값 '032−000−22'에서 ② SEARCH("−",A7)+1 : SEARCH 함수를 이용해서 '−'의 위치인 '3'을 찾은 다음 '+1' 즉, 그 다음 위치부터. ③ 0 : 세 번째 인수에 '0' 즉, 바꿀 글자는 없으니 네 번째 이후에. ④ "AAA−" : 'AAA−'를 삽입하라는 의미입니다.

함수식	=REPLACE(A7,SEARCH("−",A7)+1,0,VLOOKUP(LEFT(A7,SEARCH("−",A7)−1),\$B\$13:\$C\$15,2,0)&"−")
설명	[C7] 셀의 함수식은 서로 다른 값을 가진 여러 범위에서 지역번호 값을 추출하여 그 값을 근거로 해당 도시명을 VLOOKUP 함수로 찾아 지역번호 값 뒤에 입력한 새로운 값을 만드는 수식입니다. ① [A7] 셀 : [A7] 셀의 값 '032−000−22'에서 ② SEARCH("−",A7)+1 : 새로운 값을 입력할 위치를 SEARCH 함수를 이용해 찾습니다. SEARCH 함수가 찾은 위치는 [A7] 셀에 첫 번째 '−'의 다음 글자입니다. ③ 0 : 바꿀 글자는 없으니 삽입됩니다. ④ VLOOKUP(LEFT(A7,SEARCH("−",A7)−1),\$B\$13:\$C\$15,2,0)&"−" : LEFT(A7,SEARCH("−",A7)−1) 함수를 이용하여 각각의 셀에서 지역번호를 추출합니다. 추출한 값으로 범위 [\$B\$13:\$C\$15]에서 그 값의 지역번호를 찾고, 해당하는 도시명을 가져와 '−'와 연결해 '인천시−'를 만듭니다. 최종적으로 REPLACE 함수가 '032−인천시−000−22'를 만듭니다.

PART
05

데이터의 병합,
비교, 조회

직장인들! 그들은 참으로 대단합니다! 아무것도 없는 상황에서 엄청난 자료들을 순식간에 정리해서 원하는 결과를 얻으니까요. 속도가 빠르다고 정확하지 않은 것도 아닙니다. 그들은 나름대로 자료를 모으는 기준이 있습니다. 그들은 '특정 자료를 얻기 위해 또 다른 자료를 활용하고 그 자료를 근거로 관련 있는 또 다른 자료를 가져오며, 결국 그렇게 모인 자료를 통해 의미 있는 수치 자료를 만들어내는 진정한 엑셀의 관리자이며, 지배자입니다.'라고 말하고 싶지만 현실은 그렇지 않다는 것을 필자는 알아버렸습니다. 슬프게도 그들은 선배가 주는 엑셀 파일에 있는 VLOOKUP 함수에 특정 인수만 살짝 변경해서 겨우 연명하는 것입니다. 만약 예기치 않은 문제가 발생한다면 그들에게도 길고 긴 고뇌의 시간 이 찾아오겠죠?!

데이터를 찾아서 가져오기 위한 준비 작업

단초(端初) 있어?!
참조할 범위
준비됐어?!

부장님이 엑셀 파일을 하나 주면서 '홍길동' 고객을 찾아 경품에 당첨되었으니 매장을 방문하라는 말을 전달하라고 했습니다. 그런데 고객 이름에 '홍길동'이 두 명인 것이다! '부장님! '홍길동'님이 둘인데요?!' 했더니, 자동차 번호 '3215'를 전달받았습니다. '홍길동'과 '3215' 중에 어떤 것으로 전화번호를 찾아야 정확한 것일까요? 자동차 번호(차 번호 열)가 앞으로 설명할 기본 키의 역할을 할 것입니다.

위 사례에서 물론 두 정보가 같을 수도 있습니다. 두 정보가 같다면 같은 사람의 데이터라고 단정을 지어도 무관할 것입니다. 그런데 만약 알고 있는 정보가 '홍길동'뿐이라면? 사용자가 엑셀의 찾기 기능인 MATCH나 VLOOKUP 함수를 사용한다면 두 함수는 자료의 첫 번째에 위치한 '홍길동'에 관련된 값에 대한 정보만 찾을 수 있을 것입니다.

일련번호 만들기 _ ROW, COLUMN 함수, 자동 채우기

예제 파일 1-5-1 LOOKUP사전준비-예제.xlsx
완성 파일 1-5-1 LOOKUP사전준비-완성.xlsx

ROW와 COUNTA 함수, 자동 채우기 기능을 이용하여 1부터 시작하는 일련번호를 만들어보고, 만들어진 결과에서 일부 행을 삭제했을 때 결과 차이를 비교해봅니다. 일련번호는 서로 다를 테니, 만든 일련번호는 각 행마다의 유일한 정보인 기본 키로 사용할 수도 있습니다.

01 자동 채우기로 일련번호를 만들기 위해 [C4] 셀을 선택하고 '1'을 입력한 후 자동 채우기(▣) 상태에서 더블클릭하고, 자동 채우기 옵션(▣)에서 [연속 데이터 채우기]를 선택합니다.

팁 :: 자동 채우기로 만드는 일련번호는 셀에 값을 직접 입력하는 상수로, 다른 작업에 영향을 받지 않습니다. 자동 채우기 내용은 1장의 스페셜 페이지를 참고하세요.

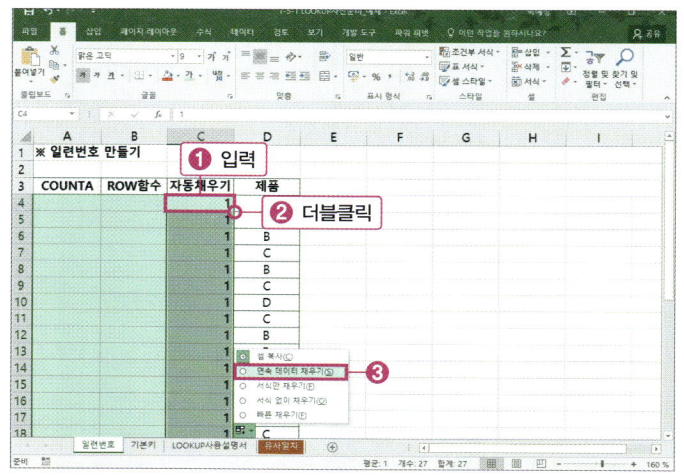

02 이번에는 COUNTA와 ROW 함수를 이용한 일련번호를 만들기 위해 [A4], [B4] 셀에 각각 수식을 입력한 다음 [30] 행까지 복사합니다.

=ROW()–3
=COUNTA($A$3:A3)

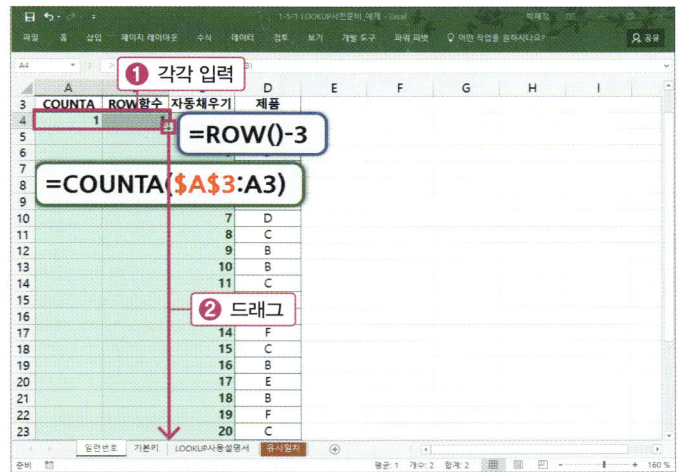

함수식 =COUNTA($A$3:A3)
설명

=COUNTA($A$3:A3)는 참조 범위의 ❶ 시작은 [$A$3]으로 고정하고 수식이 복사되는 위치에 따라 ❷ 범위의 마지막 셀이 바로 위의 셀을 상대 참조(A3)하게 했습니다.

현재 수식 '=COUNTA($A$3:A3)'에 지정된 셀의 개수는 하나. 그 셀에는 값이 입력되어 있으므로 결과 값은 '1'이 됩니다. 이 수식을 다음 줄로 복사할 경우 수식이 '=COUNTA($A$3:A4)'로 변경되어 두 개의 셀이 참조되고 둘 다 값이 있으므로 결과는 '2'가 됩니다. 참고로 COUNTA 함수의 'A'는 'All'의 약어로 모든 값(문자, 숫자, 오류, 논리)을 취급함을 의미합니다.

함수식 =ROW()–3
설명

ROW 함수는 입력된 셀의 행 번호를 찾는 함수로 현재 ROW 함수가 입력된 셀이 [4] 행이므로 '–3'해서 '1'을 만들었습니다. 수식을 다음 셀로 복사하면 수식의 모양은 그대로지만 ROW 함수가 입력된 행이 달라지므로 '5'가 되고 '5–3'을 뺀 값 '2'가 됩니다.

03 현재는 같은 결과입니다. 일부 행을 삭제하여 세 가지 작업의 차이를 알아보기 위해 [5:7] 행을 선택하고 **Ctrl**+**-**를 누릅니다. 함수를 이용해서 만든 일련번호는 계속 유지되지만 직접 입력한 일련번호는 삭제되는 것을 확인할 수 있습니다. 세 가지 방법 중에 상황에 따라 적절하게 사용하면 됩니다.

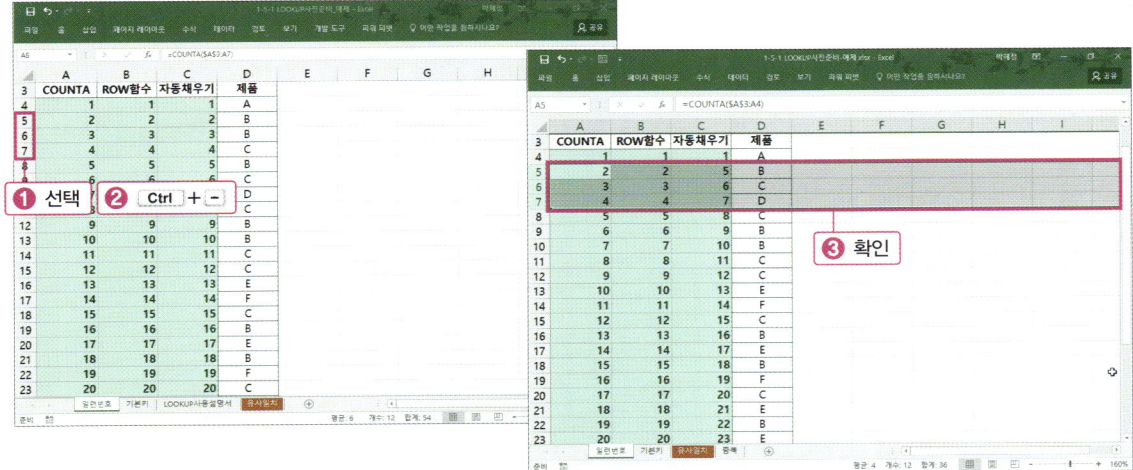

데이터 찾기에 단초 _ 기본 키(Primary Key), COUNTA, COUNTIF 함수

예제 파일 1-5-1 LOOKUP사전준비-예제.xlsx | 완성 파일 1-5-1 LOOKUP사전준비-완성.xlsx

기본 키(Primary Key)란 말은 데이터베이스 관리를 위해 사용하는 전문 용어로, 우리도 엑셀에서 데이터를 관리하기 때문에 기본 키에 대한 개념을 반드시 이해해야 한다고 판단했습니다. 예를 들어 사람을 관리하는 표라고 가정했을 때, 입력한 데이터에서 특정 사람을 식별하기 위해 어떤 입력 값을 보면 될까? 이름일까? 이름으로 한다면 동명이인을 어떻게 구분할까? 결론적으로 이런 상황에서 이름 정보는 제구실을 할 수 없을 것입니다. 앞으로 공부할 MATCH 함수나 LOOKUP 계열의 함수들은 데이터를 찾는 역할을 합니다. 그런데 이름과 같은 정보는 중복될 수 있기 때문에 더 정확한 값이 필요합니다. 2부에서 자세히 설명하겠지만, 데이터를 관리하는 표를 구성할 때는 기본 키 열(고유한 값, 예를 들어 자동차 번호, 사원번호, 주민등록번호)이 있어야 합니다. 기본 키는 데이터 관리자가 만드는 것으로 의미 없는 일련번호로 구성하기도 하고, 특별한 의미를 담아서 작성하기도 합니다.

01 제품의 이름을 이용하여 각각의 제품에 고유한 값인 기본 키를 만들려고 합니다. 입력한 위치 정보를 이용하여 첫 번째 입력된 'A'라면 '1', 두 번째 'A'라면 '2'로 차례대로 숫자를 만들어보겠습니다. [A4] 셀을 선택하고 수식을 입력한 다음 [31] 행까지 복사합니다.

=COUNTIF($B$4:B4,B4)

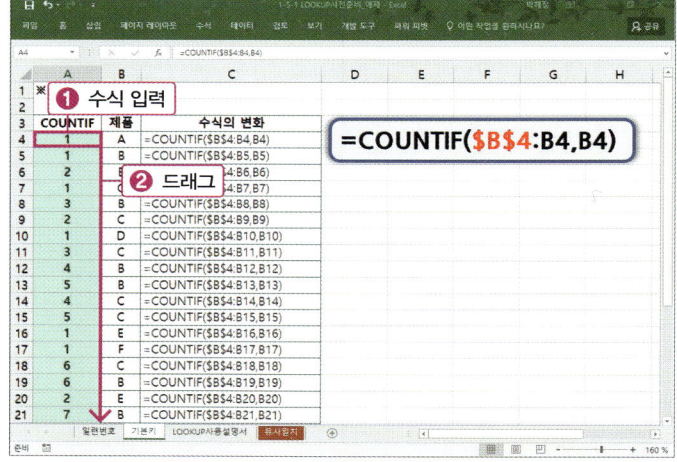

···
팁 :: 특정 목적으로 데이터를 관리하는 표에 기본 키가 없다면 꼭 만드는 것이 좋습니다.

02 [A4] 셀을 선택하고 수식을 수정 입력한 다음 [31] 행까지 복사합니다.
=B4&COUNTIF($B$4:B4,B4)

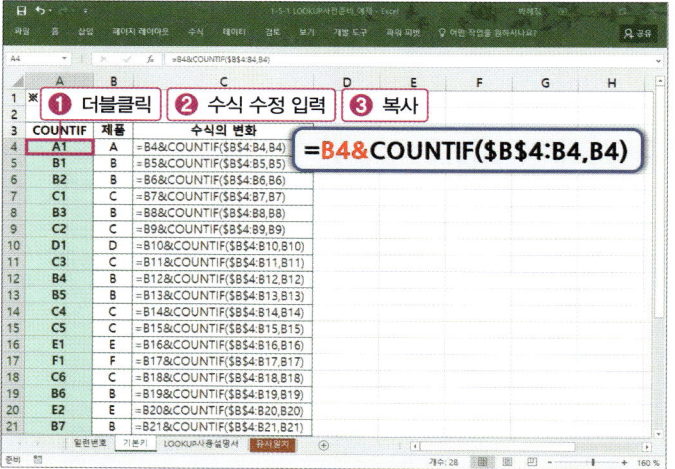

COUNTIF 함수는 ❶ 범위 [$B$4:B4]에서 ❷ 카운트의 기준이 되는 값 'B4'가 몇 개인지 ❸ 카운트합니다. 전달된 범위에 셀은 하나이고 값은 'A', 'B4'에는 'A'가 입력되어 있으므로 결과는 '1'이 됩니다.

이 수식을 다음 셀로 복사할 경우 수식은 '=COUNTIF($B$4:B5,B5)'로 변환합니다. 'B5'가 입력된 범위에서 B5가 몇 개인지를 카운트하는 것입니다. 이 결과에 ❹ 연결 연산자(&)로 옆에 있는 값과 연결하여 'A1'과 같은 형태로 만들어 오른쪽 A가 목록의 첫 번째 입력된 값인 것을 나타냅니다.

03 만약 기본 키가 없으면 어떻게 될까요? '중복' 시트의 [B4] 셀에 수식을 입력합니다. 지정 범위 [$D$4:$E$9]의 첫 열에는 '67002'이 두 개나 있습니다. 이렇게 되면 VLOOKUP 함수는 첫 번째 값에 해당하는 수익 정보를 가져오게 됩니다.

=VLOOKUP(A4,$D$4:$E$9,2,FALSE)

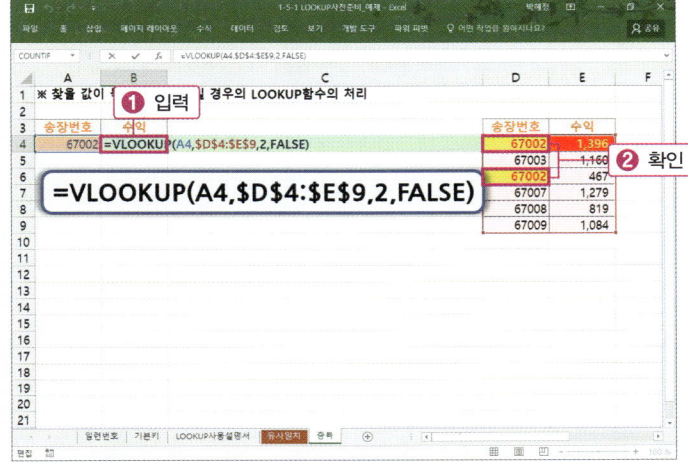

팁 :: VLOOKUP 함수의 사용 방법은 바로 학습할 것이므로 기본 키가 없을 때 VLOOKUP 함수의 처리 방식에 대한 내용만 확인하고 넘어갑니다.

체크해봐요 :: 위의 문제를 해결하려면 송장번호 대신에 입력된 위치 정보를 활용하여 새로운 기본 키 열을 만들어야 합니다. 아래 그림에서 VLOOKUP 함수의 첫 번째 인수는 찾을 값입니다. 새롭게 만든 목록에서 두 번째 '67002'를 찾기 위해 [A4] 셀을 참조하고 뒤에 '_2'를 연결하여 '67002_2'를 만들었습니다. 첫 번째 '67002'를 찾으려면 '67002_1'처럼 만듭니다.

=VLOOKUP(A4&"_2",$D$4:$F$9,3,0)

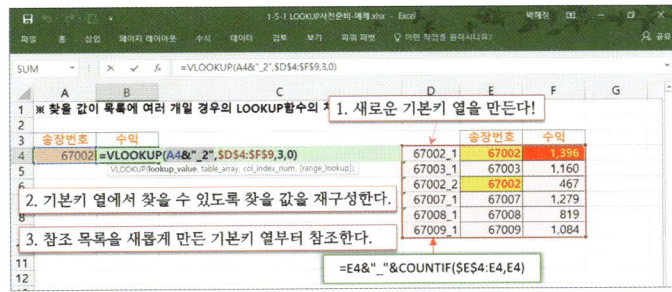

V/HLOOKUP, LOOKUP 함수의 기본 사용법

예제 파일 1-5-1 LOOKUP사전준비-예제.xlsx
완성 파일 1-5-1 LOOKUP사전준비-완성.xlsx

워낙 중요한 함수이므로 먼저 함수의 인수 구조를 살펴보려는데, 사용 방법을 모르는 상태에서 어쩌면 더 어렵게 느껴질 수 있으므로 인수 개수 및 각각에 인수에 어떤 값이 사용되는지에 대해 간략히 소개하고, 사용 방법을 사례로 익힌 후에 다시 한 번 살펴보는 것이 좋을 것 같습니다.

■ V/HLOOKUP 함수 사용 설명서

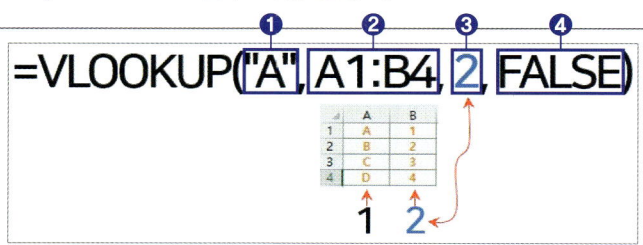

인수	V	❶ lookup_value "A" 찾을 값	❷ table_array A1:B4 찾고 가져올 범위	❸ col_index_num 2 가져올 열 번호	❹ [match_type] FALSE 정확한 일치
	H	lookup_value	table_array	row_index_num	[match_type]
설명		숫자 텍스트 논리 오류	찾을 범위와 가져올 데이터가 모두 포함된 범위 'A'는 이 범위 첫 열에서 무조건 찾습니다.	table_array로 지정한 범위 중에서 가져올 열 또는, 행 번호를 반드시 숫자 값으로 지정합니다.	① 1 or TRUE or 생략 : lookup_value 보다 작거나 같은 값 중에서 최대값을 찾으며, 오름차순으로 정렬되어 있어야 합니다. ② 0 or FALSE or 콤마 후 생략 : 정확히 일치하는 첫 번째 값을 찾습니다.
사례		** LOOKUP은 '검색', V는 'Vertical', H는 'Horizontal' ① =VLOOKUP("A", A1:B4, 2,1) or =HLOOKUP("A",D1:G2,2,1) 을 의미합니다. ② =LOOKUP("A",A1:B4) ③ =LOOKUP("A",A1:A4,B1:B4)			
유사 일치와 정확한 일치		① 유사 일치(TRUE)는 찾을 값이 목록에 있고, 목록이 오름차순 정렬되어 있을 때만 정확한 결과를 얻을 수 있습니다. ② 정확한 일치(FLASE)는 찾을 값이 목록에 오름차순 정렬되어 있지 않을 때 정확하게 일치하는 값에 대한 정보만 얻고 싶을 때 사용합니다.			
오류 메시지		① #N/A : 찾을 값(lookup_value)이 목록에 없을 때 나타나는 오류 메시지입니다. ② #REF! : col_index_num(or row_index_num)을 '2'로 지정했는데 table_array를 하나의 열(이나 하나의 행)만 지정했을 경우 '2'를 참조할 수 없어 나타나는 오류입니다.			

유사 일치 구간 자료의 처리 방법

예제 파일 1-5-1 LOOKUP사전준비-예제.xlsx | 완성 파일 1-5-1 LOOKUP사전준비-완성.xlsx

점수에 따라 0부터 50이 되기 전까지는 'F', 50부터 60이 되기 전까지는 'E', 60부터 70이 되기 전까지는 'D', 70부터 80이 되기 전까지는 'C', 80부터 90이 되기 전까지는 'B', 90부터 100까지는 'A' 라는 값을 갖는 새로운 학점 열 정보를 만든다고 가정합니다. 위 내용을 VLOOKUP 함수를 이용하여 해결하려면 match_type을 유사 일치로 지정해야 하며, 또한 위 정보를 담고 있는 table_array도 작성해야 합니다.

01 [E] 열을 참고하여 [F4:F9]에 작성할 때 범위의 하한선 값으로 '0, 50, 60, 70, 80, 90'을 입력합니다. [G4:G9]에는 가져올 값 'F, E, D, C, B, A'를 입력합니다.

팁 :: 구성한 [F] 열은 찾을 값 정보가 되고, [G] 열은 가져올 값 정보가 됩니다. 작성 시 주의할 점은 반드시 찾을 값은 오름차순(작은 값부터 큰 값)으로 입력해야 합니다.

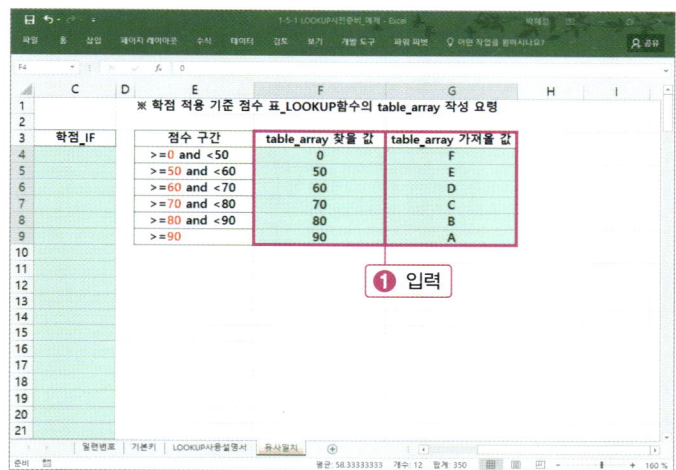

02 작성한 표를 참고하여 VLOOKUP 함수식을 입력합니다. 마지막 인수를 'TRUE' 처리합니다.

=VLOOKUP(A4,$F$4:$G$9,2,TRUE)

팁 :: 유사 일치란?
찾을 목록에서 위로부터 아래로 검색하여 '작거나 같은 값으로 추려 그중에 큰 값'을 의미하므로 '50'에 해당하며, VLOOKUP 함수로 그 옆(G)에 값 'E'를 실제 가져옵니다.

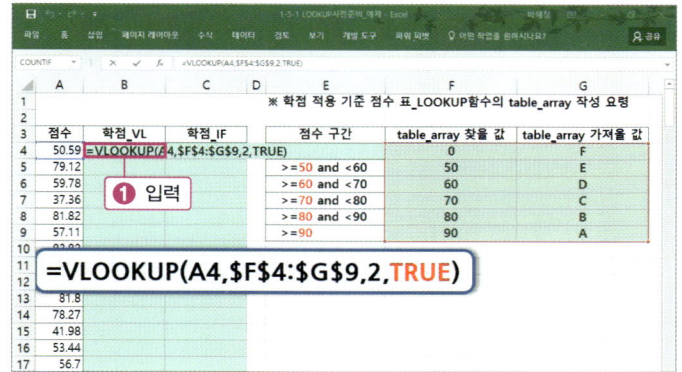

함수식 / **함수식 설명_**=VLOOKUP(A4,$F$4:$G$9,2,TRUE)
설명

=VLOOKUP(**A4**,**$F$4:$G$9**,2,TRUE)
VLOOKUP(lookup_value, table_array, col_index_num, [range_lookup])

VLOOKUP 함수는 찾을 값 [A4] 셀을 우리가 구성한 범위($F$4:$G$9)의 첫 열(F)에서 찾고 가져올 열로 지정한 '2'열 즉, 찾은 값과 동일 행 [G] 열에서 가져옵니다. 그런데 [A4] 셀의 값인 '50.59'는 목록에 없습니다. 그렇기 때문에 마지막 인수에 이 상황을 처리할 수 있는 유사 일치 명령인 'TRUE'를 입력합니다.

03 같은 작업을 IF 함수로 해결한다면 함수식은 아래와 같습니다. IF 함수식을 입력하고 [189] 행까지 복사한 다음 두 수식의 결과가 같은지 확인합니다.

=IF(A4>=90,"A",IF(A4>=80,"B",IF(A4>=70,"C",IF(A4>=60,"D",IF(A4>=50,"E","F")))))

·······················

팁 :: IF 함수를 실행할 때는 '90 → 30 → 70 → 60 → 50'과 같이 큰 숫자부터 시작하여 작은 수로 처리합니다.

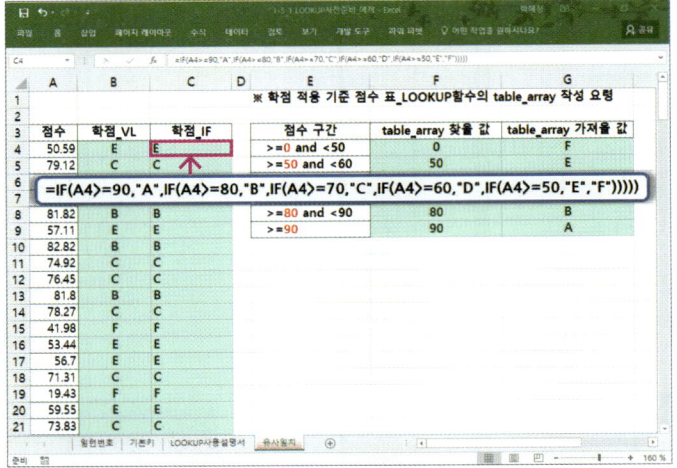

VLOOKUP, HLOOKUP 함수 실전 사용법

VLOOKUP 함수는 왜 직장인의 필수 함수가 됐을까?!	혹시 이런 말을 들어보셨나요? 'VLOOKUP 함수는 직장인의 필수 함수다!'라는... 필자는 왜 그렇게 말하는지 오랫동안 고민해봤고 그 결과 VLOOKUP 함수의 실무 사용 사례를 세 가지로 요약할 수 있었습니다. ① 첫 번째는 표1와 표2 간의 데이터를 병합하여 서로 주고받기 위함입니다. ② 두 번째는 특정한 기준을 만들어 그에 따른 새로운 값을 생성할 때이고, ③ 세 번째는 특정한 값을 기준으로 표에서 해당 모든 값을 조회할 때입니다.

표1와 표2 간의 데이터를 병합하여 서로 주고받기

예제 파일 1-5-2 LOOKUP 3가지-예제.xlsx
완성 파일 1-5-2 LOOKUP 3가지-완성.xlsx

본부별, 부서별로 인원수를 구하려고 했는데, [사원관리] 표에 부서명 정보가 없다고 가정합니다. COUNTIF 함수나 피벗, 부분합 기능을 사용해서 쉽게 작업하려면, [사원관리] 표에 본부명, 부서명 정보가 있어야 하는 상황입니다. 참조 표 열은 이미 만들어져 있으니 table_array를 만드는 일은 생략합니다.

01 [F] 열에 입력된 [부서ID] 정보를 단초로 [부서관리] 표에서 [본부ID]을 가져올 수 있습니다. [G4] 셀에 수식을 입력하고 [23] 행까지 수식을 복사합니다.

=VLOOKUP(F4,$K$13:$M$19,3,FALSE)

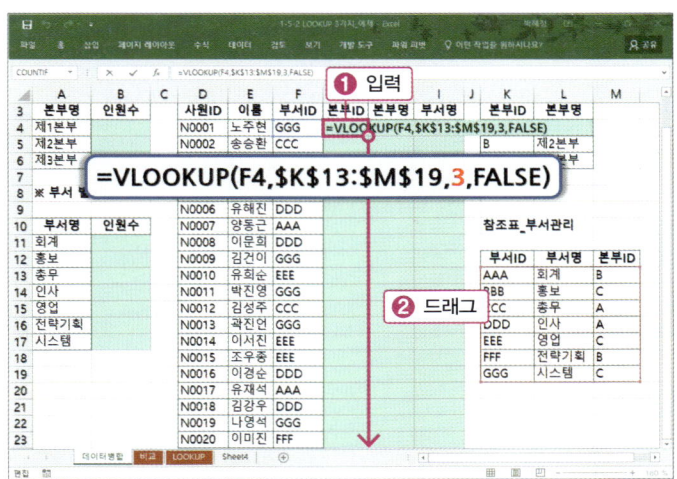

02 테이블에 [본부ID] 정보가 생성되었기 때문에 [본부ID]를 단초로 [본부관리] 표에서 본부명을 가져올 수 있게 됐습니다. [H4] 셀에는 수식 '=VLOOKUP(G4,$K$4:$L$6,2)'를 입력합니다. [I4] 셀에는 [F] 열에 입력된 [부서ID] 정보를 단초로 [부서관리] 표에서 가져오도록 수식 '=VLOOKUP(F4,$K$13:$M$19,2,)'를 입력한 다음 복사합니다.

··

팁 :: VLOOKUP 함수의 마지막 인수로 지정한 '0'과 콤마(,)만 입력한 상태로 생략한 것은 '정확히 일치'인 'FALSE'와 의미하는 바가 같습니다.

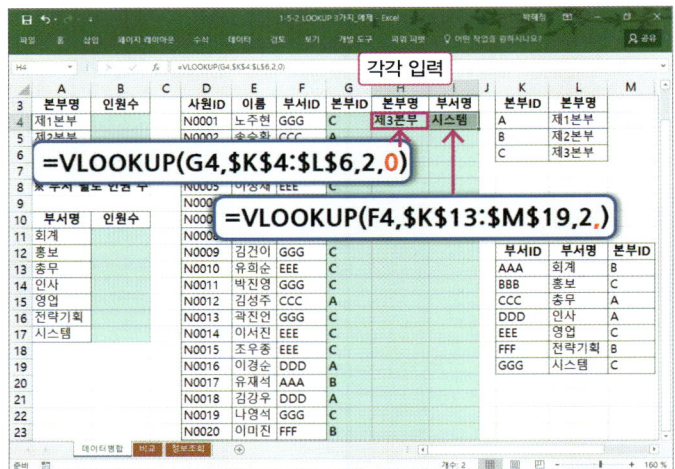

03 이렇듯 관리하는 인원수만큼의 본부명과 부서명 정보가 있다면, COUNTIF 함수를 이용하여 본부별, 부서명 인원수를 셀 수 있습니다. 본부 인원수와 부서 인원수를 구하는 수식을 [B4], [B11] 셀에 각각 입력하고 복사합니다.
=COUNTIF($H$4:$H$23,A4)
=COUNTIF($I$4:$I$23,A11)

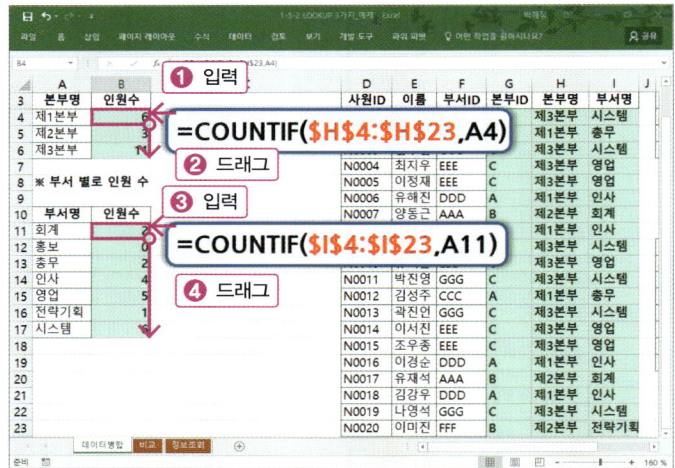

두 개의 목록을 비교하는 _ IFNA, IFERROR 함수

예제 파일 1-5-2 LOOKUP 3가지-예제.xlsx
완성 파일 1-5-2 LOOKUP 3가지-완성.xlsx

[A] 열에는 입고돼야 하는 항목이 정리되어 있고 [C] 열에는 입고된 항목이 정리되어 있습니다. 입고돼야 하는 항목이 입고된 항목에 있는지 찾아보고, 아직 입고되지 않은 항목은 어떤 것인지를 VLOOKUP과 MATCH 함수를 이용하여 파악해보겠습니다.

01 '비교' 시트의 [E4] 셀에는 수식 '=VLOOKUP(C4,$A$4:$A$11,1,0)'을 입력하고, [F4] 셀에는 수식 '=MATCH(C4,$A$4:$A$11,0)'을 입력합니다. 두 수식은 매우 비슷합니다. 단지 MATCH 함수는 위치 정보만을 알려준다는 점이 다릅니다.

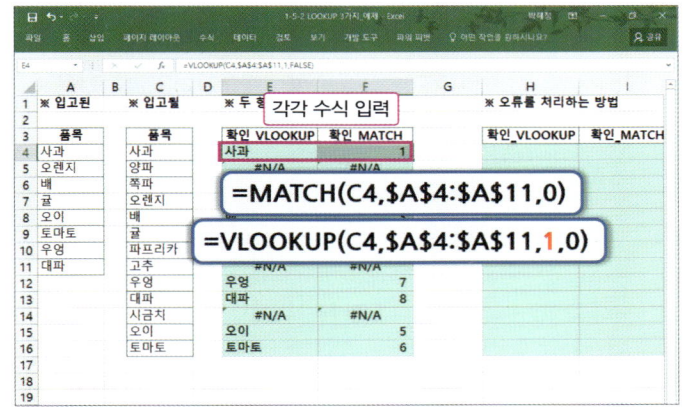

....

팁 :: 마지막 인수 '0'은 '정확한 일치'라는 의미로 MATCH와 VLOOKUP 함수의 '0'은 같은 의미입니다.

함수식 / =VLOOKUP(C4,$A$4:$A$11,1,0)
설명
입고될 품목의 첫 번째 값 '사과'를 [$A$4:$A$11]에서 가져옵니다. 목록에 '사과'가 있으므로 같은 자리의 값을 가져옵니다. 이 수식은 찾을 값과 가져올 값이 동일합니다. 그래서 세 번째 인수가 '1'이 됐습니다.

함수식 / =MATCH(C4,$A$4:$A$11,0)
설명
입고될 품목의 첫 번째 값 '사과'를 [$A$4:$A$11]에서 찾고 범위에 '사과'가 입력된 위치 번호 '1'을 결과로 나타냅니다. MATCH 함수는 VLOOKUP 함수와 비슷한 역할을 하지만, 찾은 데이터를 근거로 다른 값을 가져올 수는 없습니다. 단지 지정 목록에서 값을 찾아 위치 번호를 숫자 값으로 알려줍니다.

02 수식에 오류를 처리할 수 있는 구분을 추가해봅니다. [H4], [I4] 셀에 각각 수식을 입력하고 [16] 행까지 복사합니다.
=IFNA(VLOOKUP(C4,$A$4:$A$11,1,FALSE),"미입고") 또는,
=IFERROR(VLOOKUP(C4,$A$4:$A$11,1,FALSE),"미입고")
=IF(ISNA(MATCH(C4,$A$4:$A$11,0)),"미입고","입고") 또는,
=IF(ISERROR(MATCH(C4,$A$4:$A$11,0)),"미입고","입고")

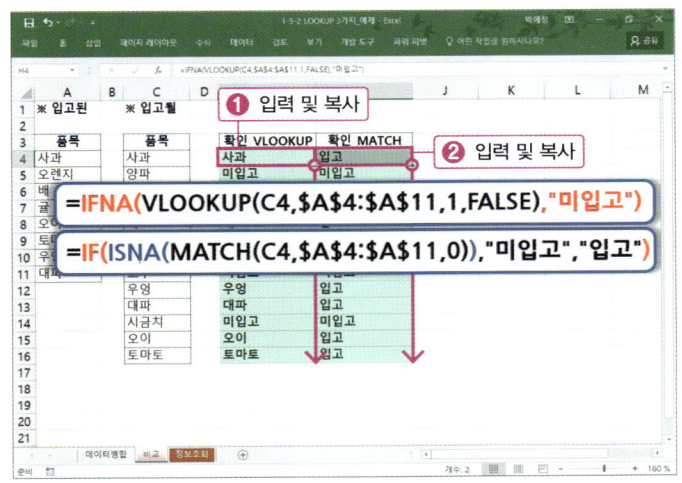

함수식 /	=IFNA(VLOOKUP(C4,$A$4:$A$11,1,FALSE),"미입고")
설명	

=IFNA(VLOOKUP(C4,$A$4:$A$11,1,FALSE),"미입고")
IFNA(value, value_if_na)

VLOOKUP 함수의 결과는 크게 두 가지로 나타납니다. 찾아서 값을 가져오거나, 못 찾아서 오류(#N/A)가 되는 것입니다. 이 결과 만약 '#N/A'라면 다른 값으로 대체할 수 있도록 만든 함수가 IFNA 함수입니다. IFNA 함수는 첫 번째 인수의 결과가 오류일 때만 '미입고'로 오류 값만을 대체합니다.

함수식 /	=IF(ISNA(MATCH(C4,$A$4:$A$11,0)),"미입고","입고")
설명	

=ISNA(MATCH(C4,$A$4:$A$11,0))
ISNA(value)

MATCH 함수의 결과도 크게 두 가지로 나타납니다. 값을 찾으면 위치 정보인 숫자를, 그렇지 않으면 오류(#N/A)가 되는 것입니다. ISNA 함수는 MATCH 함수의 결과가 '#N/A'일 때만 TRUE라고 판정합니다.

=IF(ISNA(MATCH(C4,$A$4:$A$11,0)),"미입고","입고")
IF(logical_test, [value_if_true], [value_if_false])

ISNA 함수로 판정한 결과를 가지고 IF 함수는 TRUE라면 '미입고'로, FLASE라면 '입고'로 값을 대체합니다.

....

팁 :: IFNA 함수는 엑셀 2013에, ISNA 함수는 엑셀 2016에 추가된 함수입니다. 이전 버전이라면 IFNA 함수 대신 IFERROR 함수를 사용합니다. IFERROR 함수는 모든 종류의 오류를 인식하고 IFNA 함수는 #N/A 오류만 인식합니다.

정보를 조회하는 양식을 만들려고 할 때

예제 파일 1-5-2 LOOKUP 3가지-예제.xlsx
완성 파일 1-5-2 LOOKUP 3가지-완성.xlsx

'사원번호'를 입력하면 해당 사원에 대한 모든 정보가 조회되면 좋겠다고 생각합니다. [B1] 셀의 사원번호는 목록으로 입력받도록 데이터 유효성 검사를 적용해 놓은 상태입니다.

01 '정보조회' 시트에서 [A4] 셀을 선택하고 수식을 입력한 다음 자동 채우기로 [F4] 셀까지 수식을 복사합니다. 아래의 내용을 참고하여 가져올 열 정보를 '2~7'로 수정합니다.

셀	수식
[A4]	=VLOOKUP($B$1,$A$9:$G$23,2,0)
[B4]	=VLOOKUP($B$1,$A$9:$G$23,3,0)
[C4]	=VLOOKUP($B$1,$A$9:$G$23,4,0)
[D4]	=VLOOKUP($B$1,$A$9:$G$23,5,0)
[E4]	=VLOOKUP($B$1,$A$9:$G$23,6,0)
[F4]	=VLOOKUP($B$1,$A$9:$G$23,7,0)

02 수식의 모든 정보는 동일하고 가져올 열 정보가 위에 수식처럼 일련번호로 입력될 때 직접 열 번호를 바꾸지 않고 쉽게 수식을 복사할 수 있습니다. [A5:F5]를 선택하고 수식 '=VLOOKUP($B$1,$A$9:$G$23,COLUMN()+1,0)'을 입력한 다음 Ctrl + Enter 를 누릅니다.

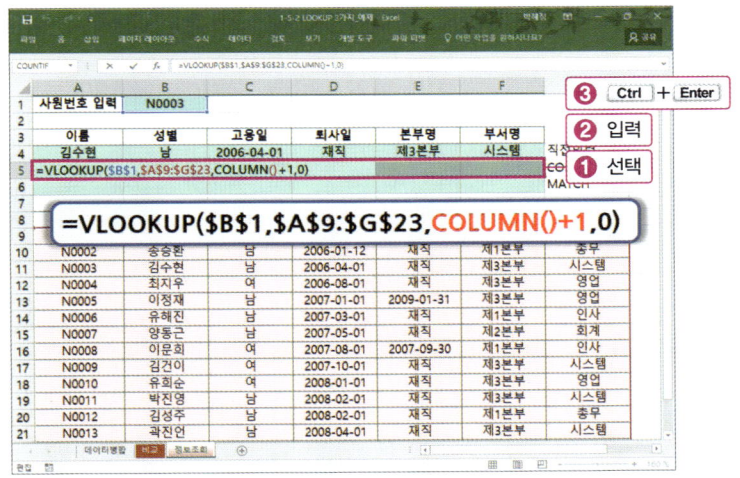

함수식 / =VLOOKUP($B$1,$A$9:$G$23, COLUMN()+1,0)
설명

=VLOOKUP($B$1,$A$9:$G$23,COLUMN() +1,0)
VLOOKUP(lookup_value, table_array, col_index_num, [range_lookup])

COLUMN( )은 입력한 셀에 열 번호를 가져오는 함수로 위의 수식이 [A] 열에 입력되어 있으므로 결과를 '1'이 됩니다. 그러나 이름을 가져오려면 VLOOKUP 함수의 세 번째 인수인 가져올 열 번호가 '2'가 되어야 합니다. 그래서 COLUMN( )이 찾은 열 번호에 '+1'을 하여 '2'라는 값을 만들어 낸 것입니다. 이 수식이 오른쪽 열로 복사된다면 COLUMN()은 '2'가 되고 거기에 '+1'을 하면 '3'이 됩니다.

03 COLUMN 함수로 가져올 열 정보를 만들 때의 문제점은 참조하는 범위([$A$9:$G$23])에 열의 위치가 변경될 경우입니다. 이럴 때를 대비한 수식은 아래와 같습니다. [A6] 셀에 수식을 입력하고 [F6] 셀까지 복사합니다.

=VLOOKUP($B$1,$A$9:$G$23,MATCH(A3,$A$8:$G$8,0),0)

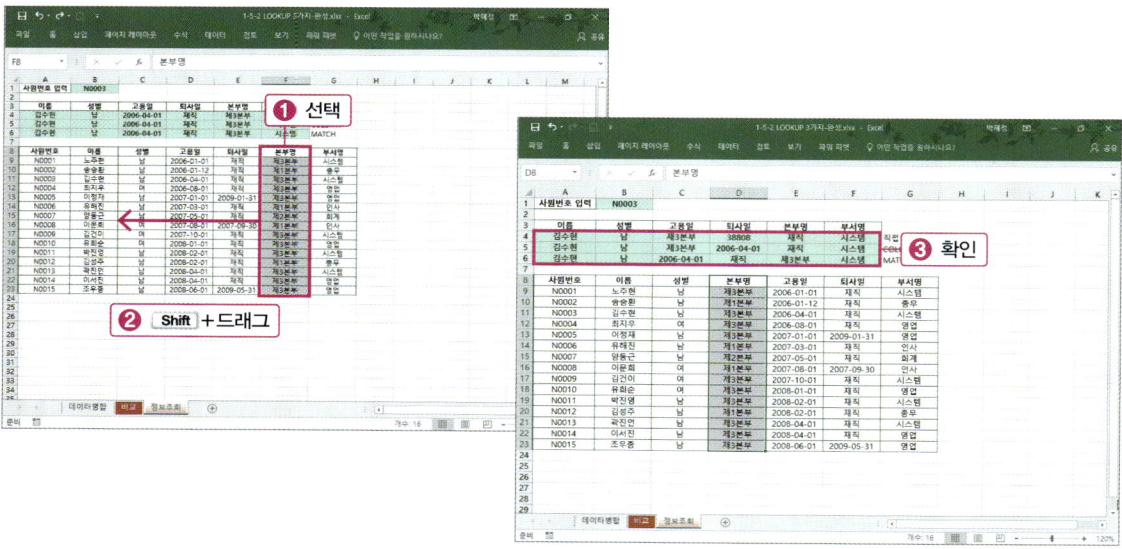

함수식 =VLOOKUP($B$1,$A$9:$G$23,MATCH(A3,$A$8:$G$8,0),0)

설명

=VLOOKUP($B$1,$A$9:$G$23,MATCH(A3,$A$8:$G$8,0),0)

VLOOKUP(lookup_value, table_array, **col_index_num**, [range_lookup])

MATCH(A3,$A$8:$G$8,0)은 VLOOKUP 함수식이 입력한 위치에 바로 위의 셀(A3)을 범위 [$A$8:$G$8]에서 찾습니다. 그 결과 위치 번호를 VLOOKUP 함수의 가져올 열 번호로 전달하는 것입니다. 이렇게 설계된 수식은 참조하는 범위 [$A$9:$G$23]의 순서가 바뀌더라도 MATCH 함수가 동일 범위에서 열 번호를 다시 찾아 전달하게 됩니다.

04 본부명 범위 전체를 선택하고 이동 마우스 포인터 상태에서 Shift 를 누른 채로 드래그하여 성별과 고용일 사이로 옮긴 다음 수식을 확인합니다. 열 번호를 MATCH 함수로 처리한 수식만 정상적으로 작동합니다.

LOOKUP 함수의 한계 및 대안 – INDEX, MATCH 함수

**MATCH와
INDEX 함수는
바늘과 실!**

VLOOKUP 함수에는 치명적인 단점이 하나 있습니다. 찾을 값을 기준으로 오른쪽 값은 가져올 수 있지만, 왼쪽에 위치한 값은 가져올 수 없다는 것입니다. 때문에 찾을 값 왼쪽에 위치한 값을 가져오려면 열의 위치를 바꿔야 합니다. 열의 위치를 바꾸지 않고 값을 가져올 수는 없을까요? LOOKUP 함수가 그 일을 해결할 수 있습니다. 하지만 범위의 찾을 값들은 반드시 오름차순으로 정렬되어 있어야 하며, 찾는 값이 반드시 있어야 한다는 전제가 있어 사용이 쉽지 않습니다. 이런 경우에는 MATCH와 INDEX 함수가 그 대안이 되어 줄 것입니다. 참고로 같은 작업을 INDEX 함수로 처리하는 것이 VLOOKUP 함수로 처리할 때 보다 계산 속도가 빠르다고 합니다.

VLOOKUP 함수가 하지 못하는 일

VLOOKUP 함수를 이용하면 [B3] 셀의 값을 기준으로 [D] 열에서 해당 가격을 가져올 수는 있지만 제품 열인 [B] 열에서 해당 제품을 가져올 수는 없습니다. VLOOKUP 함수를 이용하려면, 제품 열을 설명 열 뒤로 옮겨야 합니다. 또한 찾을 열과 가져올 데이터 열을 다른 인수로 지정하는 LOOKUP 함수도 이 문제를 해결할 수 없습니다. 이유는 설명 열이 오름차순 정렬되어 있지 않기 때문입니다. 만약에 오름차순 정렬하더라도 문자와 숫자가 섞여있는 경우 순서가 '주행 거리는 10' 다음에 '주행 거리는 110'이 위치하므로 정확한 결과를 얻을 수 없습니다.

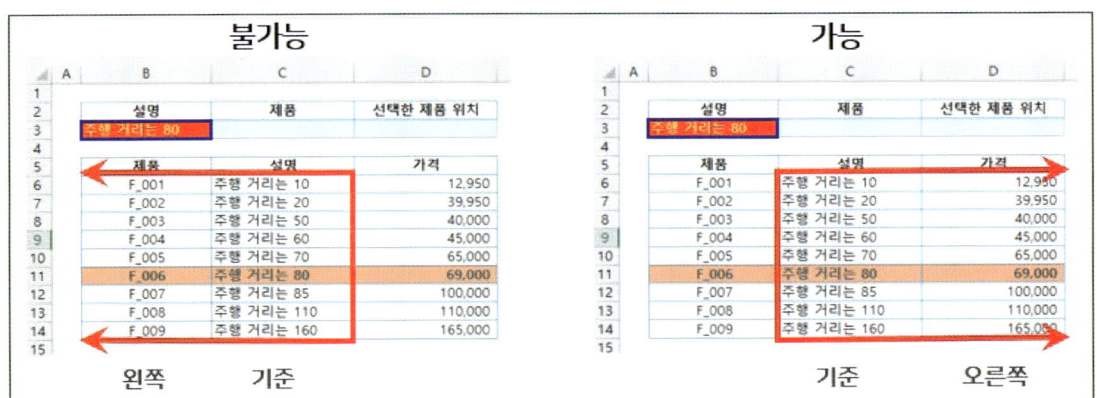

MATCH, INDEX 함수의 기본 사용법

예제 파일 1-5-3 INDEX,MATCH-예제.xlsx | 완성 파일 1-5-3 INDEX,MATCH-완성.xlsx

MATCH와 INDEX 함수를 함께 사용해야 VLOOKUP 함수와 같은 결과 값을 얻을 수 있습니다. 여기서 MATCH 함수는 특정 값을 찾아 위치 정보를 숫자로 INDEX 함수에 넘겨줍니다. 그러면 INDEX 함수가 해당 범위에서 MATCH 함수가 찾은 위치의 값을 가져옵니다.

■ MATCH 함수 사용 설명서

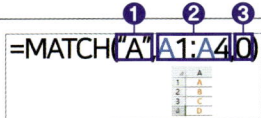

인수	❶ lookup_value "A" 찾을 값	❷ lookup_array A1:A4 찾을 범위	❸ match_type 0 찾기 옵션
설명	숫자 텍스트 논리 오류	검색할 셀 범위로 하나의 열이나 하나의 행이여야 합니다.	① 1 또는 생략 : lookup_value보다 작거나 같은 값 중에서 최대값을 찾으며, 오름차순으로 정렬되어 있어야 합니다. ② 0 : 같은 첫째 값 ③ -1 : lookup_value보다 크거나 같은 값 중에서 최대값을 찾으며, 내림차순으로 정렬되어 있어야 합니다.
결과	① 숫자 : 해당 값이 있을 때 ② #N/A : 해당 값이 없을 때		
활용	① =MATCH(39,B2:B5,1)　② =MATCH(39,B2:B5,0)　③ =MATCH(39,B2:B5,-1)		
비교	① 대/소문자를 구분하지 않음 ② 와일드카드 문자인 물음표(?)와 별표(*)를 사용할 수 있습니다.		

■ INDEX 함수 사용 설명서

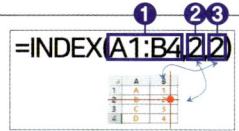

인수	❶ array A1:B4 가져올 데이터 범위	❷ row_num 2 행 번호	❸ [column_num] 2 열 번호
설명	하나 이상의 행, 열, 행과 열	숫자 생략 가능	숫자 생략 가능
결과	① 값 : 범위에 행과 열이 만나는 지점의 해당 셀 값을 가져옴 ② #N/A : 해당 값이 없을 때		
활용	① =INDEX(B2:B5 2)　② =INDEX(B2:G5,4)　③ =INDEX(B2:G5,2,4)		
비교	① array를 지정할 때 하나의 행을 지정했다면 열 번호를 생략하고, 열을 지정했다면 행 번호를 생략할 수 있습니다. ② 행과 열 번호를 특정 값에 의해 달라지도록 하려면 MATCH 함수를 활용하여 행과 열 번호를 만듭니다.		

MATCH, INDEX 함수의 사용 사례

예제 파일 1-5-3 INDEX,MATCH-예제.xlsx ┃ 완성 파일 1-5-3 INDEX,MATCH-완성.xlsx

MATCH 함수의 세 가지 옵션 '1, 0, −1'에 대한 정확한 이해와 INDEX 함수의 인수 구성 그리고, 그 둘이 합쳐져서 문제를 해결하는 기본 사례를 살펴보겠습니다.

01 [A2] 셀의 값 '성동일'이 범위에 몇 번째 있는지를 MATCH 함수를 이용해 가로 및 세로 목록에서 찾아봅니다. [A5], [A8] 셀에 각각 수식을 입력합니다. [A2] 셀을 선택하여 값을 바꿔보고, [A5], [A8] 셀의 수식 결과 변화를 확인합니다. MATCH 함수의 결과가 찾을 값에 따라 달라지며, 결과는 숫자입니다.
=MATCH(A2,C4:C12,0)
=MATCH(A2,F3:N3,0)

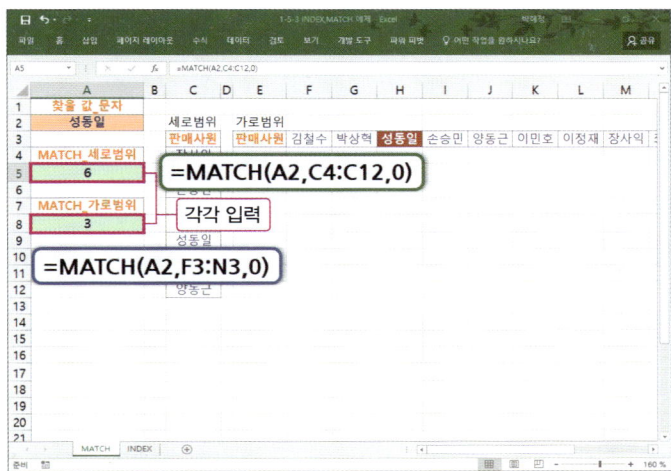

함수식 설명 =MATCH(A2,C4:C12,0)/=MATCH(A2,F3:N3,0)
MATCH 함수는 [C4:C12]에서 [A2] 셀의 위치 값 '6'을, MATCH 함수는 [F3:N3]에서 [A2] 셀의 위치 값 '3'을 가져옵니다. MATCH 함수의 범위는 가로 한 행이나 세로 한 열이어야 하며, 지정 범위에서 찾을 값이 몇 번째 있는지를 찾습니다. 마지막 인수 '0'은 정확하게 일치하는 값을 찾으라는 명령입니다.

02 이번에는 [P2] 셀에 입력된 '48'이 범위에 어떤 구간에 해당되는지를 MATCH 함수를 이용해 찾아보겠습니다. [P5], [P8] 셀에 각각 수식을 입력합니다. [P2] 셀을 선택하여 값을 바꿔보고, [P5], [P8] 셀의 수식 결과 변화를 확인합니다.
=MATCH(P2,S4:S13,1)
=MATCH(P2,U4:U13,−1)

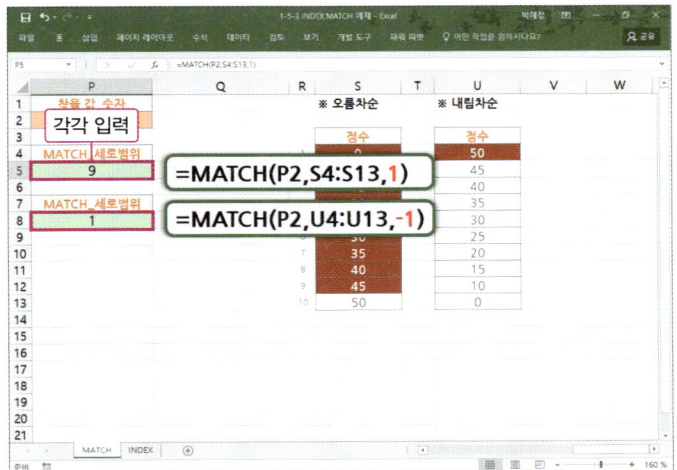

함수식 설명 =MATCH(P2,S4:S13,1)/=MATCH(P2,U4:U13,−1)
수식 '=MATCH(P2,S4:S13,1)'의 세 번째 인수 '1'의 의미와 수식 '=MATCH(P2,U4:U13,−1)'의 '−1'을 비교해보겠습니다. '1'(보다 작음)은 작거나 같은 값 중 큰 값을, '−1'(보다 큼)은 크거나 같은 값 중에 작은 값에 해당하는 위치 정보를 가져옵니다.

03 이번에는 'INDEX' 시트에서 아래의 표를 참고하여 수식을 입력하고 결과를 확인합니다. 이 예제는 단순히 INDEX 함수의 구조와 특징을 살펴보기 위함입니다. 첫 번째 인수에는 가져올 데이터 범위, 두 번째 인수는 행 번호, 세 번째 인수는 열 번호를 지정하면 범위에서 행과 열이 만나는 지점의 값을 가져옵니다.

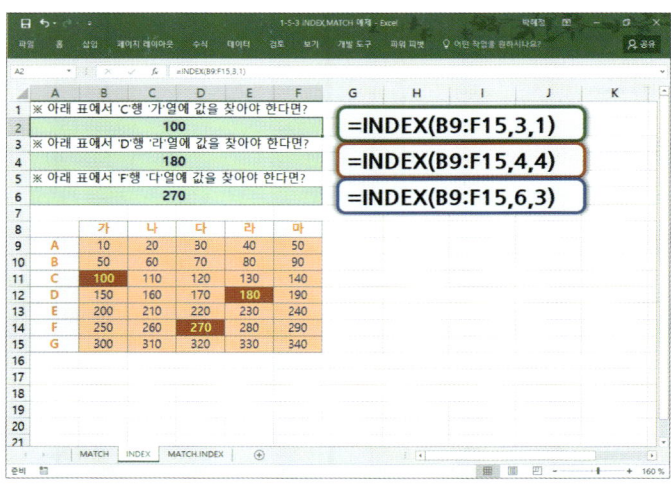

셀	수식
[A2]	=INDEX(B9:F15,3,1)
[A4]	=INDEX(B9:F15,4,4)
[A6]	=INDEX(B9:F15,6,3)

함수식 / 설명 **=INDEX(B9:F15,3,1)**

INDEX 함수는 [B9:F15]의 세 번째 행과 첫 번째 열이 만나는 지점의 값인 '100'을 결과로 보여줍니다.

04 [C17], [E17] 셀에 데이터 유효성을 적용해 놓았습니다. 선택하는 값에 따라 'A, B, C, D'는 행의 위치를 찾는 기준이, '가, 나, 다, 라'는 열의 위치를 찾는 기준이 될 것입니다. [A18] 셀에 수식을 입력합니다.

=INDEX(B9:F15,MATCH(C17,A9:A15,0), MATCH(E17,B8:F8,0))

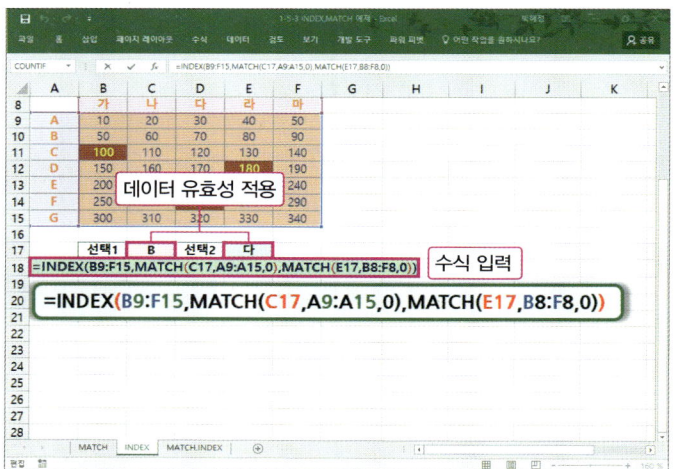

함수식 / 설명 **=INDEX(B9:F15,MATCH(C17,A9:A15,0),MATCH(E17,B8:F8,0))**

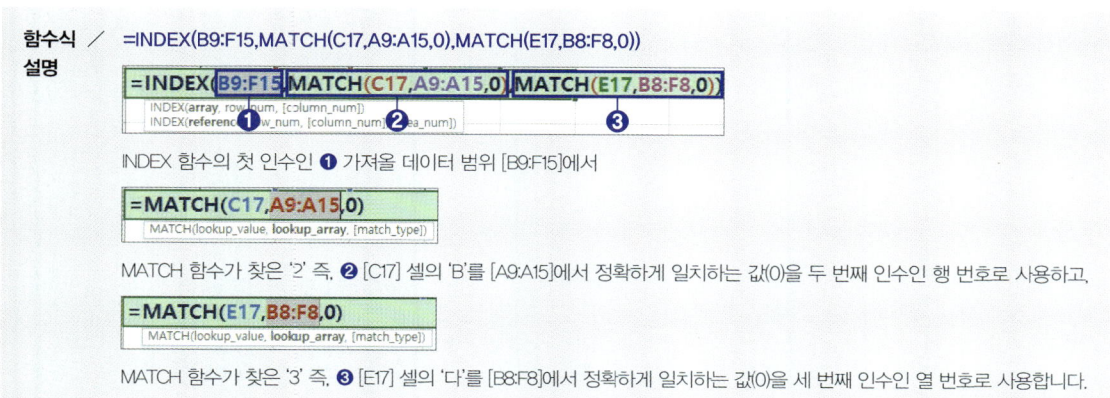

INDEX 함수의 첫 인수인 ❶ 가져올 데이터 범위 [B9:F15]에서

=MATCH(C17,A9:A15,0)
MATCH(lookup_value, lookup_array, [match_type])

MATCH 함수가 찾은 '2' 즉, ❷ [C17] 셀의 'B'를 [A9:A15]에서 정확하게 일치하는 값(0)을 두 번째 인수인 행 번호로 사용하고,

=MATCH(E17,B8:F8,0)
MATCH(lookup_value, lookup_array, [match_type])

MATCH 함수가 찾은 '3' 즉, ❸ [E17] 셀의 '다'를 [B8:F8]에서 정확하게 일치하는 값(0)을 세 번째 인수인 열 번호로 사용합니다.

VLOOKUP 함수의 대안 _ MATCH, INDEX 함수

예제 파일 1-5-3 INDEX,MATCH-예제.xlsx
완성 파일 1-5-3 INDEX,MATCH-완성.xlsx

[B15] 셀에는 데이터 유효성 검사가 적용되어 있고, 선택한 [설명]에 따른 [제품] 정보가 필요합니다. [제품] 열이 가져올 값이고, [제품] 열은 [설명] 열 오른쪽에 있습니다. 또한 [설명] 열의 [C4:C12]는 오름차순 정렬 상태가 아닙니다.

01 [B15] 셀의 데이터 유효성을 통해 선택한 값이 [C4:C12]의 몇 번째 위치해 있는지를 알아내기 위한 수식을 [D15] 셀에 입력합니다.
=MATCH(B15,C4:C12,0)

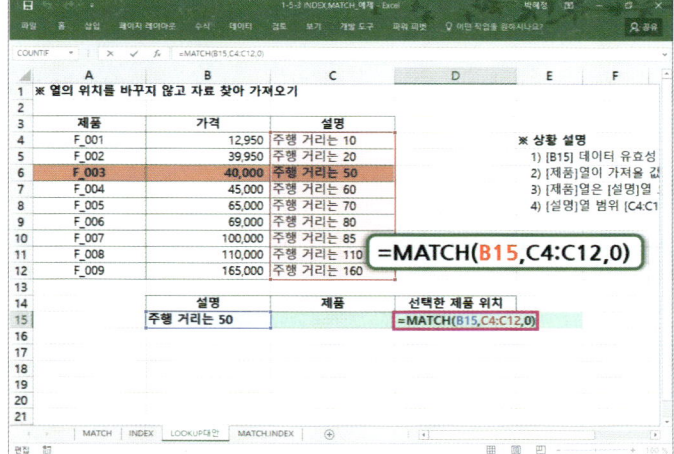

02 MATCH 함수로 찾아낸 [D15] 셀의 결과를 INDEX 함수의 가져올 행 번호로 지정하는 수식을 [C15] 셀에 입력합니다.
=INDEX(A4:A12,D15) 또는,
=INDEX(A4:A12,MATCH(B15,C4:C12,0))

··

팁 :: 첫 번째 수식은 MATCH 함수의 결과를 참조해서 사용한 것이고, 두 번째 수식은 INDEX 함수의 행 번호 자리에 MATCH 함수식을 직접 넣은 것입니다.

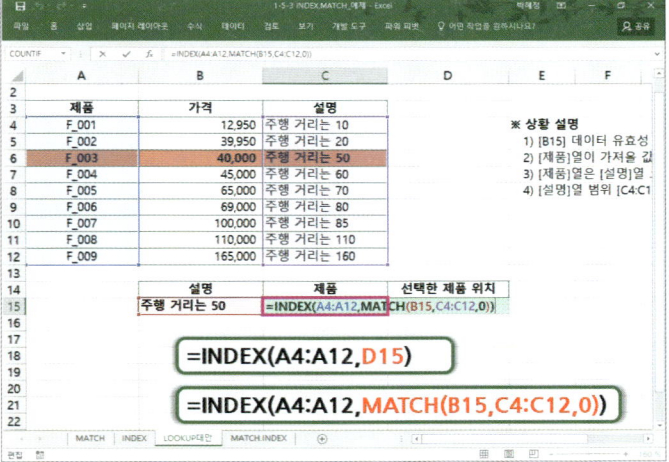

03 [B15] 셀을 선택하고 항목을 바꿔보면 [C15], [D15] 셀이 변경됩니다. 값을 가져올 기준 값인 [설명] 열의 위치가 가져올 [제품] 열 오른쪽에 있으던 열의 위치를 바꾸기 전까지는 VLOOKUP 함수를 사용할 수 없습니다. 그 문제를 허결하기 위해 찾을 범위와 가져올 범위를 분리해 놓은 LOOKUP 함수를 사용할 수 있지만 찾을 범위의 [설명] 열이 오름차순으로 정렬되어 있지 않기 때문에 정렬 상태를 바꾸기 전에는 문제가 됩니다. 그래서 INDEX, MATCH 함수를 사용한 것입니다.

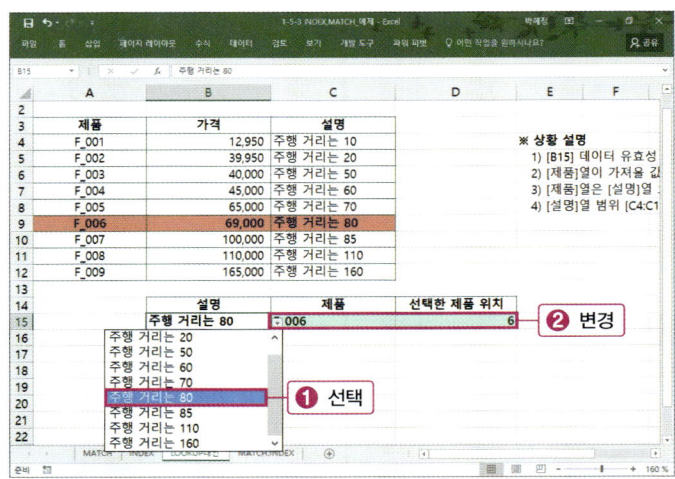

체크해봐요 :: **[설명] 열을 오름차순 정렬한다면?**

하나의 셀에 문자와 숫자가 섞여있는 자료를 정렬할 때 숫자의 경우에는 숫자의 크기를 읽어 작은 수부터 큰 수대로 정렬하지 않습니다. 결과는 옆의 그림과 같이 나타납니다.

	A	B	C
1	※ 열의 위치를 바꾸지 않고 자료 찾아 가져오기		
2			
3	제품	가격	설명
4	F_001	12,950	주행 거리는 10
5	F_008	110,000	주행 거리는 110
6	F_009	165,000	주행 거리는 160
7	F_002	39,950	주행 거리는 20
8	F_003	40,000	주행 거리는 50
9	F_004	45,000	주행 거리는 60
10	F_005	65,000	주행 거리는 70
11	F_006	69,000	주행 거리는 80
12	F_007	100,000	주행 거리는 85

MATCH, INDEX 함수 더 활용하기

예제 파일 1-5-3 INDEX,MATCH-예제.xlsx | 완성 파일 1-5-3 INDEX,MATCH-완성.xlsx

판매금액, 성별, 직급에 따른 보너스 지급율을 목록에서 찾는 몇 개의 실무 예제를 더 알아보겠습니다. 내용이 조금 길지만 어려운 내용은 아니기 때문에 천천히 인수를 확인해서 문제를 해결하겠습니다.

01 이번에는 'MATCH,INDEX' 시트에서 [E4] 셀에 수식을 입력합니다. 이 수식은 직급([B4] 셀)에 따른 보너스 지급율을 찾아서 가져오는 수식입니다. INDEX 함수의 가져올 범위는 [I] 열로 하나입니다. 때문에 세 번째 인수인 열 번호는 생략했고, MATCH 함수로 직급에 따른 위치 정보를 찾아 INDEX 함수의 행 번호를 지정했습니다.

=INDEX($I$4:$I$9,MATCH(B4,$H$4:$H$9,0))

02 [E15], [F15] 셀에 각각 수식을 입력합니다. 첫 번째 수식은 MATCH 함수로 두 번째 수식은 IF 함수로 열 번호를 해결했습니다.

=INDEX($I$15:$J$20,MATCH(B15,$H$15:$H$20,0),MATCH(C15,$I$14:$J$14,0))

=INDEX($I$15:$J$20,MATCH(B15,$H$15:$H$20,0),IF(C15="남",1,2))

┈┈┈┈┈┈┈┈┈┈┈┈┈┈┈┈┈┈┈┈┈┈┈┈┈┈┈

팁 :: MATCH(C15,$I$14:$J$14,0)는 [C] 열의 성별 정보를 이용하여 [$I$14:$J$14]에서 정확하게(0) 찾으라는 명령으로 '남'이면 범위의 첫 번째 위치 '1'을, '여'면 두 번째 위치 '2'의 값을 줄 것입니다.

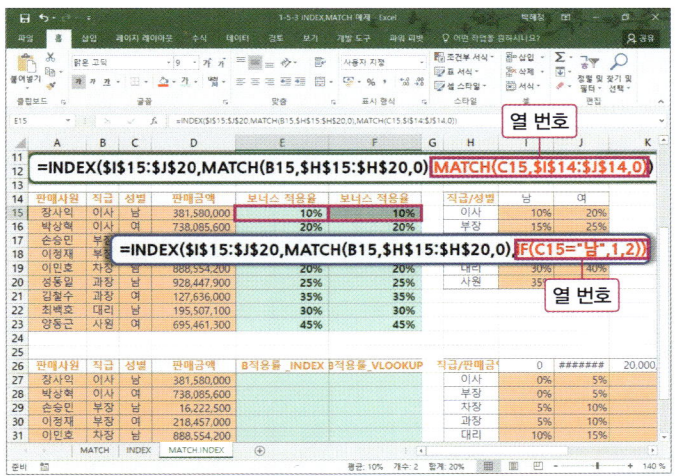

함수식 / 설명	=INDEX($I$15:$J$20,MATCH(B15,$H$15:$H$20,0),IF(C15="남",1,2))

=INDEX($I$15:$J$20,MATCH(B15,$H$15:$H$20,0),IF(C15="남",1,2))

INDEX(array, row_num, [column_num])
INDEX(reference, row_num, [column_num], [area_num])

INDEX 함수의 세 번째 인수로 IF 함수를 사용하여 두 가지 경우의 수를 만들었습니다. [C15] 셀의 값이 '남'이면 열 번호가 '1'이 되어 [I] 열에서 값을 가져오고 아니면 '2'가 되어 [J] 열에서 값을 가져옵니다.

03 [E27], [F27] 셀에 수식을 입력합니다.
=INDEX($I$27:$N$32,MATCH(B27,
$H$27:$H$32,0),MATCH(D27,$I$26:
$N$26,1))
=VLOOKUP(B27,$H$27:$N$32,MATCH
(D27,$I$26:$N$26,1)+1,0)

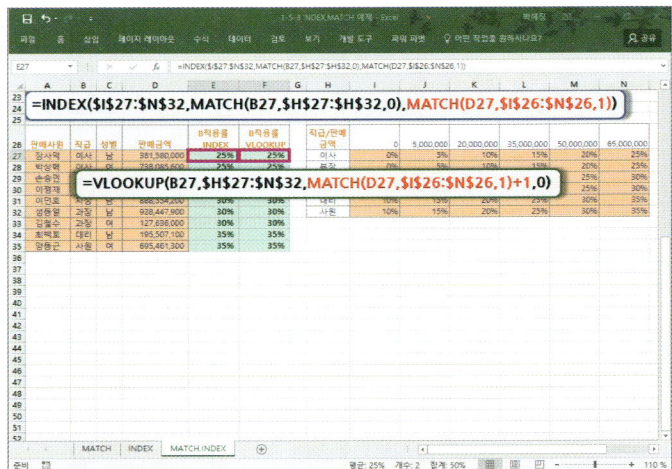

. . . .

팁 :: MATCH 함수의 세 번째 인수 '1'의 의미와 결과에 '+1'을 해야 하는 이유

• MATCH(D27,$I$26:$N$26,1) : 열을 찾는 값이 숫자이고, 목록이 오름차순 정렬되어 있기 때문에 '1'을 써야 합니다. '작거나 같은 값으로 추려 그중에 큰 값'을 찾을 대상으로 삼습니다.

• MATCH(D27,$I$26:$N$26,1)+1 : '+1'을 한 이유는 VLOOKUP 함수의 찾기 및 참조 범위와 MATCH 함수의 찾을 범위 시작 열이 다르기 때문입니다.

범위의 시작, 행, 열, 행 수, 열 수의 움직임을 자유롭게 해주는 OFFSET 함수

OFFSET 함수라고 들어봤어요?!

OFFSET 함수는 하나의 셀 또는 그 이상 즉, 범위를 지정하는데 사용합니다. 다른 함수처럼 결과 값이 있는 것이 아니라 셀 범위에 대한 정보만 갖는 것입니다. 엑셀에서 범위(range)를 지정하는 함수는 INDIRECT, OFFSET 함수가 있는데, 여기서는 OFFSET 함수만을 다루기로 합니다. OFFSET 함수로 범위를 지정하기 위해서는 어떤 요소가 필요할까요?

OFFSET 함수의 기본 사용법

예제 파일 1-5-4 OFFSET-예제.xlsx | 완성 파일 1-5-4 OFFSET-완성.xlsx

OFFSET 함수는 고정 범위가 아니라, 상황에 따라 변하는 참조 범위를 만들기 위한 함수입니다. OFFSET 함수를 이용하여 먼저, 새롭게 추가되는 자료를 데이터 유효성 목록에 자동으로 업데이트 되도록 설정합니다. 후에 선택한 자료에 해당하는 범위까지 SUM 함수로 만든 수식에 포함되도록 자동 갱신되는 범위를 만들고, 범위를 이름에 등록하여 이름을 SUM 함수에 사용할 수 있도록 하겠습니다.

01 [J3], [L3] 셀에는 데이터 유효성 검사 목록이 적용되어 있지만, 현재는 고정 범위로 새롭게 추가된 정보를 인식하지 못합니다. 새로운 값을 입력하면 자동으로 추가되도록 하기 위해 [J3] 셀을 선택하고 [데이터] 탭-[데이터 도구] 그룹에서 [데이터 유효성 검사]를 클릭합니다. [데이터 유효성] 대화상자에서 기존 [원본]을 삭제하고 수식을 입력한 다음 [확인]을 클릭합니다.
=OFFSET($H$7,0,0,COUNTA($H$7:
$H$30),1)

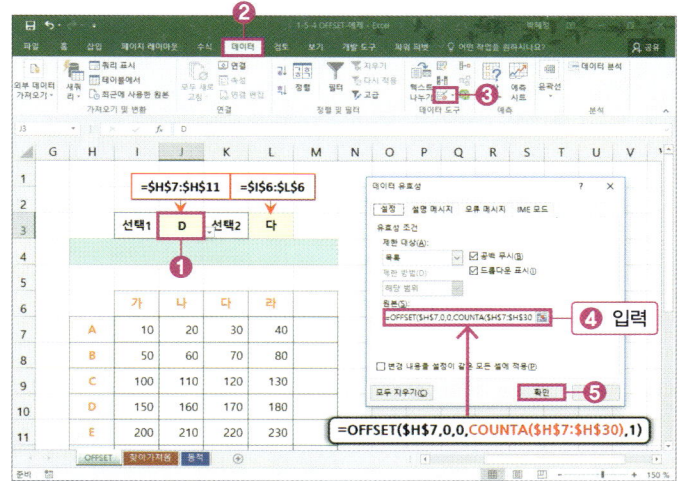

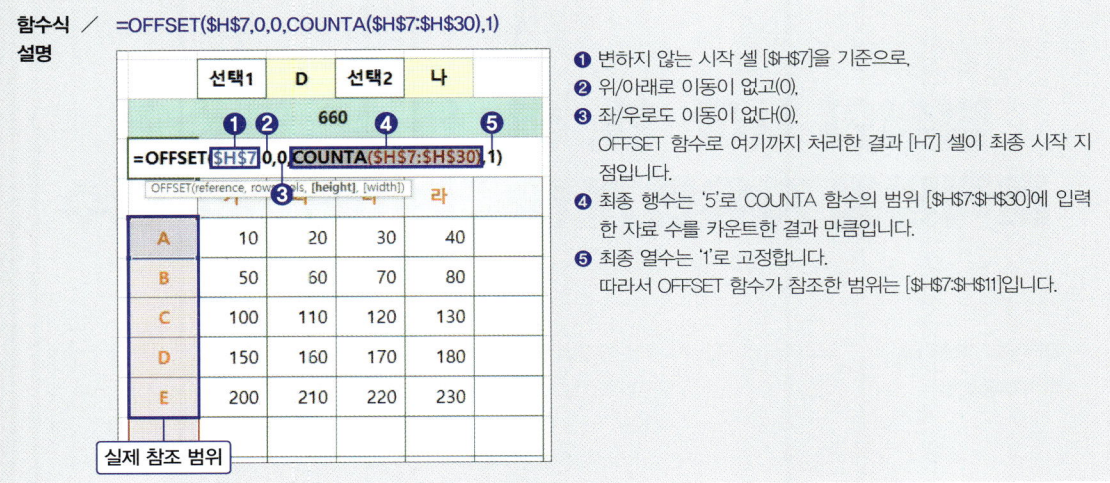

함수식 / =OFFSET($H$7,0,0,COUNTA($H$7:$H$30),1)
설명

❶ 변하지 않는 시작 셀 [$H$7]을 기준으로,
❷ 위/아래로 이동이 없고(0),
❸ 좌/우로도 이동이 없다(0).
  OFFSET 함수로 여기까지 처리한 결과 [H7] 셀이 최종 시작 지점입니다.
❹ 최종 행수는 '5'로 COUNTA 함수의 범위 [$H$7:$H$30]에 입력한 자료 수를 카운트한 결과 만큼입니다.
❺ 최종 열수는 '1'로 고정합니다.
  따라서 OFFSET 함수가 참조한 범위는 [$H$7:$H$11]입니다.

---

02 [L3] 셀을 선택하고 [데이터] 탭–[데이터 도구] 그룹에서 [데이터 유효성 검사]를 클릭합니다. [데이터 유효성] 대화상자에서 기존 [원본]을 삭제하고 수식을 입력한 다음 [확인]을 클릭합니다.
=OFFSET($I$6,0,0,1,COUNTA($I$6:$W$6))

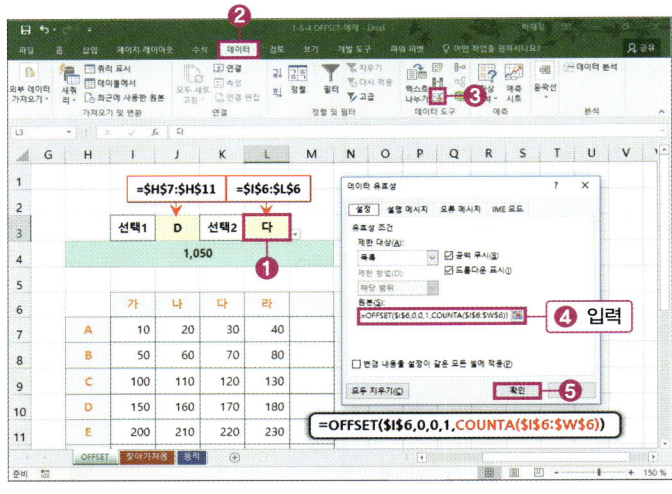

함수식 / =OFFSET($I$6,0,0,1,COUNTA($I$6:$W$6))
설명

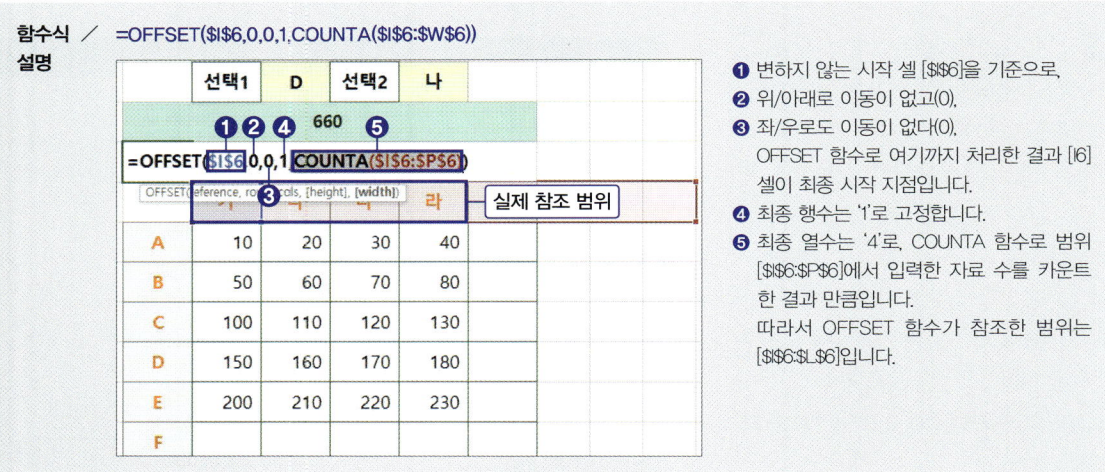

❶ 변하지 않는 시작 셀 [$I$6]을 기준으로,
❷ 위/아래로 이동이 없고(0),
❸ 좌/우로도 이동이 없다(0).
  OFFSET 함수로 여기까지 처리한 결과 [I6] 셀이 최종 시작 지점입니다.
❹ 최종 행수는 '1'로 고정합니다.
❺ 최종 열수는 '4'로, COUNTA 함수로 범위 [$I$6:$P$6]에서 입력한 자료 수를 카운트한 결과 만큼입니다.
  따라서 OFFSET 함수가 참조한 범위는 [$I$6:$L$6]입니다.

03 [I11], [M6] 셀에 새로운 값을 추가해보고, [J3], [L3] 셀에 새롭게 추가한 값이 나타나는지를 확인합니다.

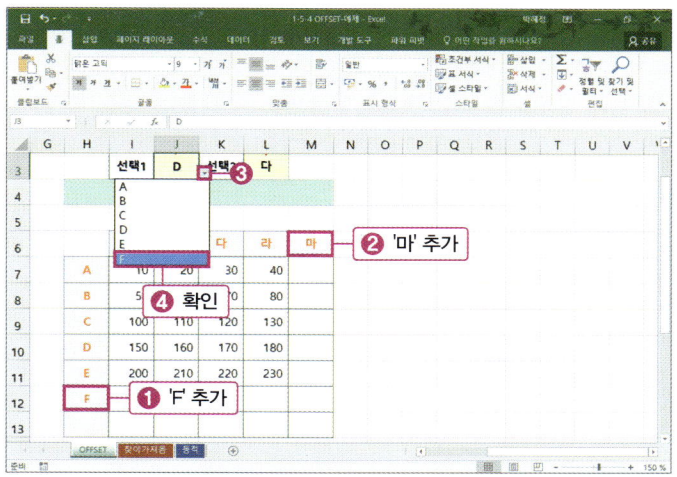

04 [J3], [L3] 셀에서 선택한 값 범위까지 인식하여 움직이는 범위를 만들기 위해 [수식] 탭–[정의된 이름] 그룹에서 [이름 정의]를 클릭합니다. [이름 편집] 대화상자에서 [이름]에 '합계범위'를 입력하고 [참조 대상]에 수식을 입력한 다음 [확인]을 클릭합니다.
=OFFSET(OFFSET!$H$6,1,1,MATCH(OFFSET!$J$3,OFFSET!$H$7:$H$13,0),MATCH(OFFSET!$L$3,OFFSET!$I$6:$M$6,0))

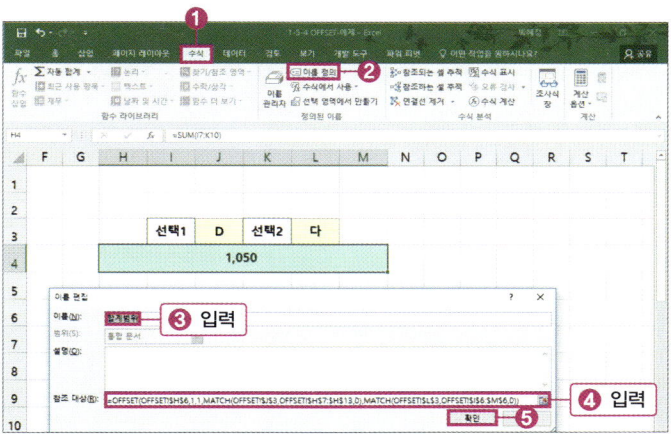

....

팁 :: 이름 정의에 셀을 참조하면 같은 시트의 셀을 참조하는 경우에도 참조 셀 앞에 시트 명(OFFSET)이 표기됩니다.

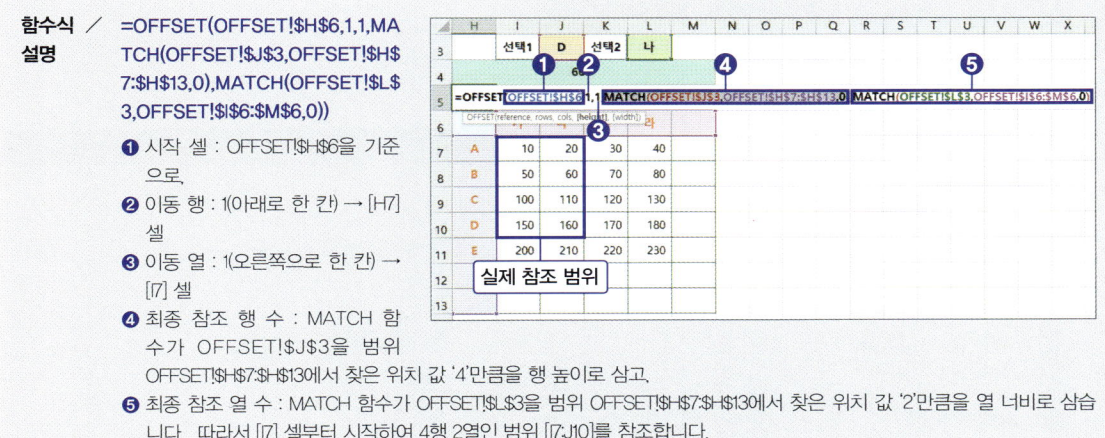

함수식 설명 / =OFFSET(OFFSET!$H$6,1,1,MATCH(OFFSET!$J$3,OFFSET!$H$7:$H$13,0),MATCH(OFFSET!$L$3,OFFSET!$I$6:$M$6,0))

❶ 시작 셀 : OFFSET!$H$6을 기준으로,

❷ 이동 행 : 1(아래로 한 칸) → [H7] 셀

❸ 이동 열 : 1(오른쪽으로 한 칸) → [I7] 셀

❹ 최종 참조 행 수 : MATCH 함수가 OFFSET!$J$3을 범위 OFFSET!$H$7:$H$13에서 찾은 위치 값 '4'만큼을 행 높이로 삼고,

❺ 최종 참조 열 수 : MATCH 함수가 OFFSET!$L$3을 범위 OFFSET!$H$7:$H$13에서 찾은 위치 값 '2'만큼을 열 너비로 삼습니다. 따라서 [I7] 셀부터 시작하여 4행 2열인 범위 [I7:J10]를 참조합니다.

05 [H4] 셀의 기존 수식 '=SUM(I7:K10)'을 '=SUM(합계범위)'로 수정합니다.

....

팁 :: 위에 OFFSET 함수로 동적 참조한 값이 SUM 함수의 인수로 활용되었습니다.

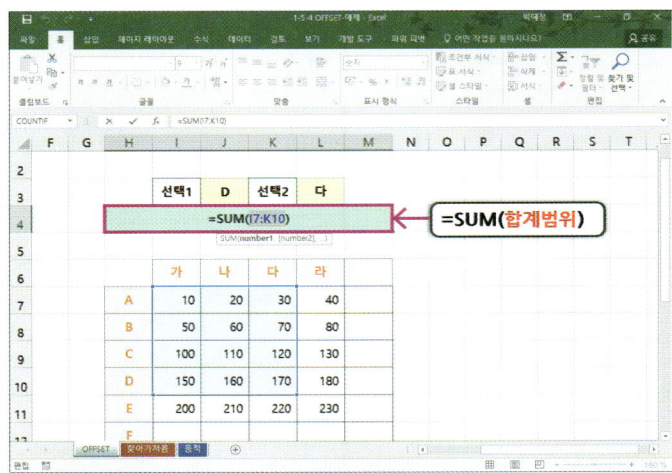

06 이름 정의한 동적 범위 '합계범위'를 확인하기 위해서 이름 상자에 '합계범위'를 입력하고 **Enter** 를 누릅니다.

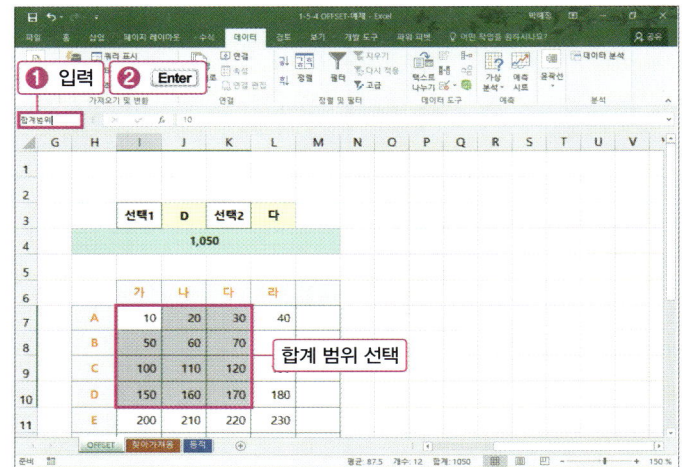

07 [L3] 셀을 선택하여 '나'로 바꾸고, [H4] 셀에 합계 수식의 변화를 살펴봅니다.

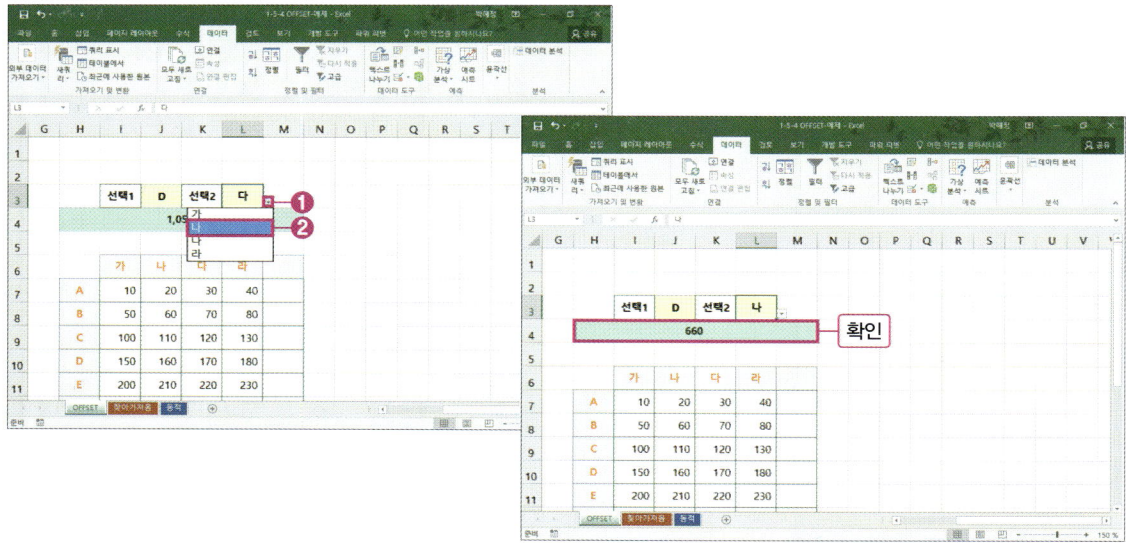

팁 :: OFFSET 함수 정리

=OFFSET(❶ A1, ❷ 2, ❸ 1, ❹ 3, ❺ 3) =SUM(OFFSET(❶ A1,❷ 1,❸ 1,❹ 3,❺ 3))

90

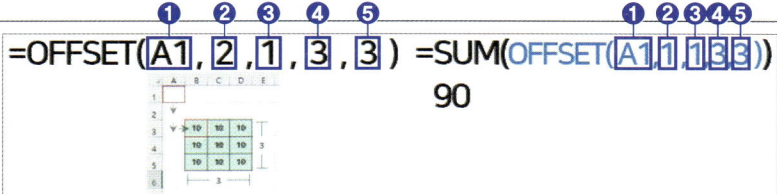

인수	❶ reference A1 시작 셀	❷ row_num 2 행 번호	❸ cols 1 이동 열	❹ [height] 3 행 수	❺ [width] 3 열 수
결과	셀 주소	숫자	숫자	숫자	숫자
설명	참조 방식	양수면 아래로 이동 음수면 위로 이동	양수면 오른쪽으로 이동 음수면 왼쪽으로 이동	생략 가능 생략하면 1	생략 가능 생략하면 1

OFFSET 함수는 다섯 개의 인수 요소를 갖습니다. 시작 셀에 대한 참조를 첫 번째 인수로 하여 행의 움직임, 열의 움직임, 최종 참조 행 수, 열 수 이렇게 다섯 가지의 인수로 구성됩니다. 3, 4 인수는 생략할 수 있고, 생략하면 OFFSET 함수는 하나의 셀을 지정하게 되어 그 셀의 값을 소유하기도 합니다. 이런 경우가 아니라면 OFFSET 함수의 결과는 화면에 드러나지 않습니다. 오류는 아니지만 '#VALUE!'로 나타납니다. 왜냐하면 두 개 이상의 범위 정보를 셀에 표시할 수 없기 때문입니다. OFFSET 함수는 상황에 따라 참조 범위 또는 참조 셀이 달라지도록 연출이 필요한 함수의 인수나 기능에 활용하면 좋습니다.

VLOOKUP, INDEX 함수 너희들이 하는 일은 나도 할 수 있거든!

예제 파일 1-5-4 OFFSET-예제.xlsx
완성 파일 1-5-4 OFFSET-완성.xlsx

OFFSET 함수의 세 번째, 네 번째 인수를 생략하면 앞선 과정에서 학습한 VLOOKUP과 INDEX 함수처럼 하나의 값을 참조하여 가져오는 결과를 만들 수 있습니다. OFFSET 함수에 MATCH 함수를 활용하면 VLOOKUP, INDEX 함수처럼 OFFSET 함수를 사용할 수 있습니다.

01 [B7:F13]에서 행 기준 [C3] 셀, 열 기준 [E3] 셀의 값에 따라 행과 열이 만나는 좌표의 값을 가져오는 수식을 [A4] 셀에 입력합니다.
=OFFSET(A6,MATCH(C3,A7:A13,0),M ATCH(E3,B6:F6,0))

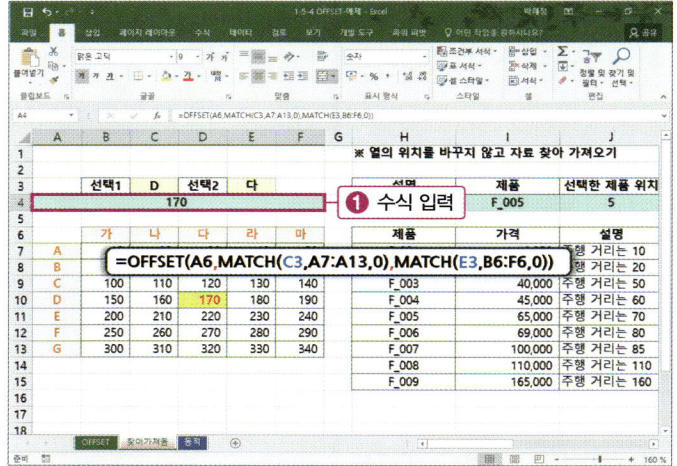

함수식 설명 =OFFSET(A6,MATCH(C3,A7:A13,0),MATCH(E3,B6:F6,0))

❶ 시작 셀 : [A6] 셀

❷ 이동 행 : MATCH 함수로 [C3] 셀의 값 'D'를 범위 [A7:A13]에 찾아 그 수 '4'만큼 아래로([A10] 셀) 이동

❸ 이동 열 : MATCH 함수로 [E3] 셀의 값 '다'를 [B6:F6]에서 찾아 그 수 '3'만큼 오른쪽으로 이동하여 최종적으로 [D10] 셀의 값 '170'을 결과로 나타냅니다.

02 [I4], [J4] 셀에 수식을 입력합니다. MATCH 함수가 [H4] 셀에 선택한 주행 거리 정보에 따라 입력 위치 값을 찾으면, OFFSET 함수는 [H6] 셀을 시작으로 MATCH 함수가 찾은 위치 값만큼 아래로 이동합니다. 열의 움직임은 없습니다. 먼저 MATCH 함수를 실습하고, OFFSET 함수에 MATCH 함수를 응용해봅니다.

=OFFSET(H6,MATCH(H4,J7:J15,0),0)
=MATCH(H4,J7:J15,0)

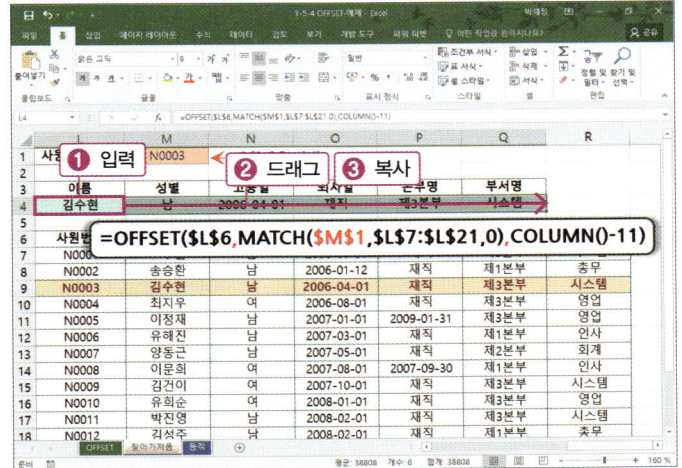

함수식 설명 = OFFSET(H6,MATCH(H4,J7:J15,0),0)

❶ 시작 셀 : [H6] 셀
❷ 이동 행 : MATCH 함수로 [C3] 셀의 값 'D'를 [H7:H15]에 찾아 그 수 '5'만큼 아래로 이동하여 [H11] 셀로 이동
❸ 이동 열은 '0'으로 움직이지 않습니다.
  최종적으로 [H11] 셀의 값 'F_005'를 결과로 나타냅니다.

03 사원번호에 따라 해당 사원의 모든 정보가 조회되도록 설계한 수식을 [L4] 셀에 입력하고 [Q4] 셀까지 복사합니다.

=OFFSET($L$6,MATCH($M$1,$L$7:$L$21,0),COLUMN()−11)

함수식 설명 =OFFSET($L$6,MATCH($M$1,$L$7:$L$21,0),COLUMN()−11)

OFFSET 함수는 [$L$6]을 시작으로 MATCH 함수가 [$M$1]을 [$L$7:$L$21]에서 찾은 위치 값 '3'만큼 아래로 이동하고, COLUMN()이 찾은 현재 열 번호(L=12)에서 '−11'한 '1'만큼 오른쪽으로 이동하여 [M9] 셀의 값 '김수현'을 가져옵니다.

선택한 날짜에 해당하는 자료만 차트로 표현하고 합계 구하기

예제 파일 1-5-4 OFFSET-예제.xlsx
완성 파일 1-5-4 OFFSET-완성.xlsx

차트는 원본 범위 [A4:B17]로 하여 이미 삽입되어 있습니다. [E4], [E5] 셀에는 데이터 유효성 검사가 적용되어 있습니다. 시작일과 종료일을 선택하면 해당 범위가 차트에 전달되어 자동으로 새롭게 매출의 흐름의 나타날 수 있도록 움직이는 범위를 만들고, 만들어진 범위를 차트 원본에 적용해보겠습니다.

01 [수식] 탭-[정의된 이름] 그룹에서 [이름 정의]를 클릭합니다. [이름 편집] 대화상자에서 [이름]은 '계열범위'로 [참조 대상]에 수식을 입력하고 [확인]을 클릭합니다.
=OFFSET(동적!$B$3,MATCH(동적!$E$4,동적!$A$4:$A$220,0),0,MATCH(동적!$E$5,동적!$A$4:$A$220,0),1)

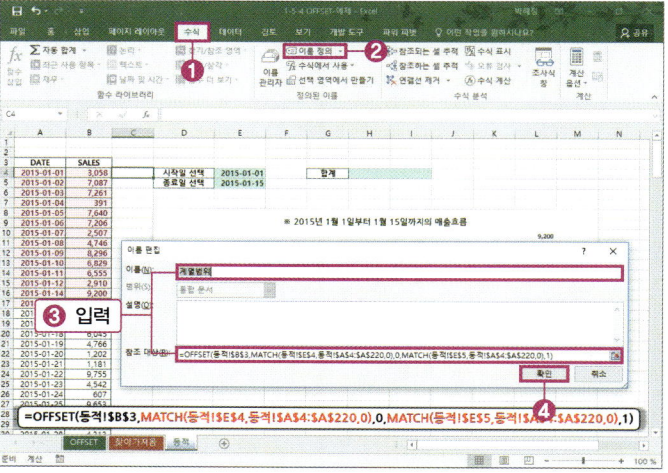

02 [수식] 탭-[정의된 이름] 그룹에서 [이름 정의]를 클릭합니다. [이름 편집] 대화상자에서 [이름]은 '이름범위'로 [참조 대상]에 수식을 입력하고 [확인]을 클릭합니다.
=OFFSET(동적!$A$3,MATCH(동적!$E$4,동적!$A$4:$A$220,0),0,MATCH(동적!$E$5,동적!$A$4:$A$220,0),1)

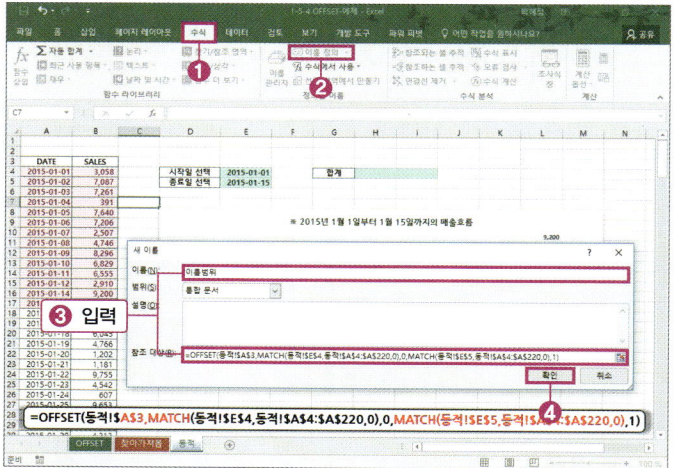

03 만들어진 움직이는 범위를 차트 원본에 적용하기 위해 차트를 선택하고 [차트 도구]–[디자인] 탭–[데이터] 그룹에서 [데이터 선택]을 클릭합니다. [데이터 원본 선택] 대화상자에서 [SALES]를 선택한 후 [편집]을 클릭하고 [계열 편집]의 [계열 값]을 '=동적!계열범위'로 수정, [가로(항목) 축 레이블]의 [편집]을 클릭합니다. [축 레이블]에서 [축 레이블 범위]를 '=동적!이름범위'로 수정한 다음 [확인]을 클릭합니다.

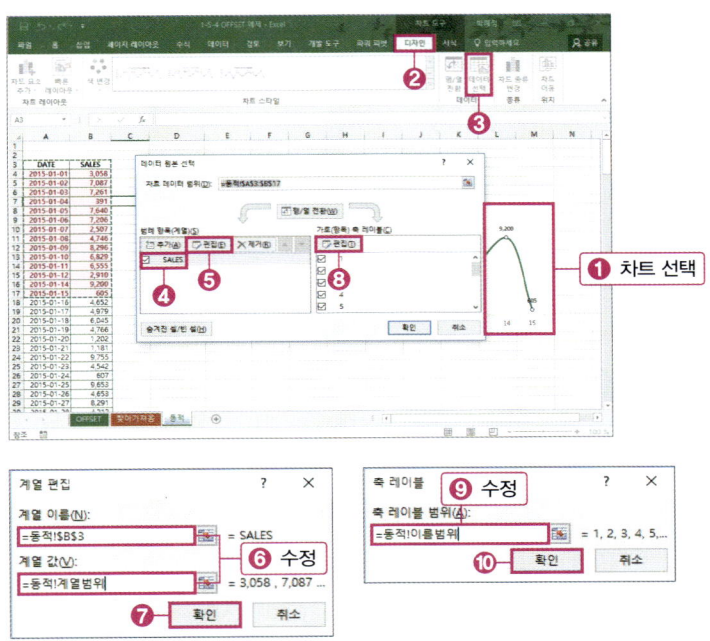

04 [H4] 셀에 수식 '=SUM(계열범위)'를 입력합니다.

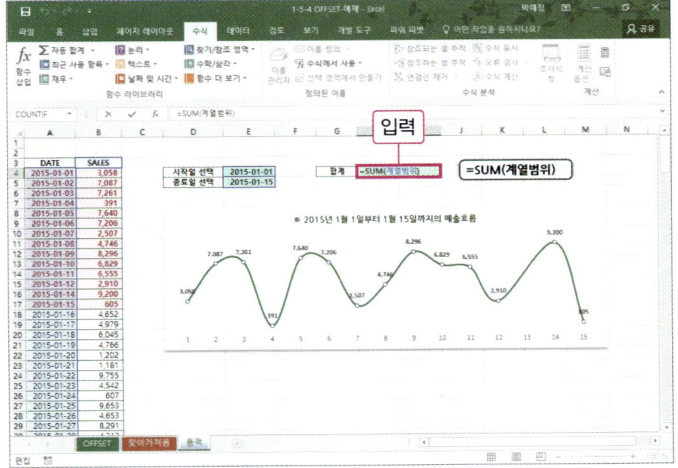

05 [E4] 셀의 종료일을 변경해봅니다.

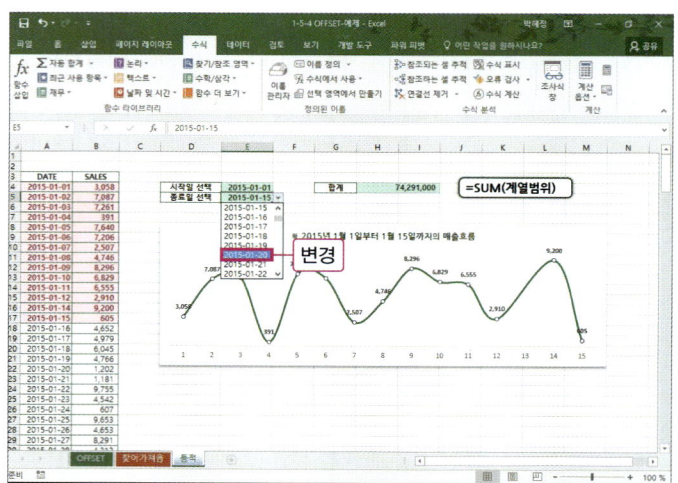

06 변경된 종료일까지 합계와 차트에 반영되는 것을 확인할 수 있습니다.

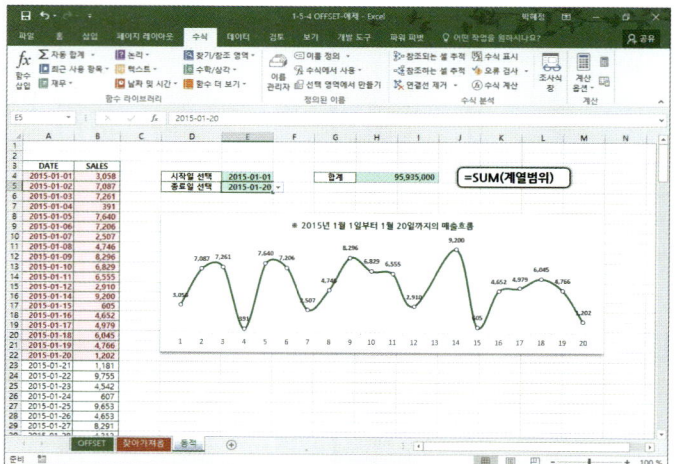

의미를 품고 있는 기본 키 '사원번호', '제품번호' 생성하기

예제 파일 1-5-5 전문가.찾기참조-예제.xlsx | **완성 파일** 1-5-5 전문가.찾기참조-완성.xlsx

먼저 사원번호를 만들어보려고 합니다. 제일 앞자리는 'N'을, 그 옆에 남녀를 구분하는 숫자 '1' 또는 '2', 그 다음에 세 자리는 입사 순서대로 일련번호를 넣을 예정입니다. 그리고 제품번호를 만들기 위해 제일 앞자리는 제품이름, 그 다음에는 입력된 제품의 순서, 그 다음 글자는 제품라인 정보에서 오른쪽 한 글자인 번호 정보를 연결하는데, 마지막은 ROW 함수로 일련번호를 세 자리로 맞추도록 설정합니다.

01 표의 기본 키 값으로 사용할 새로운 [사원번호] 열을 만들기 위해 [A4] 셀을 선택하고 수식을 입력합니다. 그리고 [23] 행까지 복사합니다.

`="N"&IF(C4="남",1,2)&TEXT(ROW()-3,"000")`

체크해봐요 :: **ROW 함수에서 왜 '-3'을 하죠?**
ROW 함수는 함수가 입력된 셀의 행 번호를 찾습니다. 현재 ROW 함수가 입력된 셀이 [4] 행이죠. 그런데, 우리는 '1'부터의 값이 필요하기 때문에 '4-3'을 하여 '1'을 만든 것입니다.

02 표의 기본 키 값으로 사용할 새로운 [제품번호] 열을 만들기 위해 [G4] 셀에 수식을 입력합니다. 그리고 [23] 행까지 복사합니다.

`=H4&COUNTIF($H$4:H4,H4)&TEXT(RIGHT(I4),"000")`

체크해봐요 :: 'COUNTIF($H$4:H4,H4)'가 이해되지 않습니다

COUNTIF 함수는 조건에 맞는 자료를 찾아 그 빈도수를 구하는 함수입니다. 흔히 첫 인수에 자료 전체를 범위로 지정합니다. 그런데 여기서는 시작 범위는 고정시키고, 참조 마지막 셀을 상대 참조 즉, 수식이 입력된 그 셀까지로 하였습니다. 때문에 이 수식을 복사하면 시작 셀은 같지만 행마다 참조 범위의 마지막 셀과 조건이 달라지는 것입니다. 아래 표를 확인해 보세요.

	G	H
3	제품번호	제품
4	=COUNTIF($H$4:H4,H4)	A
5	=COUNTIF($H$4:H5,H5)	B
6	=COUNTIF($H$4:H6,H6)	A
7	=COUNTIF($H$4:H7,H7)	C
8	=COUNTIF($H$4:H8,H8)	A
9	=COUNTIF($H$4:H9,H9)	A

첫 번째 입력된 제품 'A'를 예로 들어 보면, [$H$4:H4]에서 'H4'를 세면 '1'입니다. 두 번째 'A'는 [$H$4:H7]에서 'H7'을 세면 '2'입니다. 이 수식은 조건이 입력된 셀까지의 범위에서 조건을 카운트하기 때문에 조건이 입력된 범위에서 몇 번째 입력된 것인지에 대한 정보를 나타내게 됩니다.

정확한 일치 VS 유사 일치

예제 파일 1-5-5 전문가.찾기참조-예제.xlsx | **완성 파일** 1-5-5 전문가.찾기참조-완성.xlsx

정확한 일치 명령이 내려지면 지정 목록의 모든 데이터를 검색하지만 유사 일치 명령은 위에서 아래로 지정 목록을 검색하다가 찾을 값보다 큰 값을 만났을 때 검색을 멈춥니다. 때문에 반드시 값을 찾는 목록은 오름차순으로 정렬되어 있어야 합니다. 이 사실을 생각하면서 같은 작업을 찾기/참조 함수들이 어떻게 해결하는지를 알아보겠습니다.

01 각각의 셀에 수식을 입력하고 [11] 행까지 복사합니다.

셀	수식
[B4]	=VLOOKUP(A4,$E$4:$F$9,2,0)
[C4]	=INDEX($F$4:$F$9,MATCH(A4,$E$4:$E$9,0))
[B4]	=IFNA(VLOOKUP(A5,$E$4:$F$9,2,0),0)
[C4]	=IFNA(INDEX($F$4:$F$9,MATCH(A4,$E$4:$E$9,0)),0)

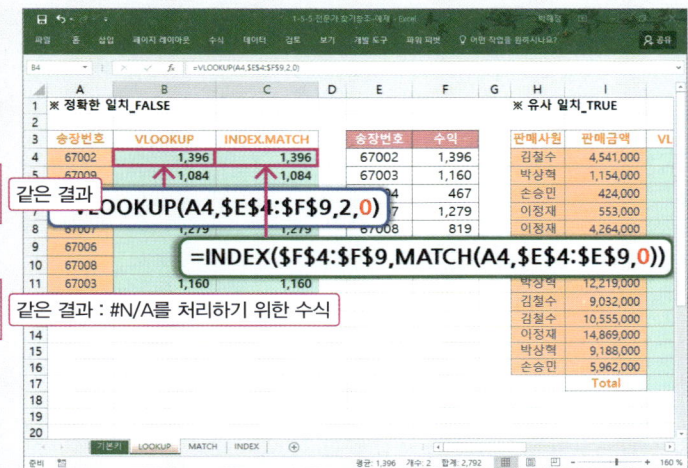

02 각각의 셀에 수식을 입력하고 [16] 행까지 복사합니다.

셀	수식
[J4]	=VLOOKUP(I4,$O$4:$P$9,2,1)
[K4]	=INDEX($P$4:$P$9,MATCH(I4,$O$4:$O$9,1))
[L4]	=LOOKUP(I4,$O$4:$O$9,$P$4:$P$9)
	=LOOKUP(I4,$O$4:$P$9)

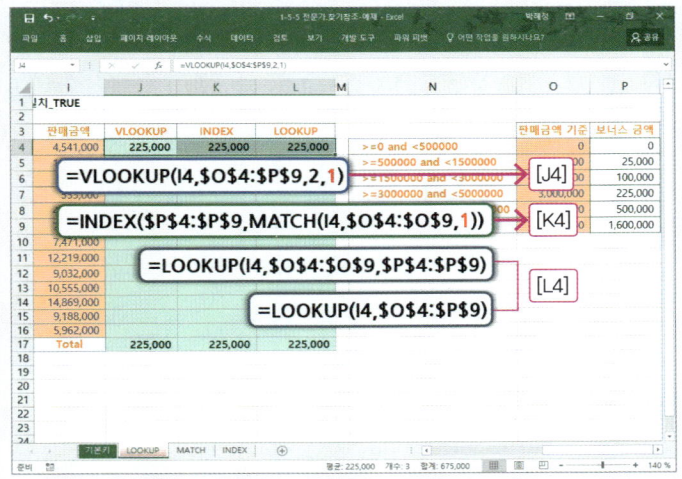

MATCH 함수와 조건부 서식

예제 파일 1-5-5 전문가.찾기참조-예제.xlsx ┃ 완성 파일 1-5-5 전문가.찾기참조-완성.xlsx

휴일 목록을 작성하고 [A] 열 각각의 값을 작성한 목록에서 찾아 같은 데이터가 있으면 해당 날짜 값에 서식을 표시하라는 명령을 내리는 조건부 서식을 작성해보겠습니다.

01 조건부 서식을 적용할 [A4:A369]를 선택한 다음 [홈] 탭-[스타일] 그룹에서 [조건부 서식]-[새 규칙]을 클릭합니다. [새 서식 규칙] 대화상자에 [수식을 사용하여 서식을 지정할 셀 결정]을 선택한 다음 수식 '=MATCH($A4,$D$4:$D$20,0)'을 입력, 서식을 변경하고 [확인]을 클릭합니다.

=MATCH($A4,$D$4:$D$20,0) 또는, =IS NUMBER(MATCH($A4,$D$4:$D$20,0))

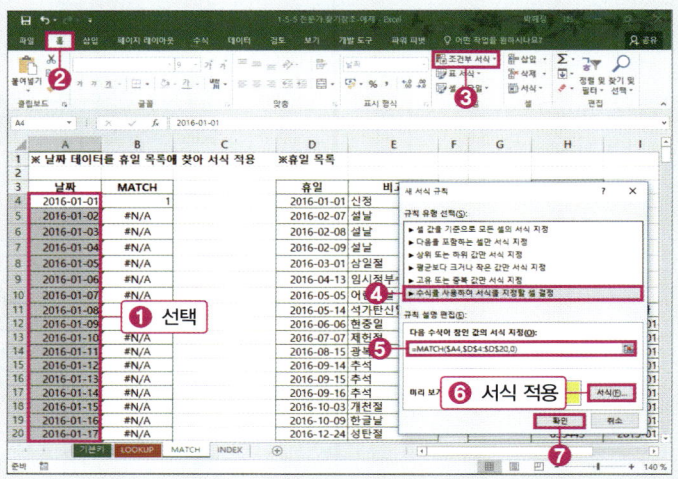

체크해봐요 :: 범위 선택을 좀 쉽게 할 수 있는 방법은 없나요?
범위의 시작 셀인 [A4] 셀을 선택하고 Ctrl + Shift 를 함께 누른 상태에서 '↓(아래 방향키)'를 누릅니다. 그러면 데이터가 입력된 마지막 셀까지 선택됩니다. 이때 Ctrl + Back Space 를 누르면 화면이 [A4] 셀 즉, 엑티브 셀이 있는 화면으로 전환됩니다.

02 [H12:H58]의 송장번호가 위의 [H4:H9]에 있다면 송장번호를 기준으로 가로의 모든 셀에 서식을 적용하기 위해 조건부 서식을 적용할 [H12:L58]을 선택하고 [홈] 탭-[스타일] 그룹에서 [조건부 서식]-[새 규칙]을 클릭합니다. [새 서식 규칙] 대화상자에 [수식을 사용하여 서식을 지정할 셀 결정]을 선택한 다음 수식 '=MATCH($H12,$H$4:$H$9,0)' 입력, 서식을 변경하고 [확인]을 클릭합니다.

=MATCH($H12,$H$4:$H$9,0) 또는 =IS NUMBER(MATCH($H12,$H$4:$H$9,0))

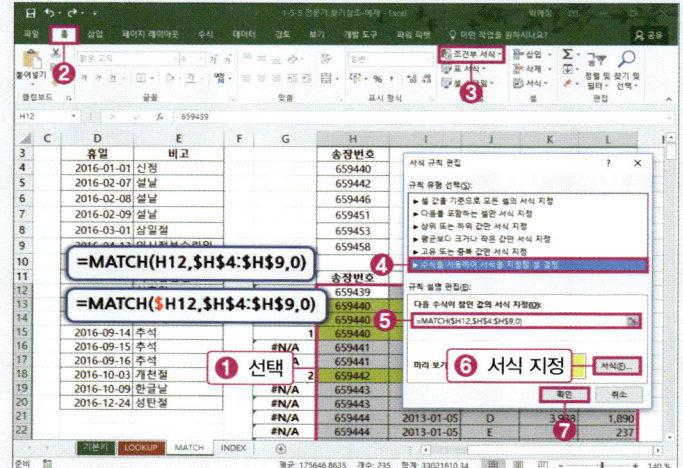

체크해봐요 :: **수식 '=MATCH($H12,$H$4:$H$9,0)'의 결과가 TRUE가 아닌데 서식이 적용되네요?**

네, 그렇습니다. 이유는 엑셀이 값이 있는 것을 TRUE, 값이 없는 것을 FALSE 인식하기 때문인데 MATCH 함수의 경우 결과는 찾으면 값이 있고, 못 찾으면 #N/A가 결과입니다.

03 결과를 확인합니다.

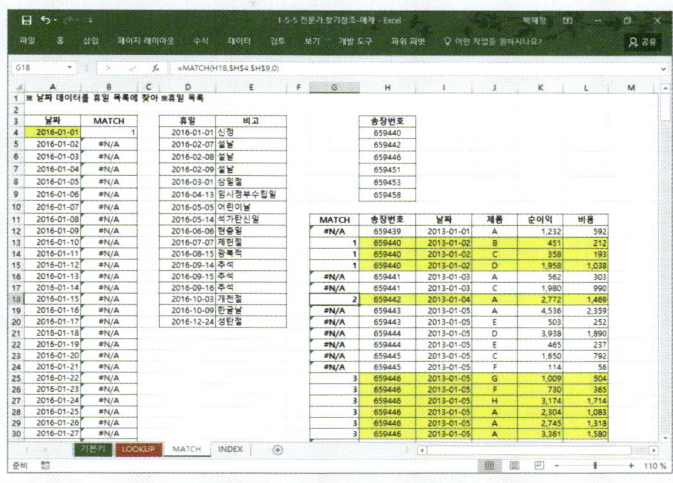

체크해봐요 :: [B], [G] 열에 MATCH 함수식을 입력해놓은 이유는 독자 여러분의 이해를 돕기 위함입니다. MATCH 함수의 결과처럼 작용하고 결과가 숫자인 것에만 서식을 적용합니다.

VLOOKUP, ISNUMBER 함수와 고급 필터

예제 파일 1-5-5 전문가.찾기참조-예제.xlsx | 완성 파일 1-5-5 전문가.찾기참조-완성.xlsx

입고된 항목, 입고 예정 항목을 비교하여 입고 예정인 항목 중에 입고된 항목에 없는 자료를 뽑아보겠습니다.

01 고급 필터에 조건 범위로 지정할 수식을 [H4], [J4] 셀에 각각 입력합니다.

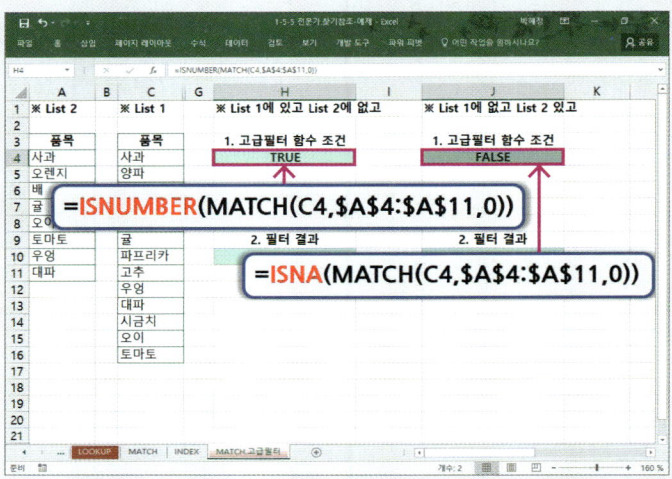

함수식 설명 / '=ISNUMBER(MATCH(C4,$A$4: $A$11,0))'는 List 1의 값이 List 2에 있으면 'TRUE'가 되도록 수식을 설계했고, '=ISNA(MATCH(C4,$A$4: $A$11,0))'는 List 1의 값이 List 2에 없으면 'TRUE'가 되도록 수식을 설계했습니다.

02 [데이터] 탭-[정렬 및 필터] 그룹에서 [고급]을 클릭합니다. [고급 필터] 대화상자에서 [다른 위치에 복사]를 선택하고 아래 표를 참고하여 각 항목을 지정한 후 [확인]을 클릭합니다.

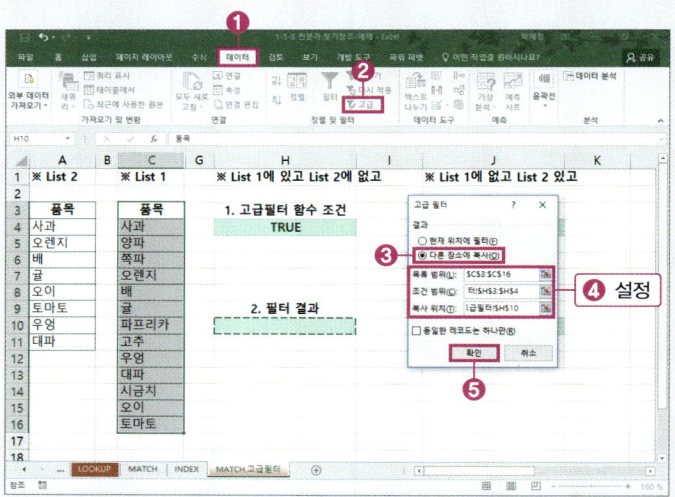

목록 범위	$C$3:$C$16
조건 범위	$H$3:$H$4
복사 위치	$H$10

체크해봐요 :: 조건 범위를 지정할 때 [H3] 셀부터 지정해야 하는 이유가 뭔가요?

고급 필터의 조건 범위를 지정할 때 첫 번째 셀에는 목록의 해당 조건을 찾는 필드 이름이 있어야 합니다. 그런데 수식으로 작성할 때는 수식에 이미 그 정보가 담겨있으므로 필드 명을 필요가 없지만, 두 번째 셀부터 실제 조건으로 읽기 때문에 [H3] 셀부터 지정해야 하고, [H3] 셀은 비어있거나 필드 이름과는 상관없는 값이어야 합니다.

---

03 [데이터] 탭-[정렬 및 필터] 그룹에서 [고급]을 클릭합니다. [고급 필터] 대화상자에서 [다른 위치에 복사]를 선택하고 아래 표를 참고하여 각 항목을 설정한 후 [확인]을 클릭합니다.

목록 범위	$C$3:$C$16
조건 범위	$J$3:$J$4
복사 위치	$J$10

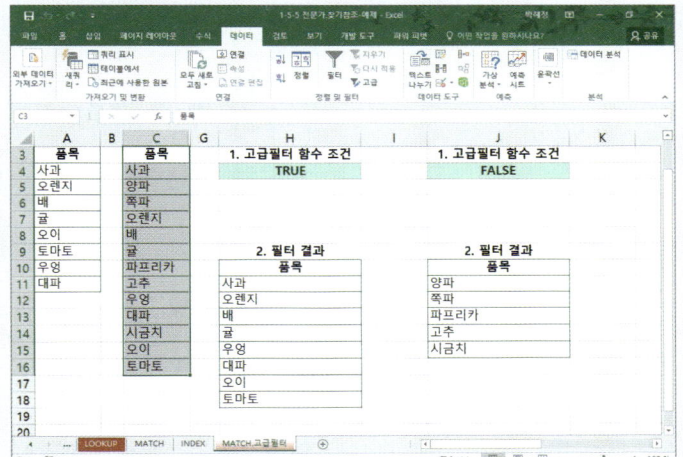

04 결과를 확인합니다.

PART
06

데이터 숨은
그림 찾기,
분석을 위한 함수
& 기능 활용

앞선 과정에서 우리는 기존 정보를 이용하여 새로운 정보를 만들어내는 작업을 여러 종류의 찾기/참조 함수를 이용하여 만들고 그들의 사용 방법 및 특징을 비교해 보았습니다. 이 작업들의 일부는 가져오거나 병합, 찾은 행위 자체로 끝나기도 하지만, 상당수는 그 결과를 이용하여 또 다른 의미 있는 새로운 정보를 만드는 것이 최종 목적이 될 가능성이 큽니다. 우리가 했던 작업이 의미 있는 정보가 되려면, 자료를 주제에 따라 분류하고 관련된 것끼리 묶어 합을 내고, 수를 세는 등의 분석 작업을 필요로 합니다. 우리가 살고 있는 세계는 사방이 모두 데이터이고, 그것들은 인간 활동의 기본 부산물이라 할 수 있습니다. 엑셀은 정형화된 데이터 즉, 특정한 기준으로 만들어진 의미 있는 결과를 반드시 만들어 낼 것입니다. 여러분들이 정확한 명령만 내려준다면 말이죠.

부분 합계 및 빈도수를 구하기 위한 사전 준비

숫자만 입장!

합계를 구하기 위해 숫자 자료가 필요함은 더 말할 것도 없는 사실입니다. 그러나 간혹 숫자가 문자로 인식된 경우도 있고, 숫자 범위 내에 오류 값이 포함되기도 합니다. 또한 필터 기능이나 숨기기 기능으로 합계 범위로 지정한 값이 숨겨진 경우도 있을 것입니다. 이런 상황을 SJM 함수가 어떻게 처리하고, 할 수 없다면 대안으로 우리는 어떤 방법을 취해야 하는지 알아보겠습니다. 또, 기억할 것은 SUM 함수로 설명하지만 숫자를 인수로 필요로 하는 모든 함수는 동일한 성질을 갖고 있다는 것입니다.

합계 범위에 문자로 인식된 숫자가 있다면? _ SUM 함수

예제 파일 1-6-1 SUM,SUBTOTAL,AGGRIGATE-예제.xlsx
완성 파일 1-6-1 SUM,SUBTOTAL,AGGRIGATE-완성.xlsx

숫자를 더할 수 있는 방법은 여러 가지가 있지만, 각각의 기능들이 원하는 자료의 데이터 형은 숫자입니다. 문자로 인식된 숫자를 SUM 함수에게 인수로 전달하고 어떻게 처리하는지 알아보겠습니다.

01 [A9] 셀을 선택하고 [홈] 탭-[편집] 그룹에서 [자동 합계]를 클릭합니다. 수식을 입력한 셀을 기준으로 상하좌우에 숫자 값이 입력되어 있다면 자동으로 범위를 인식합니다.

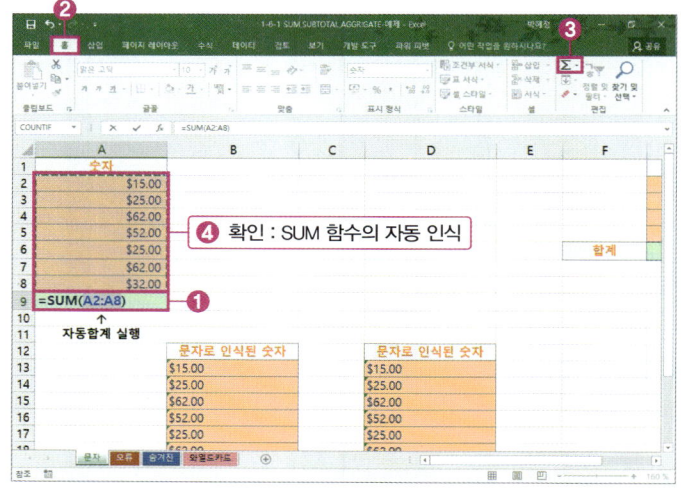

02 [B20] 셀을 선택하고 [홈] 탭–[편집] 그룹에서 [자동 합계]를 클릭합니다. 자동으로 범위가 인식되지 않는다면 상하좌우 범위에 숫자가 없는 것으로 볼 수 있습니다. 직접 합계를 구할 인수 범위 [B13:B19]를 드래그하여 참조하고 Enter 를 눌러 수식을 완료합니다.

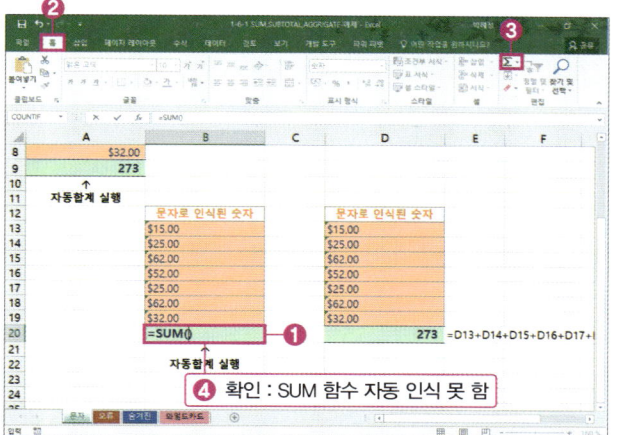
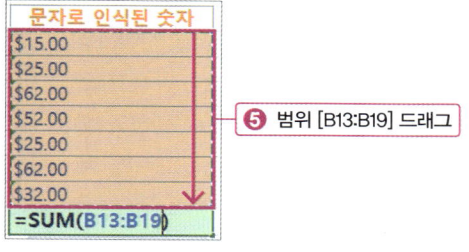

03 SUM 함수에 인수로 지정한 범위 [B13:B19]가 숫자가 아니기 때문에 합계를 구하지 못합니다.

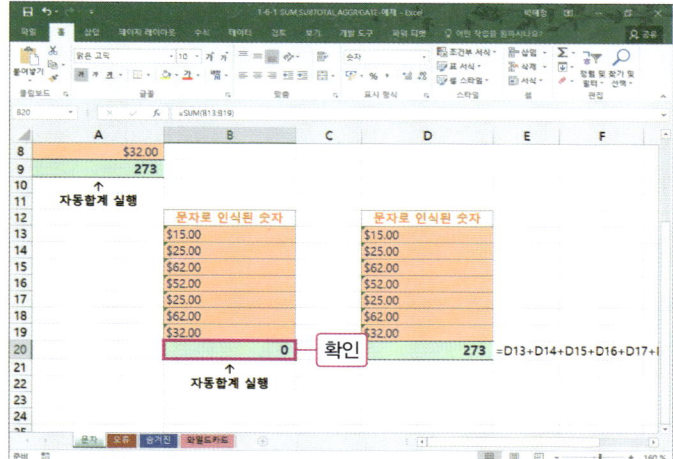

04 [D20] 셀에 수식은 SUM 함수를 사용하지 않고 더하기(+) 산술 연산자를 이용하여 셀을 모두 합한 경우입니다. 이때는 참조한 셀이 문자로 인식되었더라도 숫자 형식으로 변경하여 처리합니다. 그러나 SUM 함수는 처리하지 못합니다. 때문에 SUM 함수를 사용하기 위해서는 데이터 형을 숫자로 변경하는 작업이 필요하고 변경하지 않고 합계를 구하려면 더하기(+) 산술 연산자를 이용해야 합니다.

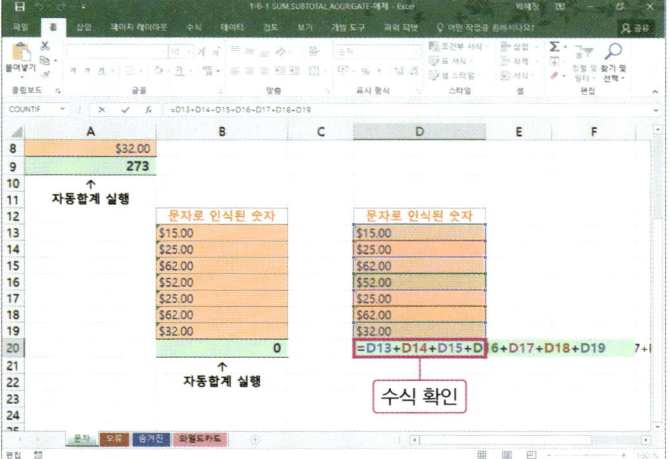

05 앞선 과정에서 문자로 인식된 [B13: B19]를 숫자 데이터 형으로 바로 인식할 수 있도록 변경하기 위해, [C10] 셀에 '1'을 입력하고 Ctrl + C 를 눌러 복사한 다음 연산을 실행할 범위 [B13:B19]를 선택하고 마우스 오른쪽 버튼을 클릭한 후 [선택하여 붙여넣기]를 선택합니다. [선택하여 붙여넣기] 대화상자에서 [값], [곱하기]를 체크한 후 [확인]을 클릭합니다.

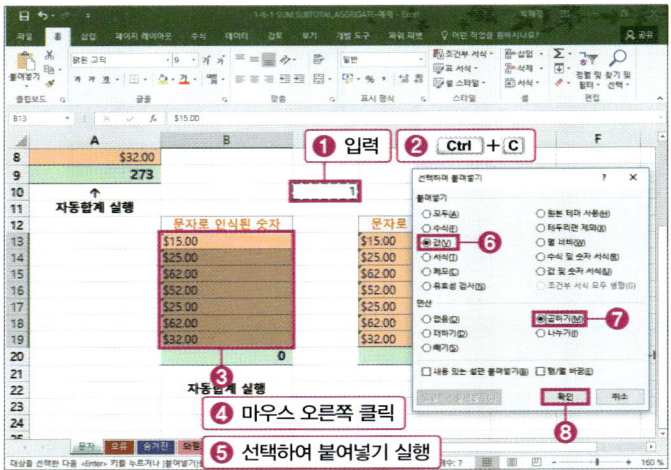

06 [B13:B19]의 값들이 각각 곱하기 연산을 만나자 숫자 데이터 형으로 전환되고 SUM 함수가 값을 올바로 읽어 합계를 구합니다.

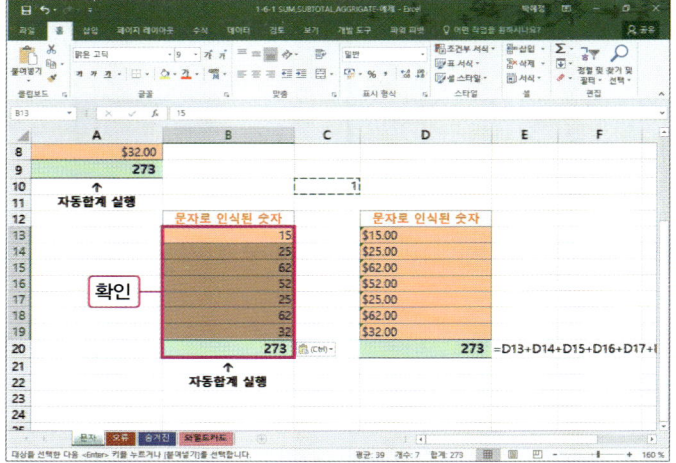

합계 범위에 오류 값이 있다면? _ AGGRIGATE, IFNA 함수

예제 파일 1-6-1 SUM.SUBTOTAL_AGGRIGATE-예제.xlsx l 완성 파일 1-6-1 SUM.SUBTOTAL_AGGRIGATE-완성.xlsx

SUM 계열의 함수는 지정한 인수 범위에 값이 하나라도 오류라면 처리하지 못하고 결과를 오류 값으로 나타냅니다. 오류를 구분하여 처리할 수 없는 함수이기 때문에 지정한 범위에 오류가 있다면, 오류를 취급할 수 있는 AGGRIGATE 함수를 사용하거나 오류를 '0'으로 대체해야 SUM 계열의 함수를 사용하여 합을 구할 수 있습니다.

01 [B12] 셀을 선택하고 수식 입력줄에 수식 '=SUM(B4:B11)'과 수식의 결과 '#N/A'를 확인합니다. SUM 함수는 인수 범위에 값이 하나라도 오류 값이면 계산을 하지 못합니다.

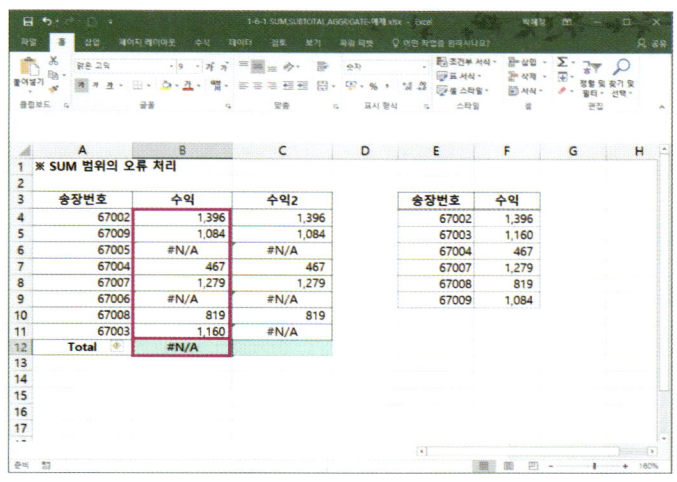

02 [B4] 셀의 수식을 '=IFNA(VLOOKUP (A4,$E$4:$F$9,2,0),0)'로 수정합니다.

....

팁 :: 수식 '=IFERROR(VLOOKUP(A4,$E$4:$F$9,2, 0),0)'도 결과는 같습니다.

....

팁 :: IFNA 함수는 엑셀 2013부터 추가된 함수로 #N/A 오류만 취급합니다.

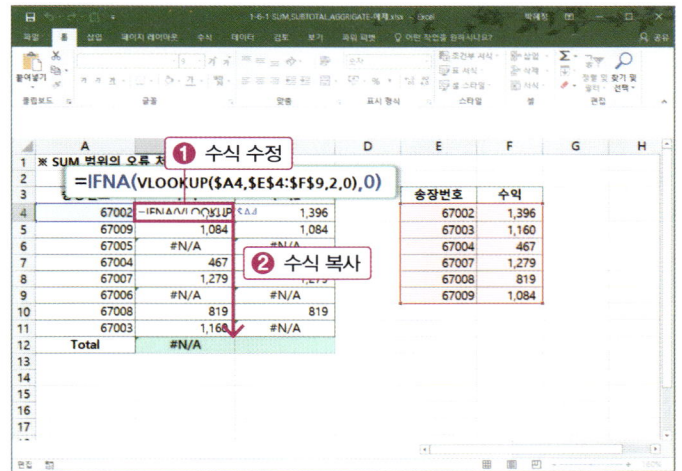

함수식 /	=IFNA(VLOOKUP(A4,$E$4:$F$9,2,0),0)
설명	IFNA 함수는 VLOOKUP(A4,$E$4:$F$9,2,0)의 결과가 #N/A 즉, 찾지 못한 경우 IFNA 함수의 마지막 인수 '0'으로 대체합니다.

03 [C12] 셀에 수식 '=AGGREGATE(9, 6,C4:C11)'을 입력합니다. AGGREGATE 함수를 사용하면, IFNA나 IFERROR 함수를 사용하여 원본을 수정하지 않고도 합계를 구할 수 있습니다.

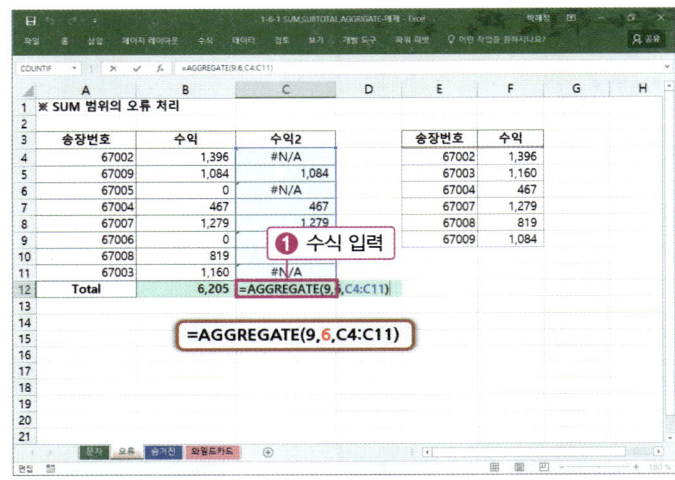

	함수식 /	=AGGREGATE(9,6,C4:C11)
	설명	AGGREGATE 함수는 세 번째 인수로 지정한 범위의 값을 처리하는데, 첫 번째 인수는 계산 방법에 대한 옵션입니다. '9'는 합계를 내라는 명령이며 두 번째 인수 '6'은 오류 값을 무시하고 처리하라는 뜻입니다.

체크해봐요 :: **AGGREGATE 함수의 '9', '6'은 어떤 의미인가요?**

'9'는 함수 중에 SUM을 의미하고, '6'은 [오류 값 무시]의 옵션입니다. 아래의 그림을 참고하세요.

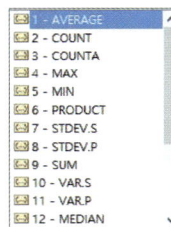 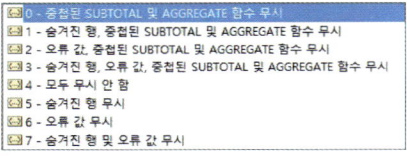

합계 범위에 숨겨진 데이터가 있다면? _ SUBTOTAL 함수

예제 파일 1-6-1 SUM,SUBTOTAL_AGGRIGATE-예제.xlsx
완성 파일 1-6-1 SUM,SUBTOTAL_AGGRIGATE-완성.xlsx

SUM 함수는 지정한 인수 범위에 숨겨진 데이터가 있다면 제외하고 계산할까요? 대답은 '아닙니다.' SUM 함수는 모두 취급합니다. 만약 필터를 적용하거나 행 숨기기 등을 실행하고 그 결과만으로 합계를 구해야 한다면 SUBTOTAL 또는, AGGREGATE 함수를 사용해야 합니다. SUBTOTAL 함수가 지원하는 기능(function_num)은 1에서 11까지 또는 101에서 111까지의 숫자입니다. 1~11에는 수동으로 숨긴 행이 포함되지만 101~111에는 수동으로 숨긴 행이 제외됩니다. 필터된 셀은 항상 제외됩니다.

01 그림과 같이 수식을 입력하고 결과를 비교합니다. 필터링하거나 숨기기 전까지 세 수식의 결과는 같습니다.

셀	수식
[F3]	=SUM(G7:G2006)
[F4]	=SUBTOTAL(9,G7:G2006)
[F5]	=SUBTOTAL(109,G7:G2006)

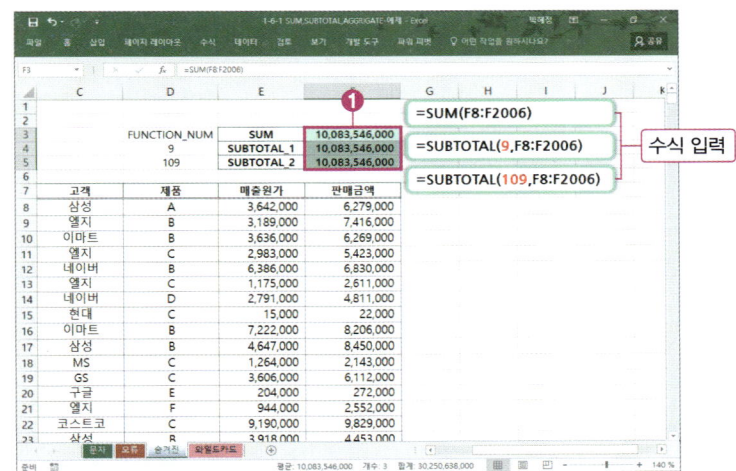

02 필터가 아닌 행을 숨기기 했을 때 세 수식의 변화를 확인하기 위해, [10:20]까지를 선택하고 마우스 오른쪽 버튼을 클릭한 후 [숨기기]를 선택합니다. [F5] 셀의 수식에 결과만 반영됩니다.

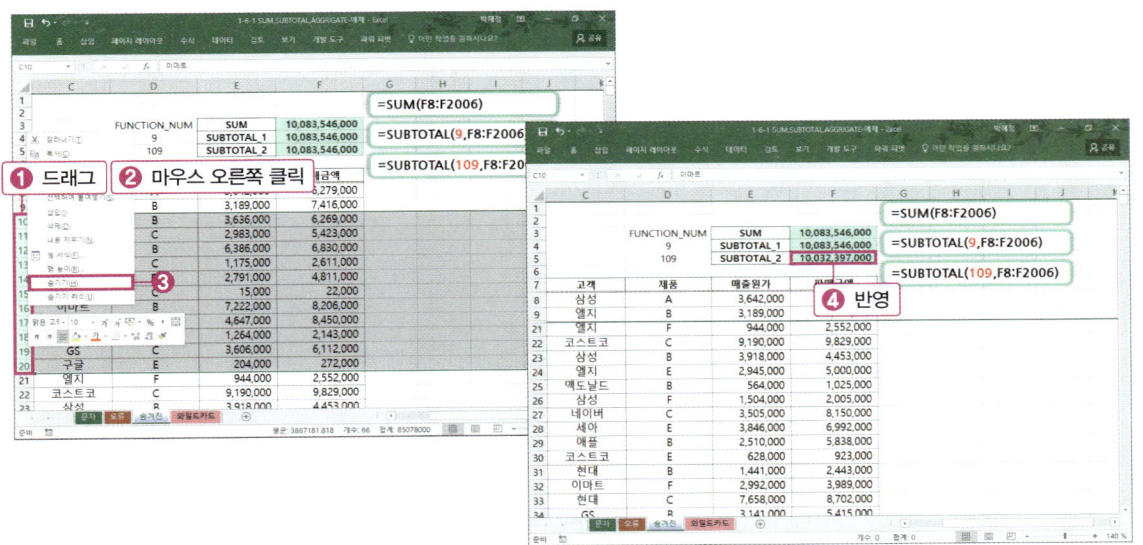

03 [고객] 필드에 적용된 필터 버튼을 클릭한 후 [삼성]만 체크하고 [확인]을 클릭합니다.

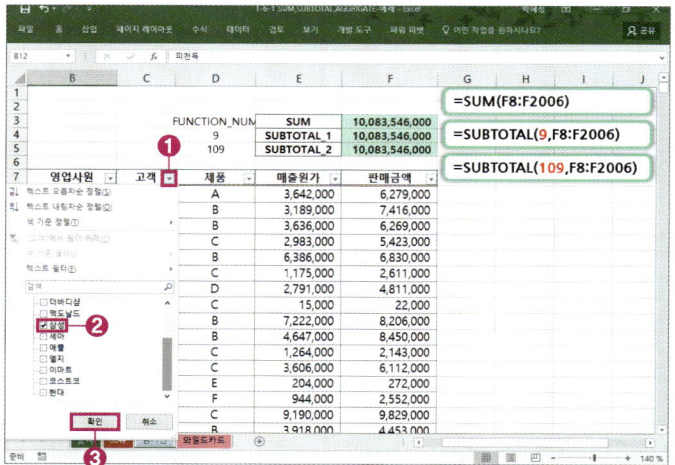

04 [F4], [F5] 셀의 수식에 작업 결과가 반영되는 것을 확인할 수 있습니다.

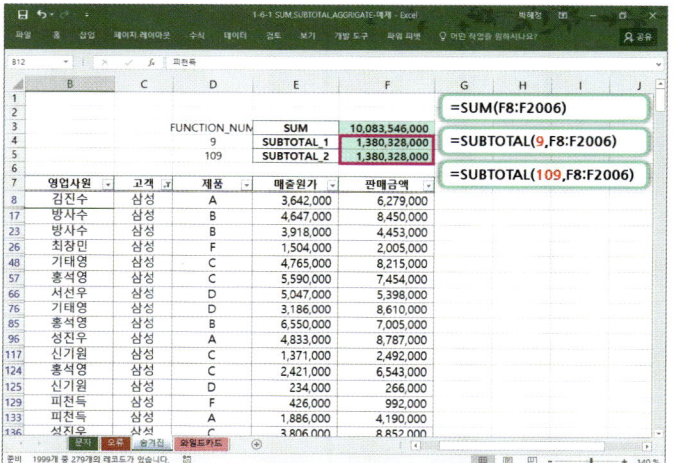

빈도수 & 합계 _ AND 조건과 SUMIF, SUMIFS, COUNTIF, COUNTIFS 함수

데이터베이스에서 금 캐기 = Data Mining

SUM, AGGRIGATE, SUBTOTAL 등의 함수는 자료 타입의 구분 측면에서 살펴본 것이고, 이번에는 숫자가 문자로 인식되었다거나, 셀이 숨겨져 있다거나, 합계 범위에 숨겨진 값은 없다고 보고 특별한 조건(또는 기준, 차원, 변수 등으로 표현 됨)에 따른 자료의 값을 구분하여 처리해볼 예정입니다. 공들여 관리한 자료가 의사결정에 중요한 키가 되도록 자료를 분류하고 특정 기준으로 묶어 수치를 만들어냄으로써 다양한 각도로 봐야 할 때입니다. 이런 과정을 데이터 마이닝(data mining)이라고 합니다. 세계적 권위의 사전인 옥스포드(Oxford)는 데이터를 이렇게 정의하고 있습니다. '데이터는 추측이나 예측을 위한 기반으로 알려진 사실 또는 알려진 것이다!'라고요.

요약 및 통계를 위한 사전 준비

예제 파일 1-6-2 합, 빈도수 그리고 조건-예제.xlsx
완성 파일 1-6-2 합, 빈도수 그리고 조건-완성.xlsx

셀에 입력할 수 있는 자료를 숫자, 문자, 오류, 논리값이라는 것은 앞선 과정에서 학습해서 알고 있을 것입니다. 적어도 우리는 셀에 자료를 입력할 때 네 가지 데이터 형을 구분하여 입력할 수 있게 되었습니다. 이번에는 조금 더 세분화하여 입력한 자료를 이용해 의미 있는 정보를 만들어내기 위한 적절한 데이터 표현 방법을 고민해보려 합니다.

■ 자료의 구분 _ 질적(범주, categorical)과 양적(Quantitative)

자료는 '질적' 자료와 '양적' 자료로 구분하며, 질적 자료는 '비수치형'과 '수치형' 자료로 나눕니다. '비수치형' 자료를 예로 들면, '(남, 여), (강동, 강서, 강남, 강북), (영업, 총무, 재무), (매우 싫음, 싫음, 보통, 좋음, 매우 좋음)' 등이 있습니다. 이 중에서 '남, 여'와 같이 서로 다름 외에는 어떠한 추가 정보도 갖지 않은 경우 '명목형(norminal)' 자료라고 합니다. 반면에 '(매우 싫음, 싫음, 보통, 좋음, 매우 좋음)'과 같이 서로 다름 외에도 순서와 같은 정도 정보가 포함되는 경우 '서열형(ordinal)' 자료라고 합니다. 명목이란 말을 '이름뿐인'으로 이해하기 바랍니다. 더 이상 다른 의미로 해석될 수 없는 그 차제입니다. 대부분의 문자 자료는 명목형 자료로 보면 됩니다.

'양적' 자료는 '수치형' 자료이며, 측정이 가능한 데이터 유형으로 '구간'과 '비율'로 나눌 수 있습니다. '양적' 자료의 큰 장점은 무수히 많은 자료를 한꺼번에 처리할 수 있다는 것입니다. 예를 들어, 테이블에 사원들의 업무성과가 1부터 100까지의 수치로 입력되어 있다고 가정했을 때, 우리가 알고 싶은 정보는 업무성과가 90 이상인 사람이 몇이나 되냐는 것입니다. 90과 100 사이에는 무수히 많은 종류의 숫자가 연속됩니다. 이런 자료를 양적 자료 즉, 수치이면서 구간형 자료라고 하는 것입니다. 우리는 질적 자료와 양적 자료를 구분하고 함수와 기능에서 어떻게 처리해야 하는지를 이후의 과정을 통해 이해할 수 있어야 합니다.

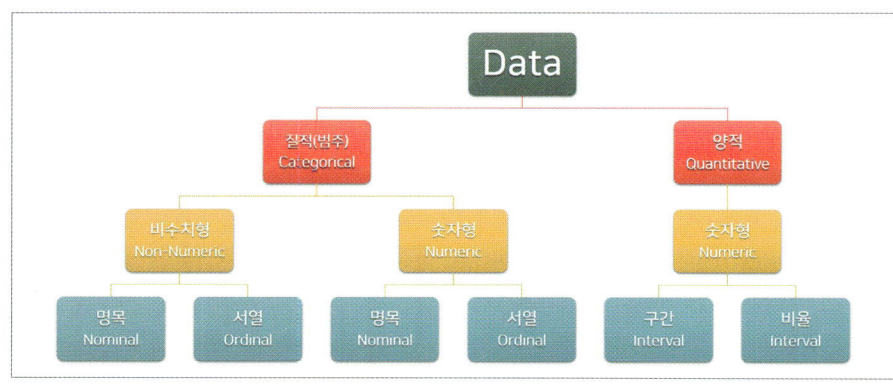

◀ 데이터 다이어그램

■ '어떤 자료 형(척도)으로 자료를 측정해 셀에 입력할 것인가?'를 결정하세요!

구체적으로 어떤 처리 과정을 거쳐야 하는지 아래의 처리에 따른 자료 형을 구분해봅니다.

처리1 사람의 키를 '대, 중, 소'로 표현할 것인가? 아님 숫자로?

1안 키를 숫자형 자료로 그대로 입력한다.	질적 → 숫자형 → 서열
2안 키를 기준을 정해 대, 중, 소로 나누고, 세 값만을 입력한다.	질적 → 숫자형 → 명목
3안 키 값을 3그룹으로 나누고, 각각 [3, 2, 1] 값을 입력한다.(큰 → 작은)	질적 → 숫자형 → 서열

처리2 시험을 치른 한 사람의 이름과 점수는?

이름은 그대로 입력한다. 달리 방법이 없다.	질적 → 비수치형 → 명목
점수는 숫자로 입력한다.	양적 → 숫자형 → 구간

처리3 시험 점수와 점수를 기준으로 순위를 만들려고 한다면?

점수는 숫자로 입력한다.	양적 → 숫자형 → 구간
순위를 구해 숫자형 자료로 입력한다.	질적 → 수치형 → 서열

처리4 시험 점수가 전체에서 몇 %를 차지하는지 점유율을 구한다면?

점유율은 백분율로 숫자로 입력한다.	양적 → 숫자형 → 비율

'어떤 자료 형(척도)를 사용하는가?'는 여러분 스스로 결정해야 합니다. 여러분이 어떤 자료 형을 선택했느냐에 따라 엑셀에서 할 수 있는 함수와 기능이 결정됩니다.

■ COUNT 계열 함수로 보는 범주형과 수치형 자료 지정 방법

자료 범위 [B2:B6]

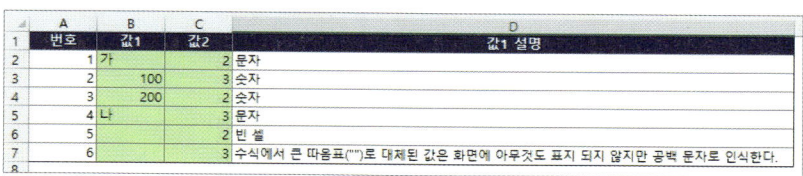

함수	설명	결과	해당 셀
=COUNT(B2:B6)	숫자 형식	2	[B3, B4]
=COUNTA(B2:B6)	모든 형식	5	[B1, B2, B3, B4, B6]
=COUNTBLANK(B2:B6)	빈 셀	2	[B5, B6]
=COUNTIF((B2:B6,"가")	하나의 조건	1	[B1]
=COUNTIFS((B2:B6,")=100",C2:C6,2)	두 개 이상의 조건	1	[B4]
=COUNTIF(B2:B6,"=")	빈 셀	1	[B6]
=COUNTIF(B2:B6,"")	빈 셀, 공백 문자	1	[B6, B7]
=COUNTIF(B2:B6,"〈〉")	빈 셀이 아닌	5	[B1, B2, B3, B4, B6]

■ 함수에 와일드카드(Wildcards) 활용법

와일드카드	의미	사용 예
*(별표)	모든 것	개수에 상관없는 문자로 '*부천시*'를 입력하면 '부천시'가 포함된 모든 주소를 인식합니다.
?(물음표)	한 글자	한 글자에 해당하는 것으로 '홍?동'을 입력하면 '홍'으로 시작하고 '동'으로 끝나는 가운데 한 글자 즉, 총 세 글자로 이루어진 단어를 찾습니다.
~(물결표)	*, ?을 찾을 때	패턴을 의미하는 '*'이나 '~'을 찾을 때 사용하는 것으로 '~*'을 입력하면 '*'은 모든 글자를 의미하는 것이 아니라 '*' 자체를 의미합니다.

'부천시'에 사는 사람은 몇 명일까?
[A2] 셀에 수식 '=COUNTIF(A5:
A100,"*부천시*")'를 입력합니다.

∙∙∙∙∙∙∙∙∙∙∙∙∙∙∙∙∙∙∙∙∙∙∙∙∙∙∙∙∙∙∙∙∙∙∙∙∙∙∙

팁 :: 와일드카드(Wildcards)를 사용하면 합계를 구하는 기준을 좀 더 구체적으로 지정할 수 있습니다.

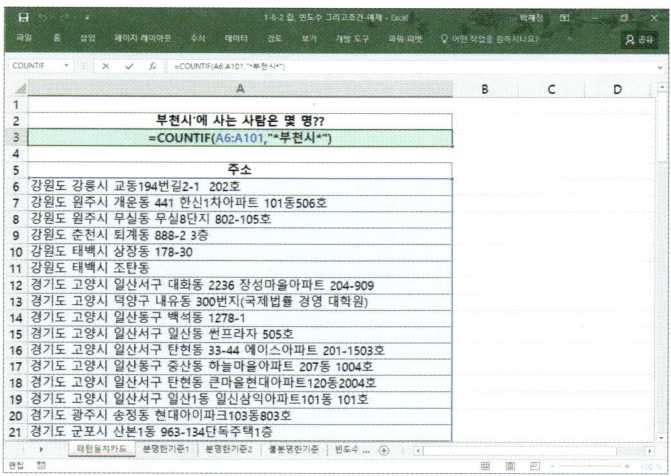

■ 용어 정리

우리는 엑셀에서 통계 및 데이터베이스 관리를 합니다. 때문에 통계 용어들과 엑셀에서 사용하는 용어들 간에 매칭 작업이 필요합니다.

- **통계** : 일상생활이나 여러 가지 현상에 대한 자료를 한눈에 알아보기 쉽게 수치로 나타내는 것입니다. 통계는 엑셀에서 큰 비중을 차지하는 작업입니다.

- **차원(dimension)** : 차원은 조건(기준)과 같은 의미로 보면 됩니다. 만약 우리가 하나의 기준에 따를 자료를 모아서 집계 및 통계를 낸다면, 1차원이 될 것이고, 두 개의 기준이라면 2차원이 될 것입니다. 2차원부터는 다차원 분석이라고 합니다. 더 쉽게 말하자면, 지역별로만 합을 낸다면 1차원, 지역별, 영업 사원별로 분류하여 집계한다면 2차원이 되는 것입니다. 엑셀에서 우리는 하나의 열에 하나의 조건 정보를 입력하고, 하나의 열 정보를 기준으로 작업한다면 1차원, 두 개의 열로 한다면 2차원이 됩니다.

- **척도** : 측정 대상을 분류하기 위해 이름 대신 임의적으로 숫자를 부여한 것으로 명명척도, 서열척도, 등간척도, 비율척도, 절대척도가 있습니다. 엑셀에서 하나의 열에 입력하는 자료의 종류를 숫자로 할 것인가 문자로 할 것인가를 크게 결정하고, 더 세부적으로 데이터의 척도를 구분하여 의미 있는 자료를 만들기 위한 작업을 하게 됩니다.

조건과 자료 전달을 위한 사전 준비 _ 데이터 유효성 검사, 이름 정의

예제 파일 1-6-2 합, 빈도수 그리고조건-예제.xlsx I **완성 파일** 1-6-2 합, 빈도수 그리고 조건-완성.xlsx

함수와 함수, 함수와 기능과의 관계는 상호 보완적입니다. 특정 함수의 부족함을 다른 함수가 채워 주고, 함수에게 어려운 부분을 기능으로 대체하거나 둘이 합작하여 문제를 쉽게 해결할 수 있도록 합니다. SUMIF 계열의 함수와 잘 어울리는 기능인 이름 정의와 데이터 유효성 검사를 활용하여 있어 보이는 수식을 설계해보겠습니다.

01 데이터 유효성의 목록을 지정할 [I5] 셀을 선택하고 [데이터] 탭-[데이터 도구] 그룹에서 [데이터 유효성]을 클릭합니다. [데이터 유효성] 대화상자가 나타나면 [설정] 탭에서 [제한 대상]을 '목록'으로 설정하고 [원본]에 '서울,대구,대전,인천,광주'를 입력한 다음 [확인]을 클릭합니다.

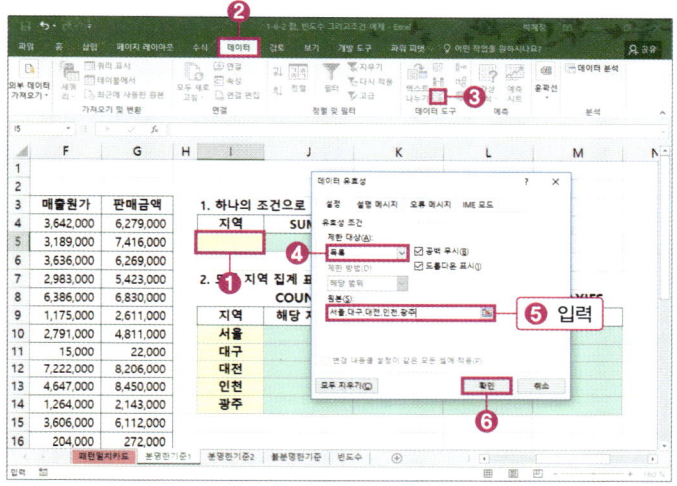

02 [A3:G30]을 선택하고 [수식] 탭-[정의된 이름] 그룹에서 [선택 영역에서 만들기]를 클릭합니다. [선택 영역에서 이름 만들기] 대화상자에서 [첫 행]만 체크하고 [확인]을 클릭합니다.

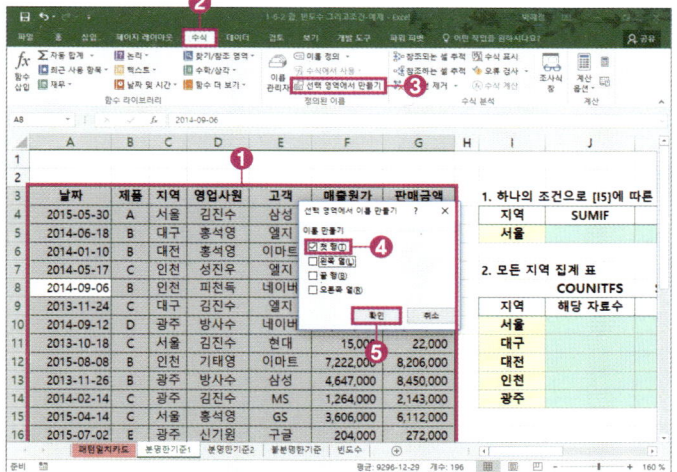

03 데이터 유효성 검사를 적용한 [I5] 셀을 선택해 목록을 확인합니다. [이름 상자]를 클릭해 만들어진 목록을 확인하고, 하나를 선택해 해당 영역이 선택되는지 확인합니다.

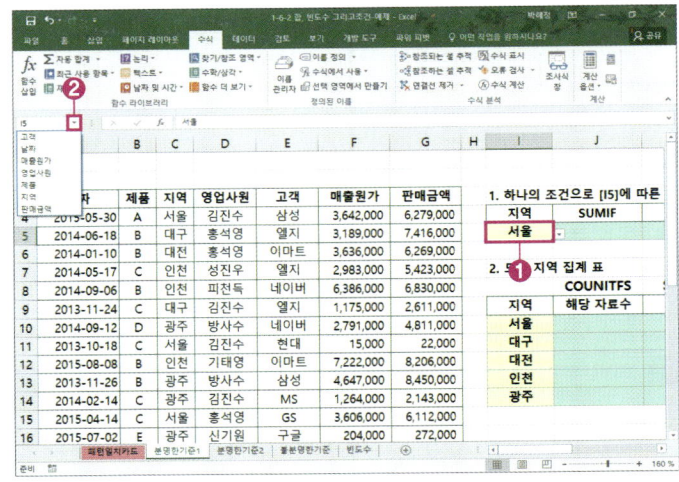

체크해봐요 :: 정의한 이름을 수정하거나 삭제하려면 어떻게 하나요?

[수식] 탭-[정의된 이름] 그룹에서 [이름 관리자]를 클릭한 후 구체적인 참조 셀, 시트, 참조 형태 정보를 확인하고 수정, 삭제할 수 있습니다.

분명한 기준(조건) 처리! _ 명목형 자료

예제 파일 1-6-2 합, 빈도수 그리고조건-예제.xlsx
완성 파일 1-6-2 합, 빈도수 그리고조건-완성.xlsx

함수에 조건을 직접 입력할 때 문자는 큰따옴표 안에, 숫자는 큰따옴표 없이 입력합니다. 현재 파일에는 참조해야 하는 범위가 이름으로 지정되어 있으니, 확인하고 사용합니다. SUMIF, SUMIF 함수를 알면 COUNTIF, COUNTIFS, AVERAGEIF, AVERAGEIFS, MAXIFS, MINIFS 함수도 다 접수한 것입니다. 조건에 만족하는 값을 범위에서 찾고 그에 해당하는 숫자 값을 가져다가 합하고, 평균내고, 최대/최소값을 구하는 것입니다. 이들 함수의 인수 구조는 같습니다.

01 앞선 따라하기에 이어서 '서울'이란 명목형 자료를 기준으로 해당하는 판매금액 정보만 모아 합을 구하기 위해 [J5], [K5] 셀에 수식을 입력하고 **Enter**를 누릅니다. 수식을 입력할 때 [정의된 이름]을 사용하려면 직접 입력하거나, **F3**을 사용합니다.
=SUMIFS(판매금액,지역,I5)
=SUMIF(지역,I5,판매금액)

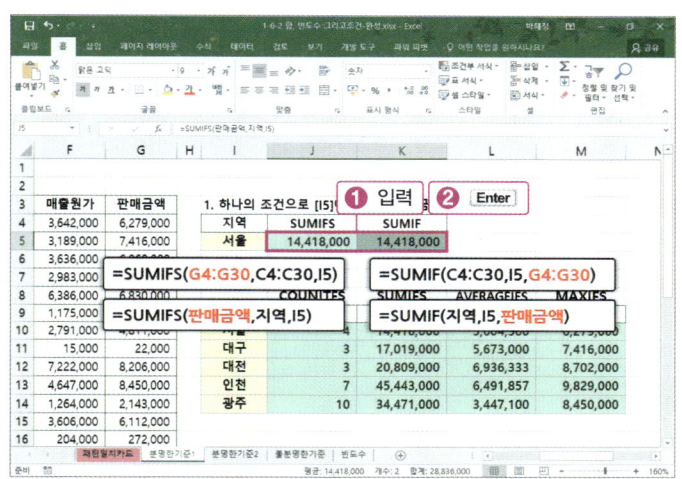

체크해봐요 :: 왜 같은 작업을 두 가지 함수로 하죠?
SUMIF는 하나의 조건만을 처리하는 함수로써 엑셀 2007부터 추가되었으며, 엑셀 2010부터 두 개 이상의 조건을 처리할 수 있는 SUMIFS 함수가 추가되었습니다. 조건이 처리 기준이 하나인 상황은 두 함수 모두 사용 가능하지만 인수 지정 위치가 다릅니다. 버전에 따라 또는, 사용하기 편한 함수를 선택해서 사용하면 됩니다.

함수식 / =SUMIFS(판매금액,지역,I5)와 =SUMIF(지역,I5,판매금액) 비교
설명

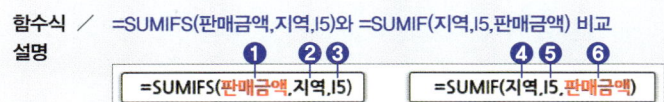

SUMIFS, SUMIF 함수 둘 모두 이름 정의된 [지역](실제 범위 [C4:C30])에서 [I10] 셀에 입력된 값 '서울'을 찾아 서울과 같은 행에 입력된 [판매금액](실제 범위 [G4:G30])에서 해당 금액을 모두 합합니다.
SUMIFS 함수는 ❶ 첫 번째 인수에 합계금액을 구할 수치 범위(sum_range), ❷ 두 번째 인수에 기준이 되는 값을 찾을 범위(range), ❸ 세 번째 인수에 기준 자료(criteria)를 지정합니다.
SUMIF 함수는 ❹ 첫 번째 인수에 기준이 되는 값을 찾을 범위(range), ❺ 두 번째 인수에 기준 자료(criteria)를 ❻ 세 번째 합계금액을 구할 수치 범위(sum_range)를 지정합니다.

02 각 지역에 해당하는 자료의 수, 합계, 평균, 최대값을 구하기 위해 [J10], [K10], [L10], [M10] 셀에 아래의 표를 참고하여 수식을 입력합니다.

셀	수식
[J10]	=COUNTIFS(지역,I10)
[K10]	=SUMIFS(판매금액,지역,I10)
[L10]	=AVERAGEIFS(판매금액,지역,I10)
[M10]	=MAXIFS(판매금액,지역,I10)

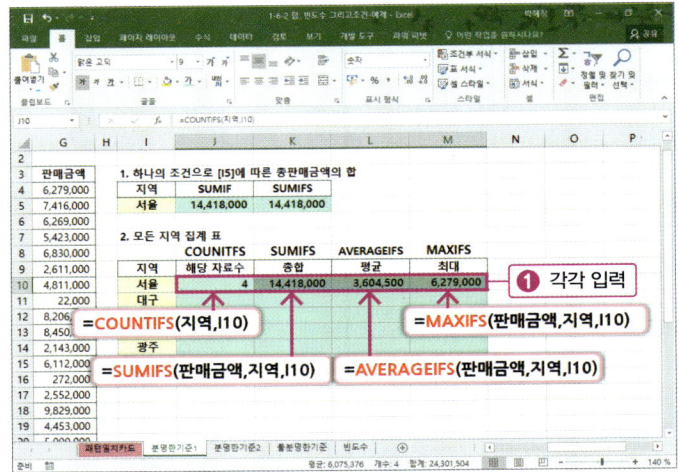

팁 :: MAXIFS 함수는 엑셀 2016 이후 버전에서만 사용할 수 있습니다.

함수식 / =SUMIFS(판매금액,지역,I10)와 =AVERAGEIFS(판매금액,지역,I10) 비교
설명

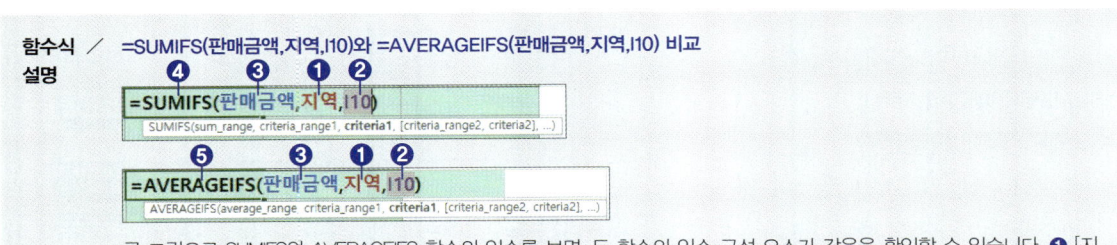

큰 그림으로 SUMIFS와 AVERAGEIFS 함수의 인수를 보면, 두 함수의 인수 구성 요소가 같음을 확인할 수 있습니다. ❶ [지역]에서 ❷기준이 되는 [I10] 셀에 '서울'에 해당하는 모든 값을 찾아, 찾은 값과 동일한 행에 ❸ [판매금액]의 모든 값을 ❹ SUMIFS 함수는 더하고 ❺ AVERAGEIFS 함수는 더한 값을 '서울' 수 만큼 나눠 평균을 구합니다. MAXIFS 함수는 '서울'에 해당하는 모든 판매금액 중에 가장 큰 값을 찾습니다. COUNTIFS 함수는 판매금액 정보가 필요 없기 때문에 '서울'에 해당하는 자료가 몇 개인지만 구합니다.

03 수식을 입력한 범위 [J10:M10]을 선택하고 [14] 행까지 복사합니다.

팁 :: 여러 셀을 선택하고 복사할 경우 [J10] 셀의 수식은 [J] 열에 [M10] 셀의 수식은 [M] 열에 복사됩니다.

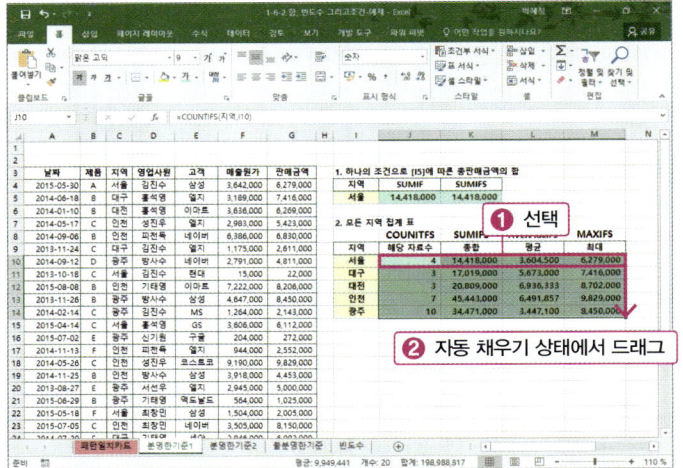

04 '분명한기준2' 시트의 [A3] 셀을 선택하고 Ctrl+A 를 눌러 전체 범위를 선택합니다. [수식] 탭–[정의된 이름] 그룹에서 [선택 영역에서 만들기]를 클릭한 다음 [선택 영역에서 이름 만들기] 대화상자에서 [첫 행]만 체크하고 [확인]을 클릭합니다.

....

팁 :: [A3] 셀이 기준이 되며, 여러 셀을 선택한 경우 처음 선택한 [A3] 셀이 엑티브 셀이 됩니다.

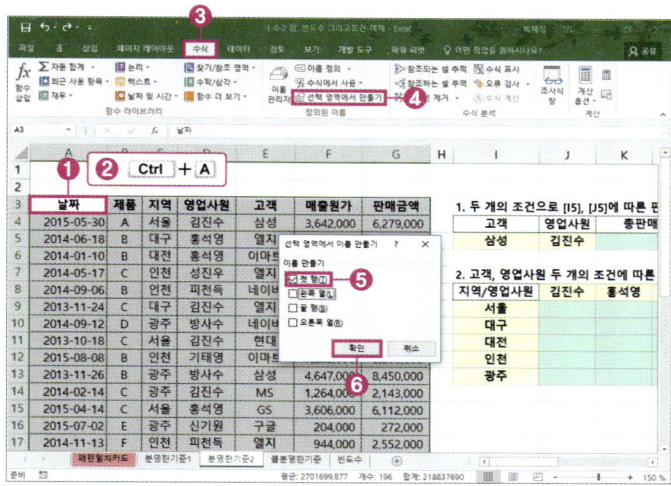

05 정의한 이름을 확인하기 위해 [수식] 탭–[정의된 이름] 그룹에서 [이름 관리자]를 클릭합니다. 하나의 통합 문서에 동일한 이름이 존재할 수 있고, 각각의 이름에는 참조되는 시트 정보가 포함되어 있음을 확인할 수 있습니다. 확인했으면 [닫기]를 클릭합니다.

────────────

체크해봐요 :: **하나의 문서에 같은 이름이 있으면 엑셀은 어떻게 처리하나요?**
각각의 시트에 해당하는 이름을 참조합니다. 예를 들어 '분명한기준2' 시트에서 '고객'을 참조하면 '분명한기준2' 시트에서 정의된 '고객'을 참조하는

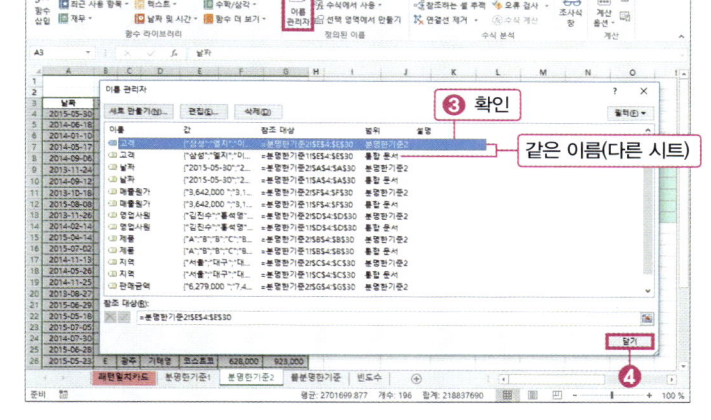

것입니다. 만약 이름이 정의되지 않은 시트에서 '고객'을 참조하면 처음 만들어진 이름을 기본으로 참조하도록 설정되어 있습니다.

06 고객과 영업사원을 변수로 두 조건을 만족하는 값에 해당하는 판매금액의 합을 구하기 위해 [K5] 셀을 선택하고 수식을 입력합니다.

=SUMIFS(판매금액,고객,I5,영업사원,J5)

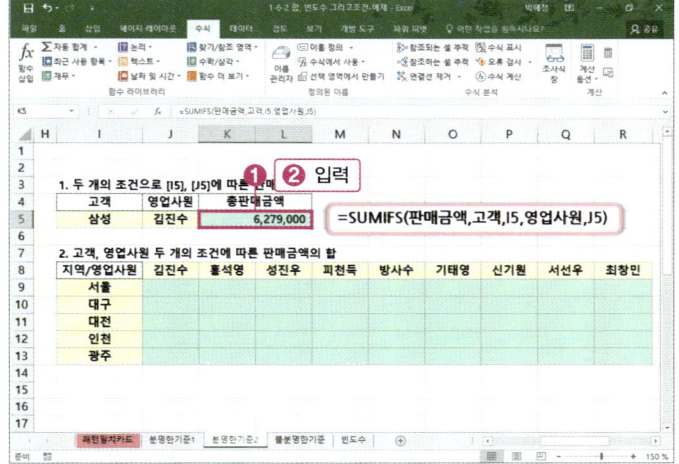

07 지역과 영업사원 두 조건을 만족한다는 전제는 같으나 작성 보고서의 형태가 다릅니다. 이럴 때는 혼합 참조 방식을 사용하면 쉽게 수식을 설계할 수 있습니다. 이번에는 수식을 입력할 모든 범위 [J9:R13]을 먼저 선택하고 수식 '=SUMIFS(판매금액,지역,$I9,영업사원,J$8)'을 입력한 다음 `Ctrl`+`Enter`를 누릅니다.

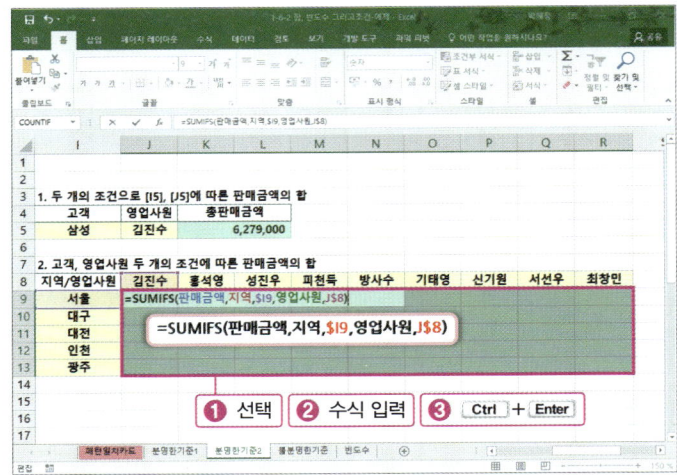

팁 :: 지역 기준으로 활용한 [$I9] 셀은 행의 변화만 허용했고, 영업사원 기준으로 활용한 [J$8] 셀은 열의 변화만 허용함으로써 수식이 입력된 자리마다 참조가 달라지도록 연출했습니다. 참조의 변화를 한 눈에 확인하려면 `Ctrl`+`~`를 누릅니다. 확인 후 다시 결과 값을 보려면 다시 한 번 `Ctrl`+`~`를 누릅니다.

08 선택한 모든 범위에 수식이 복사됩니다.

팁 :: `Ctrl`+`Enter`를 눌러 복사하면 내용 및 수식이 복사되고 서식은 복사되지 않습니다.

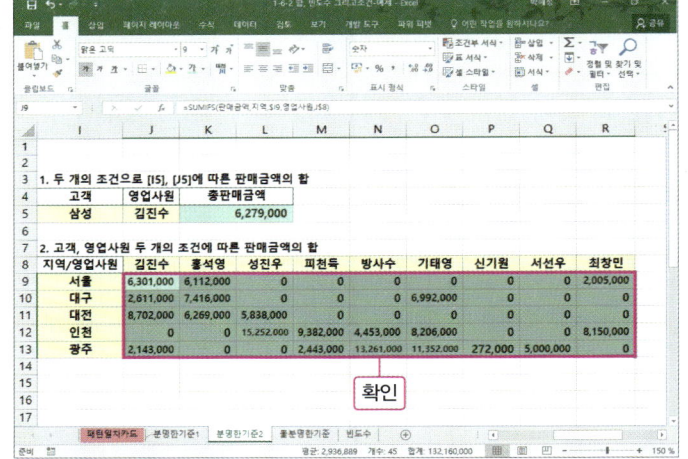

STORY 01 :: 기본으로 돌아가자!

불분명한 기준(조건) 처리! _ 연속형 자료

예제 파일 1-6-2 합, 빈도수 그리고조건-예제.xlsx
완성 파일 1-6-2 합, 빈도수 그리고조건-완성.xlsx

불분명하다는 말이 틀린 말일 수 있습니다. 처리 기준은 명확하지만, 함수에 조건을 지정할 때 명목형 자료 '남'처럼 처리 기준이 하나가 아닌 여러 숫자 구간을 처리해야 할 때 입니다. 때문에 부득이 하게 불분명하다는 표현을 사용하게 됨을 이해 바랍니다. DATE 자료들 중 일정 기간을 정하여 처리하고, 또한 SALES의 구간을 나눠 해당 구간의 자료에 대한 합을 구하려고 합니다. 범위 [A4:A2002]는 'DATE'로, [B4:B2002]는 'SALES'로 이름 정의되어 있습니다.

01 최소값과 최대값을 참조하여 최소값보다는 크거나 같고, 최대값보다는 작은 범위 안에 모든 값을 합산하기 위해, [G5] 셀을 선택하고 수식을 입력한 다음 [8] 행까지 수식을 복사합니다.

=SUMIFS(SALES,SALES,")="&E5,SALES,"<"&F5)

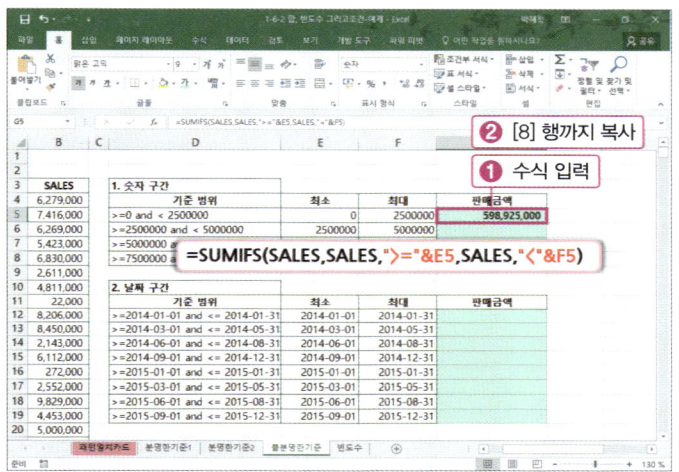

체크해봐요 :: 기준을 지정할 때 사용한 ")="&E5'의 의미는 뭔가요?

SUMIF, COUNTIF 함수에 조건을 지정 시 비교 연산자를 사용할 때는 ")9000"처럼 큰따옴표 안에 비교 연산자, 숫자 값 순서로 입력해야 합니다. 그런데 현재 수식의 경우 만약 그렇게 조건을 지정한다면, 수식이 입력되는 셀마다 일일이 조건 값을 지정해야겠죠? 수식을 쉽게 입력하기 위해 형태는 갖추고 셀을 참조해서 활용할 수 있도록 설계한 것입니다. 직접 지정하려면 수식을 '=SUMIFS(SALES,SALES,")=0",SALES,"<2500000")'처럼 입력하면 됩니다.

함수식 / =SUMIFS(SALES,SALES,")="&E5,SALES,"<"&F5)
설명

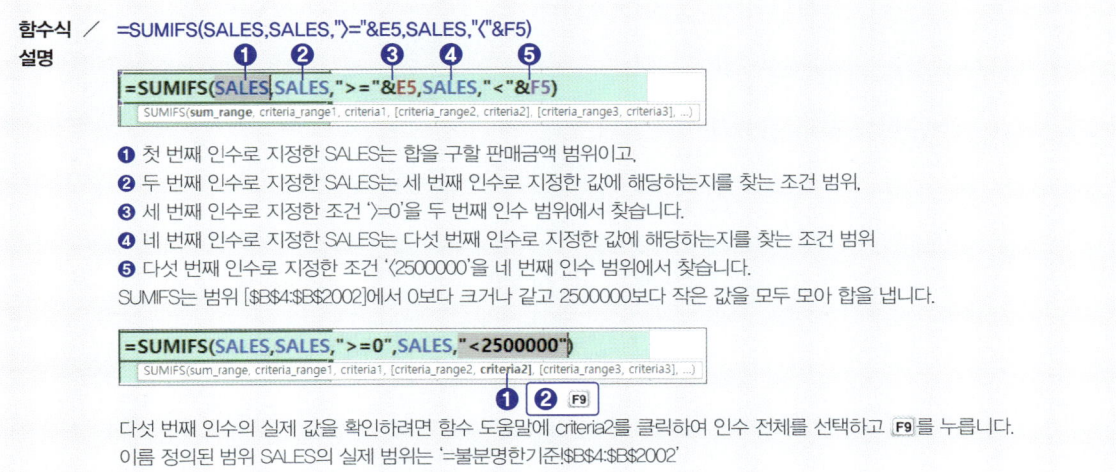

① 첫 번째 인수로 지정한 SALES는 합을 구할 판매금액 범위이고,
② 두 번째 인수로 지정한 SALES는 세 번째 인수로 지정한 값에 해당하는지를 찾는 조건 범위,
③ 세 번째 인수로 지정한 조건 ')=0'을 두 번째 인수 범위에서 찾습니다.
④ 네 번째 인수로 지정한 SALES는 다섯 번째 인수로 지정한 값에 해당하는지를 찾는 조건 범위
⑤ 다섯 번째 인수로 지정한 조건 '<2500000'을 네 번째 인수 범위에서 찾습니다.
SUMIFS는 범위 [$B$4:$B$2002]에서 0보다 크거나 같고 2500000보다 작은 값을 모두 모아 합을 냅니다.

다섯 번째 인수의 실제 값을 확인하려면 함수 도움말에 criteria2를 클릭하여 인수 전체를 선택하고 F9를 누릅니다.
이름 정의된 범위 SALES의 실제 범위는 '=불분명한기준!$B$4:$B$2002'

02 날짜도 본질적으로 숫자입니다. 때문에 날짜 데이터도 앞의 숫자처럼 구간을 설정할 수 있습니다. 분기의 첫 날과 마지막 날을 참조하여 구간 내에 SALES의 합을 구하기 위해 [G12] 셀을 선택하고 수식을 입력합니다.

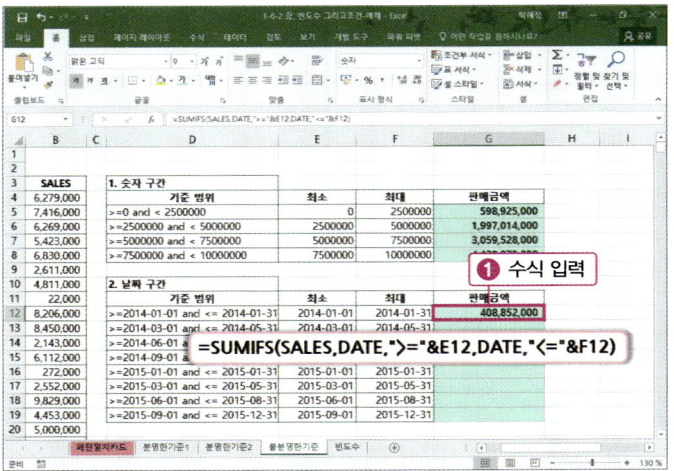

03 수식을 [G19] 셀까지 복사하고 결과를 확인합니다.

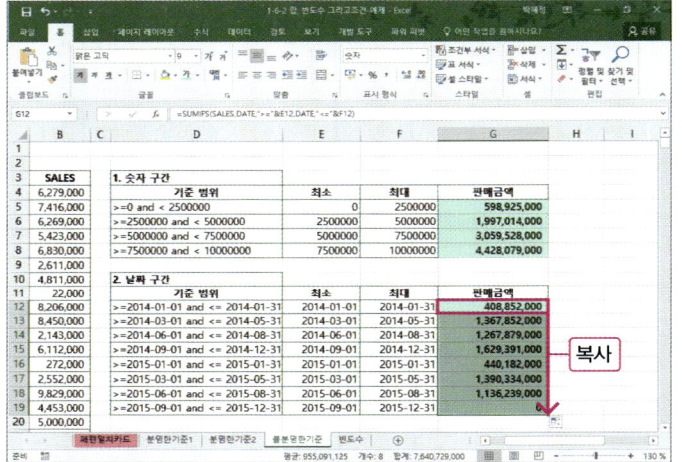

빈도수! _ COUNTIFS, FREQUENCY 함수와 피벗 테이블

예제 파일 1 · 6-2 합, 빈도수 그리고조건-예제.xlsx
완성 파일 1 · 6-2 합, 빈도수 그리고조건-완성.xlsx

[B] 열에 입력된 점수를 이용하여 구간을 설정한 다음 구간에 해당하는 자료의 수를 집계하는데, 같은 작업을 COUNTIFS, FREQUENCY 함수와 피벗 테이블로 하고 결과를 비교해보겠습니다.

01 '빈도수' 시트에서 [G5] 셀을 선택하고 수식을 입력한 다음 **Enter** 를 누릅니다. 그리고 수식을 [G14] 셀까지 복사합니다.
=COUNTIFS(점수,">="&D5,점수,"<"&E5)

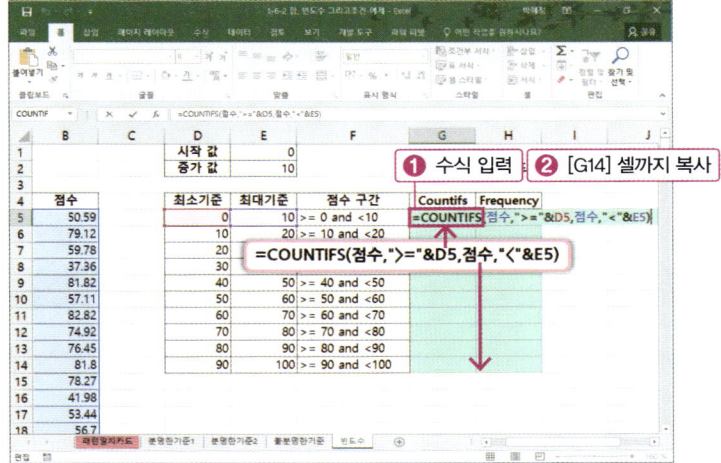

02 [H5:H14]를 선택하고 수식 '=FREQUENCY(점수,E5:E14)'를 입력한 다음 **Ctrl** + **Shift** + **Enter** 를 누릅니다.

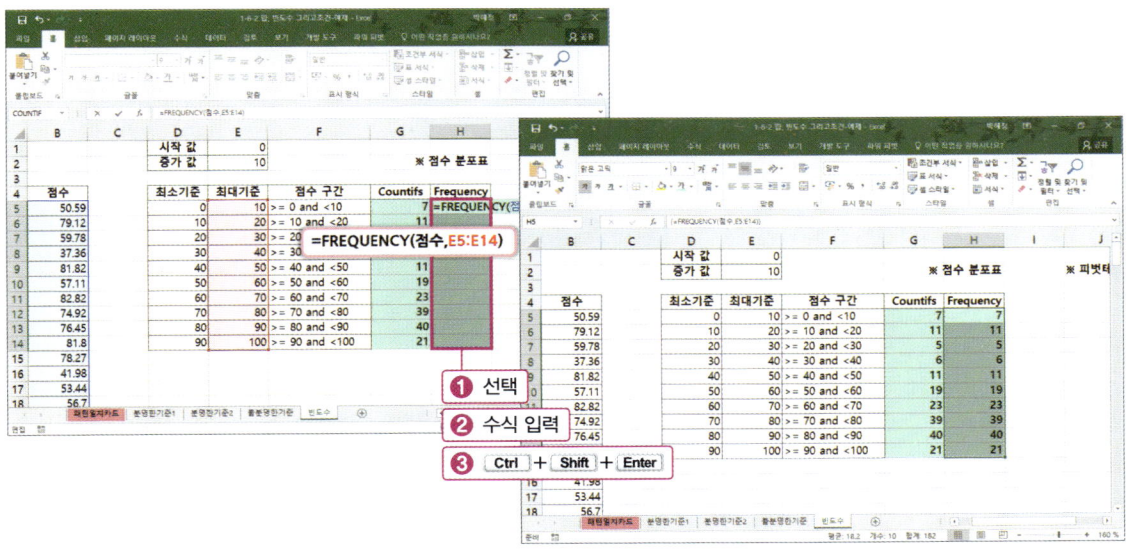

팁 :: FREQUENCY는 배열 함수로 먼저 함수 적용 범위를 모두 선택하고 수식을 입력한 후 **Ctrl** + **Shift** + **Enter** 를 눌러 작업을 완료해야 합니다.

03 피벗 테이블 범위 [H4:B186]을 선택하고 [삽입] 탭-[표] 그룹에서 [피벗 테이블]을 클릭합니다. [피벗 테이블 만들기] 대화상자의 [기존 워크시트]에서 위치 [J4] 셀을 참조하고 [확인]을 클릭합니다.

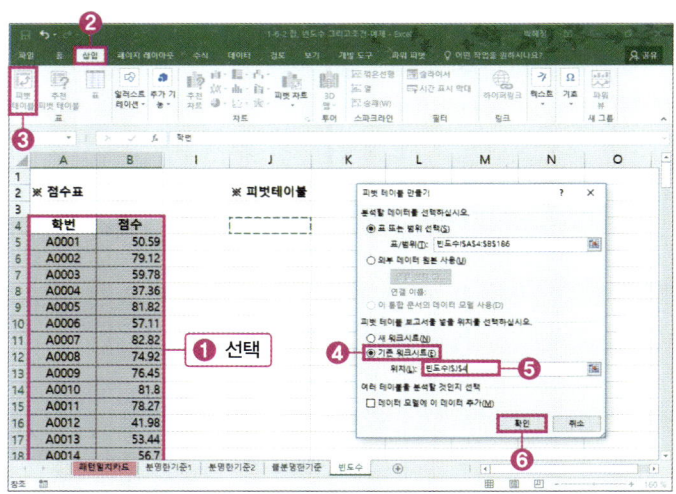

04 [피벗 테이블 필드] 창에서 [점수]를 [행], [학번]을 [값]으로 옮깁니다. 옮겨진 점수 목록 중에 하나의 셀을 선택하고 [피벗 테이블 도구]-[분석] 탭-[그룹] 그룹의 [그룹 선택]을 클릭합니다.

······························

팁 :: 그룹 메뉴를 실행하기에 앞서 마우스 포인터는 행 레이블 열 범위 즉, 그룹을 만들어낼 자료에 위치해야 합니다. 그렇지 않으면 [그룹 선택] 메뉴가 비활성됩니다.

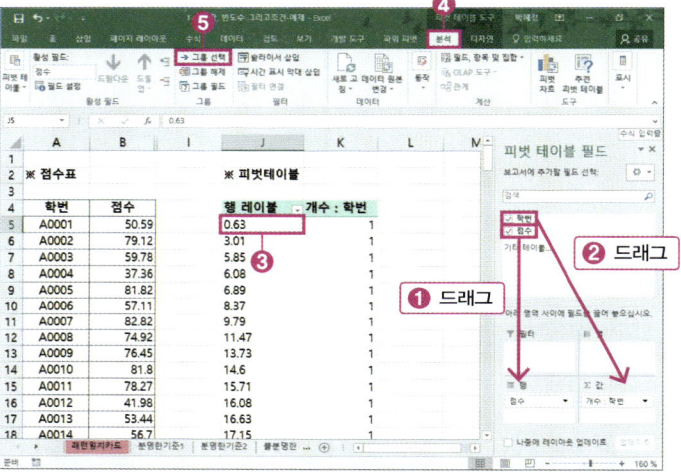

05 [그룹화] 대화상자에서 [시작]을 '0'으로 수정하고 [확인]을 클릭합니다.

······························

팁 :: 시작을 '0'으로 수정한 이유는 그렇지 않으면 최소값이 시작 값이 되어 첫 구간이 '0.63~10.63'이 됩니다.

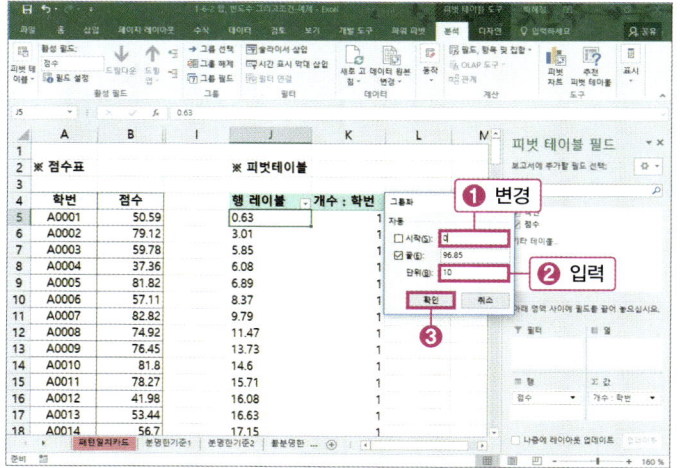

06 세 작업 모두 같은 결과로 나타냅니다. FREQUENCY 함수나 피벗 테이블은 왼쪽 기준표의 최대 기준에 입력한 값을 아래 구간에 포함시켜 계산함을 확인할 수 있습니다.

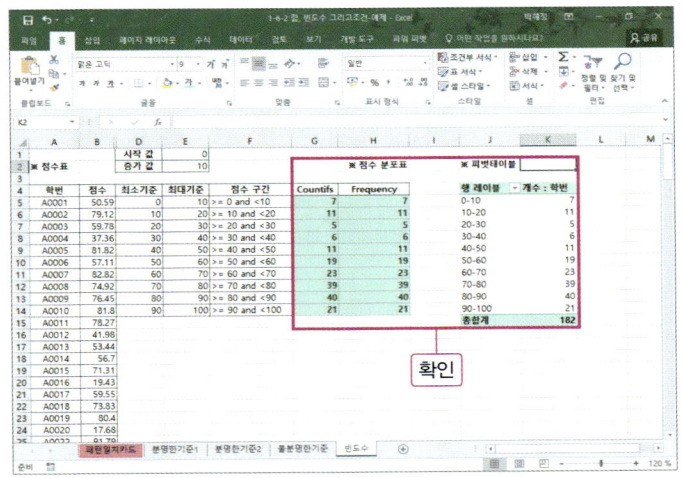

빈도수 & 합계_OR 조건, SUMIFS+배열 처리, DB 함수

김 대리, 박 대리는 같은 부서! 둘이 합쳐 판매금액이 얼마야?

앞선 과정은 지정한 모든 조건을 만족할 때 처리합니다. 이번에는 하나의 열(변수)을 상대로 하고, 여러 조건 중에 하나만 만족한다면 인식해서 다 더하거나, 카운트할 수 있는 여러 가지 방법을 알아보겠습니다.

SUMIFS, COUNTIFS 함수 사용하기

예제 파일 1-6-3 합, 빈도수 또는 조건-예제.xlsx
완성 파일 1-6-3 합, 빈도수 또는 조건-완성.xlsx

영업사원을 영업1그룹, 영업2그룹, 영업3그룹으로 나누어 거래 건수와 총판매금액의 합을 구해 비교해보려 합니다. 이 작업을 SUMIFS, COUNTIFS 함수로 처리하려면 그룹에 소속된 영업사원의 수만큼 수식을 만들고, 그 수식을 더하기로 연산하여 하나의 값을 구해야 합니다.

01 먼저 영업1그룹에 해당하는 '김진수', '홍석영', '성진우' 사원의 거래 건수를 각각 구하고 그들을 더하기로 연산하는 수식을 입력하기 위해 [K9] 셀을 선택하고 수식을 입력한 다음 [M9] 셀까지 복사-합니다.
=COUNTIFS(영업사원,K$6)+COUNTIFS(영업사원,K$7)+COUNTIFS(영업사원,K$8)

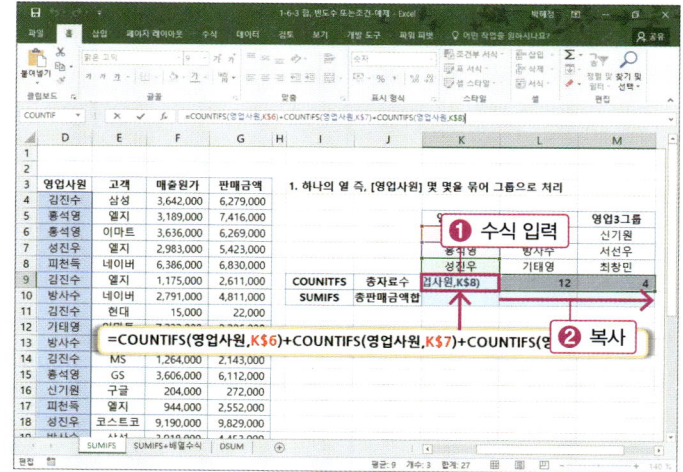

02 이번에는 사원의 합을 각각 구하고 그들을 더하기로 연산하는 수식을 입력하기 위해 범위 [K10:M10]을 선택하고 수식을 입력한 다음 **Ctrl** + **Enter** 를 눌러 복사합니다.

=SUMIFS(판매금액,영업사원,K$6)+SUMIFS(판매금액,영업사원,K$7)+SUMIFS(판매금액,영업사원,K$8)

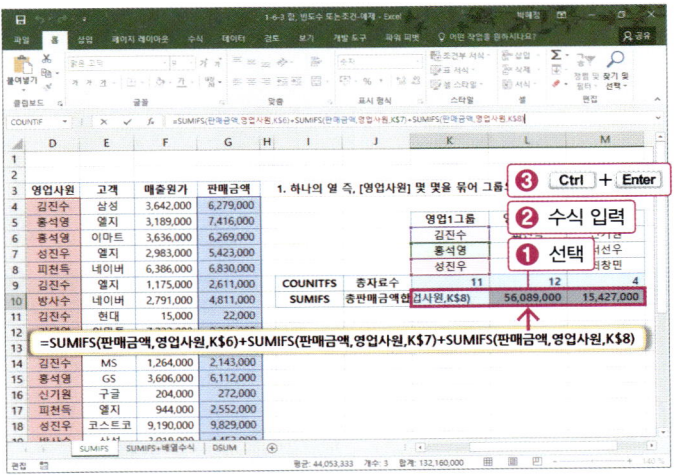

03 만약 조건이 10개라면 지금보다 훨씬 수식이 길어질 것입니다.

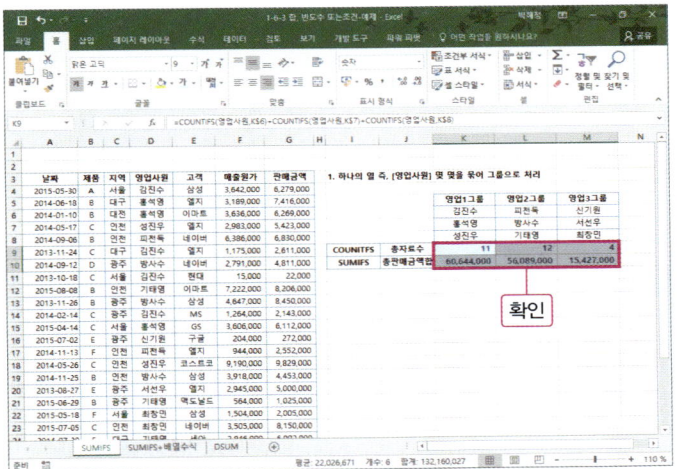

체크해봐요 :: 만약 조건이 10개라면? 참 길지요!
=SUMIFS(판매금액,영업사원,K$1)+SUMIFS(판매금액,영업사원,K$2)+SUMIFS(판매금액,영업사원,K$3)+SUMIFS(판매금액,영업사원,K$4)+SUMIFS(판매금액,영업사원,K$5)+SUMIFS(판매금액,영업사원,K$6)+SUMIFS(판매금액,영업사원,K$7)+SUMIFS(판매금액,영업사원,K$8)+SUMIFS(판매금액,영업사원,K$9)+ SUMIFS(판매금액,영업사원,K$10)

SUMIFS 함수+배열 처리

예제 파일 1-6-3 합, 빈도수 또는 조건-예제.xlsx Ⅰ 완성 파일 1-6-3 합, 빈도수 또는 조건-완성.xlsx

배열 수식의 강점 중 하나는 작업 과정을 줄이는 것입니다. 앞선 과정을 배열 수식으로 처리한다면 수식의 모양과 작업 단계는 어떻게 될까요?

01 'SUMIFS+배열 수식' 시트에서 [K9] 셀을 선택하고 수식을 입력한 다음 [Ctrl] + [Shift] + [Enter]를 누릅니다.
=SUM(COUNTIFS(영업사원,K$6:K$8))

....

팁 :: 일반 수식의 경우 COUNTIFS 함수의 두 번째 인수 자리에 여러 셀을 참조할 수 없습니다. 우리는 최종 배열 수식으로 처리할 것이기 때문에 여러 셀을 참조하여 여러 조건을 COUNTIFS 함수에 전달했습니다.

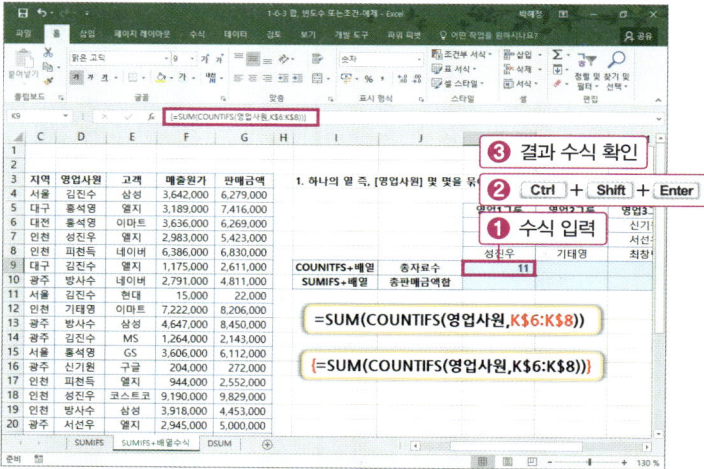

02 [K10] 셀을 선택하고 수식을 입력한 다음 [Ctrl] + [Shift] + [Enter]를 누릅니다.
=SUM(SUMIFS(판매금액,영업사원,K$6:K$8))

....

팁 :: 일반 수식의 경우 SUMIFS 함수의 세 번째 인수 자리에 여러 셀을 참조할 수 없습니다. 우리는 최종 배열 수식으로 처리할 것이기 때문에 여러 셀을 참조하여 여러 조건을 SUMIFS 함수에 전달했습니다.

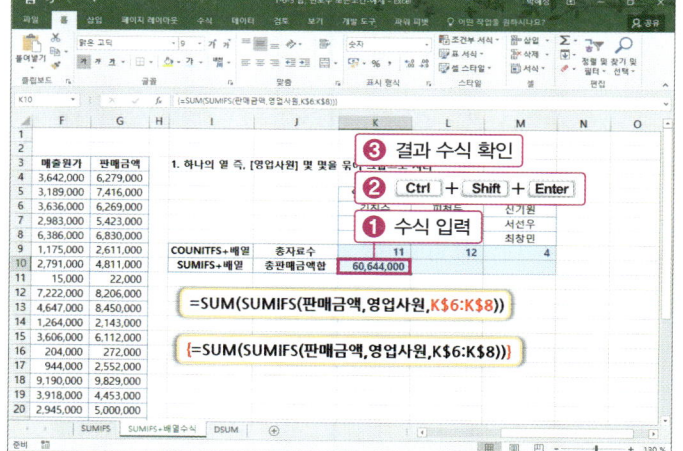

03 수식이 이해가 안 된다면 커서를 SU-MIFS 함수 수식 안쪽에 위치시키고 나타난 도움말에서 'criteria1'을 클릭해 선택하고 F9 를 눌러 결과를 확인합니다.

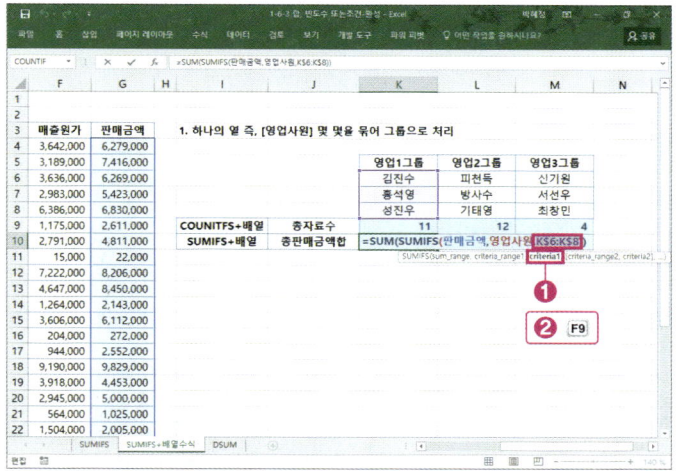

함수식 / =SUM(SUMIFS(판매금액,영업사원,K$6:K$8))
설명

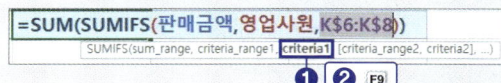

커서를 SUMIFS 함수의 수식 안쪽에 위치시키고 나타난 도움말에서 'criteria1'을 클릭해 선택하고 F9 를 눌러 결과를 확인합니다.

=SUM(SUMIFS(판매금액,영업사원,{"김진수";"홍석영";"성진우"}) → 확인

지정한 세 개의 셀에 값이 배열 상수 {"김진수";"홍석영";"성진우"}로 표시됩니다.

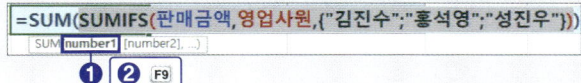

커서를 SUM 함수의 수식 안쪽에 위치시키고 나타난 도움말에서 'number1'을 클릭해 선택하고 F9 를 눌러 결과를 확인합니다.

=SUM({19757000;19797000;21090000}) ─ ❸ 확인

SUMIFS 함수는 '김진수'에 해당하는 판매금액의 합, '홍석영'에 해당하는 판매금액의 합, '성진우'에 해당하는 판매금액의 합을 모두 배열 상수로 소유하고 있고, 세 개의 값을 SUM 함수가 합을 내어 최종 값을 만듭니다.

DB 함수 활용법 _ DCOUNTA, DSUM 함수

예제 파일 1-6-3 합, 빈도수 또는 조건-예제.xlsx
완성 파일 1-6-3 합, 빈도수 또는 조건-완성.xlsx

고급 필터와 모양이 아주 흡사한 DB 함수를 만나볼 차례입니다. 앞선 과정을 DB 함수로 처리해 보겠습니다. 참고로 DB 함수의 인수 개수는 모두 같습니다. 또한 인수의 내용도 거의 같습니다. DSUM이냐 DAVERAGE 함수냐에 따라 합을 구할지, 평균을 구할지가 결정되는 것입니다. DB 함수를 사용할 때는 반드시 첫 번째 인수에 필드를 포함 모든 테이블의 자료가 전달되어야 합니다. 필드명이 이정표가 되어 조건에 맞는 자료를 찾기 때문입니다.

01 먼저 필드를 포함한 모든 범위에 이름을 지정하기 위해, 'DSUM' 시트에서 [A3] 셀을 선택하고 Ctrl + A를 눌러 이웃한 모든 범위를 선택한 다음 [이름 상자]에 '판매관리'라고 입력하고 Enter를 누릅니다.

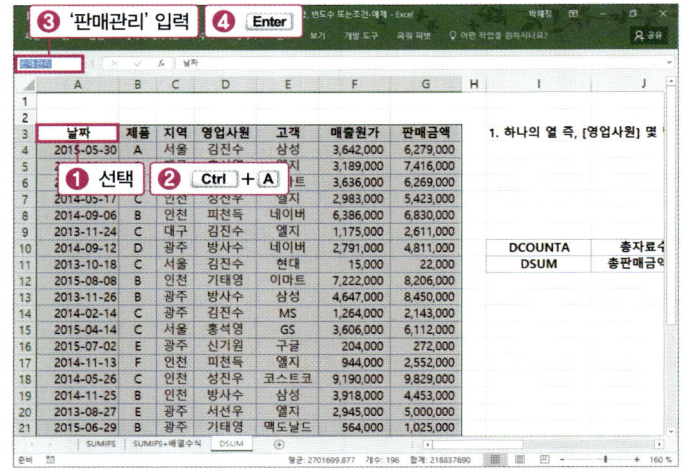

02 [K10] 셀을 선택하고 수식을 입력한 다음 [M10] 셀까지 수식을 복사합니다.
=DCOUNTA(판매관리,$D$3,K$6:K$9)

체크해봐요 :: 두 번째 인수 'D3'의 의미가 뭐죠?
거래 건수 즉, 자료의 수를 구하는데, [영업사원] 정보를 사용하라는 것입니다. 예를 들어 DCOUNTA 함수가 아니고 DSUM 함수를 이용해 조건에 만족하는 값들을 모아 합을 내야 한다면 'D3'의 [영업사원]으로는 해결할 수 없습니다. 그렇기 때문에 그때는 합계를 구할 수 있는 판매금액 정보를 의미하는 'G3'을 지정해야 하는 것입니다.

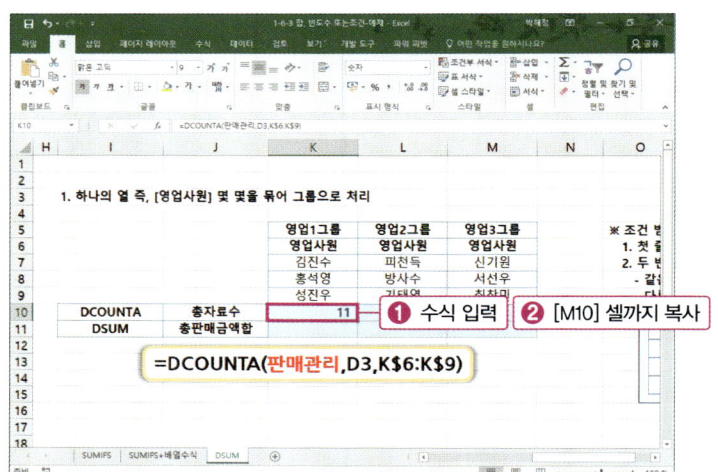

03 범위 [K11:M11]을 선택하고 수식을 입력한 다음 `Ctrl`+`Enter`를 눌러 복사합니다. DSUM과 DCOUNTA 함수의 인수 구성은 같습니다. 차이라면 두 번째 인수에 합을 구할 수 있는 수치 자료 [판매금액]을 지정했다는 것입니다.

=DSUM(판매관리,$G$3,K$6:K$9)

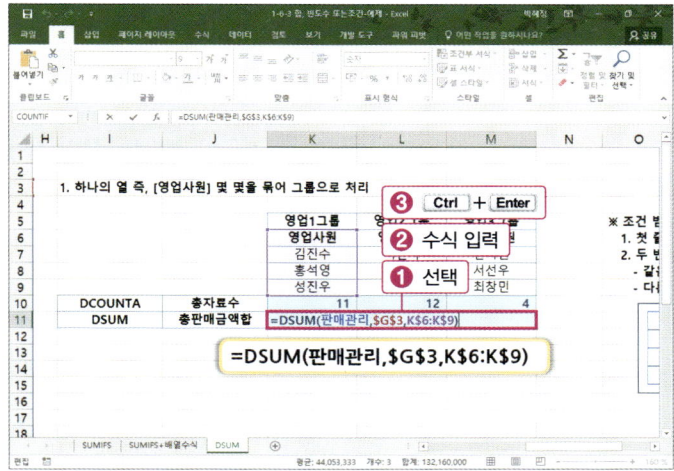

팁 :: DB 함수 VS [고급 필터] 대화상자

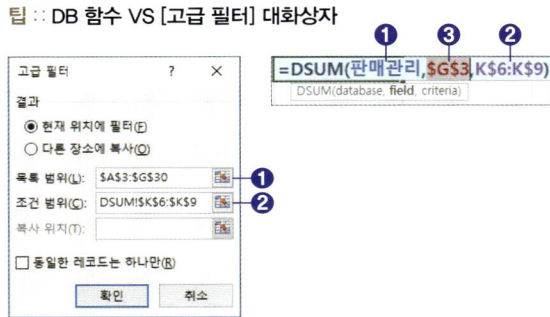

❶ [고급 필터] 대화상자의 [목록 범위]와 DSUM 함수의 첫 인수(database)는 전체 자료 범위로 같습니다.

❷ [고급 필터] 대화상자의 [조건 범위]와 DSUM 함수의 세 번째 인수(criteria)도 같습니다.

❸ 고급 필터는 [조건 범위]를 읽어 해당 내용을 [목록 범위]에서 찾아 현재 위치나, 다른 장소에 복사하는 것이 목적이고, DSUM 함수는 조건에 맞는 내용을 찾아 합계를 구해 하나의 값을 만들어야 하므로 DSUM 함수의 두 번째 인수(field)는 계산에 활용될 열의 첫 머리(G3)를 선택했습니다.

빈도수 & 합 _
정렬, 통합, 부분합, 피벗 테이블

함수는 어렵고, 해결할 수 없는 문제도 있던데..!	엑셀을 사용하는 목적은 원하는 항목들을 모아서 그 수를 세고 합을 내는 것이라고 해도 과언이 아닐 것입니다. 때문에 엑셀은 그 문제를 해결하는 다양한 방법을 제공합니다. 유난스레 함수를 어려워하는 사람들도 있고, 모든 상황이 함수로 해결되는 것은 아니니, 상황에 따라 적절한 방법을 선택할 수 있도록 합계를 낼 수 있는 다른 기능도 살펴보겠습니다.

여러 범위의 자료를 _ 통합

예제 파일 1-6-4 통합.부분합.피벗 -예제.xlsx ㅣ 완성 파일 1-6-4 통합.부분합.피벗 -완성.xlsx

통합 기능을 이용하면 여러 범위에 있는 자료들을 위치나 이름에 따라 합하거나 평균을 구할 수 있습니다. 통합 범위에 같은 이름의 레이블이 있다면 레이블을 이용하여 값을 통합하고, 그렇지 않은 경우에는 동일한 위치 값에 있는 데이터를 통합합니다. 데이터를 설정할 때는 첫 번째, 데이터의 범위에 각 열의 첫 행에 열 이름이 있고 유사한 내용이 들어 있으며, 목록 안에 빈 행이나 열이 없어야 합니다. 두 번째, 각 범위를 별도의 워크시트 또는 범위에 둡니다. 통합할 위치로 사용할 워크시트에는 통합의 대상이 되는 범위를 두지 않아야 합니다. 세 번째, [위치에 따른 통합]은 각 범위의 레이아웃이 동일한지 확인하고 [범주에 따른 통합]은 열 또는 행에 동일한 열 이름이 있는지 확인합니다.

01 먼저 데이터가 입력된 위치를 기준으로 통합하기 위해 통합할 위치인 '통합' 시트의 [A3] 셀을 선택하고 [데이터] 탭-[데이터 도구] 그룹에서 [통합]을 클릭합니다. [통합] 대화상자에서 [함수]는 '합계'로 설정한 다음 [참조]에 커서를 위치시킵니다.

팁 :: 합계 이외에도 개수, 평균, 최대, 최소, 곱, 숫자 개수, 표본 표준 편차, 표준 편차, 표본 분산, 분산 함수를 제공합니다.

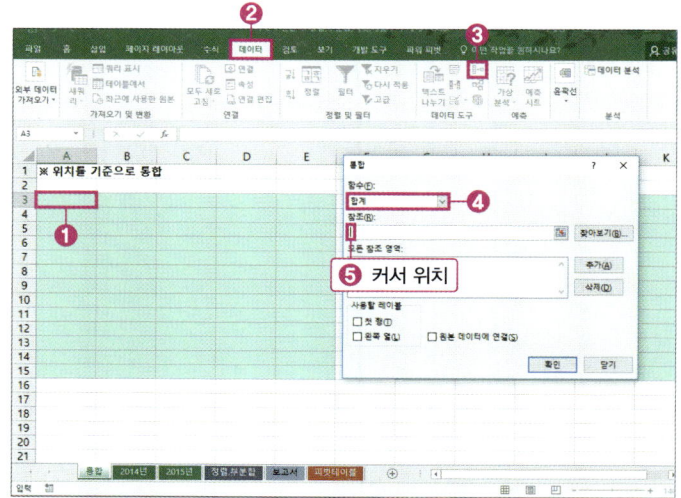

02 통합할 데이터가 들어있는 '2014년' 시트를 선택한 후 ['2014년'!$A$3:$E$15]를 지정하고 [추가]를 클릭합니다.

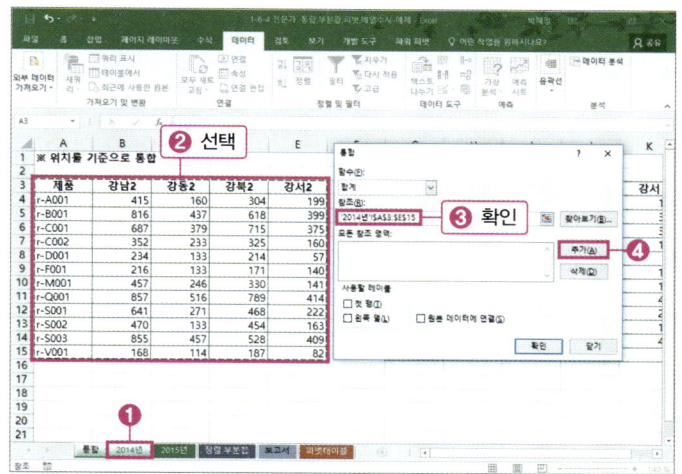

03 같은 방법으로 '2015년' 시트를 선택하고 범위 ['2015년'!$A$3:$E$15]를 지정하고 [추가]를 클릭한 다음 [확인]을 클릭합니다. 이때 사용할 이름은 체크하지 않습니다.

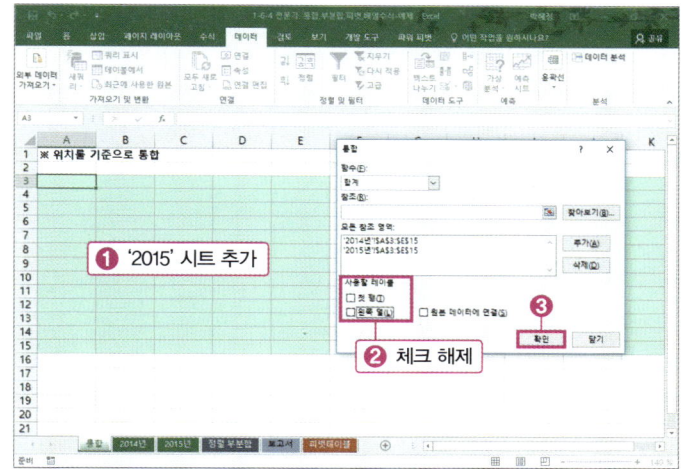

04 이번에는 참조할 표의 레이블을 기준으로 데이터를 통합하기 위해 통합할 위치인 '통합' 시트의 [G3] 셀을 선택하고 [데이터] 탭-[데이터 도구] 그룹에서 [통합]을 클릭합니다.

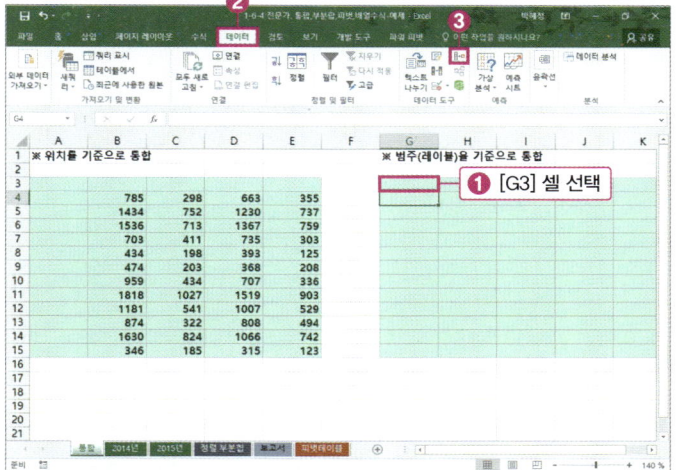

05 두 시트의 범위를 그림과 같이 참조하고 [사용할 레이블]의 [첫 행], [왼쪽 열] 둘 다 체크한 다음 [확인]을 클릭합니다.

'2014년'!$G$3:$K$15

'2015년'!$G$3:$K$15

·····

팁 :: 앞선 과정에 참조했던 범위가 그대로 남아있다면, 다시 참조할 필요는 없습니다.

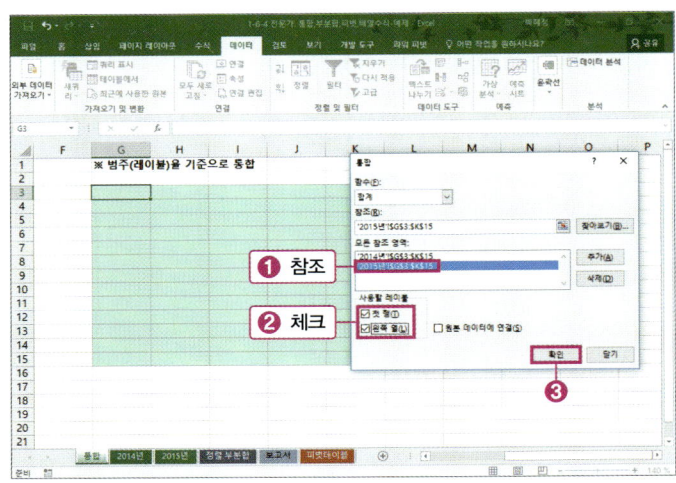

06 두 작업의 결과를 비교합니다. 참조하는 표의 첫 행과 왼쪽 열의 레이블이 달라도 위치로 통합할 수 있습니다. 결과는 같습니다.

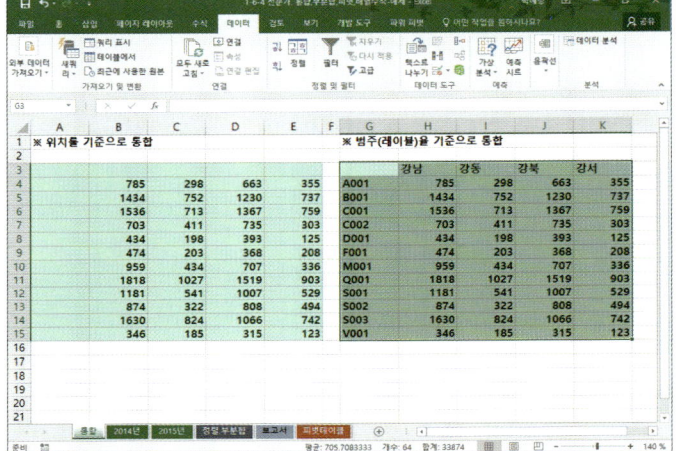

정렬과 부분합을 이용한 다차원 분석

예제 파일 1-6-4 통합,부분합,피벗-예제.xlsx | 완성 파일 1-6-4 통합,부분합,피벗-완성.xlsx

첫 번째 기준은 [영업사원], 두 번째 기준은 [지역]으로 하여 [수량]과 [수익]의 합계를 계산하고 부분합 다른 시트에 복사합니다. 그리고 지역을 기준으로 내용을 다른 종이에 인쇄하도록 설정하는 방법도 알아보겠습니다.

01 먼저 부분합 기준으로 정렬을 실행합니다. 데이터 범위에 마우스 포인터를 위치시키고 [데이터] 탭-[정렬 및 필터] 그룹의 [정렬]을 클릭한 다음 첫 번째 기준은 '영업사원, 값, 오름차순'으로 설정하고 [기준 추가]를 클릭합니다. 두 번째 기준은 '지역, 값, 오름차순'으로 설정한 후 [확인]을 클릭합니다.

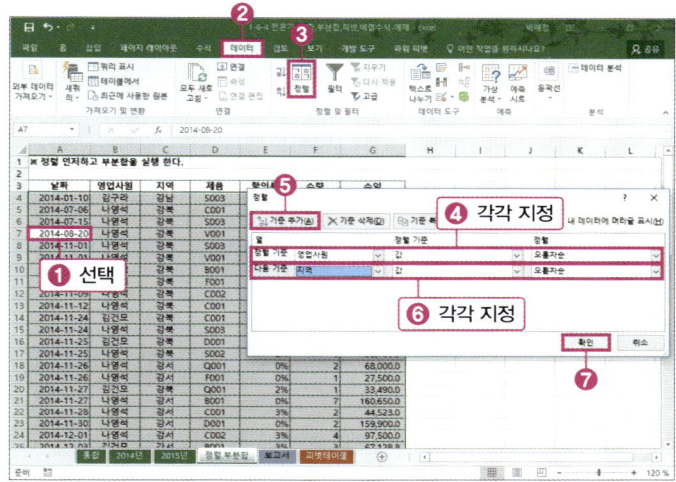

02 데이터 범위에 마우스 포인터를 위치시키고 [데이터] 탭-[윤곽선] 그룹에서 [부분합]을 클릭합니다. [부분합] 대화상자에서 [그룹화할 항목]의 '영업사원', [사용할 함수]에 '합계', [부분합 계산 항목]에 [수량]과 [수익]을 체크, [그룹 사이에 페이지 나누기]도 체크한 다음 [확인]을 클릭합니다.

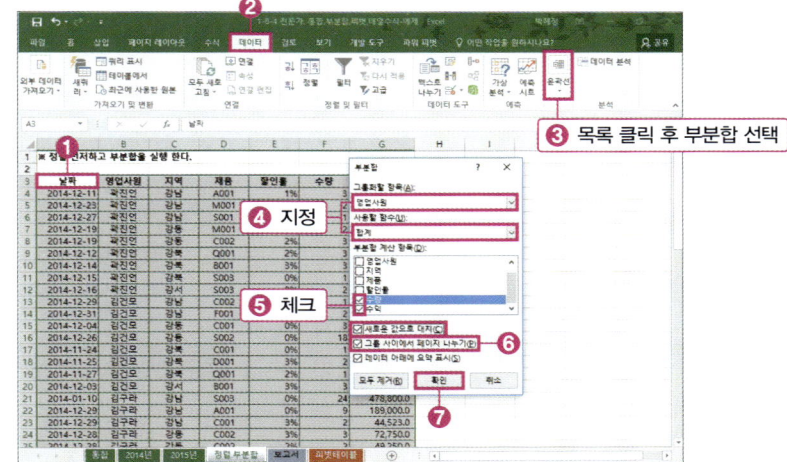

03 두 번째 기준으로 부분합을 실행하기
위해 데이터 범위에 마우스 포인터를 위치
시키고 [데이터] 탭–[윤곽선] 그룹에서 [부
분합]을 클릭한 다음 [부분합] 대화상자에
서 [그룹화할 항목]에 '지역', [사용할 함수]
에 '합계', [부분합 계산 항목]에 [수량]과
[수익]을 체크, [그룹 사이에 데이지 나누
기]와 [새로운 값으로 대치]는 체크를 해제
한 다음 [확인]을 클릭합니다.

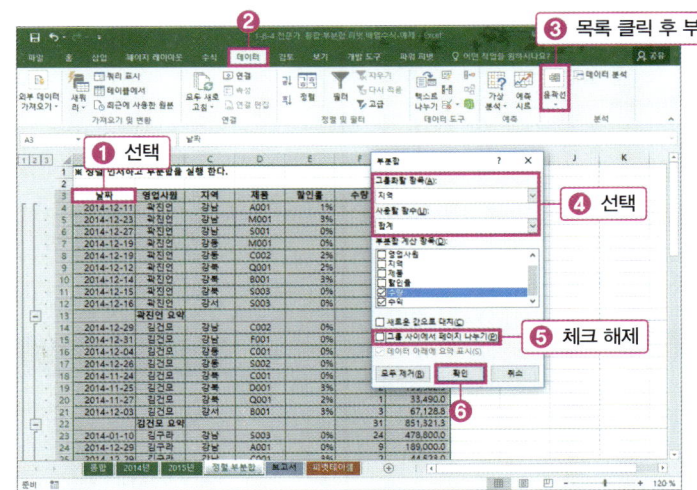

....

팁 :: 적용한 부분합을 [모두 제거]하면 다시 원본으로 돌아갑니다. 부분합을 적용하나 범위에 셀 하나를 선택하고 [데이터] 탭–[윤곽
선] 그룹에서 [부분합]을 클릭한 다음 [모두 제거]를 클릭합니다.

04 왼쪽에 나타난 [윤곽선] 중 [3]을 클릭
합니다.

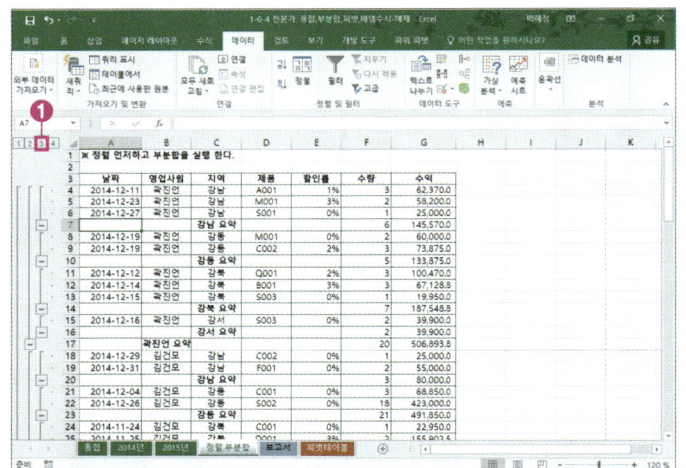

05 화면에 표시된 요약 범위 [B3:G89]를
선택하고, **Alt** + **;** 를 눌러 화면에 보이
는 셀만 선택한 다음 **Ctrl** + **C** 를 눌러
복사합니다.

─────────────────────────

체크해봐요 :: **Alt** + **;** 는 왜 누르나요?
'화면에 보이는 셀만 선택'하라는 명령입니다. 이
과정을 거치지 않으면 숨겨진 모든 값이 다 복사
됩니다. 이 기능을 메뉴로 실행하려면 [이동]–[옵
션]을 순서대로 클릭하고 [이동 옵션] 대화상자에
서 [화면에 보이는 셀만 선택]을 사용합니다.

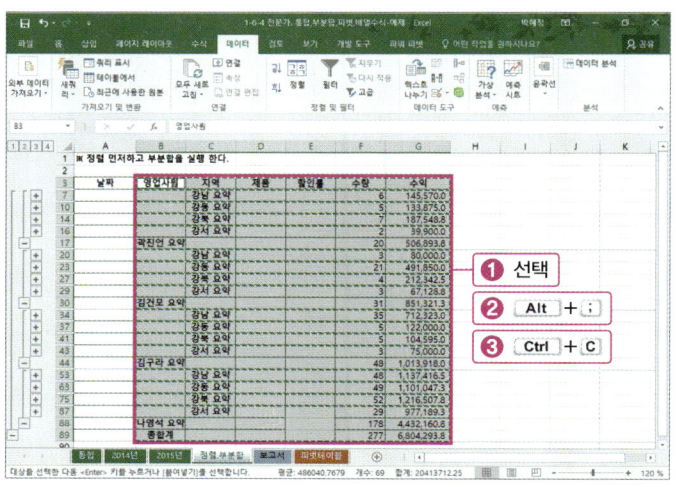

06 '보고서' 시트의 [A1] 셀을 선택한 다음 **Ctrl** + **V** 를 눌러 붙여넣은 다음 요약된 결과만 붙여 넣어졌는지 확인합니다.

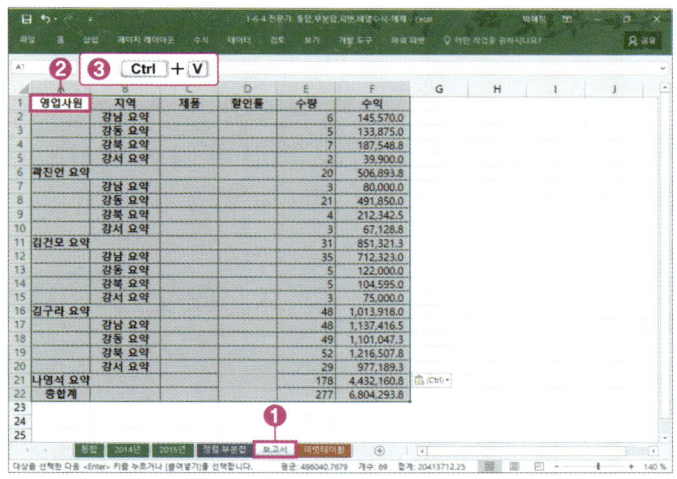

07 [영업사원]을 기준으로 [수량]과 [수익] 의 부분합을 실행할 때 체크한 [그룹 사이 에 페이지 나누기]는 [영업사원]을 기준으 로 다음 종이에 내용을 인쇄할 수 있도록 합니다. [페이지 레이아웃] 탭-[페이지 설 정] 그룹의 [자세히]를 클릭하고, [페이지 레이아웃] 대화상자의 [시트] 탭에서 [반복 할 행]에 [$3:$3]를 참조한 다음 [인쇄 미리 보기]를 클릭한다.

··

팁 :: [3] 행을 참조할 때 반복할 행에 커서를 위치 시키고 행 머리글을 클릭해 참조합니다.

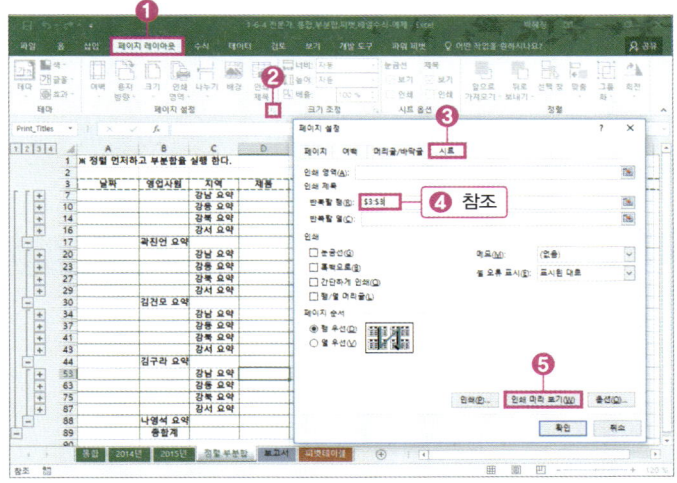

08 [인쇄 미리 보기]에서 왼쪽과 오른쪽 버튼(◀ 2 /4 ▶)을 클릭하여 페이지를 변경 하면서 영업사원별로 다른 종이에 인쇄되 는지 확인합니다.

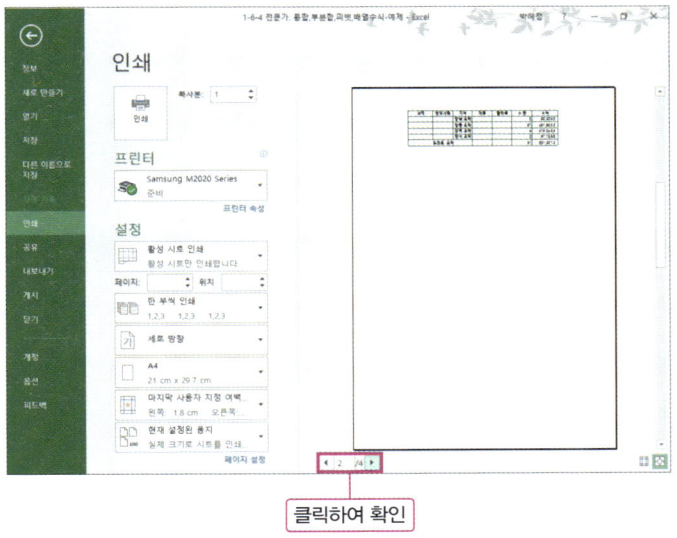

클릭하여 확인

피벗 테이블을 이용한 다차원 분석

예제 파일 1-6-4 통합,부분합,피벗-예제.xlsx ┃ 완성 파일 1-6-4 통합,부분합,피벗-완성.xlsx

[날짜], [수익], [지역]을 변수로 그룹지어 [수익]의 합계와 거래 건수를 세고, 각각 몇 퍼센트를 차지하는지에 대한 비율 분석을 실행해보겠습니다.

01 '피벗테이블' 시트에서 분석을 위한 데이터 범위에 하나의 셀을 선택하고 [삽입] 탭-[표] 그룹에서 [피벗 테이블]을 클릭합니다. [피벗 테이블 만들기] 대화상자에서 [표 범위]가 '피벗테이블!$A$11:$G$10011'로 지정됐는지 확인하고 [기존 워크시트]는 '피벗테이블!$J$11'로 설정한 다음 [확인]을 클릭합니다.

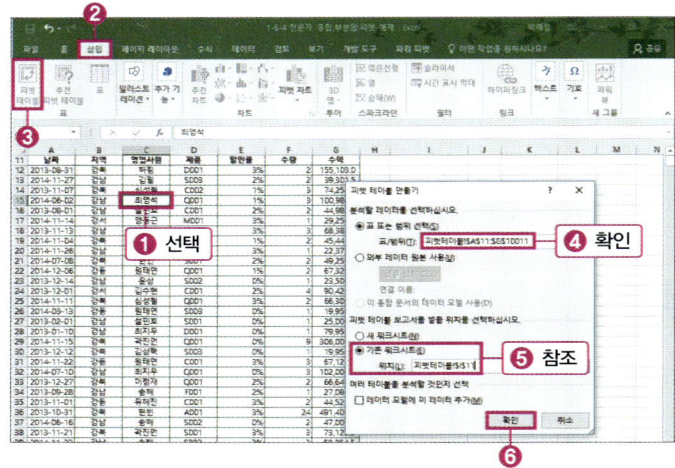

02 [피벗 테이블 필드]에서 [날짜]를 [행], [수익]을 [값] 영역으로 드래그하여 옮깁니다.

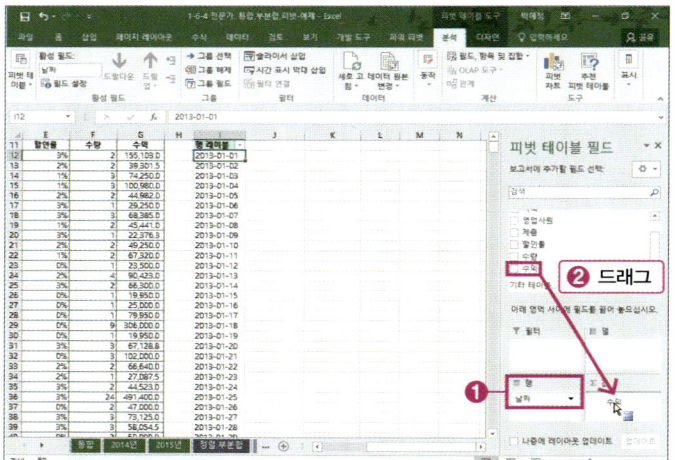

03 행의 날짜 데이터 중 하나를 선택하고 [피벗 테이블]-[분석] 탭-[그룹] 그룹에서 [그룹 선택]을 클릭합니다. [그룹화] 대화상자에서 [월], [분기], [연]을 선택한 다음 [확인]을 클릭합니다.

....

팁 :: 파란색은 선택을 하얀색을 그 반대를 의미합니다. 클릭할 때마다 선택과 선택 해제를 반복합니다.

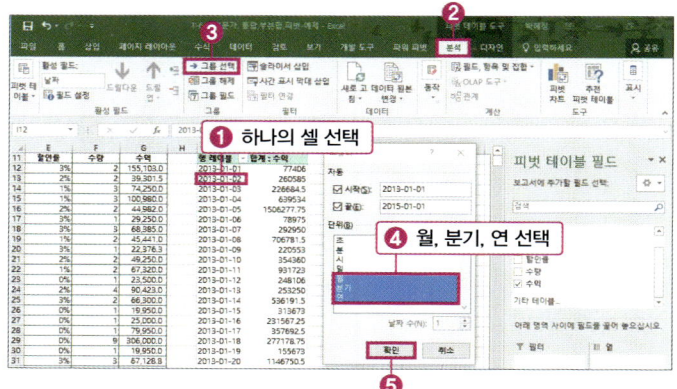

04 [피벗 테이블]–[디자인] 탭–[레이아웃] 그룹에서 [보고서 레이아웃]–[테이블 형식으로 표시]를 클릭합니다.

....

팁 :: [디자인] 탭을 이용하면 피벗 테이블의 화면 구성을 변경할 수 있습니다.

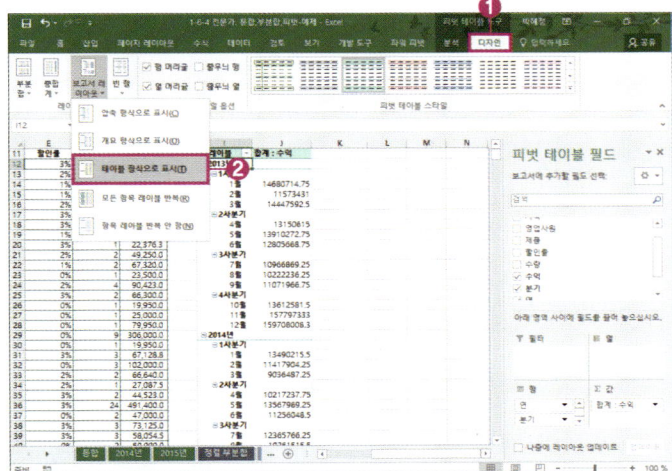

05 [피벗 테이블]–[디자인] 탭–[레이아웃] 그룹에서 [부분합]–[그룹 하단에 모든 부분합 표시]를 클릭합니다.

....

팁 :: 해당 피벗 테이블에서 필드가 삭제됩니다.

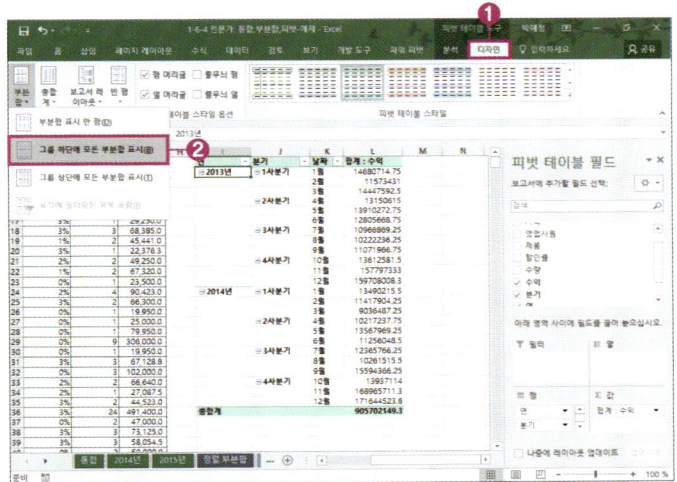

06 [행] 영역에 등록한 [연] 필드를 피벗 테이블 밖으로 드래그합니다.

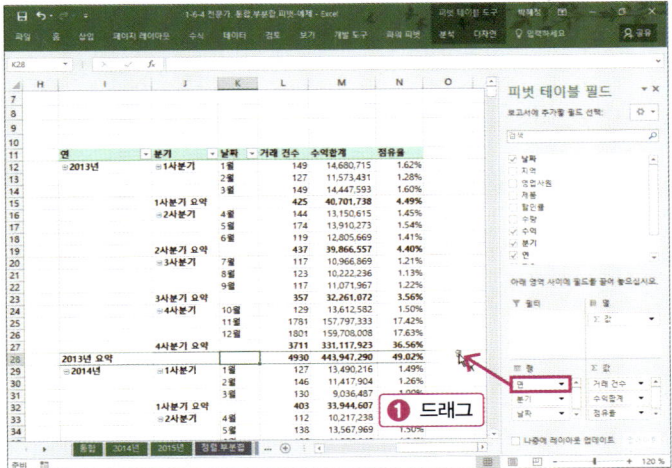

07 [피벗 테이블]–[분석] 탭–[필터] 그룹에서 [슬라이서 삽입]을 클릭한 다음 [슬라이서 삽입] 창에서 [연], [지역], [영업사원]을 체크한 후 [확인]을 클릭합니다.

....

팁 :: 슬라이서는 엑셀 2010 버전 이후부터 사용할 수 있습니다.

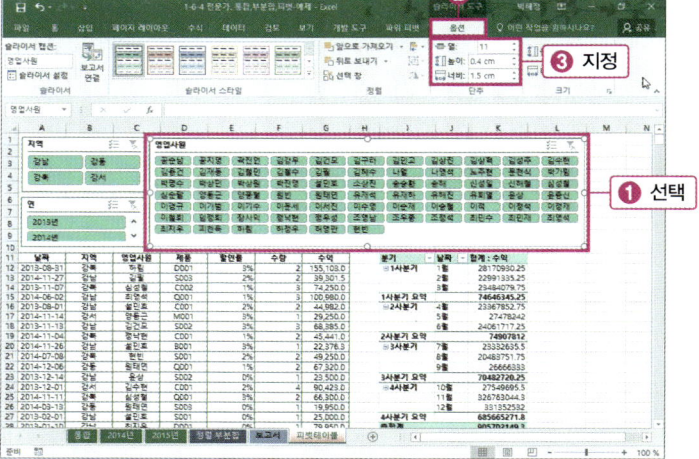

08 삽입된 슬라이서 중에 [영업사원]을 선택하고 [슬라이서 도구]–[옵션] 탭–[단추] 그룹의 [열]을 '11', [높이]를 '0.4', [너비]를 '1.5'로 설정합니다. 적절한 위치에 배치하고 원하는 [지역], [영업사원], [연]을 클릭하여 필터링해봅니다.

....

팁 :: 슬라이서는 필터를 위한 고급 기능으로 [피벗 테이블 필드]에 모든 열이 나타나며, 수정 및 삭제가 쉽습니다. 삭제하려면 삽입한 해당 슬라이서를 선택하고 **Delete** 를 누릅니다.

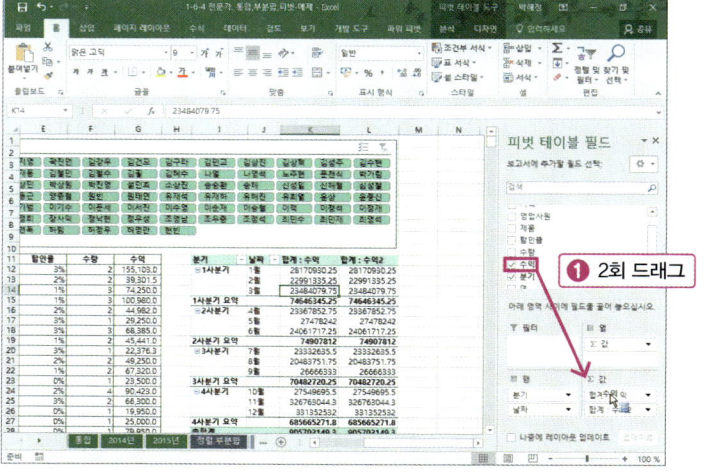

09 [수익] 열을 [행] 영역에 2회 드래그하여 추가합니다.

10 피벗 테이블에 추가된 첫 번째 수익을 더블클릭합니다. [값 필드 설정] 대화상자의 [개수]를 선택하고 [사용자 지정 이름]을 '거래 건수'로 입력한 다음 [확인]을 클릭합니다.

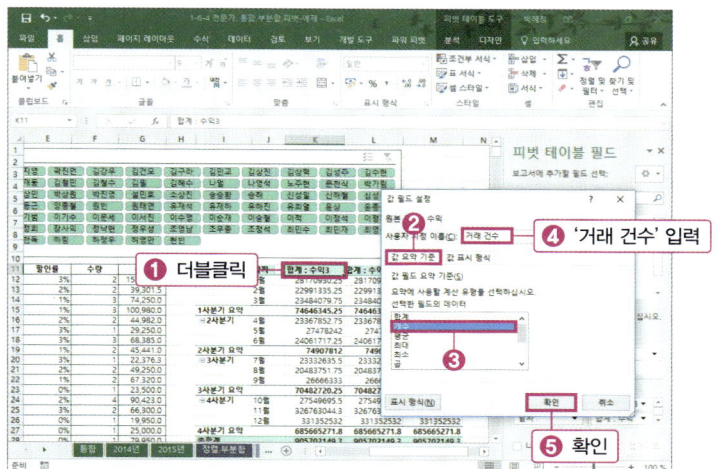

11 [L11] 셀을 더블클릭하여 [값 필드 설정] 대화상자에 [사용자 지정 이름]을 '수익 합계'로 입력한 후 [표시 형식]을 클릭합니다. [표시 형식] 대화상자에서 [숫자]를 선택하고 [1000 단위 구분 기호 사용]을 체크한 다음 모두 [확인]을 클릭합니다.

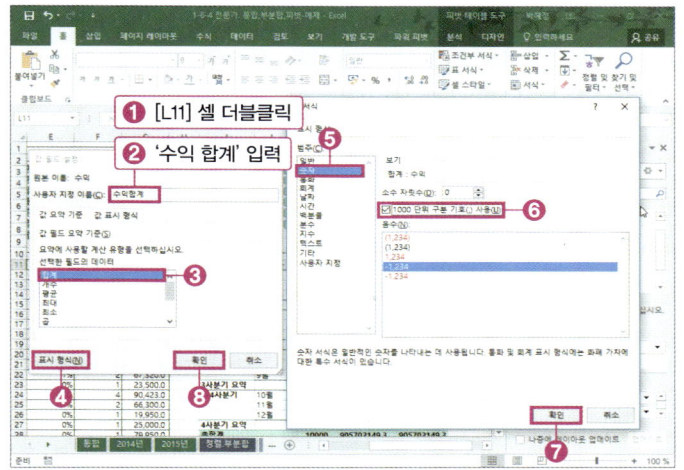

12 [M11] 셀을 더블클릭하여 [값 필드 설정] 대화상자의 [값 표시 형식] 탭에서 [값 표시 형식]-[열 합계 비율]을 선택하고 [사용자 지정 이름]을 '점유율'로 입력한 후 [확인]을 클릭합니다.

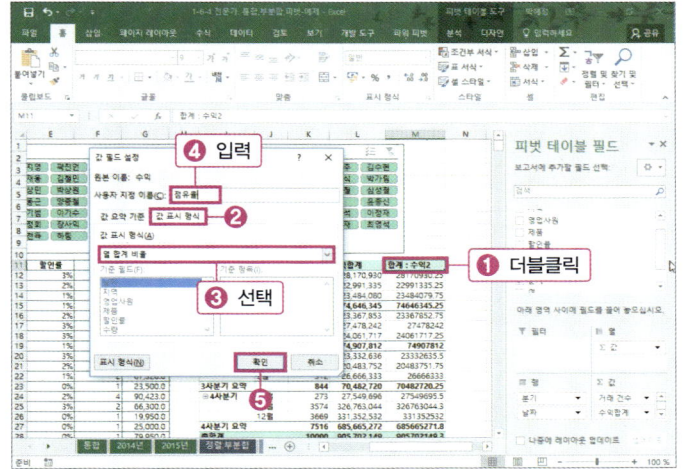

13 기존 피벗 테이블 범위 [I11:M28]을 Ctrl + C 를 눌러 복사하고, [I33] 셀에서 Ctrl + V 를 눌러 붙여넣은 다음 [행]에 [날짜], [분기] 필드를 [피벗 테이블 필드] 창의 행에서 밖으로 드래그하여 없앱니다.

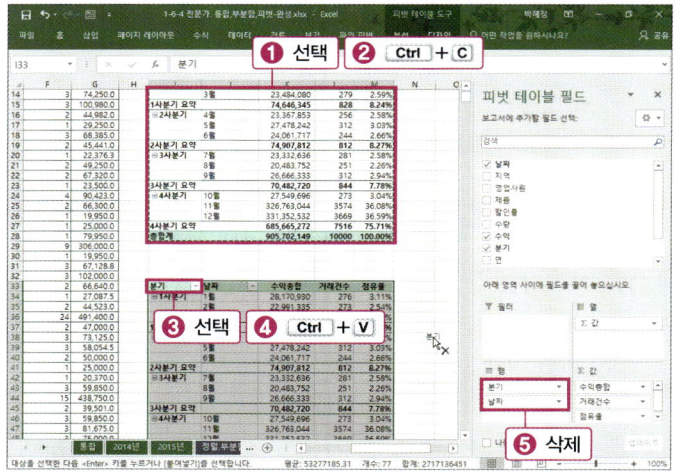

14 [수익] 필드를 [행] 영역으로 옮긴 다음 [피벗 테이블 도구]-[분석] 탭-[그룹] 그룹의 [그룹 선택]을 클릭합니다. [그룹화] 대화상자가 나타나면 [시작]을 '0'으로 [단위]를 '400000'으로 수정한 다음 [확인]을 클릭합니다.

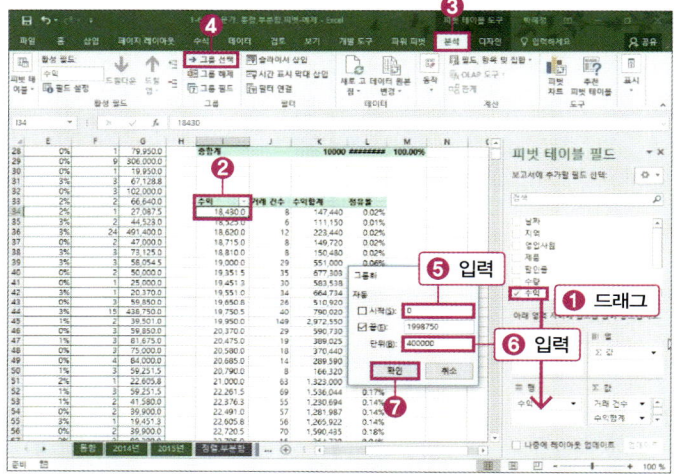

15 기존 피벗 테이블 범위 [I33:L39]를 선택한 후 Ctrl + C 를 눌러 복사하고, [I47] 셀에서 Ctrl + V 를 눌러 붙여넣은 다음 [행]의 [수익] 필드를 없앱니다.

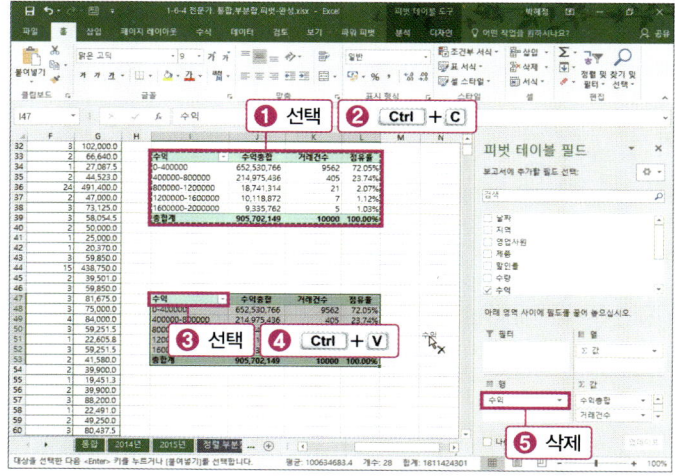

16 [지역] 필드를 [행] 영역으로 옮긴 다음 [강남]과 [강동]을 선택합니다. [피벗 테이블 도구]-[분석] 탭-[그룹] 그룹의 [그룹 선택]을 클릭합니다. 같은 방법으로 [강북]과 [강서]도 선택하고 [피벗 테이블 도구]-[분석] 탭-[그룹] 그룹의 [그룹 선택]을 클릭하여 하나의 그룹으로 만듭니다.

....

팁 :: 만들어진 그룹의 이름 '그룹1'을 선택하고 '지역그룹A', '그룹1'을 선택하고 '지역그룹B'로 변경할 수 있습니다.

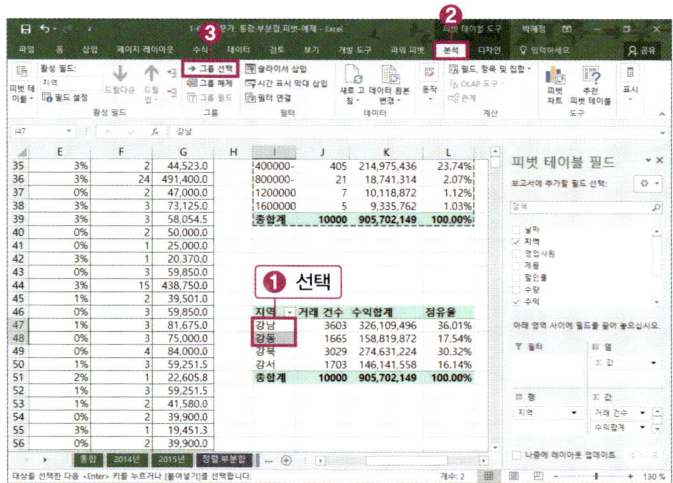

17 지정한 그룹의 부분합을 나타내기 위해 [피벗 테이블]-[디자인] 탭-[레이아웃] 그룹의 [부분합]-[그룹 하단에 모든 부분합 표시]를 클릭합니다.

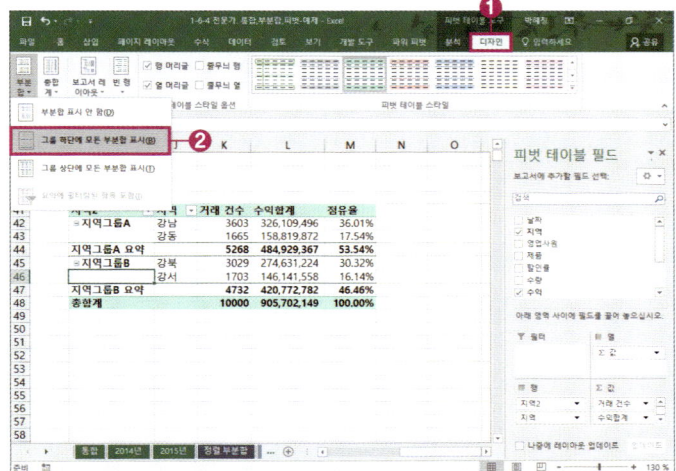

배열 수식은 꼭 알아야 한다

배열 수식은 꼭 알아야 한다!

배열 수식 꼭 알아야 할까요? 필자는 배열 수식에 대한 개념을 꼭 이해하길 권합니다. '배열 수식은 어렵다'로 접근하지 말고 단지 낯설 뿐이며, 그러나 상당히 유용하다는 사실에 집중하면서 배열 수식에 대해 접근하면 좋겠습니다. 몇 가지 간단한 개념만 있어도 불가능할거라, 복잡할거라 생각했던 작업이 매우 수월해짐을 경험하게 될 것입니다.

배열 수식, 배열 상수란?

예제 파일 1-6-5 전문가.배열수식_예제.xlsx **| 완성 파일** 1-6-5 전문가.배열수식_완성.xlsx

배열 수식은 어떤 특징을 갖고 있으며, 배열 수식을 사용해야 하는 이유와 어떻게 써야 할지, 어떤 경우에 사용해야 하는지에 대해 알아보겠습니다.

■ 배열 수식의 특징

:: 배열 수식은 대개 [Enter] 대신 [Ctrl] + [Shift] + [Enter]를 눌러 수식을 완성하기 때문에 CSE 수식이라고 합니다.

:: 배열에 있는 하나 이상의 항목에서 여러 계산을 수행할 수 있는 수식입니다.

:: 배열은 값 행, 값 열 또는 값 행 및 열의 조합으로 간주할 수 있고,

:: 여러 결과를 반환할 수도 있고 하나의 결과만 반환할 수도 있는데, 여러 셀을 포함하는 배열 수식을 다중 셀 수식이라고 하고, 하나의 셀에 있는 배열 수식을 단일 셀 수식이라고 합니다.

:: 배열 함수를 사용하면 복잡한 수식을 매우 효율적으로 만들 수 있습니다.

■ 복잡한 수식을 효율적으로 만드는 배열 수식의 예

아래의 두 수식으로 배열 수식의 원리를 이해할 수 있을까요? 같은 위치의 값을 먼저 곱하고 그렇게 곱해진 각각의 값을 마지막으로 다 더합니다. 수식 '=SUM(C4:C13*D4:D13)'은 [Enter]를 누른다면 처리하지 못하고 #VALUE! 오류를 표시합니다.

배열	=SUM(C4:C13*D4:D13)
일반	=SUM(C4*D4,C5*D5,C6*D6,C7*D7,C8*D8,C9*D9,C10*D10,C11*D11,C12*D12,C13*D13)

■ 배열 수식 만들기

엑셀 예제('배열' 시트)를 불러온 후 아래의 수식을 실행해보겠습니다.

구분	다중 셀 배열 수식	단일 셀 배열 수식
내용	각 판매 담당자의 쿠페 및 세단 총 매출	모든 판매에 대한 총합계
입력	E4:E13	E14
수식	=C4:C13*D4:D13	=SUM(C4:C13*D4:D13)
표시	{=C4:C13*D4:D13}	{=SUM(C4:C13*D4:D13)}
설명	Ctrl + Shift + Enter 를 누르면 배열 수식을 중괄호({ }) 로 묶고 선택한 범위의 각 셀에 수식 인스턴스를 삽입합니다. 이 작업은 매우 빠르게 실행되므로 [E] 열에는 각 판매 직원의 자동차 종류별 총매출만 표시됩니다. [E4] 셀을 선택한 다음 [E5], [E6] 셀 등을 차례로 선택하면 동일한 수식({=C4:C13*D4:D13})이 표시되는 것을 확인할 수 있습니다.	배열(셀 범위 C4~D13)의 값을 곱한 다음 SUM 함수를 사용하여 합계를 모두 더합니다. 결과에는 판매량 총합계 1,590,000,000이 표시됩니다. 이 예제에서는 배열 수식의 기능이 얼마나 강력한지를 잘 보여줍니다. 예를 들어 1,000개의 데이터 행이 있다고 가정합니다. 이 경우 수식을 1,000개의 행 아래로 끌어다 놓는 대신 단일 셀에 배열 수식을 만들어 이 데이터의 전부 또는 일부에 대한 합계를 계산할 수 있습니다.

■ 배열 수식의 변경

다중 셀 배열 수식은 전체 배열 수식을 이동하거나 삭제할 수는 있지만 개별 셀 내용을 변경할 수 없습니다. 배열의 [E4] 셀을 선택하고 Delete 를 누르면 배열의 일부분을 변경할 수 없음을 알려주는 메시지가 표시됩니다. 즉, 배열 수식을 수정 및 삭제하려면 먼저 기존 수식 전체를 삭제한 다음 다시 시작해야 합니다.

배열 수식을 삭제하려면 전체 수식(예: =C4:C13*D4:D13)을 선택하고 Delete 를 누릅니다. 또한 다중 셀 배열 수식에서 셀을 삭제하거나 빈 셀을 삽입할 수 없습니다.

■ 배열 수식의 이점

- 일관성 : [E4] 셀에서 아래쪽으로 임의의 셀을 선택하면 동일한 수식이 표시됩니다. 이러한 일관성은 정확성을 더욱 높여줄 수 있습니다.

- 안전성 : 다중 셀 배열 수식의 구성 요소는 덮어쓸 수 없습니다. 예를 들어 [E4] 셀을 선택하고 Delete 를 누르는 경우 삭제되지 않으며, 전체 셀 범위(E4~E13)를 선택하고 수식을 변경해야 합니다. 그러지 않으면 배열을 현재 상태 그대로 두어야 합니다.

- 작은 파일 크기 : 여러 개의 중간 수식 대신 단일 배열 수식을 사용할 수 있는 경우가 많습니다. 예를 들어 이 통합 문서에서는 배열 수식을 하나만 사용하여 [E] 열의 결과를 계산할 수 있지만,

표준 수식(예: =C4*D4, C5*D5, C6*D6)을 사용한 경우에는 동일한 결과를 계산하는 데 11개의 수식이 사용될 수 있습니다.

■ 1차원 및 2차원 배열 상수 만들기

두 개 이상의 변하지 않는 값들의 모임으로 가로 배열(행)을 만들려면 쉼표(,)를 이용하여 항목을 구분하고, 세로 배열(열)을 만들려면 세미콜론(;)을 이용하여 항목을 구분합니다. 2차원 배열을 만들려면 각 행의 항목은 쉼표를 사용하여 구분하고 각 행은 세미콜론으로 구분합니다.

내용	가로 1차원 배열 상수	세로 1차원 배열 상수	2차원 배열 상수
범위	H3:K3	H5:H8	H10:K12
수식	={1,2,3,4}	={1;2;3;4}	={1,2,3,4;5,6,7,8;9,10,11,12}
결과	1 2 3 4	1 2 3 4	1 2 3 4 5 6 7 8 9 10 11 12

배열 상수를 실습하려면 ① 입력 [범위]를 먼저 선택하고 ② 수식을 입력한 다음 ③ **Ctrl** + **Shift** + **Enter** 를 누릅니다.

■ 배열 수식

1. 배열 상수를 만들 때 열의 값은 쉼표(,)로, 행의 값은 세미콜론(;)으로 구분해서 입력합니다.
2. 배열 상수의 앞뒤에 중괄호({ })를 사용해야 합니다.
3. 길이가 다른 열이나 행은 배열 상수로 사용할 수 없습니다. 이유는 배열 수식은 순서쌍으로 작용하기 때문입니다.
4. 배열 상수는 숫자, 텍스트, 논리값(예: TRUE 및 FALSE), 오류 값(예: #N/A) 등을 포함할 수 있습니다. 숫자의 경우 정수, 10진수 및 지수 형식의 숫자를 사용할 수 있으며, 텍스트를 포함할 경우에는 큰따옴표(")로 해당 텍스트를 묶어야 합니다. 또한 숫자 값에는 백분율 기호, 달러 기호, 쉼표 또는 괄호를 사용할 수 없습니다.
5. 추가 배열, 수식, 함수는 배열 상수에 값으로 사용할 수 없습니다. 즉, 배열 상수에는 쉼표나 세미 콜론으로 구분된 텍스트 또는, 숫자만 사용할 수 있으며, {1,2,A1:D4} 또는 {1,2, SUM(Q2:Z8)}과 같이 셀을 참조하거나 수식을 입력할 경우 오류 메시지가 나타납니다.

■ 배열 수식에서 AND 조건 처리

조건을 괄호 안에 입력하고 조건이 모두 만족하도록 하려면 '*'로 연결합니다. 모든 조건의 배열 수는 같아야 합니다.

자동차 종류	판매수량	매출
세단	5	165,000
쿠페	4	148,000
세단	6	144,000
쿠페	8	168,000
세단	3	87,000

'세단'이면서 판매수량이 5 이상인 자료 수	'세단'이면서 판매수량이 5 이상인 매출의 합
=SUM((H22:H26="세단")*(I22:I26)=5))	=SUM((H22:H26="세단")*(I22:I26)=5)*J22:J26)

H22:H26="세단"		I22:I26>=5		SUM
TRUE	*	TRUE	=	1
FALSE	*	FALSE	=	0
TRUE	*	TRUE	=	1
FALSE	*	TRUE	=	0
TRUE	*	FALSE	=	0
				2

H22:H26="세단"		I22:I26>=5		J22:J26		SUM
TRUE	*	TRUE	*	165,000	=	165,000
FALSE	*	FALSE	*	148,000	=	0
TRUE	*	TRUE	*	144,000	=	144,000
FALSE	*	TRUE	*	168,000	=	0
TRUE	*	FALSE	*	87,000	=	0
						309,000

■ 배열 수식으로 그룹별 석차 계산

배열 수식으로 그룹별 석차를 계산할 때는 두 가지 조건을 만족하면 되는데, 하나는 소속이 같아야 하고, 판매금액이 커야 합니다. 소속의 모든 정보는 '소속'으로 판매금액의 모든 정보는 '판매정보'로 이름 정의되어 있습니다.

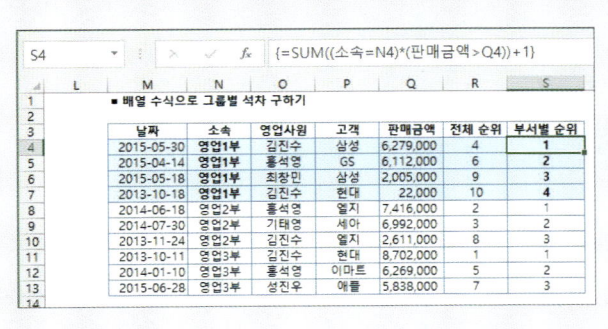

수식

=SUM((소속=N4)*(판매금액>Q4))+1

① 조건1(소속=N4) : [N4] 셀을 '소속' 범위 각각의 셀과 같은지 비교하여 같으면 TRUE 아니면 FLASE의 값을.

② 조건2(판매금액>Q4) : [Q4] 셀을 '판매금액' 범위 각각의 셀보다 큰지 비교하여 같으면 TRUE 아니면 FLASE의 값을.

③ (소속)*(합계) : 소속이 같고, 판매금액이 크면 즉, 둘 다 TRUE면 TRUE값을,

④ SUM((소속)*(합계)) : TRUE 값만을 다 더함

⑤ 마지막에 +1 : +1을 하지 않으면 1등의 경우 '0'으로 표시됨

참고 ┃ 첫 번째 셀에 두 조건의 처리 결과 미리 보기

=SUM(({TRUE;TRUE;TRUE;TRUE;FALSE;FALSE;FALSE;FALSE;FALSE;FALSE})*({FALSE;FALSE;FALSE;FALSE;TRUE;TRUE;FALSE;TRUE;FALSE;FALSE}))+1

가중치 적용하여 합을 구하는 _ SUMPRODUCT 함수

예제 파일 1-6-5 전문가.배열수식_예제.xlsx
완성 파일 1-6-5 전문가.배열수식_완성.xlsx

여러 번의 시험을 치뤘습니다. 시험에 따라 중요도가 다르다고 가정하고 각 시험에 가중치를 반영하여 백 점 만점으로 시험 결과를 내야 한다면, 어떻게 계산해야 할까요? 각각의 시험 점수에 가중치를 곱하고 그렇게 나온 결과를 다 합하면 될 것입니다. 이 작업을 위한 SUMPRODUCT 함수는 곱과 합이 만난 함수로, 인수는 배열 즉, 두 개 이상의 셀 값을 범위로 지정합니다. 인수의 수는 제한이 없지만 반드시 지정된 배열의 형태와 값의 수는 같아야 합니다. SUMPRODUCT 함수는 배열의 원리를 적용해 처리하지만 Ctrl + Shift + Enter 가 아닌 Enter 로 마무리합니다.

01 [F6] 셀을 선택하고 수식을 입력한 후 Enter 를 누릅니다. SUMPRODUCT 함수는 먼저 'B6*B3, C6*C3, D6*D3, E6*E3' 을 곱하고 그에 따른 결과 값 모두를 더하는 방식으로 처리합니다.
=SUMPRODUCT(B6:E6,$B$3:$E$3)

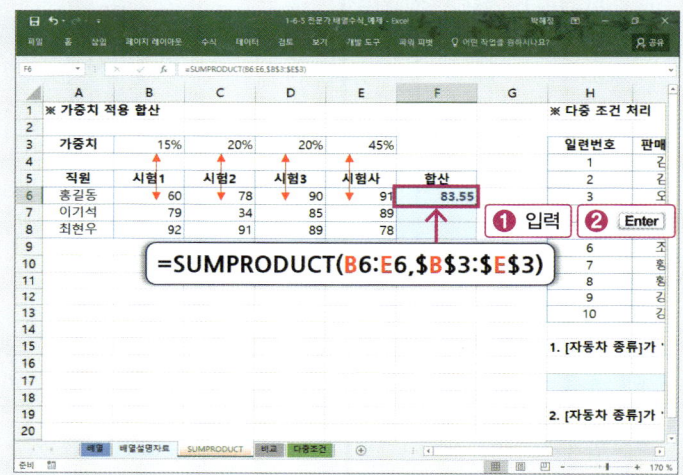

02 [H17] 셀을 선택하고 수식을 입력한 후 Enter 를 누릅니다.
=SUMPRODUCT((J4:J13="세단")*(L4:L13>=30000))

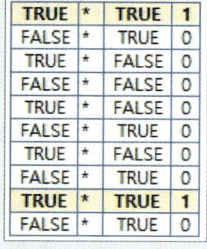

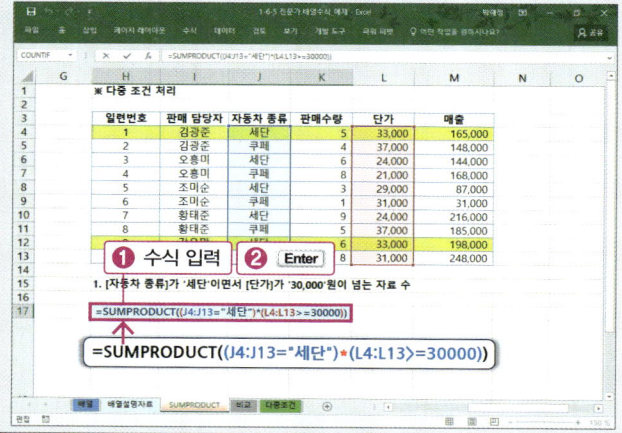

03 [H21] 셀을 선택하고 수식을 입력한 후 **Enter**를 누릅니다. 이전 수식에 매출 같은 수의 값을 지정한 것으로 두 조건이 다 만족할 때만 매출값이 그대로 합계됩니다.

=SUMPRODUCT((J4:J13="세단")*(L4:L13)=30000),M4:M13)

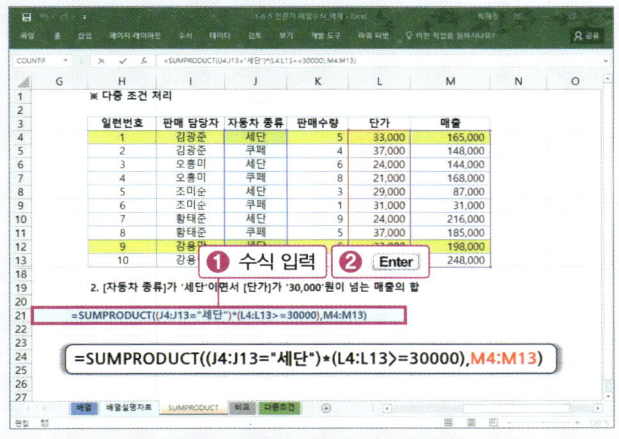

TRUE	*	TRUE	1	165,000
FALSE	*	TRUE	0	0
TRUE	*	FALSE	0	0
FALSE	*	FALSE	0	0
TRUE	*	FALSE	0	0
FALSE	*	TRUE	0	0
TRUE	*	FALSE	0	0
FALSE	*	TRUE	0	0
TRUE	*	TRUE	1	198,000
FALSE	*	TRUE	0	0

체크해봐요 :: 가로 배열과 세로 배열은 처리가 안 되나요?

가로 배열은 가로 배열과 세로 배열은 세로 배열과 처리합니다. 가로 배열과 세로 배열은 셀 및 값이 개수가 같더라도 처리되지 않고 오류로 나타납니다.

같은 작업! 다른 수식 설계! _ SUMIF, SUM _ 배열, SUMPRODUCT 함수

예제 파일 1-6-5 전문가_배열수식_예제.xlsx | 완성 파일 1-6-5 전문가_배열수식_완성.xlsx

연도과 상관없이 4월의 모든 판매금액의 합을 구해야 합니다.

01 SUMIF, SUMIFS 함수의 범위(range)에는 함수를 활용할 수 없습니다. 때문에 날짜 자료 중에 월 정보를 추출하려면 새로운 월 정보 열을 만든 후 SUMIF 함수를 사용해야 합니다. [B4] 셀에는 수식 '=MONTH(A4)'를 입력하고 복사합니다. [E4] 셀에는 수식 '=SUMIF(B4:B39, 4,C4:C39)'를 입력한 다음 Enter 를 누릅니다.

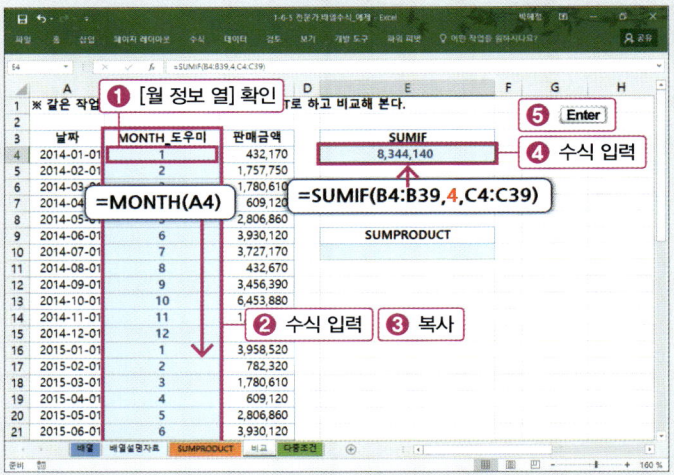

02 반면 배열로 처리한다면 수식 안에 MONTH 함수를 바로 사용할 수 있습니다. [E7] 셀을 선택하고 수식을 입력한 다음 Ctrl + Shift + Enter 를 누릅니다.
=SUM((MONTH(A4:A39)=4)*C4:C39)

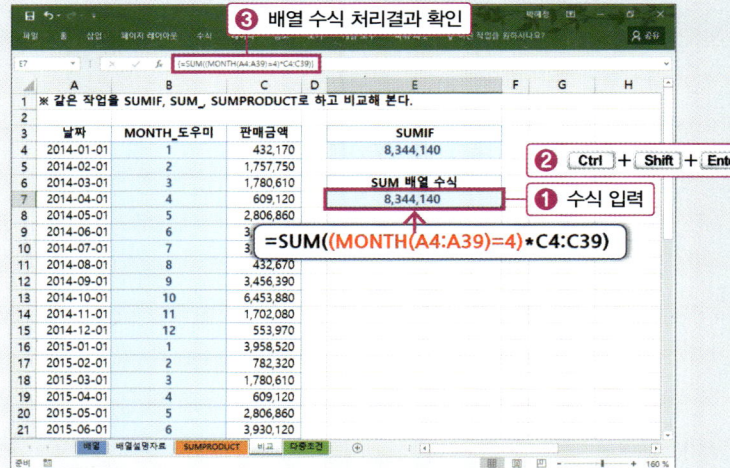

03 SUMPRODUCT 함수도 수식 안에 바로 MONTH 함수를 사용할 수 있습니다. 그런데 [Enter]를 눌러 완성합니다.

=SUMPRODUCT((MONTH(A4:A39)=4)
*C4:C39)

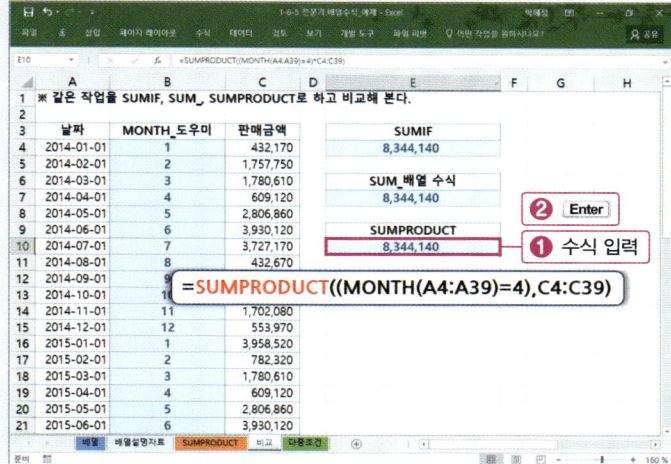

다중 조건에 만족하는 자료 찾아 가져오기 _ MATCH, INDEX 함수+배열 수식

예제 파일 1-6-5 전문가.배열수식_예제.xlsx **|** 완성 파일 1-6-5 전문가.배열수식_완성.xlsx

배열 수식을 특정 함수에서만 사용할 수 있는 것은 아닙니다. 일반 수식, 또는 함수를 포함한 수식이든 두 개 이상의 값을 처리해야 할 때 배열 수식을 활용합니다. MATCH 함수로 값을 찾을 때 하나의 찾을 값을 지정했습니다. 찾을 값이 둘, 마치 SUMIFS 함수를 사용할 때와 같이 조건을 두 개 이상 만족해야 할 때 어떻게 MATCH 함수를 사용해서 해당 값을 INDEX 함수로 가져오도록 만들 수 있을까요?

01 [H4] 셀에 수식을 입력하고 **Ctrl** + **Shift** + **Enter** 를 누릅니다. 만약에 두 조건을 만족하는 자료가 두 개 이상이라면 MATCH 함수는 원래대로 첫 번째 값의 위치 정보를 줄 것입니다.
=MATCH(1,(지역="광주")*(영업사원="김진수"),0)

....

팁 :: 범위 [B4:B19]는 '지역'이란 이름으로 이름 정의되어 있습니다.

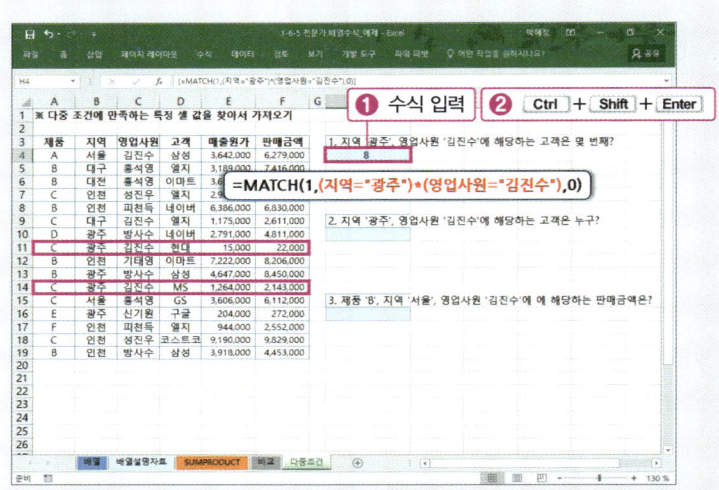

체크해봐요 :: MATCH 함수의 첫 번째 인수 찾을 값에 '1'을 넣는 이유는 무엇인가요?
MATCH 함수의 두 번째 인수 '(지역="광주")*(영업사원="김진수")'의 결과는 '{0;0;0;0;0;0;0;1;0;0;1;0;0;0;0;0}'입니다. 두 조건을 만족할 때 '1'로 나타나는 것입니다. 그래서 '1'을 찾을 값으로 지정한 것이고, 수식의 결과 두 조건을 만족하는 값이 두 개나 됩니다. MATCH 함수는 첫 번째 자료의 위치 값인 '8'을 결과로 줍니다.

02 INDEX 함수를 추가해서 고객 범위에서 MATCH 함수가 찾은 위치의 값을 가져오라는 명령이 담긴 수식을 [H10] 셀에 입력하고 **Ctrl** + **Shift** + **Enter** 를 누릅니다.
=INDEX(고객,MATCH(1,(지역="광주")*(영업사원="김진수"),0))

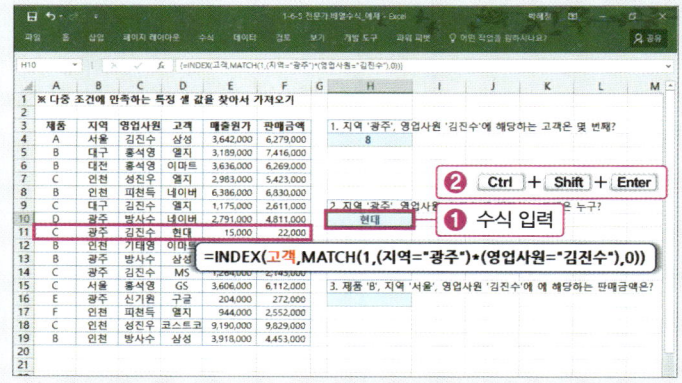

03 [H16] 셀에 수식을 입력하고 `Ctrl` + `Shift` + `Enter`를 누릅니다. 조건을 추가할 때마다 괄호 안에 기술해서 '*'로 이어 줍니다.

=INDEX(판매금액,MATCH(1,(제품="A")*(지역="서울")*(영업사원="김진수"),0))

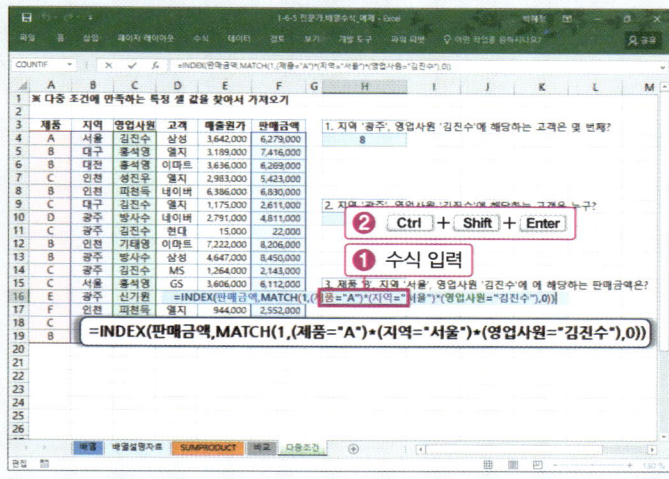

04 결과를 확인하세요.

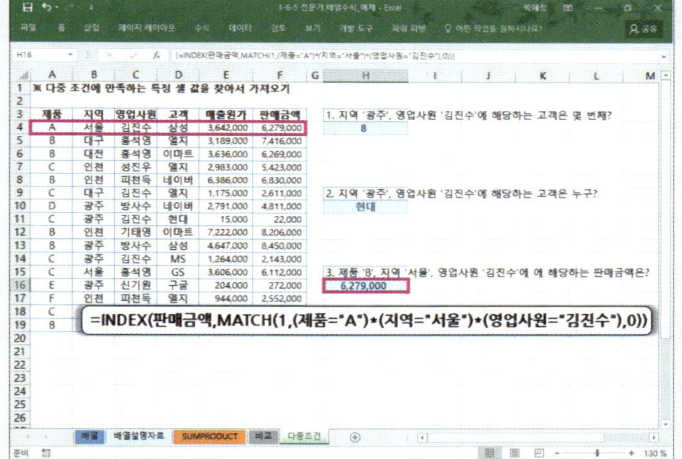

STORY 02

1부에서는...

1부에서는 '기본으로 돌아가자!'는 취지로 엑셀에 대한 이해를 바탕으로 엑셀을 어떻게 다루어야 하는지 학습했습니다. 또한 가장 기본적인 활용으로 데이터 집계 및 통계와 데이터 찾기에 대한 모든 것을 학습했습니다. 2부에서는 30년 가까이 된 엑셀이 어디까지 왔고, 무엇에 집중하여 프로그램을 발전시켰는지, 어떤 부분이 정교해졌고, 우리는 이 프로그램을 어떻게 사용하는 것이 업무 효율을 증진시켜 최대 효과를 낼 수 있는지에 초점을 맞춰 내용을 구성했습니다.

**이렇게 계속
사용하다간 엑셀 때문에
업무 속도가
더 느려질 수도
있습니다.**

다양한 형식으로 엑셀 파일에 저장된 방대한 자료가 쉽게 관리되지 않는다면? 그리고 그 자료를 이용하여 유의미한 정보를 빠르게 만들어 낼 수 없다면? 엑셀에 저장된 자료가 당신에게 이미 애물단지가 되고 말았다면? 이대로 가다간 엑셀 때문에 오히려 업무가 더 힘들어질 수 있다는 결론에 다다랐다면? 결정을 내릴 때가 됐습니다. 엑셀의 기본기를 다졌으니, 이제는 시간이 걸리더라도 우리가 관리자로서 엑셀로 작업을 하기 전에 가장 최선의 작업 프로세스를 찾고, 최선의 작업을 하기 위한 의사 결정을 해야 할 때가 왔다는 것입니다.

**더 이상
물러날 곳이
없습니다.
이제부터라도
시작하자!**

스프레드시트는 엄청나게 유연하면서 강력한 도구이고, 거의 모든 조직에서 사용하고, 거의 모든 사업의 어떤 중요한 의사 결정을 내리는 동력인 것은 분명하지만, 엑셀로 만든 문서 중에서 아주 잘 만들어진 문서와 형편없는 문서와는 매우 큰 차이가 있음은 누구도 부인할 수 없는 사실입니다. 예를 들면 엑셀을 만든 사람조차도 문서 간, 문서 내에 자료들이 서로 어떻게 작용하는지 모를 때가 많습니다. 하물며 다른 사람이 만든 엑셀 문서를 해석하기란 어쩌면 불가능할 일일 수 있습니다. 필자는 이런 이유로 어렵게 입사한 회사를 그만두는 경우도 보았습니다.

엑셀을 사용하는 사용자들이 자료에 대해, 그리고 스프레드시트에 대해 기본적 상식 없이 시작했기 때문에 서로 그 어떤 형식, 규칙도 없이 데이터는 입력합니다. 혼자만 사용한다면 그나마 문제가 덜하겠지만 어디 그렇습니까?! 우리는 그것을 서로 공유할 수 밖에 없으니 문제는 더욱 심각해지는 것입니다.

엑셀 비즈니스 데이터 분석 모델링에서 BI까지

**엑셀을 통한
BI(Business
Intelligence)
구현**

2부에서는 엑셀을 비즈니스 의사 결정을 위한 데이터 관리에서부터, 분석 및 보고서 작성에 이르는 비즈니스 인텔리전스(Business Intelligence) 프로그램으로 바라볼 것입니다. 그리고 엑셀을 통해 BI(Business Intelligence)를 구현할 것입니다. 작업의 진행 순서는 첫 번째로 엑셀 혹은, 외부에 저장해 놓은 데이터를 의사 결정에 중요한 자료로 보고 비즈니스 자료 분석을 위한 데이터를 모으고, 두 번째로 그들 중 필요한 자료를 추출하고 엑셀에서 활용할 수 있도록 데이터 규칙에 맞게 편집한 다음, 세 번째로 데이터를 모델링(데이터를 모델링해야 하는 이유는 차차 설명한다)합니다. 네 번째로 그 자료를 이용하여 다차원 분석을 실행하고, 다섯 번째로 결과를 가장 잘 전달할 수 있도록 시각화에 이르기까지 똑똑한 의사 결정 과정을 엑셀을 통해 구현할 것입니다.

**스프레드시트를
디자인!
올바른 의사
결정이었는가?!**

시대가 변했습니다. 올바른 의사 결정을 내리는 일도, 그에 따라 바르게 업무를 처리해야 하는 것도, 그 일에 책임을 지는 것도 모두 당신의 몫입니다. 엑셀의 최초 목적인 입력한 숫자 자료를 계산할 때에도 자료의 모양과 설계한 수식의 모양은 계산 속도에 영향을 줍니다. 엑셀에서의 워크시트 디자인 및 작성 방식은 매우 중요한데, 그 사실을 인식하고 작업하는 사람이 몇이나 될까? 매우 궁금합니다. 엑셀을 사용하면서 아래의 열 가지 질문을 해 본 적이 없다면 여러분은 이 책을 통해 엑셀을 학습한 후 매 작업마다 아래의 질문을 해야 하며 적절한 답을 찾을 수 있어야 합니다.

① 자료를 하나의 셀에 담을까? 아님 분리할까?

② 입력할 때 직접 입력할까? 참조? 수식?

③ 세로로 입력할까? 아님 가로로?

④ 한 곳에 모을까? 아님 분리할까?

⑤ 같은 시트에 배치할까? 아님 다른 시트에?

⑥ 같은 문서에 놓을까? 아님 다른 문서로?

⑦ 참조해서 연결을 해놓았는데 끊을까? 그냥 두는 것이 좋을까?

⑧ 서식을 적용할까? 말까?

⑨ 일정하게 늘 반복하는 작업, 매크로로 개발할까? 그냥 쓸까?

⑩ 1회성 자료인가? 오랜 보관이 필요한 자료인가?

⑪ 텍스트 자료는 개연성이 없다! 자료를 엮는 과정이 필요하다(관계 정립이 필요하다).

PART
07

통합 문서의
내부 데이터
관리

파워 쿼리가 없던 시절 우리는 셀에 있는 데이터를 원하는 값으로 수정하거나, 셀의 배치를 바꾸기 위해 함수와 편집 기능을 사용했습니다. 이번에 우리는 이전 방식으로 문제를 해결하고 같은 문제를 새롭게 추가된 파워 쿼리가 어떻게 해결하는지 비교하여 학습할 것입니다. 엑셀 문서 내부에 있는 데이터를 원하는 형태로 만들고 순서를 변경하며, 조건에 만족하는 데이터를 어떻게 추출하는지도 알아보겠습니다.

입력한 데이터들을 구조적인 엑셀 표로 만들자!

'데이터 관리'에는 일정한 규칙이 있어야 한다!	자료는 개연성 있게 스프레트시트에 배치되어야 합니다. 자료가 어디에 위치하느냐!?는 매우 중요한 문제이며, 데이터를 배치하는 일을 '구조화'라고 합니다. 구조화된 데이터는 위치와 더 불어 일정한 형식도 부여받습니다. 엑셀은 위치와 형식을 부여받은 데이터들의 집합을 표로 만들고, 각각의 위치에 따라 의미를 부여합니다. 따라서 표라는 기능이 자료의 개연성을 만들 기 위한 툴인 것입니다.

[데이터] 탭으로 미리 보는 데이터 관리와 구조적인 표와의 관계

[데이터] 탭은 엑셀 작업을 위한 데이터를 어디서 가져올 것인지, 가져왔다면 연결을 계속 유지할 것인지를 결정하는 것부터 시작하여 유입한 데이터를 관리하고 규격에 맞지 않는 자료를 편집하며, 최종적으로 그 데이터를 이용한 데이터 분석 메뉴들을 제공합니다. 구조적인 표는 데이터 관리에 있어 전제가 되는 데이터의 규격을 말합니다. 데이터를 구조적인 표로 만든다는 것이 즉, 엑셀이 원하는 바람직한 데이터들의 모양인 것입니다.

■ [데이터] 탭의 데이터 관리 미리 보기

먼저 [데이터] 탭을 통해 BI(Business Intelligence)를 실현할 수 있는 기능의 위치와 목적을 살펴봅니다.

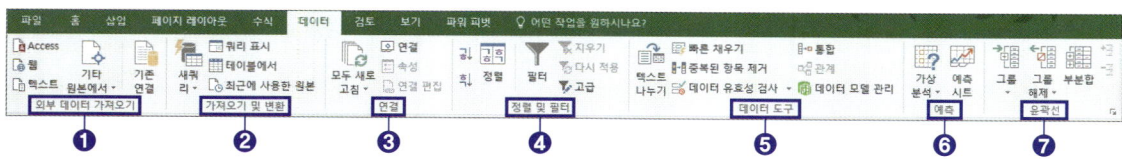

❶ **외부 데이터 가져오기** : 다양한 형식과 큰 크기의 파일들을 엑셀로 가져올 수 있습니다.

❷ **가져오기 및 변환** : 가져온 데이터들은 '서로 다른 형식, 같은 말을 다르게 하는 문제, 데이터의 모양, 모든 데이터가 다 필요하지 않다' 등의 다양한 문제가 있을 것입니다. 때문에 이 문제들을 빠르고 쉽게 해결할 기능이 필요했고, 엑셀 2016에 새롭게 포함된 기능이 파워 피벗입니다.

❸ 연결 : [연결] 그룹에서는 이렇게 가져온 데이터의 연결을 관리합니다. 연결을 계속 유지할 수도 있고, 연결을 끊을 수도 있습니다.

❹ 정렬 및 필터 : 자료가 엑셀의 워크시트에 있다면 엑셀 내에서 정렬 및 필터 등의 자료 관리가 필요합니다.

❺ 데이터 도구 : 엑셀로 유입된 자료들 간에 관계 및 구체적인 데이터 모델링이 필요하다면 관계 및 데이터 모델 관리 기능을 사용합니다.

❻ 예측 : 앞선 과정을 거친 데이터는 비즈니스 의사 결정을 위한 훌륭한 자료가 됩니다. 다양한 분석 도구를 이용하여 새로운 통찰을 이끌어냅니다.

❼ 윤곽선 : 자료를 쉽게 분석할 수 있는 부분합과 다량의 자료를 그룹으로 표시할 수 있는 그룹 기능을 지원합니다.

■ 구조적인 표와 명시적인 표

엑셀 표 = Data Set(관련 정보의 집합체) = 데이터베이스 = Raw Data

거듭 말하지만 엑셀의 표 기능은 데이터를 담는 틀로써, 일정한 규칙에 따라 데이터를 구성하는 구체적이고 체계적인 방법입니다. 그렇게 구성한 데이터 집합을 표로 만듦으로써 그 의미와 형식은 더욱더 명확해집니다. 엑셀 표는 Data Set과 같은 말로 사용합니다. 컴퓨터가 처리하거나 분석할 수 있는 형태로 존재하는 관련 정보의 집합체를 말하며, 데이터 파일이나 데이터베이스와 동의어로 사용되기도 합니다. 또 Data Set이라는 용어는 정보가 컴퓨터로 처리하거나 분석할 수 있도록 구조화되었음을 의미합니다. 이런 데이터를 엑셀에서는 엑셀 표라고 합니다. 엑셀 표는 엑셀에서 처리나 분석할 수 있는 형태로 존재하는 관련 정보의 집합체이며 아래와 같은 특징이 있습니다.

명시적 셀 참조	구조적 셀 참조
=SUM(E2:E7)	=SUM(부서판매액[순이익])

명시란 분명하게 '드러내다'는 뜻으로 명시적 셀 참조란 셀에 부여된 이름이 그대로 사용되는 것을 의미합니다. 현재 우리가 셀을 참조하는 'A1' 참조 방식이 그것입니다. 구조란 틀이 있습니다. '틀에 박혔다.' 정도로 생각하면 좋을 것 같습니다. 그래서 구조적 셀 참조는 관련 범위의 데이터들을 엑셀 표라는 틀에 가두었을 때 사용하는 셀 참조 방식으로 '부서판매액[순이익]'을 구조적 참조라고 합니다. 구조적 참조의 이름은 표에서 데이터를 추가하거나 제거할 때마다 조정됩니다. 엑셀 외부의 표 데이터를 참조하는 수식을 만들 때에도 구조적 참조가 표시되고, 참조를 사용하면 큰 통합 문서에서 표를 더 쉽게 찾을 수 있습니다. 수식에 구조적 참조를 포함하려면 셀 참조를 입력하는 대신 참조하려는 표의 셀을 클릭하면 됩니다.

....

팁 :: 데이터베이스는 하나의 표일 수도 있지만, 관련된 여러 표들의 집합이기도 합니다. 통계에서 Raw Data는 가공하지 않은 원재료를 의미합니다.

■ 구조적인 표의 형태

입력한 데이터를 엑셀 표로 만드는 것이 엑셀에서 데이터를 구조적으로 구성하는 것입니다. 구성할 범위를 모두 선택하거나 그중 하나의 셀을 선택하고, [삽입] 탭-[표] 그룹의 [표]를 클릭하거나 **Ctrl** + **T** 를 누르면 표가 만들어집니다.

나타난 [표 만들기] 대화상자에서 범위를 확인하고, 필요하다면 수정합니다. 또 [머리글 포함]을 반드시 체크해야 합니다.

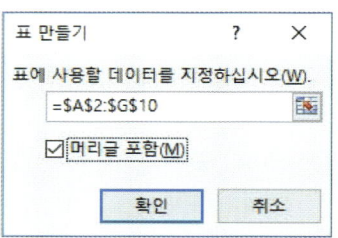

■ 만들어진 표와 그로 인해 나타난 [표 도구]-[디자인] 탭 상세 보기

범위를 엑셀 표로 구성하면 자동으로 표 서식 기본값이 적용되고, 표를 선택하면 [표 도구]-[디자인] 탭이 나타납니다. 그림으로 표의 구조와 표 도구를 살펴보겠습니다.

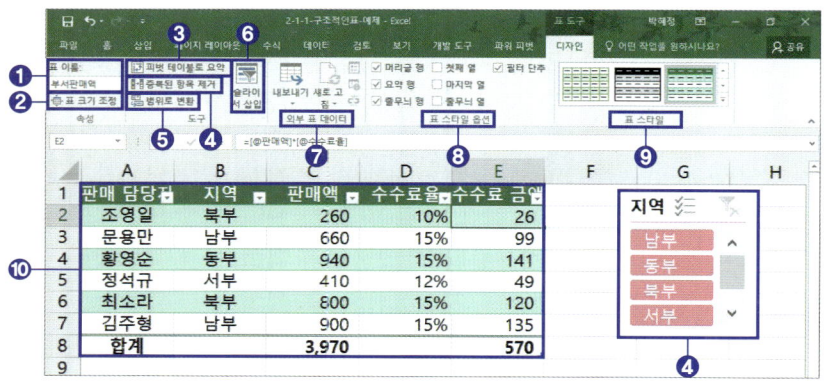

❶ **표 이름** : 범위를 표로 만들면 표 이름이 부여되며 [표 이름]을 이용하여 이를 수정할 수 있습니다.

❷ **표 크기 조정** : 표를 만든 후 추가나 삭제된 부분을 [표 크기 조정]으로 재구성할 수 있습니다. 또는 표 크기 조절 버튼(⌐◞◞)을 드래그하여 수정할 수 있습니다.

❸ **피벗 테이블로 요약** : 구성된 표는 필연적으로 요약 및 분석될 수밖에 없습니다. [피벗 테이블로 요약]을 이용하여 구성된 표를 원본으로 하는 새로운 보고서를 쉽게 만들 수 있습니다.

❹ **중복된 항목 제거** : 표에 중복은 셀 각각의 비교가 아닌 행 단위의 작업으로 이루어집니다.

❺ **범위로 변환** : 다시 명시적인 셀 참조 범위로 되돌릴 수 있습니다.

❻ **슬라이서 삽입** : 멋진 추출 도구입니다. [슬라이서 삽입]을 클릭하면 표의 필드명이 나타나고 선택 후 [확인]을 클릭하면 해당 필드명의 슬라이서가 나타납니다. 항목을 클릭하면 해당 자료만 표에 나타납니다. 모양은 다르지만 필터 버튼과 역할은 같습니다.

❼ **[외부 표 데이터] 그룹** : 표를 SharePoint 목록 또는 Visio 피벗 다이어그램으로 내보냅니다. 또 외부에서 가져온 표의 내용을 [새로 고침]으로 업데이트할 수 있습니다.

❽ **[표 스타일 옵션] 그룹** : 이 그룹에 체크되어 있는 것들은 구성한 표에 명확히 구분되어 자체 내에서 처리할 때 사용됩니다.

⑨ [표 스타일] 그룹 : 페이지 레이아웃에서 지정한 테마를 근거로 하여 여러 가지 서식을 적용한 표를 제공합니다.

⑩ 구성된 표는 다음과 같은 특징을 갖고 있습니다.

■ 표로 구성된 범위의 특징

ㄱ. 표로 만들어진 범위의 첫 줄에는 필드명(표 속성)이 있습니다.

ㄴ. 병합이 웬 말인가요? 만약 표에 병합된 셀이 있으면 병합을 풀고 작업해야 합니다.

ㄷ. 표에는 같은 이름의 필드명이 있을 수 없습니다. 사실 만들어지지도 않습니다. 때문에 같은 필드명이 있으면 이름을 임의로 만들어 표시합니다.

ㄹ. 하나의 필드 이름 아래 값들은 당연히 동일한 데이터 형으로 입력해야 합니다. 서식도 마찬가지입니다.

ㅁ. 필드에 수식이 적용되어 있다면 새로 추가되는 셀에도 자동으로 복사되어 적용됩니다.

ㅂ. 표의 셀은 참조하는 방식이 명시적 참조(A1) 방식과는 다릅니다.

■ 엑셀 표의 구체적인 참조 형태

바로 직전에 구성된 표의 요소인 셀은 다른 참조 방식을 사용한다고 설명했습니다. 구체적으로 어떻게 참조하는지 수식을 통해 확인해봅니다.

7	김주형	남부	900	15%	135
8	**합계**		**3,970**		**570**
9					
10	=SUM(부서판매액[[#요약],[판매액]],부서판매액[[#요약],[수수료 금액]])				
11					

=SUM(**부서판매액**[**[#요약]**, **[판매액]**],**부서판매액**[**[#데이터],[수수료 금액]**]) **⑤**
①   ③   ②   ④

❶ 표 이름 : [부서판매액]은 사용자 지정 표 이름입니다. 머리글이나 요약 행을 제외한 표 데이터를 참조합니다. '표1'과 같은 기본 표 이름을 사용하거나 사용자 지정 이름을 사용하도록 변경할 수 있습니다.

❷ 열 지정자 : [판매액] 및 [수수료 금액]은 해당 항목을 대표하는 열 이름을 사용하는 열 지정자입니다. 열 머리글이나 요약 행을 제외한 열 데이터를 참조합니다. 지정자는 항상 대괄호로 묶습니다.

❸ 항목 지정자 : [#요약] 및 [#데이터]는 요약 행과 같은 표의 특정 부분을 의미하는 특수 항목 지정자입니다.

❹ 표 지정자 : [[#요약],[판매액]] 및 [[#데이터],[수수료 금액]]은 구조적 참조의 바깥 부분을 나타내는 표 지정자입니다. 외부 참조는 표 이름에 따라 이름이 지정되며 대괄호로 묶습니다.

❺ 구조적 참조 : 부서판매액[[#요약],[판매액]] 및 부서판매액[[#데이터],[수수료 금액]]은 구조적 참조이며, 표 이름으로 시작해서 열 지정자로 끝나는 문자열로 표시됩니다.

■ 특수 항목 지정자

앞선 구조화된 표를 참조할 때 아래와 같은 지정자를 사용할 수 있습니다.

특수 항목 지정자	참조 대상	예제에서의 셀 범위
=부서판매액[#모두]	열 머리글, 데이터 및 요약(있을 경우)을 비롯한 전체 표	A1:E8
=부서판매액[#데이터]	열 머리글, 요약을 제외한 데이터 범위	A2:E7
=부서판매액[#머리글]	머리글 행만	A1:E1
=부서판매액[#요약]	요약 행만. 요약 행이 없을 경우 null	A8:E8
=부서판매액[@]		A5:E5(현재 행이 5인 겨우)

■ 참조 연산자

아래와 같이 참조 연산자의 역할은 명시적인 셀 참조와 같습니다. 참조 연산자를 사용하여 열 지정자를 조합하면 보다 유연ㅎ-게 셀 범위를 지정할 수 있습니다.

구조적 참조	참조 대상	사용 연산자	예제 에서의 셀 범위
=부서판매액[[판매원]:[지역]]	둘 이상의 인접한 열에 있는 모들 셀	: (콜론) 범위 연산자	A2:B7
=부서판매액[판매액],부서판매액[순수입]	둘 이상의 열의 조합	, (쉼표) 논리합 연산자	C3:C7, E2:E7
=부서판매액[[판매원]:[판매액]] 부서-판매액[[지역]:[수익률]]	둘 이상의 열 논리 곱	(공백) 논리곱 연산자	B2:C7

■ 표 이름 생성 규칙

표 이름을 만들 때는 아래와 같은 규칙을 지켜야 합니다.

가. 유효한 문자 사용 : 이름은 항상 문자, 밑줄(_) 또는 백슬래시(₩)로 시작해야 합니다. 이름의 나머지 부분에는 문자, 숫자, 마침표, 밑줄을 사용합니다.

나. "=C", "c", "R" 또는 "r"은 이름 또는 이름 상자에 입력할 경우 활성 셀의 열 또는, 행을 선택하는 바로 가기로 이미 지정되어 있기 때문에 이름으로 사용할 수 없습니다.

다. 셀 참조는 사용하지 않음 : 이름은 Z$100 또는, R1C1과 같이 셀 참조와 동일할 수 없습니다.

라. 단어를 구분하는데 공백을 사용하지 않음 : 공백은 이름에 사용할 수 없습니다. 공백없이 입력하거나 단어 구분 기호로 밑줄(_) 및 마침표(.)를 입력할 수 있습니다. 예를 들면 부서판매액, 판 매_세금 또는 첫 분기 등을 입력할 수 있습니다.

마. 255자가 넘는 문자는 사용하지 않음 : 표 이름은 최대 255자입니다.

바. 고유한 표 이름 사용 : 중복된 이름은 허용되지 않습니다. 엑셀에서는 이름의 대소문자를 구분하지 않으므로 "Sales"를 입력하는 경우 동일한 통합 문서에 "SALES"라는 이름이 이미 있으면 고유한 이름을 선택하라는 메시지가 나타납니다.

엑셀 표로 셀을 엮어내다!

예제 파일 2-1-1-구조적인표-예제.xlsx | 완성 파일 2-1-1-구조적인표-완성.xlsx

자료를 표 형태로 만들지 않는다면 입력한 자료를 통한 정확한 정보처리를 기대할 수 없음은 물론이고, 아마 엑셀이 제공하는 대부분의 분석 기능을 사용할 수도 없게 될 것입니다. 때문에 우리는 엑셀이 원하는 데이터 입력 모양을 알고 그에 맞게 데이터를 구성해야 합니다.

01 '엑셀 표' 시트에서 범위를 엑셀 표로 만들기 전에 필요한 표의 구성 요소인 열 속성을 첫 번째 줄에 한 줄로 입력하고 두 줄 정도의 자료를 입력합니다. 부서명 [G4] 셀에 수식 '=VLOOKUP(F4,$M$4:$P$10,2,0)'을 입력합니다.

사원 이름	성별	고용일	퇴사일	부서ID	부서명	메일	급여
노주현		2006-01-01		GGG		njh@NRMotR.com	93500000

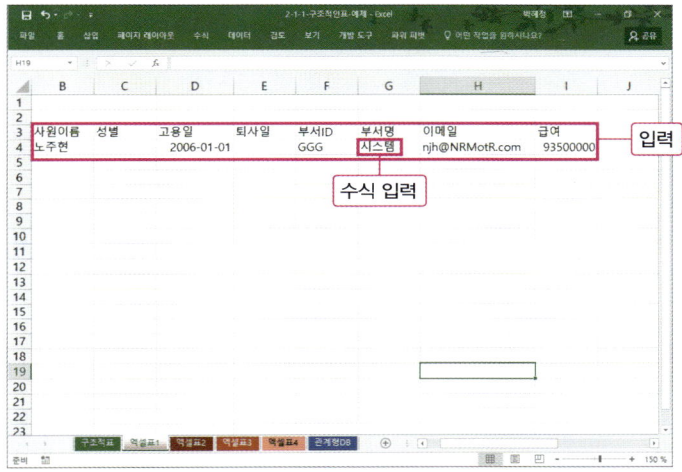

02 각각의 열 속성에 맞는 표시 형식을 지정하기 위해 [D4] 셀을 선택하고 **Ctrl** + **1**을 누릅니다. [셀 서식] 대화상자의 [표시 형식] 탭-[사용자 지정] 범주에서 'YYYY.M.D(AAA)'를 입력하고 [확인]을 클릭합니다. [I4] 셀은 [숫자]로 설정하고 [확인]을 클릭합니다.

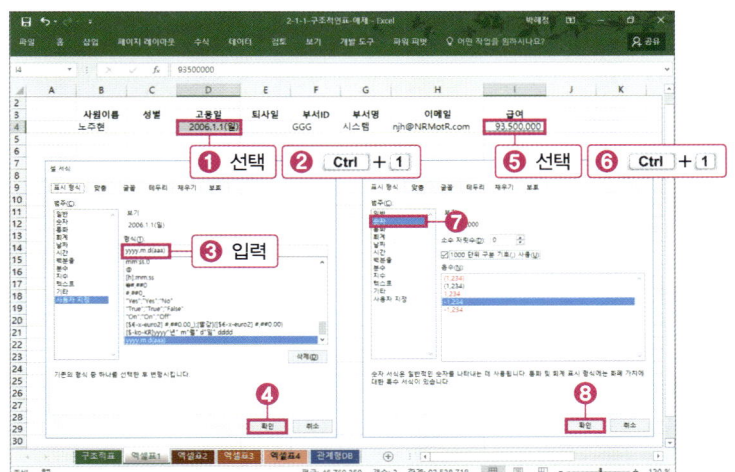

03 구성한 표 범위 주위에 행과 열을 하나 이상 비워둡니다.

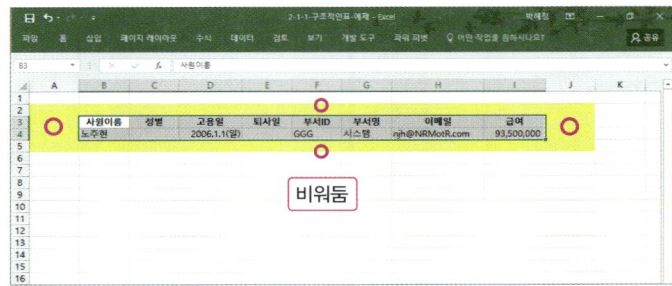

04 입력한 전체 범위나, 범위 내에 하나의 셀을 선택하고 [삽입] 탭-[표] 그룹에서 [표]를 클릭합니다. 범위를 확인하고 [머리글 포함]을 체크한 후 [확인]을 클릭합니다.

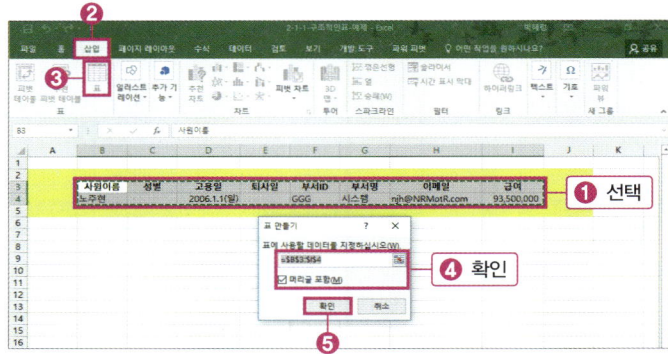

05 범위가 구조적인 표로 바뀝니다. 명확한 소통을 위해 표 이름을 바꾸는데 [표 도구]-[디자인] 탭-[속성] 그룹의 [표 이름]을 '사원관리'로 변경합니다.

06 새로운 열을 추가할 때는 표의 마지막 열 다음인 [J3] 열에 열 이름 '본부ID'를 입력하면 자동으로 [사원관리] 표로 인식됩니다.

· ·

팁 :: 표 아래의 표 범위 조절 버튼(◢)이나 [표 도구]-[디자인] 탭-[속성] 그룹에서 [표 크기 조정]을 클릭하여 표 범위를 수정할 수도 있습니다.

엑셀 표에 기본 키 열 생성 및 데이터 유효성 검사 적용

예제 파일 2-1-1-구조적인표-예제.xlsx
예제 파일 2-1-1-구조적인표-완성.xlsx

[사원관리] 표에 기본 키 열로 [사원번호] 열을 만들고, 성별 열을 '남'과 '여'만 입력받을 수 있도록 데이터 유효성 검사를 적용합니다. 기본 키 열은 첫 열에 위치하도록 합니다. 기본 키는 표의 각 행 자료를 식별할 수 있는 식별자로 사원번호, 제품번호 등을 예로 들 수 있습니다.

01 '엑셀표2' 시트에서 [B3] 셀을 선택하고 마우스 오른쪽 버튼을 클릭한 후 [삽입]-[왼쪽에 표 열 삽입]을 선택합니다.

....

팁 :: 범위를 구조적 표로 만들고 표 안의 셀 중에 하나를 선택한 다음 마우스 오른쪽 버튼을 클릭하면 엑셀 표에서만 사용할 수 있는 메뉴인 [삽입, 삭제, 선택, 내용 지우기]를 사용할 수 있습니다.

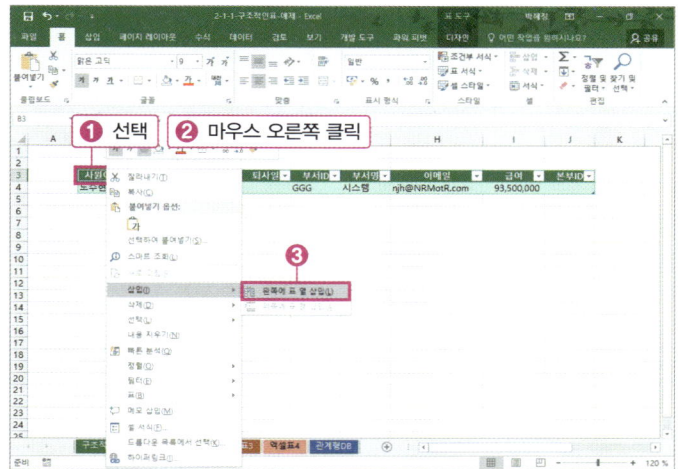

02 추가된 열 이름을 '사원ID'로 변경하고 [B4] 셀에 수식 '="N000"&ROW(A1)'을 입력한 다음 **Enter** 를 누릅니다.

....

팁 :: [사원ID] 열의 'N000'은 의미 없이 사원마다 반복하는 텍스트이고 ROW(A1)의 결과로 1부터 일련번호를 만듭니다. 수식을 아래로 한 셀 복사했을 때 수식은 '="N000"&ROW(A2)'가 되고 결과는 '2'가 됩니다. ROW 함수는 인수로 지정한 [A1] 셀의 행 번호를 결과로 나타내는 함수입니다.

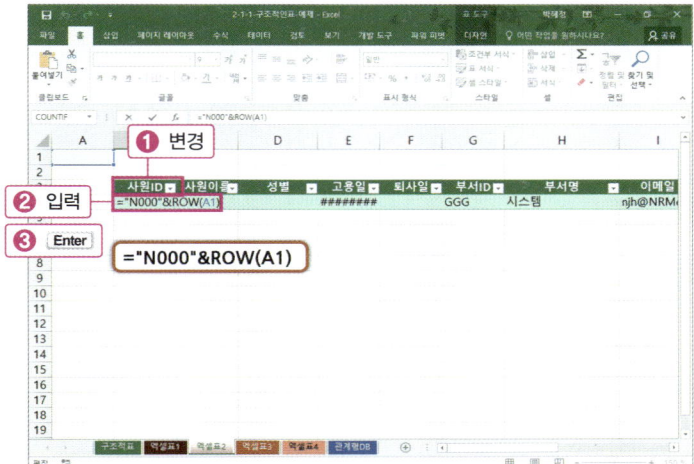

03 [D] 열에 '남'이나 '여' 둘 중 하나의 값만을 입력받도록 하기 위해 [D4] 셀을 선택하고 [데이터] 탭–[데이터 도구] 그룹에서 [데이터 유효성 검사]–[데이터 유효성]을 클릭합니다. 나타난 [데이터 유효성] 대화상자의 [설정] 탭에서 [제한 대상]을 '목록'으로 변경한 다음 [원본]에 '남,여'를 입력하고 [확인]을 클릭합니다.

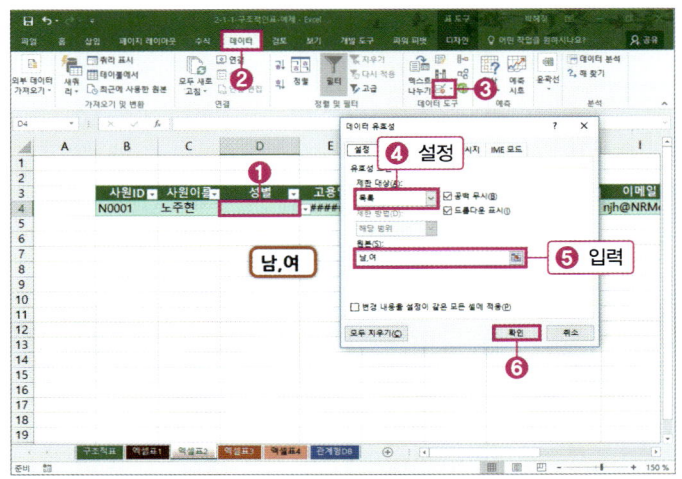

팁 :: 목록으로 표시할 원본을 직접 입력할 때는 콤마(,)로 구분하여 입력하고, 셀을 참조하여 목록을 만들려면 [원본]에 커서를 위치시키고 데이터가 입력한 셀 범위를 참조합니다. 참조할 때 범위는 하나의 행이나 하나의 열이여야 합니다.

체크해봐요 :: **기본 적용되는 표 스타일은 변경할 수 없나요?**

범위를 엑셀 표로 지정했을 때의 기본값을 변경하려면, [표 도구]–[디자인] 탭–[표 스타일] 그룹에서 기본값으로 지정하려는 표를 마우스 오른쪽 버튼으로 클릭한 후 [기본값으로 설정]을 선택합니다. 이후에 지정한 표부터 지정한 표 스타일이 적용됩니다.

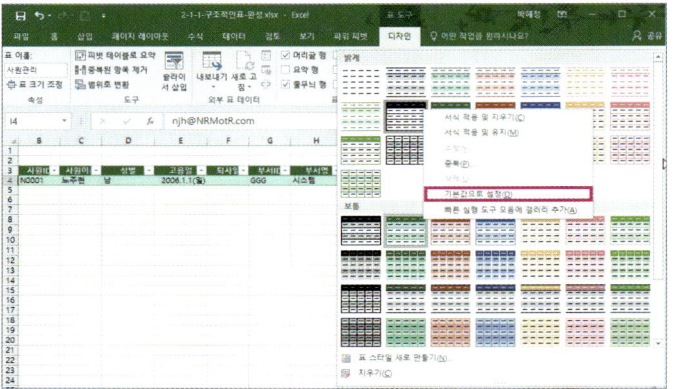

엑셀 표의 강점 이해하기

예제 파일 2-1-1-구조적인표-예제.xlsx | 완성 파일 2-1-1-구조적인표-완성.xlsx

표로 엮은 범위는 '표1', '표2'와 같이 기본적으로 지정된 표 이름이 있고, 사용자가 원하는 다른 이름으로 바꿀 수도 있습니다. 또한 만들어진 표는 이동 옵션을 통해 빠르게 이동 및 선택되며, 자동으로 서식과 수식이 확장됩니다. 그리고 표로 만들어진 범위를 다른 셀에 참조하나, 만약 표에 새로운 값이 추가된다면 추가된 새로운 값이 표를 참조하는 모든 수식과 기능에 그대로 반영됩니다.

01 '엑셀표3' 시트에서 표의 마지막 [K4] 셀을 선택하고 **Tab** 을 한 번 누르면 서식과 수식이 자동으로 확장되어 [B5] 셀의 사원번호까지 자동으로 생성됩니다. **Tab** 을 한 번 더 눌러 [C5] 셀까지 이동한 다음 아래 자료를 입력하되 [성별]은 적용한 데이터 유효성 목록을 통해 입력합니다.

송승환	남	2006-01-12		CCC		ssh@NRMotR.com	90200000

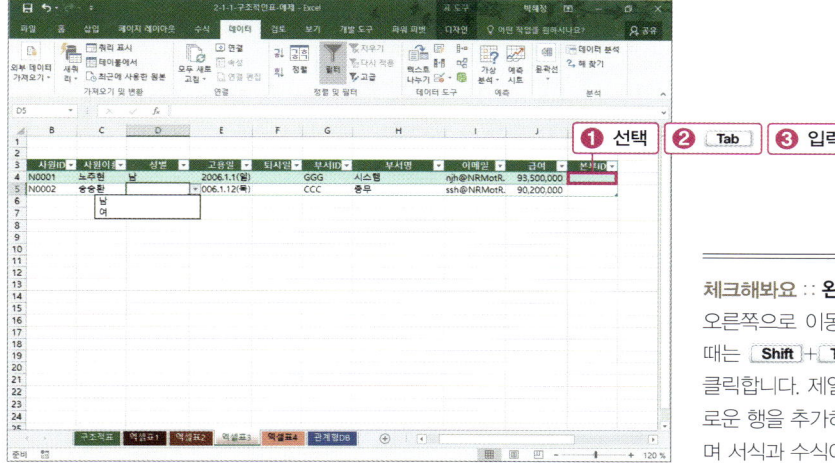

▲ 데이터 유효성 목록을 통해 선택하는 모습

체크해봐요 :: 왼쪽으로 이동할 때는 어떻게 하나요?
오른쪽으로 이동할 때는 **Tab** , 왼쪽으로 이동할 때는 **Shift** + **Tab** 을 누르거나 마우스로 위치를 클릭합니다. 제일 마지막 열에서 **Tab** 을 눌러 새로운 행을 추가하면 셀 포인터가 다음 줄로 이동되며 서식과 수식이 자동으로 확장됩니다.

02 [사원관리] 표에 추가된 데이터 '총무'가 부서 인원수를 카운트하는 수식 '=COUNTIF($G$4:$G$4,N4)'에 반영되어 수식이 '=COUNTIF($H$4:$H$5,N4)'로 확장된 것을 확인할 수 있습니다.

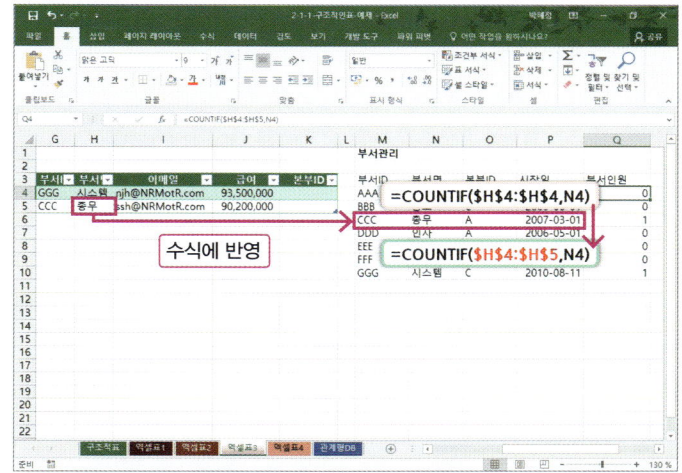

03 [K4] 셀에 수식 '=VLOOKUP([@부서
ID],$M$4:$Q$10,3,0)'을 입력하고 **Enter**를
누릅니다.

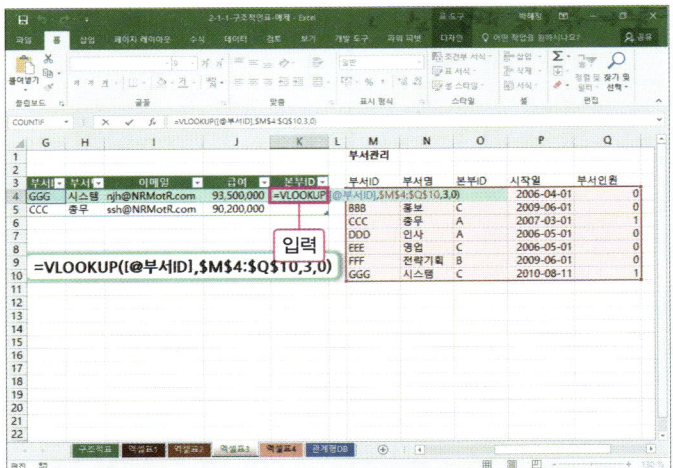

04 복사하지 않아도 입력한 모든 [본부ID]
열에 수식이 추가됩니다.

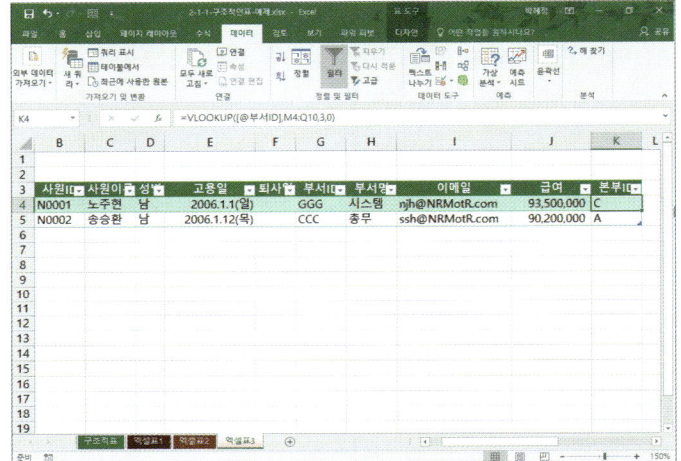

엑셀 표의 편집 이해하기

예제 파일 2-1-1_구조적인표-예제.xlsx | 완성 파일 2-1-1_구조적인표-완성.xlsx

엑셀 표로 지정된 범위는 일반 범위와는 편집 방법이 다릅니다. 이번에는 엑셀 표의 편집 방식을 따라하기로 알아보겠습니다.

01 앞선 따라하기에 이어서 열 및 행을 삭제할 때는 삭제하려는 열 및 행이 포함된 셀 하나를 선택하고 마우스 오른쪽 버튼을 클릭한 후 [삭제]–[표 행] 또는, [표 열]을 선택하여 삭제합니다. 선택한 셀이 포함된 전체 열 또는, 행이 삭제됩니다.

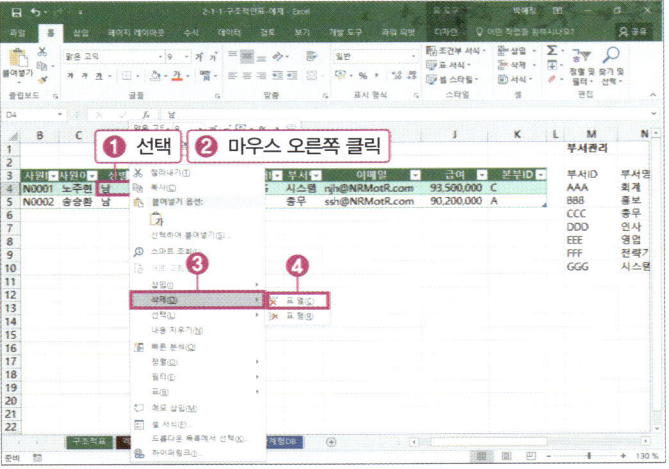

02 [표 도구]–[디자인] 탭–[표 스타일] 그룹에서 원하는 서식을 클릭합니다. [없음]을 클릭하면 서식이 없는 표 스타일이 적용되는데, 자료의 양이 많을 때 서식 때문에 느려지는 것을 방지할 수 있습니다.

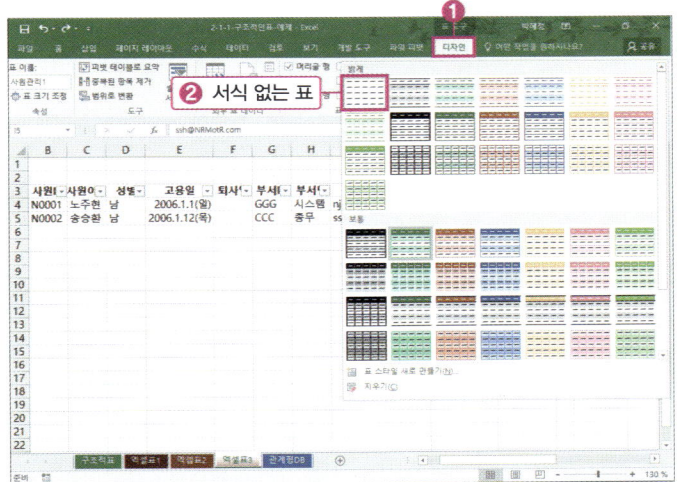

03 표의 참조 범위를 임의로 조정하려면 마지막 셀에 범위 조정 버튼([A____]) 위에 마우스 포인터를 위치시키고, 드래그하여 원하는 곳까지 확장합니다.

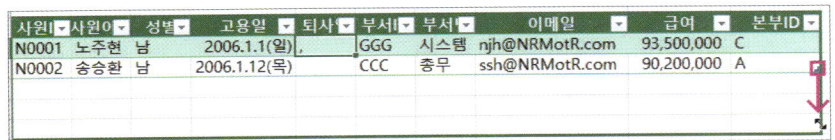

04 또는 [표 도구]–[디자인] 탭–[속성] 그룹의 [표 크기 조정]을 클릭하고 나타나는 [표 크기 조정] 대화상자에서 범위를 수정한 후 [확인]을 클릭합니다.

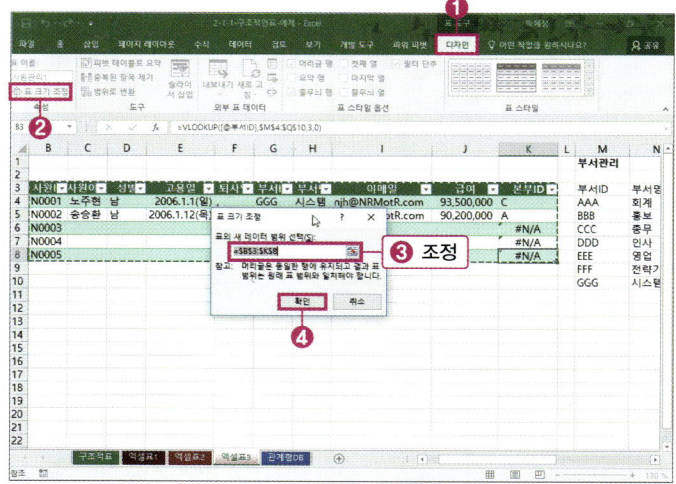

05 표로 지정된 범위를 다시 일반 셀 범위로 되돌리려면 [표 도구]–[디자인] 탭–[도구] 그룹의 [범위로 변환]을 클릭하고 나타난 대화상자에서 [예]를 클릭합니다.

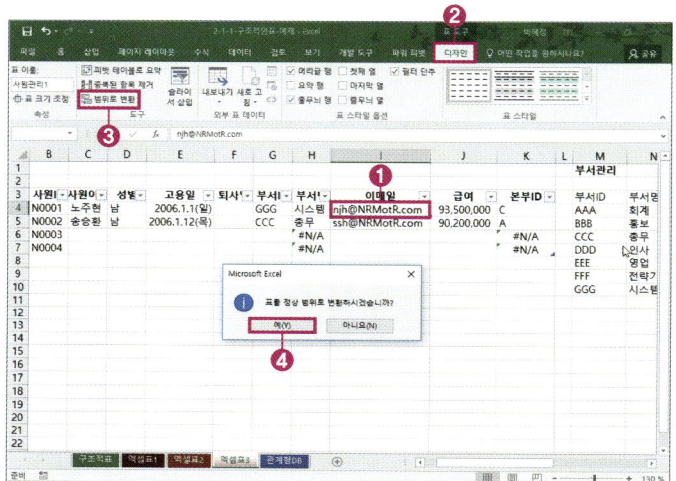

06 일반 셀로 바뀌면 범위의 셀을 선택해도 [표 도구]–[디자인] 탭은 나타나지 않습니다.

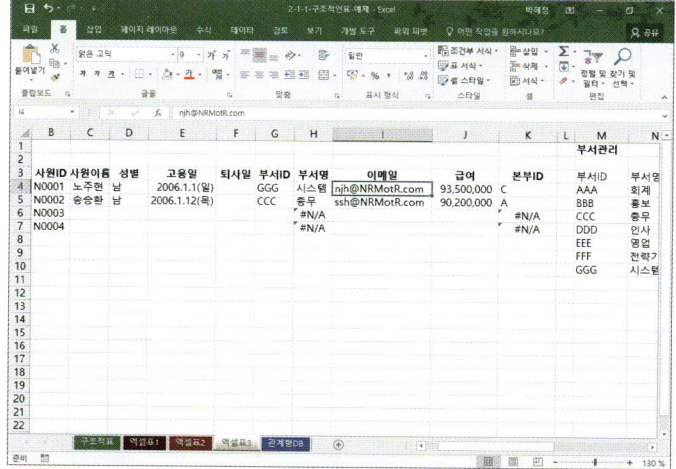

데이터 Cleaning

**이미 데이터를
잘못 입력했다면?**

엑셀에서 데이터를 cleaning을 해야 하는 이유는 작업을 더 명확히 지시하려는 것입니다. 하나의 셀에 입력된 주소 정보를 예로들 수 있습니다. 먼저 데이터의 특징은 살펴보자면, 주소는 하나에 셀에 시, 군, 구 등 여러 정보가 있습니다. 이 주소 자료에 입력된 '도봉구'라는 글자를 기준으로 정렬 기능을 실행해야 한다면, 가능할까요? 자료를 편집하지 않고는 불가능할 것 입니다. 엑셀에서 데이터를 cleaning한다는 것은 여러 의미가 있지만, 작업을 쉽게 지시하기 위해 자료를 바꿔가는 과정이라고 볼 수 있습니다.

중복 자료는 결과를 신뢰할 수 없게 만든다! _ 중복된 항목 제거

예제 파일 2-1-2-데이터클리닝-예제.xlsx
완성 파일 2-1-2-데이터클리닝-완성.xlsx

중복된 항목 제거 기능은 행 단위로 작업합니다. 예를 들어 사원을 관리하는 표가 있습니다. 그 표를 상대로 중복된 항목 제거 기능을 실행한다면 모든 열 속성(이름, 성별, 나이, 주소, 전화번호) 정보가 모두 같을 때 '같다'고 판단하며 해당 행(레코드) 전체가 삭제됩니다.

01 중복된 항목을 제거하려는 데이터 범위에서 하나의 [B4] 셀을 선택하고 [데이터] 탭-[데이터 도구] 그룹의 [중복된 항목 제거]를 클릭합니다. 범위 전체가 제대로 인식되었는지 확인하고 [중복된 항목 제거] 대화상자에서 [확인]을 클릭합니다. 중복된 세 개의 값 중 두 개가 삭제되고 '이정재' 값이 하나만 남겨집니다.

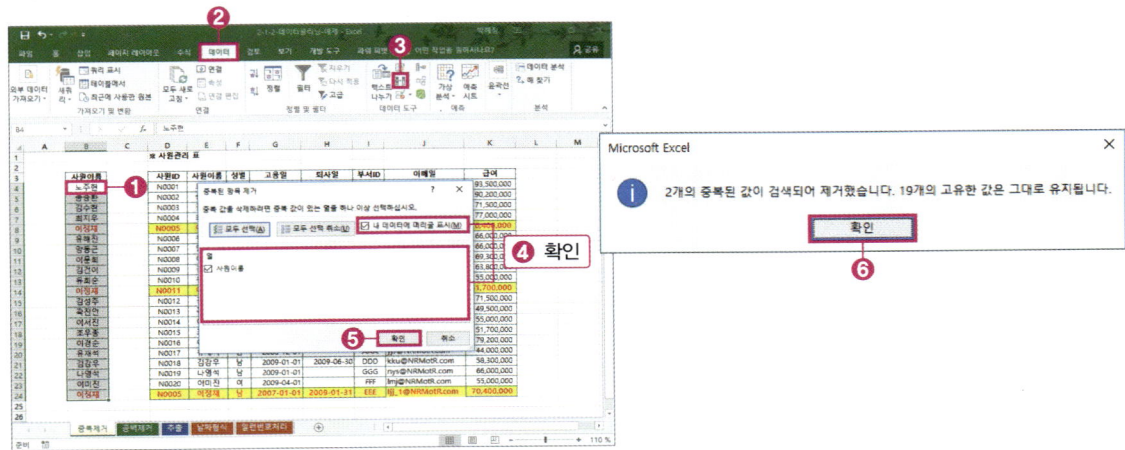

02 중복을 비교하려는 항목이 여럿일 경우에 마찬가지로 범위에서 [D4] 셀을 선택하고 [데이터] 탭–[데이터 도구] 그룹의 [중복된 항목 제거]를 클릭합니다. 모든 열이 체크된 상태인지를 확인하고 [확인]을 클릭합니다.

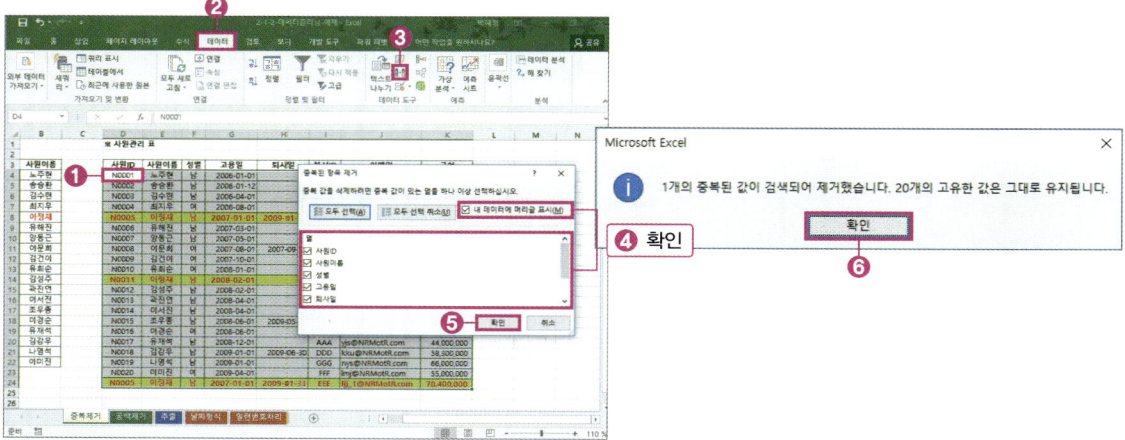

03 이번 경우에는 이름만 같다고 같은 항목으로 판정하는 것이 아니라, 모든 열 속성 정보가 같은 경우에 중복됐다고 판정합니다.

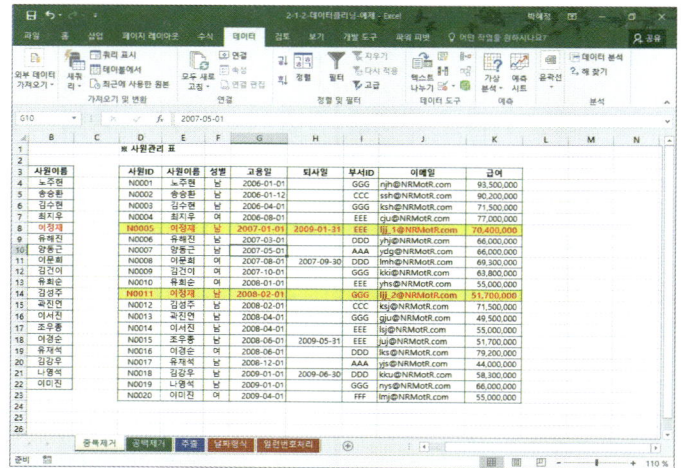

체크해봐요 :: [중복된 항목 제거] 대화상자

[중복된 항목 제거] 대화상자는 단순합니다. [열]에 나타난 목록은 선택한 범위의 첫 줄에 값입니다. 머리글이라고 하죠. 범위에 머리글이 없는 경우 첫 줄의 값이 나타납니다. 범위에 머리글이 포함되어 있으면, [내 데이터에 머리글 표시]를 체크하고, 범위 중에 중복을 검사하여 제거하려는 열을 선택한 다음 [확인]을 클릭합니다.

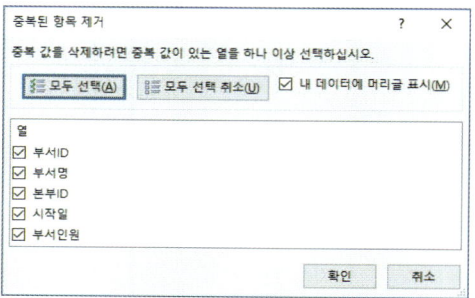

불필요한 공백 제거하기 _ TRIM 함수, 텍스트 나누기, 빠른 채우기

예제 파일 2-1-2-데이터클리닝-예제.xlsx
완성 파일 2-1-2-데이터클리닝-완성.xlsx

빠른 채우기는 때로는 텍스트 나누기의 역할을, 때로는 연결 연산자와 연결 함수의 역할을 하며, 앞선 작업의 패턴을 읽고 패턴대로 해당 열에 같은 작업을 빠르게 반복할 수도 있습니다. TRIM 함수와 빠른 채우기로 기존 셀의 데이터에 불필요한 공백을 제거해보겠습니다.

01 '공백 제거' 시트에서 [D4] 셀을 선택하고 'Kim Chul Su'를 입력한 다음 **Enter** 를 누릅니다. 그리고 [D5] 셀이 선택된 상태에서 [데이터] 탭-[데이터 도구] 그룹에서 [빠른 채우기]를 클릭합니다(또는 단축키 **Ctrl** + **E**).

....

팁 :: 빠른 채우기가 읽어낸 작업 패턴은 띄어쓰기 규칙과 단어의 첫 글자를 대문자로 한 것입니다.

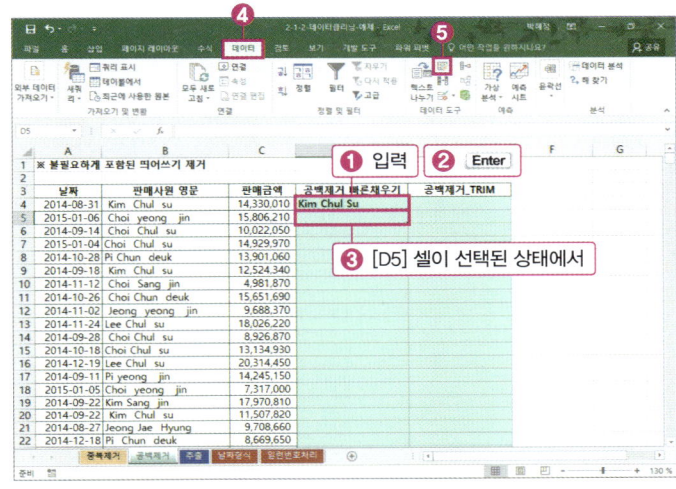

02 [E4] 셀을 선택하고 수식 '=TRIM([@ [판매사원 영문]])'을 입력한 후 **Enter** 를 누릅니다.

....

팁 :: '@'는 표로 만들어진 범위에서 하나의 셀을 의미합니다. 따라서 [판매사원 영문] 열 중에 선택한 하나의 셀을 참조했다는 것입니다.

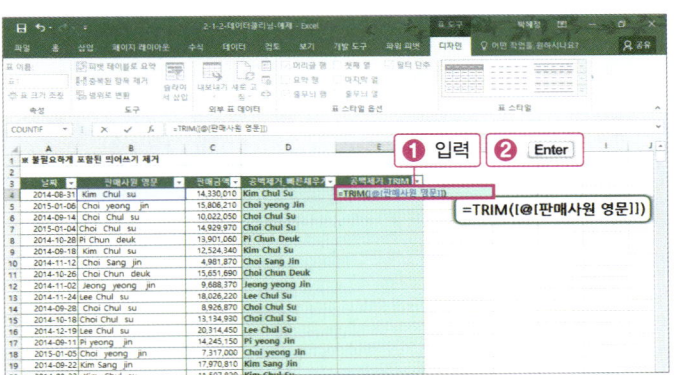

03 표로 지정된 범위에서 작업하면 [E804] 셀까지 드래그하여 복사하지 않아도 자동으로 수식이 모든 열에 채워집니다.

셀에서 일부 데이터 추출하기 _ SEARCH, LEFT 함수, 빠른 채우기, 텍스트 나누기

예제 파일 2-1-2-데이터클리닝-예제.xlsx | 완성 파일 2-1-2-데이터클리닝-완성.xlsx

동과 구 정보가 입력된 데이터에서 동과 구를 분리하여 새로운 열로 만드는 작업을 함수와 기능으로 해결해보겠습니다. 데이터 입력과 수식 작성 범위는 하나의 엑셀 표로 만들어져 있습니다.

01 '추출' 시트에서 [C4] 셀을 선택하고 수식 '=LEFT([@[동, 구]],SEARCH(",",[@[동, 구]])-1)'을 입력한 후 **Enter**를 누릅니다.

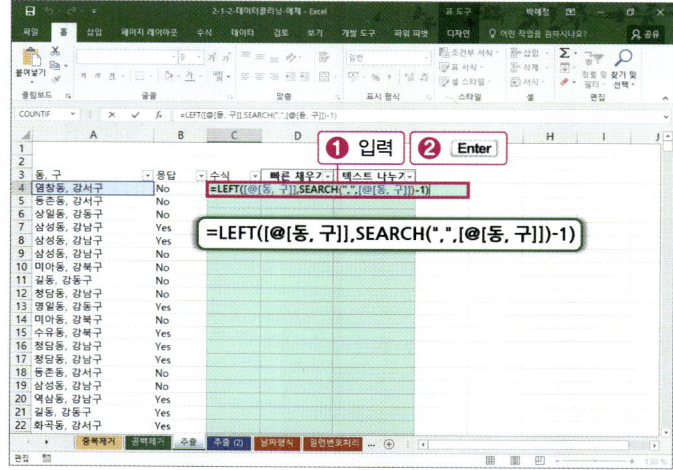

함수식 / =LEFT([@[동, 구]],SEARCH(",",[@[동, 구]])-1)

설명
LEFT 함수는 셀의 일부 텍스트를 추출하는 함수로써 [동, 구] 열의 셀(@)에서 SEARCH 함수가 찾은 ','의 위치인 '4'에서 하나를 뺀(-1) '3'만큼을 추출합니다.

02 [D4] 셀을 선택하고 '염창동'을 입력한 다음 **Enter**를 누릅니다. 다음 셀로 이동한 다음 **Ctrl**+**E**를 눌러 빠른 채우기를 실행합니다.

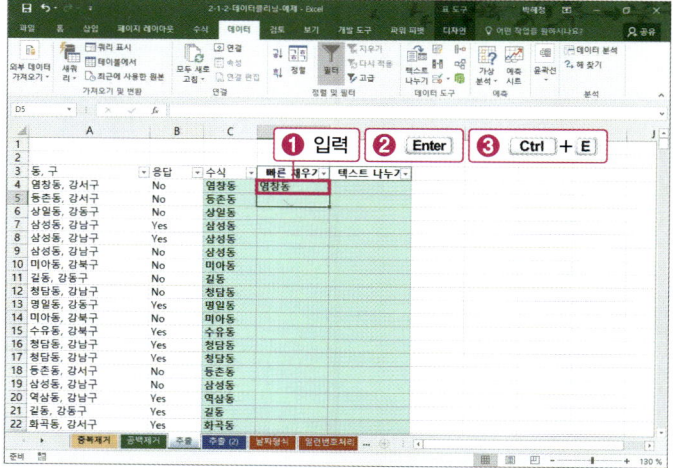

03 [A4:A9725]를 선택하기 위해 시작 셀인 [A4] 셀을 선택하고 Ctrl + Shift + ↓ 를 누른 후 Ctrl + Back Space 를 눌러 화면을 전환합니다. 범위를 선택한 상태에서 [데이터] 탭–[데이터 도구] 그룹의 [텍스트 나누기]를 클릭합니다. [텍스트 마법사 _ 3단계 중 1단계] 대화상자에서 [구분 기호로 분리됨]을 선택하고 [다음]을 클릭합니다.

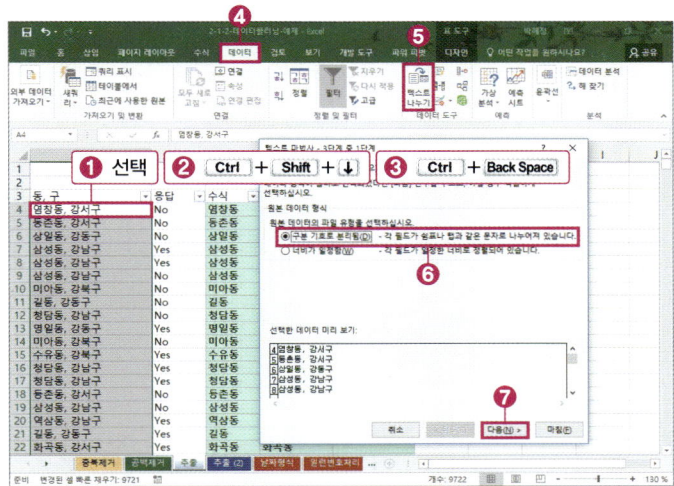

04 [텍스트 마법사 _ 3단계 중 2단계] 대화상자에서 [쉼표]를 체크하고 [다음]을 클릭합니다.

체크해봐요. :: 그림을 보면 구분 기호가 여러 개 선택되어 있는데 상관없나요?

텍스트 나누기를 실행하려는 범위에 선택한 구분 기호인 '탭'이 없기 때문에 작업에 영향이 없습니다.

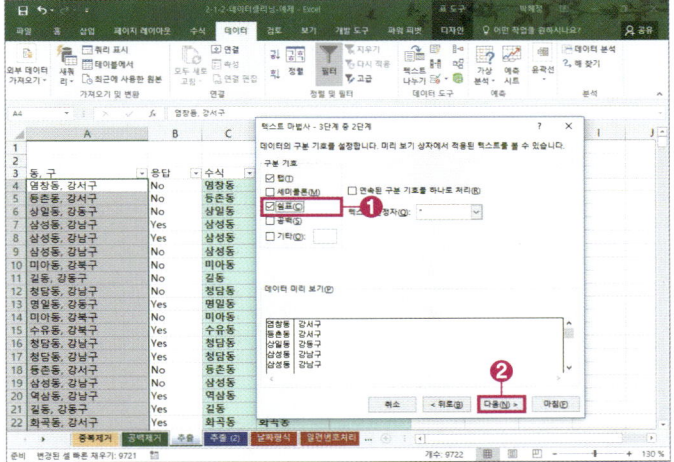

05 [텍스트 마법사 _ 3단계 중 3단계] 대화상자에서 [대상]은 [E4] 셀을 참조하고 [마침]을 클릭합니다.

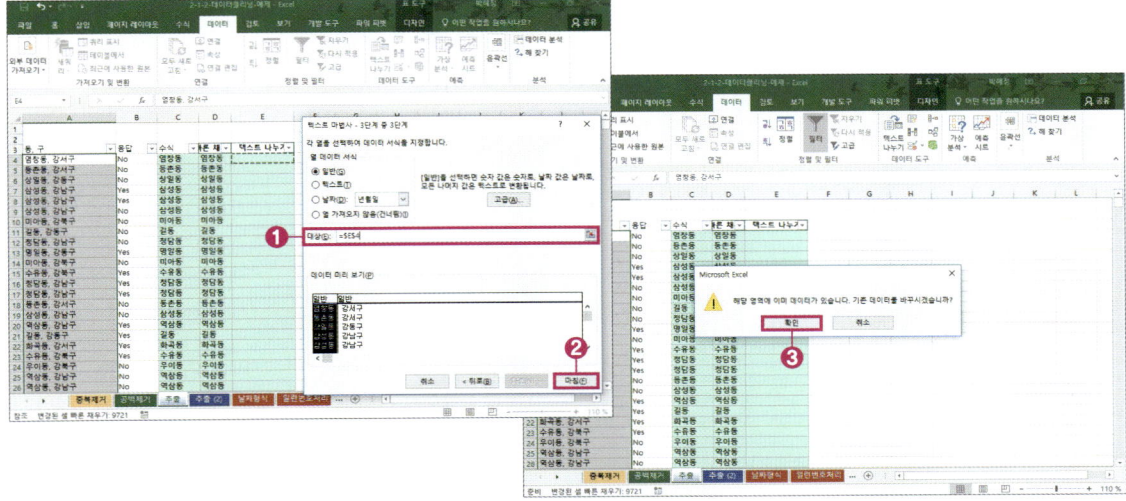

06 쉼표를 기준으로 지정한 위치부터 두 개의 열로 분리하여 새로운 값을 만듭니다.

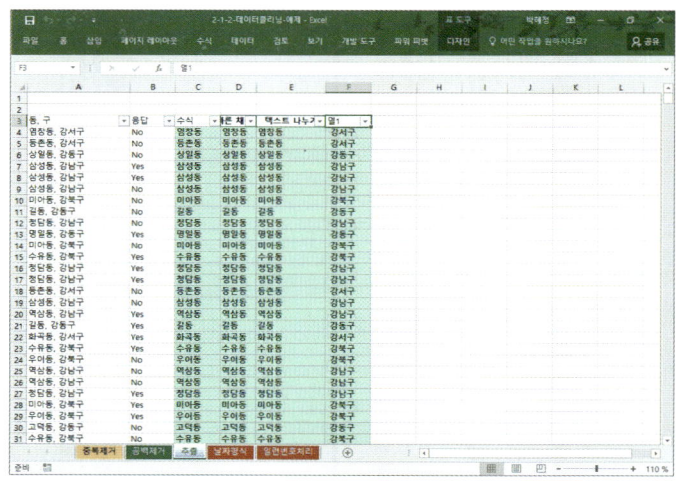

체크해봐요 :: 데이터베이스 상식 : 데이터 클리닝

'데이터 클리닝'이란 데이터를 깨끗이 하는 것입니다. 데이터 클리닝은 통계와 데이터베이스에서 사용하는 용어입니다. 우리는 엑셀에서 데이터를 저장하여 관리하고, 쌓인 자료를 이용하여 데이터를 분석하게 됩니다. 그런 이유로 데이터를 깨끗하게 하는 작업은 전체 분석의 80%를 차지한다고 말할 정도로 중요하면서도 손이 많이 가는 일입니다.

날짜 형식 갖추기 _ TEXT 함수, 텍스트 나누기, 빠른 채우기

예제 파일 2–1–2–데이터클리닝–예제.xlsx
완성 파일 2–1–2–데이터클리닝–완성.xlsx

날짜 자료이지만, 연월일의 구분 없이 입력된 자료를 TEXT 함수, 텍스트 나누기, 빠른 채우기를 이용해 날짜 데이터 형식으로 변경해보겠습니다.

01 '날짜 형식' 시트에서 [D4] 셀을 선택하고 '2014–08–31'을 입력한 후 [데이터] 탭–[데이터 도구] 그룹의 [빠른 채우기]를 클릭합니다. 빠른 채우기로는 숫자로 입력한 자료를 날짜로 정확히 변경할 수 없습니다.

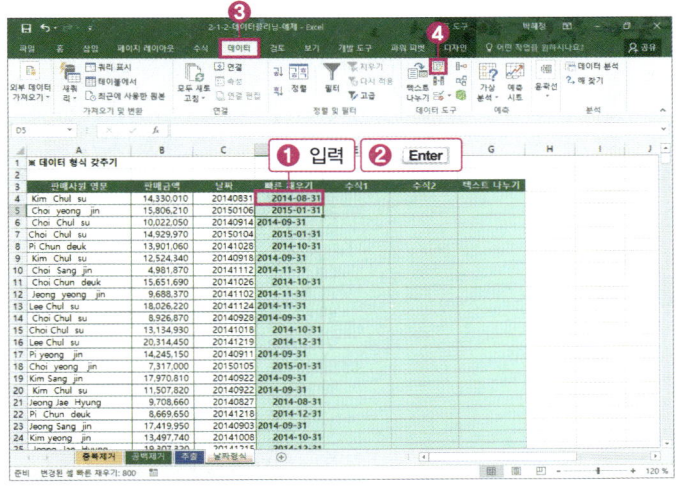

02 [E4] 셀에는 수식 '=TEXT([@날짜], "YYYY–MM–DD")'를, [F4] 셀에는 수식 '=DATE(LEFT([@날짜],4),MID([@날짜],5,2),RIGHT([@날짜],2))'를 입력하고 Enter 를 누릅니다.

·······························

팁 :: 범위가 표 만들어져 수식이 자동으로 복사됩니다.

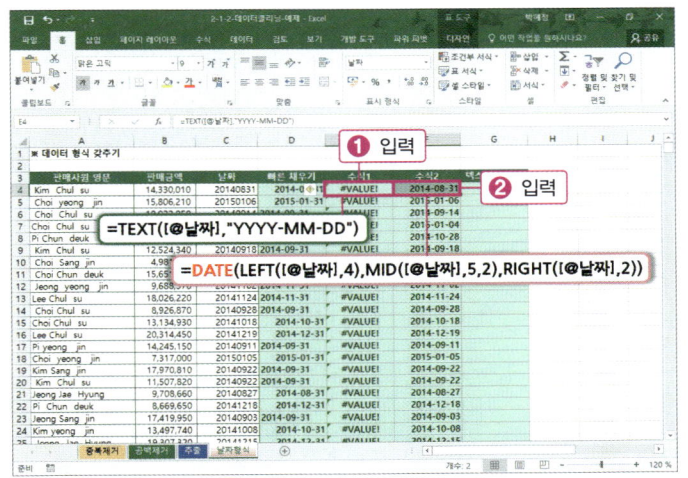

함수식 / =TEXT([@날짜],"YYYY–MM–DD")
설명 TEXT 함수는 첫 번째 인수로 지정한 값에 두 번째 인수 표시 형식(format_text)을 적용하여 새로운 값을 만들어 냅니다. 수식 '=TEXT([@날짜],"YYYY–MM–DD")'의 결과가 '#VALUE!'로 나타나는 이유는 표시 형식 'YYYY–MM–DD'를 적용하기 위해서는 날짜 값을 읽을 수 있는 값이 필요한데 인수로 지정한 값 '20140831'은 엑셀이 읽을 수 없는 날짜이기 때문입니다.

함수식 / =DATE(LEFT([@날짜],4),MID([@날짜],5,2),RIGHT([@날짜],2))
설명 수식 '=TEXT([@날짜],"YYYY–MM–DD")'는 이 문제를 해결할 수 없기 때문에 DATE 함수를 이용하여 연월일에 해당하는 값을 LEFT, MID, RIGHT 함수로 추출하여 날짜 형식으로 만듭니다.

03 텍스트 나누기는 가능할까요? 날짜 입력 범위 전체를 선택하기 위해 시작 셀인 [G4] 셀을 선택하고 `Ctrl`+`Shift`+`↓`를 누른 다음 `Ctrl`+`Back Space`를 눌러 화면을 전환합니다. [데이터] 탭-[데이터 도구] 그룹에서 [텍스트 나누기]를 클릭합니다. 1단계는 [구분 기호로 분리됨]을 선택한 후 [다음], 2단계는 그냥 [다음], 3단계에서 [날짜]를 체크하고 '연월일'을 선택한 다음 [대상]을 '=$G$4'로 지정하고 [확인] 후 [마침]을 클릭합니다.

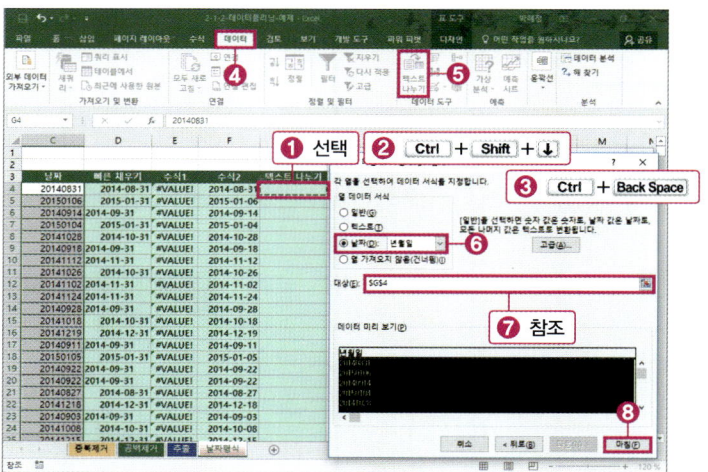

04 결과를 확인합니다.

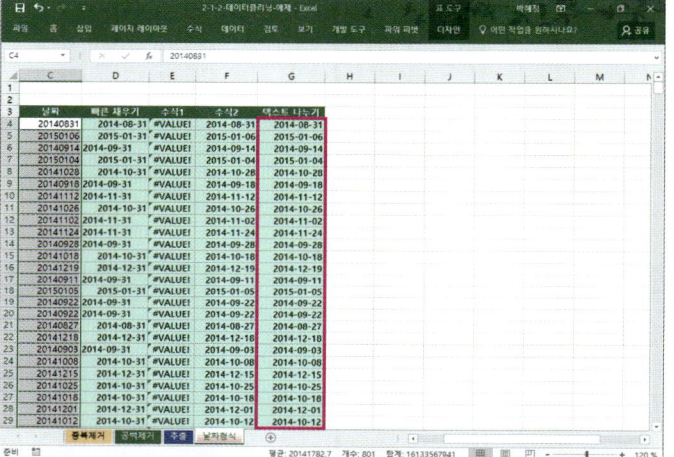

거래 단위로 자료 재배치 및 해당 자료 추출하기

가로 모임 '레코드=행' 단위로 재배치 및 추출	중복된 항목 제거, 정렬, 필터, 부분합, 피벗 테이블 등의 데이터 관리 메뉴들은 행 단위로 작업이 실행됩니다. 정렬과 필터는 엑셀 사용자가 가장 많이 사용하는 기능 TOP10에 늘 포함되는 기능입니다. 정렬은 입력한 자료의 특정 열 속성을 기준으로 자료의 위치를 바꾸고 필터는 특정 열 속성을 기준으로 해당하는 자료를 포함한 전체 행(레코드)만 화면에 표시합니다.

정렬 및 자동 필터의 미리 보기

정렬 및 자동 필터 대화상자를 통해 어떤 기능을 지원하는지 먼저 살펴보고, 사용자가 원하는 순서대로 자료를 정렬하기 위해 사용자 지정 목록을 등록하는 방법에 대해 알아봅니다. 정렬과 필터를 실행할 때 범위를 표로 지정하면 범위를 제대로 인식하지 못하는 일은 없게 됩니다.

■ [정렬] 대화상자

주로 두 개 이상의 정렬 기준을 지정할 때 [정렬] 대화상자를 실행하게 됩니다.

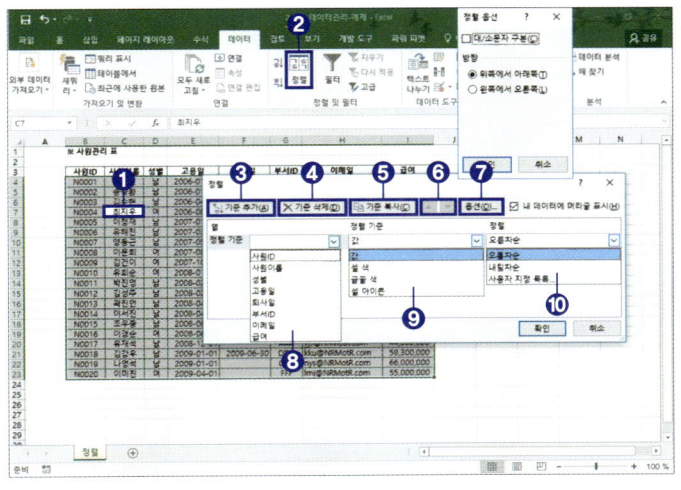

❶ 범위에서 하나의 셀을 선택하고,

❷ [데이터] 탭–[정렬 및 필터] 그룹에서 [정렬] 클릭.

❸ [기준 추가] : 64개까지 추가 가능.

❹ [기준 삭제] : 기준을 삭제합니다.

❺ [기준 복사] : 기존에 지정한 기준을 기반으로 조건 입력할 수 있습니다.

❻ [우선 순위 변경] : 우선 순위는 위에서 아래로.

❼ [옵션] : 열 단위로 정렬도 가능.

❽ [정렬 기준]–[열] : 필드 명을 반드시 인식시켜야 합니다.

❾ [정렬 기준]–[값] : 값, 셀 색, 글꼴 색, 셀 아이콘(조건부 서식) 중 선택합니다.

❿ [정렬] : 오름차순, 내림차순, 사용자 지정 목록 중에서 선택합니다.

■ 사용자가 원하는 정렬 순서 지정하는 방법

정렬의 기준이 오름차순도 내림차순도 아닌 경우에 사용합니다.

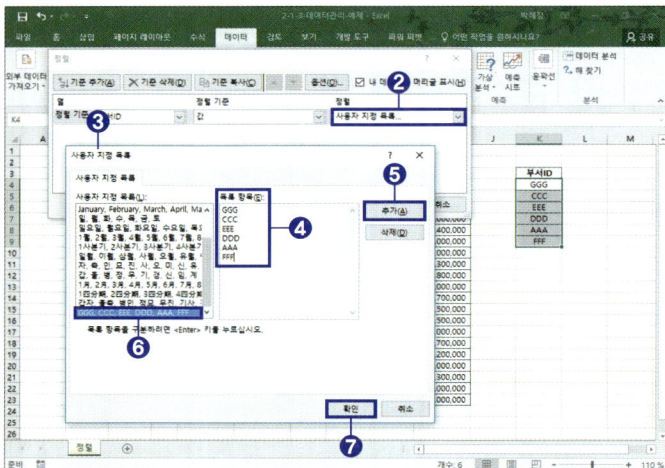

❶ [데이터] 탭–[정렬 및 필터] 그룹에서 [정렬] 클릭

❷ [정렬] 대화상자에서 [정렬]의 [사용자 지정 목록] 클릭

❸ [사용자 지정 목록] 대화상자에서

❹ [새 목록] 선택 후 [목록 항목]을 **Enter** 로 입력합니다.

❺ [추가]를 클릭하고,

❻ 목록이 등록됐는지 확인한 다음,

❼ [확인]을 클릭하여 대화상자를 닫습니다.

■ [자동 필터] 미리 보기

데이터 범위 중에 하나의 셀을 선택하고 [데이터] 탭–[정렬 및 필터] 그룹에서 [필터]를 클릭합니다.

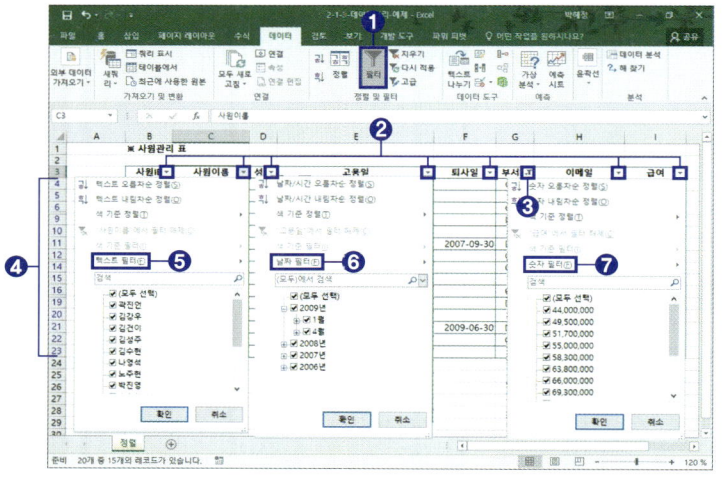

❶ [필터] 버튼 : 클릭할 때마다 적용과 해제를 반복 실행합니다. 또 각 항목(필드)에 데이터 형식에 따라 메뉴가 다르다는 것을 주목해야 합니다.

❷ 자동 필터가 적용되면 필드 이름 옆에 필터 버튼이 생기고,

❸ 필터를 실행한 열은 깔때기 모양으로 아이콘이 바뀝니다.

❹ 행 머리글 : 해당 행만 표시되고, 파란색으로 바뀝니다.

❺ 텍스트 필터 : 텍스트 데이터 형일 때

❻ 날짜 필터 : 날짜 데이터 형일 때

❼ 숫자 필터 : 숫자 데이터 형일 때

행 단위로 자료의 위치(줄) 바꾸기 _ 정렬, 값

예제 파일 2-1-3-데이터관리-예제.xlsx
완성 파일 2-1-3-데이터관리-완성.xlsx

먼저 [정렬] 대화상자의 기본적인 내용을 확인한 다음 기준이 하나일 때, 두 개 이상인 경우, 사용자가 원하는 정렬 등의 기능을 하나씩 실습해보겠습니다.

01 정렬하려는 기준이 하나라면 해당 필드 중에 하나의 셀만 선택하고 작업합니다. '정렬1' 시트에서 [성별]을 기준으로 오름차순 정렬을 하기 위해 [성별] 열에서 하나의 셀 선택하고 [데이터] 탭-[정렬 및 필터] 그룹의 [오름차순](ㄱㅣ)을 클릭합니다.

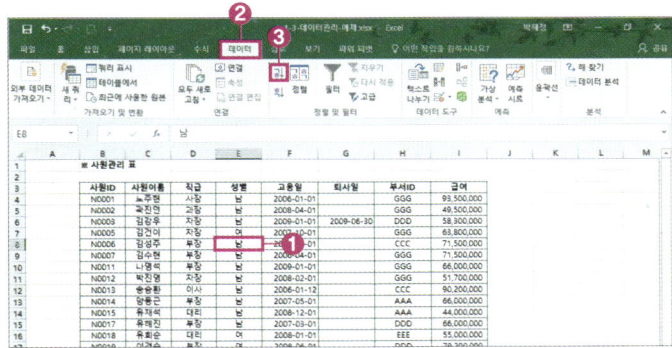

02 성별로 정렬된 상태에서 [급여] 기준을 추가해보겠습니다. 급여가 높은 순에서 낮은 순으로 내림차순 정렬을 하기 위해 범위에서 하나의 셀을 선택하고 [데이터] 탭-[정렬 및 필터] 그룹의 [정렬]을 클릭하고 [정렬] 대화상자에서 [기준 추가]를 클릭합니다.

....

팁 :: 동일한 데이터 범위에서 작업하기 때문에 앞선 과정에서 [성별]로 정렬을 한 번 실행한 것이 그대로 적용되어 나타납니다.

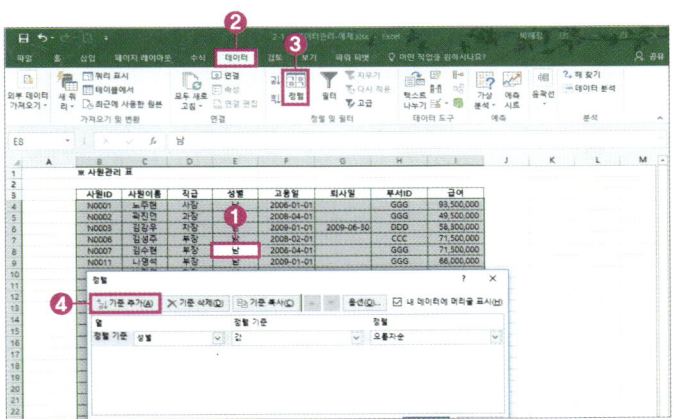

03 다음 기준이 추가되면 [열]은 '급여'를 선택하고, [정렬 기준]은 '값', [정렬]은 '내림차순'으로 설정한 다음 [확인]을 클릭합니다.

....

팁 :: 위로 이동과 아래로 이동 아이콘(▲▼)을 이용하면 정렬 우선 순위를 변경할 수 있습니다.

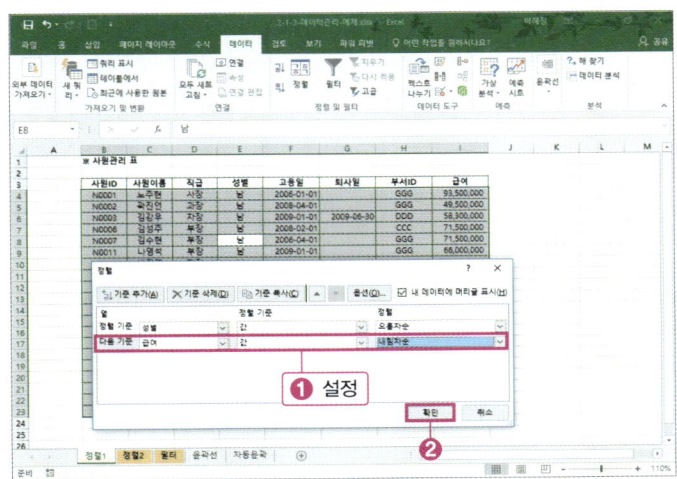

04 [성별]로 정렬된 상태에서, [급여]의 높은 순서에서 낮은 순으로 정렬된 것을 확인합니다. 서식은 독자들의 명확한 결과 확인을 위하여 필자가 임의로 지정한 것입니다.

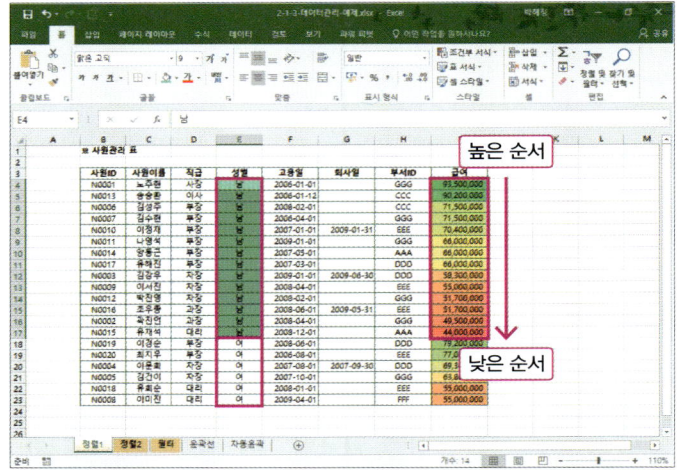

05 이번에는 기존 자료를 활용해서 사용자 지정 목록을 등록하고 그 기준으로 정렬하기 위해 먼저 [D3:D23]을 선택하고 Ctrl + C 를 눌러 복사하고 [K3] 셀에서 Ctrl + V 를 눌러 붙여넣습니다.

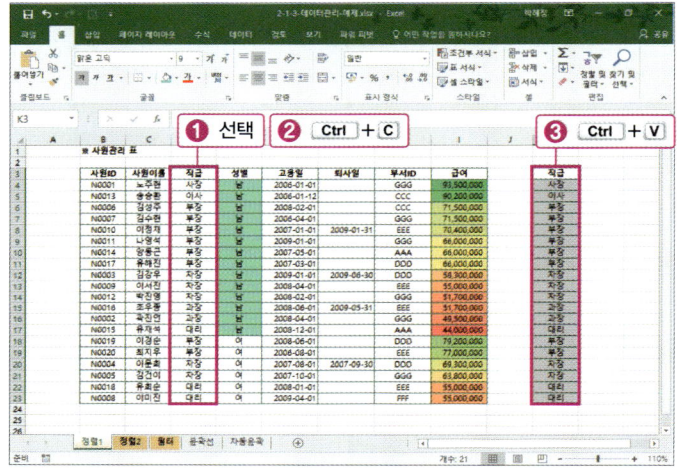

06 범위가 선택된 상태로 [데이터] 탭-[데이터 도구] 그룹의 [중복된 항목 제거]를 클릭합니다. [중복된 항목 제거] 대화상자가 나타나면 [확인]을 클릭합니다.

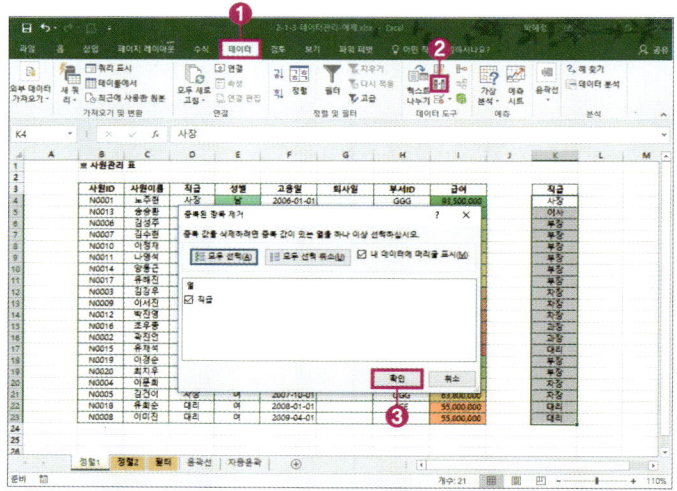

07 그림을 참고하여 중복 제거된 항목을 '사장 → 이사 → 부장 → 차장 → 과장 → 대리' 순으로 화면에 보이는 대로 조정합니다.

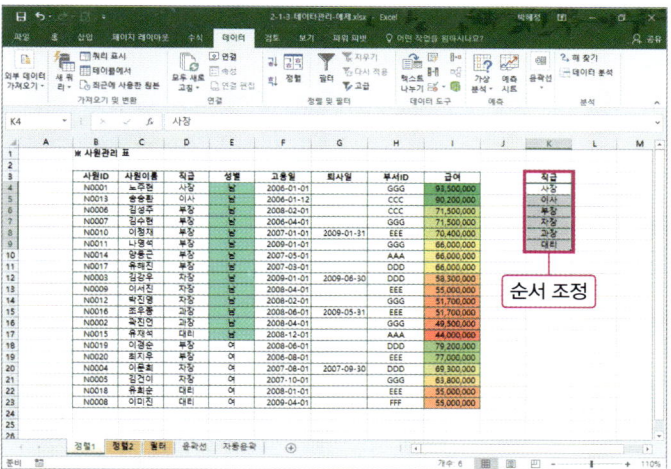

08 정렬 순서 '사장, 이사, 부장, 차장, 과장, 대리, 사원'을 [사용자 지정 목록]에 등록하기 위해 [파일] 탭–[옵션]을 클릭합니다. [Excel 옵션] 대화상자가 나타나면 [사용자 지정 목록 편집]을 클릭합니다.

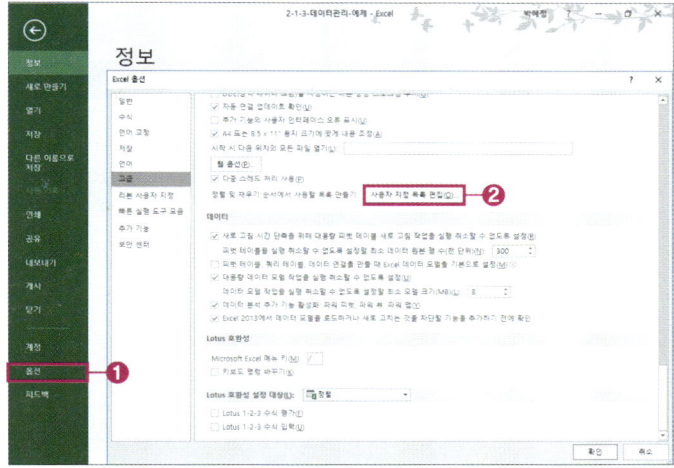

09 [사용자 지정 목록] 대화상자에서 가져올 범위 [$K$4:$K$9]를 참조하고 [추가]를 클릭한 다음 [확인]을 클릭합니다.

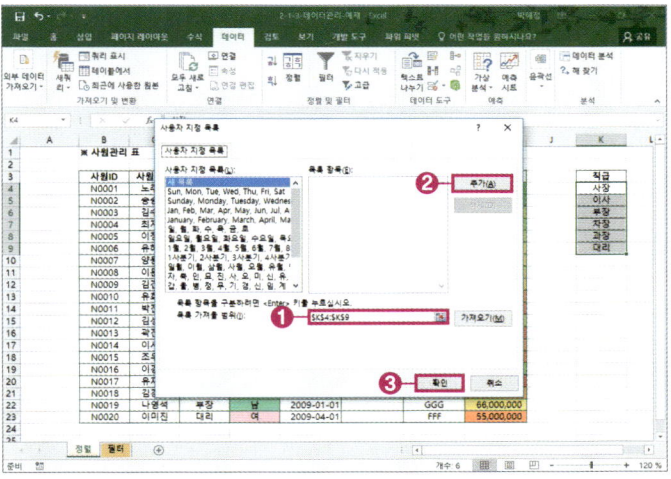

10 등록한 순서대로 정렬하기 위해 작업 범위 중에 하나의 셀을 선택하고 [데이터] 탭-[정렬 및 필터] 그룹의 [정렬]을 클릭합니다. [정렬] 대화상자에서 [직급], [값], [사용자 지정 목록]을 선택하고 [사용자 지정 목록]에서 등록한 항목을 선택한 후 [확인]을 클릭합니다.

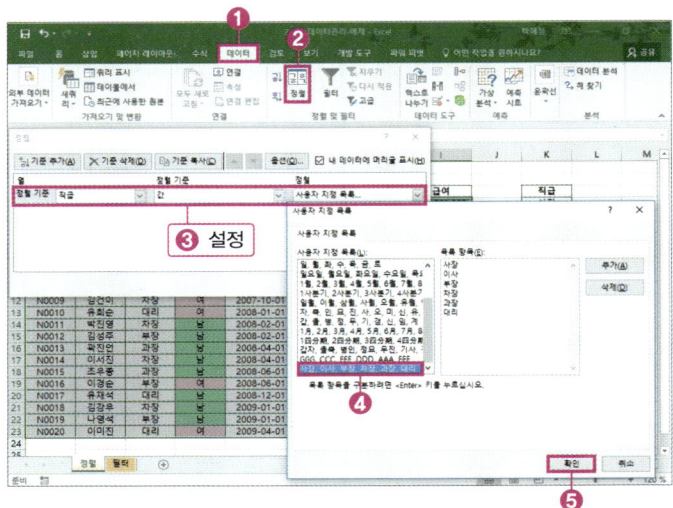

11 선택한 항목을 확인하고 [확인]을 클릭한 다음 등록한 순서대로 표시되는지를 확인합니다.

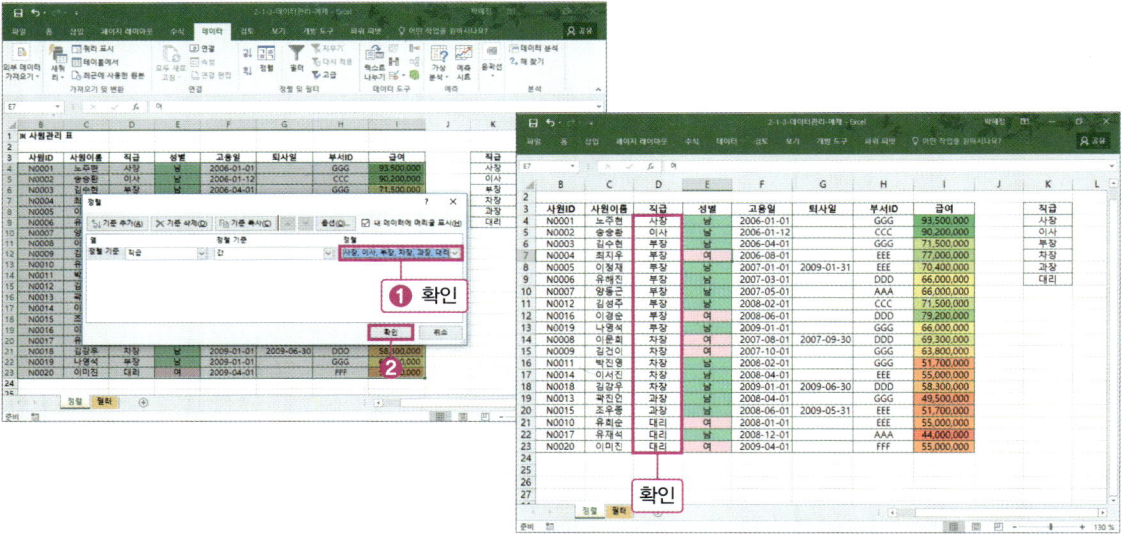

서식을 기준으로 열 단위로 정렬하기 _ 정렬

예제 파일 2-1-3-데이터관리-예제.xlsx
완성 파일 2-1-3-데이터관리-완성.xlsx

정렬 기능에는 값은 물론이고 셀 색, 글꼴 색, 셀 아이콘을 기준으로 정렬할 수 있습니다. 또한 위에서 아래로 정렬하는 일반적인 작업 외에 왼쪽에서 오른쪽으로 열의 순서도 바꿀 수 있습니다.

01 정렬의 기준이 되는 셀 색을 적용한 [B4] 셀을 선택하고 마우스 오른쪽 버튼을 클릭한 후 [정렬]-[선택한 셀 색을 맨 위에 넣기]를 선택합니다.

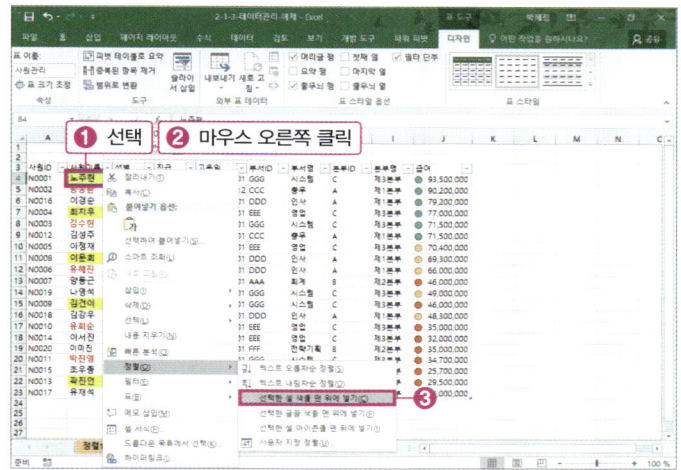

02 정렬의 기준이 되는 셀 색을 적용한 [B9] 셀을 선택하고 마우스 오른쪽 버튼을 클릭한 후 [정렬]-[선택한 글꼴 색을 맨 위에 넣기]를 선택합니다.

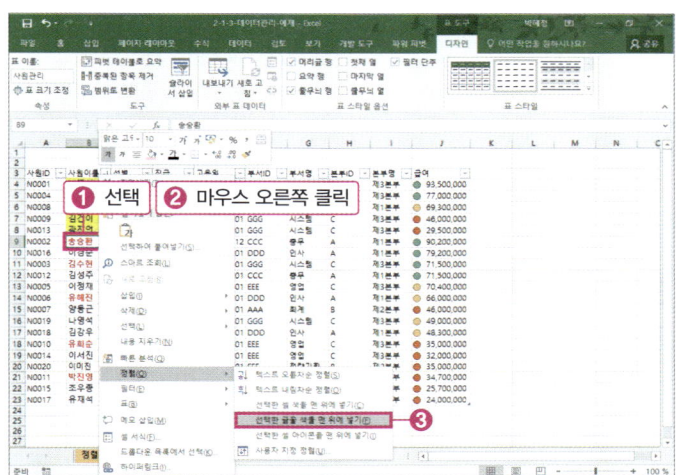

03 데이터 범위에서 하나의 셀을 선택하고 [데이터] 탭-[정렬 및 필터] 그룹에서 [정렬]을 클릭합니다. [정렬] 대화상자에서 [급여], [셀 아이콘], [●], [위에 표시]를 선택하고 [기준 추가]를 클릭합니다.

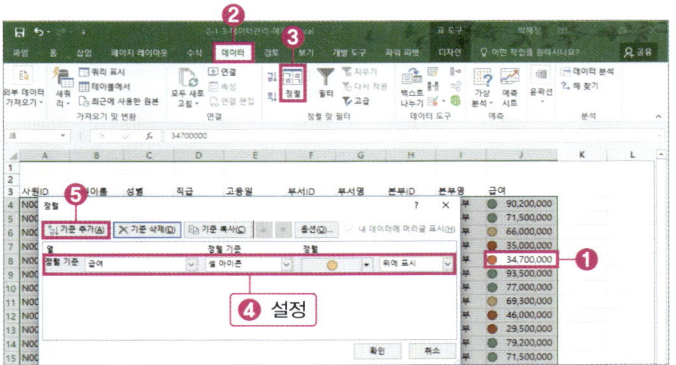

04 추가된 기준에서 셀 아이콘만 [●]로
바꾸고 [확인]을 클릭합니다.

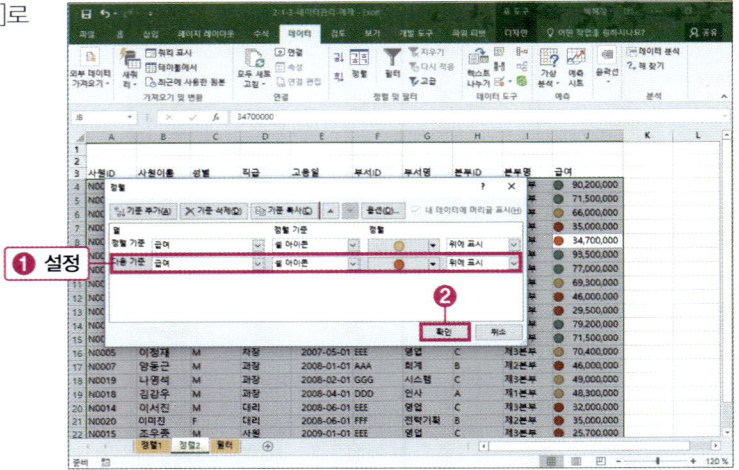

05 열의 순서를 원하는 대로 바꾸기 위해
[A2:J2]에 숫자를 입력한 다음 [A2:J23]을
선택하고 [데이터] 탭–[정렬 및 필터] 그
룹에서 [정렬]을 클릭합니다. [정렬 기준]
을 [행2]로 지정하고 [옵션]을 클릭해 [왼
쪽에서 오른쪽]에 체크한 후 [확인]을 클
릭합니다.

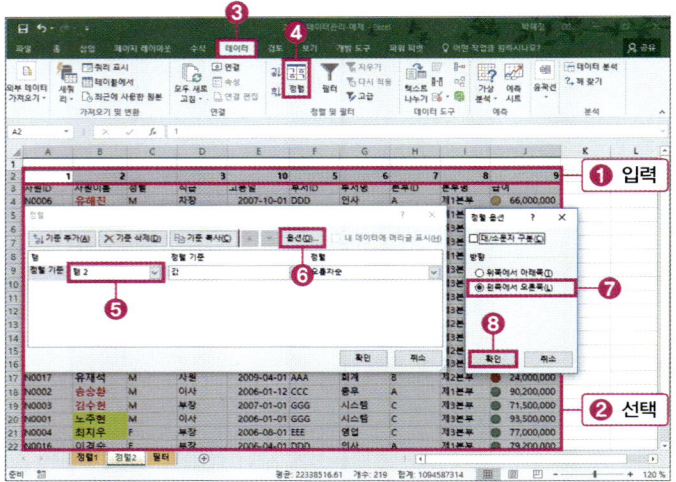

06 숫자를 입력하지 않은 숫자 열은 제일
마지막으로 이동됩니다.

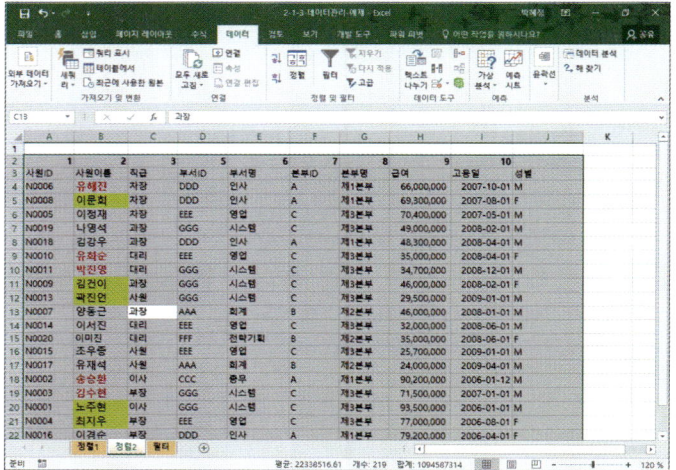

원하는 자료 뽑아내기 _ 자동 필터

예제 파일 2-1-3-데이터관리-예제.xlsx | 완성 파일 2-1-3-데이터관리-완성.xlsx

평균을 초과하는 급여, 부장 중에 금액이 높은 1~3까지의 급여를 추출해보겠습니다.

01 범위에서 하나의 셀을 선택하고 `Ctrl` + `Shift` + `L`을 누르면 범위 첫 번째 행에 필터 버튼이 적용됩니다.

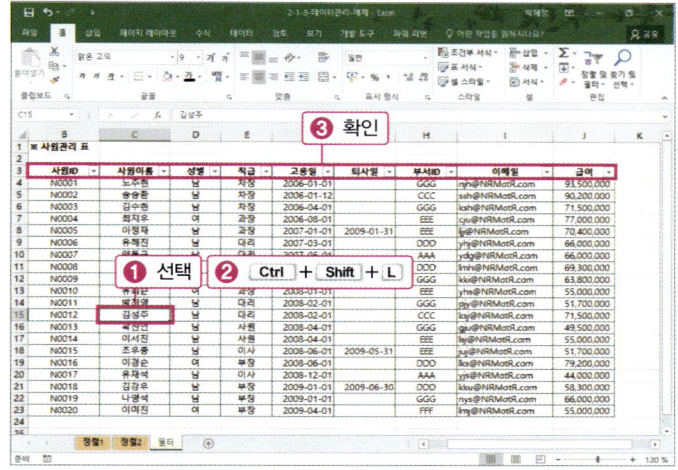

02 [급여] 열의 필터 버튼을 클릭한 후 [숫자 필터]-[평균 초과]를 선택합니다.

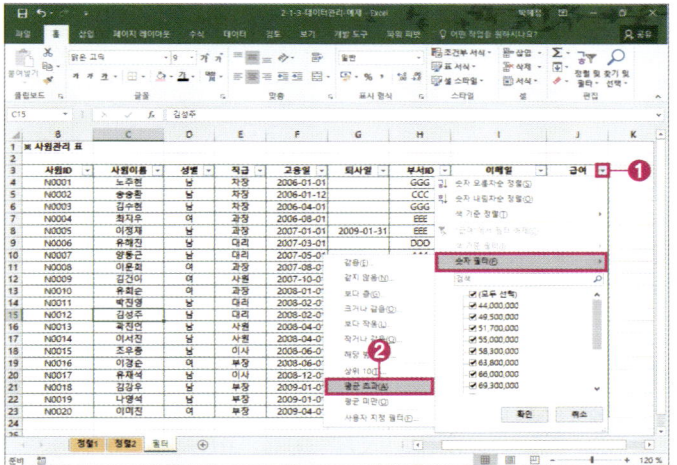

03 필터가 적용된 상태에서 적용한 필터 기준을 없애려면 [데이터] 탭-[정렬 및 필터] 그룹의 [지우기]를 클릭합니다.

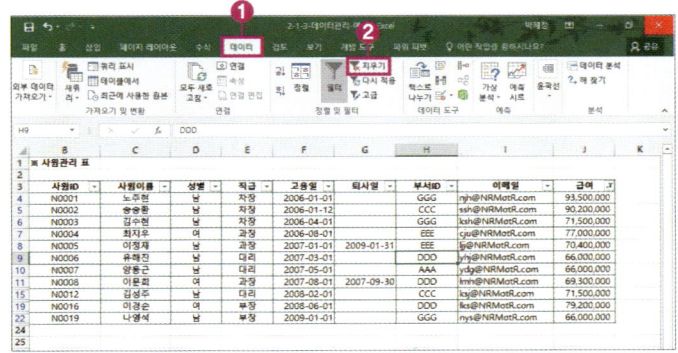

04 다시 원본 상태에서 [성별] 열의 필터
버튼에서 [남]만 체크하고 [확인]을 클릭합
니다.

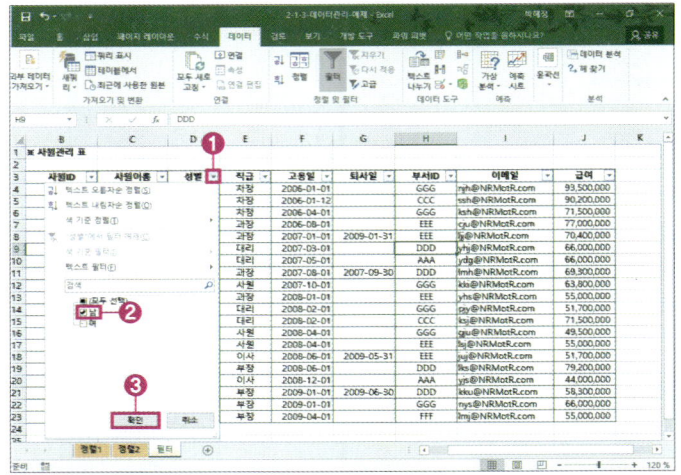

05 하나의 기준으로 필터링한 상태에서 두 번째 필터 기준인 [급여]-[숫자 필터]-[상위 10]을 클릭합니다. [상위 10
자동 필터] 대화상자에서 '3'을 입력한 후 [확인]을 클릭합니다.

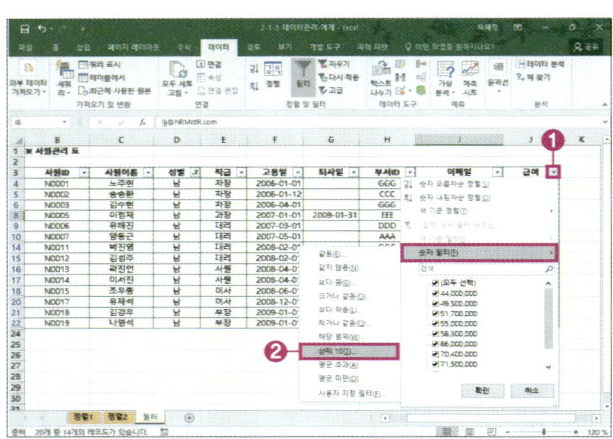

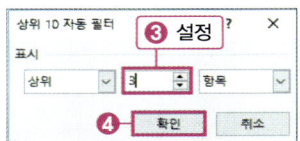

06 '상위 3'이라는 필터가 성별이 '남'인
경우에만 적용되는 것이 아니라, 전체에서
상위 3개 항목을 뽑아낸다는 것을 확인할
수 있습니다.

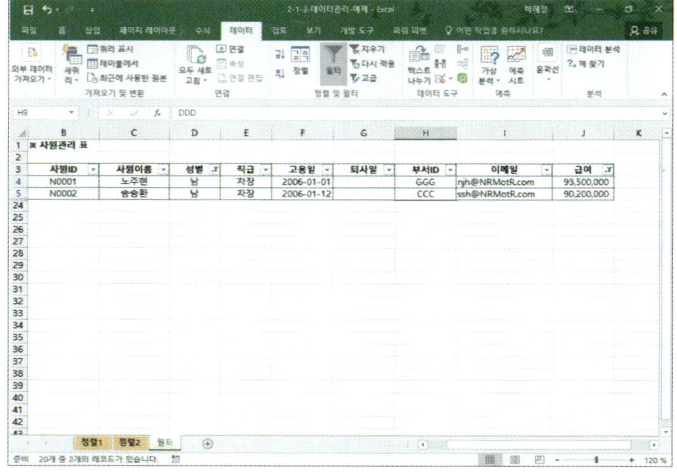

STORY 02 :: 엑셀 비즈니스 데이터 분석 모델링에서 BI까지

07 필터 결과에 서식을 적용하기 위해 [B3] 셀을 선택하고 **Ctrl**+**A**를 눌러 모든 범위를 선택합니다. [홈] 탭-[글꼴] 그룹의 [채우기 색]에서 색상을 선택합니다.

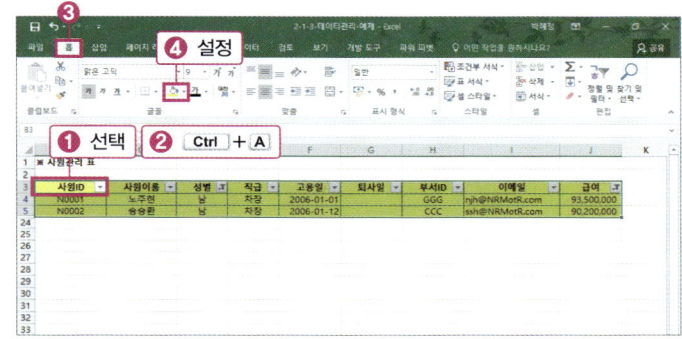

08 필터 결과를 어딘가에 복사하기 위해 [B3] 셀을 선택하고 **Ctrl**+**A**를 눌러 모든 범위를 선택한 다음 **Ctrl**+**C**를 눌러 복사합니다.

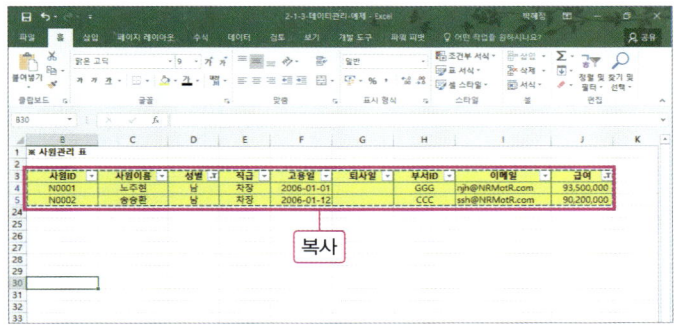

09 [B30] 셀을 선택한 후 **Enter**로 붙여 넣습니다. 필터 결과만 복사합니다.

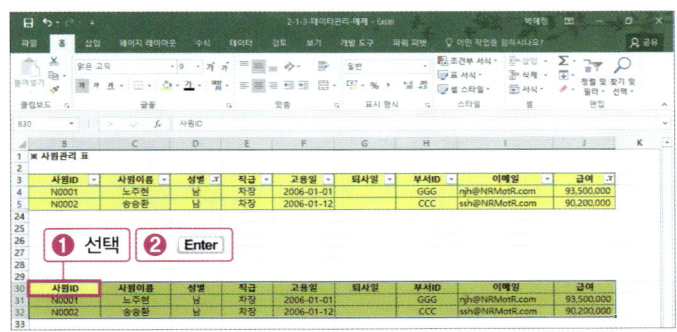

10 **Ctrl**+**Shift**+**L**을 눌러 필터를 해제하면 필터 적용 버튼은 사라지고 전체 데이터 범위가 모두 표시됩니다. 서식 또한 필터 결과에만 적용되는 것을 확인할 수 있습니다.

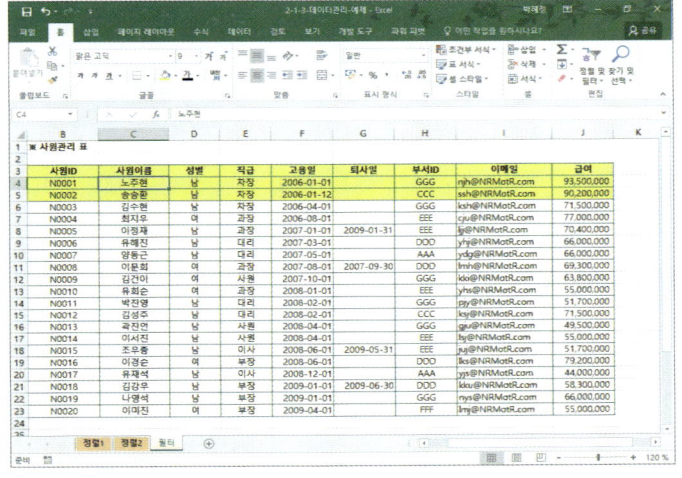

관련된 행과 열을 묶자! _ 윤곽선

예제 파일 2-1-3-데이터관리-예제.xlsx | 완성 파일 2-1-3-데이터관리-완성.xlsx

[데이터] 탭의 윤곽선 기능은 관련 있는 행 범위나 열 범위를 묶는 기능으로 많은 양의 행과 열이 있을 때 쉽게 관리할 수 있습니다.

01 하나의 그룹으로 만들 열 머리글 [C:F]를 선택하고 [데이터] 탭-[윤곽선] 그룹에서 [그룹]-[그룹]을 클릭합니다.

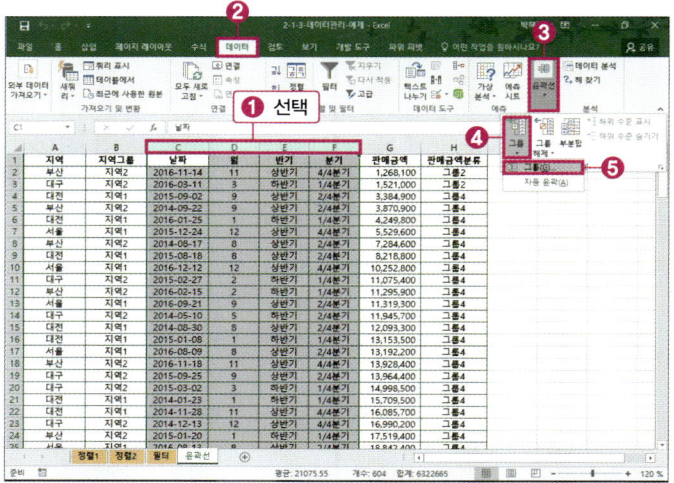

02 나타난 윤곽선 아이콘(▭)을 클릭합니다.

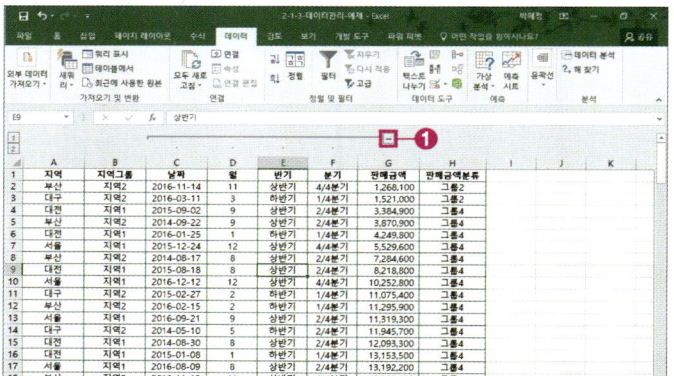

03 그룹 데이터가 화면에서 감춰진다. 윤곽선을 없애려면, [데이터] 탭-[윤곽선] 그룹에서 [그룹 해제]-[그룹 해제]를 클릭하면 됩니다.

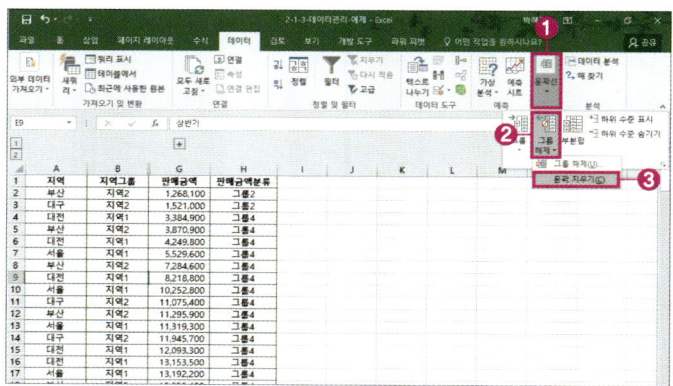

04 도시 사이사이 부분 합계가 구해진 자료에 자동 윤곽선을 적용하기 위해 적용 범위 중에 하나의 셀을 선택하고 [데이터] 탭-[윤곽선] 그룹의 [그룹]-[자동 윤곽]을 클릭합니다.

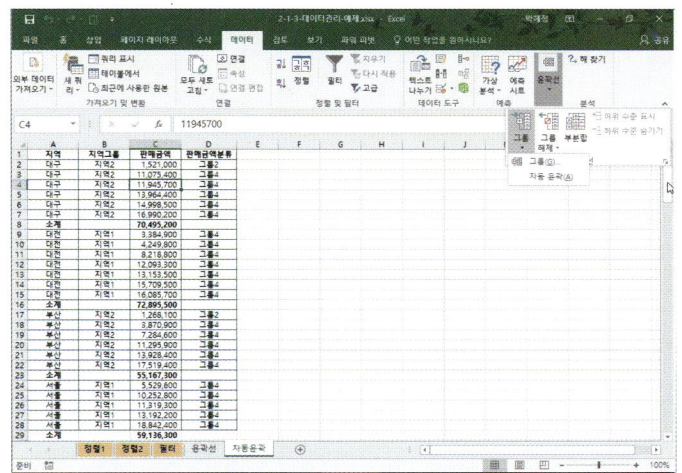

05 범위에 삽입된 지역의 소계를 기준으로 자동으로 윤곽선이 적용됩니다.

팁 :: 자동 윤곽선을 적용한 다음 `Ctrl`+`Z`(되돌리기)를 눌러도 되돌리기가 되지 않습니다. 윤곽선을 해제하려면 해제 매뉴를 이용합니다. [데이터] 탭-[윤곽선] 그룹의 [그룹 해제]-[윤곽 지우기]를 클릭합니다.

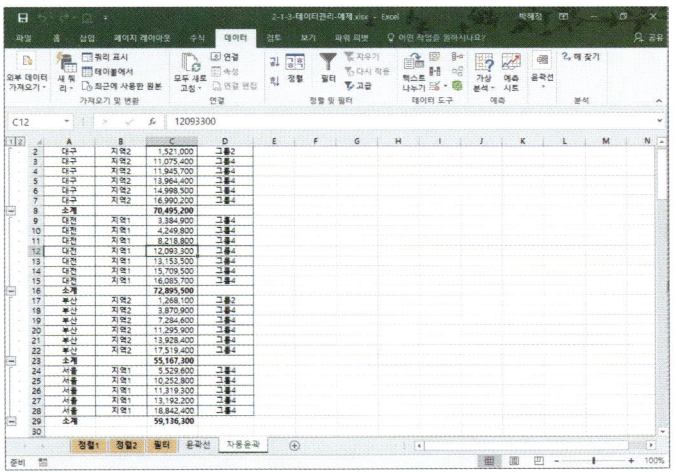

체크해봐요 :: 범위를 선택하고 [데이터] 탭-[윤곽선] 그룹의 [그룹]-[그룹]을 클릭하고 기준을 [행]으로 지정하면 그림과 같이 선택한 범위의 행에 윤곽선이 적용됩니다.

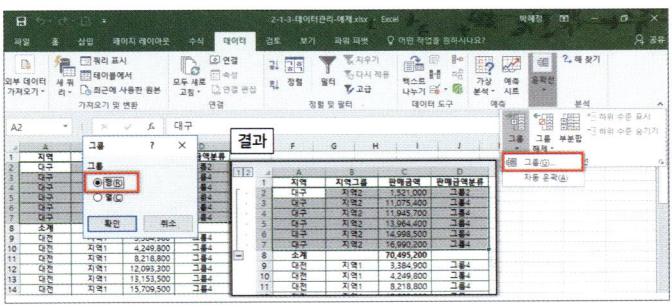

PART
08

통합 문서 밖,
외부 데이터
가져오기 및 변환

엑셀은 프로그램 시작부터 강력한 분석 도구들을 소유하고 있었습니다. 그런데 이 도구를 사용하기 위해서는 반드시 정확한 자료 입력과 그 도구들이 원하는 자료의 모양이 필요했지만, 엑셀을 사용하는 사용자는 자료의 형식과 형태에 대한 이해가 전혀 없는 상태로 문서를 작성했고, 그로 인해서 좋은 기능이지만 제대로 사용할 수 없었던 것도 분명한 사실입니다. 그런 상태로 점점 자료의 양은 방대해져 가고 자료 모두를 엑셀이 수용하기가 버겁게 되었으며, 사용자 또한 이런 상황을 감당하기 어려워진 것이 아닌가 합니다. 이번 장에는 그러한 문제들을 해결할 수 있는 대안으로 제시하고 있는 파워 쿼리에 대해 알아보려 합니다.

파워 쿼리란 무엇인가?

연결 ···→ 변환
        ⋮
공유 ←··· 결합

외부 데이터를 엑셀로 가져오는 데 탁월한 능력을 보여주고, 엑셀 2010부터 추가 실행으로 사용이 가능했던 파워 쿼리. 엑셀 2016에는 드디어 별도로 설치하지 않아도 실행할 수 있도록 엑셀 내부로 기능이 흡수되었습니다. 파워 쿼리는 데이터에 연결하고 변환하는 경우 대체로 '연결 → 변환 → 결합 → 공유'의 몇 가지 일반적인 단계를 거치게 됩니다.

엑셀에서 하나의 스프레드시트에 일정 데이터 이상을 담을 수 없기 때문에 강력한 분석 도구들을 제대로 써먹을 수 없는 점을 아쉽게 생각한 마이크로소프트는 파워 쿼리를 개발하여 더욱더 강력한 비즈니스 분석 도구로 진화시켰습니다. 파워 쿼리의 몇몇 기능은 '혁신이다'라고 말하고 싶습니다. 하나의 시트가 담을 수 없는 양의 자료를 가져오는 것은 물론이고, 여러 파일, 여러 시트에 있는 자료를 하나로 모으기도 하며, 가져올 수 있는 파일의 형식 또한 거의 제약이 없게 되었습니다.

파워 쿼리의 작업 순서

데이터에 연결하고 변환하는 경우 대체로 다음의 몇 가지 일반적인 단계를 거칩니다.

연결   변환   결합   공유

❶ **연결** : 엑셀 내부 또는, 외부에서 데이터를 파워 쿼리로 가져옵니다.

❷ **변환** : 데이터 형 변경, 추출, 병합, 추가 등의 변형 과정을 거칩니다.

❸ **결합** : 변형된 쿼리를 엑셀 표로 가져갈지, 아님 연결만 할지를 결정합니다.

❹ **공유** : 만들어진 쿼리는 표 형태로 저장되고, 또 다른 파워 쿼리의 작업 대상 및 피벗 테이블의 분석 원본으로 활용됩니다.

팁 :: 쿼리(query)
쿼리는 컴퓨터에 저장된 데이터베이스 관리 시스템(DBMS)에서 데이터를 꺼내거나 검색, 수정, 삭제 등의 조작을 하기 위한 언어(명령)를 말하며, 파워 쿼리는 엑셀에서 이러한 작업을 좀 더 정교하게 하기 위해 마이크로소프트사가 만든 프로그램입니다. 파워 쿼리만의 질의 문을 'M-Query'라 합니다.

파워 쿼리를 써야 하는 이유

가. 엑셀이 아닌 외부 데이터를 가져옵니다.

나. 시트가 지원하는 행의 개수 이상을 엑셀에 가져와 연결할 수 있습니다.

다. 다양한 편집 기능을 제공합니다.

라. 마치 매크로처럼 작업 과정을 기록하고 다음에 그대로 실행하기 때문에 같은 작업을 반복하지 않아도 됩니다.

마. 파워 쿼리만에 질의 문 'M-Query'를 지원하기 때문에 원한다면 기본 메뉴가 제공하는 그 이상의 작업을 기록하고 업무를 자동화할 수 있습니다.

파워 쿼리의 화면 구성 이해하기

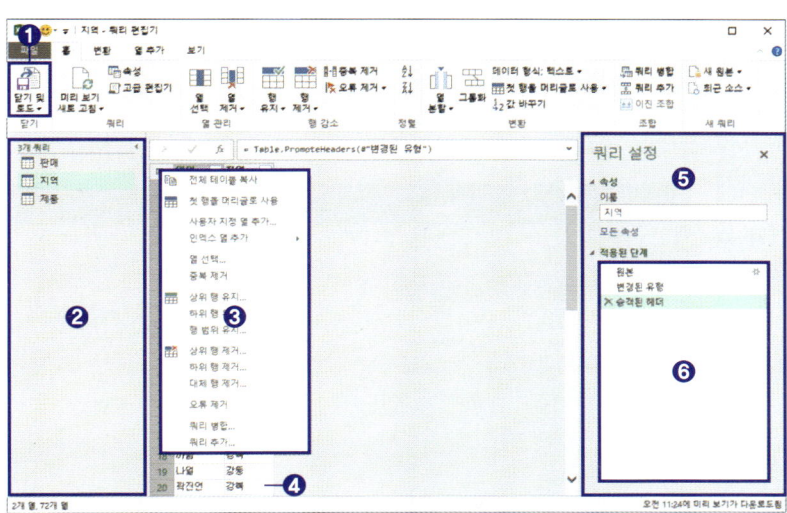

❶ **닫기 및 로드** : 쿼리에서 작업한 내용을 엑셀로 가져오거나, 파워 쿼리에서 또 다른 작업, 피벗 테이블 또는 파워 피벗에서 활용할 수 있도록 데이터 연결을 만듭니다.

❷ **탐색 창** : 파워 쿼리에서 작업할 수 있는 자료 목록을 표시합니다.

❸ **전체 선택 또는 열** : 마우스 오른쪽 버튼을 클릭하면 해당 열에 관련된 메뉴를 실행할 수 있습니다.

❹ **자료 표시** : 선택하거나, 불러들인 데이터가 표시됩니다.

❺ **쿼리 설정 창** : 속성, 적용된 단계 등 해당 쿼리에 관련한 내용이 표시됩니다.

❻ **쿼리 표시** : 쿼리 창에서 실행한 모든 편집 단계가 표시되며, 각 단계별로 삭제 및 추가할 수 있습니다.

LESSON 2

파워 쿼리로 외부 데이터 가져오기

일정한 규칙만 있다면, 뭐든 파워 쿼리로 가져온다.

파워 쿼리로 불러들일 수 있는 파일 중에 엑셀 통합 문서, 텍스트 파일 등이 있습니다. 그리고 하나의 시트에 여러 범위 또는, 표를 하나의 데이터 집합으로, 하나의 폴더에 있는 여러 문서도 파워 쿼리를 이용하여 데이터 집합으로 만들어 분석 및 관리할 수 있도록 로드 및 연결할 수 있습니다.

다른 엑셀 통합 문서에서 데이터 가져오기

예제 파일 2-2-2-파워 쿼리_외부데이터-예제.xlsx
완성 파일 2-2-2-파워 쿼리_외부데이터-엑셀.xlsx

통합 문서란 엑셀 문서를 말합니다. 현재 문서가 아닌 다른 문서에서 데이터를 가져와 필요한 자료만을 선택한 후 현재 통합 문서의 데이터와 결합해보겠습니다.

01 데이터를 가져오려는 문서를 열고 [데이터] 탭-[가져오기 및 변환] 그룹의 [새 쿼리]-[파일에서]-[통합 문서에서]를 클릭합니다.

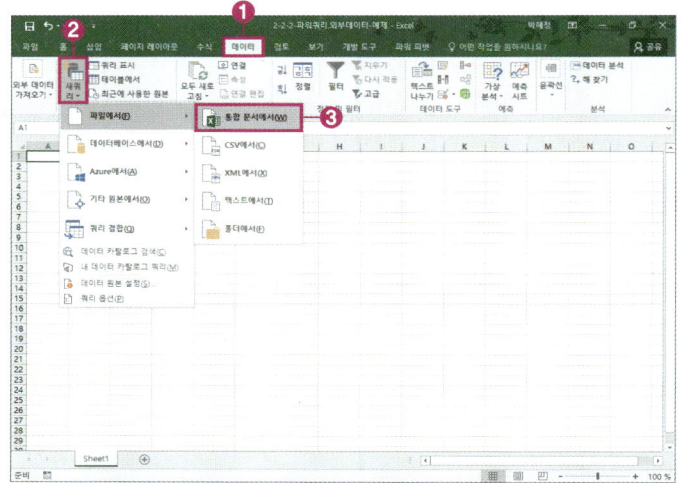

02 [데이터 가져오기] 대화상자에서 가져오려는 파일의 경로에서 '2-2-2-파워 쿼리.외부데이터.엑셀.xlsx' 파일을 선택한 다음 [가져오기]를 클릭합니다.

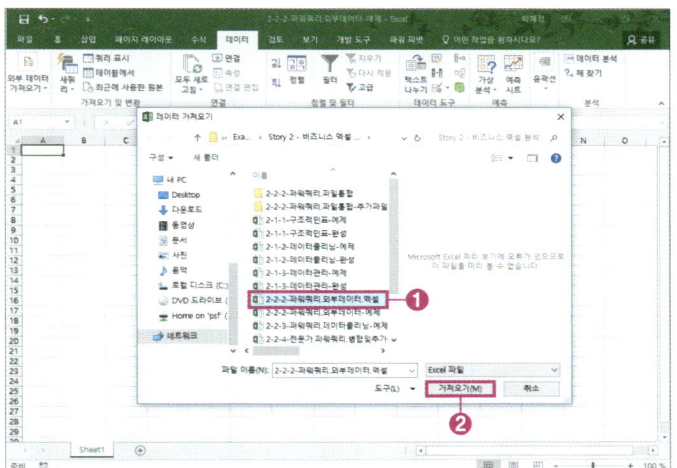

03 [탐색] 창이 나타나면 왼쪽의 [판매]를 선택하고 [로드]-[다음으로 로드]를 클릭합니다.

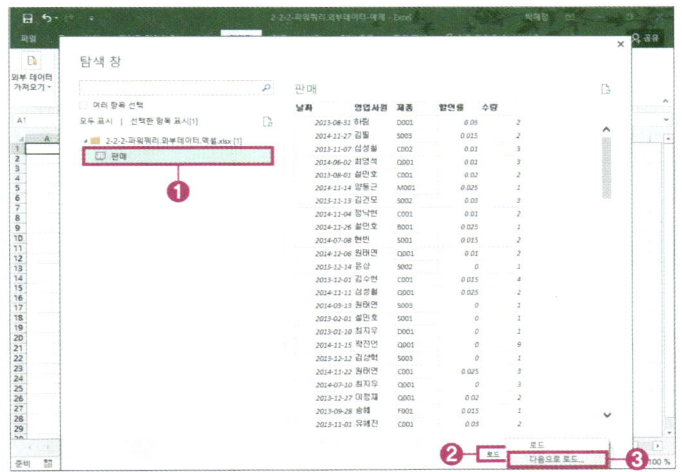

··

팁 :: [탐색] 창에 나타난 목록은 시트에 입력한 자료 모음과 엑셀 표로 만들어진 경우로, 엑셀 표로 지정한 자료는 아래의 ① 그림처럼 정확히 필드명을 읽고, 엑셀 표로 만들지 않은 경우는 ② 그림처럼 머리글을 읽지 못합니다. 때문에 파워 쿼리 창에서 첫 줄을 머리글로 읽는 작업이 필요합니다.

① 엑셀 표로 만들어진 경우

표3					
동, 구	응답	수석	빠른 채우…	텍스트 나…	구
염창동, 강서구		염창동	염창동	염창동	강서구
등촌동, 강서구 No		등촌동	등촌동	등촌동	강서구

② 표로 만들어지지 않은 경우

Sheet					
Column1	Column2	Column3	Column4	Column5	Column6
동, 구	응답	수석	빠른 채우기	텍스트 나누기	구
염창동, 강서구 No		염창동	염창동	염창동	강서구

04 [다음으로 로드] 대화상자에서 [테이블]을 체크하고, [기존 워크시트]에 '$A$1'을 직접 입력하거나 [참조](🔲)를 클릭합니다.

∙∙∙∙∙∙∙∙∙∙∙∙∙∙∙∙∙∙∙∙∙∙∙∙∙∙∙∙∙∙∙∙∙∙∙∙∙

팁 :: [테이블]을 체크하면 문서 내부에 엑셀 표 형태로 가져오고, [연결만 만들기]를 체크하면 문서로는 가져오지 않고, 문서에 연결만해서 다른 작업(추가 또는, 병합)에 활용할 수 있도록 합니다.

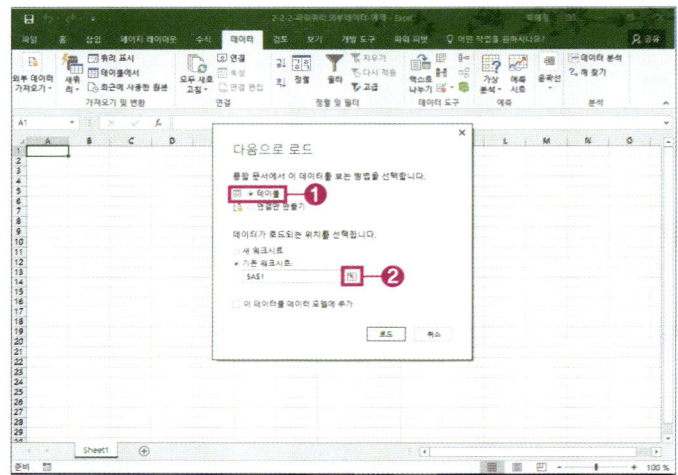

05 엑셀에서는 [참조](🔲)를 클릭하지 않아도 참조가 가능하나 파워 쿼리는 반드시 [참조](🔲)를 클릭하고 [범위 선택] 대화상자를 이용해야만 합니다. [$A$1]을 참조한 후 [확인]을 클릭한 후 [로드]를 클릭합니다.

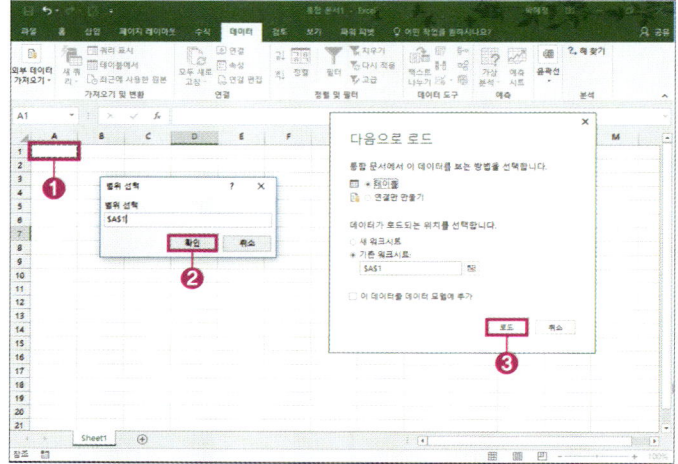

06 다른 통합 문서에서 데이터를 가져와 [판매] 쿼리를 만들어 워크시트로 로드했습니다. 오른쪽에 [통합 문서 쿼리] 창이 나타나며 [판매] 쿼리가 표시됩니다.

∙∙∙∙∙∙∙∙∙∙∙∙∙∙∙∙∙∙∙∙∙∙∙∙∙∙∙∙∙∙∙∙∙∙∙∙∙

팁 :: 오른쪽에 [통합 문서 쿼리] 창이 나타나지 않는다면 [데이터] 탭–[가져오기 및 변환] 그룹에서 [쿼리 표시]를 클릭합니다.

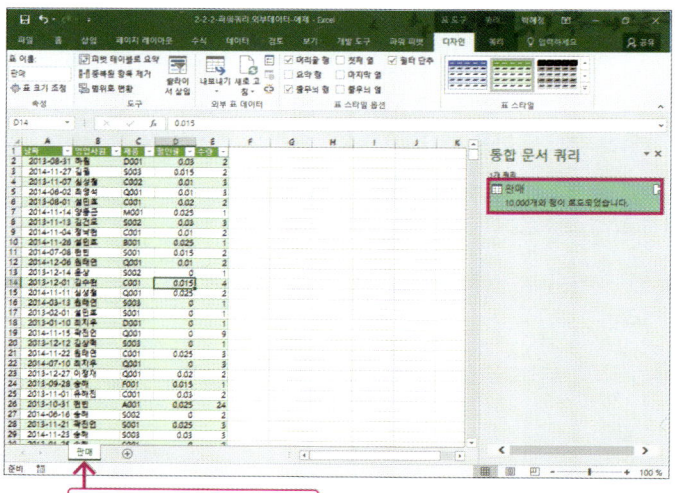

시트 이름은 변경한 것입니다.

텍스트 형식의 파일에서 데이터 가져오기

예제 파일 2-2-2-파워 쿼리.외부데이터.텍스트.txt

파워 쿼리로 텍스트 형식의 파일을 가져와 작업하는데, 이때 텍스트 형식의 파일은 각각의 열을 구분할 수 있는 기호로 나누어져 있어야 합니다. 따라하기에서 불러들일 파일은 열을 탭으로 분리하여 저장한 파일입니다.

01 앞선 따라하기에 이어서 텍스트 파일을 가져올 문서에서 [데이터] 탭-[가져오기 및 변환] 그룹의 [새 쿼리]-[파일에서]-[텍스트에서]를 클릭합니다.

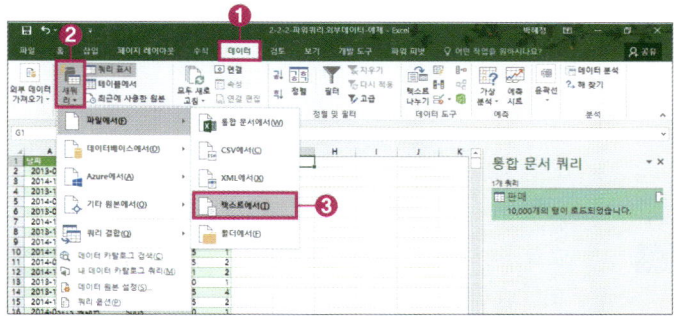

02 [데이터 가져오기] 대화상자에서 파일이 있는 경로를 지정하고 '2-2-2-파워 쿼리.외부데이터.텍스트.txt' 파일을 선택한 다음 [가져오기]를 클릭한 후 [편집]을 클릭합니다.

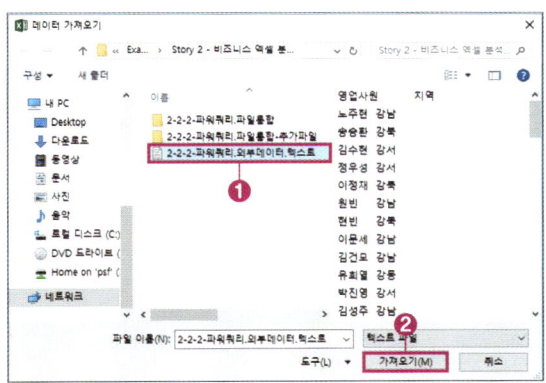

03 불러들인 텍스트 파일의 첫 행을 머리글로 읽지 못하는 문제를 해결하기 위해 [쿼리 편집기] 창의 [전체 선택 버튼]에서 마우스 오른쪽 버튼을 클릭하고 [첫 행을 머리글로 사용]을 선택합니다.

....

팁 :: 텍스트 파일(.txt)은 데이터베이스 관리 기능이 없으므로 구조적인 데이터 집합인 표를 만들 수 없습니다. 때문에 텍스트로부터 불러들인 파일은 머리글을 읽을 수 있는 과정이 필요합니다.

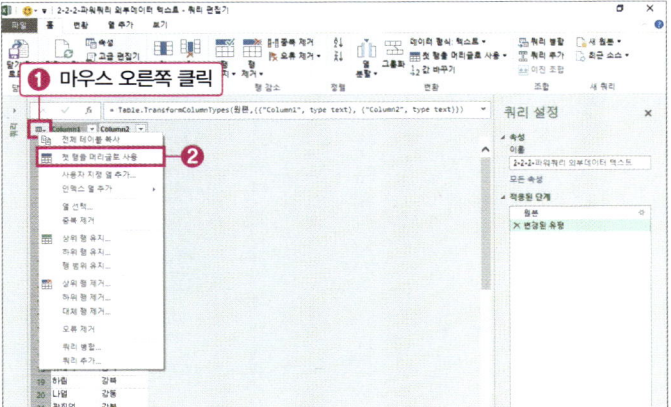

04 쿼리의 이름을 '텍스트'로 수정한 다음, 편집한 내용을 파워 쿼리에서 엑셀로 가져가기 위해 [홈] 탭-[닫기] 그룹에서 [닫기 및 로드]-[닫기 및 다음으로 로드]를 클릭합니다.

....

팁 :: [닫기 및 다음으로 로드]를 클릭하면 작성한 쿼리를 새로운 워크시트로 만들어 [A1] 셀부터 로드합니다.

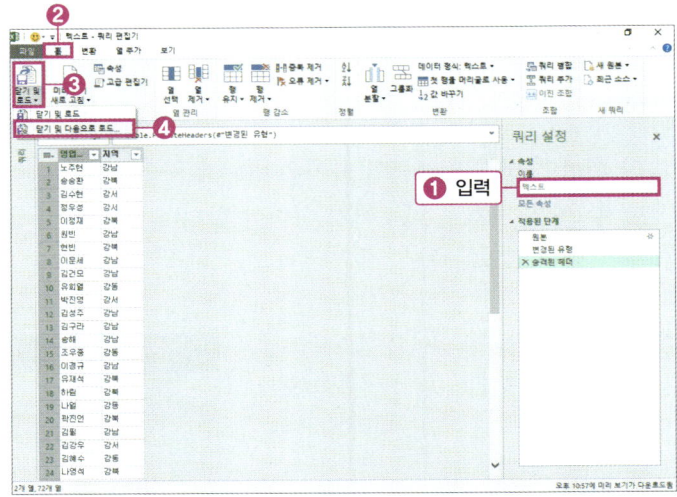

05 [다음으로 로드] 대화상자에서 [테이블]과 [새 워크시트]를 체크하고 [로드]를 클릭합니다.

....

팁 :: [닫기 및 다음으로 로드]를 선택하면 다양한 옵션을 적용할 수 있습니다.

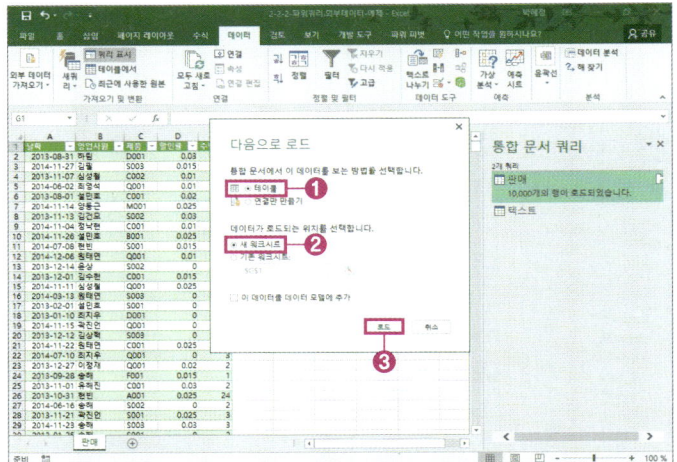

06 새로운 워크시트가 만들어지고 텍스트 파일이 엑셀로 로드되며, [통합 문서 쿼리] 창에 새로운 '텍스트'라는 이름의 쿼리가 추가됩니다.

....

팁 :: '텍스트'라는 쿼리 이름은 앞선 ④ 과정에서 파일 이름을 변경한 것입니다.

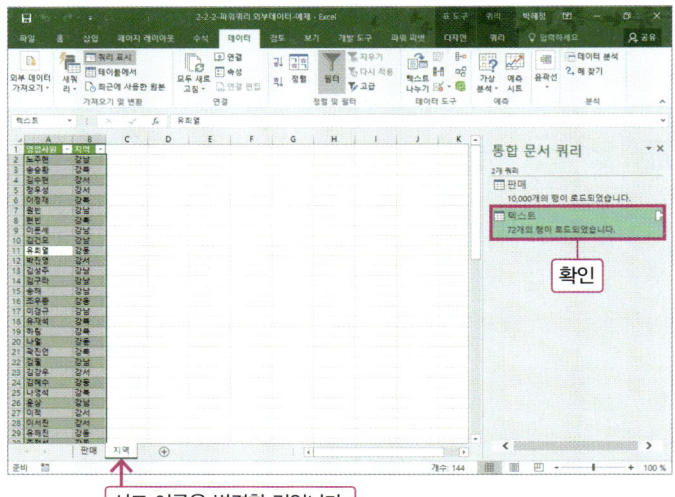

시트 이름은 변경한 것입니다.

액세스 파일에서 데이터 가져오기

예제 파일 2-2-2-파워 쿼리_외부데이터_액세스.accdb
완성 파일 2-2-2-파워 쿼리_외부데이터-완성.xlsx

파워 쿼리를 이용하여 개인 사용자 데이터베이스 프로그램인 액세스의 테이블을 엑셀로 가져옵니다.

01 앞선 따라하기에 이어서 [데이터] 탭-
[외부 데이터 가져오기] 그룹의 [외부 데이
터 가져오기]-[Access]를 클릭합니다.

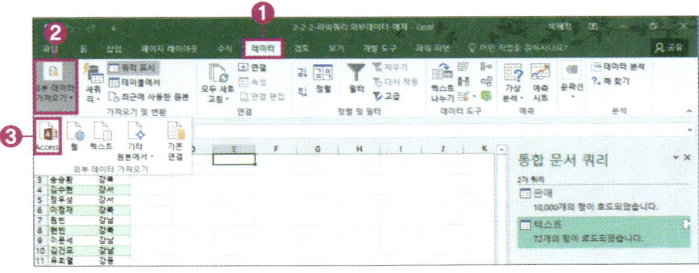

02 [데이터 원본 선택] 대화상자에서 경
로를 지정하고 '2-2-2-파워 쿼리.외부데
이터.액세스.accdb' 파일을 선택한 후 [열
기]를 클릭합니다.

....

팁 :: 액세스는 대표적인 개인 사용자 데이터베이
스 프로그램으로 모든 자료는 테이블 형태로 저
장됩니다. 테이블 형태로 저장된 파일은 파워 쿼
리가 데이터를 명확하게 읽을 수 있습니다.

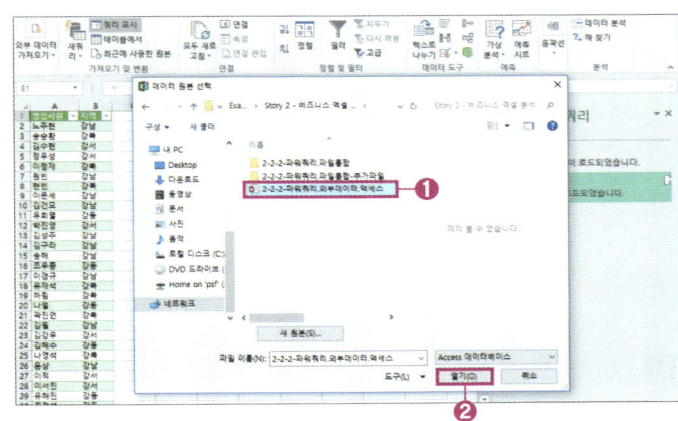

03 [데이터 가져오기] 대화상자에서 [표], [새 워크시트]를 체크하고 [확인]을 클릭하면 테이블이 엑셀로 삽입됩니
다. 외부 데이터 가져오기로 불러들인 파일은 쿼리에 있는 것이 아니라 엑셀로 바로 가져오게 됩니다.

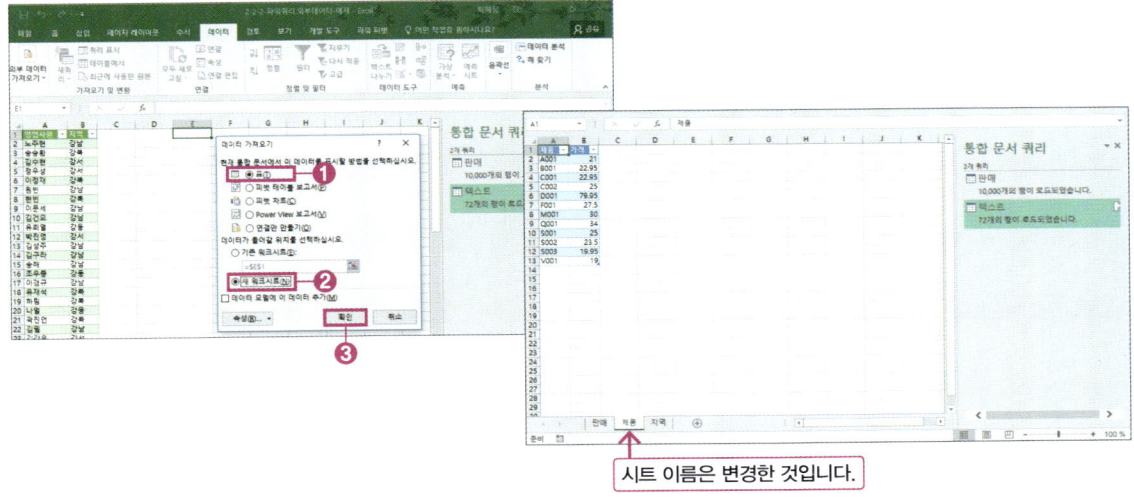

시트 이름은 변경한 것입니다.

폴더에 모든 파일의 자료를 하나의 테이블로 만들기

예제 파일 [폴더] 2-2-2-파워 쿼리.파일통합 | 완성 파일 [폴더] 2-2-2-파워 쿼리.파일통합-추가파일

특정 폴더에 1월부터 12월 판매 실적이 각각 다른 문서로 저장되어 있습니다. 연말이 되어 모든 자료를 하나의 실적 보고서 표를 만들려고 한다면 먼저 모든 자료를 하나로 만들어야 합니다. 이런 경우에 폴더에 있는 같은 형식의 파일을 통합하는 파워 쿼리의 기능을 이용하면 쉽게 해결할 수 있습니다.

01 각각의 파일을 열어 내용을 확인했다면 새 문서를 열고 [데이터] 탭-[가져오기 및 변환] 그룹에서 [새 쿼리]-[파일에서]-[폴더에서]를 클릭합니다.

··

팁 :: 파워 쿼리가 없는 시절에는 이 작업을 매크로로 기록하여 사용했습니다.

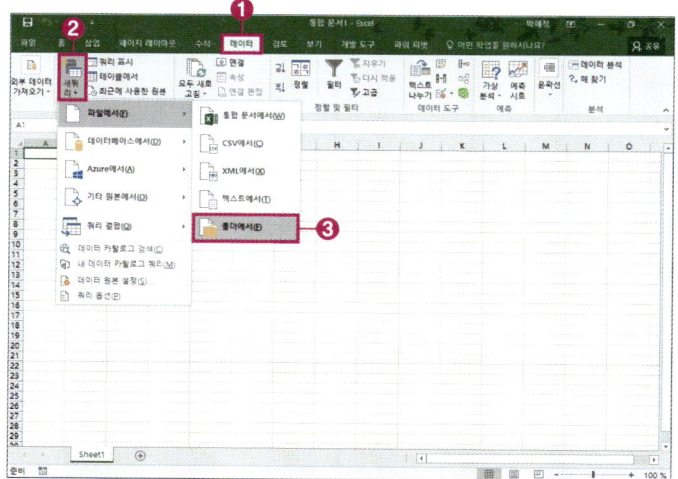

02 [폴더] 대화상자에서 [찾아보기]를 클릭한 후 [폴더 찾아보기] 대화상자에서 [2-2-2-파워 쿼리.파일통합] 폴더를 선택한 다음 [확인]을 클릭한 후 [편집]을 클릭합니다.

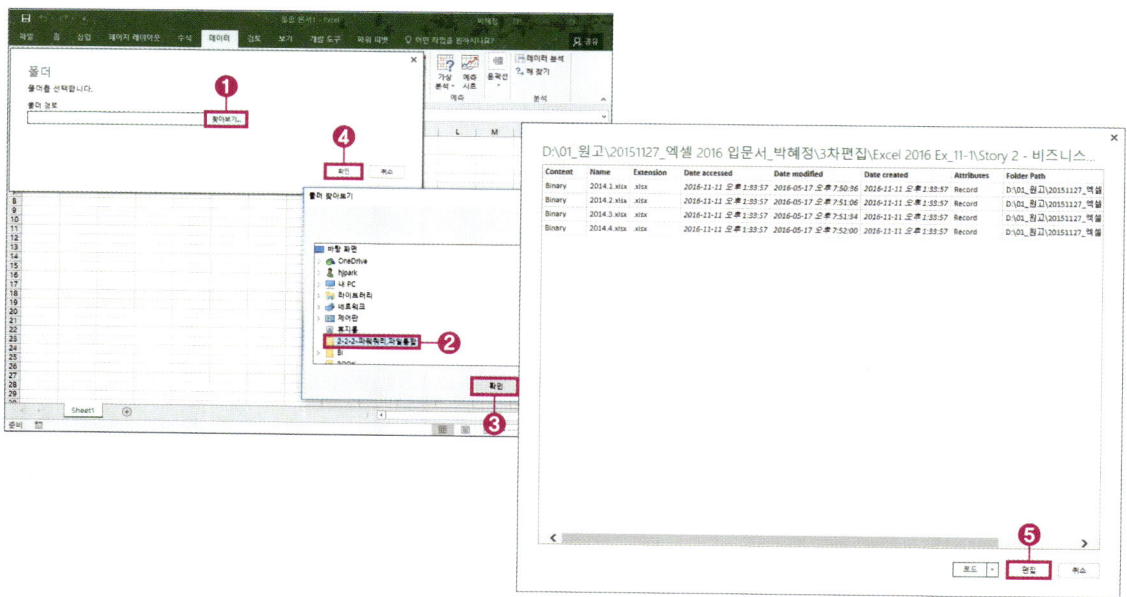

03 폴더에 있는 각각의 파일 정보를 테이블 형태로 표시하는데, 우리에게 필요한 것은 워크시트에 있는 데이터들이며, [Content] 열에 Binary 형태로 있습니다. 때문에 [쿼리 편집기] 창에서 [Content] 열을 선택하고 마우스 오른쪽 버튼을 클릭한 후 [다른 열 제거]를 클릭합니다.

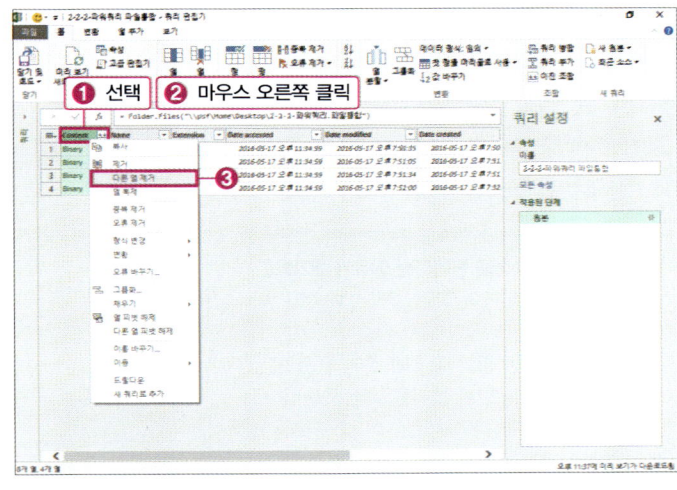

체크해봐요 :: Binary란 뭔가요?

Binary는 2진수라는 말로 2진수는 '0'과 '1'이라는 두 가지 종류의 숫자로만 구성됩니다. 컴퓨터에서 데이터를 표현하기 위해 사용하는데, 자료를 '0'과 '1' 두 가지 수를 이용해 표현하기 때문에 엑셀에서 제대로 가져올 수 있도록 변환 과정이 필요하다고 생각하면 됩니다.

---

04 [열 추가] 탭-[일반] 그룹에서 [사용자 지정 열 추가]를 클릭하고 [사용자 지정 열 추가] 대화상자가 나타나면 [새 열 이름]에 '엑셀에서', [사용자 지정 열 수식]에 '=Excel.Workbook('까지 입력하고 [사용 가능한 열]에서 [Content]를 더블클릭합니다. 수식이 '=Excel.Workbook([Content])'로 완성된 것을 확인한 후 [확인]을 클릭합니다.

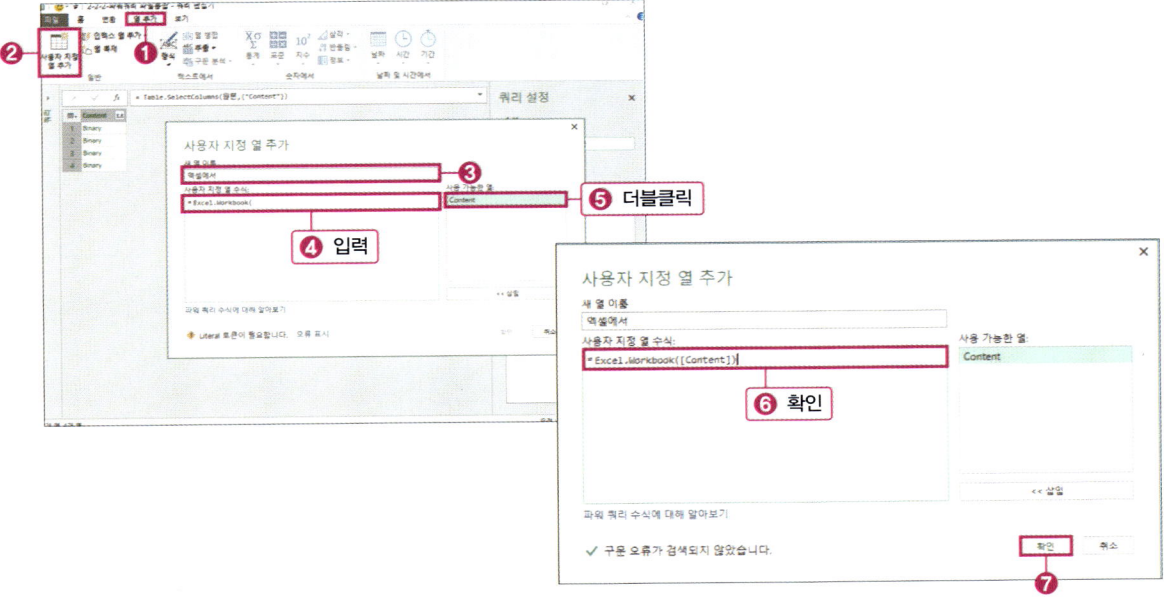

05 [Table] 형태로 만들어진 새로운 열 하나가 추가됩니다. 새로 추가된 열을 사용하고, 기존 열을 삭제하기 위해 [Content] 열을 선택하고 마우스 오른쪽 버튼을 클릭한 후 [제거]를 선택합니다.

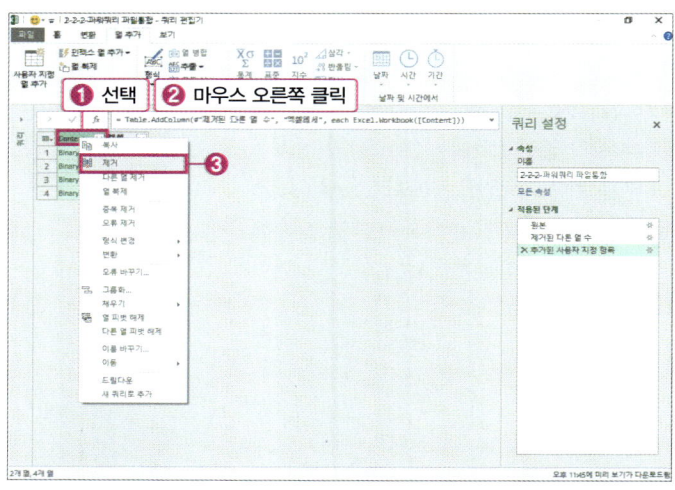

──────────────────

체크해봐요 :: **이 과정을 진행하는 이유가 뭔가요?**
하나의 폴더에 여러 개의 파일이 있기 때문에 워크시트의 내용이 바로 읽어지지 않습니다. 이 과정을 거쳐야 각각의 통합 문서에 우리가 원하는 데이터 집합 즉, 내용만을 불러들일 수 있습니다. 한 번 기록해 놓으면 다음부터는 각각의 자료 관리만 잘하면 되니 작업 속도가 더 빠르게 될 것입니다

06 추가된 [엑셀에서] 열에 [확장](⛶)을 클릭한 후 [원래 열 이름을 접두사로 사용]만 체크 해제한 다음 [확인]을 클릭합니다.

···

팁 :: [확장](⛶)을 클릭했을 때 테이블의 속성인 모든 열이 표시됩니다. [확장](⛶)을 통해 필요한 열을 체크하고 만약에 필요 없다면 체크를 해제하여 가져오지 않습니다.

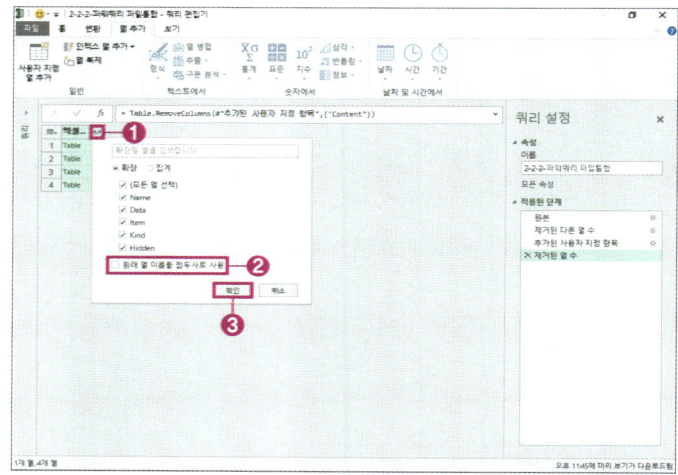

07 [Data] 열의 [Table]을 클릭합니다.

···

팁 :: [Name]은 시트의 이름입니다. 각각의 파일에는 '1월, 2월, 3월, 4월'이란 이름의 시트가 있습니다.

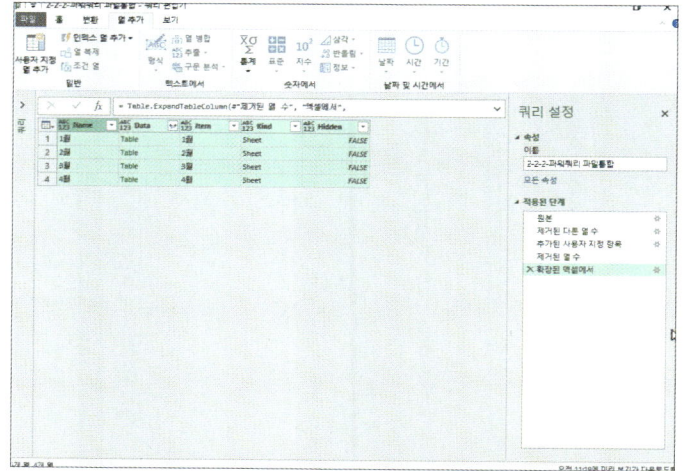

08 결과를 확인해보면, 열 머리글이 제대로 인식되지 않은 것을 확인할 수 있습니다. [적용된 단계]에서 [Data] 옆의 [X] (`X Data`)를 클릭하여 과정을 삭제하고, [열추가] 탭–[일반] 그룹에서 [사용자 지정 열추가]를 클릭합니다.

....

팁 :: 파워 쿼리의 주목할 만한 기능은 마치 매크로처럼 모든 작업 과정을 기록하고, 개별적으로 삭제 및 추가할 수 있다는 것입니다. 만약 작업에 문제가 있다면 해당 단계를 삭제하고 다시 하면 됩니다.

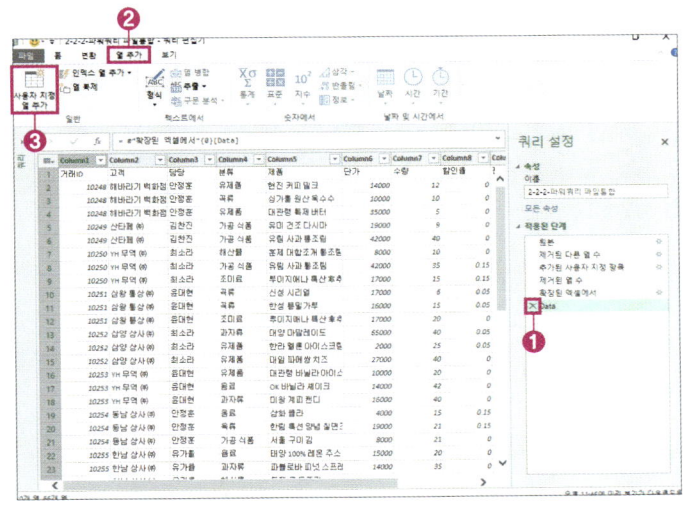

09 [사용자 지정 열 추가] 대화상자에서 [새 열 이름]을 '머리살리기'로 입력합니다. [사용자 지정 열 수식]에 수식 '=Table.PromoteHeaders([Data])'를 입력한 후 [구문 오류가 검색되지 않았습니다.] 문구를 확인하고 [확인]을 클릭합니다.

――――――――――――――――――――――

체크해봐요 :: 수식을 입력할 때 대소문자를 구분하나요?

대소문자를 구분합니다. 또한, 열을 지정할 때나 열의 이름을 입력할 때 반드시 큰 대괄호 안에 입력해야 합니다.

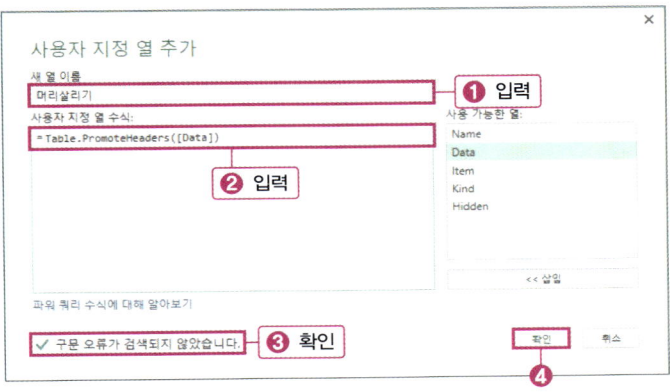

10 새롭게 추가된 [머리살리기] 열만 남기고 모두 삭제하기 위해 [머리살리기] 열을 선택하고 마우스 오른쪽 버튼을 클릭한 후 [다른 열 제거]를 선택합니다.

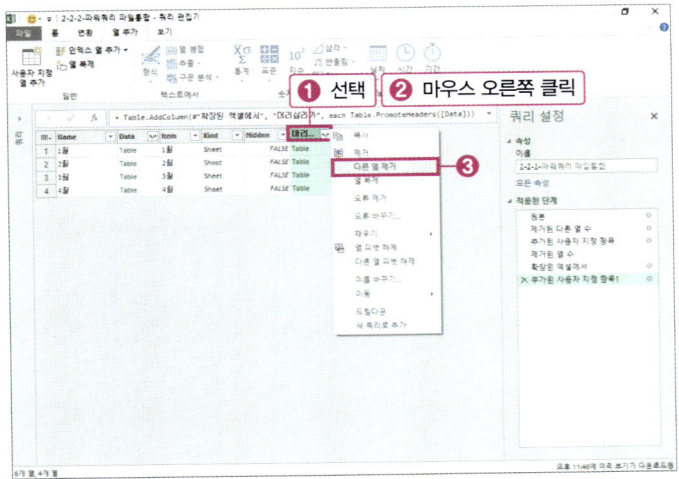

11 [머리살리기] 열에 [확장]( )을 클릭하고 [원래 열 이름을 접두사로 사용]에 체크를 해제한 다음 [확인]을 클릭합니다.

....

팁 :: [원래 열 이름을 접두사로 사용]를 체크하지 않으면 속성 즉, 열 이름에 '머리살리기'라는 텍스트가 모두 나타납니다. 이렇게 되면 열 이름을 모두 삭제해야 하므로 반드시 체크 해제하도록 합니다.

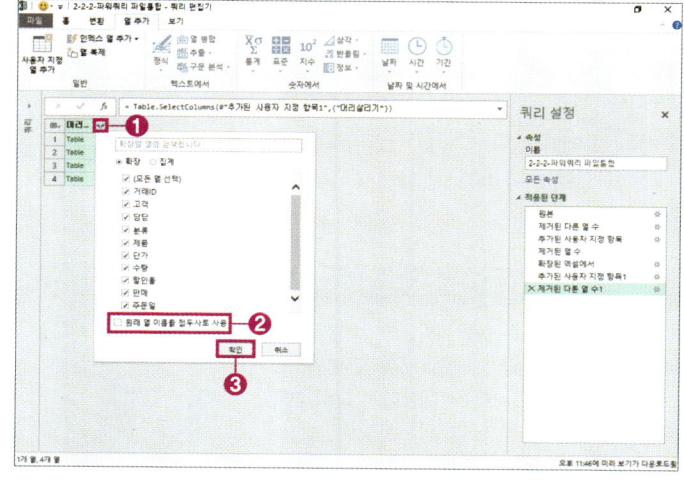

12 [홈] 탭–[닫기] 그룹에서 [닫기 및 로드]–[닫기 및 다음으로 로드]를 클릭합니다. [다음으로 로드] 대화상자가 나타나면 [연결만 만들기]를 체크하고 [로드]를 클릭합니다.

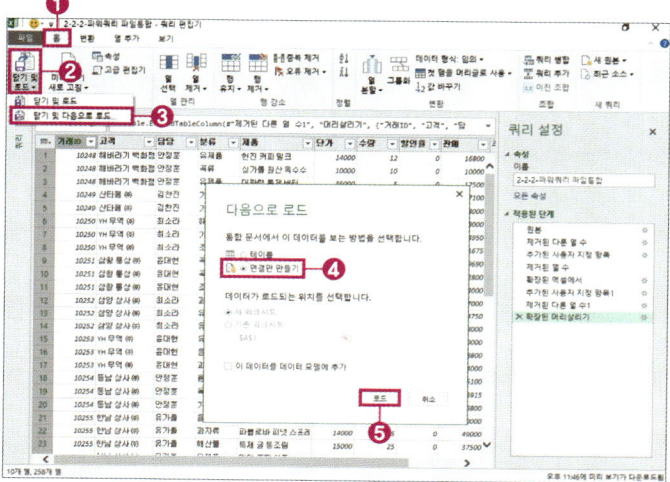

13 엑셀로 불러들이지 않고 연결만 만든 후 이 자료를 사용하여 분석 테이블을 만들려면 [삽입] 탭–[표] 그룹에서 [피벗 테이블]을 클릭하고 [피벗 테이블 만들기] 대화상자가 나타나면 [외부 데이터 원본 사용]–[연결 선택]을 클릭합니다. [기존 연결] 대화상자에 파워 쿼리로 통합하여 만든 통합 쿼리 파일이 나타나면 선택하고 [열기]를 클릭합니다.

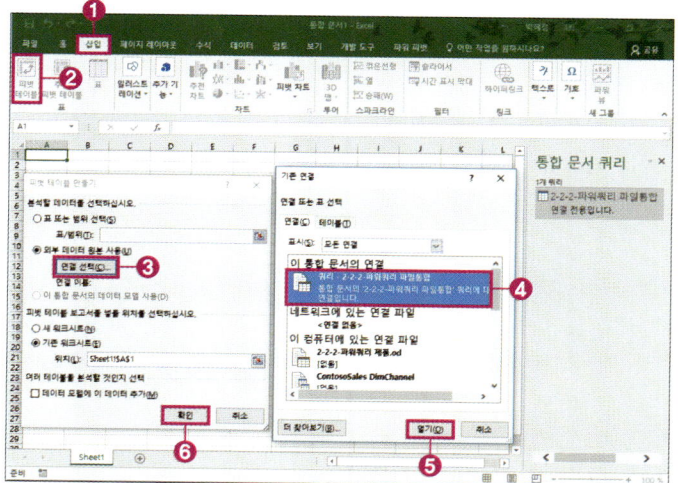

14 피벗 테이블이 삽입되고, [2-2-2-파워 쿼리 파일통합] 쿼리를 원본으로 사용하여 데이터를 분석할 수 있습니다.

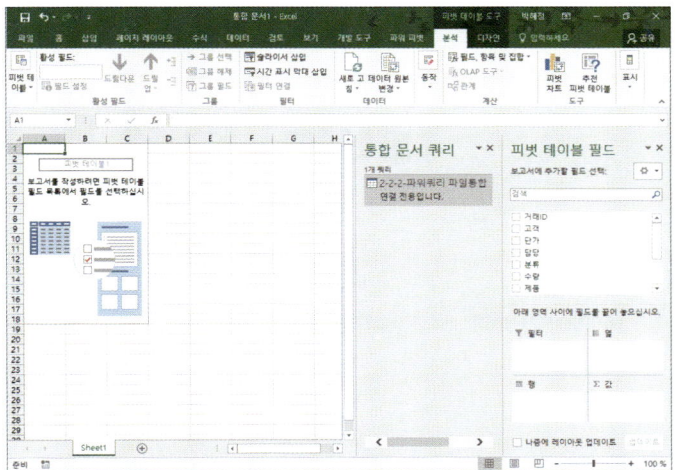

15 [2-2-2-파워 쿼리.파일통합-추가파일] 폴더에서 '2014.5'과 '2014.6'을 복사하여 [2-2-2-파워 쿼리.파일통합] 폴더에 붙여넣습니다.

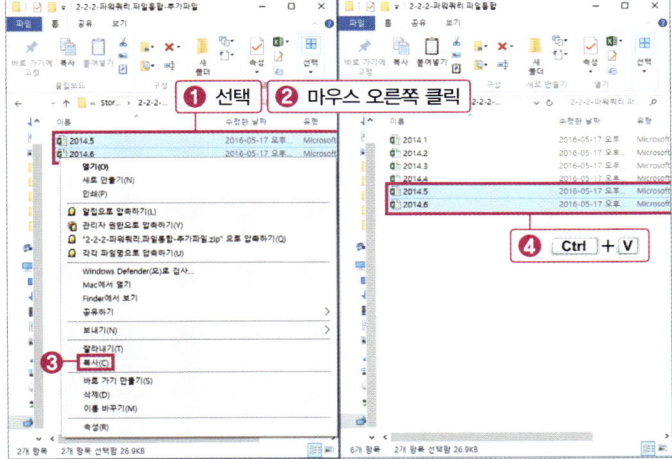

16 [피벗 테이블 도구]-[분석] 탭-[데이터] 그룹의 [새로 고침]을 클릭합니다. 추가된 파일이 피벗 테이블 원본에 반영되어 나타납니다.

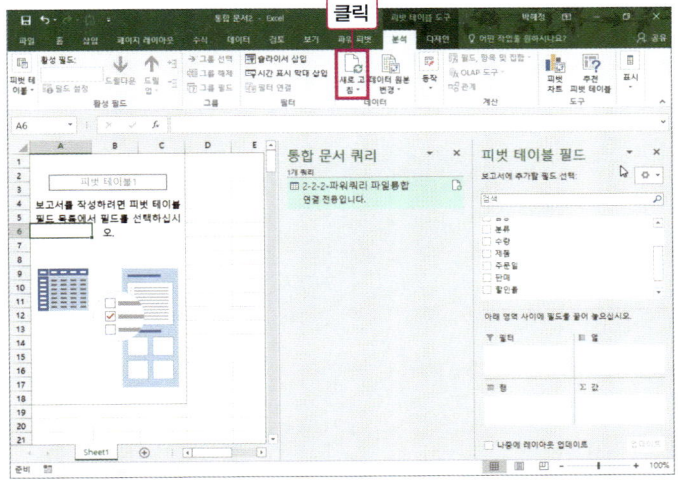

LESSON 3

데이터 변환 제대로 하기

**헉!
데이터가 안 맞아!**

외부 데이터를 가져왔습니다. 그런데 데이터에 여러 가지 문제가 있습니다. 숫자가 문자로 인식되었거나 데이터가 채워져 있지 않거나 이미 한 번의 분석 과정을 거친 자료일 수도 있습니다. 가져온 데이터들이 올바른 데이터 형식을 갖추고, 같은 말을 다르게 하는 일이 없다면 얼마나 좋을까요? 이런 문제들을 데이터 변환 기능을 통해 해결해보겠습니다.

데이터 형식 변경하기

예제 파일 2-2-3-파워 쿼리,데이터변환-예제.xlsx ┃ 완성 파일 2-2-3-파워 쿼리,데이터변환-완성.xlsx

엑셀 내부에 있는 데이터 범위를 파워 쿼리로 가져가서 필드 단위로 데이터 형식을 변경한 다음 다시 엑셀로 불러와 보겠습니다.

01 '데이터 형식' 시트에서 데이터 범위에 하나의 셀을 선택하고 [데이터] 탭-[가져오기 및 변환] 그룹의 [테이블에서]를 클릭합니다.

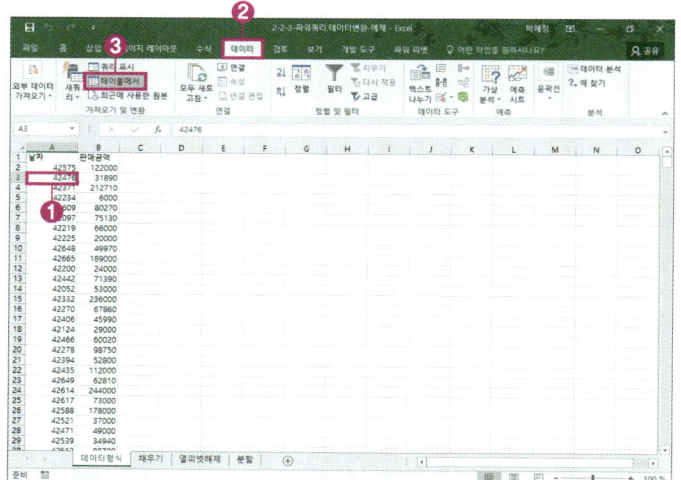

02 파워 쿼리로 작업하기 위해서는 엑셀 표로 만들어져 있어야 하기 때문에 표 범위가 아니라면 파워 쿼리가 표로 만들어서 가져갑니다. [표 만들기] 대화상자에서 범위와 [머리글 포함] 체크를 확인한 후 [확인]을 클릭합니다.

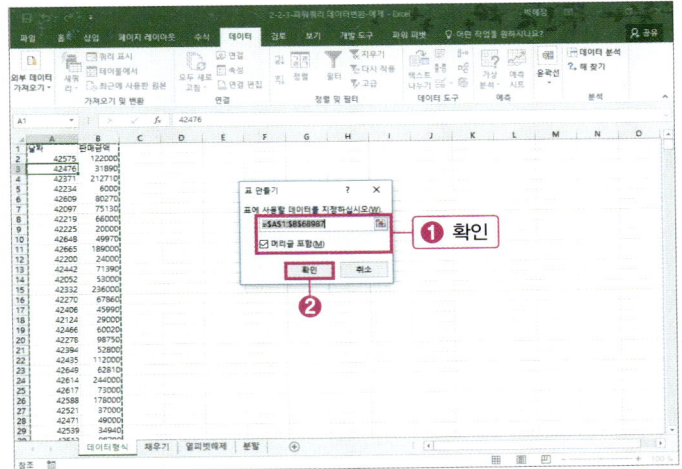

03 [쿼리 편집기] 창에서 [날짜] 열을 선택하고 [홈] 탭-[변환] 그룹에서 [데이터 형식]-[날짜]를 클릭합니다.

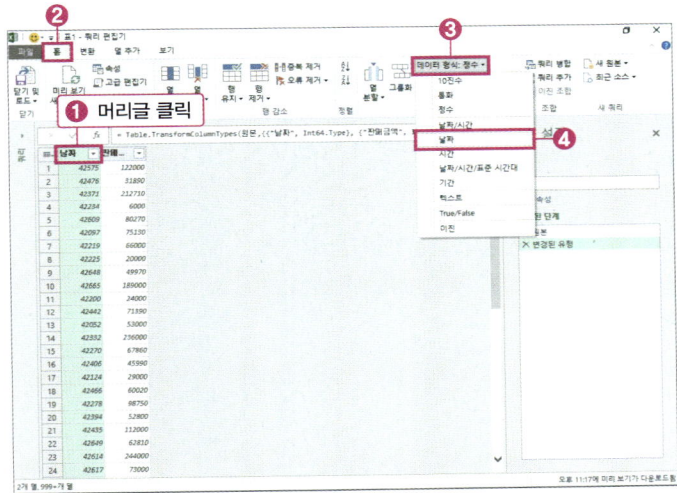

04 [판매금액] 열을 선택하고 [홈] 탭-[변환] 그룹에서 [데이터 형식]-[10진수]를 클릭합니다.

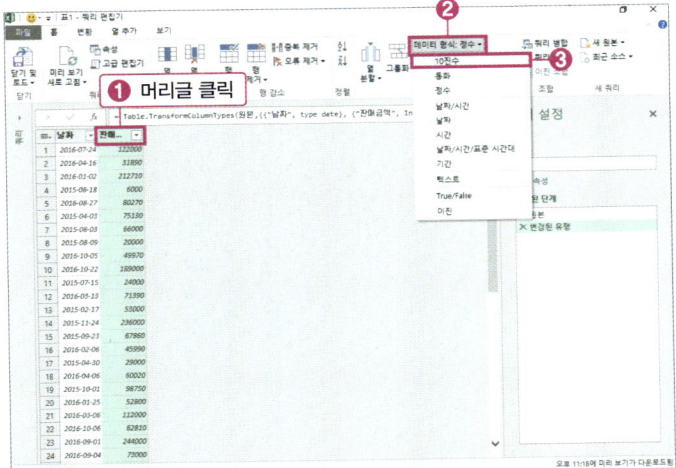

05 데이터 타입을 변형한 쿼리의 이름을
'형식변환'이라고 입력한 다음 Enter 를 누
르고, [홈] 탭-[닫기] 그룹에서 [닫기 및 로
드]-[닫기 및 로드]를 클릭합니다.

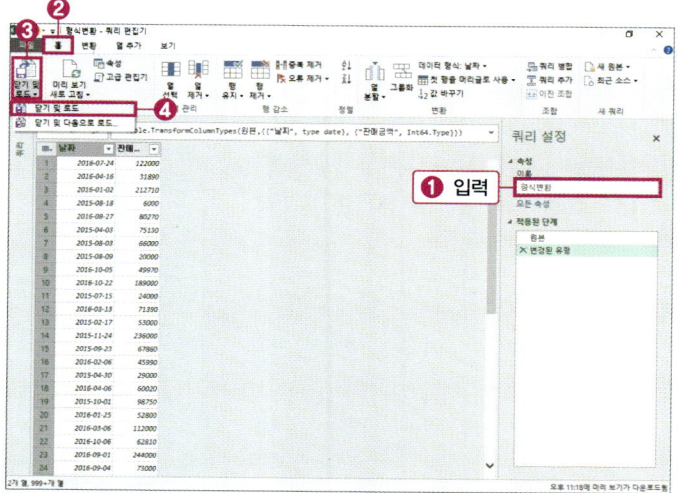

06 파워 쿼리 기능이 엑셀에 새로운 워크
시트를 만들고 '형식변환'을 삽입합니다.
오른쪽에는 [통합 문서 쿼리] 창이 나타나
는데, 이 통합 문서 내에 존재하는 모든 쿼
리가 표시됩니다. [형식변환] 쿼리를 선택
하고 마우스 오른쪽 버튼을 클릭한 후 [편
집]을 선택하면 다시 [쿼리 편집기] 창이 나
타납니다.

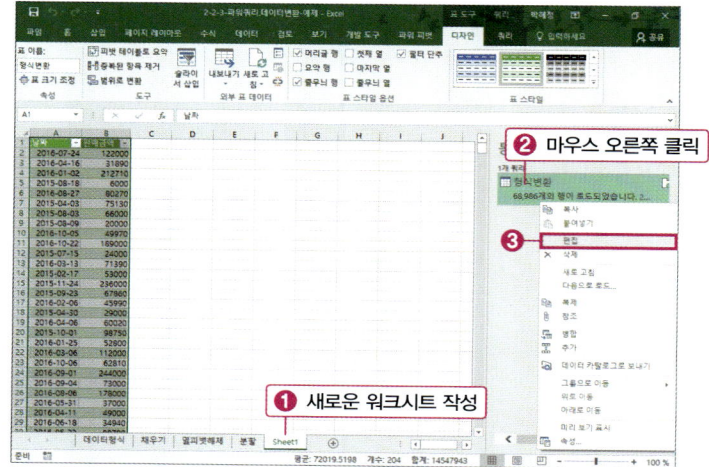

빈 셀 채우기

예제 파일 2-2-3-파워 쿼리_데이터변환-예제.xlsx ┃ 완성 파일 2-2-3-파워 쿼리_데이터변환-완성.xlsx

셀에 값이 채워져 있지 않으면 셀은 의미를 전달할 수 없고, 의미가 없는 셀은 다른 작업에 사용할 수 없기 때문에 가치가 없습니다. 의미가 분명한 자료의 경우에는 절대로 빈 상태로 두지 않는 것이 현명한 자료 관리 방법입니다. 엑셀 내부에 있는 데이터 범위를 파워 쿼리로 가져가서 빈 셀 채우기를 실행한 다음 다시 엑셀로 가져와 보겠습니다.

01 '채우기' 시트에서 빈 셀이 포함된 전체 데이터 범위를 선택하거나, 하나의 셀을 선택한 다음 [데이터] 탭-[가져오기 및 변형] 그룹에서 [테이블에서]를 클릭합니다. [표 만들기] 대화상자가 나타나면 범위 및 [머리글 포함] 체크를 확인한 후 [확인]을 클릭합니다.

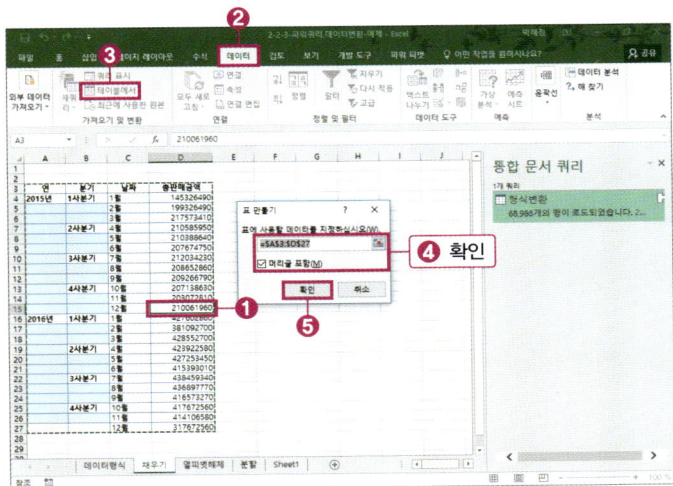

팁 :: 1부에서는 이동 옵션을 이용해 빈 셀을 선택하고 상대 참조 방식의 수식을 설계하여 채우기를 실행했습니다.

02 [쿼리 편집기] 창에서 [연], [분기] 열을 선택하고 [변환] 탭-[열] 그룹에서 [채우기]-[아래로]를 클릭합니다.

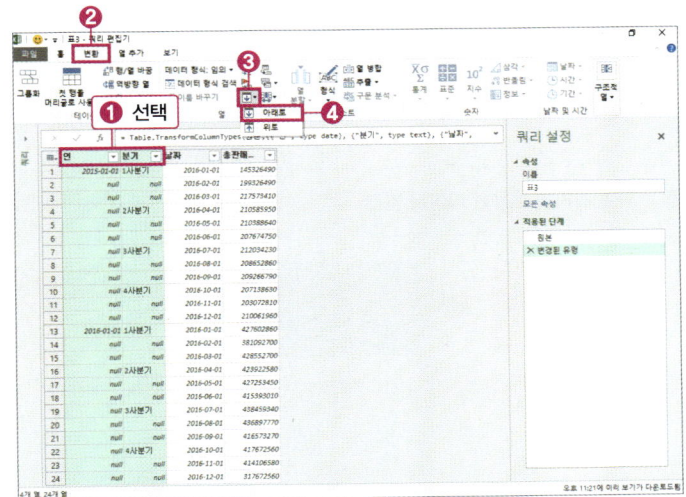

팁 :: 다중 선택할 때는 머리글을 마우스로 클릭해야 하며, 드래그할 수 없습니다. [Ctrl] 또는 [Shift]를 이용합니다.

03 앞의 데이터를 기준으로 같은 값이 채워집니다. [홈] 탭–[닫기] 그룹에서 [닫기 및 다음으로 로드]를 클릭하고 나타난 [다음으로 로드] 대화상자에서 [테이블], [기존 워크시트]에 [$F$3]을 참조한 다음 [로드]를 클릭합니다.

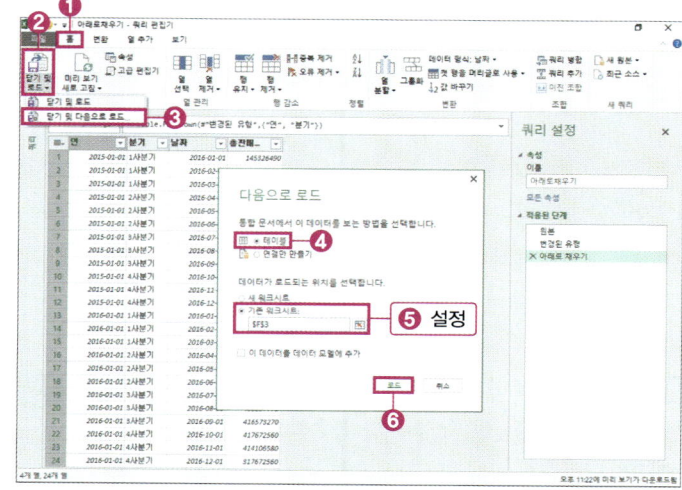

04 결과를 확인합니다.

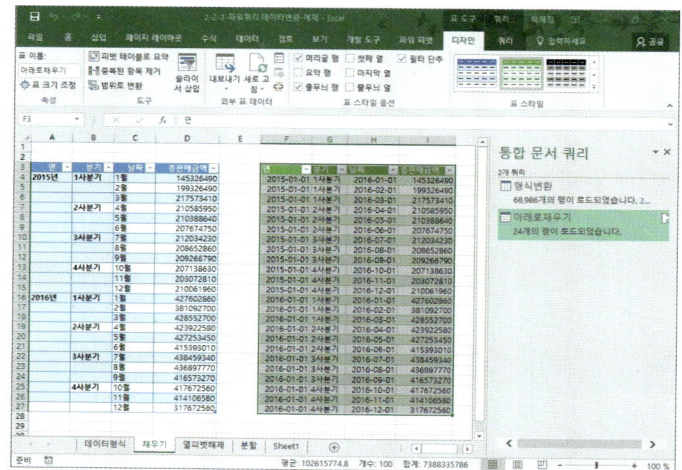

. . . .

팁 :: 파워 쿼리를 이용한 데이터 발견

열 피벗 해제 기능 이용하기

예제 파일 2-2-3-파워 쿼리_데이터변환-예제.xlsx | 완성 파일 2-2-3-파워 쿼리_데이터변환-완성.xlsx

열 피벗 해제라는 기능은 작업은 쉬운데, 말로 설명하기는 어렵습니다. 그러나 엑셀이 요구하는 표 형태로 모양을 갖추기 위해 반드시 필요한 작업이므로 사례를 통해 상황을 이해하고, 사용 방법을 알아보겠습니다.

01 '열 피벗 해제' 시트에서 열 피벗 해제를 실행할 전체 데이터 범위를 선택하거나, 하나의 셀을 선택한 다음 [데이터] 탭-[가져오기 및 변환] 그룹에서 [테이블에서]를 클릭합니다. [표 만들기] 대화상자에서 범위 및 [머리글 포함] 체크를 확인한 후 [확인]을 클릭합니다.

....

팁 :: 표 범위가 정확한지 확인하고 [머리글 포함]을 체크합니다.

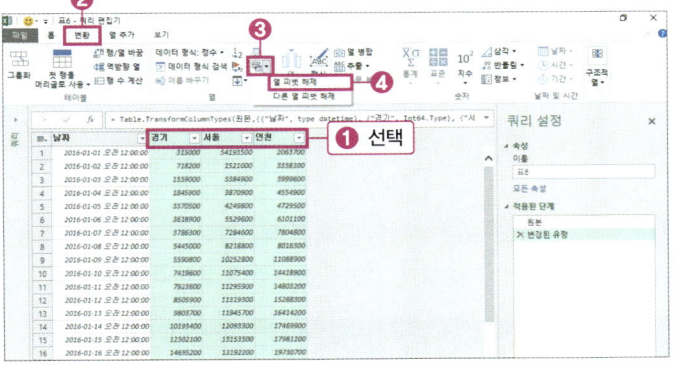

02 [쿼리 편집기] 창에서 [경기, 서울, 인천] 열을 선택하고 [변환] 탭-[열] 그룹에서 [열 피벗 해제]-[열 피벗 해제]를 클릭합니다.

....

팁 :: 선택할 때 '경기'를 먼저 선택하고 **Shift** 를 누른 상태로 '인천'을 선택합니다.

03 [날짜] 열에서 시간 정보를 제외한 날짜만으로 구성하기 위해 [날짜] 열을 선택하고 [변환] 탭-[열] 그룹에서 [데이터 형식]-[날짜]를 클릭합니다.

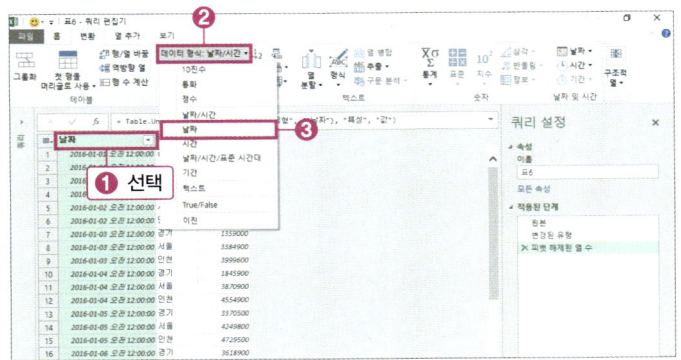

04 열 머리글의 이름을 변경하기 위해 세 번째 열의 머리글을 더블클릭하고 열 이름을 '판매금액'으로 수정한 다음 [쿼리 설정] 창에서 쿼리 이름도 '열피벗해제'로 변경합니다.

....

팁 :: 엑셀 통합 문서로 로드한 후에도 열 이름을 변경할 수 있습니다.

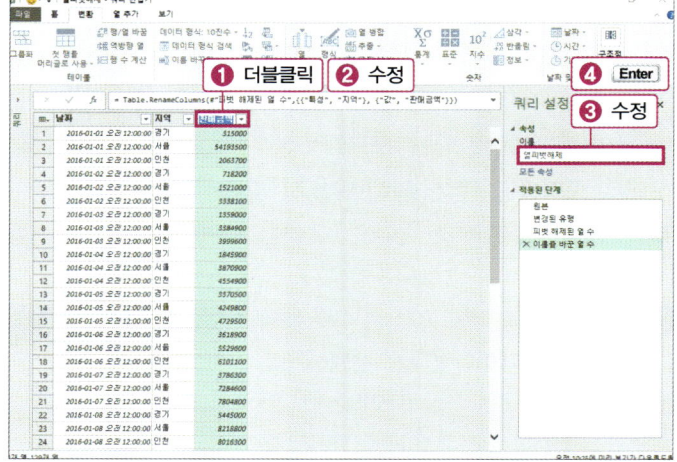

05 [홈] 탭–[닫기] 그룹에서 [닫기 및 다음으로 로드]를 클릭하고, [다음으로 로드] 대화상자가 나타나면 [테이블], [기존 워크시트]에 [$F$1]을 참조하고 [로드]를 클릭합니다.

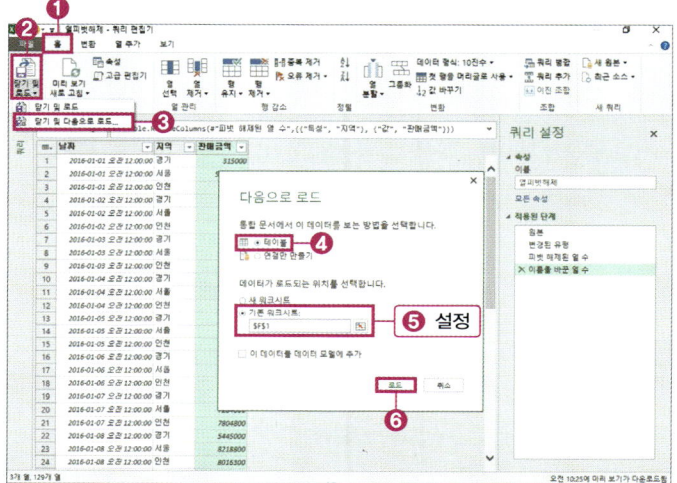

06 [F1] 셀을 기준으로 로드된 결과를 확인합니다. 기존 데이터 행은 44, 열 피벗 해제된 데이터 행은 130이 되었습니다. 열이었던 세 도시가 '지역'이라는 이름의 하나의 열로 재구성되었습니다.

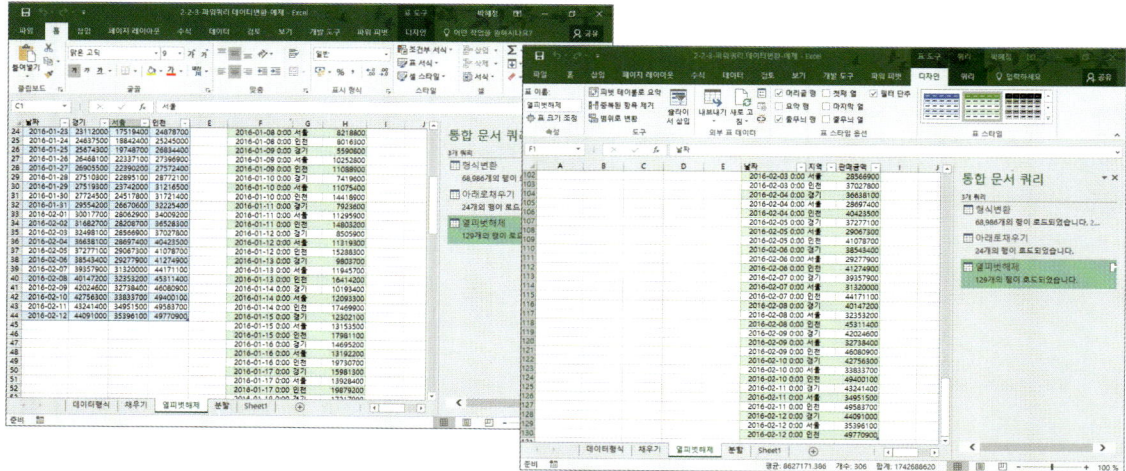

    STORY 02 :: 엑셀 비즈니스 데이터 분석 모델링에서 BI까지

열 분할 이용하기

예제 파일 2-2-3-파워 쿼리.데이터변환-예제.xlsx ▏ 완성 파일 2-2-3-파워 쿼리.데이터변환-완성.xlsx

제품 판매 정보들이 하나의 셀에 여러 종류의 구분 문자로 입력되어 있습니다. 하나의 셀에 입력된 여러 정보 중에 날짜와 판매금액을 엑셀 함수와 새롭게 추가된 파워 피벗으로 추출하고 두 작업을 비교해보겠습니다.

01 '분할' 시트에서 수식으로 날짜 값을 추출하여 하나의 열로 생성하기 위해 [B2] 셀에 수식 '=MID(SUBSTITUTE(A2,"-","",2),SEARCH("-",A2)+2,10)+0'을 입력합니다.

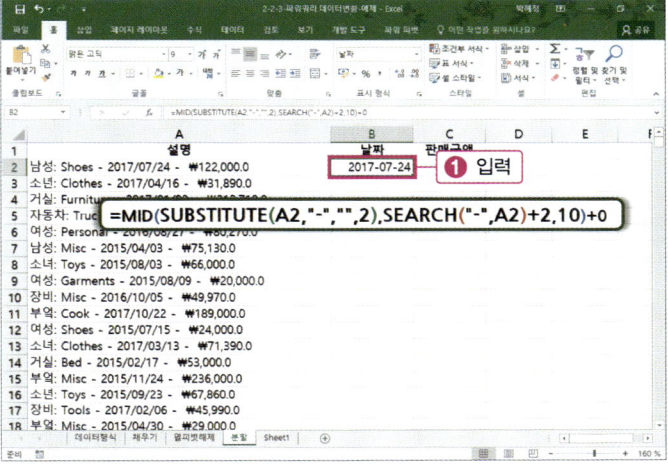

02 [C2] 셀에 수식 '=REPLACE(A2,1,SEARCH("₩",A2),"")+0'을 입력하고 [B2], [C2] 셀을 모두 선택한 후 [68987] 행까지 복사합니다.

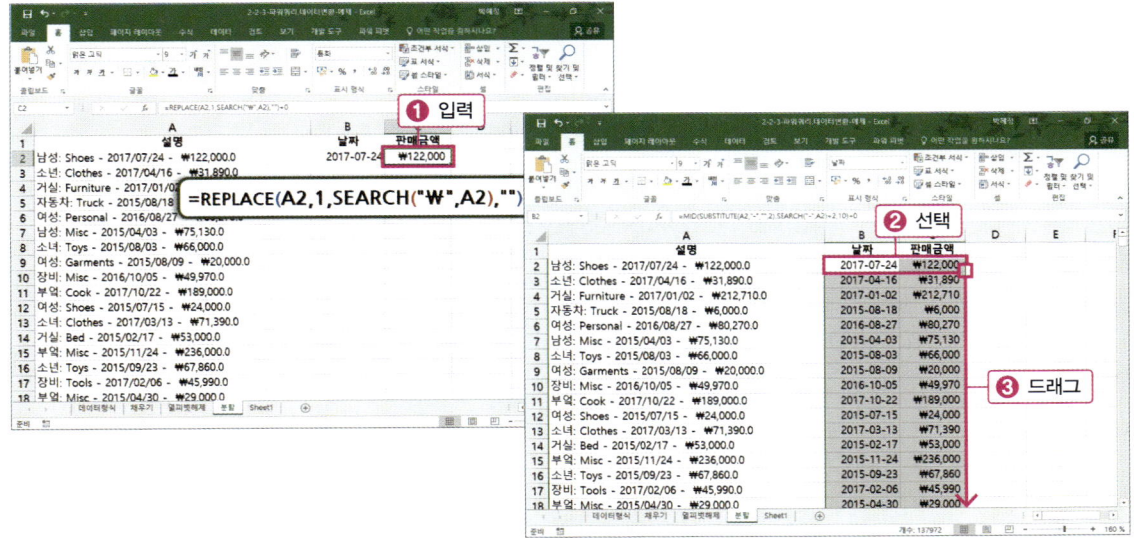

03 이번에는 분리하려는 값이 들어있는 설명 열을 파워 피벗으로 가져가 변형 작업을 실행하기 위해 [A] 열의 입력 데이터 범위 중 하나의 셀을 선택하고 [데이터] 탭-[가져오기 및 변환] 그룹에서 [테이블에서]를 클릭합니다. [표 만들기] 대화상자에서 범위(=$A$1:$A$68987)를 수정하고 [머리글 포함]에 체크한 다음 [확인]을 클릭합니다.

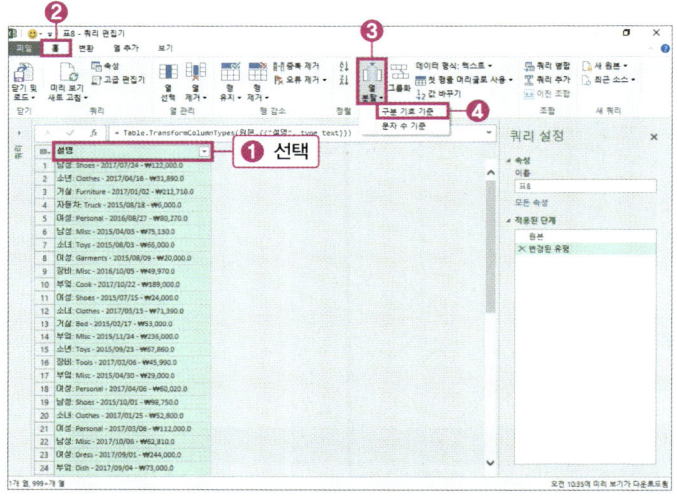

04 [쿼리 편집기] 창에서 [설명] 열의 머리글을 선택하고 [홈] 탭-[변환] 그룹에서 [열 분할]-[구분 기호 수준]을 클릭합니다.

....

팁 :: [쿼리 편집기] 창에서 작업할 때는 작업의 대상 열을 반드시 선택한 후에 작업합니다.

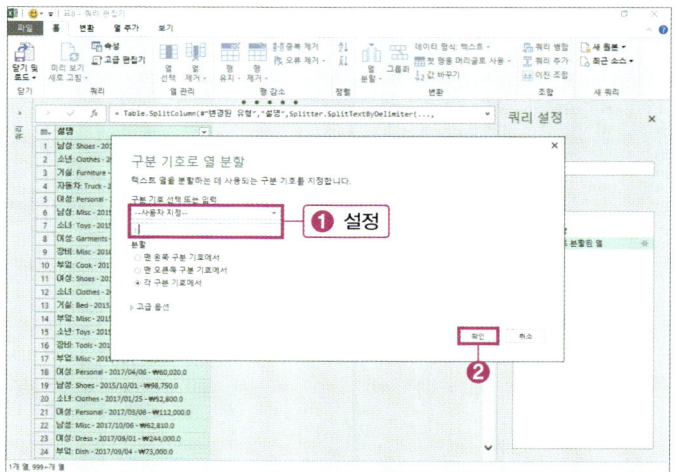

05 [구분 기호를 열 분할] 대화상자에서 '--사용자 지정--'을 선택하고 입력란에 ':'을 입력한 다음 [확인]을 클릭합니다.

....

팁 :: 분할 메뉴 옵션은 특별히 문제될 것이 없으니 그대로 둡니다.

06 [설명.2] 열의 머리글을 선택하고 [홈] 탭–[변환] 그룹에서 [열 분할]–[구분 기호 수준]을 클릭합니다.

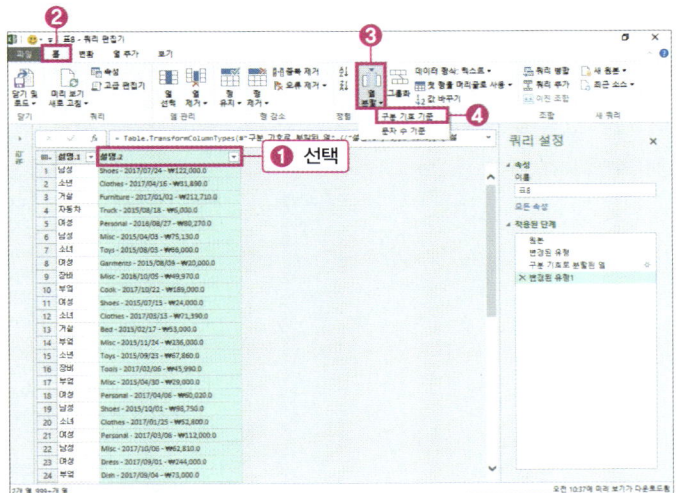

07 [구분 기호를 열 분할] 대화상자에서 '--사용자 지정--'을 선택하고 입력란에 ' – '을 입력한 다음 [확인]을 클릭합니다.

....

팁 :: 하이픈만 입력하지 말고, 반드시 좌우에 공백을 하나씩 입력합니다.

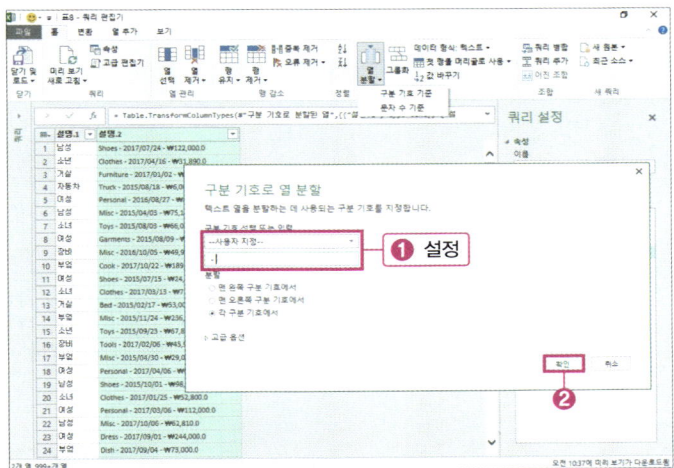

08 열 이름을 더블클릭하고 각각 '구분, 상품, 판매일, 금액'으로 변경합니다. [홈] 탭–[닫기] 그룹에서 [닫기 및 로드]–[닫기 및 다음으로 로드]를 클릭하고, [테이블], [기존 워크시트]에서 [$E$1]을 지정한 다음 [로드]를 클릭합니다.

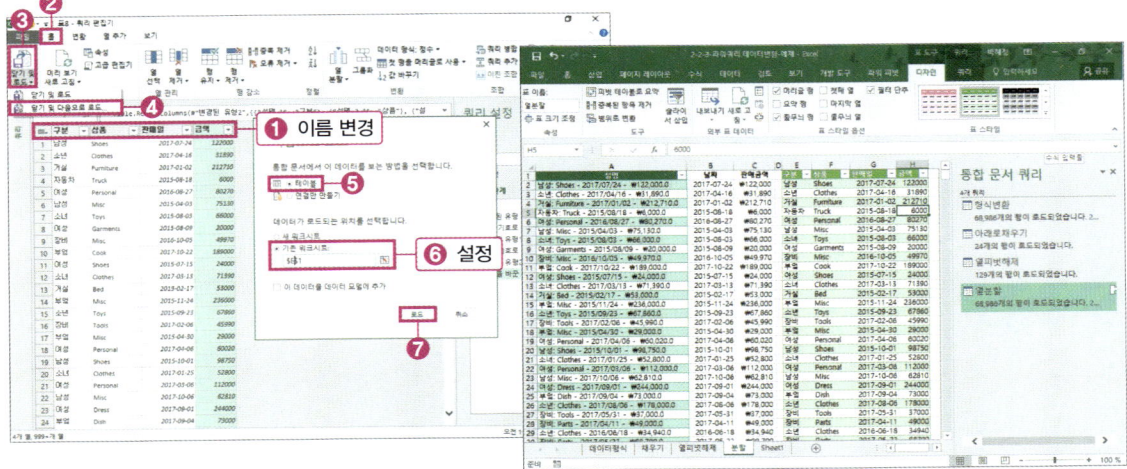

09 [A] 열에 하나의 데이터를 추가하고 [E] 열에서 마우스 오른쪽 버튼을 클릭한 후 [새로 고침]을 선택하면 변경 내용이 업데이트됩니다.

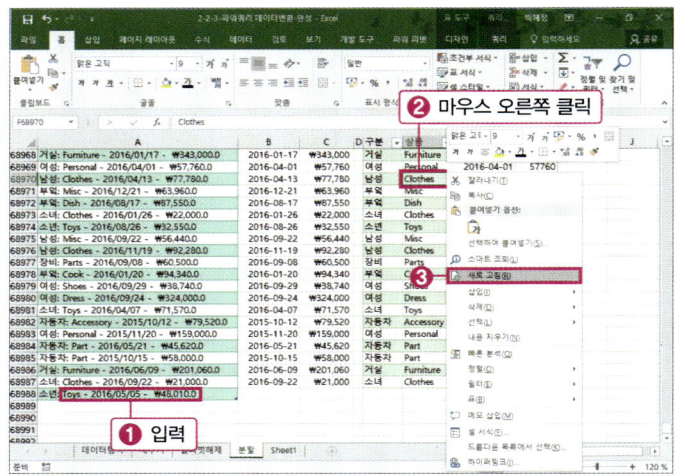

10 수식으로 작성한 [B, C] 열은 추가된 행만큼 수식을 복사해야 적용됩니다.

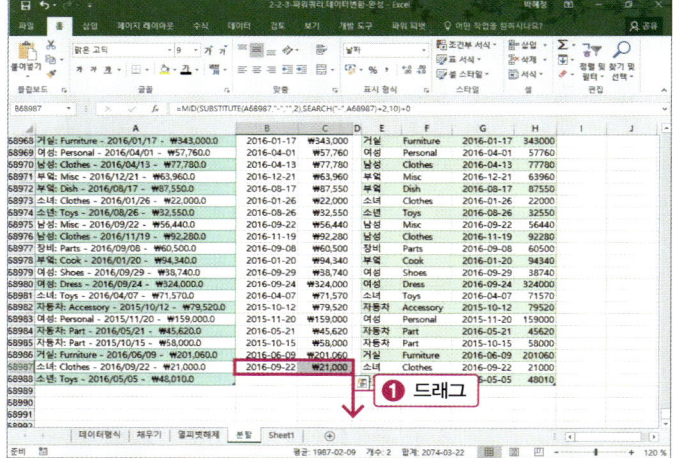

병합 _ VLOOKUP 함수 효과

예제 파일 2-2-4-파워 쿼리.병합-예제.xlsx **ㅣ 완성 파일** 2-2-4-파워 쿼리.병합-완성.xlsx

두 테이블 [제품], [판매]에 같은 정보인 [제품] 열이 있으면, 파워 쿼리의 병합 기능을 이용하여 VLOOKUP 함수 사용 효과를 낼 수 있습니다. [판매] 테이블에 없는 [가격] 열을 [제품] 테이블에서 가져와 [가격] 열이 추가된 새로운 테이블을 만들어보겠습니다. 두 테이블은 표로 만들어져 각각 [제품], [판매]라는 이름을 갖고 있습니다. 두 테이블을 파워 쿼리로 가져가 연결 만들기를 각각 실행할 것입니다.

01 파워 쿼리의 병합 기능을 사용하려면 [제품], [판매] 테이블이 쿼리로 만들어져야 합니다. [제품]을 선택하고 [데이터] 탭-[가져오기 및 변환] 그룹에서 [테이블에서]를 클릭합니다.

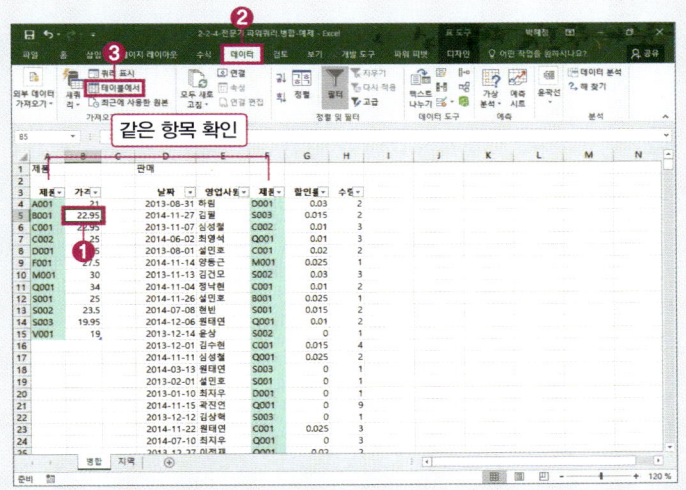

02 [쿼리 편집기] 창에서 [홈] 탭-[닫기] 그룹의 [닫기 및 로드]-[닫기 및 다음으로 로드]를 클릭합니다. [닫기 및 다음으로 로드] 대화상자가 나타나면 [연결 만들기]를 체크한 후 [로드]를 클릭합니다.

팁 :: [제품] 범위는 이미 테이블로 만들어져 있기 때문에 [표 만들기] 대화상자가 나타나지 않습니다.

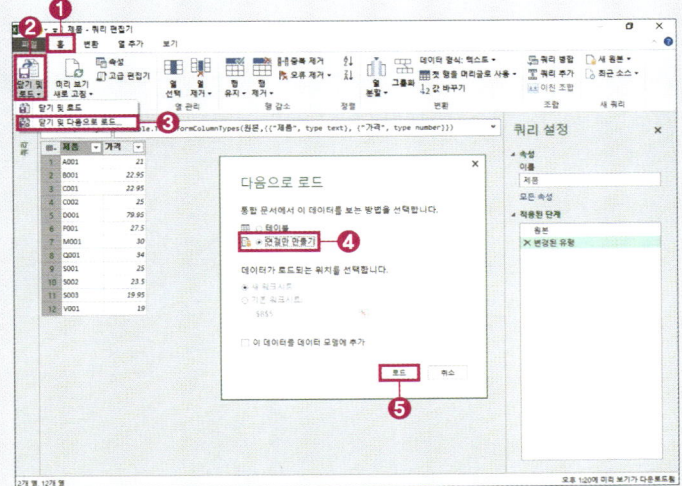

03 이번에는 [판매]를 선택하고 [데이터] 탭–[가져오기 및 변환] 그룹에서 [테이블에서]를 클릭합니다.

....

팁 :: [판매] 표는 이미 만들어져 있습니다.

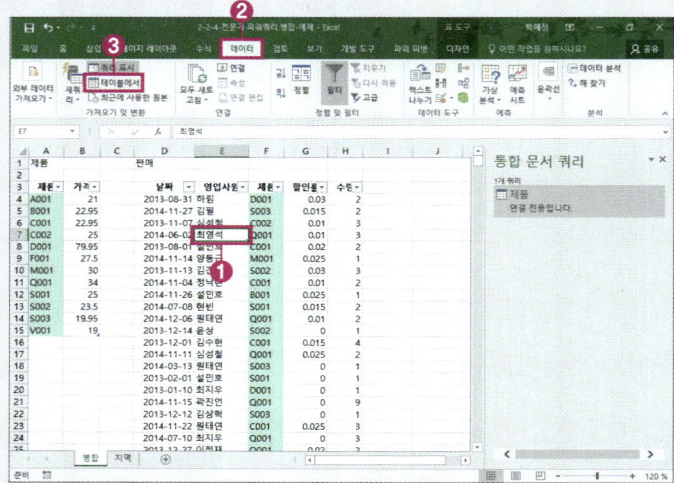

04 [쿼리 편집기] 창에서 [홈] 탭–[닫기] 그룹의 [닫기 및 로드]–[닫기 및 다음으로 로드]를 클릭합니다. [닫기 및 다음으로 로드] 대화상자가 나타나면 [연결 만들기]를 체크한 다음 [로드]를 클릭합니다.

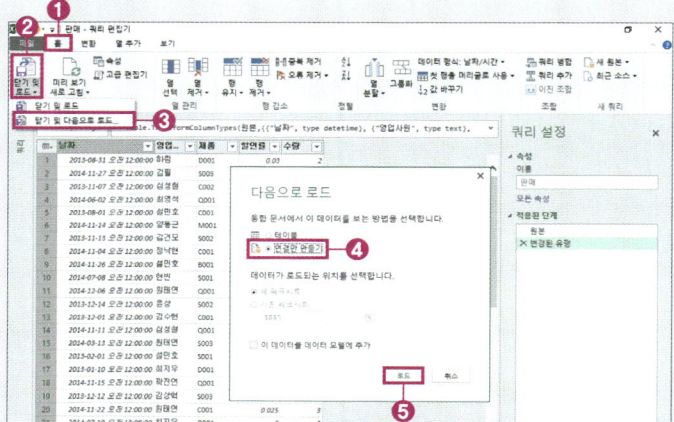

05 [데이터] 탭–[가져오기 및 변환] 그룹에서 [새 쿼리]–[쿼리 결합]–[병합]을 클릭합니다.

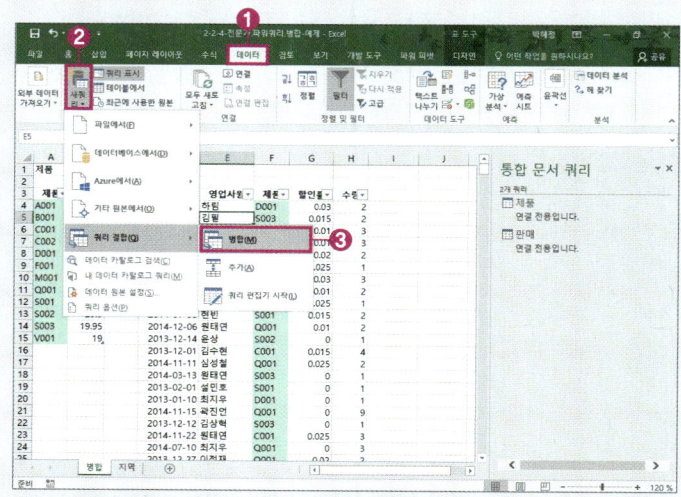

06 [병합] 대화상자의 첫 번째 목록에서는 [판매]를 두 번째 목록에서는 [제품]을 선택하고 일치하는 정보인 [제품] 열을 각각 선택한 다음 '제품 10000개 행 중 1000개가 선택 항목과 일치합니다.' 메시지를 확인하고 [확인]을 클릭합니다.

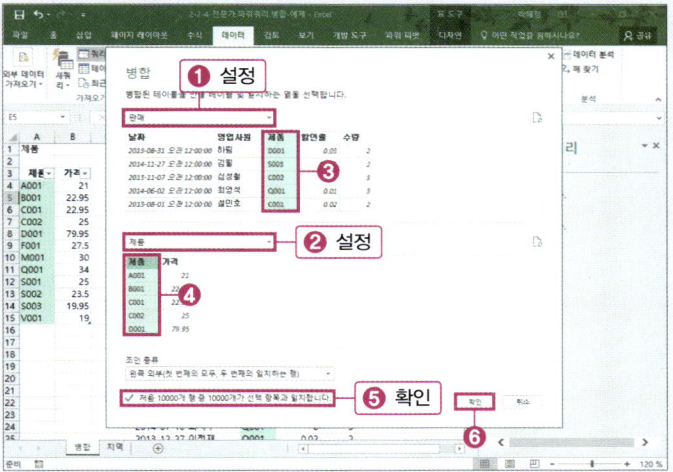

07 [쿼리 편집기] 창에서 [NewColumn] 열의 확장 버튼을 클릭하여 [가격] 열만 체크하고 [원래 열 이름을 접두사로 사용]이 체크를 해제한 다음 [확인]을 클릭합니다.

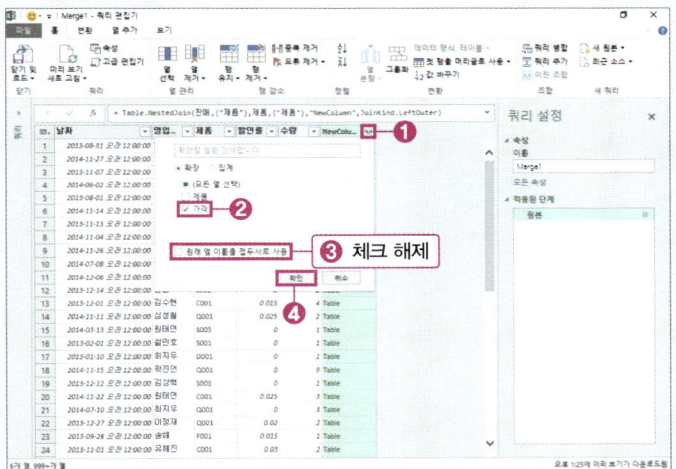

08 [판매] 표의 행 수만큼 가격 정보가 생성됩니다. [홈] 탭-[닫기] 그룹에서 [닫기 및 로드]-[닫기 및 다음으로 로드]를 클릭합니다. [다음으로 로드] 대화상자가 나타나면 [테이블], [기존 워크시트]에 [$J$3]을 참조한 다음 [로드]를 클릭합니다.

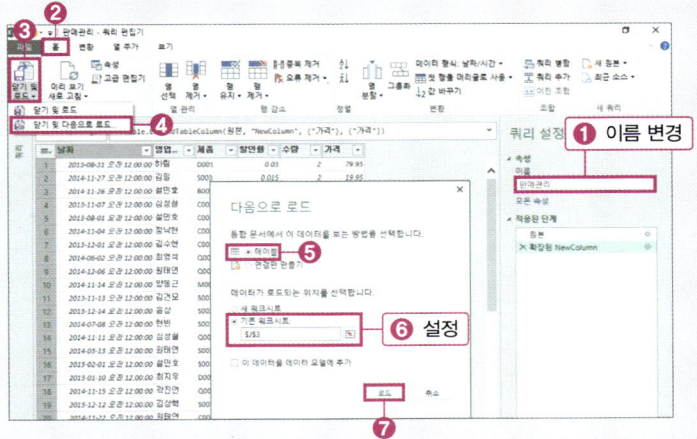

09 [가격] 열이 추가된 새로운 [판매관리] 쿼리가 만들어져 엑셀로 로드되는 것을 확인할 수 있습니다.

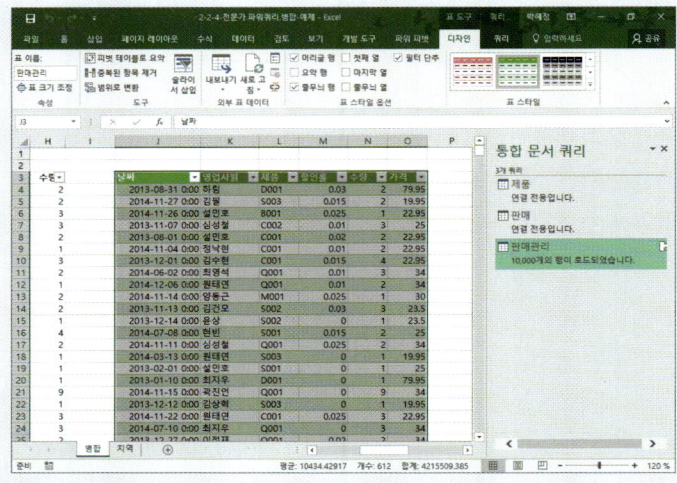

체크해봐요 :: 병합의 원리!

파워 쿼리로 병합을 실행할 때는,

가. 엑셀 표로 만들어진 두 개의 표가 필요하며,

나. 두 표를 파워 쿼리로 만들어야 한다.

다. 또 표 간에는 관련 있는 데이터(판매의 제품과 제품의 제품이 관련 있음)가 있어야 한다.

라. 한 쪽 테이블의 열(여기서는 제품의 제품)은 반드시 '기본 키'여야 하는데, '기본 키'라는 것은 중복된 자료가 없음을 의미한다.

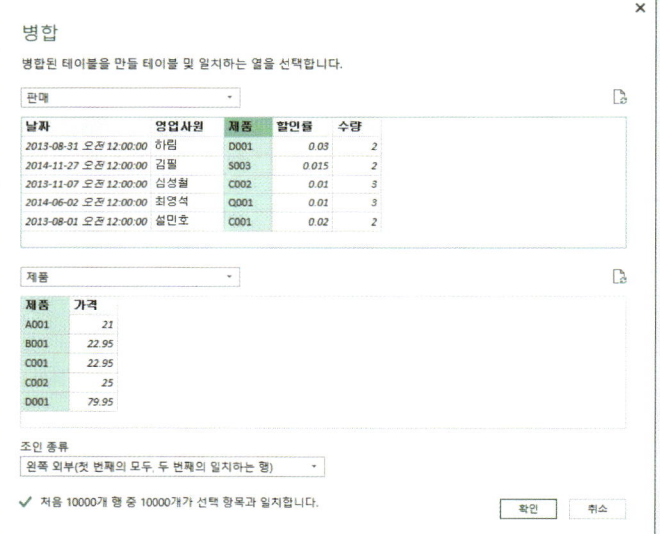

통합 문서에 여러 시트의 입력 범위 통합하기

예제 파일 2-2-4-파워 쿼리.시트통합-예제.xlsx | 완성 파일 2-2-4-파워 쿼리.시트통합-완성.xlsx

파일에 1월부터 3월 판매 실적이 각각 다른 시트에 있습니다. 연말이 되어 모든 자료를 합해 실적 보고서를 만들기 위해 세 시트의 모든 자료를 하나로 만들어야 합니다. '1월' 시트의 자료는 [월1], 2월은 [월2], 3월은 [월3]이란 이름의 표로 만들어져 있습니다.

01 파워 쿼리를 이용하여 하나의 데이터 집합으로 만들기 전에 '1월, 2월, 3월' 시트에 있는 [월1, 월2, 월3] 표를 파워 쿼리로 가져가 연결시켜야 합니다. '1월' 시트의 표 [월1]을 선택하고 [데이터] 탭-[가져오기 및 변환] 그룹에서 [테이블에서]를 클릭합니다.

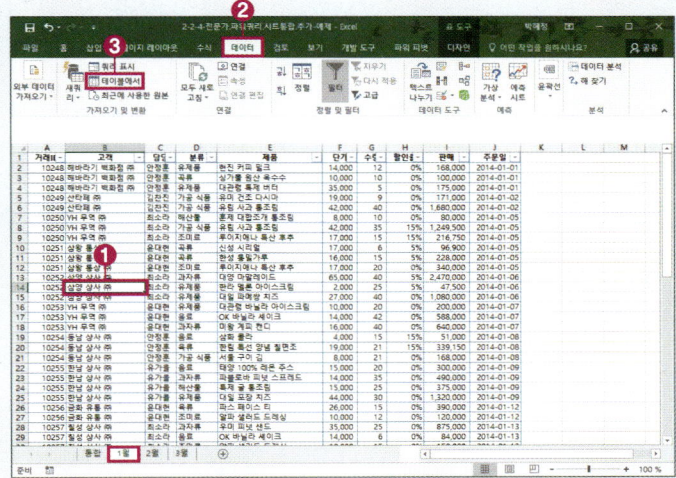

....

팁 :: '1월' 시트의 데이터 범위는 '월1'이란 이름의 표로 만들어져 있습니다.

02 [쿼리 편집기] 창에서 [홈] 탭-[닫기] 그룹의 [닫기 및 로드]-[닫기 및 다음으로 로드]를 클릭하고, [다음으로 로드] 대화상자에서 [연결만 만들기]를 체크한 다음 [로드]를 클릭합니다.

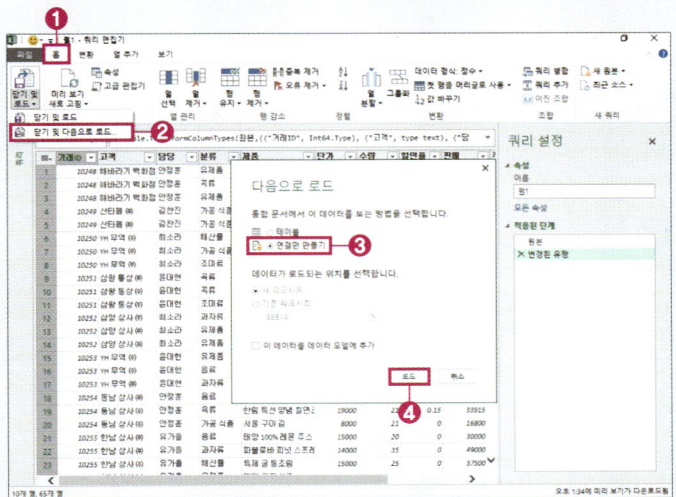

....

팁 :: '2월', '3월' 시트의 '월1, 월2' 표도 같은 방법으로 연결합니다.

03 [월2], [월3]도 연결을 만들고, [데이터] 탭–[가져오기 및 변환] 그룹에서 [새 쿼리]–[쿼리 병합]–[추가]를 클릭합니다.

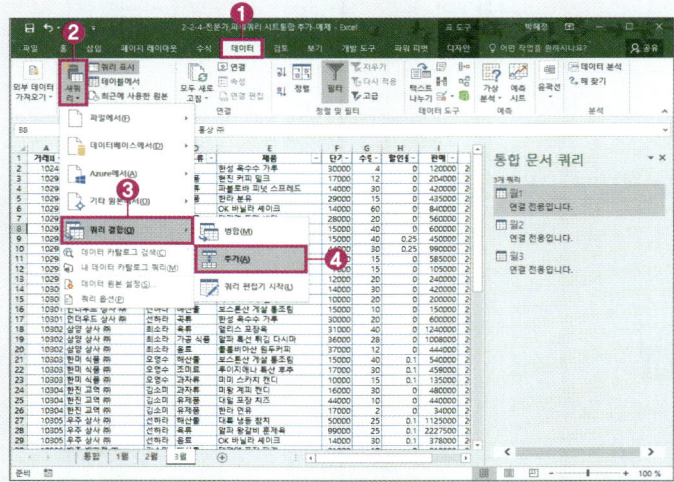

04 [추가] 대화상자의 첫 번째 목록에서는 [월1], 두 번째 목록에서는 [월2]를 선택한 다음 [확인]을 클릭합니다.

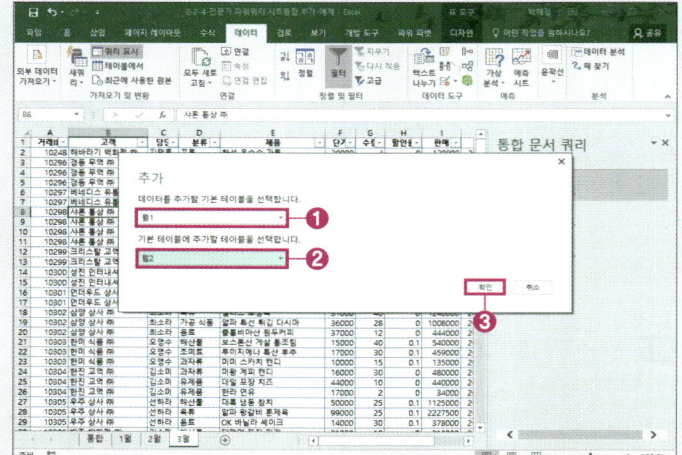

05 [쿼리 편집기] 창에서 [홈] 탭–[조합] 그룹의 [쿼리 추가]를 클릭합니다. [추가] 대화상자에서 [월3]을 선택한- 다음 [확인]을 클릭합니다.

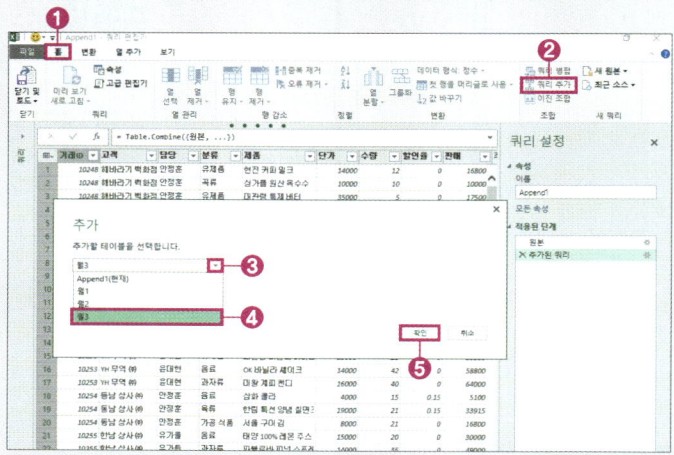

06 [홈] 탭-[닫기] 그룹에서 [닫기 및 로드]-[닫기 및 다음으로 로드]를 클릭하고, [다음으로 로드] 대화상자에서 [테이블], [기존 워크시트]에 [통합'!$A$1]을 참조한 후 [로드]를 클릭합니다.

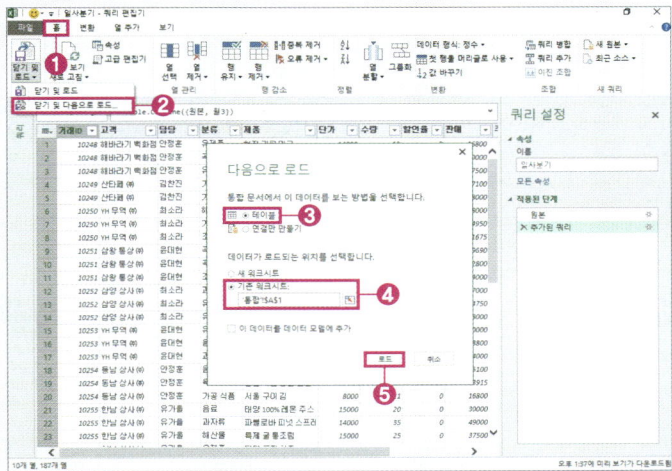

07 결과를 확인합니다.

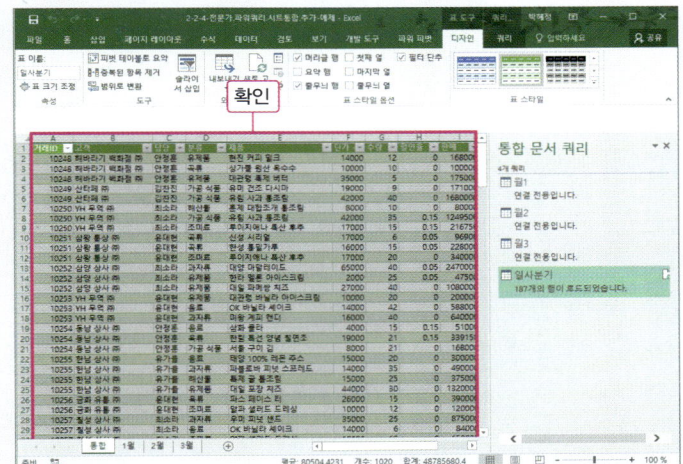

부분합 _ 그룹화

예제 파일 2-2-4-파워 쿼리.부분합.그룹화-예제.xlsx | **완성 파일** 2-2-4-파워 쿼리.부분합.그룹화-완성.xlsx

앞선 따라하기에 이어서 부분합을 구하는 효과를 내는 파워 쿼리의 그룹화 기능으로 담당자 중에서 분류를 기준으로 판매의 합을 구해보겠습니다.

01 [통합 문서 쿼리] 창에서 [일사분기] 쿼리를 선택하고 마우스 오른쪽 버튼을 클릭한 후 [편집]을 선택하거나 쿼리 이름을 더블클릭합니다.

체크해봐요 :: **[통합 문서 쿼리] 창이 화면에 나타나지 않는데요?**
[데이터] 탭-[가져오기 및 변환] 그룹에서 [쿼리 표시]를 클릭하세요.

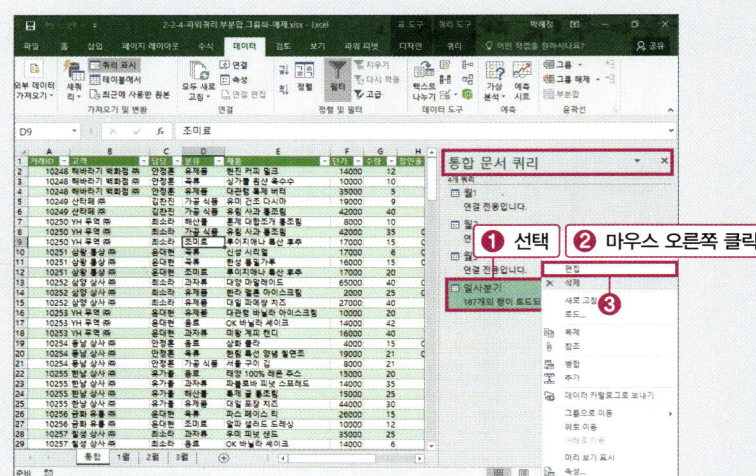

02 [쿼리 편집기] 창의 [홈] 탭-[변환] 그룹에서 [그룹화]를 클릭합니다. [그룹화] 대화상자에서 [+]([+])를 클릭하여 그룹화할 항목을 추가하고 [담당], [분류]를 선택합니다. [새 열 이름]은 '담당및분류', [연산]은 '합계', [열]은 '판매'로 설정한 후 [확인]을 클릭합니다.

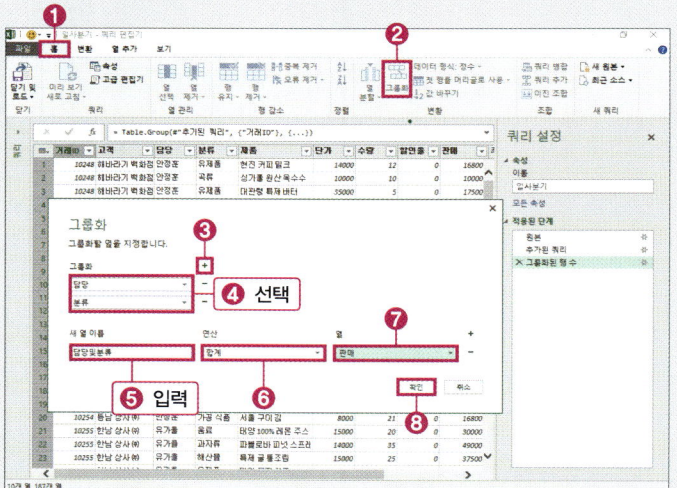

03 [그룹화된 행 수]라는 이름의 작업 단계가 추가되고 세 열 [담당], [분류], [담당 및 분류]로 이루어진 테이블이 만들어집니다. [홈] 탭–[닫기] 그룹에서 [닫기 및 로드]–[닫기 및 로드]를 클릭합니다.

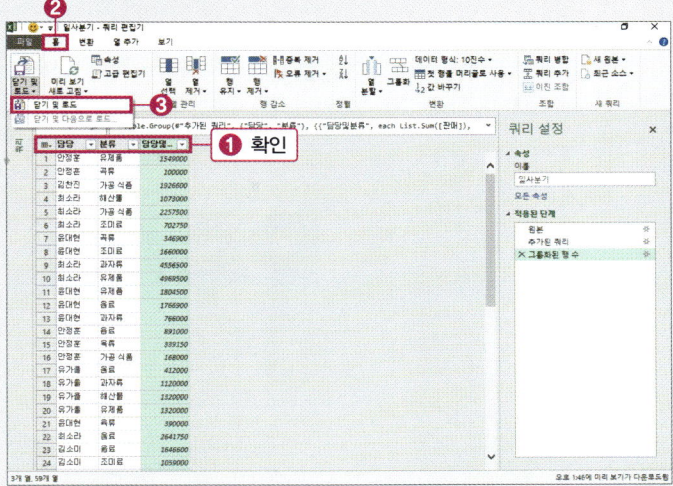

04 결과를 확인합니다.

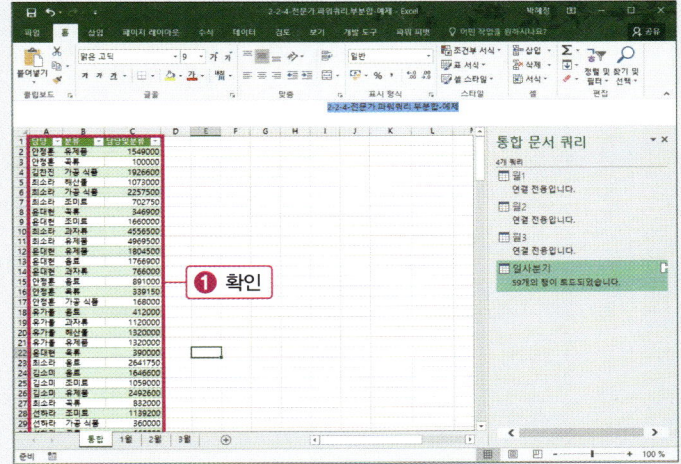

PART
09

비즈니스 데이터
모델링

일정한 표기법에 의해 표현해 놓은 모형 '데이터 모델링'

LESSON 01 • 데이터 모델링 이해하기

데이터 간에 관련이 있음을 엑셀에 전달하자

LESSON 02 • 엑셀에서 데이터 모델 만들기

엑셀 데이터만 처리할 수는 없지!

LESSON 03 • 외부에서 관계형 데이터 가져오기

파워 쿼리라는 강력한 기능을 통해 엑셀 하나의 시트가 지원하는 행 개수 이상의 외부 데이터를 가져와 사용할 수 있도록 편집했고, 그 과정을 그대로 기록함으로써 같은 작업을 반복하지 않고 변형 및 저장할 수 있도록 문서를 설계했습니다. 이번 장에서는 그렇게 관리한 엑셀 자료들이 의미 있는 정보가 될 수 있도록 하나의 테이블 안에서, 또 서로 다른 테이블 간에 개연성 즉, 연결고리를 만들어보려고 합니다. 이렇게 만들어진 것을 '데이터 모델링'이라고 하며 여기서는 파워 피벗이라는 추가 기능을 이용하여 구축하려 합니다. 또 파워 피벗이 제공하는 몇몇 기능을 통해 왜 파워 피벗을 사용해야 하는지에 대한 당위성을 알아보겠습니다.

데이터 모델링 이해하기

일정한 표기법에 의해 표현해 놓은 모형 '데이터 모델링'	우리는 우리도 인식하지 못하는 사이에 엑셀에서 나름대로 데이터 모델링을 하고 있지만, 공식화된 것이 아니기 때문에 늘 일회성에 그치는 경우가 많습니다. 더 큰 문제는 사용자 나름대로 만든 데이터 모델링은 엑셀이 추구하는 그것과는 당연히 다르기 때문에 엑셀과의 협업은 늘 힘들고 어렵게 느껴지기 마련일 것입니다. 용어가 낯설게 느껴질지는 모르겠으나, 우리는 이미 하고 있으며, 적어도 엑셀이 원하는 일정한 표기법에 의해 데이터의 형태를 갖춘다면 엑셀은 우리에게 강력한 분석 도구로써 도움을 줄 것이며, 우리에게 충성할 것입니다. 데이터 모델링은 단지 데이터베이스만을 구축하기 위한 용도로만 쓰이는 것이 아니라 데이터 모델링 자체로 업무를 설명하고 분석하는 분야에도 매우 중요한 의미를 가지고 있습니다.

엑셀의 '데이터 모델링'에 대한 이해

형식은 내용을 담는 틀이기 때문에 매우 중요합니다! 어떤 틀에 담을 것인가? 데이터를 관리하고, 관리한 데이터를 재사용할 일이 많다면 일단은 표 형태가 되어야 합니다. 데이터 모델링은 데이터가 표, 데이터베이스라는 틀에 어떻게 담겨야 하는지 배워가는 과정입니다. 데이터 모델링이란 무엇이며, 특징 그리고 모델링의 관점 등을 설명하고 무엇보다 중요한 엑셀에서 '모델링'이란 개념을 왜 가져와 사용해야 하는지 알아보겠습니다.

■ 데이터 모델링(Data Modeling)

1차적으로 엑셀에서 데이터를 표로 만들었다는 것 자체가 모델링이라고 할 수 있습니다. 표로 만들어지는 과정에서 사용자는 표에 어떤 속성이 있어야 하는지를 고민했을 것이고, 각각의 열에 데이터 형식을 일치시켰을 것이며, 그렇게 입력하여 같은 행에 배치됐다는 것은 매우 밀접한 관련이 있는 한 건의 자료(레코드)로 보는 것입니다. 앞선 과정에서 이런 내용을 확인했고, 여기서는 이렇게 모인 '표들의 개연성' 즉, 표와 표 사이에 연관성을 만들고, 그들이 서로 관련이 있음을 설정하는 것입니다. 이렇게 만들어진 자료들은 한 곳에 있지 않아도, 구축한 관계를 통해 또 다른 하나의 분석 보고서를 만들 수 있는 기반이 되며, 파워 피벗이 이러한 작업을 가능하도록 도울 것입니다.

하나의 데이터베이스 안에 관련된 여러 ❶ 표(표1, 표2, 표3, 표4)들, 표와 표 간에 ❷ 동일한 속성(표1과 표2의 본부ID, 표2와 표3의 부서ID, 표3과 표4의 사원ID)이 존재하면 이 둘을 연결 즉, 관계 설정을 할 수 있습니다.

이렇게 만들어진 관계를 바탕으로 모든 표 데이터를 이용하여 새로운 ❸ 요약 보고서 작성을 피벗 테이블로 할 수 있습니다.

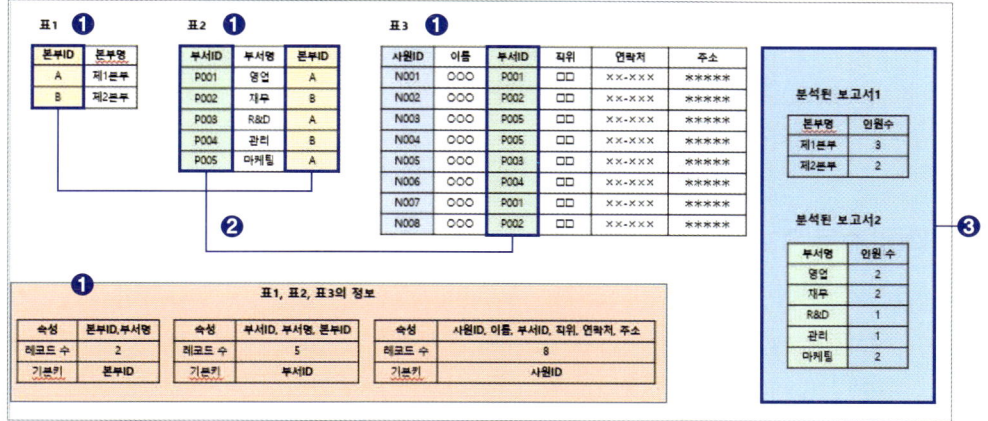

■ 파워 피벗의 개념 및 파워 피벗을 써야 하는 이유

엑셀 통합 문서 하나의 시트에 입력할 수 있는 자료(레코드)의 수는 1048576입니다. 극단적인 예로 엑셀로 우리나라 전체 인구의 자료를 관리해야 한다면, 하나의 시트에 모든 사람의 정보를 담을 수 없기 때문에 정보를 여러 시트에 나눠야 합니다. 거기까지는 괜찮습니다. 그런데 그 자료에 나이 정보를 이용해서 세대별 인원수 통계를 내야 한다면? 그 작업을 피벗 테이블로 할 수 있을까? 결론은 할 수 없습니다! 왜냐하면 피벗 테이블을 사용하려면 원본을 지정해야 하는데, 피벗 테이블의 원본은 하나의 범위로 구성해야만 하기 때문입니다. 그런 이유로 좀 더 많은 양의 데이터를 하나의 데이터 집합으로 저장할 수 있는 공간이 필요했고, 자료의 종류가 서로 다르더라도 연관성을 찾아 관계를 설정하는 관계형 데이터베이스 구축이 엑셀에서도 필요해진 것입니다. 그런 이유로 이 둘을 가능하게 하는 파워 피벗이란 프로그램이 개발되지 않았나 생각합니다. 물론 극단적인 예일 수 있습니다. 왜냐하면 파워 피벗은 최대 2GB 크기의 파일을 지원하며 메모리에 있는 최대 4GB의 데이터를 사용할 수 있기 때문입니다. 파워 피벗에 대한 마이크로소프트 연구원의 말을 인용하는 것으로 파워 피벗에 대한 설명을 대신합니다.

"파워 피벗은 IT 부서에 도움을 요청할 필요 없이 컴퓨터에서 바로 사용하기 쉬운 강력한 데이터 분석 도구를 제공하므로 정보 근로자가 훨씬 더 자유로워집니다."

– Ayad Shammout, 선임 기술 데이터베이스 관리자, CareGroup Healthcare System

파워 피벗(Power Pivot) 또는, 엑셀에서의 모델링 작업

파워 피벗 또는, 엑셀에서 데이터 모델링을 만들어 사용할 때 어떤 차이가 발생하는 것이며, 그들은 어디에 저장되는 것일까? 마이크로소프트사가 파워 피벗 기능을 제공하면서 파워 피벗과 엑셀의 다른 점을 비교해 놓은 자료를 아래에 소개합니다. 자료를 통해 불투명한 부분이 조금이라도 더 선명해지길 바라며 필자가 약간의 해석을 덧붙였습니다.

■ 엑셀용 파워 피벗의 주요 기능

가. **여러 데이터 원본에서 수백만 개의 데이터 행 가져오기** : 엑셀용 파워 피벗을 사용하면 여러 데이터 원본에서 가져온 수백만 개에 달하는 데이터 행을 단일 통합 문서로 가져와 서로 다른 데이터 간의 관계를 작성하고, 수식을 사용해 계산된 열 및 측정값을 만들고, 피벗 테이블 및 피벗 차트를 생성한 다음 데이터를 추가로 분석해 업무상의 결정을 제때 내릴 수 있습니다. 이러한 모든 작업을 IT 부서의 지원 없이 직접 수행할 수 있습니다.

나. **빠른 계산 및 분석** : 수천 개의 행을 처리할 때와 거의 동일한 시간에 수백만 개의 행을 처리하며, 다중 코어 프로세서 및 기가바이트의 메모리를 활용하여 가장 빠른 속도로 계산을 처리합니다. 데스크톱에서 가장 큰 데이터 집합도 메모리로 로드하는 효율적인 압축 알고리즘을 사용하여 대량 데이터 분석에 대한 기존 제한을 극복합니다.

다. **거의 제한 없이 데이터 원본 지원** : 데스크톱에서 대량의 데이터를 분석하기 위해 관계형 데이터베이스, 다차원 원본, 클라우드 서비스, 데이터 피드, 엑셀 파일, 텍스트 파일, 웹 데이터 등 모든 위치에서 원본 데이터를 가져와 결합할 수 있는 기반을 제공합니다.

라. **보안 및 관리** : 파워 피벗 관리 대시보드를 통해 IT 관리자는 공유 응용 프로그램을 모니터링하고 관리함으로써 보안, 고가용성 및 성능을 보장할 수 있습니다.

마. **데이터 분석식(DAX)** : DAX는 엑셀의 데이터 조작 기능을 확장하여 보다 정교하고 복잡한 그룹화, 계산 및 분석을 가능하게 하는 새로운 수식 언어입니다. DAX 수식의 구문은 엑셀 수식과 매우 유사합니다.

관계 설정 미리 보기

[인사관리] 데이터베이스를 예를 들어 [데이터] 탭–[데이터 도구] 그룹의 [관계] 대화상자에서 어떤 테이블 및 열을 선택해야 하는지 알아보겠습니다.

■ 관계 기능의 실행

관계를 설정하려는 데이터 범위가 엑셀 표로 지정되어 있어야 하며, 표 간에 같은 속성 열이 있으면 관계가 성립됩니다. [데이터] 탭–[데이터 도구] 그룹에서 [관계]를 클릭합니다. 관계를 설정할 때는 '1:다'의 관계가 되어야 합니다. ❶ [관계 만들기] 대화상자에서 [관련 표]의 ❷ [본부관리]–[본부ID]가 '일'(기본 키)이고 [테이블]의 ❸ [부서관리]–[본부ID]는 '다'(외래 키)입니다.

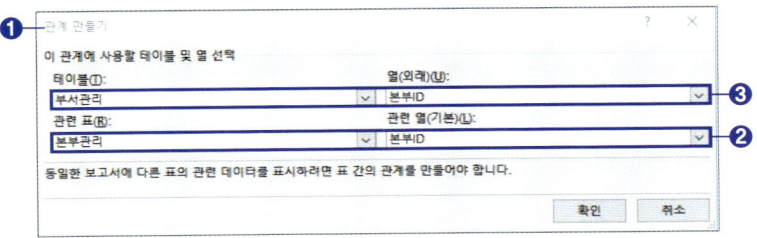

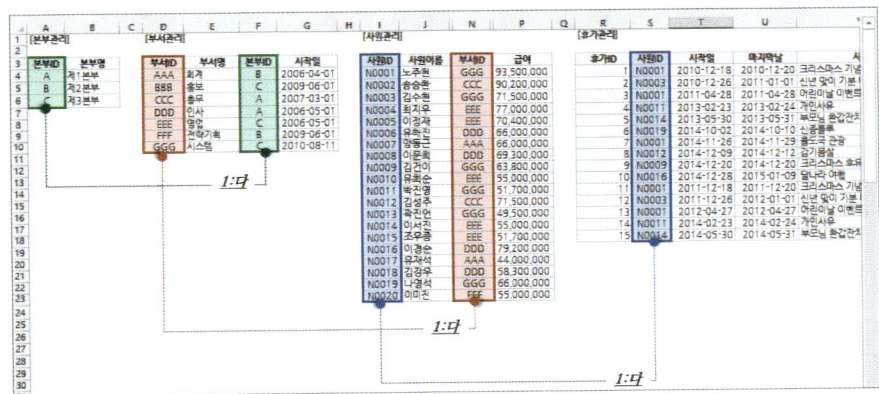

가. [인사관리] 데이터베이스의 범위 [A3:B6], [D3:G10], [I3:P23], [R3:S18]은 [삽입] 탭–[표] 그룹에서 [표]로 만들어지고, 각각 '본부관리', 부서관리, 사원관리, '휴가관리'로 이름이 지정되어 있습니다.

나. 관련 표에 '본부관리'의 관련 열(기본)인 [본부ID]는 기본 키(Primary Key)로 중복된 값이 없어야 합니다(일).

다. 테이블에 '부서관리'의 열(외래)인 [본부ID]에는 중복된 값이 있어도 됩니다(다).

라. [인사관리] 데이터베이스는 '본부관리'와 '부서관리', '부서관리'와 '사원관리', '사원관리'와 '휴가관리'의 세 가지 관계가 설정됩니다.

파워 피벗 추가하기

파워 피벗은 엑셀에 기본 기능이 아닌 추가 기능으로 사용하려면 '추가'의 과정을 거쳐야 합니다. 대부분의 경우, 데이터 모델이 있다는 사실을 알지 못합니다. 엑셀의 데이터 모델은 필드 목록에서 테이블 모음으로 시각화되어 있습니다. 모델을 직접 조작하려면 추가된 파워 피벗을 사용해야 합니다.

01 [파일] 탭–[옵션]을 클릭하고 [Excel 옵션] 대화상자가 나타나면 [추가 기능]–'COM추가 기능'을 선택한 다음 [이동]을 클릭합니다.

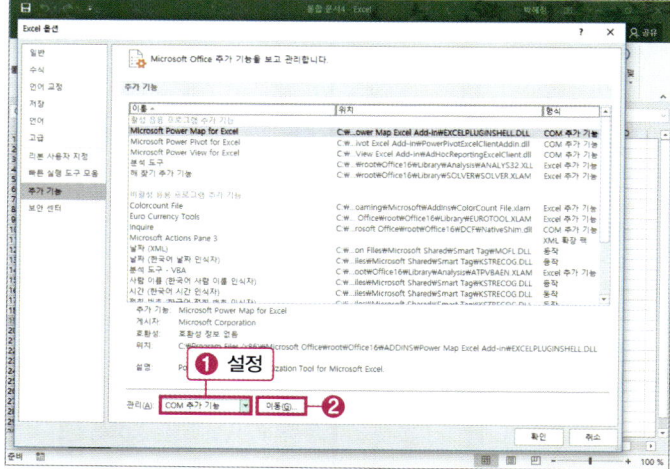

02 [COM추가 기능] 대화상자에서 [Microsoft Power Pivot for Excel]을 체크하고 [확인]을 클릭합니다.

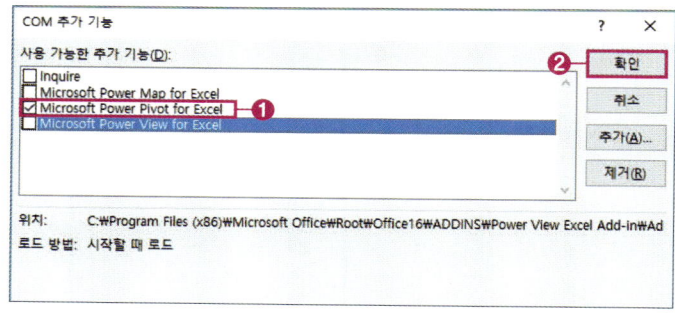

체크해봐요 :: 엑셀 2010 사용자는 추가 기능에 나타나지 않는데요?
엑셀 2013, 2016 사용자는 설치 없이 추가만 하면 되고, 엑셀 2010 사용자는 설치 과정이 필요합니다. 'https://www.microsoft.com/ko-KR/download/details.aspx?ic=43348'에 접속하여 프로그램을 다운받아 실행하세요. 시스템 요구 사항과 설치 지침을 확인하여 요구 사항을 만족시켜야 합니다.

03 그림과 같이 [파워 피벗] 탭이 추가됩니다.

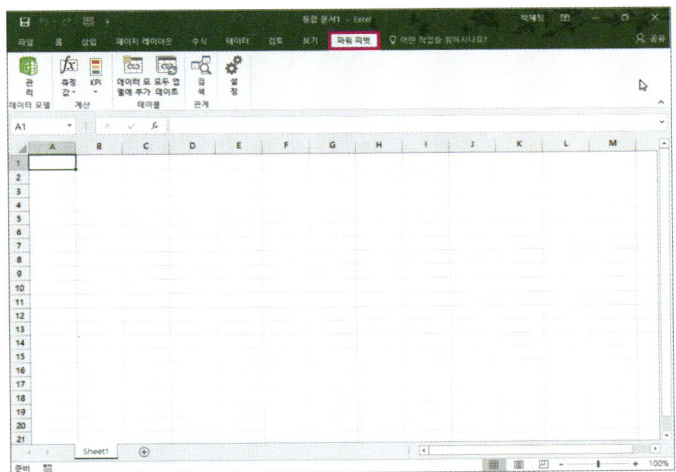

04 추가된 [파워 피벗] 탭–[데이터 모델] 그룹에서 [관리]를 클릭하면 [Excel용 파워 피벗] 창이 나타납니다.

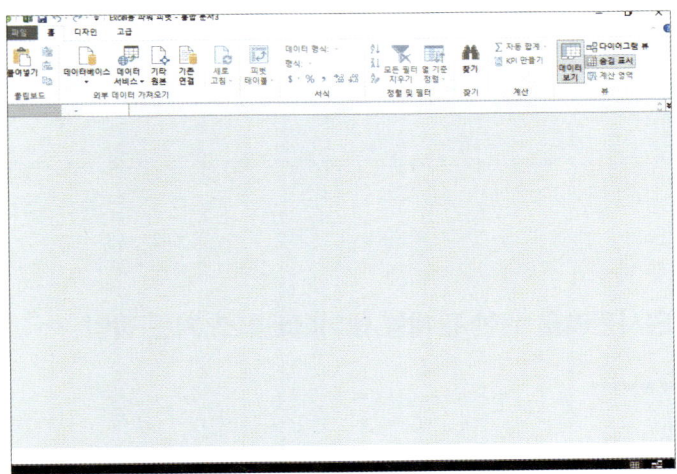

▲ [Excel용 파워 피벗] 창

체크해봐요 :: 비즈니스 데이터와 빅데이터의 비교

	비즈니스 데이터	빅데이터
사용 데이터베이스	관계형 데이터베이스(RDBMS) 이용	비관계형 데이터베이스(NoSQL) 이용
데이터 저장 형태	테이블	파일
데이터의 가치	개개의 데이터가 중요	개개의 데이터가 모여 새로운 정보 전달
주 활용 분야	소비자, 생산, 매출, 자산, 재고 등 ERP나 SCM 등 내부 기간 시스템에서 활용 운영을 위한 개별 데이터 관리	고객 유형별 관심, 감성 분석, 트렌드 파악 데이터를 통합하여 숨어 있는 가치 발견

엑셀에서 데이터 모델 만들기

데이터 간에 관련이 있음을 엑셀에 전달하자

엑셀은 점점 데이터베이스 기능을 강화하고 있고 특별히 2부에서는 더욱더 데이터 구축, 관리에 집중할 것입니다. 여러 테이블의 데이터를 통합하는 새로운 접근법, 드디어 말로만 듣던 데이터 모델을 만들어봅니다. 만들어진 데이터 모델은 엑셀에서 피벗 테이블, 피벗 차트 및 파워 뷰 보고서에서 사용되는 데이터를 테이블 형식으로 제공합니다. 데이터 모델을 만들 때 엑셀뿐만 아리나 데이터베이스 관리를 위한 프로그램 액세스, SQL, 오라클 등이나 웹 문서, 다른 통합 문서 등에서 데이터를 가져와 다양한 방법으로 모델을 구축합니다. 이렇게 구측된 데이터 모델을 이용하여 다음 장에서 피벗 테이블, 피벗 차트 및 파워 뷰 보고서를 만들 것입니다. 만들어진 모델에 테이블을 추가하거나 제거하여 모델을 수정할 수도 있고 파워 피벗 추가 기능을 사용하는 경우에는 계산된 열, 계산 필드, 계층 구조, KPI 등을 추가하여 모델을 확장할 수도 있습니다.

인사관리를 위한 관계형 데이터베이스 기초 작업

예제 파일 2-3-2 관계설정-예저.xlsx
완성 파일 2-3-2 관계설정-완성.xlsx

표 간의 관계를 설정하려면, 입력한 데이터의 집합(Data Set)이 구조적인 표(Structured Table)인 [삽입] 탭-[표] 그룹의 [표]를 이용하여 만들어져 있어야 합니다. 관계를 설정하기에 앞서 자료를 먼저 파악해봅니다. [인사관리] 시트에는 '본부관리', '부서관리', '사원관리', '휴가관리'라는 네 개의 데이터 집합이 있습니다. 이들은 아직 표로 만들지 않았습니다. 먼저 네 범위를 표로 만들고 이름을 변경한 후에 관계를 설정합니다.

01 '인사관리' 시트에서 [A3:B6]을 선택하고 [삽입] 탭-[표] 그룹에서 [표]를 클릭합니다. [표 만들기] 대화상자에서 범위와 [머리글 포함]이 체크하고 [확인]을 클릭합니다.

팁 :: 표로 만들 범위 전체를 선택하고 표 만들기를 실행해도 되고, 범위 중에 하나의 셀만 선택하고 만들어도 엑셀이 범위를 확장시켜줍니다. 표 만들기 단축키는 Ctrl + T 입니다.

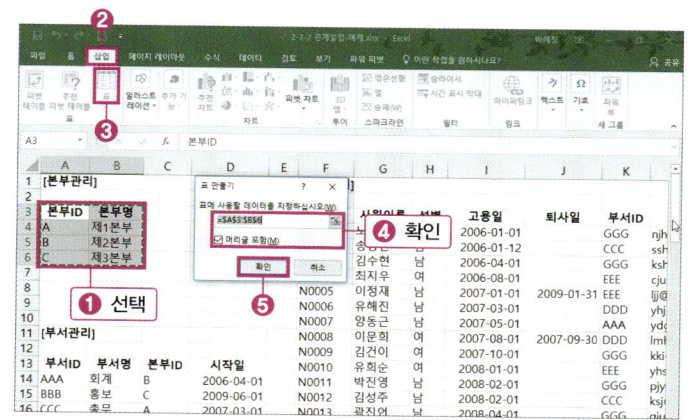

02 [표 도구]–[디자인] 탭–[속성] 그룹에서 [표 이름]을 '본부관리'로 입력하고 <kbd>Enter</kbd>를 누릅니다.

....

팁 :: 만들어진 표가 선택된 상태에서 표 이름 바꾸기 단축키는 <kbd>Alt</kbd>+<kbd>J</kbd>+<kbd>T</kbd>+<kbd>A</kbd>입니다.

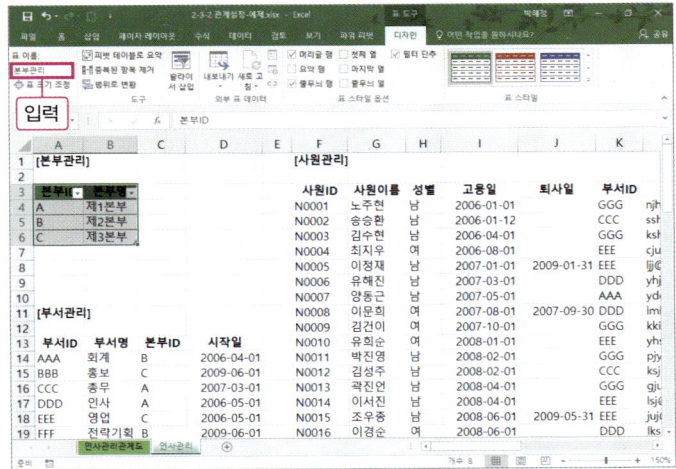

03 아래 표의 표 범위를 참고하여 범위를 표로 만들고 표 이름을 참고하여 변경합니다.

표 범위	A13:D20	F3:M23	O3:T18
표 이름	부서관리	사원관리	휴가관리

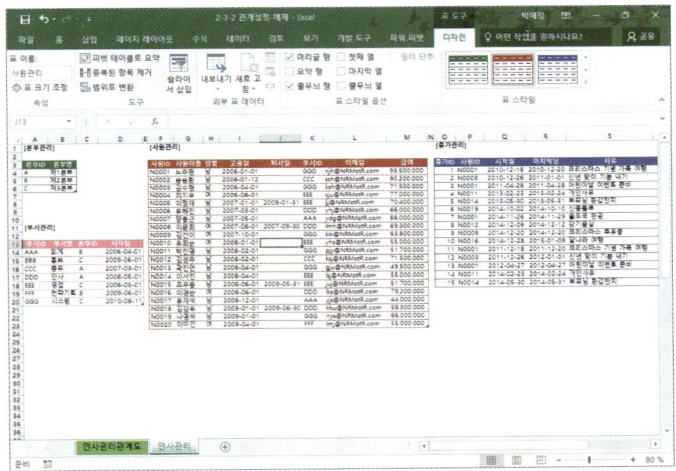

체크해봐요 :: **표 스타일 변경하는 방법**

범위를 표로 만들면 표 스타일 기본값이 적용됩니다. 표 스타일을 변경하려면 표에 하나의 셀을 선택하고 [표 도구]–[디자인] 탭–[표 스타일] 목록에서 선택하여 적용합니다. 표 스타일 목록에 적용된 색은 [페이지 레이아웃] 탭–[테마] 그룹에 적용된 테마에 따라 달라집니다. 아래는 앞선 03번 오른쪽 이미지에 적용할 표 스타일입니다.

표 이름	본부관리	부서관리	사원관리	휴가관리
표 범위	A3:B6	A13:D20	F3:M23	O3:T18
표 스타일	표 스타일 밝게9	표 스타일 밝게 13	표 스타일 밝게 10	표 스타일 밝게 11

관계 기능으로 데이터 모델 만들기

예제 파일 2-3-2 관계설정-예제.xlsx | 완성 파일 2-3-2 관계설정-완성.xlsx

만들어진 표의 속성(필드)들 간에 동일한 속성이 있는지를 파악하고 그들 간에 연결고리 (Relationship)를 만드는 작업으로, '인사관리' 표들 간의 동일한 속성이 있는지 파악하고 관계를 설정합니다.

01 [데이터] 탭-[데이터 도구] 그룹에서 [관계]를 클릭합니다. [관계 관리] 대화상자가 나타나면 [새로 만들기]를 클릭합니다.

팁 :: 엑셀 2010 사용자들은 [관계] 메뉴를 사용할 수 없습니다. 때문에 파워 쿼리를 설치하고 파워 쿼리가 지원하는 관계 설정 메뉴를 이용해야 합니다.

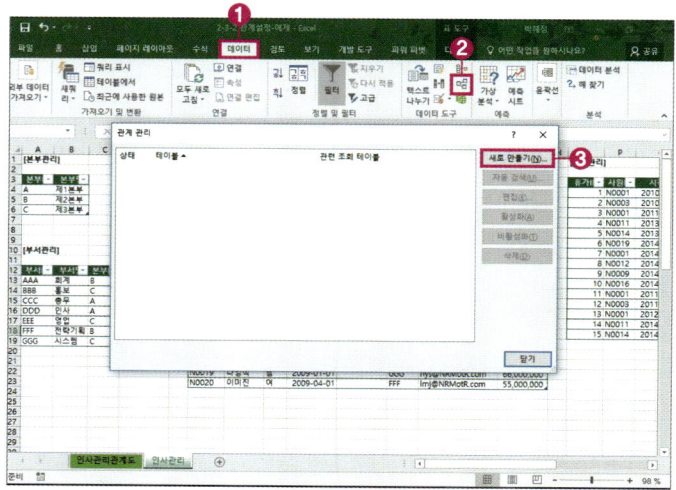

02 아래의 표를 참고하여 [관계 만들기] 대화상자에서 [테이블], [열(외래)], [관련 표], [관련 열(기본)]를 지정하여 관계를 설정합니다.

관계 설정	관계1	관계2	관계3
테이블	부서관리	사원관리	휴가관리
열(외래)	본부ID	부서ID	사원ID
관련 표	본부관리	부서관리	사원관리
관련 열(기본)	본부ID	부서ID	사원ID

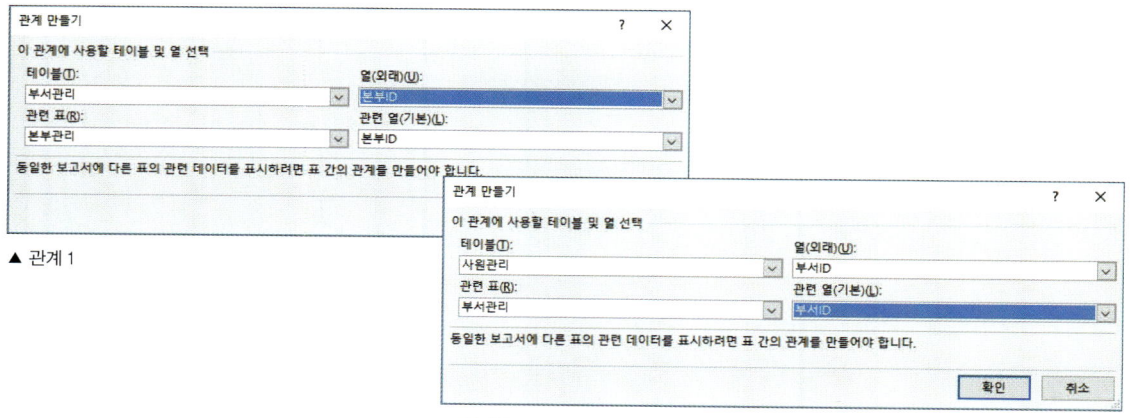

▲ 관계 1

▲ 관계 2

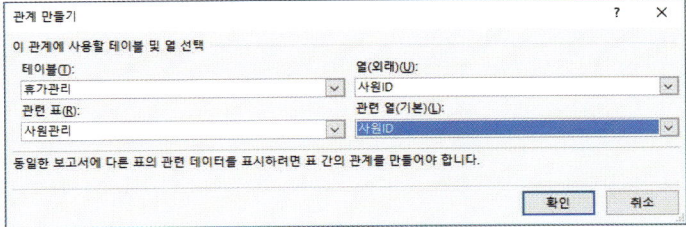

▲ 관계 3

03 설정한 세 개의 관계가 제대로 되었는지 확인하고 [닫기]를 클릭합니다.

....

팁 :: 만들어진 관계를 필요에 따라 삭제하려면 [삭제]를 클릭하고, 수정하려면 [편집]을 클릭하여 작업합니다.

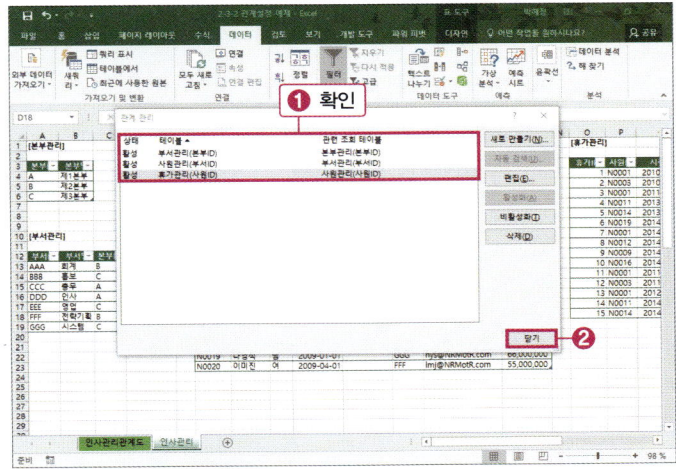

체크해봐요. :: **관계1로 보는 '일:다'의 개념**

관계1 : [본부관리]의 [본부ID]는 중복이 없는 일(1)로 기본 키의 역할을 합니다. [본부관리]와 관계 설정을 한 [부서관리]의 [본부ID]는 외래키가 되며 [본부관리]의 [본부ID]와는 달리 반복되어도 상관없으며 이를 '다'라고 합니다. 관계 설정 시에는 반드시 한 쪽은 반복되는 값이 없는 상태 즉, 일(1)이여야 합니다. 이렇게 설정된 정보를 통해 분리되어 입력한 값들을 이용해 하나의 보고서가 만들어지는 것입니다.

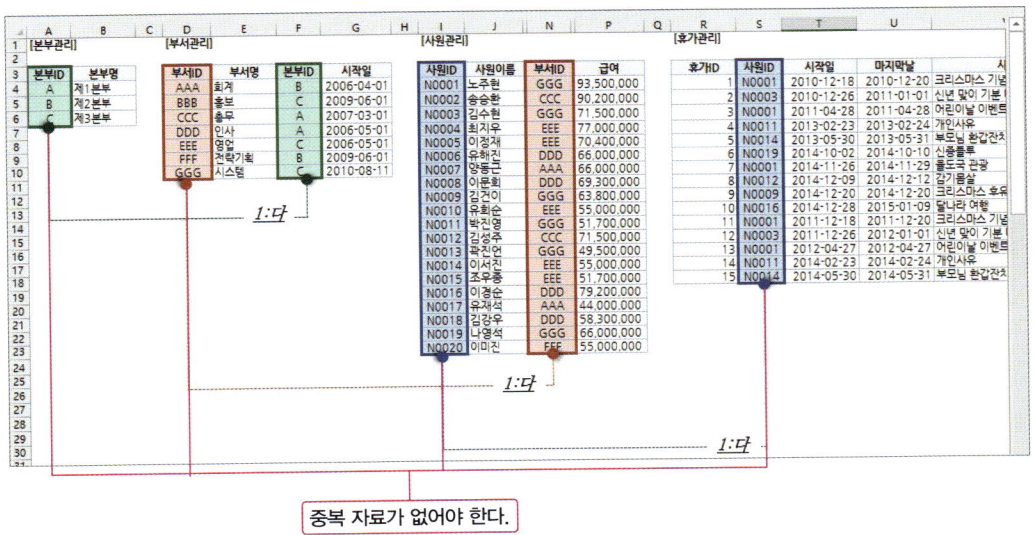

파워 피벗으로 데이터 모델 만들기   예제 파일 2-3-2 파워 피벗.관계설정-예제.xlsx | 완성 파일 2-3-2 파워 피벗.관계설정-완성.xlsx

이번에는 추가한 파워 피벗 기능을 이용하여 데이터 모델을 만들어보겠습니다. 앞의 예제와 같은 데이터로 작업하는데, 각 범위는 표로 만들지 않는 상태입니다. 만들어진 모델은 대부분 엑셀에서 보이지 않고 추가된 파워 피벗을 사용하여 직접 모델을 보고 수정할 수 있습니다. 엑셀 2010 사용자들은 파워 피벗을 이용해서 관계를 설정해야 합니다.

01 [A3:B6]을 선택하고 [파워 피벗] 탭-[테이블] 그룹에서 [데이터 모델에 추가]를 클릭합니다. [테이블 만들기] 대화상자에서 [머리글 포함]을 체크하고 [확인]을 클릭합니다.

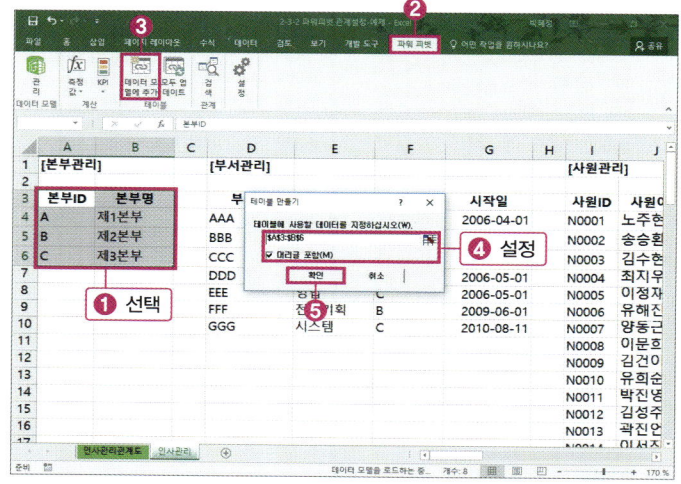

....

팁 :: 범위가 [삽입] 탭-[표] 그룹에서 [표]로 지정되지 않으면 모델링할 수 없기 때문에 표로 만들어지지 않은 범위는 자동으로 [테이블 만들기]가 자동 실행됩니다.

02 [Excel용 파워 피벗] 창이 나타나고 [A3:B6]이 [표1]이란 이름으로 추가되어 나타납니다.

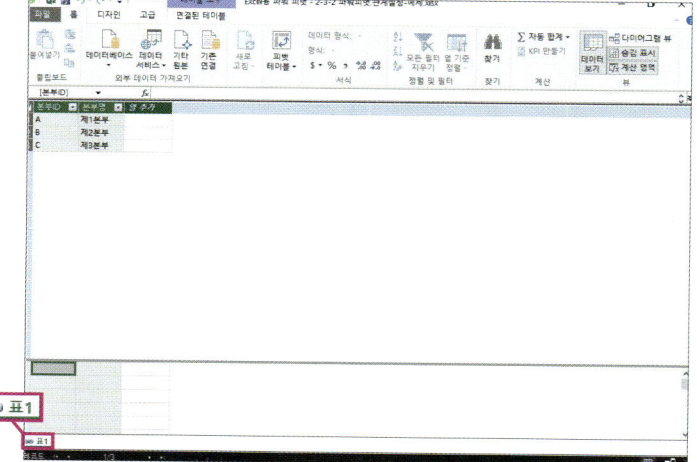

....

팁 :: 사용자가 표 이름을 수정하지 않으면 기본으로 지정된 표 이름으로 인식됩니다.

03 같은 방법으로 아래의 표를 참고하여 데이터 모델에 추가합니다.

표 범위	$D$3:$G$10	$I$3:$P$23	$R$3:$W$18
표 이름	표2	표3	표4

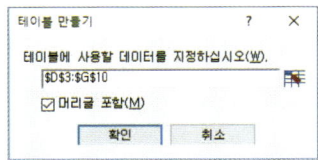 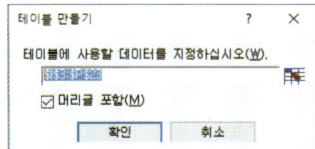 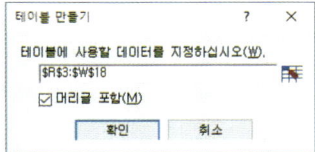

04 [표1, 표2, 표3, 표4] 데이터 모델에 추가되어 [파워 피벗] 창에 나타납니다. [홈] 탭–[뷰] 그룹에서 [다이어그램 뷰]를 클릭합니다.

....

팁 :: 다이어그램 뷰를 이용하면 관계 설정을 좀 더 직관적으로 할 수 있습니다.

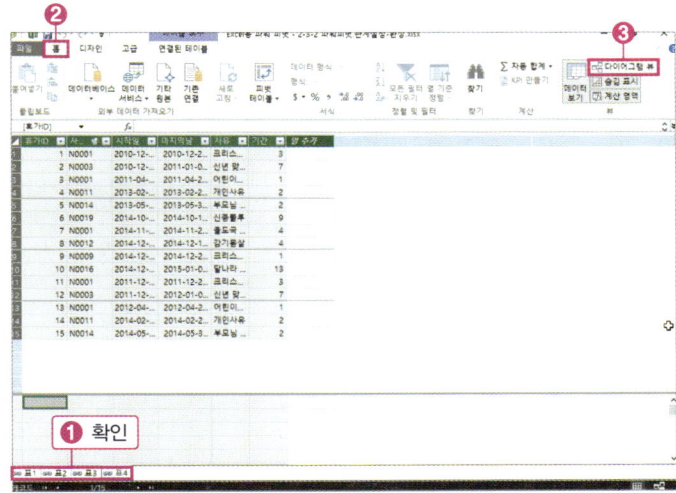

05 다이어그램 뷰 화면에 표의 모든 속성 리스트가 나타납니다. 각 표의 동일 속성을 이용하여 관계를 설정하는데 [표1]의 [본부ID]에 마우스 포인터를 옮기고 왼쪽 마우스를 누른 상태에서 [표2]의 [본부ID]로 드래그합니다.

─────────────────────

체크해봐요 :: **화면에 일부 열이 표시되지 않는데요?**
열 속성이 다 표시되지 않으면 각각의 개체를 선택하고 크기 조절 버튼(⬚)을 이용하여 크기를 조정합니다.

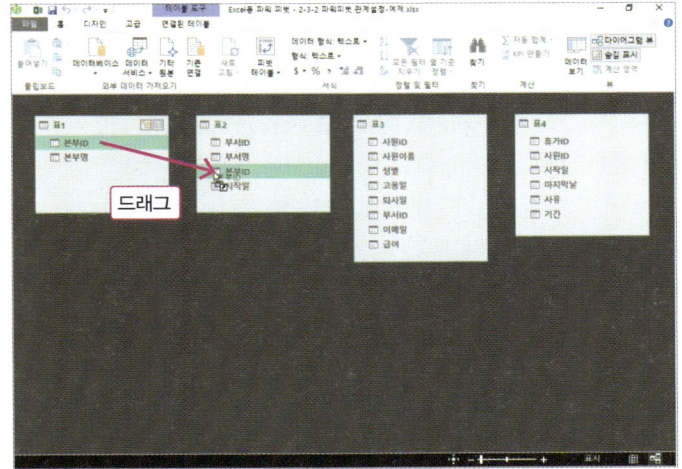

06 그림을 참고하여 각 표의 같은 열 속성을 드래그하여 관계를 설정합니다. '1:다' 가 표시됩니다. 만들어진 모델을 이용하여 피벗 테이블을 만들 수 있는데, [홈] 탭–[피벗 테이블]을 클릭합니다.

....

팁 :: 드래그를 왼쪽 → 오른쪽으로 하든, 오른쪽 → 왼쪽으로 하든 상관없습니다. 자로만 명확하다면 파워 피벗이 알아서 자료를 읽어 일:대(■□■) 관계를 만듭니다.

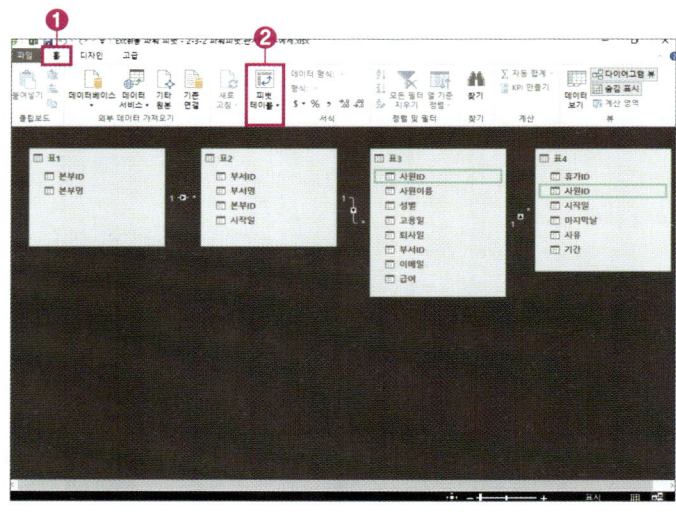

07 [피벗 테이블 만들기] 대화상자에서 [새 워크시트]를 체크하고 [확인]을 클릭합니다.

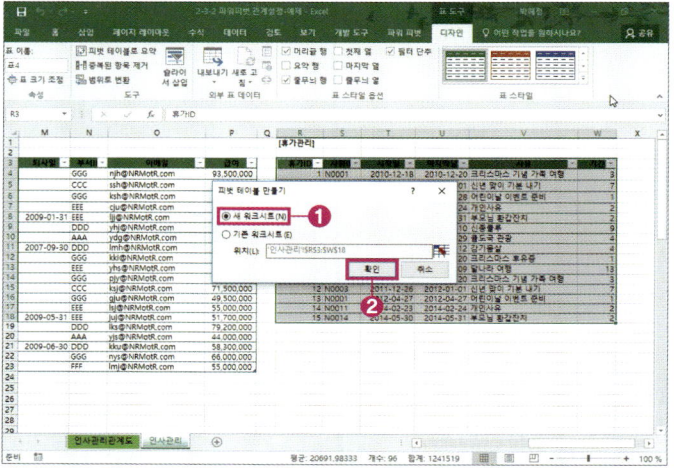

08 새로운 시트가 삽입되고, 데이터 모델링에 사용한 모든 표가 [피벗 테이블 필드] 창의 목록으로 표시됩니다.

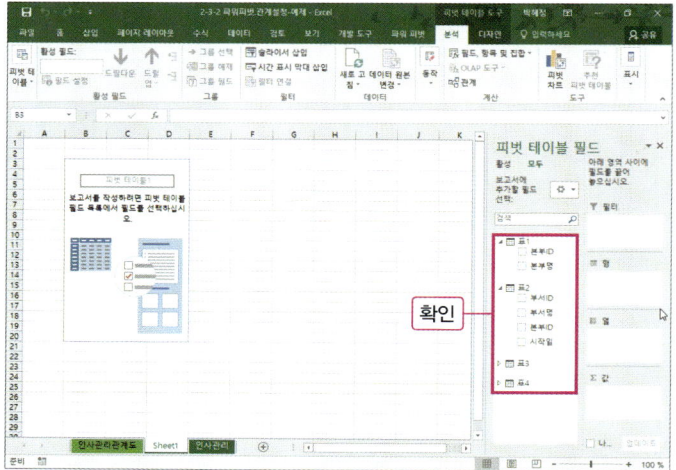

외부에서 관계형 데이터 가져오기

**엑셀 데이터만
처리할 수는 없다!!**

엑셀에서 데이터 모델을 직접 만드는 방법은 엑셀 2013 버전 이후에 추가된 [데이터] 탭−[데이터 도구] 그룹의 관계 기능이나 파워 피벗 테이블을 설치하고 파워 피벗의 관계 기능을 사용합니다. '관계'라는 개념을 탑재한 엑셀은 관계를 새롭게 만드는 것을 물론이고 외부에 데이터베이스 관리를 위한 프로그램 액세스, SQL, 오라클 등의 관계형 데이터베이스를 그대로 엑셀로 가져오기도 합니다. 개인 사용자 관계형 데이터베이스 프로그램인 액세스에서 자료를 가져와 보겠습니다.

액세스의 관계형 데이터 가져오기

예제 파일 2−3−3 외부디비_올림픽메달현황.accdb
완성 파일 2−3−3 외부디비_올림픽메달현황_액세스−완성.xlsx

마이크로소프트사가 만든 대표적인 개인 사용자 데이터베이스 프로그램인 액세스의 데이터를 가져오는 방법을 알아보겠습니다.

01 새로운 통합 문서를 열고 [데이터] 탭−[외부 데이터 가져오기] 그룹에서 [외부 데이터 가져오기]−[Access]를 클릭합니다.

체크해봐요 :: 화면이 다릅니다
리본 메뉴가 통합 문서의 너비에 따라 동적으로 조정되므로 리본 메뉴의 명령이 그림과 약간 다르게 보일 수 있습니다.

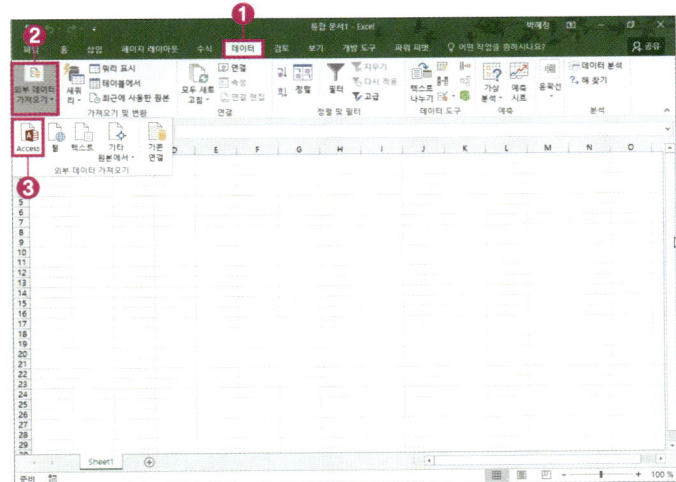

02 [데이터 원본 선택] 대화상자에서 '2-3-3 외부디비.올림픽메달현황.accdb' 파일을 선택하고 [열기]를 클릭합니다.

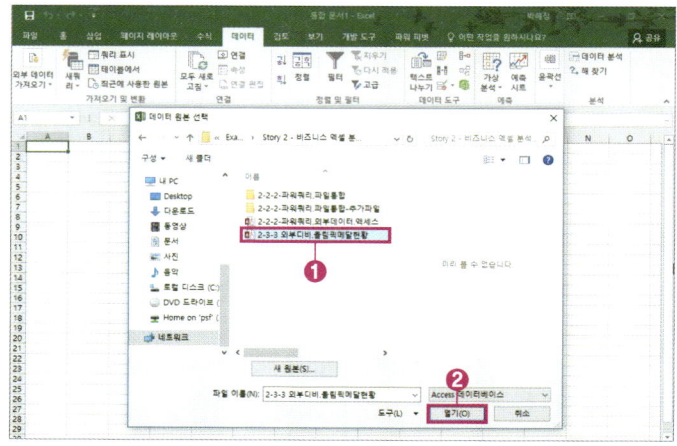

．．．．．．．．．．．．．．．．．．．．．．．．．．．．．．．．．．

팁 :: 액세스 프로그램의 아이콘을 확인합니다.

03 액세스 파일에서 발견된 모든 테이블을 표시하는 다음과 같은 테이블 선택 창이 나타납니다. 데이터베이스의 테이블은 엑셀의 워크시트나 표와 비슷합니다. [여러 테이블 선택 사용]을 체크하고 모든 테이블을 선택한 다음 [확인]을 클릭합니다.

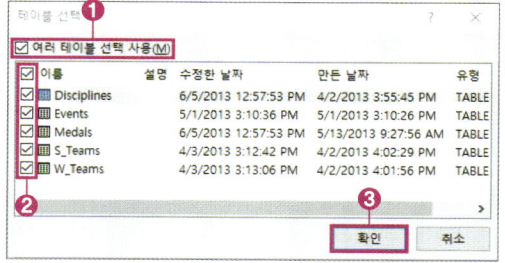

04 [데이터 가져오기] 대화상자에서 [피벗 테이블 보고서], [기존 워크시트]를 체크하고 [확인]을 클릭합니다.

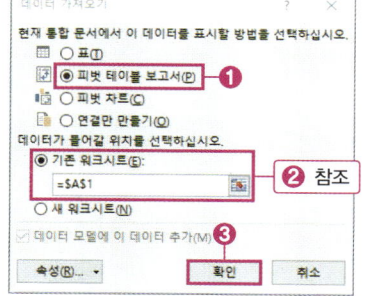

．．．．．．．．．．．．．．．．．．．．．．．．．．．．．．．．．．

팁 :: 원하는 외부 자료를 불러들인 후 엑셀 내부로 그대로 가져올지(표), 불러들인 자료를 이용하여 새로운 보고서 테이블(피벗 테이블) 작업을 할지 결정합니다.

05 데이터 가져오기가 완료되면 가져온 테이블을 사용하여 피벗 테이블이 만들어집니다.

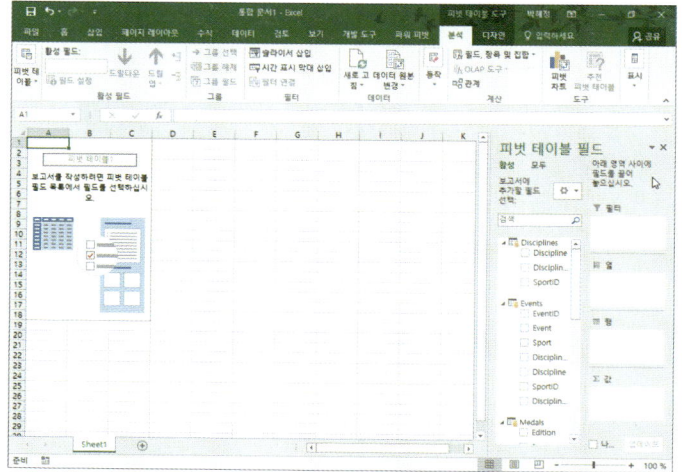

．．．．．．．．．．．．．．．．．．．．．．．．．．．．．．．．．．

팁 :: 불러들인 액세스 데이터베이스에는 여러 테이블이 있고, 각각의 테이블에는 상당수의 필드가 있습니다.

스프레드시트에서 데이터 가져오기

예제 파일 2-3-3 외부디비.올림픽스포츠.xlsx, 2-3-3 외부디비.올림픽메달현황.모두1-예제.xlsx

다른 문서의 자료를 복사하여 붙여 넣은 후에 표로 만들어 관계 설정의 기반을 만들어보겠습니다.

01 '2-3-3 외부디비.올림픽스포츠.xlsx'
파일에서 [A1:B48]를 복사하고 '2-3-3 외
부디비.올림픽메달현황.모두1-예제' 파일
의 'Sheet2' 시트에 붙여넣습니다.

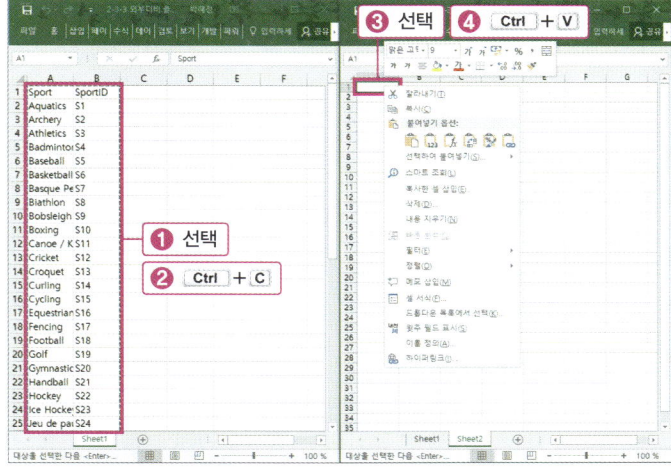

02 붙여 넣어진 범위가 선택된 상태로
[삽입] 탭-[표] 그룹에서 [표]를 클릭합니
다. [표 만들기] 대화상자에서 [머리글 포
함]을 체크하고 [확인]을 클릭합니다.

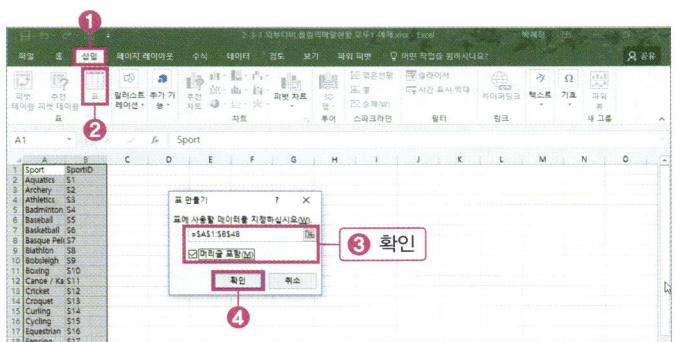

03 [표 도구]-[디자인] 탭-[속성] 그룹에
서 [표 이름]을 '스포츠'로 변경하고 **Enter**
를 누릅니다.

....

팁 :: 데이터의 서식을 표로 지정하면 여러 가지
장점이 있습니다. 쉽게 식별할 수 있도록 테이블
에 이름을 지정할 수 있습니다. 피벗 테이블, 파워
피벗, 파워 뷰에서 탐색과 분석이 가능하도록 테
이블 사이에 관계를 설정할 수도 있습니다.

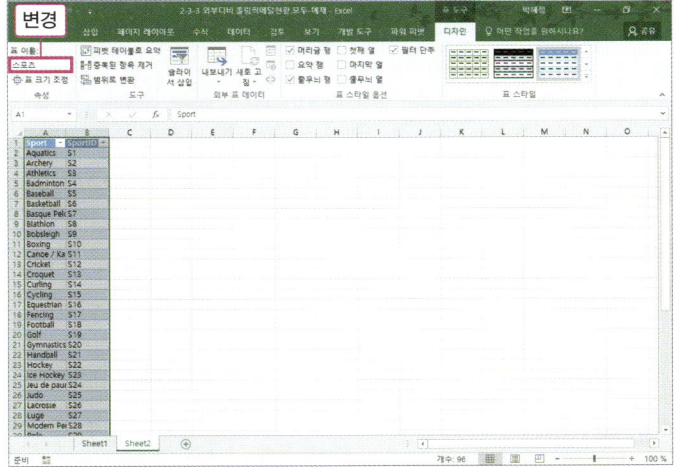

복사 및 붙여넣기를 사용하여 데이터 가져오기

예제 파일 2-2-3 외부디비.주최국.mht
완성 파일 2-3-3 외부디비.올림픽메달현황.모두2-완성.xlsx

앞선 과정에서는 액세스, 엑셀 통합 문서에서 데이터를 가져왔으며, 이번에는 웹 페이지에서 표 형태로 만들어진 자료를 가져와 엑셀에 삽입해보겠습니다.

01 웹 파일 '2-2-3 외부디비.주최국.mht'을 열고 표 머리글을 포함해 선택한 후 `Ctrl`+`C`를 눌러 복사합니다. '2-3-3 외부디비.올림픽메달현황.모두2-예제.xlsx' 파일의 [Sheet3] 시트에서 [A1] 셀을 선택한 다음 `Ctrl`+`V`를 누른 후 붙여넣기 아이콘(🖺 (Ctrl) ▾)에서 [주변 서식에 맞추기](🖺)를 클릭합니다.

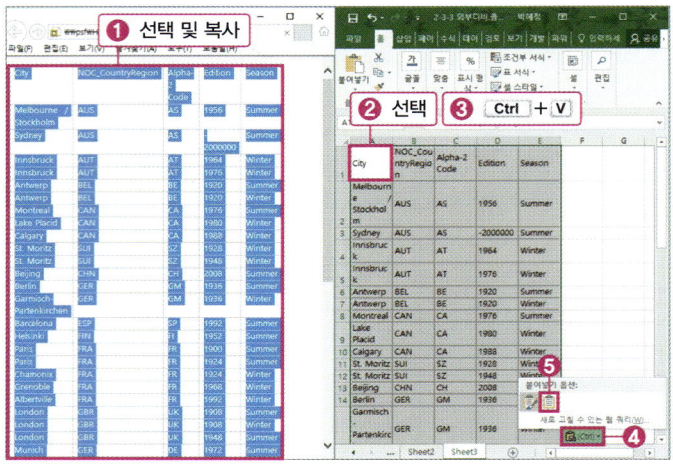

팁 :: 컴퓨터에 존재하는 자료들은 호환성을 위해 일정한 형식을 갖습니다. 대부분은 표라는 형태로 존재하는 것입니다. 때문에 복사해서 붙여넣기를 했을 때에 하나의 셀에 모든 값이 입력되지 않고, 열과 행, 셀을 구분하여 입력됩니다.

02 붙여넣은 후 범위가 선택된 상태로 [삽입] 탭-[표] 그룹에서 [표]를 클릭합니다. [표 만들기] 대화상자에서 [머리글 포함]을 체크하고 [확인]을 클릭합니다.

팁 :: 값 붙여넣기를 했는데, 얼핏 보기에도 숫자 값은 숫자로 엑셀에 잘 전달된 것 같습니다. 이는 웹 사이트에 저장하는 과정에서 열 속성의 형식을 문자, 숫자 등으로 구분해서 입력했기 때문입니다.

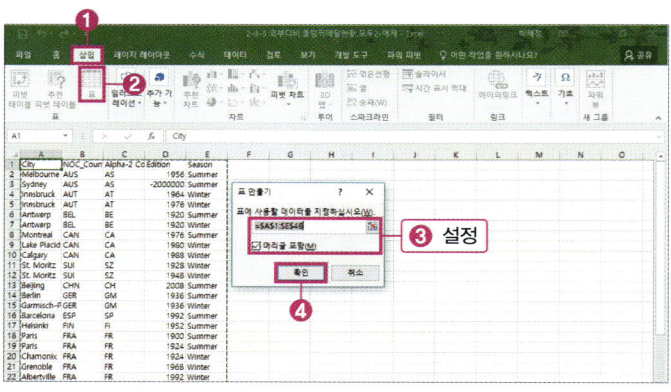

03 표로 만들어지면 표 도구가 나타납니다. [표 도구]-[디자인] 탭-[속성] 그룹에서 [표 이름]을 '개최국'으로 변경하고 `Enter`를 누릅니다.

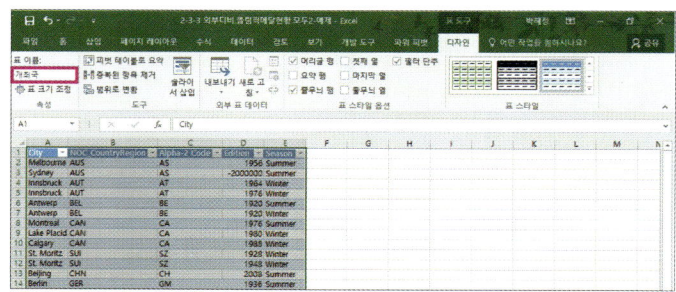

가져온 테이블 간에 관계 만들기

예제 파일 2-3-3 외부디비,올림픽메달현황,모두3-예제.xlsx
완성 파일 2-3-3 외부디비,올림픽메달현황,모두3-완성.xlsx

하나의 문서로 모아진 테이블 중에는 액세스에서 가져온 관계 설정이 된 테이블도 있고, 그렇지 않는 테이블도 있습니다. 우선 관계 설정을 하지 않은 상태로 불러들인 테이블은 어떻게 작용하고, 피벗 테이블에 어떤 모양으로 나타나는지 알아보겠습니다.

01 'sheet 3' 시트에서 빈 셀을 선택하고 [삽입] 탭-[표] 그룹의 [피벗 테이블]을 클릭합니다. [피벗 테이블 만들기] 대화상자에서 [이 통합 문서의 데이터 모델 사용]과 [새 워크시트]를 체크하고 [확인]을 클릭합니다.

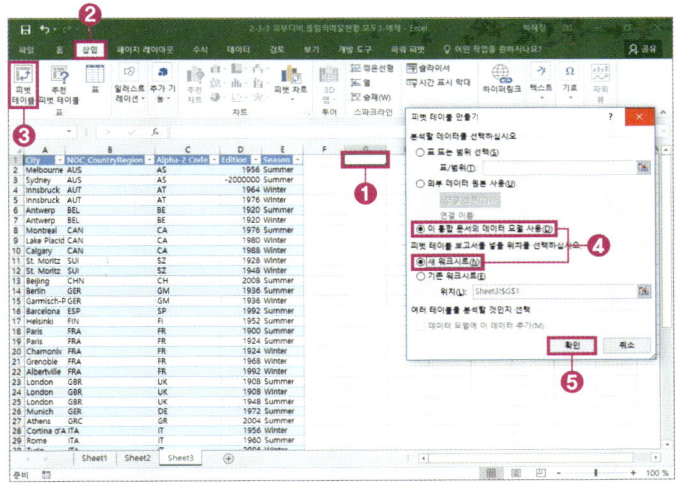

⋯⋯⋯⋯⋯⋯⋯⋯⋯⋯⋯⋯⋯⋯⋯⋯⋯⋯⋯⋯⋯⋯

팁 :: 빈 셀을 선택하고 작업한 이유는 하나의 테이블을 이용하여 피벗 테이블을 구성할 것이 아니기 때문입니다. 여기서는 [이 통합 문서의 데이터 모델 사용]을 체크해야만 합니다. 문서에 관계 설정된 정보가 하나라도 있을 때 [이 통합 문서의 데이터 모델 사용]은 활성화됩니다. 그렇지 않으면 활성화되지 않아 사용할 수 없습니다.

02 삽입된 피벗 테이블을 선택하고 [피벗 테이블 필드] 창에서 [도구]([⚙▾])를 클릭하여 [필드 구역과 영역을 옆으로 표시]로 변경합니다.

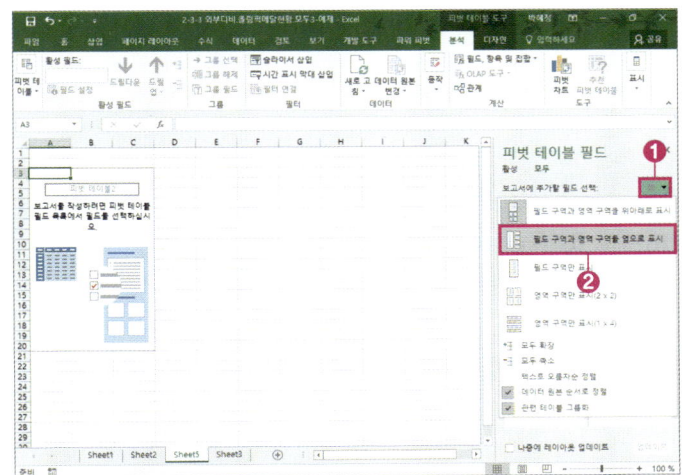

⋯⋯⋯⋯⋯⋯⋯⋯⋯⋯⋯⋯⋯⋯⋯⋯⋯⋯⋯⋯⋯⋯

팁 :: 테이블 수도 많고, 그 안에 속성도 많으므로 [피벗 테이블 필드] 창의 레이아웃을 변경합니다.

03 [피벗 테이블 필드] 창에서 [모두]를 클릭합니다. 액세스에서 가져온 관계형 데이터, 엑셀 및 웹에서 복사해 표로 만든 모든 데이터가 [피벗 테이블 필드] 창의 목록에 표시됩니다.

··

팁 :: 관계 설정이 되어있지 않더라도 [모두]를 선택하면 [피벗 테이블 필드] 창에 나타납니다. 단, 표로 만들어진 경우에만 해당합니다.

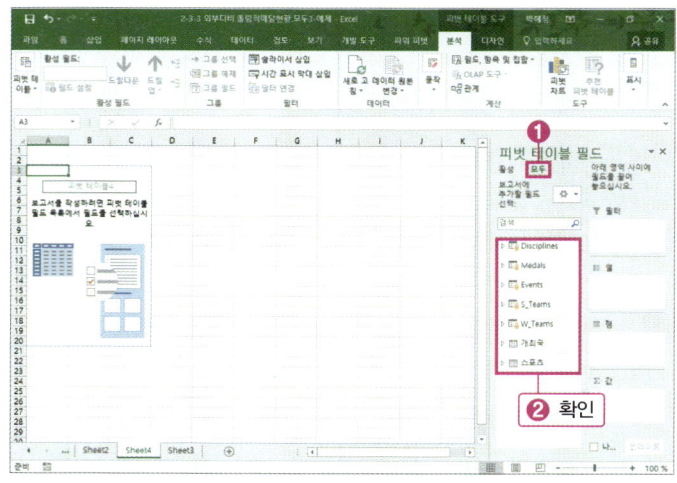

04 [Disciplines] 테이블의 [확장]([▷])을 클릭하고 [Discipline]을 [행] 영역으로 드래그합니다.

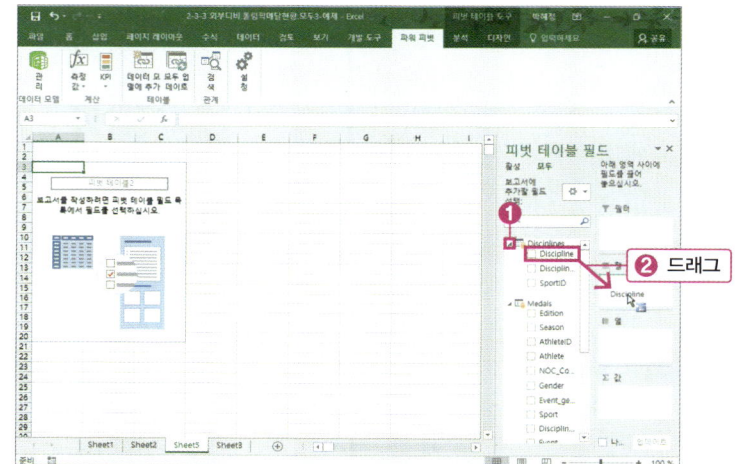

05 [Medals] 테이블의 [확장]([▷])을 클릭하고 [NOC_CountryRegion]을 [열] 영역으로 드래그합니다.

··

팁 :: [Discipline] 열의 항목이 종류별로 행에 배치됩니다.

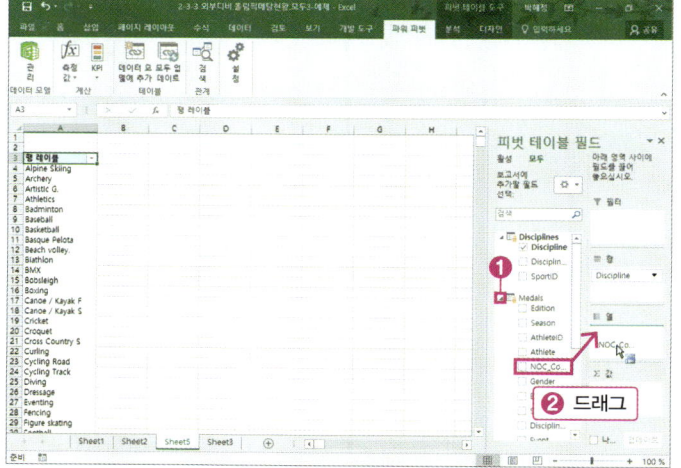

06 [스포츠] 테이블의 [Sport]를 [행] 영역의 [Discipline] 앞으로 드래그합니다.

....

팁 :: [NOC_CountryRegion] 열의 항목이 종류별로 열에 배치됩니다.

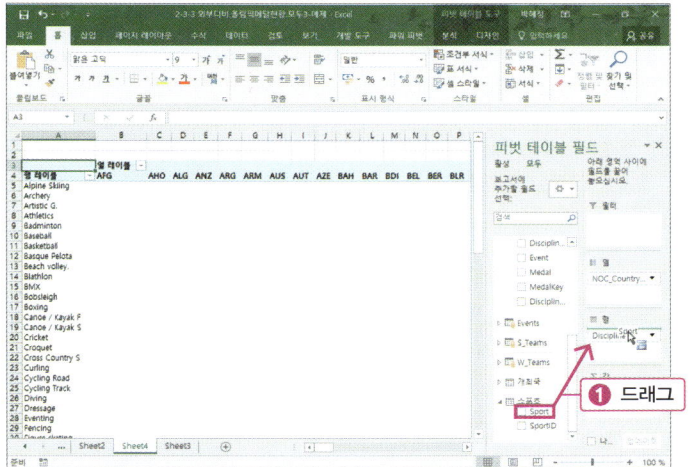

07 [피벗 테이블 필드] 창의 [Medals] 테이블에서 [Medal]을 [값] 영역으로 끌어다 놓습니다. [값] 영역에 배치하는 값이 숫자 형식이 아니라면 레코드 수 즉, 자료의 수를 구하는 COUNTA 함수가 실행됩니다.

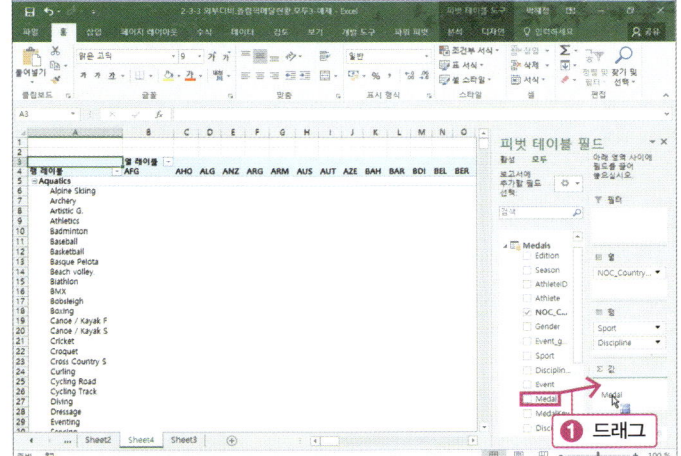

....

팁 :: 액세스에서 가져온 [Medals] 테이블의 [Medal] 열은 숫자 타입의 데이터가 아닙니다. 문자 형식의 데이터가 [값] 영역으로 배치되면, 합계나 평균과 같이 숫자 자료가 필요한 계산을 할 수 없고, [값 필드 설정의 요약 기준]이 [개수] 작업으로 실행됩니다.

08 테이블 사이에 관계가 필요하다는 메시지가 나타납니다. [만들기]를 클릭하고 나타난 [관계 만들기] 대화상자에서 [테이블]은 'Disciplines', [열(외래)]는 'SportID', [관련 표]는 '스포츠', [관련 열(기본)]은 'SportID'를 선택하고 [확인]을 클릭합니다.

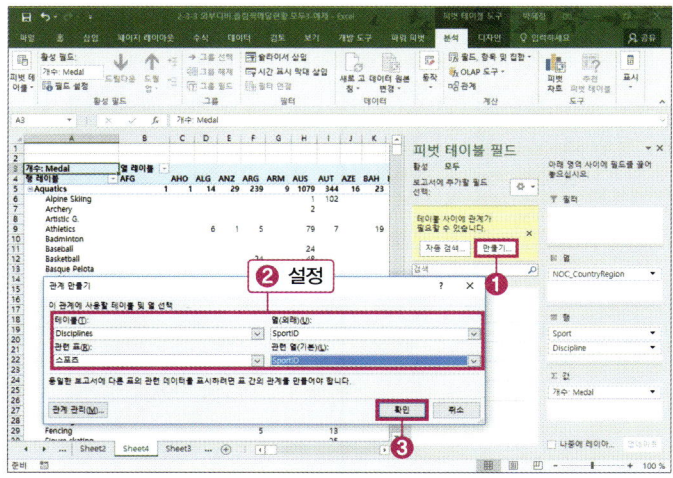

체크해봐요 :: 이 알림은 왜 나타나나요?

피벗 원본으로 사용하는 자료가 데이터 모델에 속하지 않는 테이블의 필드를 사용했기 때문에 나타납니다. 데이터 모델에 테이블을 추가하는 한 가지 방법은 이미 데이터 모델에 있는 테이블에 대해 관계를 만드는 것입니다. 관계를 만들려면 테이블 중 하나에 반복되는 않는 고유한 값으로 이루어진 열이 있어야 합니다. 데이터베이스에서 가져온 예제 데이터의 [Disciplines] 테이블에 [SportID]라는 스포츠 코드 필드가 포함되어 있습니다. 가져온 엑셀 데이터에 이와 동일한 스포츠 코드가 필드의 형태로 존재합니다.

09 왼쪽 열과 첫 행에 배치된 항목에 해당하는 [Medals] 테이블에서 [Medal]을 다시 선택하고 [필터] 영역으로 드래그합니다.

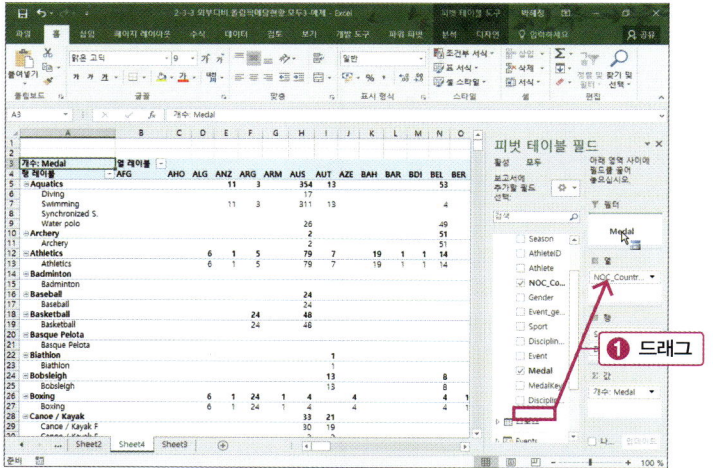

10 총 메달 수가 90개가 넘는 국가나 지역만 표시하도록 피벗 테이블을 필터링하기 위해 피벗 테이블에서 [열 레이블] 오른쪽에 있는 드롭 다운(⬇)을 클릭하고 [값 필터]-[보다 큼...]을 선택합니다.

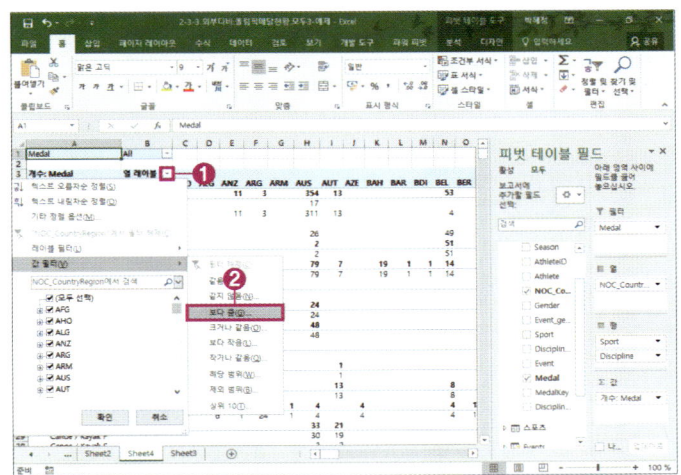

11 [값 필터] 대화상자에서 '90'을 입력하고 [확인]을 클릭합니다.

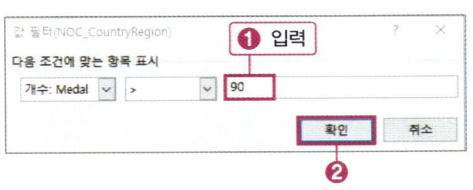

12 행에 하나의 셀을 선택하고 마우스 오른쪽 버튼을 클릭한 후 [확장/축소]-[전체 필드 축소]를 선택하면, 축소(-) 단추가 확장(+) 단추로 변경되고, 아래의 항목이 표시되지 않습니다.

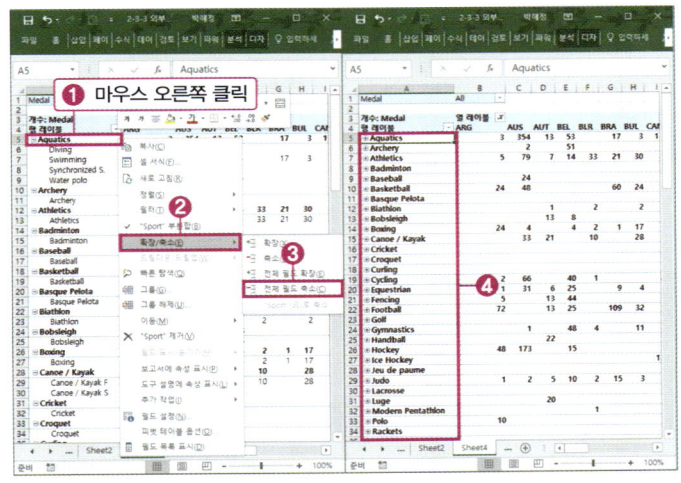

13 피벗 테이블 아래에 개수의 총합계를 살펴보면 90보다 큰 자료만 나타남을 확인할 수 있습니다.

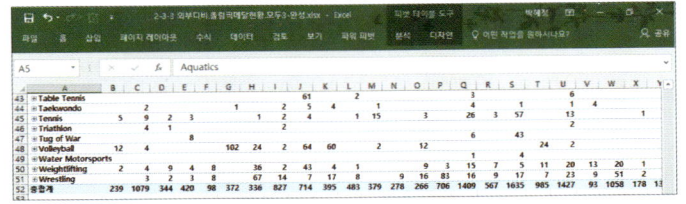

PART
10

비즈니스 데이터 분석

엑셀 2016은 비즈니스 데이터를 분석하여 의사 결정에 도움이 될 정보를 만들어내는 유용한 도구가 되었습니다. 물론 엑셀을 이용해 올바른 의사 결정을 위한 자료 즉, 분석할 데이터 모델을 훌륭하게 구축하더라도 정작 분석하는 툴은 엑셀의 인터페이스에 포함되어 있지 않습니다만, 그렇더라도 사용이 불편하지 않도록 잘 연계되어 있습니다. 추가하는 방법도 어렵지 않습니다. 물론 기존 엑셀 도구도 유의미한 값을 만들어내는 데 상당 부분 기여하고 있습니다. 여러분 이제 분석 업무는 선택이 아닌 기본이 되었습니다. 더 이상 운영계 업무에 비해 분석 업무가 느슨한 업무가 아니며, BI(Business Intelligence) 솔루션은 이미 비즈니스 수행과 성공 그리고 치열한 기업 간 경쟁 상황에서 경쟁 우위를 점할 수 있는 비즈니스의 핵심 업무가 된 것입니다. 우리는 이제 엑셀의 파워 피벗을 통해 엑셀에서 BI를 실현할 수 있게 되었습니다. 여전히 '의사 결정은 내 일이 아니다!'라고 생각하고 계실지 모르겠습니다만, 마음에 준비라도 해야 하지 않을까요?!

피벗 테이블과 파워 피벗

숫자에 주목하라!	'알고 있는 지식을 수(數)로 표시할 수 있으면 전문가(專門家)이고, 그렇지 못하면 아니다' 예전에 읽은 통계 책의 머리말에서 이런 글을 본 적이 있습니다. 그런 점에서 엑셀에서의 작업은 유의미한 숫자를 만들어내기 위한 기능들로 꽉 들어차 있습니다. 우리는 하나의 유의미한 숫자를 만들어내기 위해 자료를 격에 맞게 정리했습니다. 그런 과정을 거쳐 그 자료는 믿을 수 있는 상태가 되었고 이제는 그 자료를 이용하여 다차원 분석을 해서 의미 있는 숫자를 만들어보려 합니다. 먼저 분석에 대한 사전적 정의와 분석의 장점, 분석의 이점, 분석의 방법 등을 간략히 알아보겠습니다.

다차원 분석을 위한 준비 작업

■ 분석(分析, analysis)의 사전적 정의

1. 얽혀 있거나 복잡한 것을 풀어서 개별적인 요소나 성질로 나눔
2. 〈논리〉 개념이나 문장을 보다 단순한 개념이나 문장으로 나누어 그 의미를 명료하게 함
3. 〈철학〉 복잡한 현상이나 대상 또는 개념을, 그것을 구성하는 단순한 요소로 분해하는 일

■ 다차원 분석이란?

다차원 분석이 이루어지려면 분석하기 전에 일정한 기준에 따라서 나누는 분류 작업이 필요합니다. 다차원으로 분류한 자료를 이용하여 얽혀있거나 복잡한 것을 풀어서 개별적인 요소나 성질로 나누는 것입니다. 전체를 부분으로 나누어서 설명할 수 있도록 숫자 값을 만들어내는 것입니다.

하나의 대상, 즉 전체를 여러 부분으로 나누어서 설명하는 방법으로 글을 쓸 때에도 분석의 방법을 이용하면 전달하려는 내용을 짜임새 있게 정리하여 표현할 수 있습니다. 엑셀에서의 다차원 분석은 하루하루 발생하여 모인 자료를 종류별로 묶고, 그것에 관련된 수치를 가공하는 과정입니다.

■ 분류의 장점

1. 그냥 보면 막연해 보이던 것이 분류를 하면 분명하게 보입니다.

2. 전체를 빠짐없이 살펴볼 수 있습니다.

3. 자세히 차근차근 설명할 수 있습니다.

4. 순서를 정해서 설명할 수 있습니다.

■ 분석의 힘을 기르면

1. 우리가 볼 수 있는 사물이나 현상에 대하여 막연하게 보지 않고 자세히 살펴볼 수 있습니다.

2. 눈에 보이는 것뿐만 아니라 겉으로 드러나지 않는 모습을 파악할 수 있습니다.

3. 세상에 일어나는 일들을 서로 연관지어서 생각할 수 있게 해줍니다.

■ 분석의 방법

1. 설명하려는 대상을 항목별로 나눕니다.

2. 일의 진행 순서(시간)에 따라 나눕니다.

■ 필드 즉, 열 속성은 [변수(Variable)]이다!

변수란 사람이나 사물을 설명하는 특성입니다. 나이는 한 사람을 설명하는 변수가 될 수 있습니다. 또한 모든 인간 혹은 살아있는 생물, 사물 등 특정 기간 동안 존재하는 모든 것을 설명할 수도 있습니다. 성도 그렇고, 몸무게라던가, 아니면 자동차의 브랜드도 그렇습니다. 데이터베이스에서는 전문 용어로 '변수'를 '필드'라고 부르는데 엑셀의 어떤 도구도 이 용어를 사용하기도 합니다. 하지만 통계에서는 일반적으로 변수라고 합니다. 엑셀에서 표로 정리한 자료 중에 열은 변수가 됩니다.

이러한 변수의 특징은 값을 가진다는 것입니다. 변수 '나이'에 대한 값으로 '42세'가 될 수도 있습니다. 변수 '성'의 값으로 '김'이 될 수도 있습니다. 변수 '몸무게'에 '150kg'이 될 수도 있고, 변수 '자동차의 브랜드'의 값이 'SM3'가 될 수 있습니다. 값은 사람마다, 혹은 사물마다 다를 수 있습니다. 엑셀에서 만들어진 열 속성은 업무를 위해 자료를 구분하여 분류한 것으로 분석에서는 차원이 됩니다.

■ 분석의 관점과 목표를 정해라!

우리가 만든 테이블의 필드(열 속성)는 때론 분석의 관점이 되고, 때론 분석의 목표가 됩니다. 예를 들어 제품별로 총 매출의 합을 구한다고 가정해보면, 여기서 분석의 관점은 '제품', 분석의 목표는 '매출의 합'으로 설명할 수 있습니다. 대부분 분석의 관점은 질적 자료(제품, 성별, 지역 등)로 분석의 목표는 양적 자료(판매 수량, 판매 금액 등)가 됩니다.

파워 피벗 소개

■ 파워 피벗은?

앞선 과정에서 파워 피벗을 이용하여 흩어져있는 데이터 집합 간에 개연성을 만드는 관계 설정 작업을 알아봤습니다. 그 과정을 통해 엑셀이 지원하는 것보다 더 많은 양의 자료가 분석의 대상이 되도록 만들었습니다. 파워 피벗은 인트라넷의 대규모 회사 데이터베이스, 공용 데이터 피드, 컴퓨터에 있는 스프레드시트 및 텍스트 파일 등과 같은 다양한 원본에서 데이터를 가져오는 데 사용할 수 있는 마법사를 포함하고, 이러한 데이터는 PowerPivot for Excel에 테이블로 가져올 수 있습니다. 엑셀 통합 문서의 워크시트와 마찬가지로 이러한 테이블은 [Excel용 파워 피벗] 창에 개별 시트로 표시됩니다.

더 주목할 것은 파워 피벗에는 데이터를 분석하는 데 도움이 되는 그래픽 도구와 함께 DAX(Data Analysis Expressions)가 포함되어 있습니다. DAX는 더 정교하고 복잡한 그룹화, 계산 및 분석을 수행할 수 있도록 엑셀의 데이터 조작 기능을 확장하는 새로운 수식 언어입니다. DAX 수식의 구문은 함수, 연산자 및 값의 조합을 사용하는 엑셀의 수식 구문과 매우 비슷합니다.

■ [파워 피벗] 탭 활성화하기

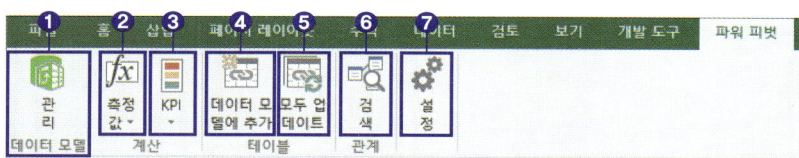

❶ [데이터 모델]–[관리] : [Excel용 파워 피벗] 창이 열립니다.

❷ [계산]–[측정값] : 측정값은 파워 피벗 데이터를 사용하는 피벗 테이블, 피벗 차트 또는, 파워 뷰 보고서에서 요약하거나 분석할 숫자 데이터용으로 특별히 만드는 수식으로 COUNT 또는 SUM 함수와 같은 표준 집계 함수를 기반으로 측정값을 만들거나 DAX를 사용하여 고유한 수식을 정의할 수 있습니다.

❸ [계산]–[KPI] : KPI(Key Performance Indicator) 조직의 목표 달성 정도를 계량하는 지표로 엑셀에서 KPI 기능은 계산된 필드를 기반으로 합니다. 예를 들어, 조직의 영업부에서는 KPI를 이용하여 예상 매출 총 이익 대비 월별 매출 총 이익을 계산할 수 있습니다.

❹ [테이블]–[데이터 모델에 추가] : 엑셀에 데이터 집합을 파워 피벗으로 가져갑니다.

❺ [테이블]–[모두 업데이트] : 연결된 모든 데이터를 업데이트합니다.

❻ [관계]–[검색] : 파워 피벗 테이블을 선택하고 [검색]을 실행하면 관계 정보가 표시됩니다.

❼ 설정 : [Power Pivot 설정] 대화상자가 나타납니다.

■ 엑셀을 위한 [Excel용 파워 피벗] 창

[홈], [디자인], [고급] 탭으로 구성되며 엑셀 문서의 리본 탭과 동일한 방식입니다.

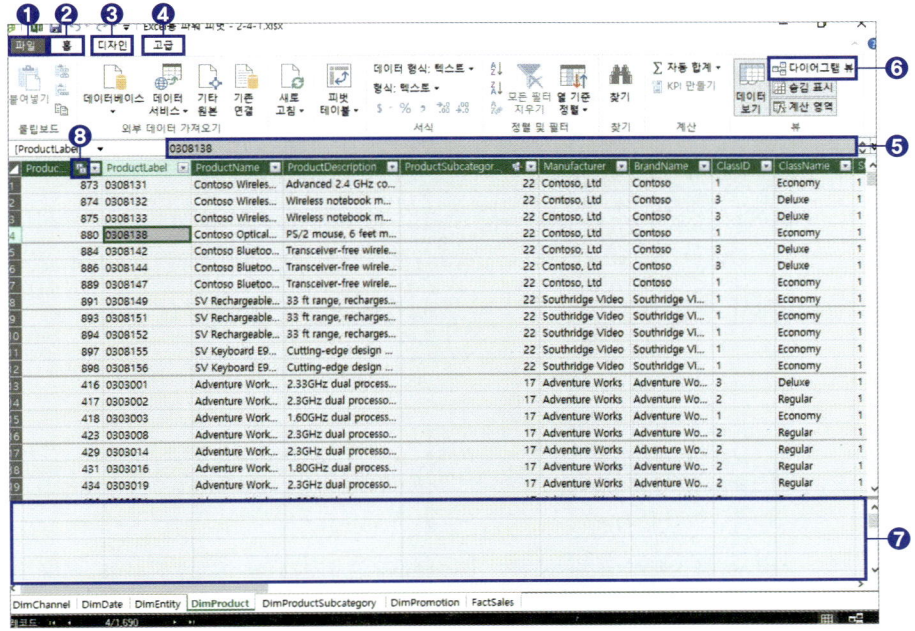

❶ **[파일] 탭** : 저장, 다른 이름으로 저장, 닫기, 일반 모드로 전환 등의 기능이 있으며 [일반 모드로 전환]을 선택하면 [고급 모드로 전환]으로 메뉴가 변경되며, 고급 모드일 때만 [고급] 탭을 사용할 수 있습니다.

❷ **[홈] 탭** : [홈] 탭을 사용하면 새 데이터를 추가하고, 엑셀 및 기타 응용 프로그램의 데이터를 복사하여 붙여넣고, 서식을 적용하고, 데이터를 정렬 및 필터링할 수 있습니다.

❸ **[디자인] 탭** : 테이블 속성을 변경하고 관계를 만들거나 관리하고 기존 데이터 원본에 대한 연결을 수정할 수 있고 또한 열을 추가하고 열 값이 계산되는 때를 변경할 수 있습니다.

❹ **[고급] 탭** : 고급 탭에서는 큐브 뷰를 만들거나 편집하고, 집계 함수로 숫자 열을 요약하고 Power View 등의 보고, 클라이언트 도구에 대한 보고 속성을 설정할 수 있습니다.

❺ **수식 입력줄** : 피벗 테이블 수식 DAX를 입력하여 새로운 열 값을 만들어냅니다.

❻ **다이어그램 뷰** : 다이어그램 뷰에서는 테이블을 시각적으로 구성하여 보고, 관계 및 계층을 손쉽게 추가 및 변경할 수 있습니다.

❼ **계산 영역** : 계산 영역을 사용하면 측정값을 표 패턴으로 볼 수 있을 뿐만 아니라 모델의 측정값과 KPI(핵심 성과 지표)를 손쉽게 만들고, 편집하고, 관리할 수 있습니다. 계산 영역에서의 작업은 피벗 테이블의 필드 영역에 나타나며, 보고서, 열, 행, 값에 활용할 수 있습니다.

❽ 필드 이름 옆에 아이콘은 다른 테이블의 필드와 관련 있음을 안내하는 것입니다.

■ 엑셀 통합 문서와 파워 피벗 통합 문서의 차이점

가. 파워 피벗 데이터는 엑셀 통합 문서(*.xlsx), 엑셀 매크로 사용 통합 문서(*.xlsm) 및 엑셀 바이너리 통합 문서(*.xlsb)와 같은 파일 형식의 통합 문서로 저장할 수 있습니다. 다른 형식의 통합 문서에서는 파워 피벗 데이터를 지원하지 않습니다.

나. [Excel용 파워 피벗] 창은 VBA(Visual Basic for Applications)를 지원하지 않습니다. 파워 피벗 통합 문서의 엑셀 창에서 VBA를 사용할 수 있습니다.

다. 엑셀 피벗 테이블에서 열 머리글을 마우스 오른쪽 버튼으로 클릭하고 [그룹]을 선택하여 데이터를 그룹화할 수 있습니다. 이 기능은 날짜별로 데이터를 그룹화하는 데 사용합니다. 파워 피벗 데이터 기반의 피벗 테이블에서 계산 열을 사용하여 비슷한 기능을 수행할 수 있습니다.

■ 파워 피벗의 특징

가. PowerPivot for Excel을 사용하면 엑셀의 100만 개의 행 제한을 넘어서 수백만 개의 데이터 행을 가져오고 필터링하며 정렬할 수 있습니다.

나. 데이터 관계 계층을 사용하여 서로 다른 여러 원본의 데이터를 통합하고 모든 데이터를 전체적으로 사용할 수 있습니다. 데이터를 입력하거나, 다른 워크시트의 데이터를 복사하거나, 회사 데이터베이스에서 데이터를 가져올 수 있습니다. 데이터 사이에 관계를 만들어 모든 데이터를 단일 원본에서 가져온 것처럼 분석할 수 있습니다.

다. 데이터 연결을 관리할 수 있습니다.

라. 엑셀에서 실행되는 로컬 Analysis Services VertiPaq 프로세서에 의해 작업이 수행되므로 정렬 및 필터링 속도가 매우 빠릅니다.

마. 데이터 압축률이 높아서 관리하기 쉬운 크기의 파일이 만들어집니다.

바. 엑셀 및 [Excel용 파워 피벗] 창에서 작업하는 데이터는 엑셀 통합 문서의 분석 데이터베이스에 저장되므로 이식 가능하며 다시 사용 가능한 데이터를 만듭니다.

사. 통합 문서를 게시, 이동, 복사 또는 공유하는 경우 모든 데이터가 함께 이동합니다.

아. 파워 피벗 데이터를 통합 문서의 나머지 부분에서 모두 즉시 사용할 수 있습니다.

자. 엑셀과 [Excel용 파워 피벗] 창이 전환하면서 대화형 방식으로 데이터 작업 및 피벗 테이블이나 차트의 데이터 표시 작업을 할 수 있습니다. 데이터 작업이나 데이터 표시 작업은 별도의 태스크(Task)가 아니므로 같은 엑셀 환경에서 두 작업을 함께 할 수 있습니다.

차. 파워 피벗은 최대 2GB 크기의 파일을 지원하며 메모리에 있는 최대 4GB의 데이터를 사용할 수 있습니다.

■ DAX(Data Analysis Expressions) 함수와 엑셀 함수 비교

DAX 함수 라이브러리는 엑셀 함수 라이브러리를 기반으로 하지만 여러 가지 차이점이 있습니다.

가. 대부분의 DAX 함수는 엑셀 함수와 이름이 같고 동일한 일반 동작을 수행하지만 다른 형식의 입력을 받아들이도록 수정되었으며 경우에 따라 다른 데이터 형식을 반환할 수 있습니다. 일반적으로 수정 작업을 하지 않으면 엑셀 통합 문서에서 DAX 수식을 사용하거나 파워 피벗 통합 문서에서 엑셀 수식을 사용할 수 없습니다.

나. DAX 함수는 셀 범위 또는, 범위를 참조로 받아들이지 않고 열 또는, 테이블을 참조로 받아들입니다.

다. DAX 날짜 및 시간 함수는 datetime 데이터 형식을 반환하지만 엑셀 날짜 및 시간 함수는 날짜를 일련 번호로 나타내는 정수를 반환합니다.

라. 대부분의 새 DAX 함수는 값 테이블을 반환하거나 입력으로 값 테이블을 사용하여 계산을 수행합니다. 이와 달리 엑셀에는 테이블을 반환하는 함수가 없지만 일부 함수에서 배열 작업을 수행할 수 있습니다. 전체 테이블 및 열을 쉽게 참조할 수 있는 기능은 파워 피벗의 새 기능입니다.

마. DAX에서는 엑셀의 배열 및 벡터 조회 함수와 비슷한 새로운 조회 함수를 제공하지만 DAX 함수의 경우 테이블 간에 관계를 설정해야 한다.

바. DAX에서는 엑셀의 variant 데이터 형식을 지원하지 않습니다. 열의 데이터 형식은 항상 동일한 데이터 형식이어야 합니다. 데이터가 동일한 형식이 아니면 DAX는 전체 열을 모든 값에 가장 적합한 데이터 형식으로 변경합니다.

■ ContosoV2 폴더 안내

많은 양의 내용이 다루어져야 하므로 마이크로소프트사가 가상으로 만든 회사 'Contoso'의 자료를 사용할 것입니다.

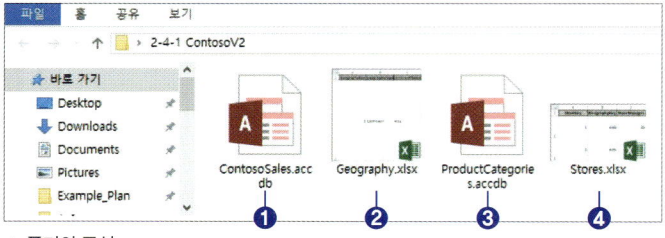

▲ 폴더의 구성

파일 이름	❶ ContosoSales.accdb	❷ Geography.xlsx	❸ ProductCategories.accdb	❹ Stores.xlsx
프로그램 종류	액세스	엑셀	액세스	엑셀
테이블 및 시트	테이블 DimChannel DimDate DimEntity DimProduct DimProductSubcategory DimPromotion FactSales	시트 DimGeography	테이블 DimProductCategory	시트 Stores

■ ContosoSales.accdb 관계 설정 다이어그램

ContosoSales.accdb 파일의 테이블들은 아래 그림과 같이 관계 설정이 되어 있습니다.

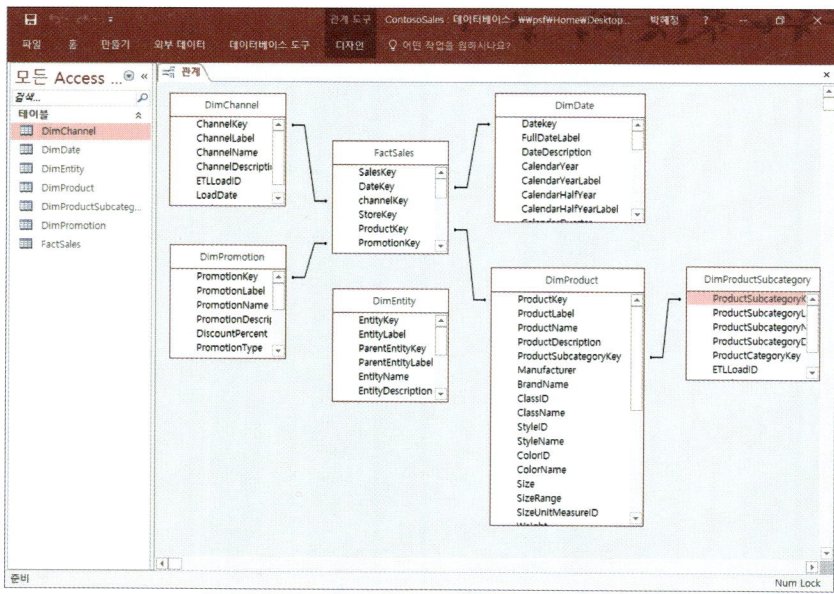

파워 피벗으로 액세스 파일을 불러와 엑셀에서 피벗 테이블 실행하기

예제 파일 [폴더]2-4-1 ContosoV2

PowerPivot for Excel을 이용해서 인터넷 매출 큐브 모델을 생성하고 생성된 모델을 이용해서 엑셀로 리포트를 작성합니다. 그리고 BI Portal 웹 사이트에 파일을 업로드하고, 데이터 새로 고침 설정을 하는 과정을 전반적인 과정을 알아보겠습니다.

01 새 엑셀 통합 문서를 실행하고 [파워 피벗] 탭-[데이터 모델] 그룹에서 [관리]를 클릭합니다.

체크해봐요 :: BI Portal 웹 사이트란 뭘 말하는 건가요?

BI(Business Intelligence) Portal은 분석 시스템에 누구라도 쉽게 접근하여 필요한 때에 필요한 분석 정보를 얻을 수 있는, 친숙하면서도 활용도 높은 사용자 환경의 솔루션으로 이러한 BI Portal로 접근할 수 있는 주소를 말합니다.

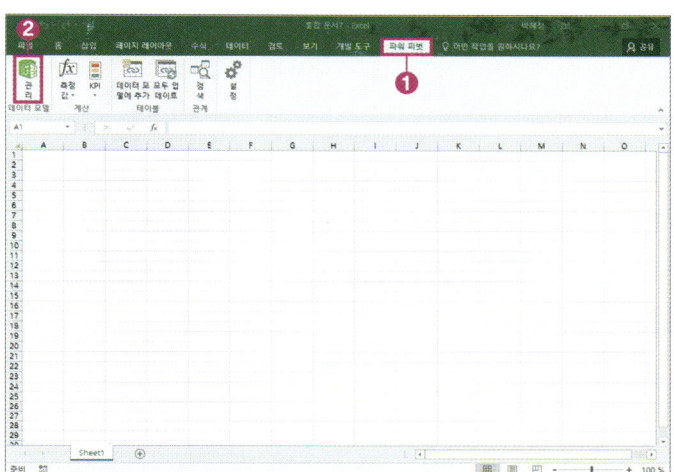

02 [Excel용 파워 피벗] 창이 나타나면 [홈] 탭-[외부 데이터 가져오기] 그룹에서 [데이터베이스]-[Access에서]를 클릭합니다.

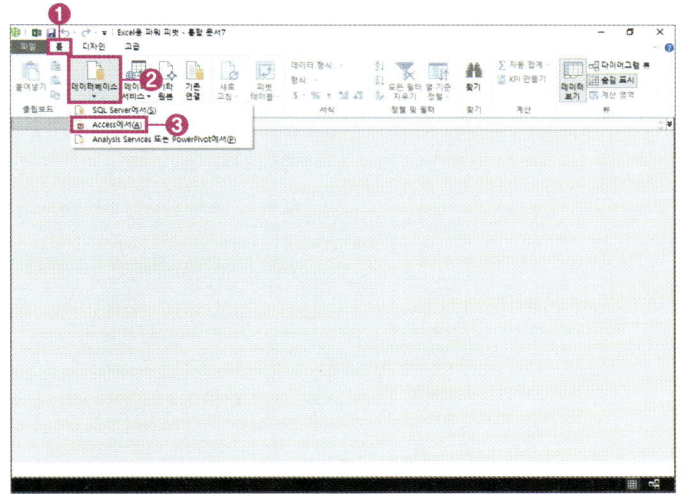

03 [테이블 가져오기 마법사] 대화상자에서 [찾아보기]를 클릭합니다. [열기] 대화상자에서 '2-4-1 ContosoV2
₩ContosoSales.accdb' 파일을 선택한 후 [열기]를 클릭, 데이터베이스 이름을 확인하고 [다음]을 클릭합니다.

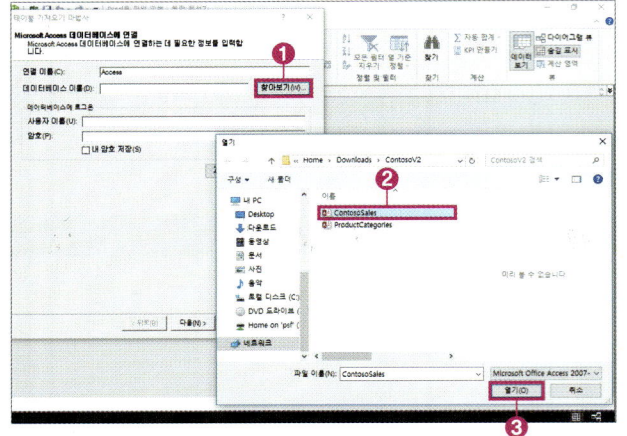
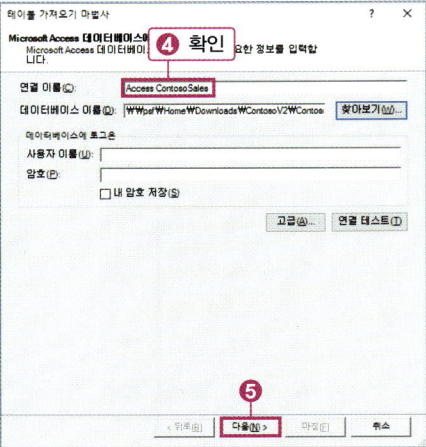

04 [테이블 가져오기 법사] 대화상자에서 데이터 가져오기 방법은 [테이블 및 뷰 목록에서 가져올 데이터 선택]을
체크하고 [다음]을 클릭 [테이블 및 뷰 선택]에서 모든 테이블을 선택하고 [마침]을 클릭, 가져오기 성공 메시지가
나타나면 [닫기]를 클릭합니다.

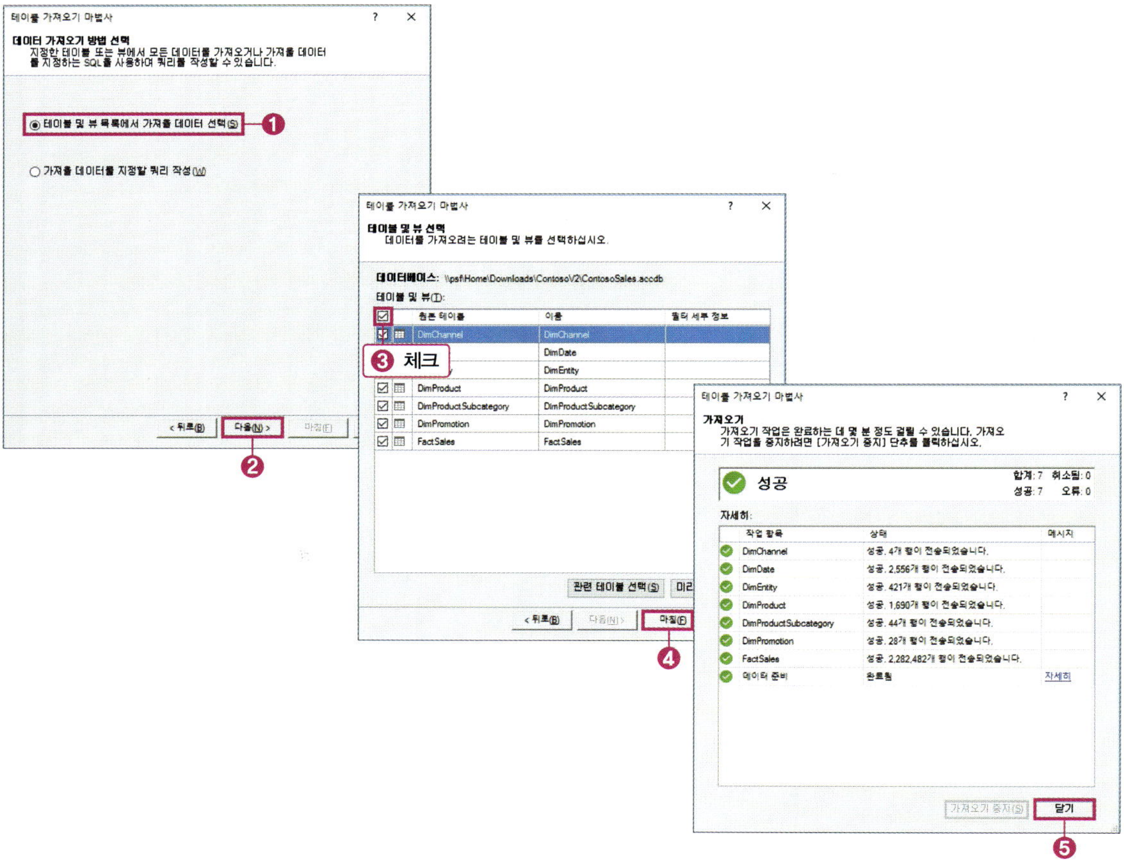

05 선택한 모든 테이블이 각각의 탭으로 가져와 집니다.

....

팁 :: 테이블은 하나의 창으로 구성되며, 테이블에 입력한 각각은 편집할 수 없습니다.

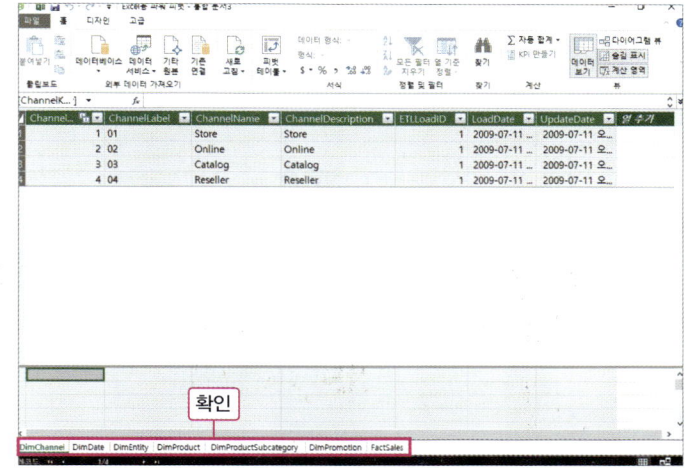

06 [홈] 탭-[뷰] 그룹에서 [다이어그램 뷰]를 클릭하면 모든 테이블의 관계가 표시되며 [화면에 맞추기](▦)를 클릭하면 모든 테이블의 열 속성이 한 눈에 보입니다.

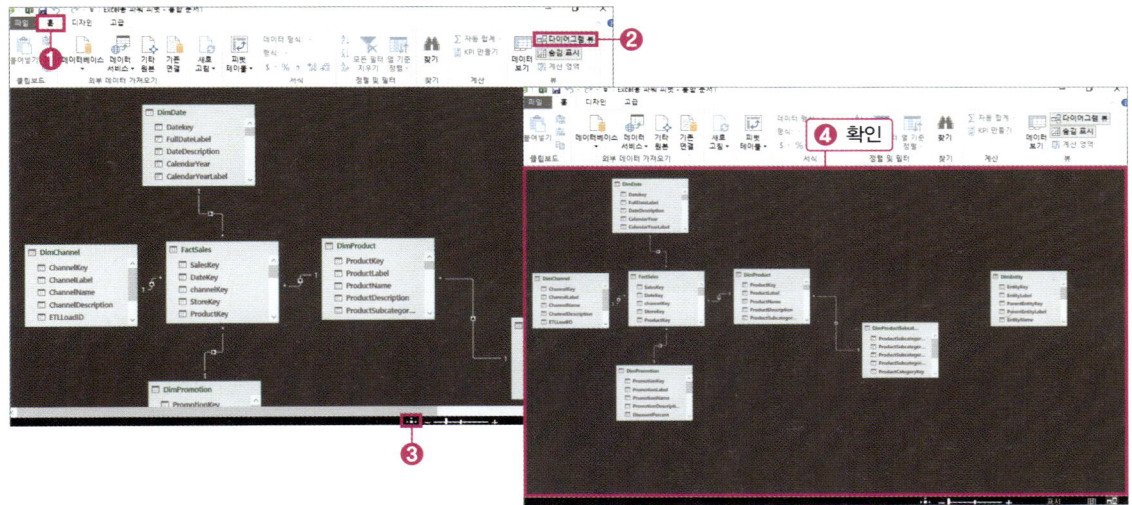

07 액세스에서 가져온 'ContosoSales' 데이터 베이스를 피벗 테이블로 만들어 엑셀로 가져가기 전에 [Dimproduct] 테이블의 일부 열 속성(ClassID, ClassName, StyleID, StyleName, ColorID)을 선택하고 마우스 오른쪽 버튼을 클릭한 후 [클라이언트 도구에서 숨기기]를 선택합니다. 숨겨진 열 속성은 피벗 테이블 필드 목록에 나타나지 않습니다. 모든 열 속성을 사용할 것은 아니므로 사용하지 않을 열은 다이어그램 뷰를 통해 숨기기를 합니다.

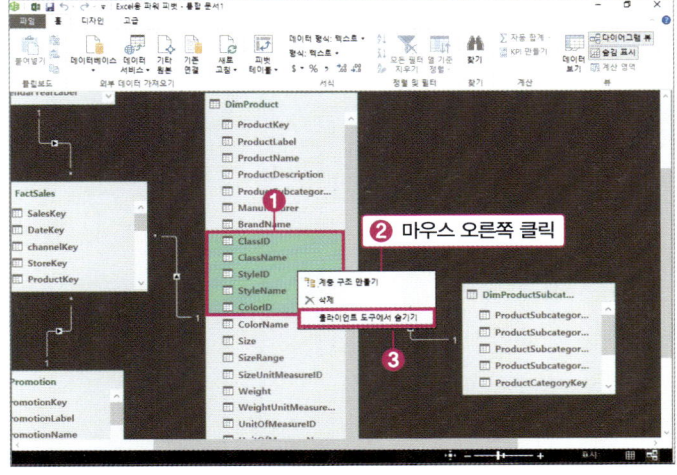

08 [ContosoSales] 데이터베이스를 이용해 피벗 테이블로 엑셀에서 분석하기 위해 [홈] 탭–[피벗 테이블]–[피벗 테이블]을 클릭합니다. [피벗 테이블 만들기] 대화상자에서 [기존 워크시트]를 체크하고 [$A$1]을 선택한 다음 [확인]을 클릭합니다.

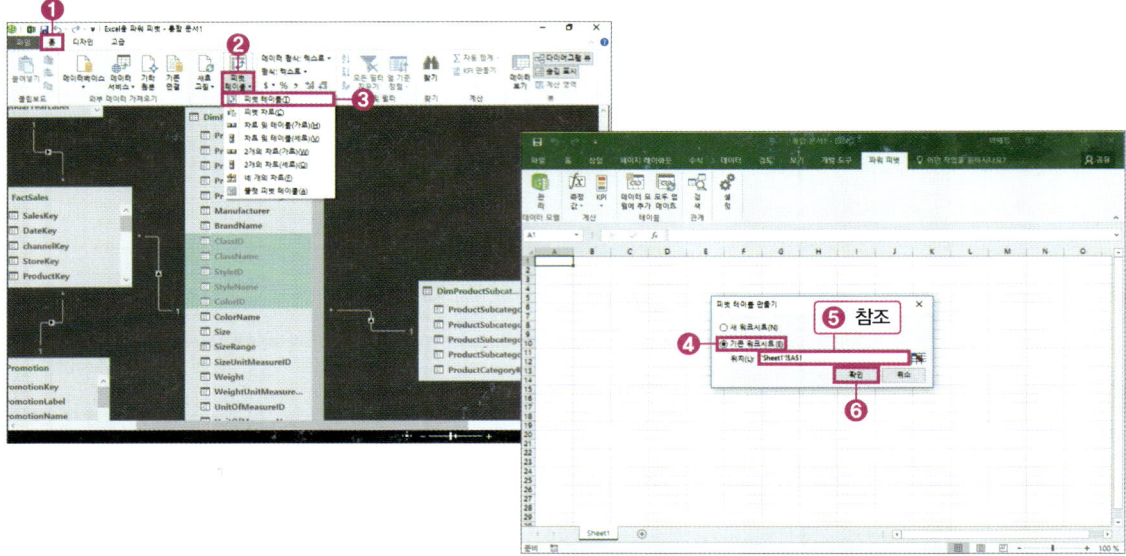

09 [ContosoSales]을 원본으로 한 피벗 테이블이 삽입되고 [피벗 테이블 필드] 창에 [ContosoSales]의 모든 테이블이 표시됩니다. 다이어그램 뷰에서 몇몇 속성 열을 삭제했던 [DimProduct] 테이블에 [확장](▷)을 클릭해 확인합니다.

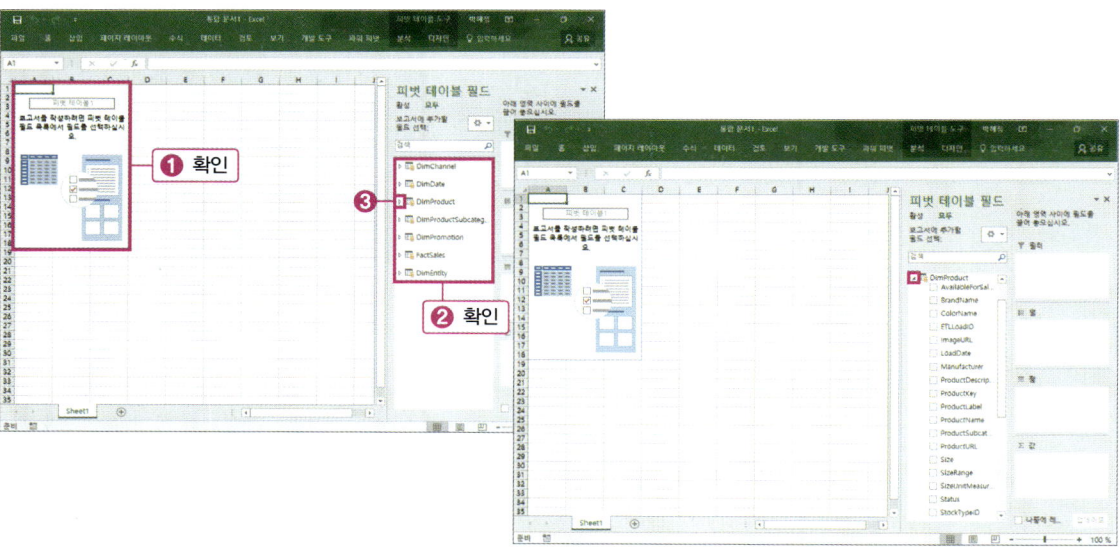

STORY 02 :: 엑셀 비즈니스 데이터 분석 모델링에서 BI까지

파워 피벗 VS 기존 엑셀 작업 비교

기존 방식
vs
새 방식

보고서 표

주어진 3개의 테이블을 이용하여 지역별로 매출의 합을 구하는 작업을 하려고 합니다.

첫 번째는 파워 피벗이 없던 시절 엑셀 사용자들이 가장 많이 사용했던 VLOOKUP 함수와 피벗 테이블로,

두 번째는 파워 피벗으로 테이블 간의 모델을 만들어 VLOOKUP 함수를 대신하고 피벗 테이블로 분석해 마무리합니다.

VLOOKUP 함수 + 피벗 테이블 사용하기

예제 파일 2-4-2-파워피벗vs기존엑셀-예제.xlsx
완성 파일 2-4-2-파워피벗vs기존엑셀-완성.xlsx

VLOOKUP 함수를 이용하여 두 번째 테이블에서 [지역] 정보를, 첫 번째 테이블의 [이익] 정보로 가져와 수식을 완성합니다. 그리고 새로운 열을 만들고 세 번째 표를 이용하여 지역별 [총수익]과 [점유율]을 구하는 피벗 테이블을 추가해보겠습니다.

01 '기존 엑셀' 시트의 [I2], [M2] 셀에 수식을 입력하고 각각의 행 끝까지 수식을 복사합니다.

=VLOOKUP(H2,$D$2:$E$73,2,0)

=(VLOOKUP(J2,$A$2:$B$13,2,0)*L2) *(1-K2)

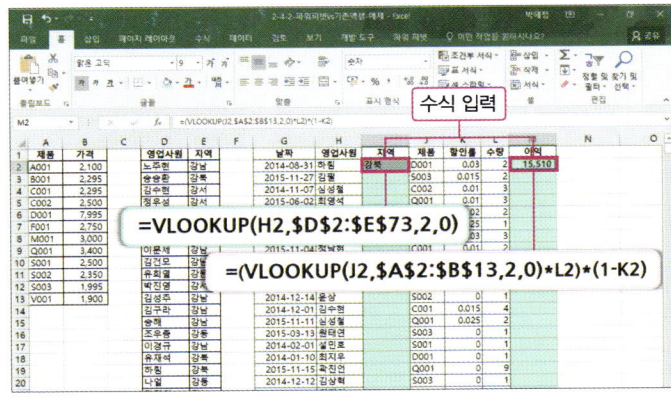

함수식	=VLOOKUP(H2,$D$2:$E$73,2,0)
설명	[H2] 셀의 값은 [$D$2:$E$73]의 첫 열에서 찾고 두 번째 열(2)에서 가져오되 [H2] 셀과 정확히 일치하는 값만 인정합니다(0).

함수식	=(VLOOKUP(J2,$A$2:$B$13,2,0)*L2)*(1-K2)
설명	[J2] 셀의 값은 [$A$2:$B$13]의 첫 열에서 찾고 두 번째 열(2)에서 가져오되 [J2] 셀과 정확히 일치하는 값(0)을 가져와 수량 (L2)을 곱해 값을 구하고 그 값에 할인율을 뺀 나머지(1-K2) %를 곱한 이익을 구합니다.

02 [삽입] 탭-[표] 그룹에서 [피벗 테이블]을 클릭합니다. [피벗 테이블 만들기] 대화 상자에서 [표/범위]를 지정하고, [기존 워크시트]에서 [$O$1]을 선택한 다음 [확인]을 클릭합니다.

....

팁 :: 표를 만들 때 표 전체 범위를 선택하거나 표로 만들 범위 중에 하나의 셀을 선택하고 피벗 테이블을 실행합니다.

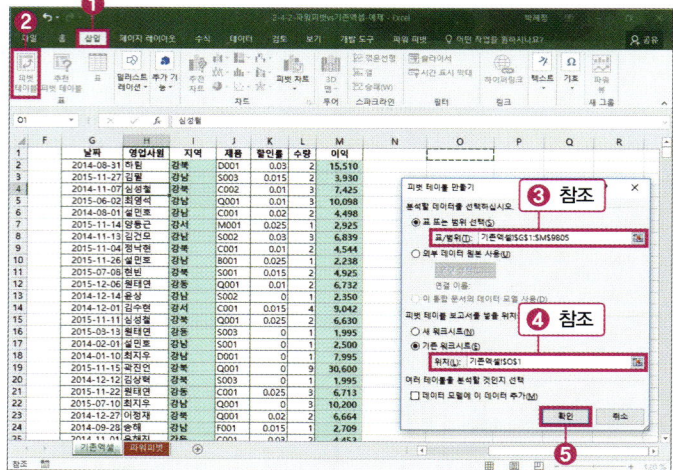

03 [피벗 테이블 필드] 창에서 [지역]을 [행]으로 [이익]을 [값] 영역으로 드래그하여 옮깁니다.

....

팁 :: 피벗 테이블 필드 레이아웃을 변경하려면 [도구]( )를 클릭합니다. 그림은 [필드 구역과 영역 구역을 옆으로 표시]가 선택된 상태입니다.

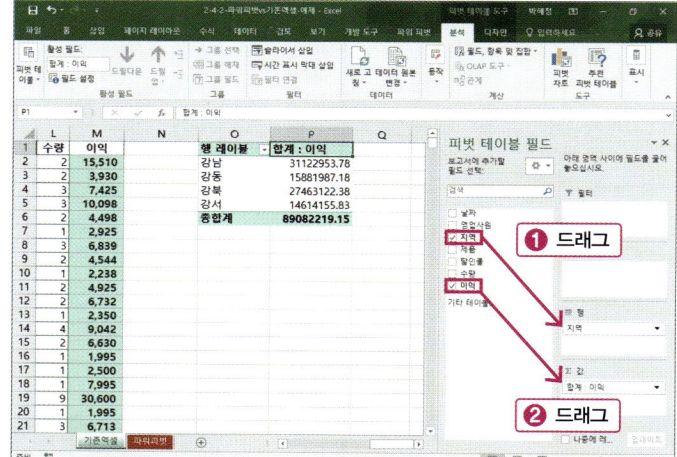

04 [합계:이익]을 더블클릭하여 [값 필드 설정] 대화상자를 열고 [값 요약 기준]을 [합계]로 선택한 다음 [사용자 지정 이름]을 '총수익'으로 변경한 후 [표시 형식]을 클릭합니다. [셀 서식] 대화상자에서 [숫자], [1000 단위 구분 기호 사용]을 선택하고, [소수 자리수]는 '1'로 변경한 후 [확인]을 클릭합니다.

팁 :: 피벗 테이블의 대부분의 작업은 필드 (columnar) 단위로 이루어지므로 [합계:이익]을 선택하고 작업하면 모든 합계 숫자의 표시 형식이 변경됩니다.

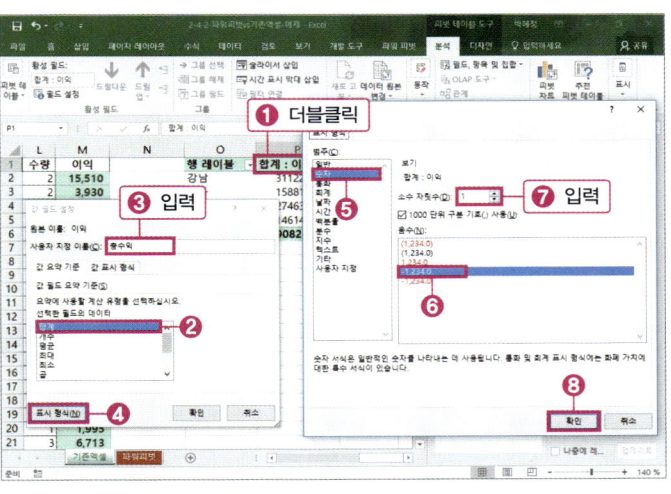

05 [이익] 열을 [값] 영역으로 한 번 더 옮기고 [합계 : 이익]을 더블클릭하여 나타난 [값 필드 설정] 대화장자에서 [값 표시 형식]–[사용자 지정 이름]을 '점유율'로 변경, [열 합계 비율]을 선택한 다음 [확인]을 클릭합니다.

팁 :: 선택한 필드의 데이터 형식에 따라 해당 필드의 구성 요소 셀이 숫자값이면 [값 필드 설정]으로 나타나고, 문자값이면 [필드 설정]으로 나타납니다. 또한 적용할 수 있는 기능도 다르게 나타납니다.

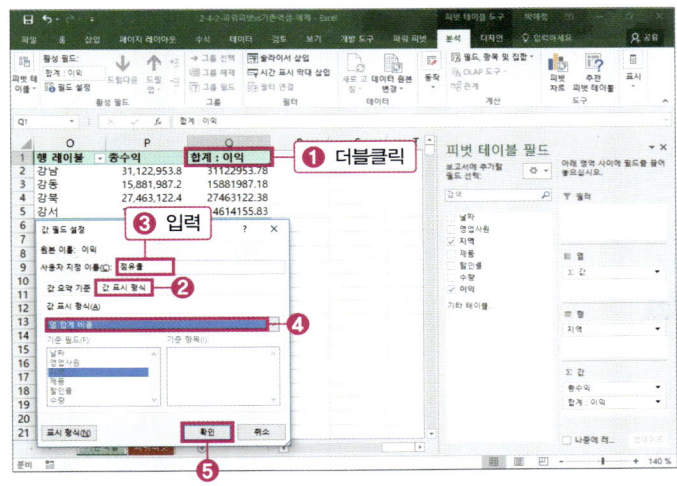

06 피벗 테이블을 사용하여 표를 만들려면 표3에 표2, 표1의 [지역]과 [이익] 정보가 있어야 하므로 이 둘을 표2로 가져오기 위해 VLOOKUP 함수를 이용했습니다.

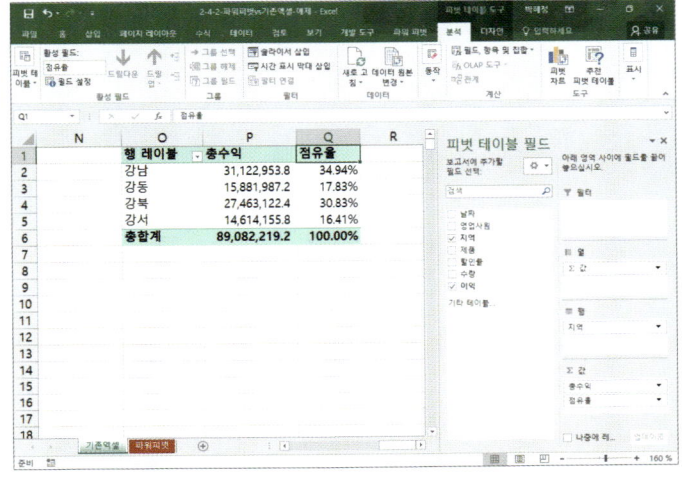

파워 피벗 테이블 사용하기

예제 파일 2-4-2-파워피벗vs기존엑셀-예제.xlsx | 완성 파일 2-4-2-파워피벗vs기존엑셀-완성.xlsx

추가된 파워 피벗으로 앞의 표를 만들려면 테이블 열 속성 간의 관계를 설정한 후에 모델링된 테이블을 이용하여 피벗 테이블을 작성하면 됩니다. 이전 과정처럼 표3에 [이익], [지역] 정보를 가져오지 않아도 됩니다.

01 '파워 피벗' 시트에서 관계 설정을 위해 먼저 범위를 표로 지정합니다. [B1:C73]을 선택하고 [삽입] 탭-[표] 그룹의 [표]를 클릭한 다음 나타난 [표 만들기] 대화상자에서 [머리글 설정]을 체크하고 [확인]을 클릭합니다.

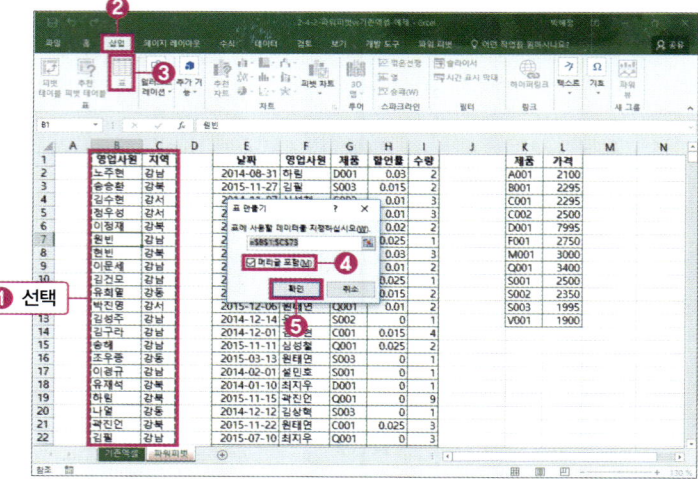

02 [표 도구]-[디자인] 탭-[속성] 그룹에서 [표 이름]에 '지역'을 입력하고 **Enter**를 누릅니다.

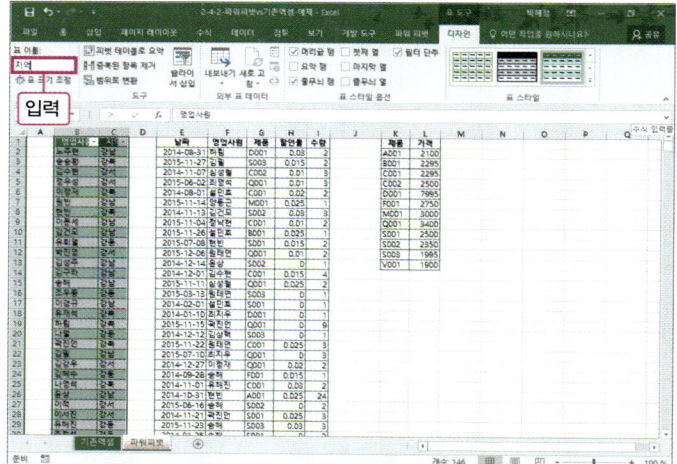

03 [E1:I9805]와 [K1:L13]도 각각 표로 만들고 [표 이름]을 '제품판매'와 '제품'으로 각각 설정합니다.

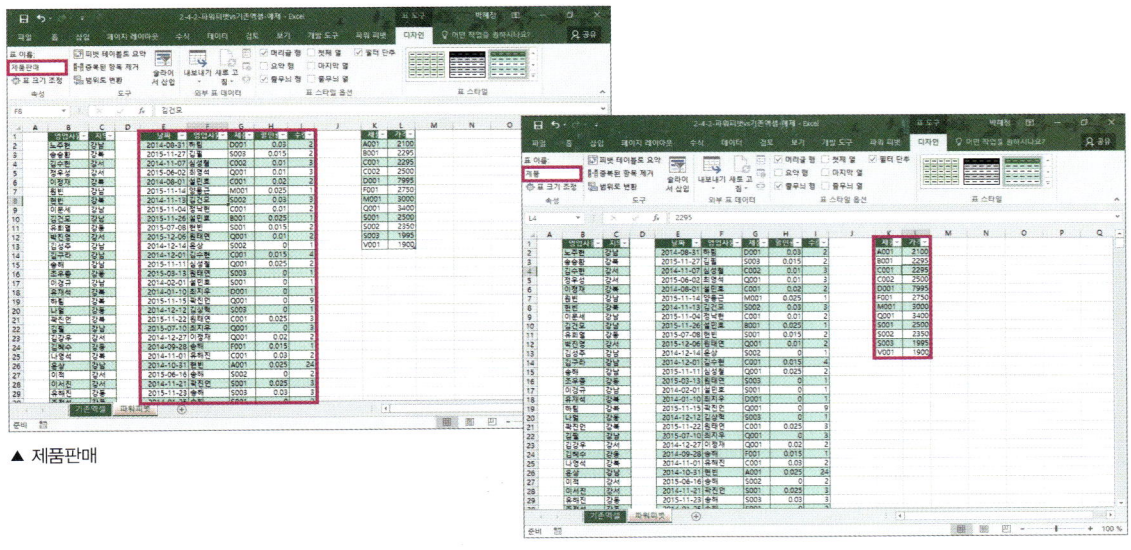

▲ 제품판매

▲ 제품

04 [지역]을 선택하고 [파워 피벗] 탭-[데이터 모델] 그룹에서 [데이터 모델에 추가]를 클릭한 다음 [Excel 파워 피벗] 창에 [지역] 탭이 추가된 것을 확인하고 다시 엑셀 창으로 전환하여 [제품판매]와 [제품]도 같은 방법으로 데이터 모델링에 추가합니다.

체크해봐요 :: [Excel용 파워 피벗] 창에서 엑셀로 쉽게 넘어가려면 어떻게 하죠?
Alt + Tab 을 누를 때마다 창이 순서대로 바뀝니다.

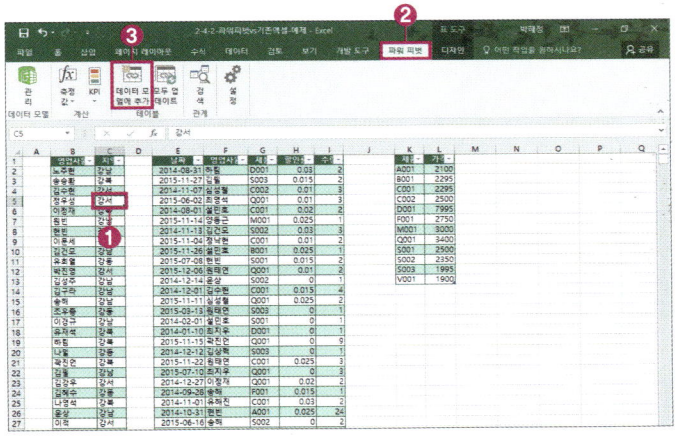

05 [Excel용 파워 피벗] 창에 표 [지역], [제품판매], [제품]이 추가된 것을 확인하고 [홈] 탭-[뷰] 그룹에서 [다이어그램 뷰]를 클릭합니다.

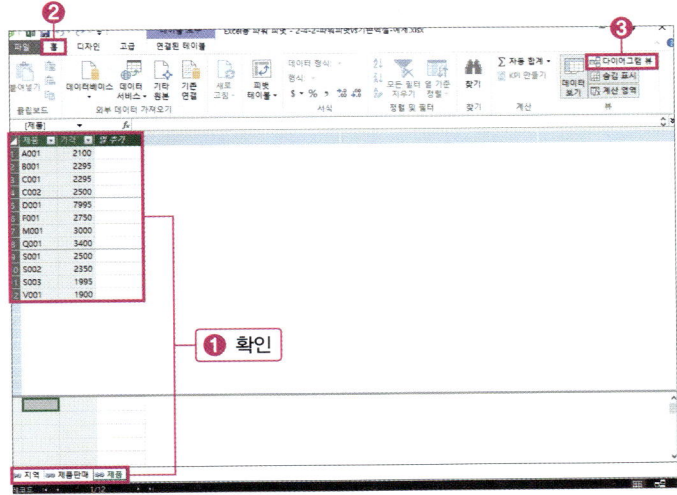

06 다이어그램 뷰에서 [지역]의 [영업사원]을 [제품판매]의 [영업사원]으로, [제품판매]의 [제품]을 [제품]의 [제품]으로 드래그하여 관계를 설정한 다음 [홈] 탭-[뷰] 그룹에서 [데이터 보기]를 클릭합니다.

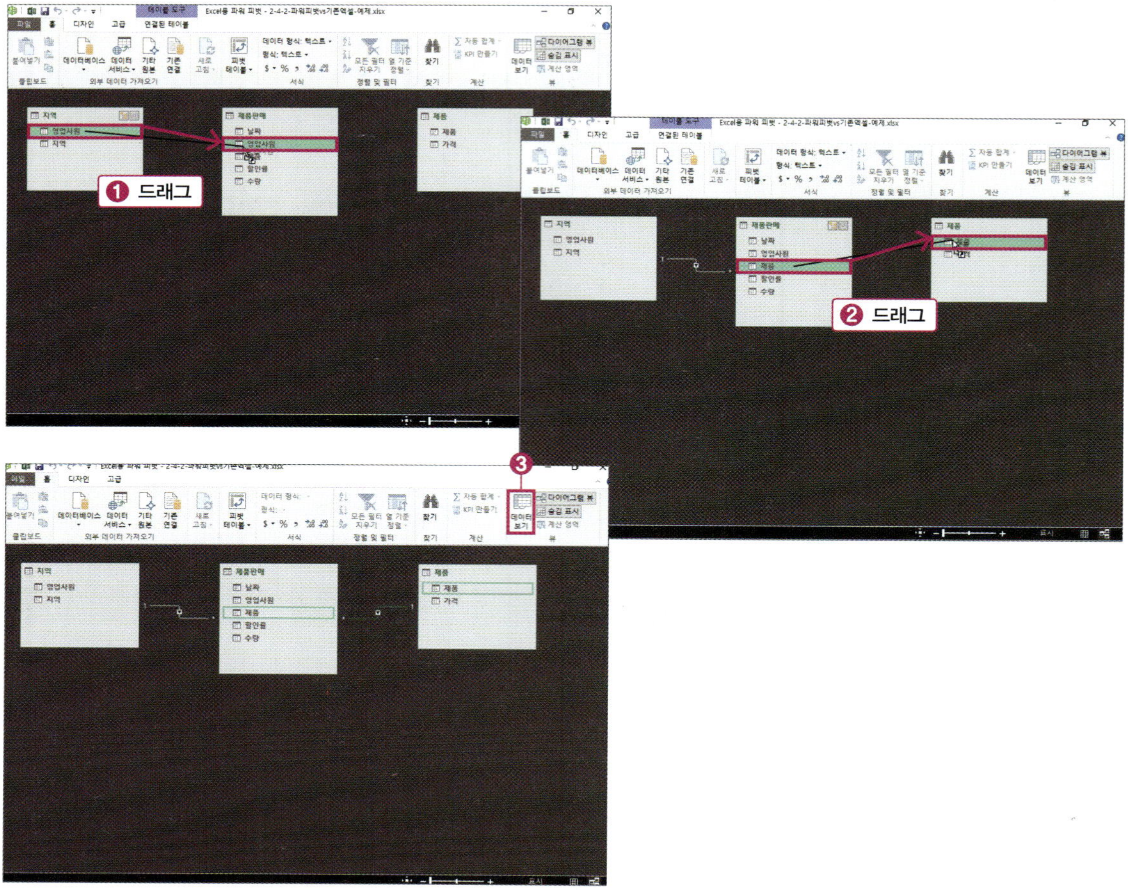

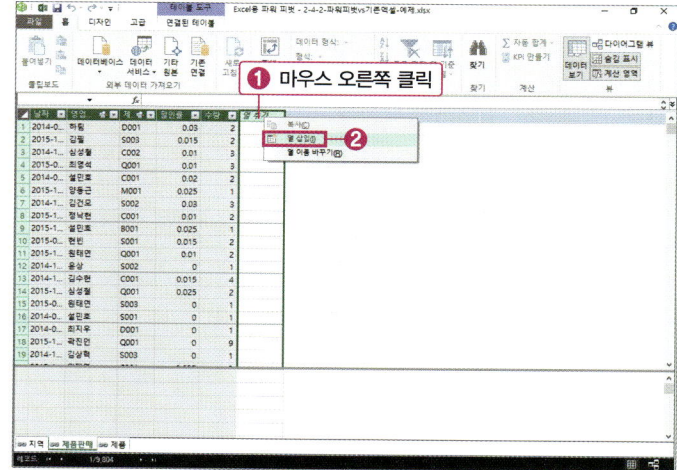

07 [제품금액] 탭이 선택된 상태에서 [열 추가]를 선택하고 마우스 오른쪽 버튼을 클릭하면 나타나는 메뉴에서 [열 삽입]을 선택합니다.

08 추가된 열의 이름을 더블클릭하여 '순이익'으로 수정한 다음 수식 입력줄에서 수식을 '=r'까지 입력합니다. 'r'로 시작하는 함수 목록이 화면에 나타나면 RELATED 함수를 선택하거나 방향키로 이동한 다음 Tab 을 누릅니다.

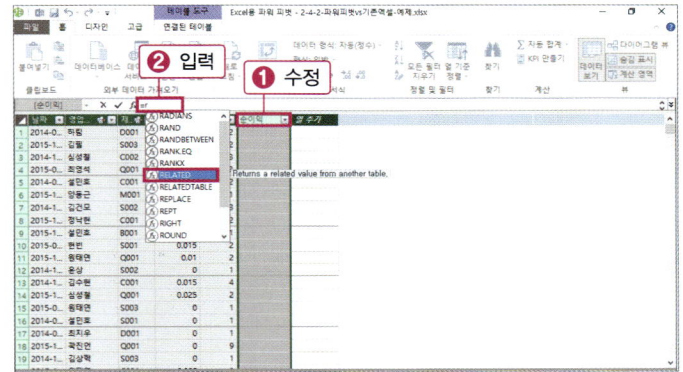

09 RELATED 함수와 더불어 괄호 열기까지 입력되고 화면에 사용할 수 있는 모든 테이블의 열 속성 목록이 표시되는데 이때 사용하려는 테이블의 열 "제품[가격]"을 선택한 상태 즉 파랗게 변경된 상태에서 더블클릭 또는 Tab 을 눌러 등록한 다음 괄호를 닫아 수식 '=RELATED('제품'[가격])'을 완성합니다. [순이익] 열 전체에 [제품] 표에 [가격] 열 정보가 채워집니다.

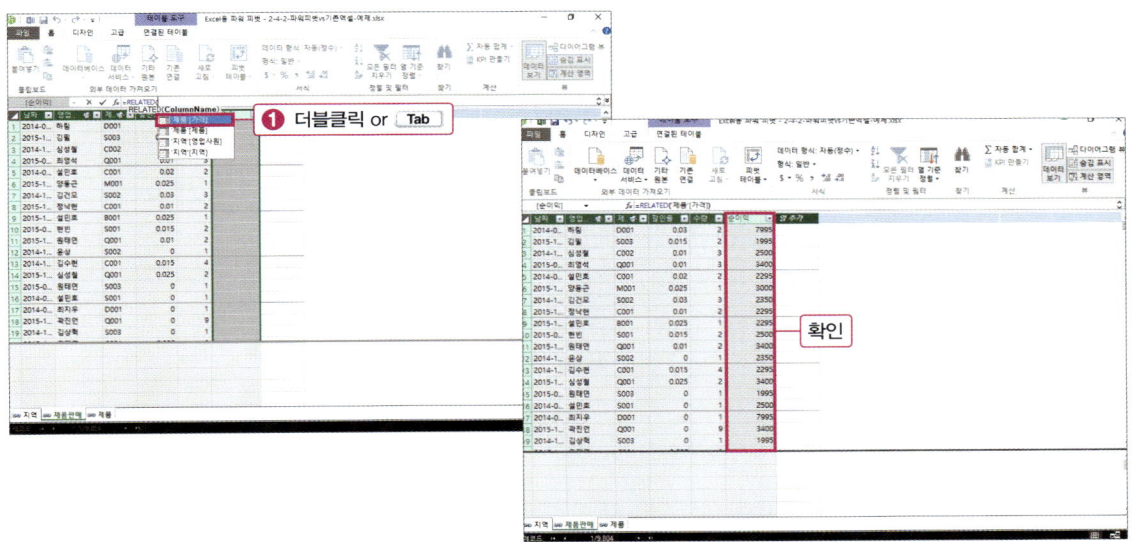

10 수식 입력줄을 클릭하여 가격에 할인율을 반영하도록 수식을 변경합니다.

수식 : =RELATED('제품'[가격])*(1-[할인율])

··

팁 :: 동일 테이블에 [할인율] 열을 참조할 때는 입력하지 않고 엑셀에서 참조하듯 마우스로 클릭해도 됩니다.

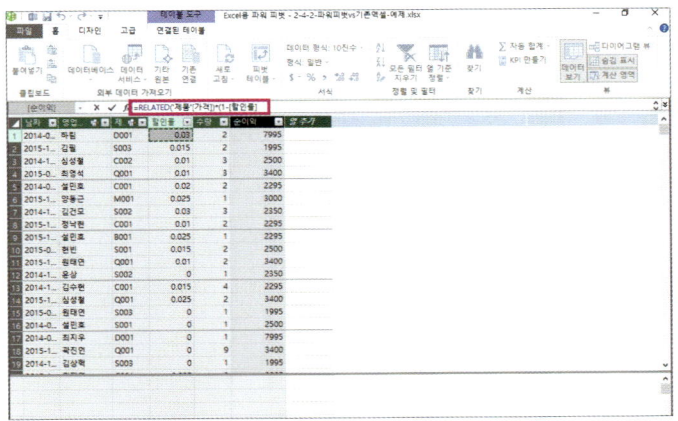

11 변경된 값에 수량을 곱하고, 최종 결과에 소수점 이하 둘째 자리까지 표시하기 위한 ROUND 함수를 적용한 다음 **Enter** 를 누릅니다. 새로운 열이 추가된 데이터를 엑셀로 가져가 피벗 테이블로 분석하기 위해 [홈] 탭–[피벗 테이블]을 클릭합니다.
=ROUND(RELATED('제품'[가격])*(1-[할인률])*[수량],2)

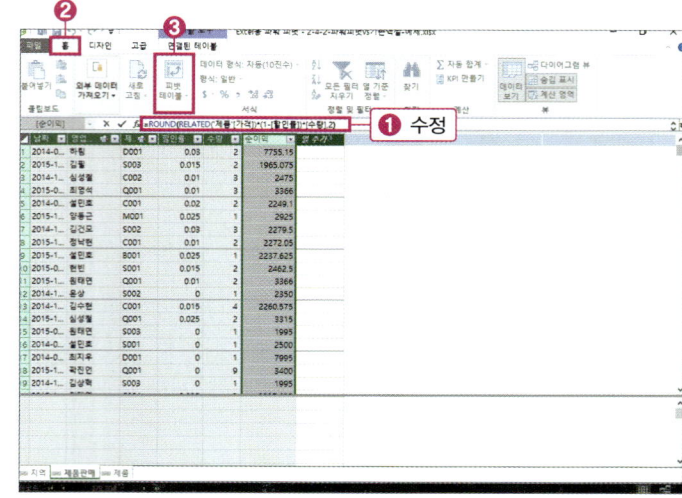

12 [피벗 테이블 만들기] 대화상자에서 [새 워크시트]를 체크하고 [확인]을 클릭합니다.

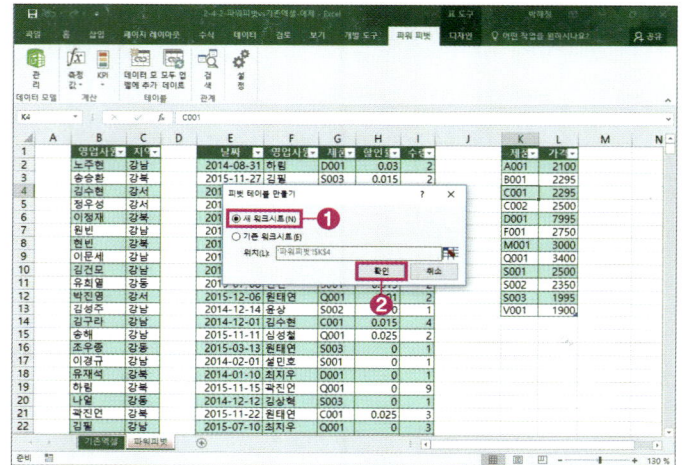

13 [제품금액] 테이블에 [순이익]이 추가된 것을 확인하고, 피벗 테이블이 삽입되면 [행] 영역으로 [지역]에 [지역]을 [값] 영역으로 [제품판매]에 [순이익]을 옮겨 분석 테이블을 완성합니다.

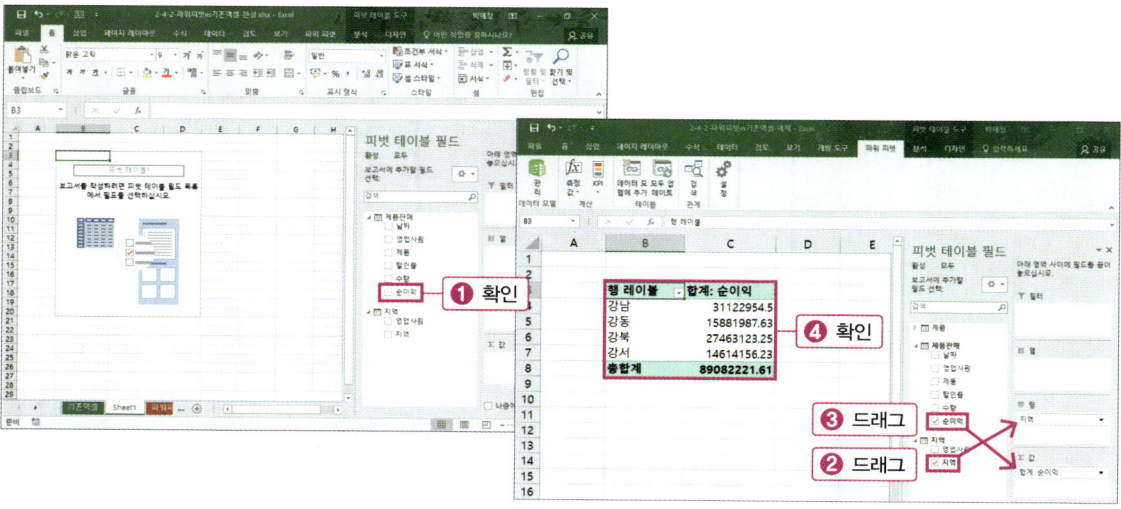

STORY 02 :: 엑셀 비즈니스 데이터 분석 모델링에서 BI까지

정규화된 데이터와 그렇지 않은 데이터의 파일 사이즈 비교

예제 파일 2–4–3 엑셀에저장.xlsx, 2–4–3 파워피벗에저장–예제.xlsx | 완성 파일 2–4–3 파워피벗에저장–완성.xlsx

앞선 과정을 학습하면서 혹시 이런 생각을 하지 않았을까요? VLOOKUP 함수를 사용하는 작업 과정이 훨씬 간단한데 굳이 파워 피벗을 써서 문제를 해결해야 하는지 이해되지 않을 수 있습니다. 이 장의 큰 제목이 비즈니스 데이터 분석이고, 전 장이 비즈니스 분석 데이터 모델링이었습니다. 올바른 의사결정을 위해 우리는 회사 내부 시스템에서 데이터를 가져와 개인의 작업 공간에 저장하고 효율적으로 관리해야 합니다. 그러려면 기존에 엑셀로는 한계가 있고, 때문에 파워 피벗을 이용해 데이터의 효율적인 관리가 필요한 것입니다. 이번에는 모델링을 하여 파워 피벗에 저장한 데이터베이스와 엑셀에 저장된 데이터베이스와의 파일 크기를 비교해보겠습니다.

01 먼저 '2–4–3 파일크기비교' 폴더를 열고 '2–4–3 엑셀에저장.xlsx' 파일과 '2–4–3 파워피벗에저장–예제.xlsx' 파일의 용량을 먼저 비교합니다.

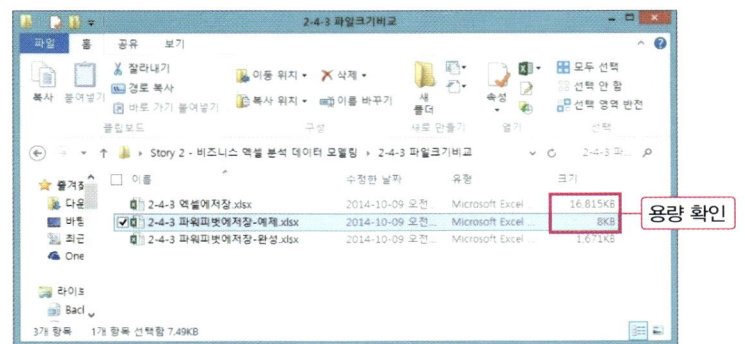

02 '2–4–3 파워피벗에저장–예제.xlsx' 파일을 열고 '2–4–3 엑셀에저장.xlsx' 파일을 파워 피벗으로 불러들여 모델링하기 위해 [파워 피벗] 탭–[데이터 모델] 그룹의 [관리]를 클릭합니다.

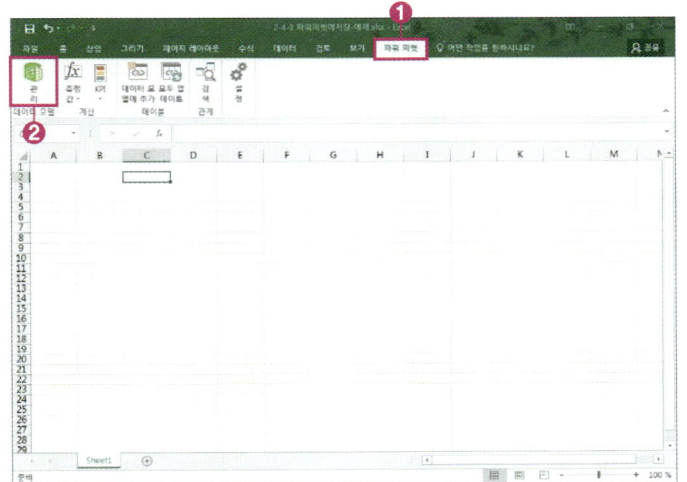

03 [홈] 탭–[외부 데이터 가져오기] 그룹에서 [기타 원본]을 클릭하고, [테이블 가져오기 마법사] 대화상자에서 [Excel 파일]을 선택한 후 [다음]을 클릭합니다.

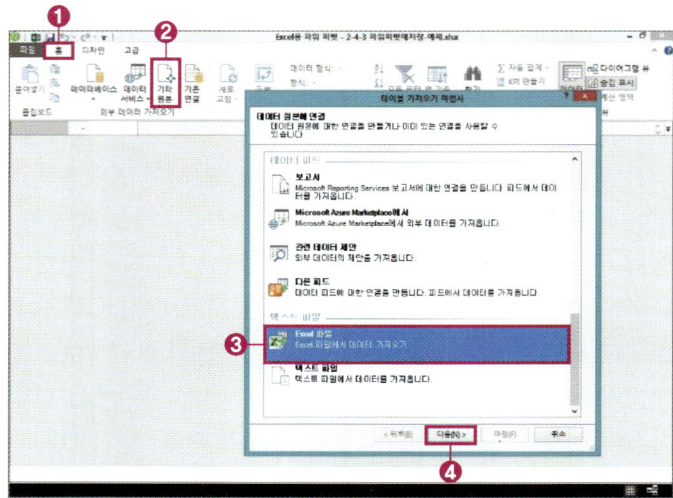

04 [테이블 가져오기 마법사] 대화상자에서 [찾아보기]를 클릭합니다. [열기] 대화상자에서 '2–4–3 엑셀에저장.xlsx' 파일을 선택하고 [열기]를 클릭합니다.

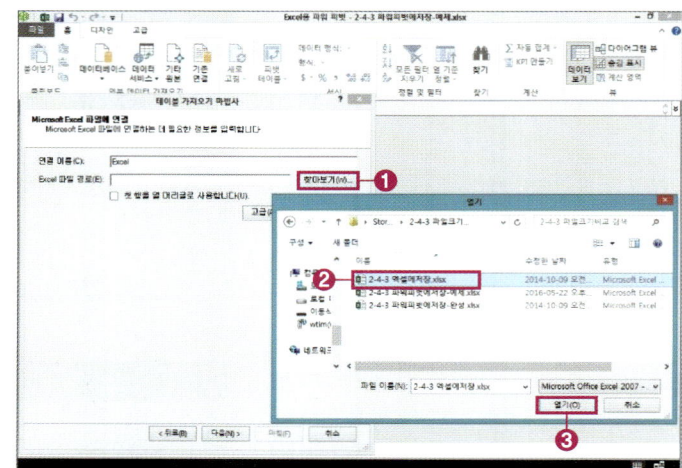

05 [첫 행을 열 머리글로 사용합니다]를 체크하고 [다음]을 클릭합니다.

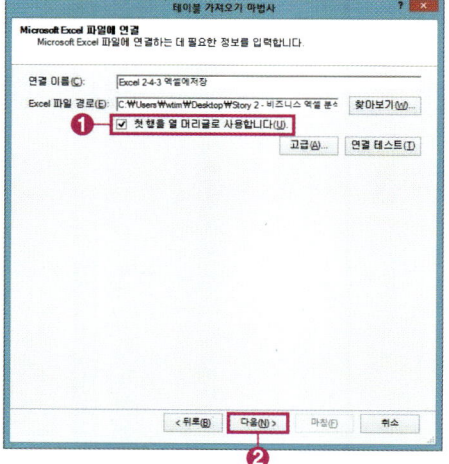

06 [테이블 가져오기 마법사] 대화상자에서 그림처럼 가져올 테이블을 체크하고 [마침]을 클릭한 다음 가져오기가 마무리되면 [닫기]를 클릭합니다.

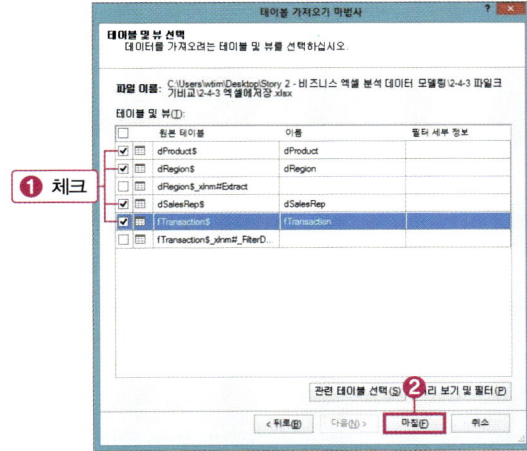
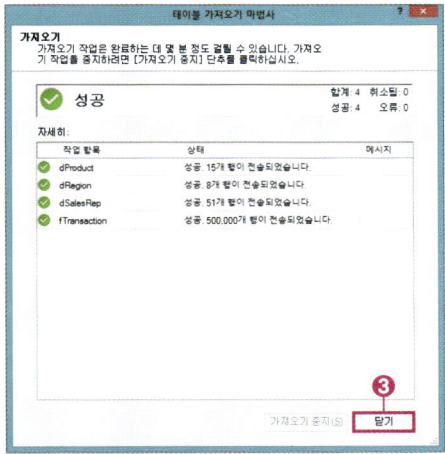

....

팁 :: 원본 테이블에서 해당 테이블을 선택하고 [미리 보기 및 필터]를 클릭하면 테이블을 미리 확인할 수 있고 원하는 자료만 추출할 수 있습니다.

07 선택한 네 개의 테이블이 파워 피벗으로 가져와지면 [저장]을 클릭합니다.

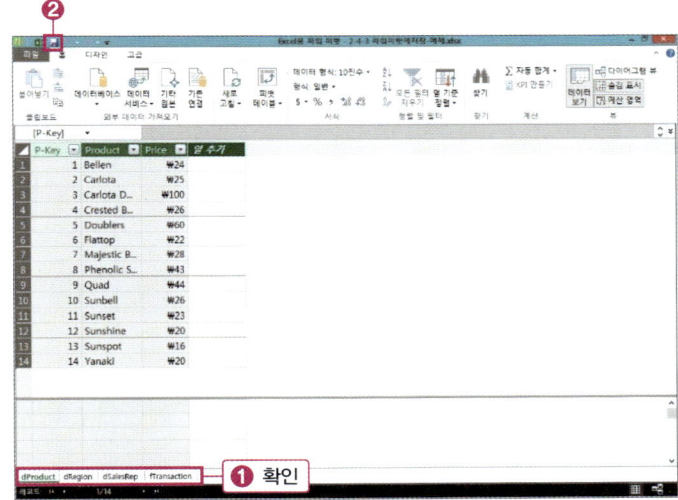

08 폴더를 열어 파일 크기를 확인합니다. 파일 크기가 99.3% 줄어든 것을 확인할 수 있습니다.

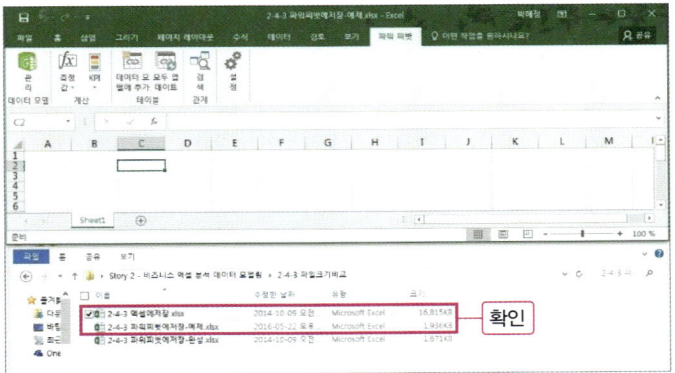

09 이렇게 저장된 파일은 엑셀에서는 보이지 않고, 파워 피벗 창에서만 확인할 수 있습니다. 파워 피벗의 관리를 실행하지 않고 파워 피벗으로 모델링된 데이터를 사용하려면 저장된 엑셀 파일을 열고, [보안 경고] 메시지 창에 [콘텐츠 사용]을 클릭합니다.

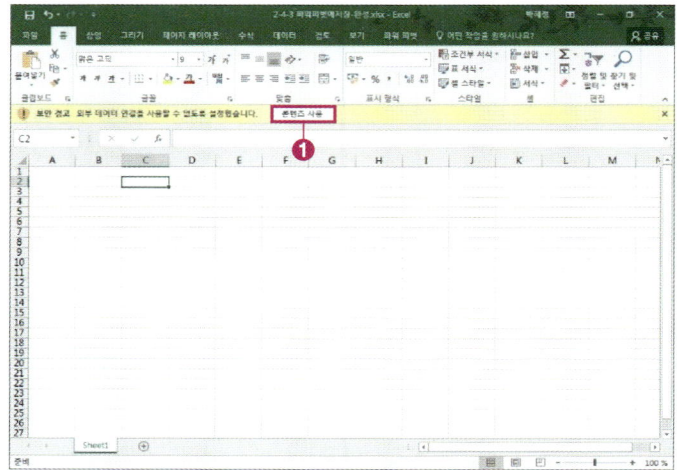

10 [삽입] 탭–[표] 그룹–[피벗 테이블]을 선택하고, [피벗 테이블 만들기] 대화상자에서 [분석할 데이터를 선택하십시오.]는 그대로 두고, [기존 워크시트]를 'A1'로 설정한 다음 [확인]을 클릭합니다.

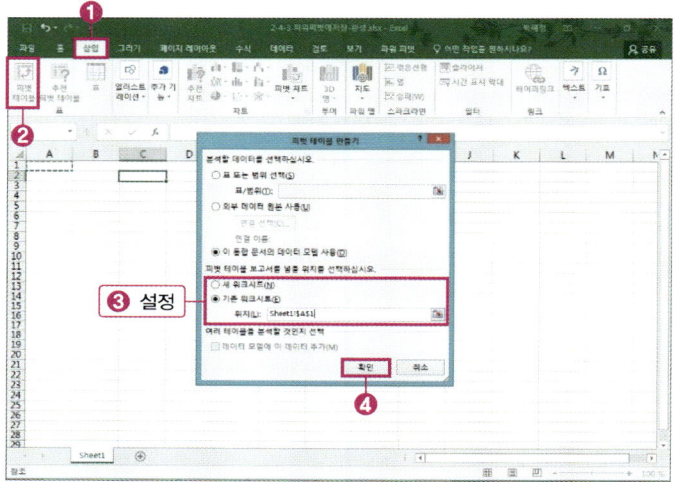

11 피벗 테이블이 삽입되고 가져온 모든 테이블의 열이 [피벗 테이블 필드] 창에 나타납니다.

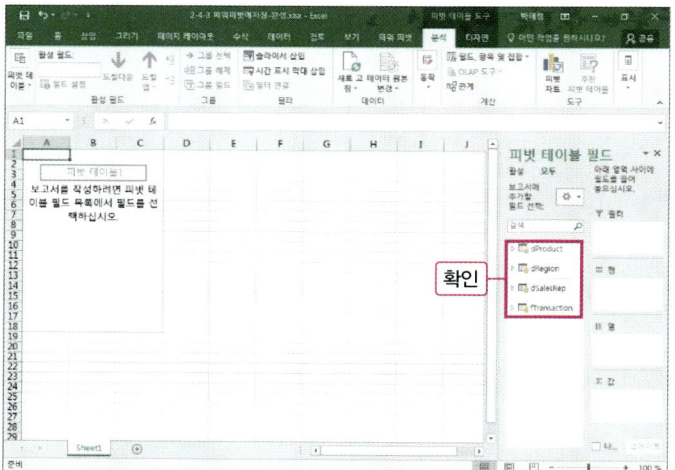

파워 피벗을 이용한 시계열/날짜 데이터 분석

예제 파일 2-4-3 날짜그룹-예제.xlsx | 완성 파일 2-4-3 날짜그룹-완성.xlsx

과거 없는 현재가 없고, 현재 없이 미래가 존재할 수 없는 것과 같이 시간의 흐름은 중요한 변수로 작용합니다. 그뿐만 아니라 미래 상황을 예측하는데 시간은 좋은 설명 자료가 될 수 있어 시계열 자료를 분석하는 일이 필요합니다. 날짜 데이터를 파워 피벗과 파워 쿼리가 어떻게 처리하는지 함께 살펴보겠습니다.

01 [A1:B29394]를 선택하고 [파워 피벗] 탭-[테이블] 그룹에서 [데이터 모델에 추가]를 클릭합니다. [테이블 만들기] 대화상자에서 [머리글 포함]이 체크되었는지 확인한 후 [확인]을 클릭합니다.

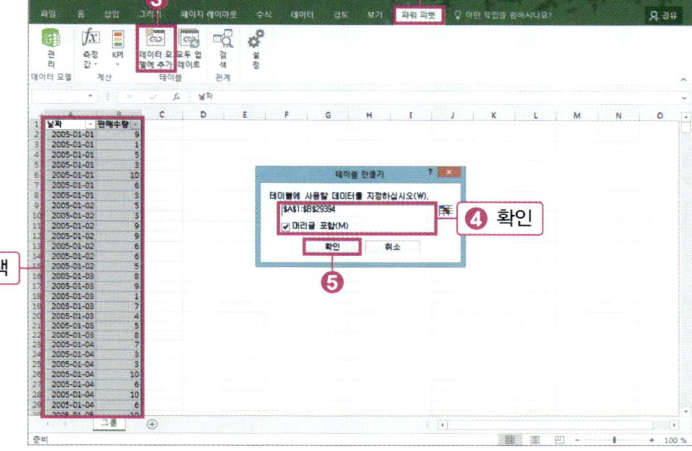

02 모델에 추가되고 [Excel용 파워 피벗] 창으로 전환됩니다. [날짜] 열을 선택하고 [홈] 탭-[서식] 그룹의 [형식]에서 '2001-03-14'를 선택한 다음 [홈] 탭-[피벗 테이블]을 클릭합니다.

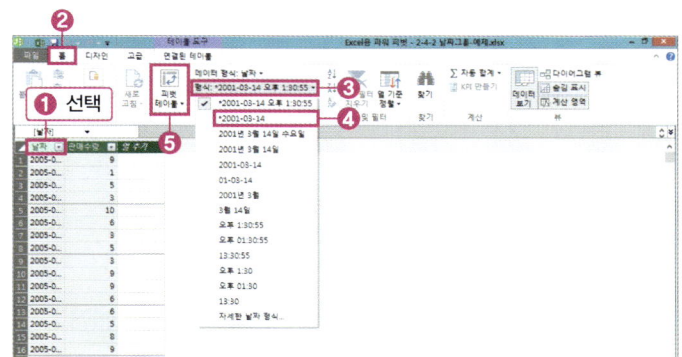

03 나타난 [피벗 테이블 만들기] 대화상자에서 [새 워크시트]를 체크하고 [확인]을 클릭합니다.

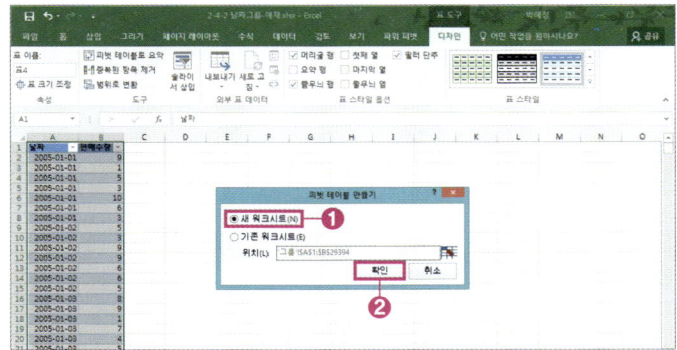

04 삽입된 피벗 테이블을 선택하고 [피벗 테이블 필드] 창에서 [날짜] 열 속성을 [행]으로 드래그합니다.

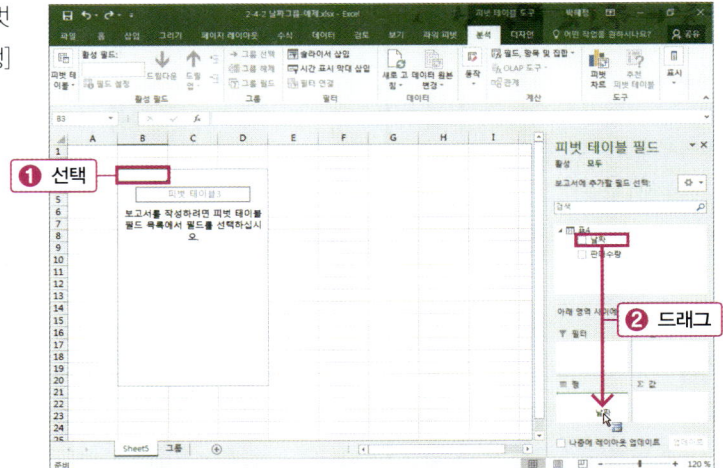

05 [날짜] 열 속성이 그룹으로 연도만 화면에 표시되고, [피벗 테이블 필드] 창에 새로운 [분기], [연도], [월] 열이 추가되어 표시됩니다. 하나의 값을 선택하고 [피벗 테이블 도구]-[분석] 탭-[그룹] 그룹에서 [그룹 해제]를 클릭합니다.

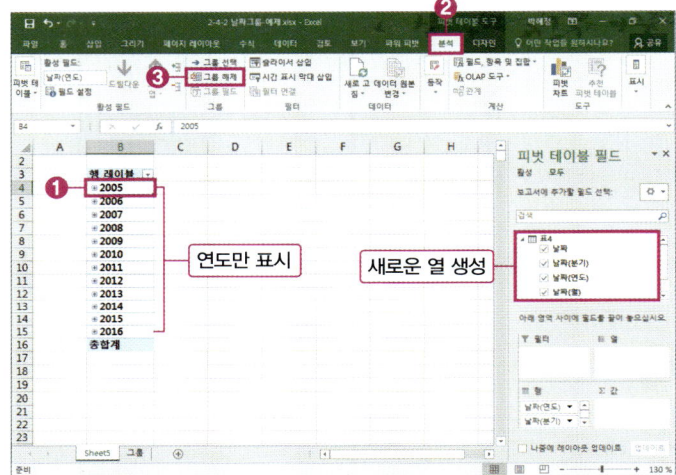

06 그룹이 해제되어 일별로 표시되며 [피벗 테이블 필드] 창에서도 사라집니다. 다시 [그룹 선택]을 클릭하면 [월], [분기], [연]으로 그룹을 지을 수 있습니다.

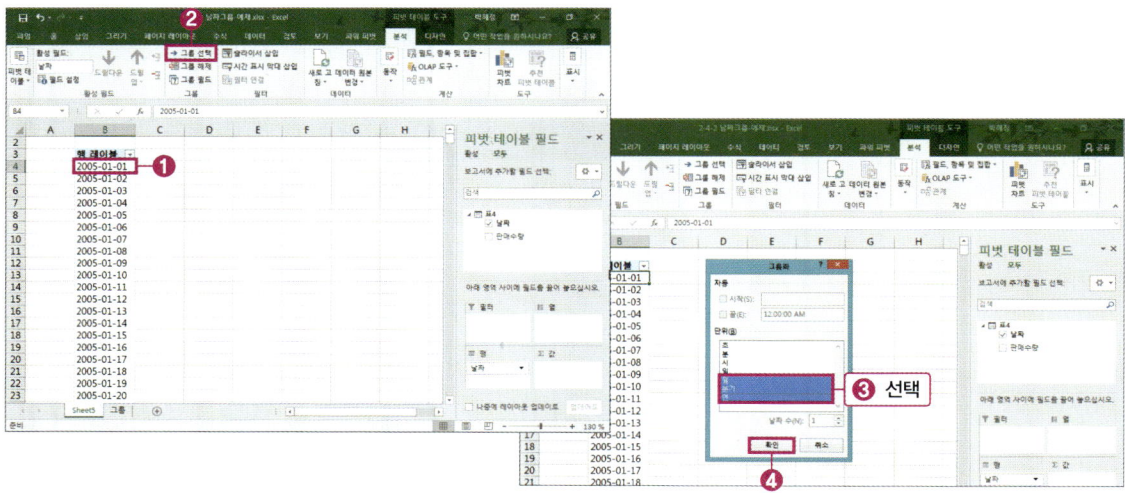

가상 분석과 기술 통계법 제대로 알기

**미래를
예측하라!**

분석을 하는 이유 중의 하나는 현재를 파악하고 약간의 미래를 예측할 수 있다는 것입니다. 가상 분석을 이용하면 아직 일어나지 않은 일이나, 변수가 있는 상황에서 값을 예측할 수 있고 기술 통계법을 이용하면 이미 발생한 데이터에서 여러 가지 수치 자료(평균, 중간 값, 분산, 표준 편차 등)를 빠르게 얻어 현재 상황을 분석할 수 있습니다. 가상 분석의 특징은 반복 작업을 빠르게 수행할 수 있고 기술 통계법을 이용하면 일일이 함수를 이용하지 않아도 기술 통계에 필요한 수치를 한 번에 얻을 수 있게 됩니다.

가상 분석(What-If 분석, 조건 분석)을 위한 준비 작업

엑셀이 제공하는 가장 분석 도구의 종류 및 특징을 비교하고, 기술 통계법에 대해 알아봅니다. 또 가상 분석에서 사용한 PMT 함수에 사용 방법에 대해서도 살펴봅니다.

■ 엑셀의 가상 분석 기술

가상 분석은 셀 값의 변경이 워크시트의 수식 결과에 어떤 영향을 주는지 확인하기 위한 과정으로 엑셀에서 사용 가능한 가상 분석에는 '시나리오, 데이터 표 및 목표 값 찾기'라는 세 가지 종류와 추가 기능으로 사용할 수 있는 '해 찾기'가 있습니다. '시나리오 및 데이터 표'에서는 입력 값 집합에 기반하여 순방향 추정을 통해 가능한 결과를 확인하고, '목표 값 찾기'와 '해 찾기'는 결과에 기반하여 역방향 추정을 통해 해당 결과를 산출할 수 있는 입력 값을 확인합니다.

■ 엑셀의 기술 통계법

기술 통계란 확보한 자료를 가장 적절한 방법 선택해 이해하기 쉽게 수치로 요약하는 방법을 말합니다. 이때 수치를 만들어 내는 방법에는 대표값 의미하는 평균 값, 중앙 값, 최빈값이 있고, 산포도(분포도)를 만들어 내는 분산, 표준편차, 범위, 평균편차, 표준오차, 변이 계수가 있습니다. 또한 비대칭 정도를 나타내는 왜도와 첨도가 있습니다. 엑셀은 기술 통계법 외에도 다양한 통계 데이터 분석법 및 통계 함수를 제공하고 있습니다.

■ 엑셀 가상 분석 기법의 종류 및 비교표

	시나리오	데이터 표	목표값	해 찾기
공통	시나리오는 가능한 결과 집합을 탐색할 수 있습니다. 이는 데이터 표와 시나리오는 동일하지만 모든 결과를 워크시트의 표 하나에 나타내는 데이터 표와 그렇지 않은 시나리오와는 다릅니다.		목표값은 한 셀의 값만 변경할 수 있지만 해 찾기는 여러 셀의 값을 비교, 변경하면서 최적의 값을 찾아준다는 점이 다릅니다.	
특징	입력값 집합에 기반하여 가능한 결과를 확인합니다. 시나리오를 사용하면 값 집합을 여러 개 만들어 저장한 집합 사이를 전환할 수 있고 모든 시나리오를 단일 워크시트에 결합한 시나리오 요약 보고서를 만들 수도 있습니다.	수식의 특정 값을 변경하면 수식의 결과가 어떻게 달라지는지를 나타내는 셀 범위로 여러 상황들을 가정해서 그 결과를 미리 볼 수 있는 기능으로 변수가 필요하며 데이터 표는 변수가 한 개인 표와 변수가 두 개인 표로 나누어집니다.	수식에서 주어진 결과를 바탕으로 입력 값을 찾는 방법으로 엑셀은 목표값을 찾을 때 수식이 원하는 결과를 구할 때까지 지정한 셀에서 값을 바꿔가며 찾는 즉, 정해진 목표값을 찾기 위해 다른 셀의 값을 변경하는 것입니다.	워크시트에서 목표 셀의 수식에 대한 최적값을 찾을 때 사용합니다.
장점	가능한 결과에 대한 데이터를 다양한 원본에서 쉽게 수집하여 해당 데이터를 결합할 수 있고, 예상되는 몇 가지 상황을 변수에 적용하고 곧바로 계산 결과에 반영함으로써 각각의 변수를 추적해 데이터를 입력하는 번거로움을 덜 수 있습니다.	한 개 또는 두 개의 변수에만 집중할 수 있으므로 결과를 쉽게 읽고 테이블 형식으로 공유할 수 있습니다.	상당히 복잡한 계산을 내부적으로 진행한 후 만족할만한 결과를 보여줍니다.	
변수	세 개 이상 32개까지 시나리오의 수는 제한 없음	두 개까지	하나	두 개 이상

■ PMT 함수

재무 함수 중 하나로, 일정 금액을 정기적으로 납입하고, 일정한 이자율이 적용되는 대출 상환금을 계산합니다. PMT 함수는 목표값 찾기 기능과 함께 사용하면 그 효과가 배가됩니다.

	구분	PMT(rate, nper, pv, [fv], [type]) / =PMT(C5/12,C4,C3)
인수	rate	필수 요소. 대출 이자율
	nper	필수 요소. 대출금 총 상환 횟수
	pv	필수 요소. 현재 가치, 즉 앞으로 지불할 일련의 상환금이 현재 가지고 있는 가치의 총합(원금)
	fv	선택 요소. 미래 가치, 즉 최종 상환 후의 현금 잔고입니다. fv를 생략하면 0으로 간주됩니다. 예를 들면 대출금의 미래 가치는 0이 됩니다.
	type	선택 요소. 납입 시점을 0 또는, 1로 나타냅니다. 	type	납입 시점	 	0 또는, 생략	기간 말	 	1	기간 초	

주의

1. PMT 함수로 반환되는 납입액에는 세금, 납입 보증금, 기타 수수료는 포함되지 않고 원금과 이자만 포함됩니다.
2. rate와 nper를 지정할 때는 동일한 단위를 사용해야 합니다. 연 이자율 12%의 4년 만기 대출금을 매월 상환한다면 rate에 대해 12%/12, nper에 대해 4*12를 사용합니다. 대출금을 매년 상환한다면 rate에 대해 12%, nper에 대해 4를 사용하며, 대출 기간 동안 상환하는 총 금액을 알아보려면 반환되는 PMT 값을 nper로 곱합니다.
3. 연이자를 12로 나누는 이유는 1년이 12개월이기 때문입니다. 만약 6개월 이자라고 하면 6으로 나누면 됩니다.

시나리오(Scenario)

예제 파일 2-4-3 가상분석.기술통계량-예제.xlsx ┃ 완성 파일 2-4-3 가상분석.기술통계량-완성.xlsx

예산을 작성하고 싶지만 수입이 불확실할 경우에 시나리오를 사용하면 수입에 대해 여러 개의 예상 값을 정의한 다음 시나리오를 전환하면서 가상 분석을 실행할 수 있습니다. 시나리오로 정의하려면 먼저 다음 그림과 같이 해당 값을 워크시트에 입력해야 합니다.

01 먼저 아래 표를 참고하여 값을 변경하려는 [C3], [C4] 셀에는 값을, [C5] 셀에는 결과 셀의 변경 셀에 기반하는 수식을 입력합니다.

	입력 셀	값 및 수식
총수입	[C3]	150,000,000
판매비용	[C4]	56,000,000
총이익	[C5]	=C3-C4

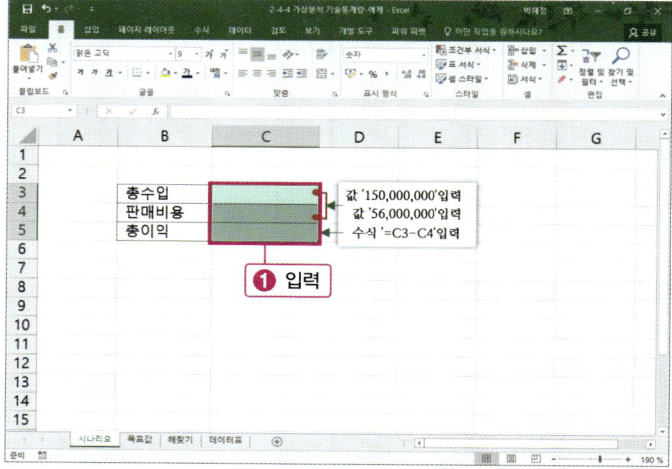

02 시나리오를 만들기 위해 [데이터] 탭-[데이터 도구] 그룹에서 [가상 분석]-[시나리오 관리자]를 클릭합니다.

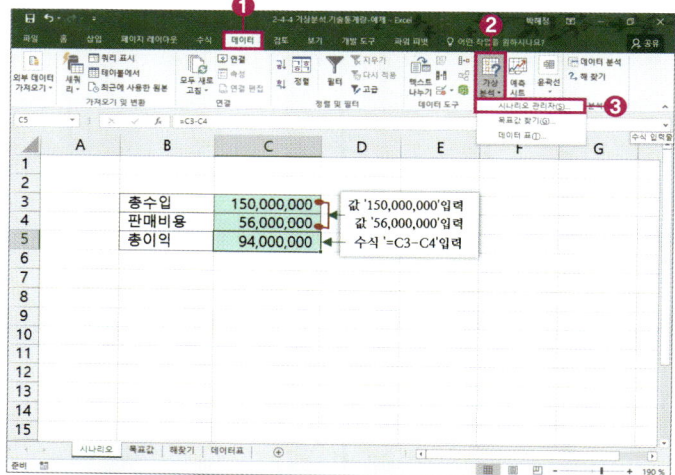

03 [시나리오 관리자] 대화상자에서 [추가]를 클릭합니다. [시나리오 추가] 대화상자에서 [시나리오 이름]은 '최저', [변경 셀]은 [C3:C4]로 설정한 후 보호에서 원하는 옵션을 선택하고 [확인]을 클릭합니다.

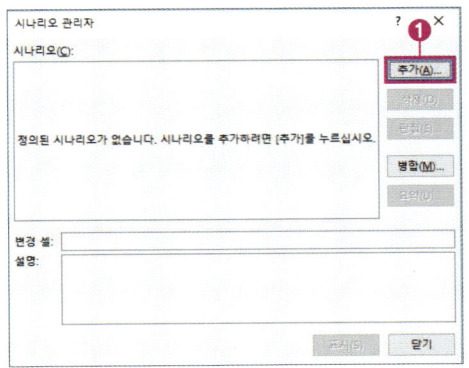
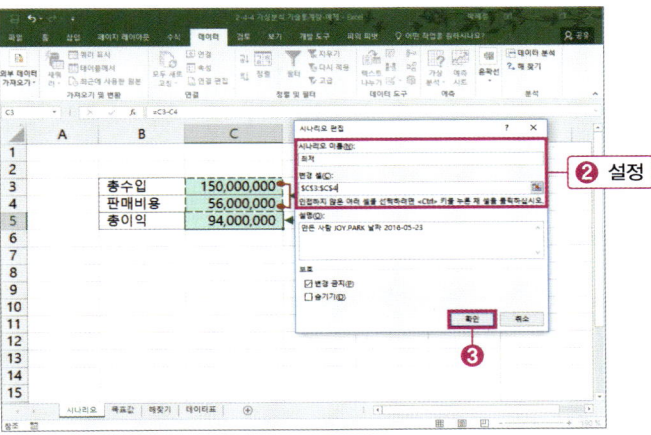

04 [시나리오 값] 대화상자에서 [C3] 셀에는 '130,000,000'을 [C4] 셀에는 '30,000,000'을 입력한 다음 [확인]과 [추가]를 각각 클릭합니다.

	입력 셀	값 및 수식
총수입	[C3]	130,000,000
판매비용	[C4]	30,000,000

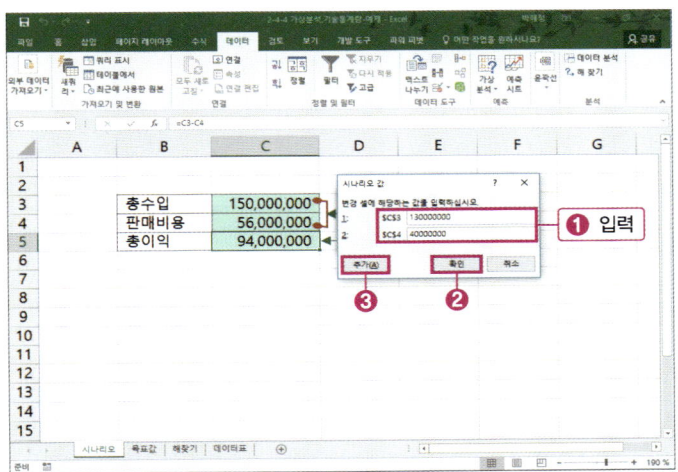

05 [시나리오 추가] 대화상자에서 [시나리오 이름]은 '최대', [변경 셀]은 [C3:C4]로 설정한 후 [확인]을 클릭합니다.

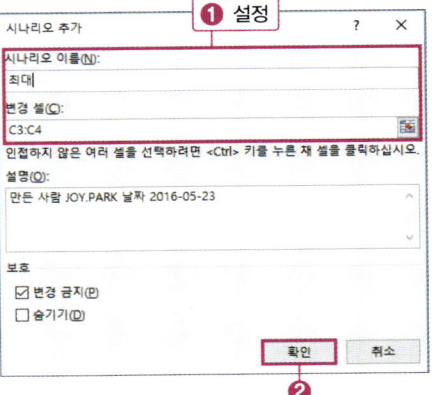

체크해봐요 :: 변경 셀의 최초 값을 유지하려면 다른 값을 사용하는 시나리오를 추가로 만들기 전에 최초 값을 사용하는 시나리오를 추가합니다.

체크해봐요 :: 다음과 같은 옵션은 보호된 워크시트에만 적용됩니다. 워크시트가 보호된 경우 시나리오를 편집할 수 없도록 하려면 [변경 금지]를 체크합니다. 워크시트가 보호된 경우 시나리오가 표시되지 않도록 하려면 [숨기기]를 체크합니다.

06 [시나리오 값] 대화상자에서 [C3] 셀은 '170,000,000'을 [C4] 셀은 '50,000,000'을 입력한 다음 [확인]을 클릭합니다.

	입력 셀	값 및 수식
총수입	[C3]	170,000,000
판매비용	[C4]	50,000,000

체크해봐요 :: 최대 몇 개까지 시나리오에 포함할 수 있나요?
두 개의 변경 셀, 즉 [C3]과 [C4] 셀만 포함되어 있지만 최대 32개의 셀을 시나리오에 포함할 수 있습니다.

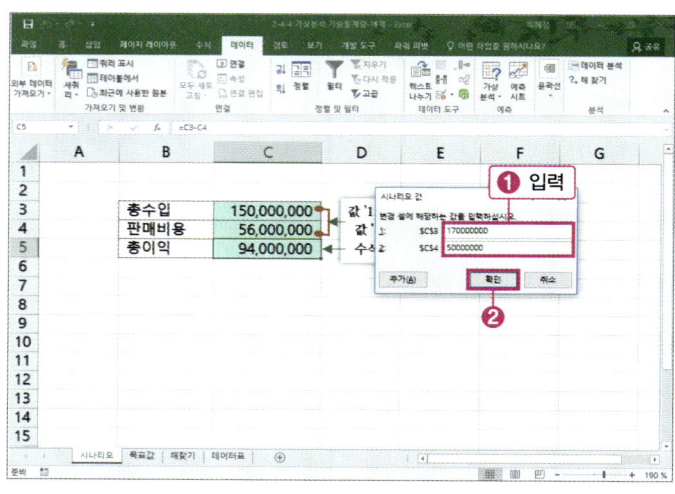

07 두 시나리오를 비교하기 위해 시나리오를 한 페이지에 요약하는 [요약]을 클릭합니다.

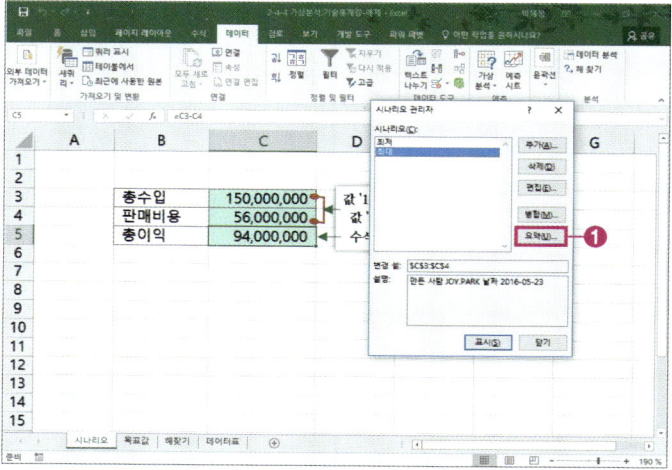

체크해봐요 :: [시나리오 병합]은 뭘 하는 건가요?
고려할 모든 시나리오를 만드는 데 필요한 정보가 단일 워크시트 또는, 통합 문서에 모두 포함되어 있는 경우도 있지만 서로 다른 여러 원본 문서에서 시나리오 정보를 수집해야 하는 경우도 있습니다. 예를 들어 규모가 큰 회사의 예산을 작성하려는 경우 시나리오를 만드는 데 사용할 서로 다른 정보를 급여, 제조, 마케팅 및 법무 등의 부서에서 보유하고 있으므로 이러한 원본으로부터 시나리오를 수집해야 할 수도 있습니다. 다양한 원본에서 여러 시나리오를 수집하는 경우 각 통합 문서에서 동일한 셀 구조를 사용해야 합니다. 예를 들어 수입은 항상 [B2] 셀에 포함되고 지출은 항상 [B3] 셀에 포함되도록 합니다. 다양한 원본의 시나리오에 대해 서로 다른 구조를 사용하면 결과를 병합하기 어려울 수 있습니다.

08 요약 보고서에서는 시나리오를 나란히 나열하거나 피벗 테이블 보고서로 제공할 수 있습니다. [시나리오 요약] 대화상자에서 [시나리오 요약]을 체크하고 [결과 셀]을 [=$C$5]로 지정한 다음 [확인]을 클릭합니다.

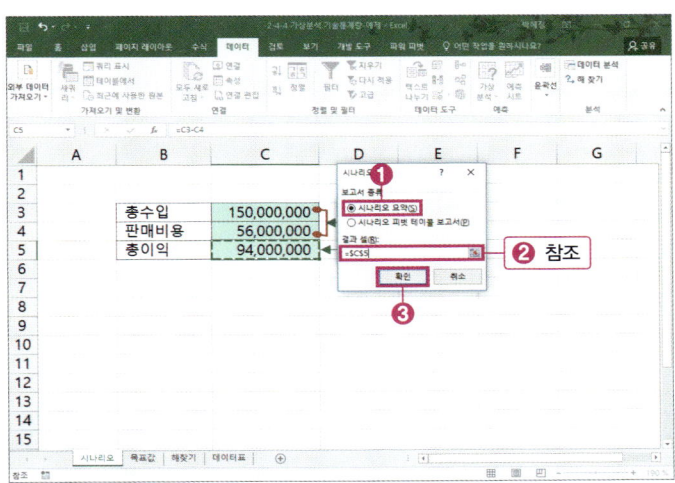

09 새로운 [시나리오 요약] 시트가 추가된 것을 확인할 수 있습니다.

팁 :: 기본적으로 요약 보고서에서는 셀 참조를 사용하여 변경 셀 및 결과 셀을 식별합니다. 요약 보고서를 쉽게 읽을 수 있도록 요약 보고서를 실행하기 전에 셀에 이름을 지정하여 사용하면 셀 참조 대신 이름이 요약 보고서에 포함됩니다.

팁 :: 먼저 시나리오를 직접 만든 다음 해당 시나리오가 포함된 통합 문서 사본을 동료에게 보내는 것이 좋습니다. 이렇게 하면 보다 수월하게 모든 시나리오의 구조가 동일하게 유지되도록 할 수 있습니다.

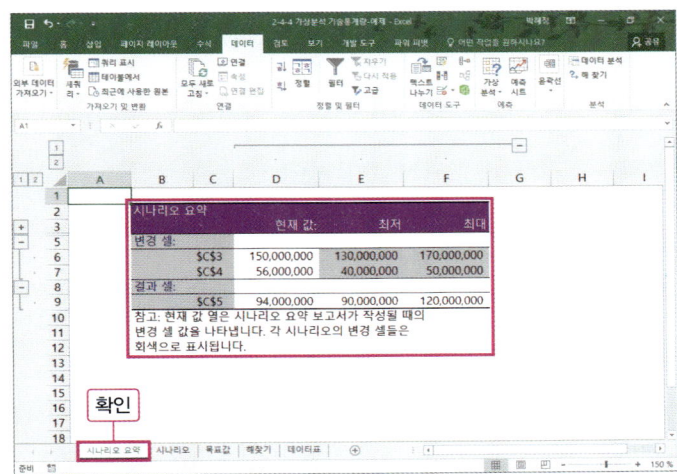

목표값(Goal Seek)

예제 파일 2-4-3 가상분석.기술통계량-예제.xlsx ┃ 완성 파일 2-4-3 가상분석.기술통계량-완성.xlsx

목표값은 수식으로 구하려는 결과는 알지만 해당 결과를 얻기 위해 입력해야 할 값을 모르는 경우 사용합니다. 목표값 찾기는 하나의 변수 입력 값만 사용하며, 두 개 이상 사용하려면 해 찾기 추가 기능을 사용합니다. 이곳에서는 돈을 빌려야 하는 상황을 예를 들어, 빌리려는 금액과 대출금을 갚는 데 필요한 시간 및 매달 상환할 수 있는 금액을 알고 있을 때 목표값 찾기를 사용해 자신의 대출 목표를 맞추는 데 필요한 이율을 결정해보겠습니다.

01 아래 표를 참고하여 '대출금액', '대출 기간', '상환액'을 입력합니다.

	입력 셀	입력 값
대출금액	[C3]	100,000,000
대출기간	[C4]	180
이자율	[C5]	비워둠
상환액	[C6]	=PMT(C5/12,C4,C3)

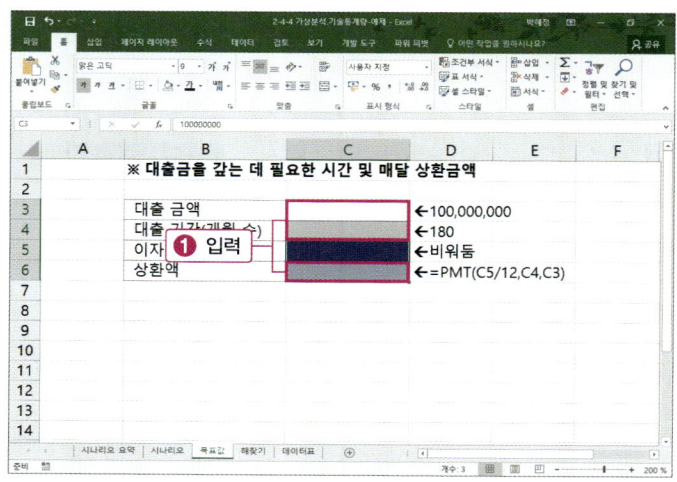

체크해봐요 :: 이자율을 비워두는 이유는 뭔가요?
매달 상환하려는 금액은 900,000원이지만 목표값 찾기에서는 수식부터 시작해야 하므로 목표값 찾기를 통해 이율을 결정하려면 셀에 해당 금액을 입력하지 않습니다. 물론 빈 셀이 아니고 다른 데이터가 있어도 목표값 찾기는 실행됩니다.

02 [데이터] 탭-[예측] 그룹에서 [가상 그룹]-[목표값 찾기]를 클릭합니다.

체크해봐요 :: 값이 -가 나오는 이유는 뭔가요?
PMT 함수는 1억 원에서 일정 금액을 차감해서 0원을 만드는 함수이기 때문입니다. 간단히 인수를 -로 바꾸면 양수로 나옵니다.

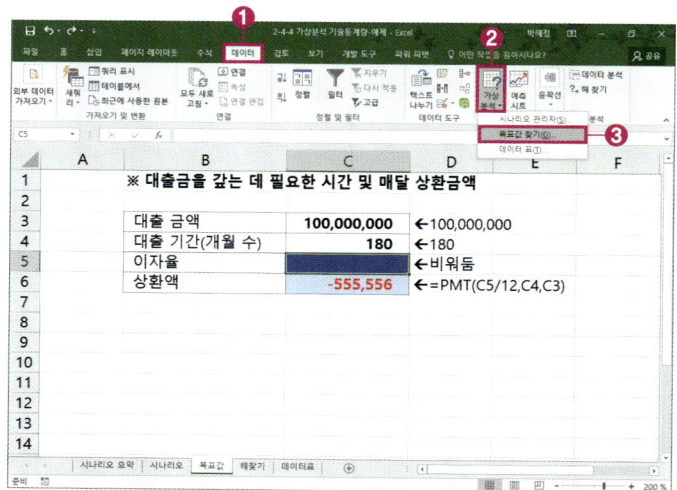

03 [목표값 찾기] 대화상자에서 [수식 셀]에는 [$C$6], [찾는 값]에는 '−900000', [값을 바꿀 셀]에는 [$C$5]를 참조하고 [확인]을 클릭합니다.

··

팁 :: [C3] 및 [C4] 셀에 입력한 값을 참조하고 목표값 찾기를 통해 이율이 입력될 [C5] 셀도 참조합니다. 사용자가 월별 상환액을 지정했으므로 PMT 함수에서 이율을 연간 이율로 간주하고 이 수식에서 [C5] 셀의 값을 12로 나눕니다. [C5] 셀에는 값이 없으므로 엑셀에서는 이율을 0%로 가정하고 555,560원이라는 상환액을 반환합니다. 현 단계에서 이 값은 무시해도 됩니다.

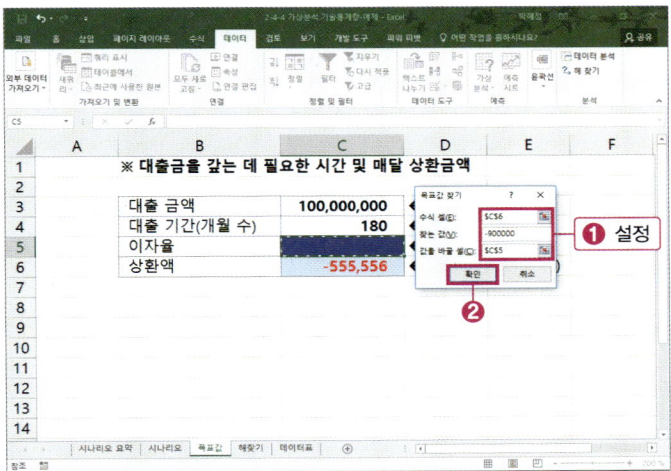

04 '−900000'은 상환액을 나타내므로 음수이며 수식에서 반환할 결과입니다. [목표값 찾기 상태] 대화상자가 나타나면 [확인]을 클릭합니다. 목표값 찾기에서 다음과 같은 결과가 생성됩니다. [취소]를 클릭하면 원본 상태로 그대로 표시됩니다.

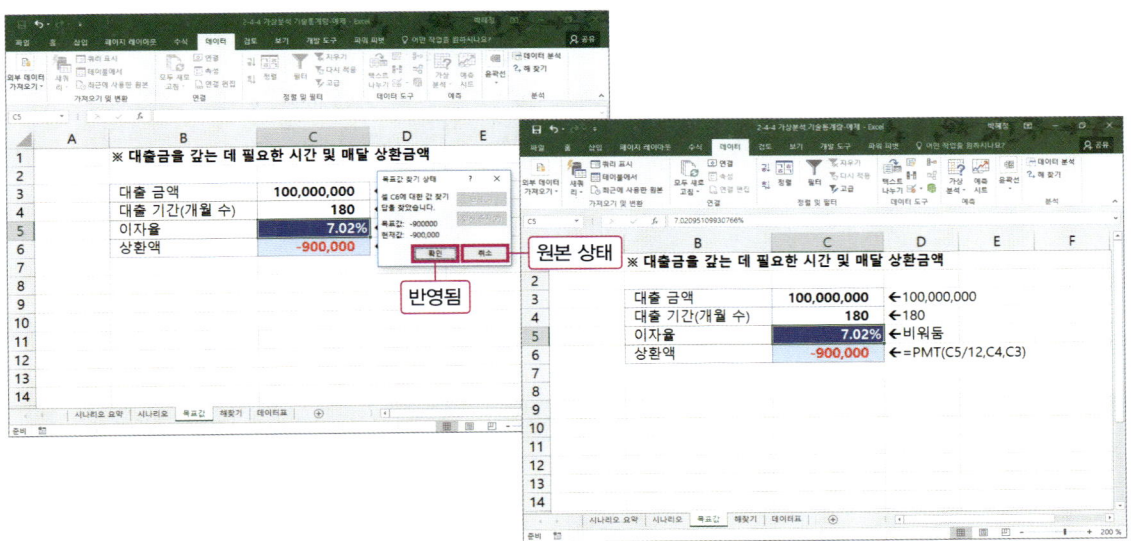

05 한 달에 800,000원을 갚기 위해서 얼마의 원금을 빌려야 하는지를 알아보기 위해 [데이터] 탭–[예측] 그룹에서 [가상 그룹]–[목표값 찾기]를 클릭합니다.

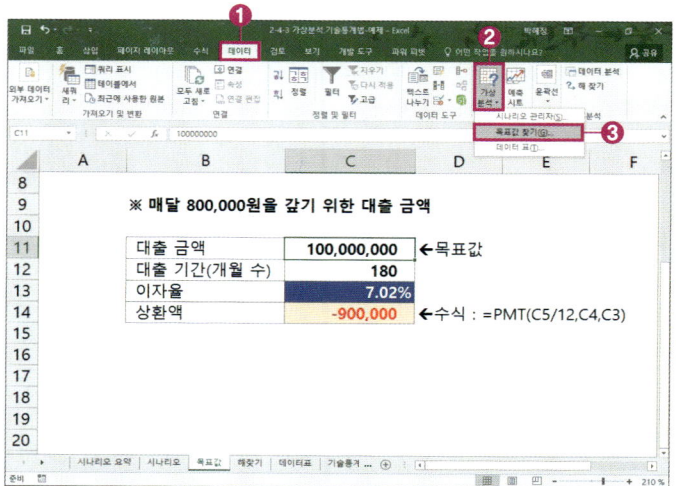

06 [목표값 찾기] 대화상자에서 [수식 셀]에는 [C14], [찾는 값]에는 '800000', [값을 바꿀 셀]에는 [C11]을 참조하고 [확인]을 클릭합니다.

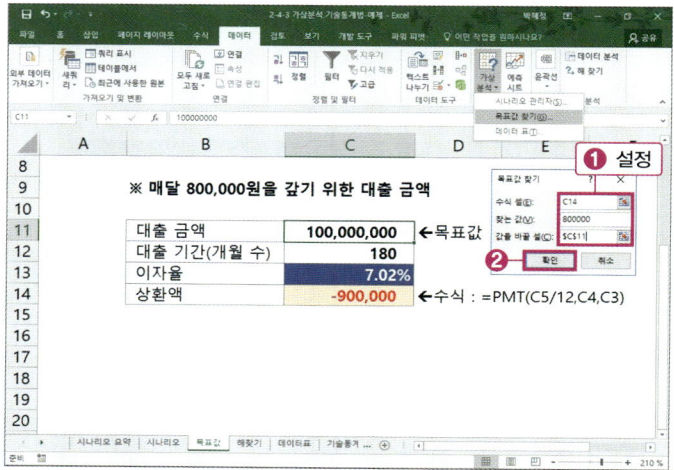

07 결과를 확인하고 [목표값 찾기 상태] 대화상자에서 결과를 반영하려면 [확인]을 클릭하고, 원본으로 돌리려면 [취소]를 클릭합니다.

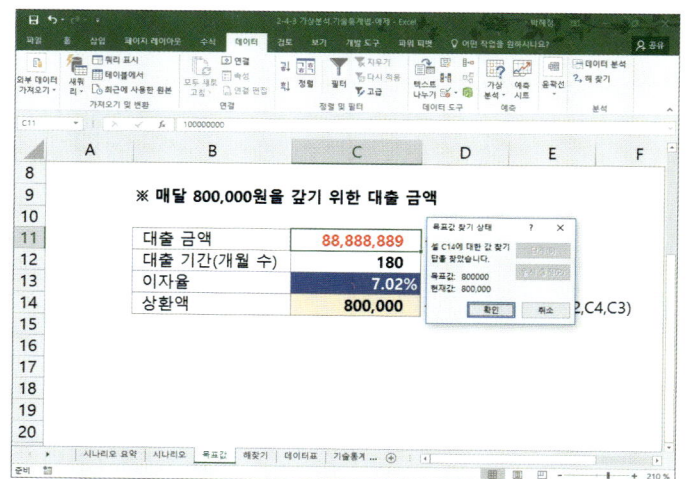

해 찾기(Solver)

해 찾기는 공학용 계산기의 Equation Solver라는 기능과 데이터 최적화 기능을 합쳐놓은 고급 기능입니다. 기존 목표값 찾기가 하나의 수식을 바탕으로 하나의 셀을 변경해 원하는 값을 얻었다면 해 찾기는 여러 개의 수식으로 얽혀있는 데이터에서 원하는 다수의 셀을 변경해 목표값을 찾을 수 있습니다. 2017년도 예산안을 작성했습니다. 그런데 예산안 총금액을 '800'으로 재조정하라는 것입니다. 목표값 [F8] 셀이 '800'이 넘지 않도록 예산 범위의 값을 재조정하되 R&D의 합계는 변경하지 않도록 제한 조건들 적용해 구하겠습니다.

01 해 찾기는 기본적으로 메뉴에 나타나지 않는 추가 기능으로 새롭게 추가하기 위해 [파일] 탭-[옵션]을 클릭합니다. [Excel 옵션] 대화상자에 [Excel 추가 기능], [이동]을 클릭하고 [해 찾기 추가 기능]을 체크한 후 [확인]을 클릭합니다.

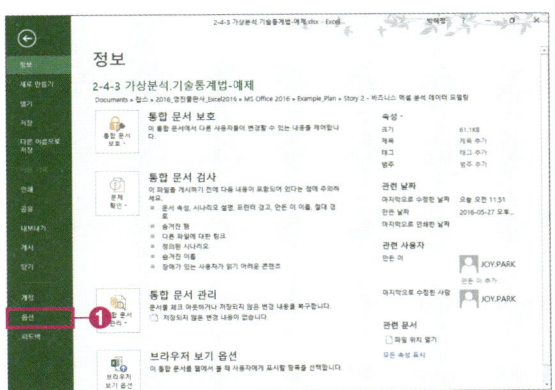
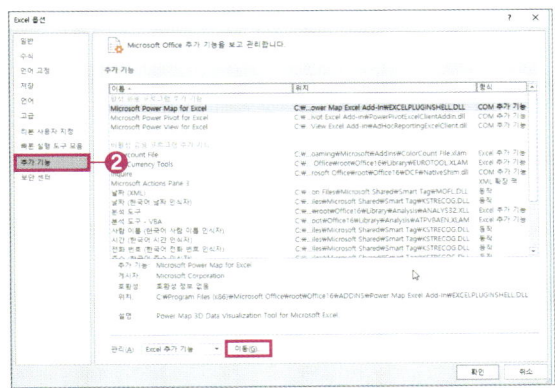

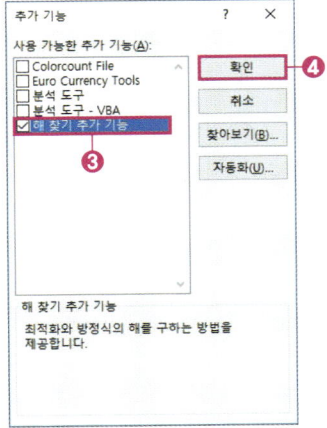

02 [데이터] 탭–[분석] 그룹에서 [해 찾기]를 클릭합니다. [해 찾기 매개 변수] 대화상자의 [목표 설정]에서 [$F$8]을 참조하고 [대상]은 [지정값]을 체크한 후 '800'을 입력하고 [추가]를 클릭합니다.

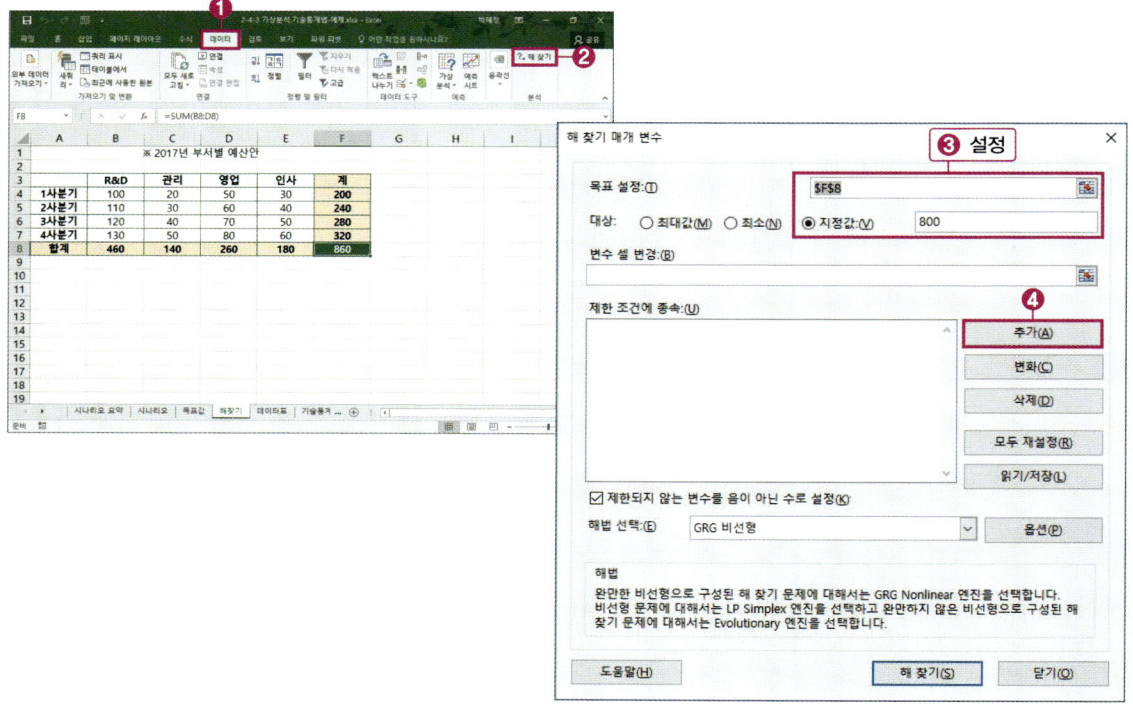

03 [제한 조건 추가] 대화상자에서 [셀 참조]에는 '$B$8', [제한 조건]에는 '460'으로 설정하여 R&D 금액은 변경되지 않도록 한 다음 [확인]을 클릭합니다.

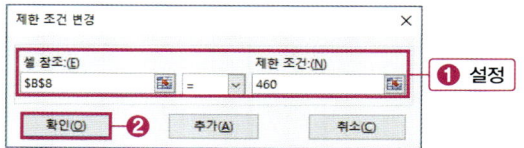

체크해봐요 :: [제한 조건 변경] 대화상자
① 셀 참조 : 값의 조건을 제한할 셀 범위를 참조합니다.
② 관계 목록 : 참조하는 셀과 제한 조건의 관계를 선택합니다.
③ 제한 조건 : 관계로 〈=. =. 〉= 등을 선택한 경우 숫자의 상대 값을 입력합니다.
④ 추가 : 제한 조건을 적용하고 다른 제한 조건을 추가합니다.
⑤ 확인 : 제한 조건을 적용하고 [행 찾기 매개 변수] 대화상자로 돌아갑니다.

04 [해 찾기 매개 변수] 대화상자에서 [변수 셀 변경]에 범위 [$C$4:$E$7]을 참조하고 [해 찾기]를 클릭합니다.

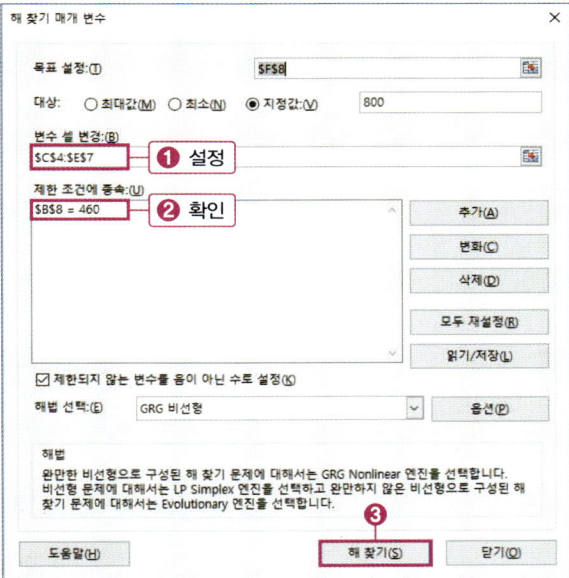

체크해봐요 :: [해 찾기 매개 변수] 대화상자

① 목표 설정 : 목표 셀은 수식이 있어야 합니다.
② 대상 : 목표 셀 값을 최대값, 최소값, 특정 값으로 지정하고 값을 입력 합니다.
③ 변수 셀 설정 : 목표 값이 되기 위해 변경할 결정 변수 셀 범위를 지정합니다.
④ 제한 조건에 종속 : 특별히 적용할 제한 조건을 입력합니다.

05 [해 찾기 결과]대화상자가 나타나면 [개요 보고서]를 체크하고 [확인]을 클릭합니다. 목표값 [F8] 셀이 '800'으로 변경되었고, [변수 셀 변경]에 지정한 범위 [$C$4:$E$7]의 값의 변경된 것을 확인할 수 있습니다.

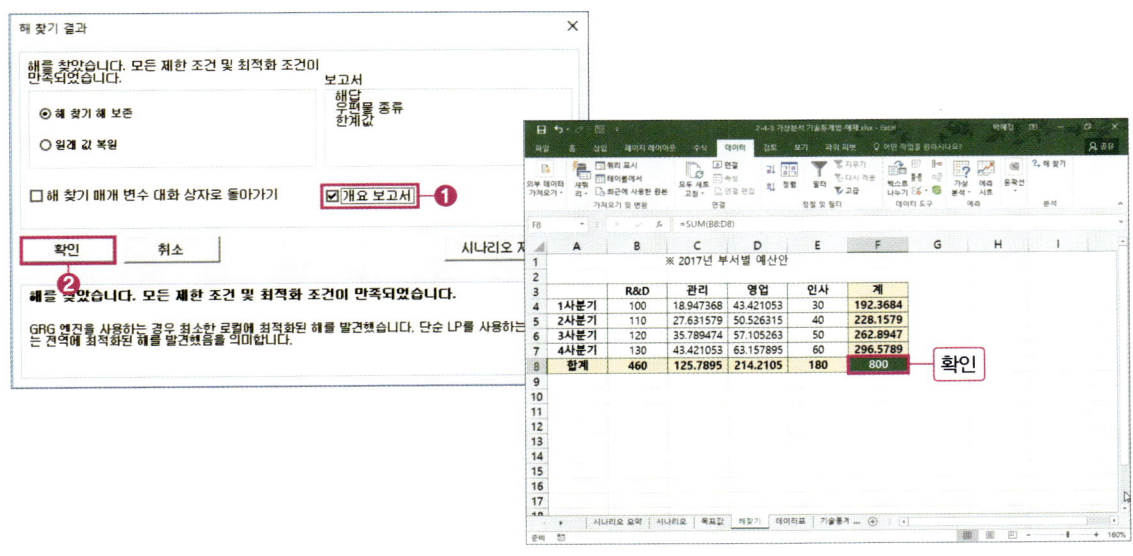

체크해봐요 :: 해 찾기에서 사용하는 해법

• GRG(Generalized Reduced Gardient) 비선형 : 곡선 비선의 문제에 사용
• LP 단순 : 선형 문제에 사용
• Evolutionary : 비곡선 문제에 사용

데이터 표(Data Table)

예제 파일 2-4-3 가상분석.기술통계량-예제.xlsx | 완성 파일 2-4-3 가상분석.기술통계량-완성.xlsx

대출에 적용되는 이자율 및 기간을 변경하면서 월별 대출 상환액을 구하는데, 변수가 하나인 데이터 표와 변수가 두 개인 데이터 표를 이용하여 이자율을 구해봅니다. 변수가 하나인 데이터 표에서 입력 값은 열 방향 또는 행 방향으로 나열되며, 변수가 하나인 데이터 표에서 사용하는 수식은 하나의 입력 셀만 참조해야 합니다.

01 '데이터 표' 시트에서 서로 다른 이자율에 따른 매월 지불금을 구하기 위해 [E3] 셀에는 [C4] 셀을 참조하는 대출 상환액 수식 '=PMT(C4/12,C5,-C6)'가 들어 있습니다. 대체할 수식과 값이 들어있는 셀 범위 [D3:E6]을 선택하고 [데이터] 탭-[예측] 그룹에서 [가상 분석]-[데이터 표]를 클릭합니다.

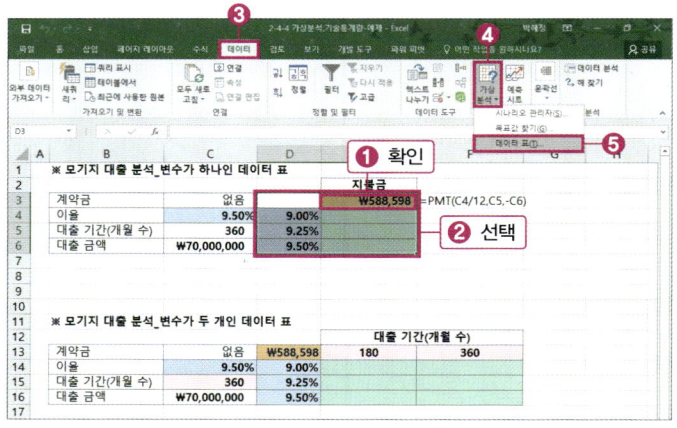

02 [데이터 표] 대화상자에서 [행 입력 셀]은 비워두고, [열 입력 셀]에서 [$C$4]를 참조한 후 [확인]을 클릭합니다.

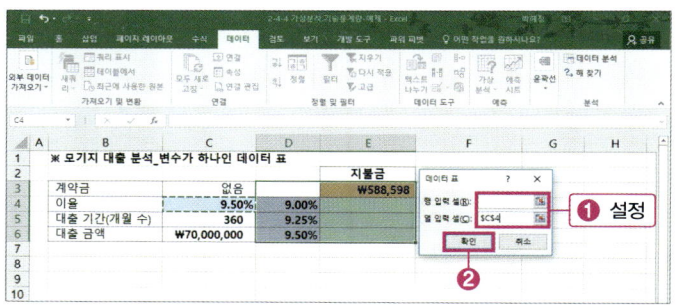

03 [D3:E6]에 입력한 이율을 변수로 하여 수식 '=PMT(C4/12,C5,-C6)'의 이자 부분인 [C4] 셀에 적용하여 그에 따른 지불금을 구합니다.

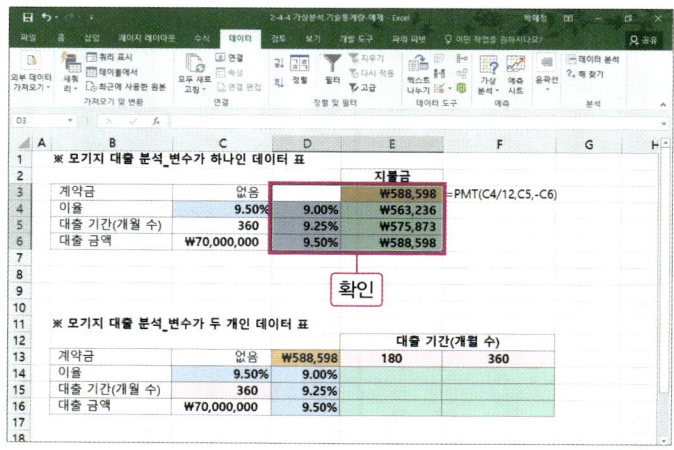

04 변수가 두 개 즉, 이율과 대출 기간에 따른 월 상환금액을 구하기 위해 [D13] 셀에는 [C14], [C15] 셀을 참조하는 대출 상환액 수식 '=PMT(C14/12,C15,−C16)'이 들어 있습니다. 대체할 수식과 값이 들어있는 [D13:E16]을 선택하고 [데이터] 탭–[예측] 그룹에서 [가상 분석]–[데이터 표]를 클릭합니다.

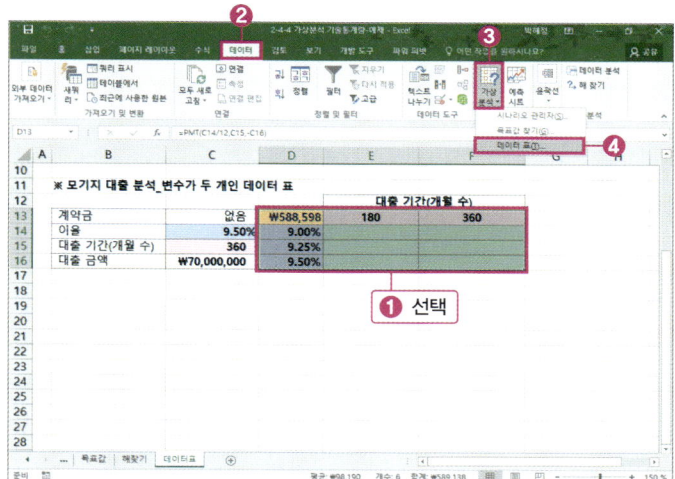

05 [데이터 표] 대화상자에서 [행 입력 셀]에는 [$C$15], [열 입력 셀]에는 [$C$14]를 참조하고 [확인]을 클릭합니다.

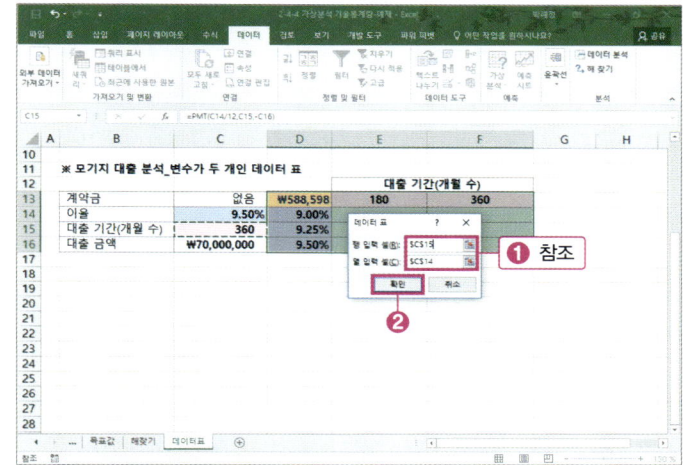

06 [D14:D16]에 입력한 [이율]과 [E13:F13]의 [대출 기간]을 변수로 하여 수식 '=PMT(C14/12,C15,−C16)'의 이율과 대출 기간인 [C14], [C15] 셀에 적용하여 그에 따른 지불금을 구합니다.

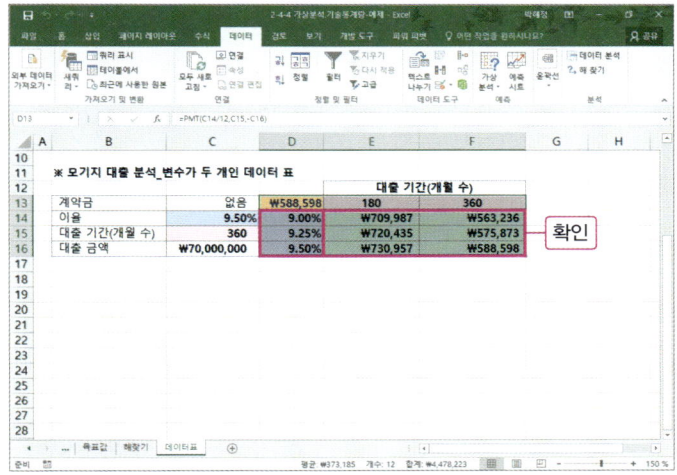

데이터 분석 도구 _ 기술 통계량

예제 파일 2-4-3 가상분석.기술통계량-예제.xlsx ┆ 완성 파일 2-4-3 가상분석.기술통계량-완성.xlsx

엑셀에서는 평균이나 범위 같은 기본 통계부터 중급 통계인 t-검정(t-test), 다중회귀(multiple regression) 그리고 공분산분석(analysis of covariance)까지 할 수 있습니다. 통계는 단순한 산수가 아니기 때문에 반드시 개념을 공부하고 엑셀의 적절한 통계 함수나 기법을 사용해야 합니다. 통계는 추론(inferential) 통계와 기술(descriptive) 통계로 나뉘며, 평균(average)이나 범위(range)는 기술 통계이며 특정 그룹을 설명합니다. 또 표준편차(standard deviations), 상관(correlations), 왜도(skewness) 등 여러 가지 통계로 기술할 수 있는 용어들이며 엑셀이 이런 작업을 할 수 있도록 지원합니다. 이번에는 데이터 분석 도구의 기술 통계량을 실행하여 각각의 값이 어떤 의미인지를 알아보겠습니다.

01 [파일] 탭-[옵션]을 클릭하고 [옵션] 대화상자에 [추가 기능]을 클릭합니다. [이동]을 클릭하면 나타나는 [추가 기능] 대화상자에서 [분석 도구]를 체크하고 [확인]을 클릭합니다.

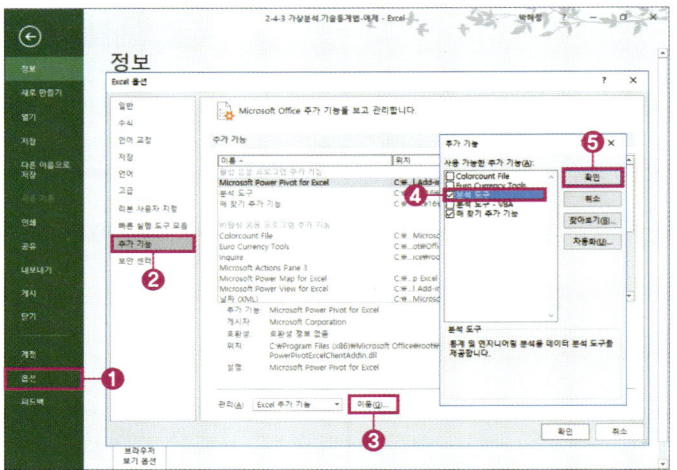

02 [데이터] 탭-[분석] 그룹에서 [데이터 분석]을 클릭하고 [통계 데이터 분석] 대화상자에서 [기술 통계법]을 선택한 다음 [확인]을 클릭합니다.

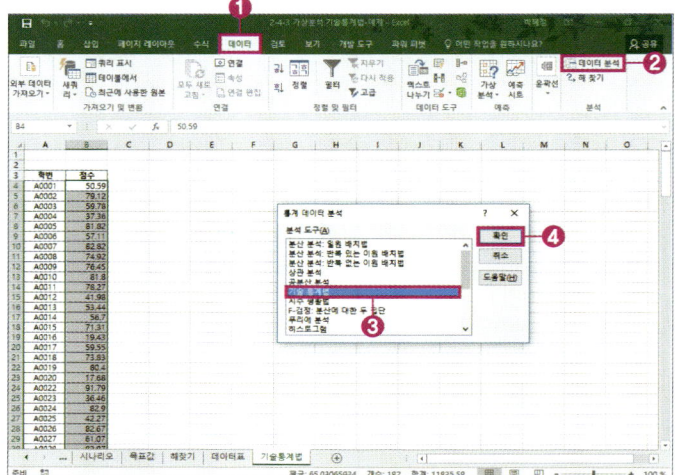

03 [기술 통계법] 대화상자에서 [입력 범위]를 [$B$3:$B$185]로 참고하고, [출력 범위]를 [$D$3], [첫째 행 이름표 사용]과 [요약 통계량] 체크, 그리고 [K번째 큰 값]과 [K번째 작은값]에 체크한 후 '2'를 입력합니다.

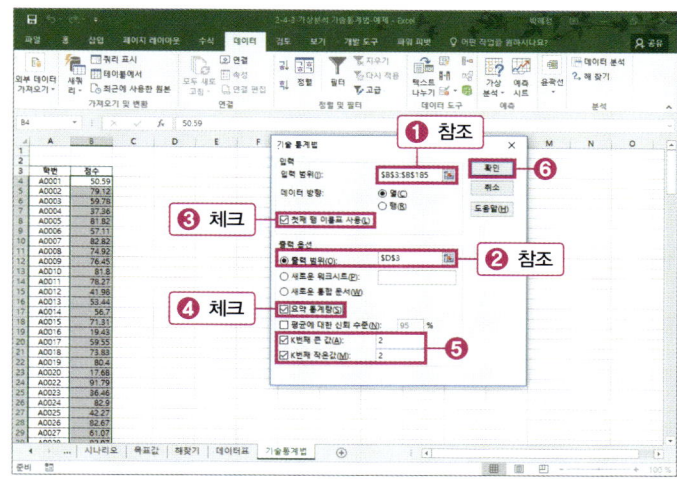

04 결과를 확인합니다.

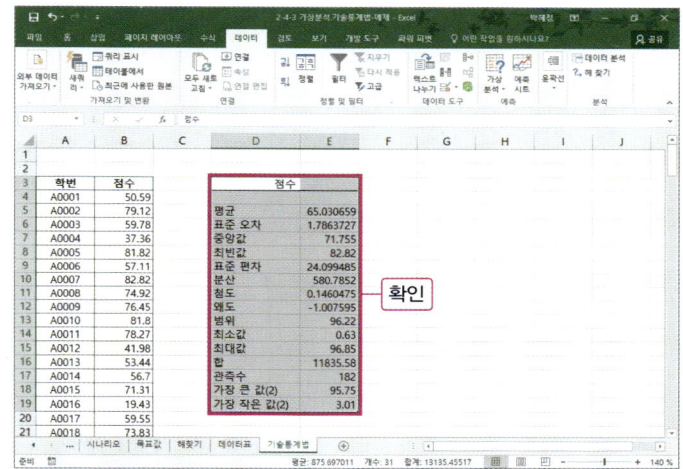

팁 :: **기술 통계량 VS 엑셀 통계 함수 비교**

통계 방법	통계	통계 함수	통계 방법	통계	통계 함수
평균	65.03066	=AVERAGE(B4:B185)	범위	96.22	=MAX(B4:B185)−MIN(B4:B185)
표준 오차	1.786373	=STDEV.S(B4:B185)/SQRT(COUNT(B4:B185))	최소값	0.63	=MIN(B4:B185)
중앙값	71.755	=MEDIAN(B4:B185)	최대값	96.85	=MAX(B4:B185)
최빈값	82.82	=MODE.SNGL(B4:B185)	합	11835.58	=SUM(B4:B185)
표준 편차	24.09949	=STDEV.S(B4:B185)	관측수	182	=COUNT(B4:B185)
분산	580.7852	=VAR(B4:B185)	가장 큰 값(2)	95.75	=LARGE(B4:B185,2)
첨도	0.146047	=KURT(B4:B185)	가장 작은 값(2)	3.01	=SMALL(B4:B185,2)
왜도	−1.00759	=SKEW(B4:B185)			

분석한 데이터를
한눈에 볼 수 있게
해석하자!

필자는 그래프가 사실을 왜곡하는 도구로 사용되는 현장을 많이 경험했습니다. 물론 모든 상황이 의도적인 것은 아니지만, 차트를 사용하는 기술이 부족한 경우도 있었고, 그래프를 해석하는 실력 이 부족하여 결과의 왜곡을 못 본 경우도 있었습니다. 이처럼 분석이 확실히 되었더라도 보고의 과정에서 잘못 선택한 그래프의 종류와 바르게 표현하지 못한 축 값 그리고, 서식으로 인해 사실과는 다르게 정보가 전달되는 경우가 많습니다. 독자 여러분은 전 장에서 의사 결정에 도움이 되는 의미 있는 자료들을 만들었습니다. 그 자료들을 어떤 의미인지 분명하도록 표현하는 힘이 우리에게 필요합니다. 물론 이 장을 통해 순식간에 해석의 힘, 지혜를 만들어낼 수는 없겠으나, 엑셀에 어떤 차트를 제공하는지 그 차트는 무엇을 말하고자 하는지에 대해 여러 종류의 그래프를 만드는 과정 속에서 밑거름을 만들어낼 수 있길 바랍니다. 그래프만을 위한 책이 아니기 때문에 많은 사례를 담지 못했음을 이해바랍니다.

엑셀이 제공하는 비주얼의 힘! 차트와 표

분석하기 전 (Raw Data) ··· 분석(보고서 표) ··· 그래프	보고서의 표는 데이터의 처리를 원활히 할 수 있도록 구현된 Raw Data, 엑셀 표, 데이터 집합을 말하는 것이 아닙니다. 이곳에서 '표'는 조사한 자료를 기준에 따라 직사각형 모양의 칸에 정리하여 정보를 한눈에 알아보기 쉽게 만든 것을 말합니다. 또한, 자료의 크기 비교나 자료의 변화를 한눈에 알아보기 쉽도록 점, 직선, 곡선, 막대, 그림 등을 이용하여 나타낸 것을 '그래프'라고 합니다. 표와 그래프는 인구, 날씨 등 일상 생활의 여러 가지 통계 자료를 조사하고 분석하는 데 사용합니다.

차트의 구성 요소 및 서식 이해하기

엑셀의 차트는 쉽게 만들어지는 듯 보이지만 구성 요소가 많기도 하고, 각각 서로 다른 특징을 갖고 있기 때문에 원하는 결과를 얻기 위해서는 어디에 쓰이는지, 어떻게 사용해야 하는지 알아야 합니다. 일단 차트의 구성 요소별 이름과 간략한 특징을 소개하겠습니다.

■ 차트의 구성 요소 이름 및 속성

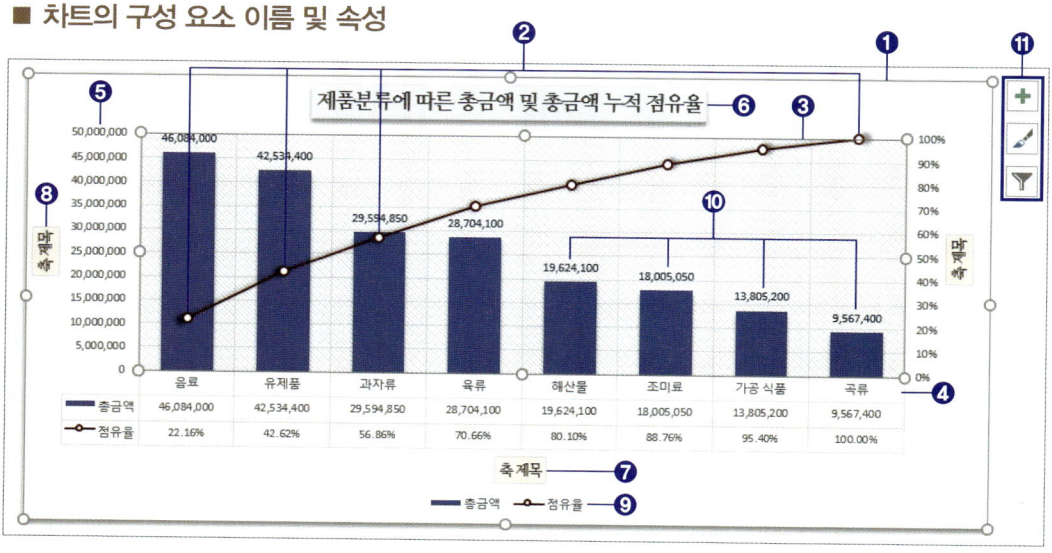

❶ **차트 영역** : 차트 전체의 크기와 위치를 조정하거나 구성 요소의 글꼴을 한꺼번에 변경할 때 선택한 후 작업합니다.

❷ **데이터 계열** : 선택한 데이터 원본 중 숫자가 실제 표시되는 막대나 꺾은선을 말하며 하나 이상의 계열이 차트에 표시됩니다. 한 번 클릭하면 계열 전체가 선택되며, 한 번 더 클릭하면 데이터 계열 중 하나인 데이터 요소가 선택됩니다.

❸ **그림 영역** : 막대 또는, 꺾은선 등 실제 그래프가 표시되는 곳으로 좀 데이터 계열 즉, 숫자 값을 좀 더 도드라지게 표시하기 위해서 선택한 후 서식을 적용합니다.

❹ **가로(항목) 축** : 선택한 데이터 원본에서 가로(항목) 축으로 지정된 항목을 표시합니다. 왼쪽에는 기본 축, 오른쪽에는 보조 축을 사용할 수 있습니다.

❺ **세로(값) 축** : 선택한 데이터 원본을 읽어 막대나 꺾은선에 해당하는 값을 읽을 수 있도록 자동으로 표시합니다. 물론 임의로 축의 시작과 끝 값을 변경할 수 있습니다. 위에는 기본 축, 아래에는 보조 축을 사용할 수 있습니다.

❻ **차트 제목** : 차트의 제목을 입력할 수 있고, 차트의 제목 개체는 셀과 연결할 수도 있습니다.

❼ **가로(항목) 축 제목** : 가로(항목) 축에 대한 이름을 지정합니다.

❽ **세로(값) 축 제목** : 세로(값) 축에 대한 이름을 지정합니다.

❾ **범례** : 차트에 표시되는 데이터 계열에 대한 정보를 표시하는 것으로 계열별 표시 색과 계열 이름을 연계하여 표시합니다.

❿ **데이터 레이블** : 선택한 데이터 계열에 대한 정보 즉, 값과 항목 및 계열 이름 등을 표시할 수 있고 데이터 레이블의 위치는 지정할 수도 있습니다.

⓫ **차트 단추** : 차트 요소(➕)를 클릭하면 구성 요소를 추가 및 삭제할 수 있고, 추가할 때의 위치를 지정할 수도 있습니다. 차트 모양과 스타일(🖌)을 클릭하면 전체적인 차트 모양과 스타일을 변경할 수 있습니다. 차트 필터(🔽)를 클릭하면 데이터 중 일부만 선택하여 확인할 수 있습니다.

■ 차트의 구성 요소별로 달라지는 서식 창

차트를 선택하면 차트 도구가 나타나고 차트의 구성 요소를 더블클릭하면 선택한 구성 요소를 설정할 수 있는 서식 창이 오른쪽에 나타납니다. '무엇을 선택했느냐'에 따라 할 수 있는 모든 일이 메뉴로 나타납니다.

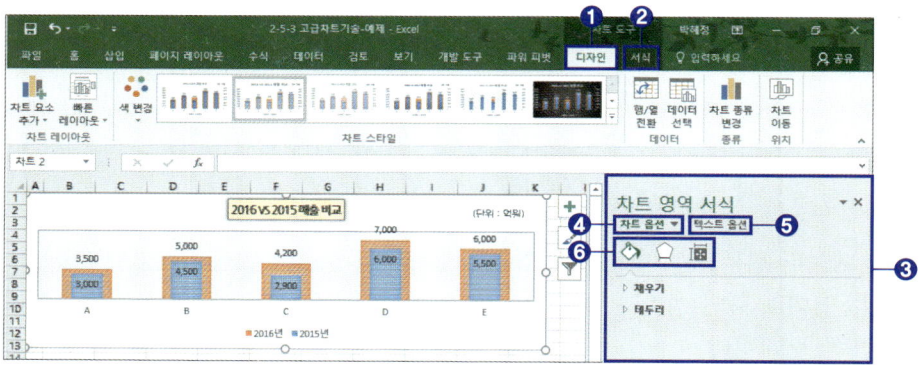

❶ [차트 도구]—[디자인] 탭 : 차트의 구성 요소 추가/삭제 및 위치 지정, 미리 만들어진 레이아웃 목록, 사용자가 페이지 레이아웃에서 지정한 테마를 기반으로 하여 MS가 만든 차트 스타일, 차트 원본 데이터를 지정하는 데이터 그룹, 차트 종류 변경, 차트의 위치 변경 등의 기본 작업을 할 수 있습니다.

❷ [차트 도구]—[서식] 탭 : 차트의 구성 요소 서식을 개별적으로 변경할 수 있고 차트의 크기 및 위치를 설정할 수도 있습니다.

❸ [차트 영역 서식] 창 : 하나의 차트에는 많은 구성 요소가 있기에 필요한 모든 내용을 [디자인]과 [서식] 탭에 배치할 수 없습니다. 그래서 구성 요소를 더블클릭하면 구성 요소별로 편집할 수 있는 기능이 모인 대화상자가 오른쪽에 창으로 배치됩니다. 어떤 요소가 선택되었느냐에 따라 제공되는 기능에 차이가 있습니다.

❹ 차트 옵션 : 차트의 구성 요소 중 도형 개체에 대한 서식으로 [채우기 및 선], [효과], [크기 및 속성] 탭이 있습니다.

❺ 텍스트 옵션 : 차트의 구성 요소 중 텍스트 개체에 대한 서식으로 [텍스트 채우기 및 윤곽선], [텍스트 효과], [텍스트 상자] 탭이 있습니다.

❻ 채우기 및 선, 효과, 크기 및 속성 : [확장](▷)을 클릭하면 채우기 및 선에 관련된 제공하는 모든 기능을 확인할 수 있습니다.

■ 빠른 분석 도구

[빠른 분석 도구](📊)는 두 개 이상의 범위를 선택하면 나타나는 도구로써 서식, 차트, 합계, 표, 스파크라인 탭으로 구성됩니다. 분석 정보를 시각화할 수 있는 도구를 추천하여 사용자가 빠르게 적절한 툴을 찾을 수 있습니다.

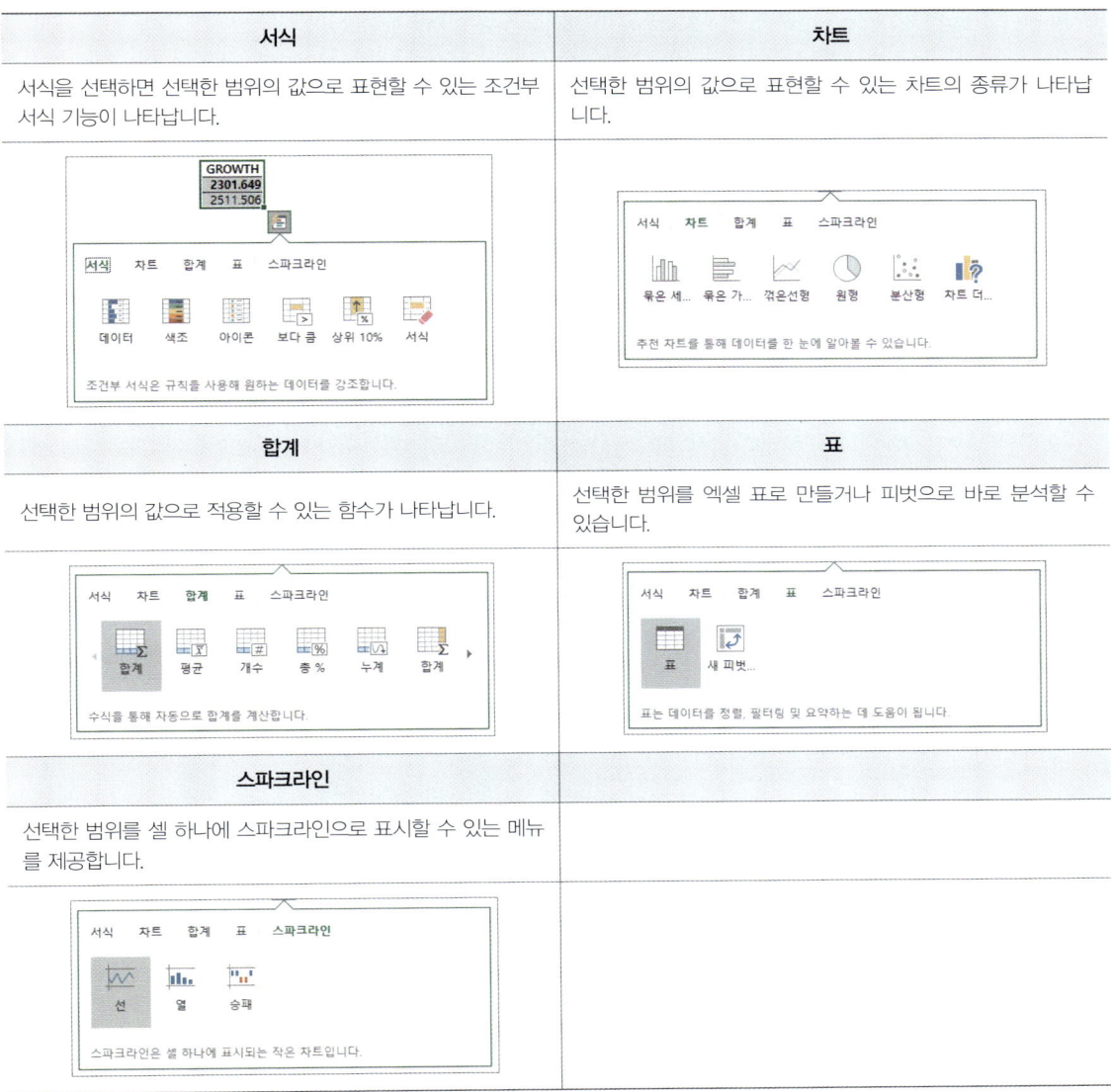

서식	차트
서식을 선택하면 선택한 범위의 값으로 표현할 수 있는 조건부 서식 기능이 나타납니다.	선택한 범위의 값으로 표현할 수 있는 차트의 종류가 나타납니다.

합계	표
선택한 범위의 값으로 적용할 수 있는 함수가 나타납니다.	선택한 범위를 엑셀 표로 만들거나 피벗으로 바로 분석할 수 있습니다.

스파크라인	
선택한 범위를 셀 하나에 스파크라인으로 표시할 수 있는 메뉴를 제공합니다.	

■ 엑셀 2016에 새로 추가된 그래프

트리맵	선버스트
데이터를 계층 구조 보기로 제공하므로 패턴(예: 매장에서 가장 판매량이 많은 품목)을 손쉽게 찾을 수 있습니다.	계층 구조 데이터를 표시하는 데 적합합니다. 하나의 고리 또는, 원이 계층 구조의 각 수준을 나타내며 가장 안쪽에 있는 원이 계층 구조의 가장 높은 수준을 나타냅니다.

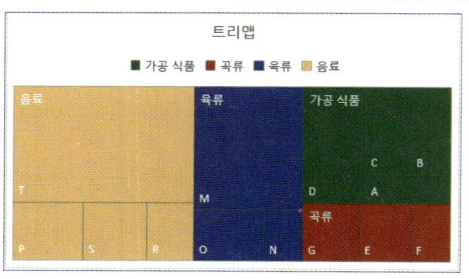
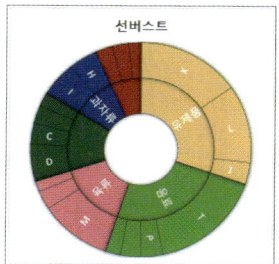

상자 수염 그림	폭포
데이터 분포를 사분위수로 나타내며 평균 및 이상값을 강조하여 표시합니다. 상자에는 수직으로 확장되는 '수염'이라는 선이 포함될 수 있습니다. 이러한 선은 제사분위수와 제3사분위수 외부의 변동성을 나타내며 이와 같은 선 또는 수염 외부의 모든 점은 이상값으로 간주됩니다.	값을 더하거나 빼는 경우의 누계를 나타내며 초기 값이 양의 값 및 음의 값에 의해 어떤 영향을 받는지 이해하는 데 유용합니다.

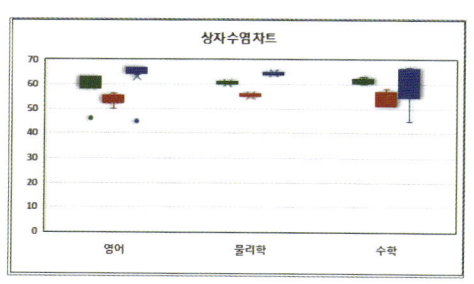
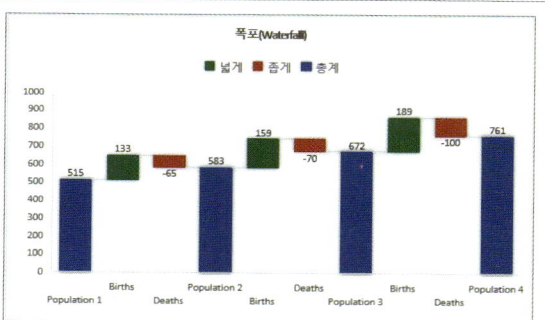

깔때기	히스토그램
프로세스 여러 단계의 값이 표시됩니다. 예를 들어 깔때기형 차트를 사용하여 영업 파이프라인 각 단계의 예상 판매 수량을 표시할 수 있습니다. 일반적으로 값이 점차 감소하여 가로 막대가 깔때기 모양이 됩니다.	히스토그램 또는 파레토(순차적 히스토그램)는 빈도 데이터를 보여주는 세로 막대형 차트이다. 각 데이터 계급의 데이터 요소 수를 계산합니다. 데이터 계급의 하한값보다 크고 상한값보다 작거나 같은 데이터 요소는 특정 데이터 계급에 포함됩니다.

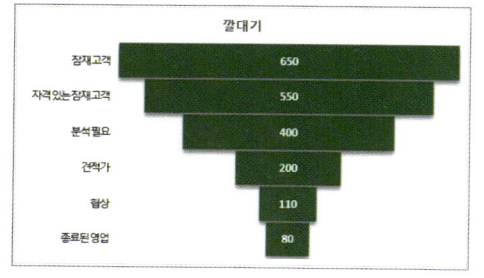
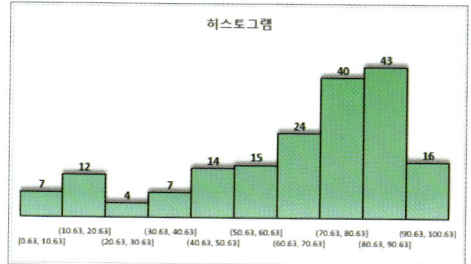

슬라이서를 이용하여 표로 구성하기

예제 파일 2-5-1 차트와표-예제.xlsx | 완성 파일 2-5-1 차트와표-완성.xlsx

표로 만들면 슬라이서라는 도구를 사용할 수 있으며, 데이터 범위를 표로 만들어 변수(열 속성) 중에 일부를 추출하는 것만으로도 빠른 정보 전달을 할 수 있습니다. 슬라이서를 이용하여 다양한 차원(변수) 정보로 필터링해보겠습니다.

01 '표' 시트에서 데이터를 엑셀 표로 만들기 위해 범위 [A11:J416]을 드래그하여 선택하거나 범위 중 하나의 셀을 선택하고 **Ctrl**+**A**를 눌러 모두 선택한 후 [삽입] 탭-[표] 그룹에서 [표]를 클릭합니다. [표 만들기] 대화상자에서 [머리글 포함]이 체크되어 있는지 보고 [확인]을 클릭합니다.

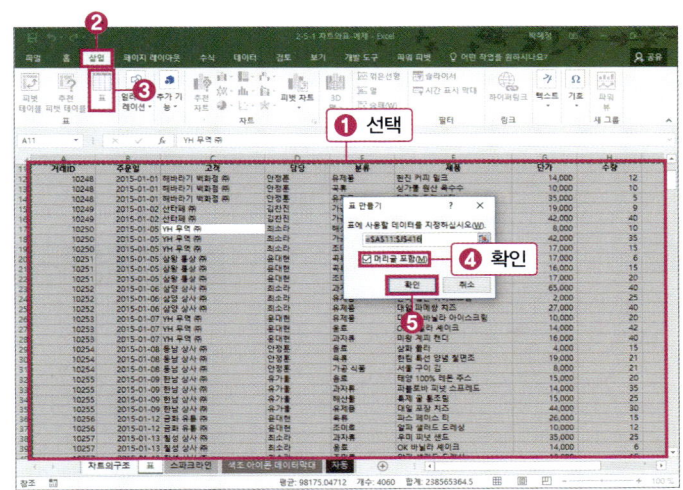

체크해봐요 :: 꼭 전체 범위를 선택해야 하나요?
전체 범위를 선택하지 않아도 됩니다. 표로 만들 범위 주변에 관련 없는 값을 입력하지 않았다면 범위 중에 하나의 셀만 선택하고 [표 만들기]를 실행해도 모든 범위가 인식됩니다.

02 만들어진 표에 [담당]과 [분류], [고객]을 슬라이서로 추가하기 위해 [표 도구]-[디자인] 탭-[도구] 그룹에서 [슬라이서 삽입]을 클릭합니다. [슬라이서 삽입] 대화상자에서 [고객], [담당], [분류]를 체크하고 [확인]을 클릭합니다.

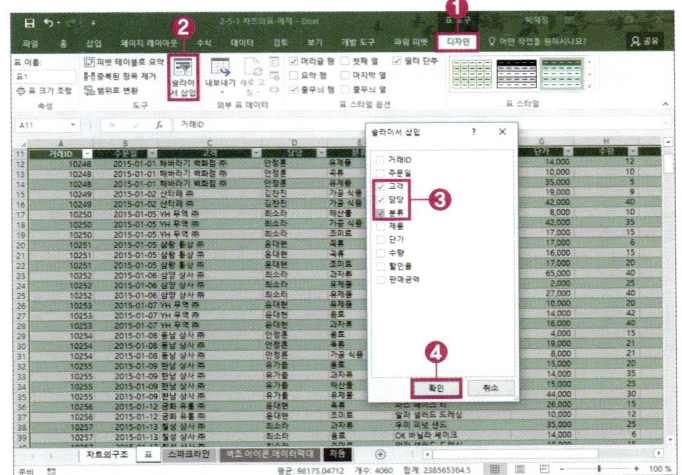

체크해봐요 :: [슬라이서 삽입] 대화상자에 나타난 것은?
[슬라이서 삽입] 대화상자에 나타난 것은 표 범위에 첫 행에 입력한 열 이름(=필드명)입니다. 이를 데이터 분석에서는 '차원'이라고 하며, 통계에서는 변수라고 합니다. [슬라이서 삽입] 대화상자에서 선택한 필드명은 필드명뿐만 아니라 필드명에 해당하는 모든 자료 항목을 의미합니다.

03 [담당]과 [분류], [고객] 슬라이서를 각각 선택하여 [슬라이서 도구]-[옵션] 탭-[단추] 그룹에서 [열]을 '2', '2', '7'로 각각 수정하고 모든 슬라이서의 [높이]를 '0.5'로 설정한 다음 적절한 곳에 배치합니다.

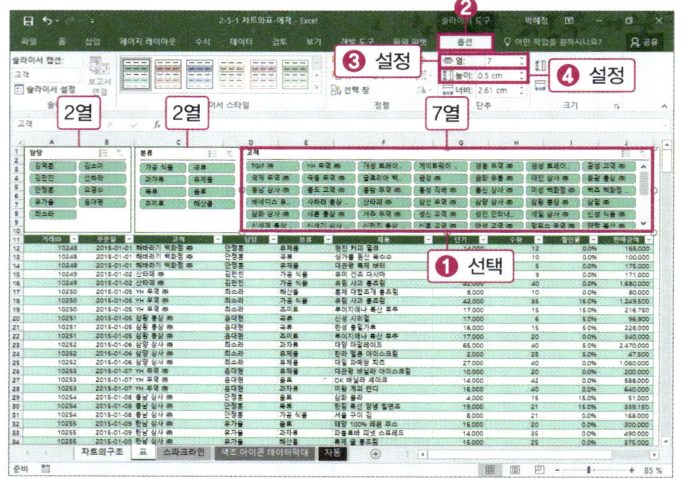

04 [담당] 슬라이서를 선택하고 [슬라이서 도구]-[옵션] 탭-[슬라이서 스타일] 그룹에서 [슬라이서 스타일 어둡게 3]를 선택합니다. 다른 슬라이서도 변경합니다.

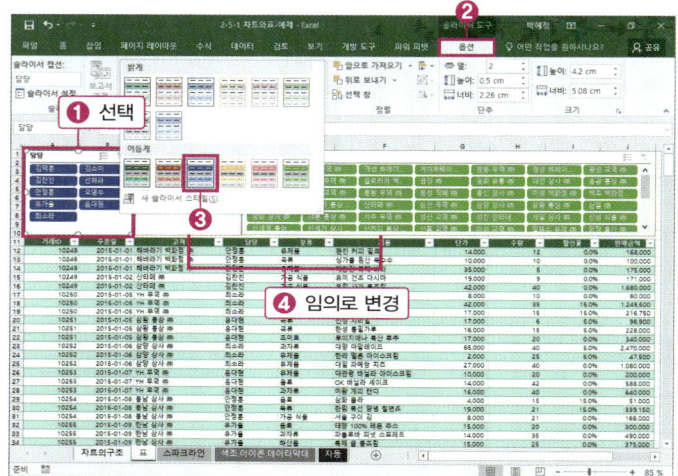

05 Shift 를 누른 상태로 모든 슬라이서를 선택한 다음 [슬라이서 도구]-[옵션] 탭-[정렬] 그룹에서 [맞춤]-[위쪽 맞춤], [가로 간격을 동일하게]를 순서대로 클릭합니다.

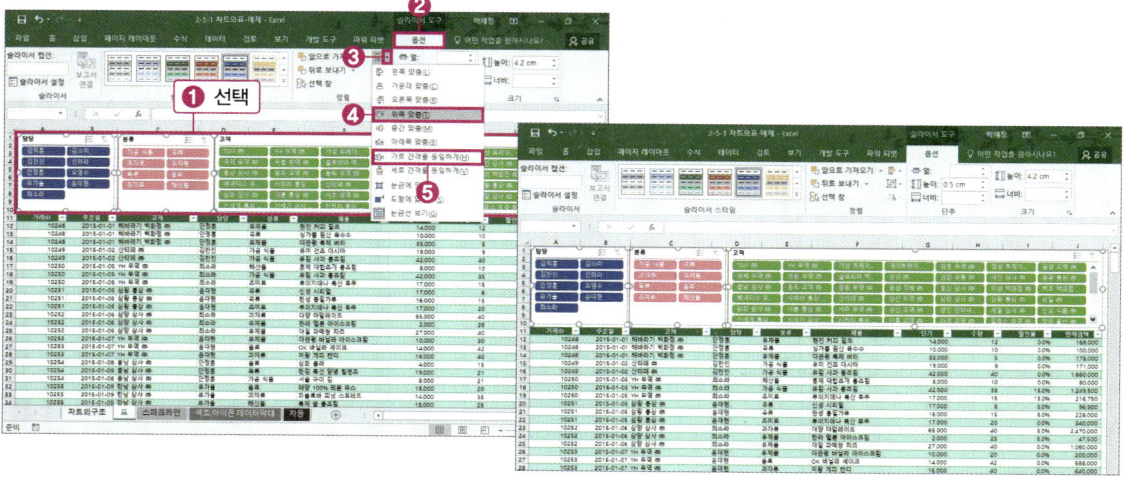

06 [담당] '김덕훈', [분류] '과자류'를 클릭합니다. 담당자 김석훈이 판매한 과자류 정보가 나타나며 각각의 슬라이서에서 필터링 해제 버튼을 클릭하면 모든 항목이 나타납니다.

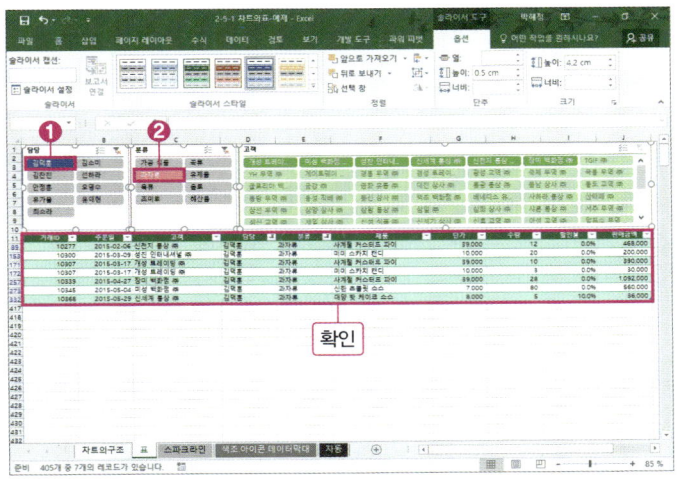

확인

체크해봐요 :: 적용한 필터 해제와 삽입한 슬라이서 삭제는?

옆의 그림은 [과자류]를 선택하여 필터링이 적용된 상태입니다. 분류의 필터 적용을 해제하려면 [필터 지우기](🔽)를 클릭하거나 **Alt**+**C**를 누릅니다. 또한 여러 항목을 선택하려면 [다중 선택](📋 또는 **Alt**+**S**)을 선택한 상태에서 해당 항목을 클릭합니다.

슬라이서를 삭제하려면 선택하고 **Delete**나 **Back Space**를 누릅니다. 슬라이서를 삭제해도 표의 필터링 상태는 유지됩니다.

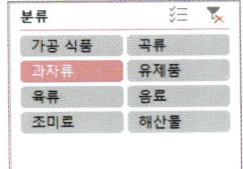

체크해봐요 :: [표 도구]-[디자인] 탭이 나타나지 않습니다

표를 선택하지 않아서 그렇습니다. 표를 선택해야 [표 도구]-[디자인] 탭이 나타납니다. 주의해야 할 것은 [삽입] 탭-[필터] 그룹에도 [슬라이서] 메뉴가 있지만 표가 선택되지 않은 상태에서 실행하면 다음과 같은 [기존 연결] 대화상자가 나타납니다. 때문에 슬라이서를 실행하기 전에 반드시 표를 선택해야 합니다.

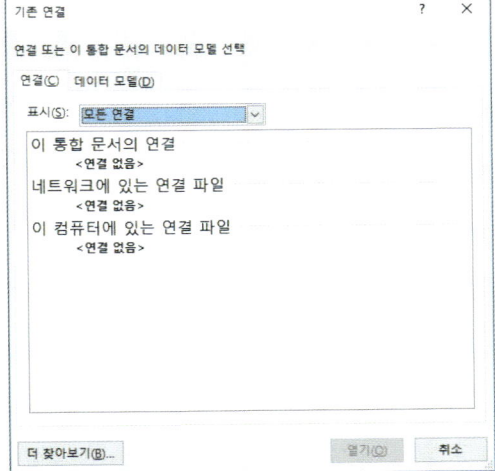

많은 수의 값을 대략적으로 표시하는 스파크라인

예제 파일 2-5-1 차트와표~예제.xlsx
완성 파일 2-5-1 차트와표~완성.xlsx

스파크라인은 엑셀 2010부터 추가된 기능으로 셀 안에 그래프를 넣어서 여러 개의 그래프를 한눈에 보기 쉽도록 하는 것으로 정확한 데이터의 수치를 표시할 때 보다는 추세선, 이득, 손실, +/- 등과 같은 간단한 데이터 요약이 필요한 경우에 사용합니다. 엑셀 2013 이상의 버전을 사용한다면 빠른 분석 도구를 이용해서 스파크라인을 정말 빠르고 쉽게 만들 수 있습니다.

01 '스파크라인' 시트에서 [D4] 셀을 선택하고 [삽입] 탭-[스파크라인] 그룹에서 [꺾은선형]을 클릭합니다. [스파크라인 만들기] 대화상자의 [원하는 데이터 선택]에서 [데이터 범위]-[C4:N4]를 지정하고 [스파크라인을 배치할 위치 선택]에서 [위치 범위]를 [$O$4]로 참조한 후 [확인]을 클릭합니다.

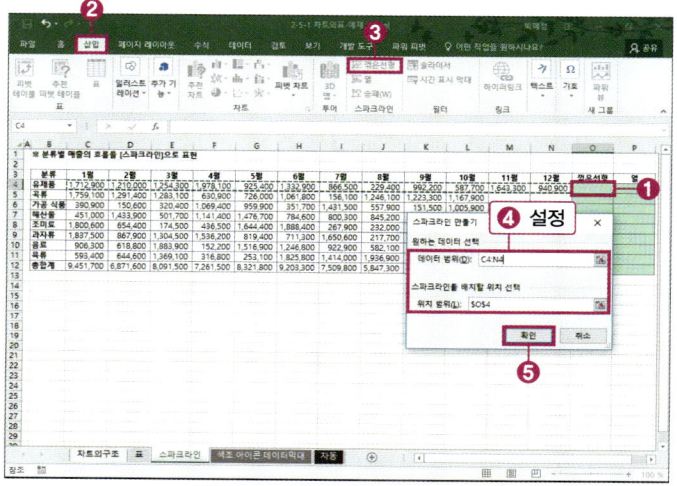

02 [P4] 셀을 선택하고 [삽입] 탭-[스파크라인] 그룹에서 [열]을 클릭합니다. [스파크라인 만들기] 대화상자의 [원하는 데이터 선택]의 [데이터 범위]를 [C4:N4]으로 지정하고 [스파크라인을 배치할 위치 선택]에서 [위치 범위]를 [$P$4]로 참조한 후 [확인]을 클릭합니다.

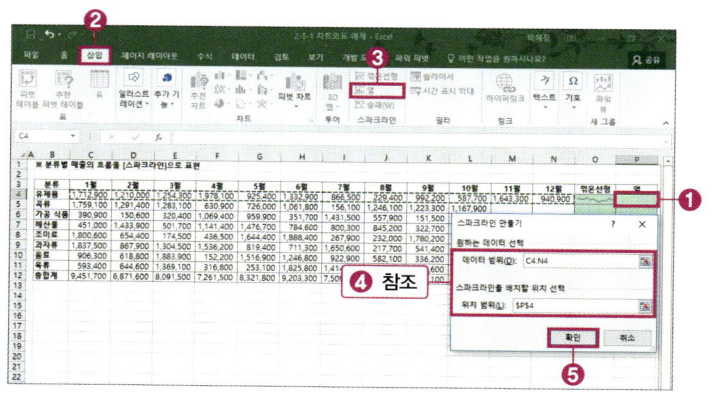

03 [O4] 셀을 선택하고 [스파크라인 도구]-[디자인] 탭-[표시] 그룹에서 [높은 점]과 [낮은 점]을 체크하고 [스타일](▼)을 클릭하여 스타일을 변경합니다.

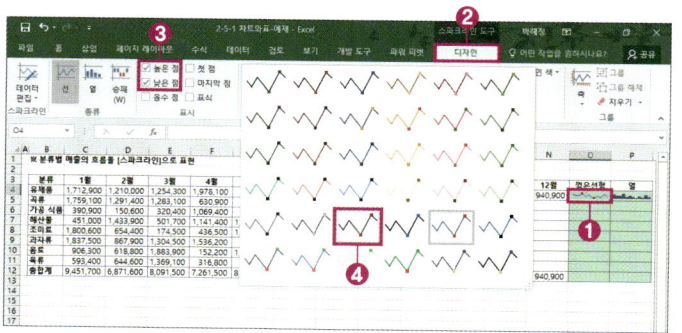

04 [P4] 셀을 선택하고 [스파크라인 도구]-[디자인] 탭-[표시] 그룹에서 [높은 점]과 [낮은 점]을 체크하고 [스파크라인 색] (![스파크라인 색])을 클릭하여 색을 변경합니다.

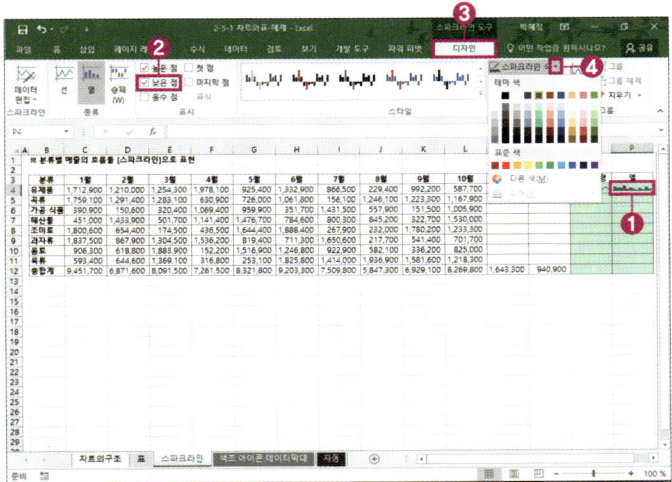

05 [O4:P4]를 선택하고 자동 채우기 상태에서 [12] 행까지 스파크라인을 복사합니다.

체크해봐요 :: 적용한 스파크라인을 삭제하려면 어떻게 하나요?

스파크라인을 적용한 범위를 선택하고 [스파크라인 도구]-[디자인] 탭-[그룹] 그룹의 [지우기] (![지우기])에서 [선택한 스파크라인 지우기] 또는, [선택한 스파크라인 그룹 지우기]를 클릭합니다.

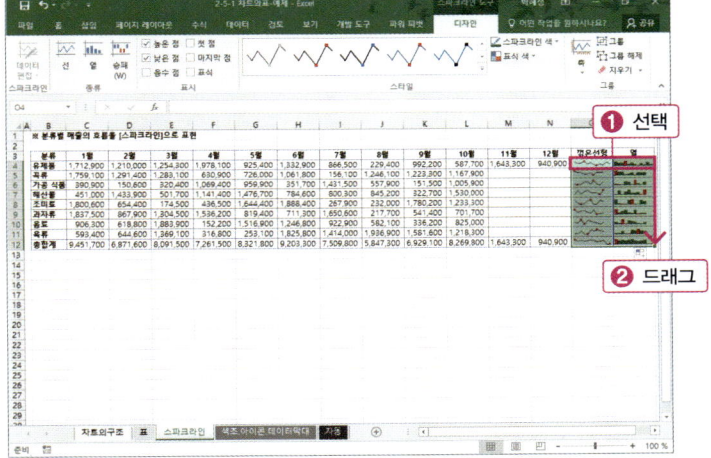

06 스파크라인이 [12] 행까지 적용됩니다. [M5], [N5] 셀에 각각 값 '100,000', '2,000,000'을 입력하고 스파크라인에 반영되는지 확인합니다.

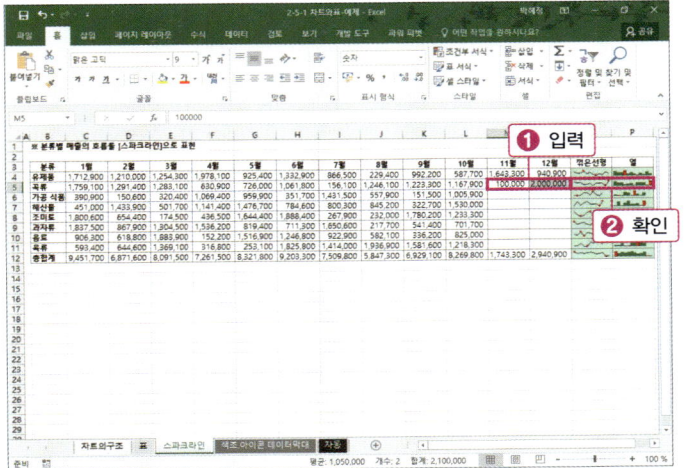

값의 구간을 만들어 다르게 표시하기 _ 조건부 서식의 데이터 막대, 아이콘, 색조

예제 파일 2-5-1 차트완료-예제.xlsx | 완성 파일 2-5-1 차트완료-완성.xlsx

조건부 서식을 이용하여 값의 크기나 중요도에 따라 셀을 특별하게 꾸미는 행위 즉, 일부에 색을 지정한다거나 서로 다른 색을 지정하는 것, 특정한 의미를 담은 기호를 표시하는 등의 작업을 통해 '값이 비교하여 크다!', '이 값은 중요하다!', '문제 있다' 등의 해석을 담아봅니다. 20%~80% 구간에 있는 급여에 데이터 막대를 적용하고, 표준 편차 열을 만들어 +/-값을 표시하는 데이터 막대를 적용합니다.

01 [B4:B200]을 선택하고 [홈] 탭-[스타일] 그룹에서 [조건부 서식]-[데이터 막대]-[연한 파랑 데이터 막대]를 클릭합니다.

··

팁 :: [B4] 셀을 선택하고 Ctrl + Shift + ↓ 를 누릅니다. 그 상태에서 화면을 앞으로 전환하려면 Ctrl + Back Space 를 누릅니다.

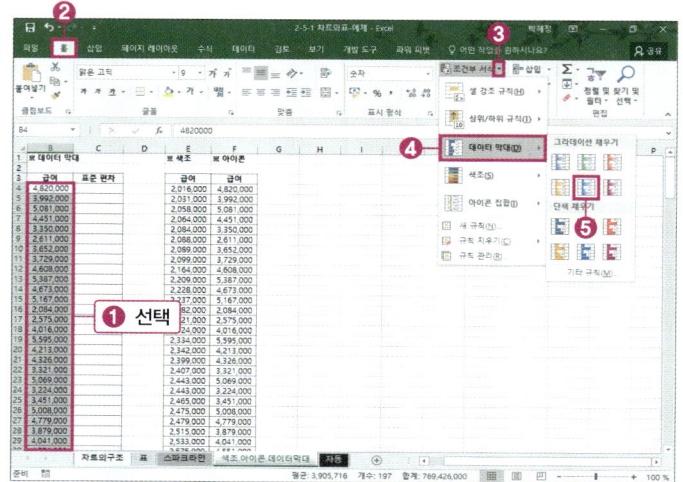

02 연한 파랑 데이터 막대를 적용한 셀 중 하나를 선택하고 [홈] 탭-[스타일] 그룹에서 [조건부 서식]-[규칙 관리]를 클릭합니다. [조건부 서식 규칙 관리자] 대화상자의 [규칙 편집]을 클릭하고, [서식 규칙 편집] 대화상자에서 [최소값], [최대값]을 '백분율'로 지정한 후 각각 '20', '80'으로 수정한 다음 [확인]을 클릭합니다.

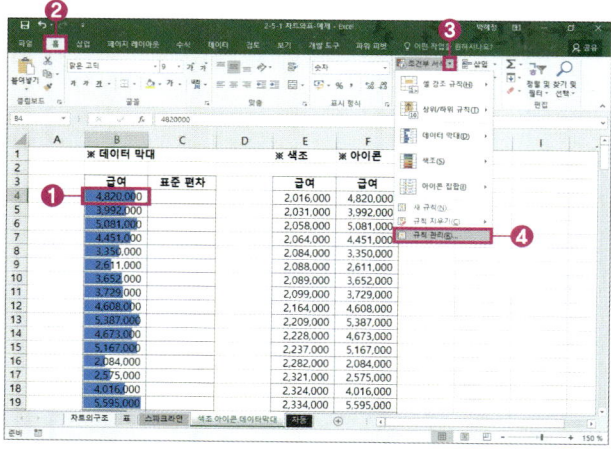

··

팁 :: 조건부 서식을 적용한 다음에 수정하려면 [규칙 관리]를 실행합니다.

STORY 02 :: 엑셀 비즈니스 데이터 분석 모델링에서 BI까지

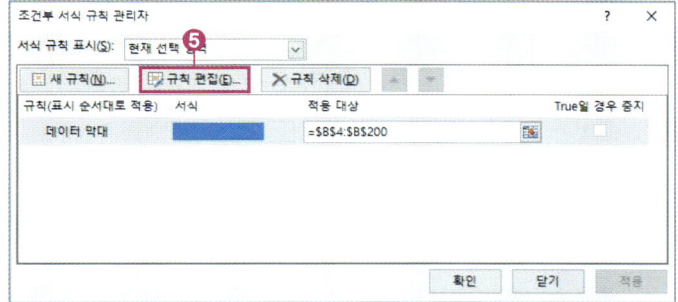

03 급여의 표준 편차를 구하기 위해 [C4:C200]을 선택하고 수식 '=B4−AVERAGE($B$4:$B$200)'을 입력한 다음 Ctrl + Enter 를 눌러 복사합니다.

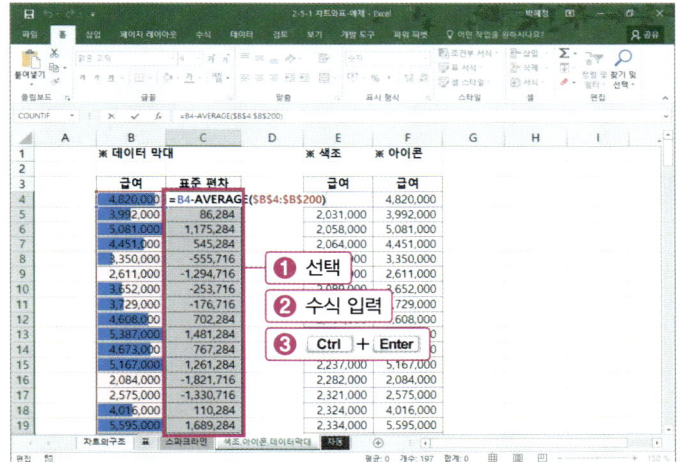

04 [급여평균]−[각급여]를 뺀 표준 편차 항목에는 +/−값이 있습니다. 이 값에 데이터 막대를 적용하기 위해 적용 범위 [C4:C200]을 선택하고 [홈] 탭−[스타일] 그룹에서 [조건부 서식]−[데이터 막대]−[연한 파랑 데이터 막대]를 클릭합니다.

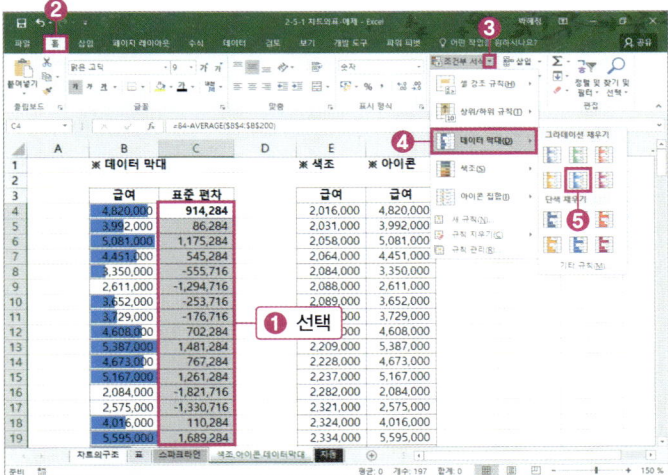

05 양수와 음수 값의 색이 구분되어 표시됩니다. 급여 범위를 이용하여 점진적인 수의 변화를 표현하는 색조를 적용하기 위해 범위 [E4:E200]를 선택하고 [홈] 탭–[스타일] 그룹에서 [조건부 서식]–[색조]–[녹색–노랑–빨강 색조]를 클릭합니다. 또 범위 [F4:F200]를 선택하고 [홈] 탭–[스타일] 그룹에서 [조건부 서식]–[아이콘 집합]–[4색 신호등]을 클릭합니다.

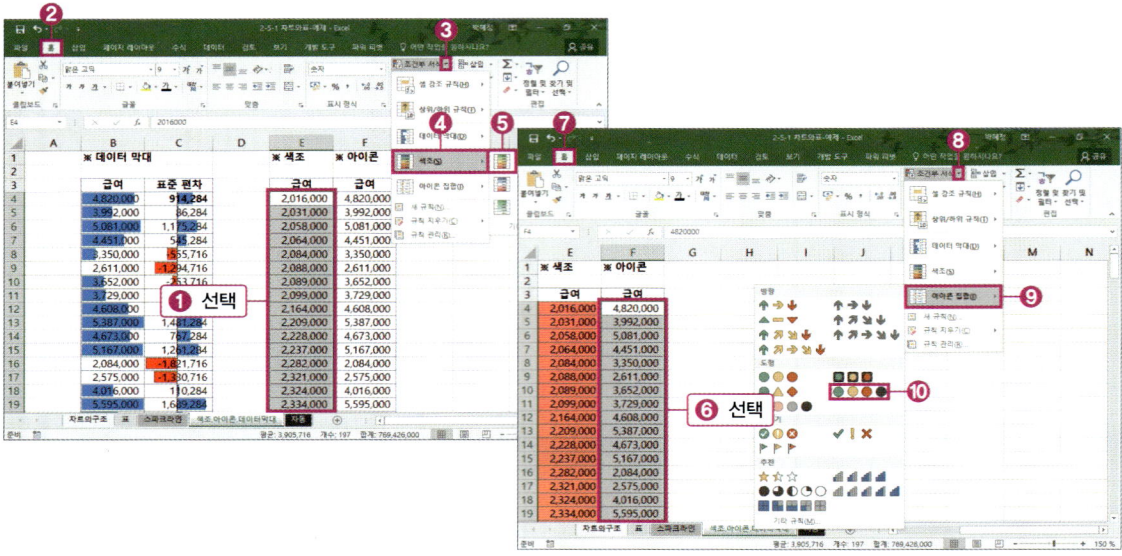

06 4색 신호등을 적용한 셀 중 하나를 선택하고 [홈] 탭–[스타일] 그룹에서 [조건부 서식]–[규칙 관리]를 클릭합니다. [조건부 서식 규칙 관리자] 대화상자에서 [규칙 편집]을 클릭하고 [서식 규칙 편집] 대화상자에서 [아이콘만 표시]를 체크한 후 [확인]을 클릭합니다.

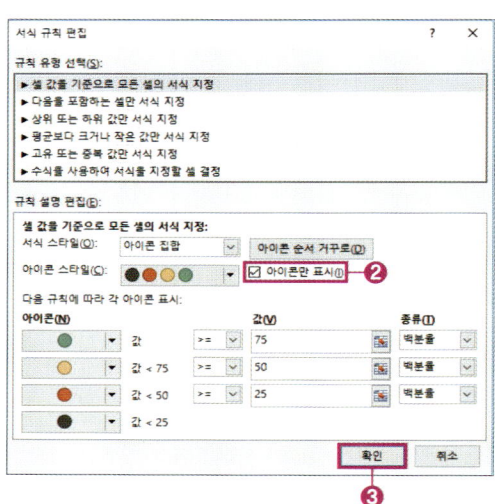

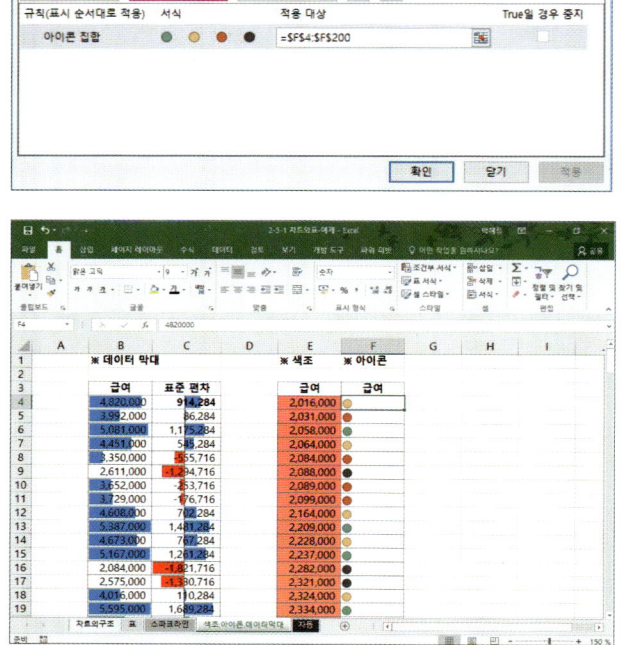

STORY 02 :: 엑셀 비즈니스 데이터 분석 모델링에서 BI까지

데이터 범위를 자동 업데이트하기

예제 파일 2-5-1 차트외표-예제.xlsx ㅣ 완성 파일 2-5-1 차트외표-완성.xlsx

매일 혈압을 측정하고 측정한 혈압은 날짜, 평균치로 열을 구분하여 값을 입력하고 있습니다. 또한 혈압의 흐름을 한 눈에 보기 위해 평균치와 각 날짜의 혈압을 비교하는 차트를 입력한 값으로 구성하려고 합니다. 그런데 문제는 새로운 값이 추가될 때입니다. 자동으로 새롭게 추가된 값이 차트에 반영되면 얼마나 좋을까요?

01 차트의 원본 데이터로 사용할 범위 [B4:D10]을 선택하고 [삽입] 탭–[차트] 그룹에서 [가로 또는 세로 막대형 차트]–[묶은 세로 막대형]을 클릭합니다.

....

팁 :: 머리글을 선택하지 않으면 범례로 활용할 수 없습니다.

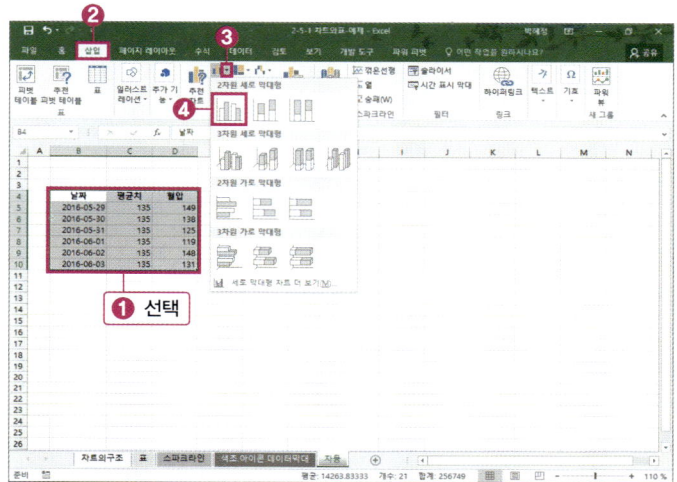

02 삽입된 묶은 세로 막대형 차트를 선택하고 배경으로 처리할 [평균치] 계열을 더블클릭합니다. [데이터 계열 서식] 창의 [계열 옵션] 탭에서 [보조 축]을 체크하고 [계열 겹치기]를 '0'으로 설정합니다.

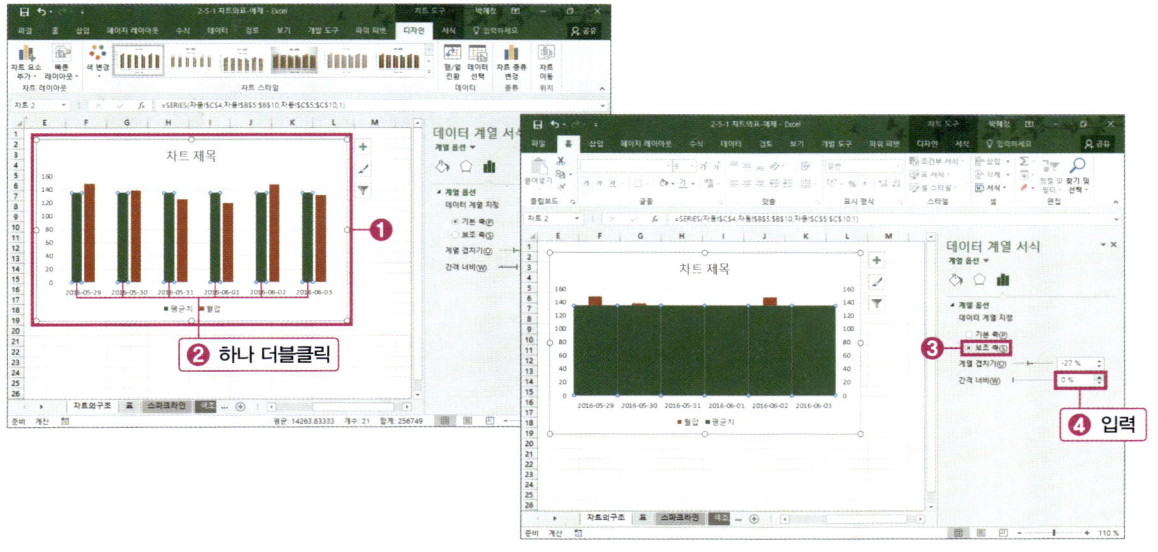

....

팁 :: 더블클릭하면 오른쪽에 [데이터 계열 서식] 창이 나타납니다.

03 [평균치] 계열이 선택된 상태로 [채우기 및 선] 탭에서 [단색 채우기]를 체크한 다음 [투명도]를 '84'로 설정합니다.

....

팁 :: 만약 채우기 상태가 닫힘(▶ 채우기)이라면 버튼(▶)을 클릭합니다.

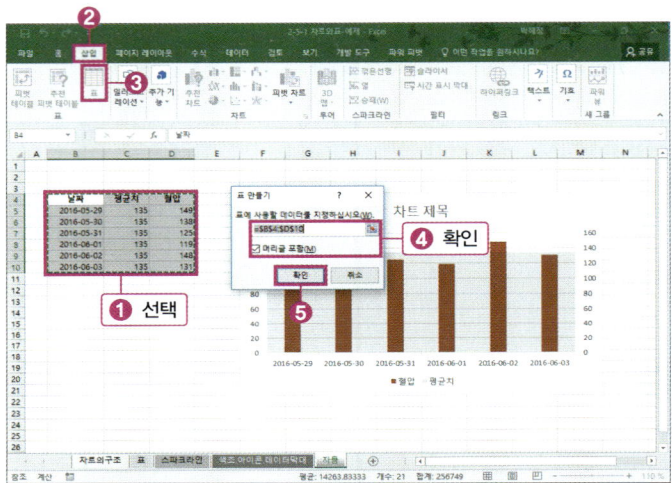

04 차트 범위를 표로 만들어 새로운 데이터를 추가하면 바로 차트에 반영되도록 하기 위해 [B4:D10]을 선택하고 [삽입] 탭-[표] 그룹에서 [표]를 클릭합니다. [표 만들기] 대화상자에서 [머리글 포함]을 체크하고 [확인]을 클릭합니다.

05 새로운 데이터를 추가하기 위해 [D10] 셀을 선택하고 **Tab** 을 누릅니다.

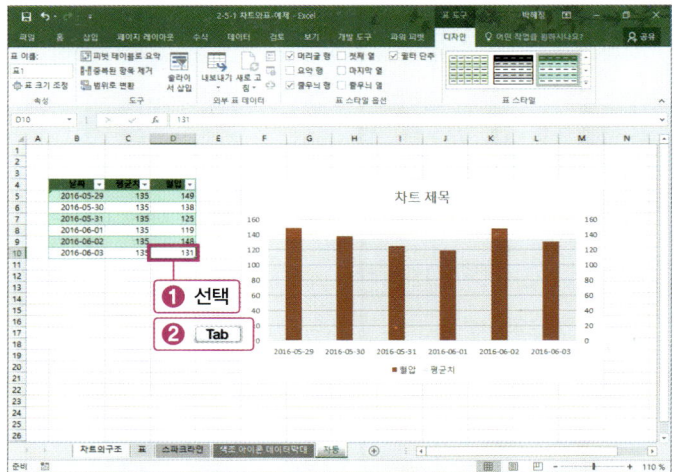

06 수식이 입력되어 있는 [B11], [C11] 셀은 자동으로 데이터 값이 생성됩니다. [D11] 셀에만 '120'을 입력하고 차트에 자동으로 추가되는지 확인합니다.

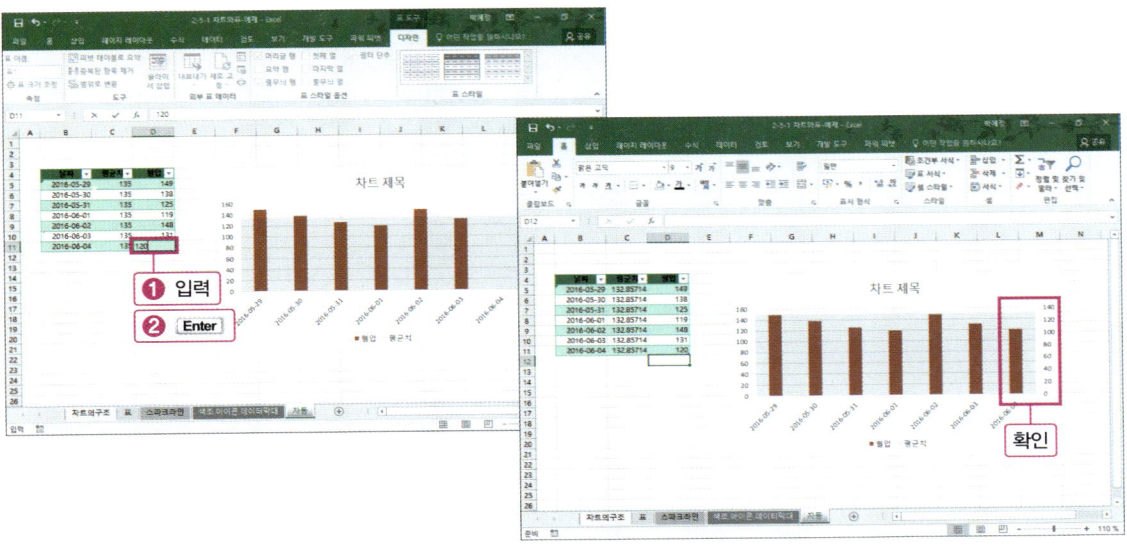

체크해봐요 :: 날짜 값이 책이랑 다릅니다. 왜 그런가요?

날짜와 평균치는 수식을 이용하여 자동으로 생성되도록 만들어 놓았습니다. 각각 실습하는 시간과 공간이 다르기 때문에 필자가 마지막에 추가하는 날짜를 독자의 오늘로 만들어 놓은 것입니다. 독자가 추가하는 마지막 셀은 늘 오늘이 되도록 했고, 바로 전 셀은 거기에서 '−1'(전날), 전전 셀은 '−2'(전전날)이 되도록 오른쪽에 입력되는 셀 값에 따라 '−1'부터 순차적으로 값이 만들어지도록 '=(COUNTA($C$5:$C$50)−COUNTA($C$5:$C5))' 같은 수식을 설계했습니다.

이중 축 차트로 보는 그래프의 기본 편집 요령

데이터만 바르게 선택되어 있었더라면...

먼저, 수의 크기 차이가 큰 총금액과 점유율 두 자료를 이용해 차트를 만듭니다. 두 계열은 값 차이로 하나의 축으로 자료를 읽을 수 없습니다. 때문에 하나의 계열을 다른 종류의 차트로 변경하고, 변경한 계열의 값을 잘 읽을 수 있는 새로운 축을 만들어 보겠습니다.

이중 축 혼합형 차트 만들기 및 차트 종류 변경하기

예제 파일 2-5-2 차트기본기,이중축혼합형–예제.xlsx
완성 파일 2-5-2 차트기본기,이중축혼합형–완성.xlsx

구성 요소에 대한 대략적인 이해를 바탕으로 이중 축 차트를 그리고, 막대 그래프 계열과 꺾은선 그래프 계열의 표식에 그림을 채우는 방법을 알아보겠습니다. 또한, 그래프의 제목 개체와 셀의 연결과 만들어진 그래프의 재사용을 위해서 기본 서식 파일로 저장한 후 어떻게 활용하는지를 살펴봄으로써 그래프의 기본기 튼튼히 다져보겠습니다.

01 '이중 축 만들기' 시트에서 이중 축 혼합형 차트로 표현할 원본 데이터 범위 [B3: D11]을 선택하고 [삽입] 탭–[차트] 그룹에서 [콤보 차트 삽입]–[묶은 세로 막대형–꺾은선형, 보조 축]을 클릭합니다.

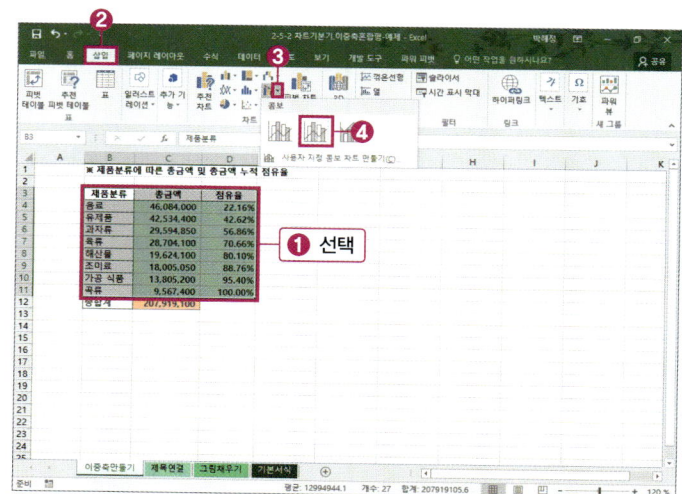

02 삽입된 차트를 선택하고 [차트 도구]–[디자인] 탭–[종류] 그룹에서 [차트 종류 변경]을 클릭합니다.

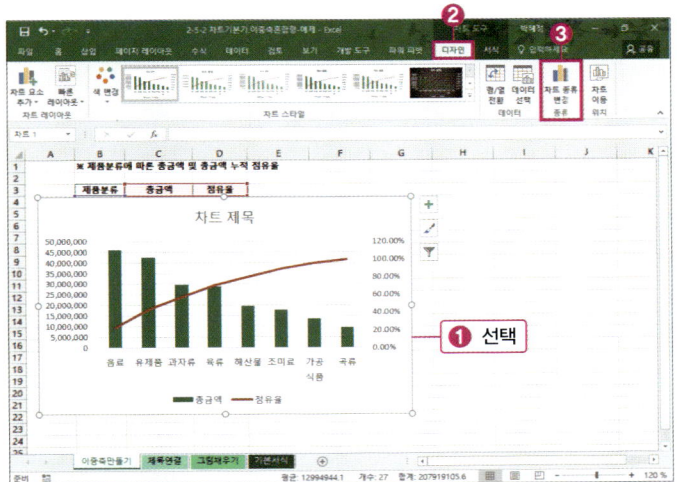

03 [차트 종류 변경] 대화상자에서 [점유율], [총금액] 계열에 적용되어 있는 차트 종류와 [점유율]의 [보조 축]이 체크되어 있는 것을 확인합니다.

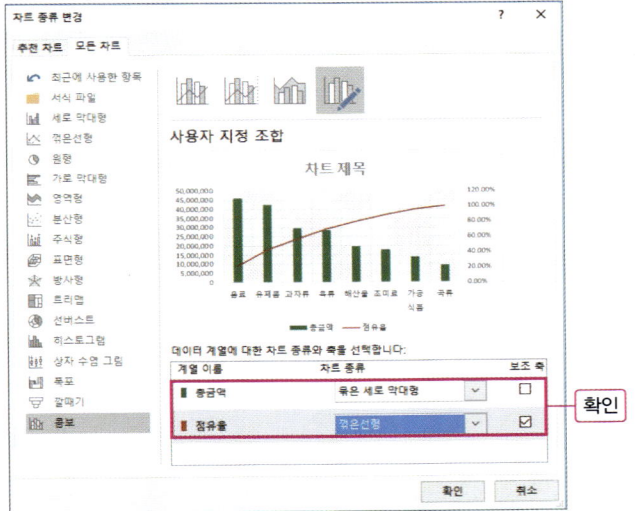

04 [점유율]의 차트 종류 목록을 선택하고 [표식이 있는 꺾은선]을 클릭하여 변경한 다음 [확인]을 클릭합니다.

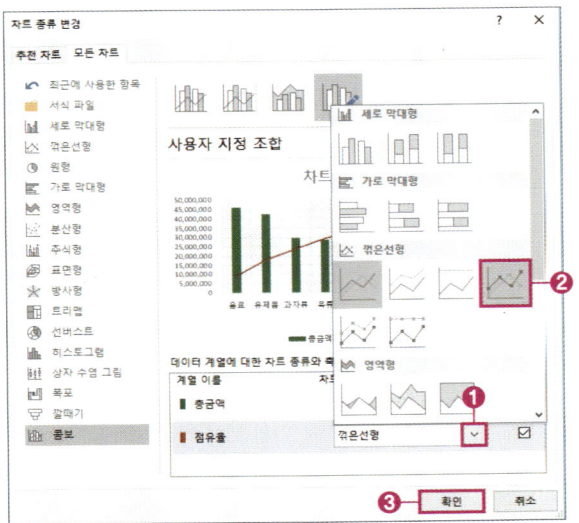

05 [총금액]의 축에 표시 형식을 변경하기 위해 [총금액]의 기본 축을 더블클릭합니다. [축 서식] 대화상자에서 [표시 형식]을 클릭하고 [서식 코드]에 '#,###,'을 입력한 다음 [추가]를 클릭합니다.

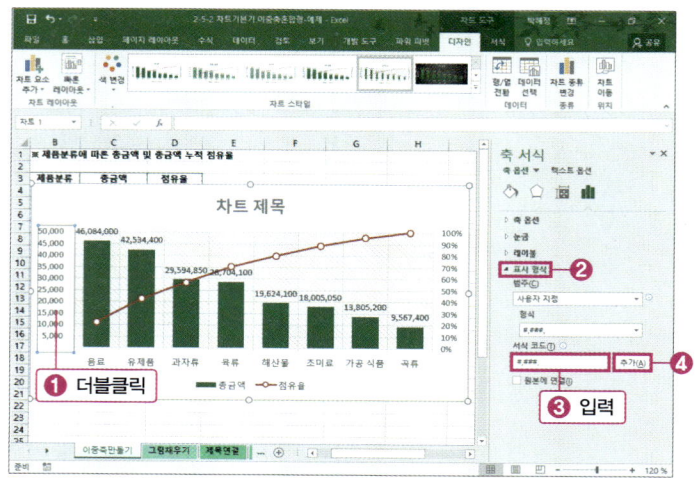

06 보조 축의 값을 변경하기 위해 [점유율]을 클릭하고 [축 서식] 대화상자의 [축 옵션]–[축 옵션]에서 [최대값]을 '1'로 설정합니다.

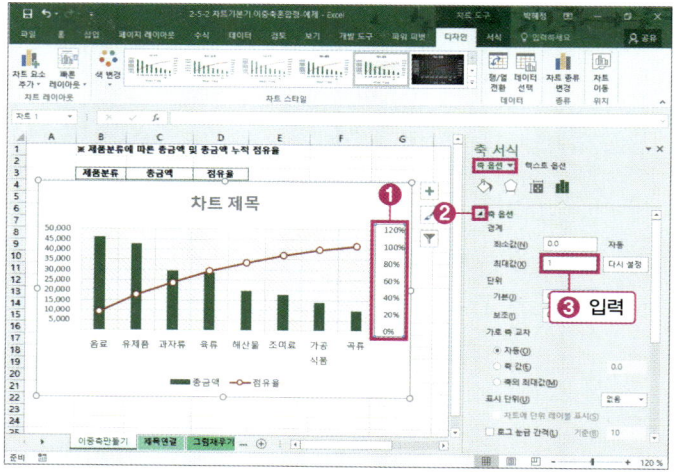

07 [총금액] 계열을 선택한 다음 나타난 [데이터 계열 서식] 창에서 [채우기 및 선]–[채우기]를 클릭하고 [간격 너비]를 '70'으로 설정합니다.

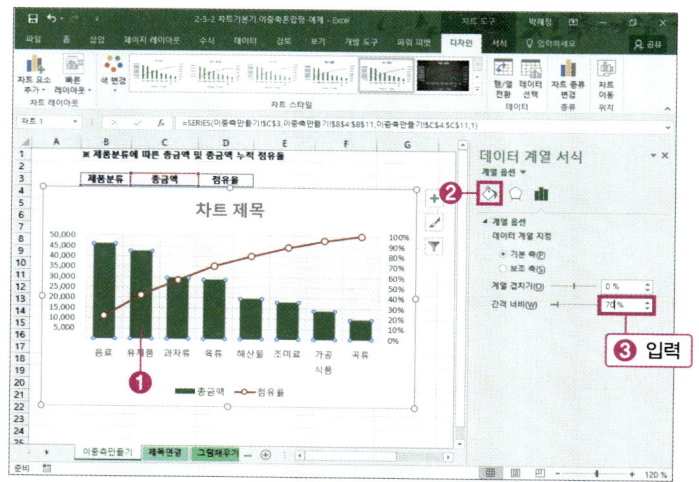

08 [총금액] 계열을 선택하고 [차트 단추]–[차트 요소]–[데이터 레이블]을 체크합니다.

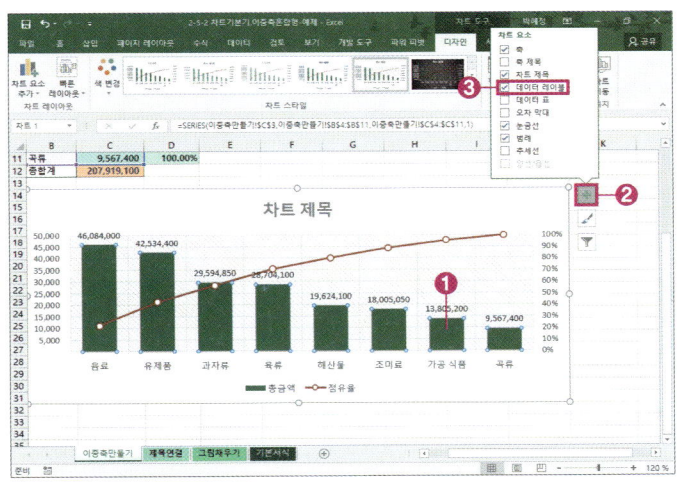

체크해봐요 :: 차트를 만들려고 하는데 범위에 빈 셀이 있어 끊겨 표시됩니다. 자연스럽게 선이 이어지도록 할 수 없나요?

차트를 선택하고 [차트 도구]–[디자인] 탭–[데이터] 그룹에서 [데이터 선택]을 클릭합니다. [데이터 원본 선택] 대화상자에서 [숨겨진 셀/빈 셀 설정]을 클릭하고, [숨겨진 셀/빈 셀 설정] 대화상자에서 [숨겨진 행 및 열에 데이터 표시]를 체크합니다.

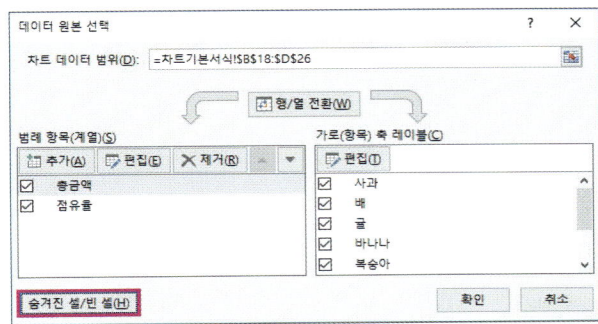
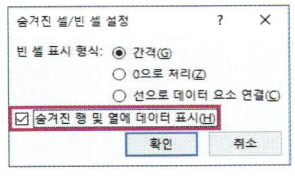

또는, 빈 셀을 '#N/A'로 바꾸는 방법이 있습니다. Ctrl + G 를 눌러 [이동] 대화상자를 불러오고 [옵션]을 클릭하여 [빈 셀]만 체크한 다음 '#N/A'를 입력하고 Ctrl + Enter 를 눌러 채웁니다. '#N/A' 오류는 값에 문제가 있기보다는 찾기 함수들에서 지정한 값을 찾지 못했다는 표시로 다른 오류와는 다르게 엑셀에서 취급됩니다.

그림으로 계열 및 표식 채우기 예제 파일 2-5-2 차트기본기.이중축혼합형-예제.xlsx | 완성 파일 2-5-2 차트기본기.이중축혼합형-완성.xlsx

막대 그래프의 막대를 그림으로 채우고 특정 단위 당 그림을 표시하여 쉽게 크기를 읽을 수 있도록
하고, 꺾은선 그래프의 표식을 그림으로 서식하여 중요함을 더 강조해보겠습니다.

01 '그림 채우기' 시트에서 그림을 선택
하고 Ctrl + C 를 눌러 복사합니다. [총금
액] 계열 중에 하나의 막대를 선택하면 전
체 계열이 선택되고, 음료 막대를 한 번 더
클릭하여 데이터 요소인 음료만 선택한 다
음 Ctrl + V 를 눌러 붙여 넣습니다.

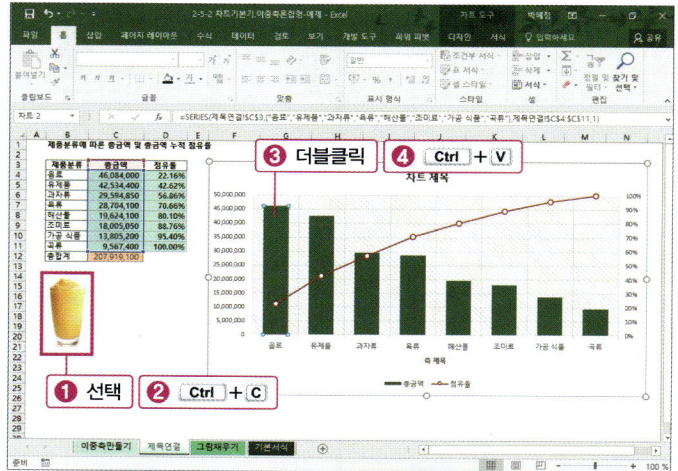

02 복사한 그림이 막대 전체로 채워집니다. 그림을 채워 넣는 이유는 그림을 통해 수치를 잘 읽기 위함이므로 단
위 '10,000'마다 그림이 채워지도록 음료 막대만 선택된 상태에서 [데이터 요소 서식] 창에서 [다음 배율에 맞게 쌓
기]를 체크하고 '10,000'을 입력합니다.

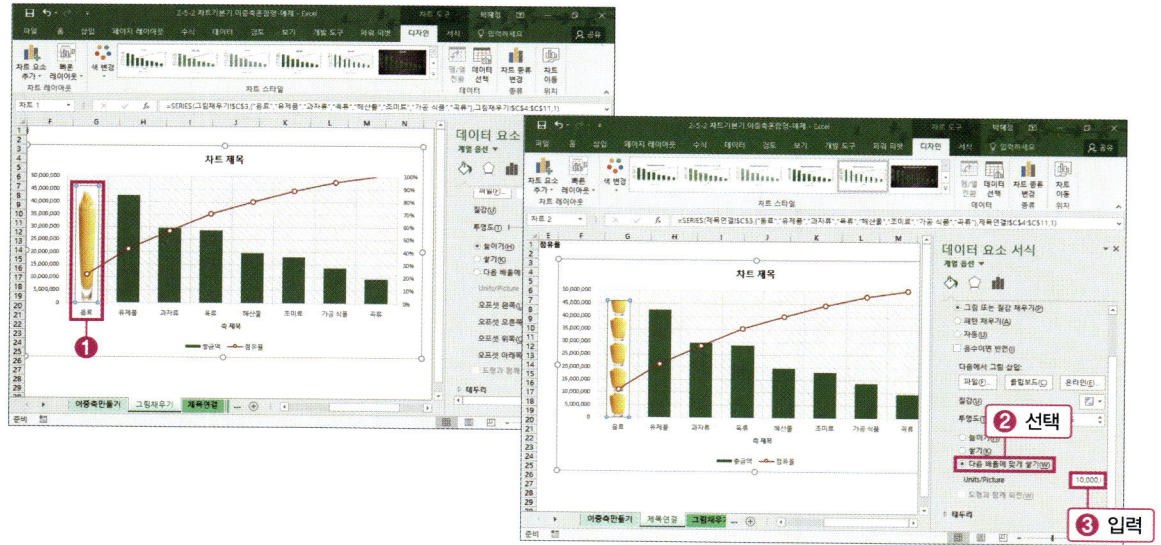

03 이번에는 꺾은선형의 마지막 표식에 화살표 이미지를 채워 넣기 위해 화살표 그림을 선택하고 Ctrl + C를 눌러 복사합니다.

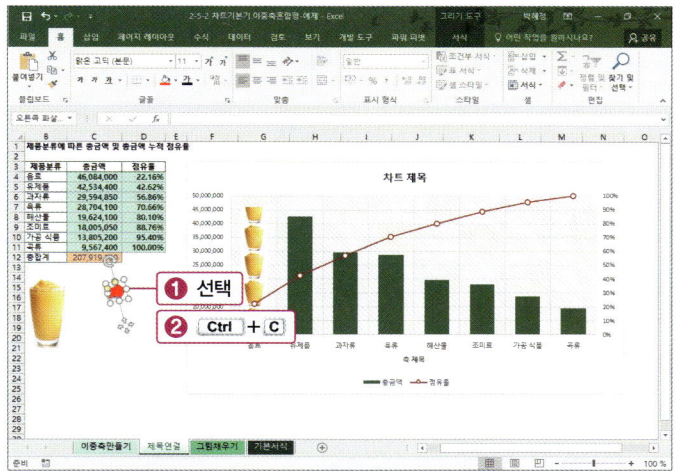

04 꺾은선형 차트를 한 번 클릭하고 마지막 표식을 한 번 더 클릭하여 선택한 다음 Ctrl + V를 눌러 붙여 넣습니다.

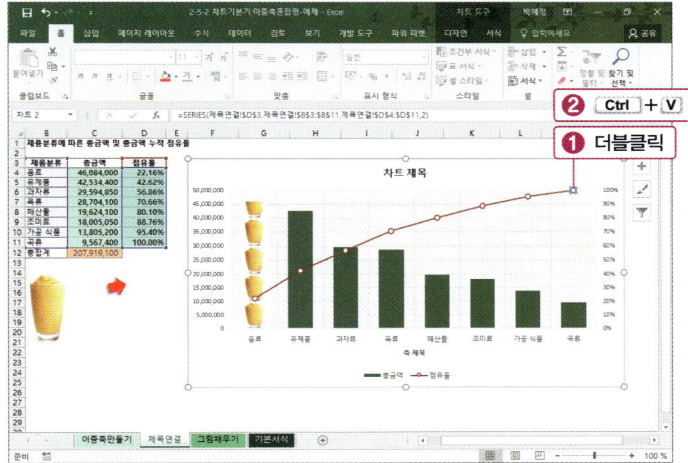

05 선택한 마지막 표식에만 화살표 그림으로 채워집니다. 이는 표식을 그림으로 채운 것입니다.

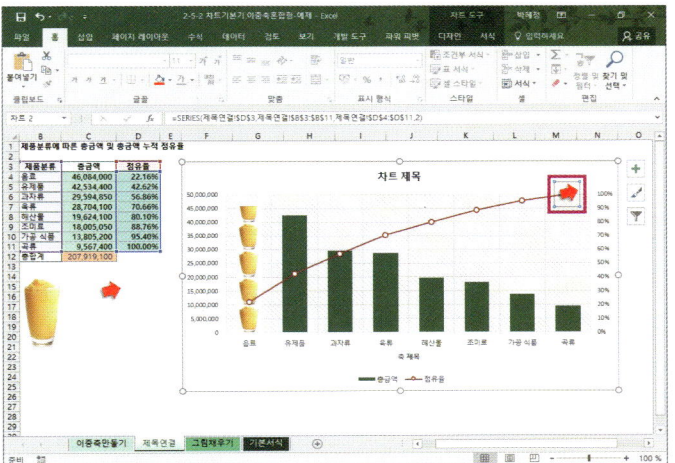

제목 개체와 셀 연결, 차트에 개체 삽입하고 셀과 연결하기

예제 파일 2-5-2 차트기본기.이중축혼합형-예제.xlsx
완성 파일 2-5-2 차트기본기.이중축혼합형-완성.xlsx

차트는 셀에 포함되지 않습니다. 차트는 개체라고 불립니다. 그렇기 때문에 차트의 모든 구성 요소도 개체입니다. 차트와 셀은 지정한 원본 데이터를 통해서 연결되어 있습니다. 원본 데이터 지정 외에도 차트의 구성 요소들에 셀을 연결할 수 있는 그래서 서로 상호작용할 수 있는 방법이 있습니다. 셀을 차트의 제목 개체와 연결해 어떻게 상호 작용하는지 살펴보겠습니다.

01 '제목 연결' 시트에서 차트 제목 개체를 선택하고 수식 입력줄에 '='을 입력합니다.

팁 :: 반드시 수식 입력줄을 클릭하고 '='을 입력해야 합니다.

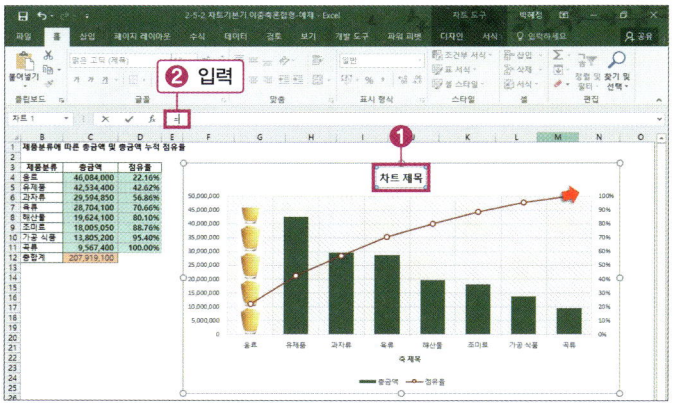

02 [B1] 셀을 참조한 다음 수식 '=제목연결!$B$1'을 확인하고 다음 **Enter**를 누릅니다.

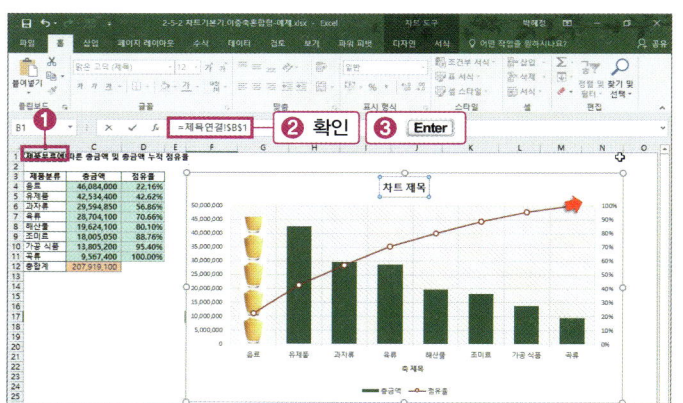

03 [B1] 셀의 내용이 차트 제목에 표시됩니다. 이는 차트 제목에 [B1] 셀의 값이 링크된 경우로 [B1] 셀을 변경하면 차트 제목도 변경됩니다.

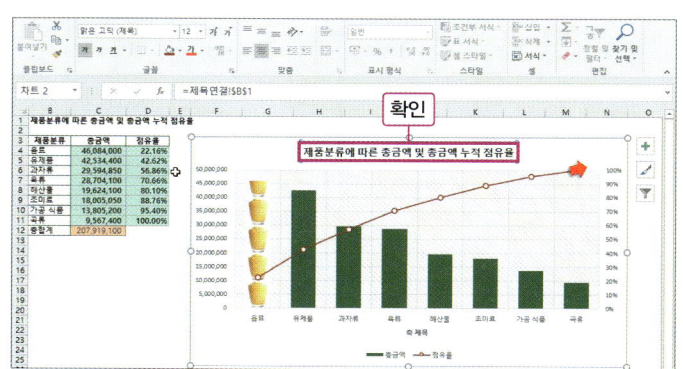

기본 차트 서식으로 저장 및 적용하기

예제 파일 2-5-2 차트기본기.이중축혼합형-예제.xlsx
완성 파일 2-5-2 차트기본기.이중축혼합형-완성.xlsx

앞선 과정에서 작업 내용을 기본 차트 서식으로 저장한 다음 쉽게 재사용할 수 있도록 설정해보겠습니다.

01 '차트 기본 서식' 시트에서 차트를 선택하고 마우스 오른쪽 버튼을 클릭한 다음 [서식 파일로 저장]을 선택합니다. [차트 서식 파일 저장] 대화상자에서 경로(Templates₩Cahrts)를 확인하고 [파일 이름]을 '이중축혼합1'로 설정한 후 [저장]을 클릭합니다.

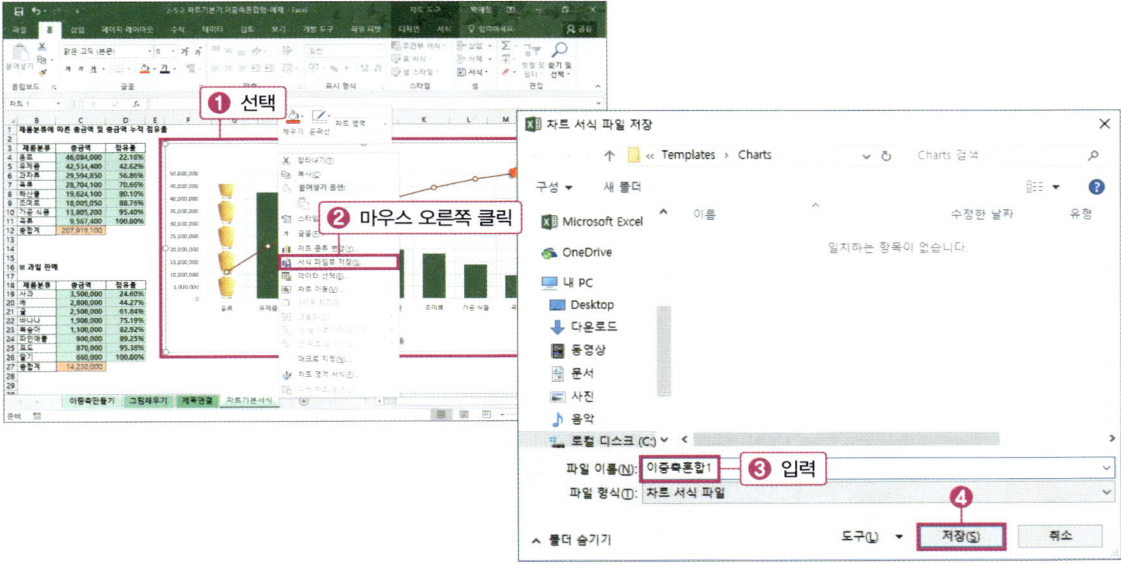

02 저장된 '이중축혼합1'을 활용하기 위해 차트 원본 데이터 범위 [B18:D26]을 선택하고 [모든 차트 보기]( )를 클릭합니다.

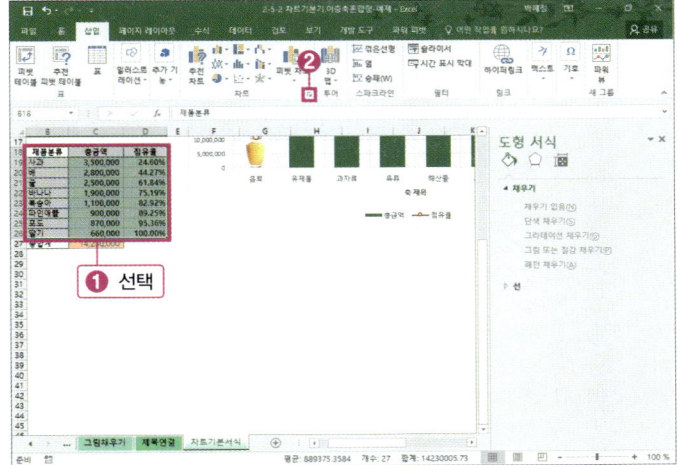

03 [차트 삽입] 대화상자에서 [모든 차트] 탭-[서식 파일]을 클릭하고 저장된 '이중축 혼합'을 선택한 후 [확인]을 클릭합니다.

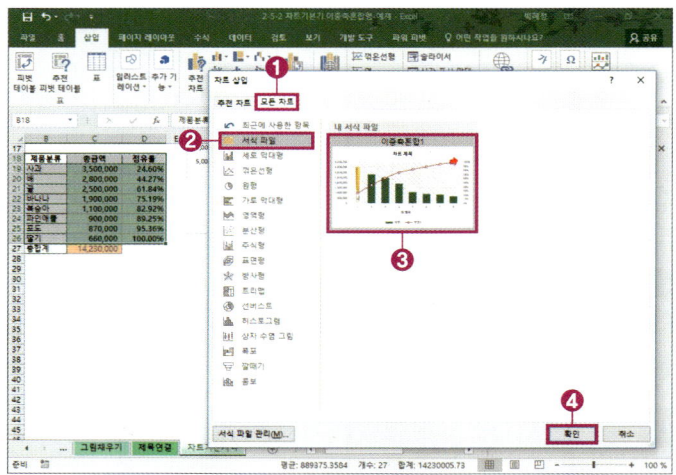

04 '이중축혼합'의 모든 서식을 기반으로 하여 차트가 그려집니다.

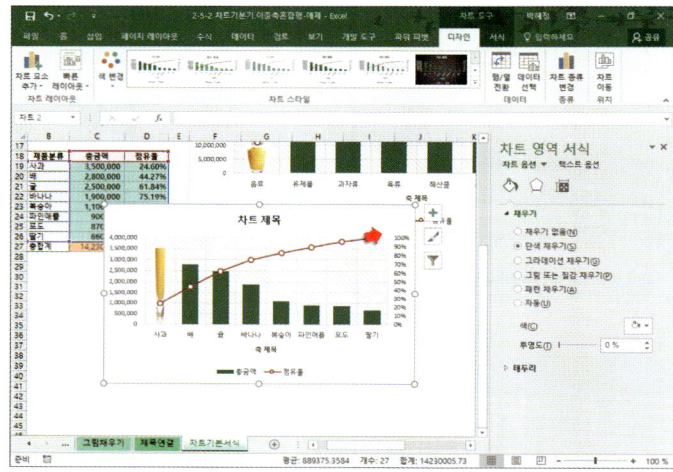

체크해봐요 :: 서식 파일 삭제와 내가 만든 서식을 기본 차트로 만들기

만들어진 서식 파일을 삭제하려면, 저장된 위치에서 파일을 찾아 삭제하면 됩니다.
(저장 경로 C:₩Users₩hjpark₩AppData₩Roaming₩Microsoft₩Templates₩Charts)

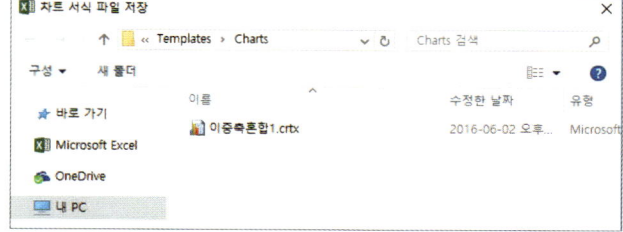

서식 파일에 등록한 내 서식을 기본 차트로 설정하려면 [차트 삽입] 대화상자의 [모든 차트]-[서식 파일]에서 해당 서식 파일을 선택한 후 마우스 오른쪽 버튼을 클릭하고 [기본 차트로 설정]을 선택합니다.

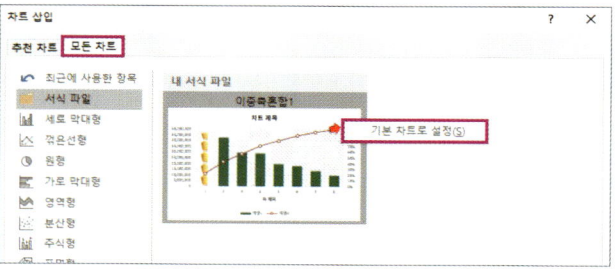

고급 차트 기술 활용하기

선택한 차트가 과연 분석 결과를 표현하는 데 적절한가?

차트를 선택할 때 가장 중요한 것은 '선택한 차트가 과연 분석 결과를 표현하는 데 적절한가?'입니다. 그래프는 대표적인 시각화 도구로 숫자의 크기를 그림으로 표현하여 차이를 보여줌으로써 정보를 쉽게 파악하고 해석할 수 있도록 도와줍니다.

엑셀 2016의 히스토그램 차트와 비슷하게 모양을 낸 히스토그램

예제 파일 2-5-3 고급차트기술-예제.xlsx
완성 파일 2-5-3 고급차트기술-완성.xlsx

1부 6장에서 우리는 구간을 만들고 다양한 방법으로 빈도수를 구했습니다. 히스토그램이란 구해진 빈도수 표 즉, 도수분포표를 그래프로 나타낸 것입니다. 보통 히스토그램에서는 가로축이 계급구간, 세로축이 도수를 뜻하는데, 때때로 반대로 그리기도 합니다. 계급은 보통 변수의 구간이고, 서로 겹치지 않습니다. 계급(막대기)끼리는 서로 붙어 있어야 하며 그 점이 일반 막대 그래프와는 다릅니다. 엑셀 막대 그래프는 계급 즉, 가로를 생각하지 않고 세로의 높이로만 나타내지만 히스토그램은 가로와 세로를 함께 생각해야 합니다. 엑셀 막대 그래프를 히스토그램으로 연출해보겠습니다.

01 데이터 원본 범위 [F4:G14]를 선택하고 [삽입] 탭-[차트] 그룹에서 [세로 막대형 차트 삽입]-[묶은 세로 막대형]을 클릭합니다.

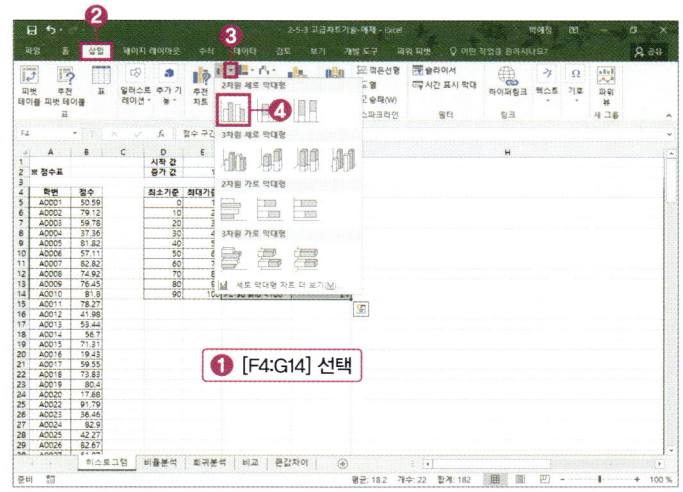

02 삽입된 차트에 데이터 계열을 더블클릭하고 [데이터 계열 서식] 창이 나타나면 [계열 옵션]-[간격 너비]를 '0'으로 변경합니다.

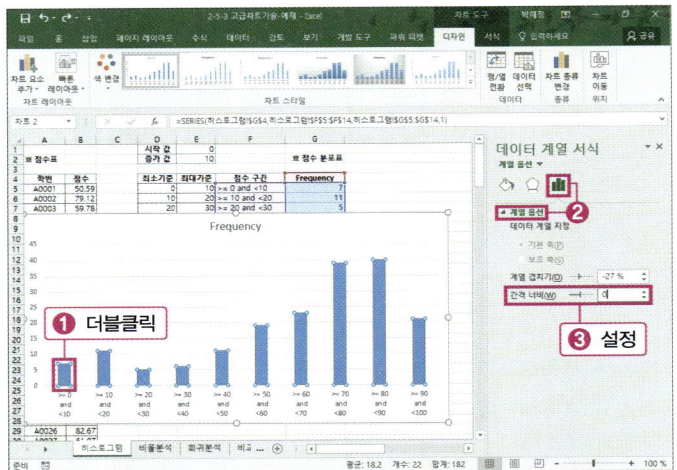

03 [색 및 선]-[채우기]에서 [요소마다 다른 색 사용]을 체크합니다.

....

팁 :: 전체를 데이터 계열이라 하고, 그중에 하나를 데이터 요소라 합니다.

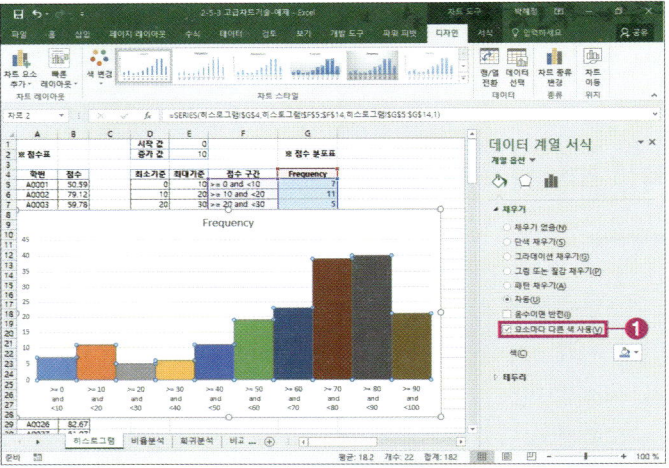

04 계열이 선택된 상태로 [데이터 계열 서식] 창의 [계열 옵션]-[채우기 및 선]에 [테두리]를 [실선]으로 [색]은 '검은색'으로 설정한 다음 [데이터 계열 서식] 창의 [닫기]를 클릭합니다.

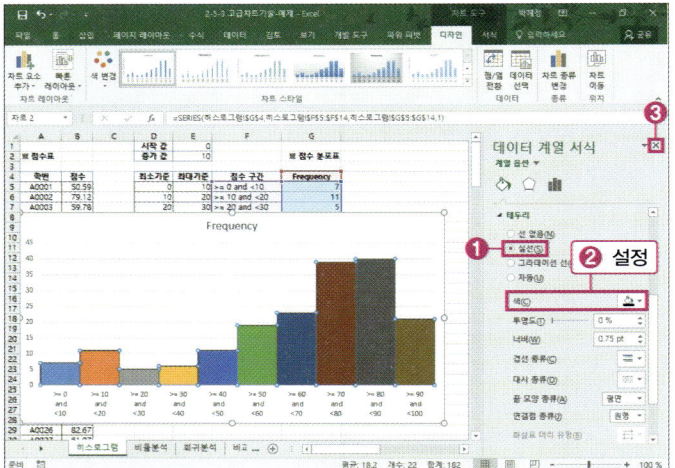

05 [차트 요소]-[데이터 레이블]을 체크합니다.

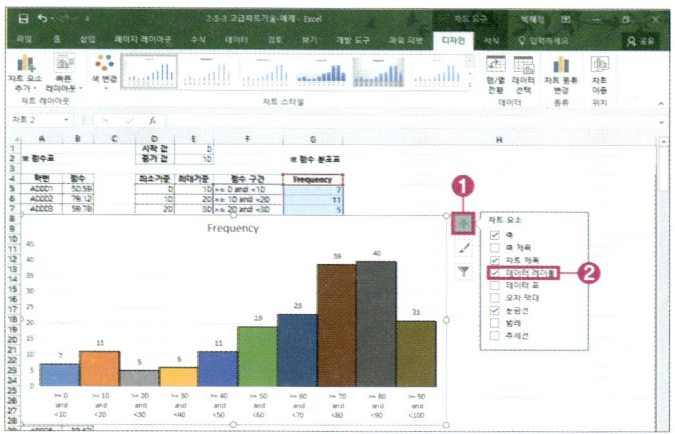

06 엑셀 2016에 새롭게 추가된 히스토그램 차트를 이용하기 위해 [J4:J201]을 선택하고 [삽입] 탭-[차트] 그룹에서 [통계 차트 삽입]-[히스토그램]을 클릭합니다.

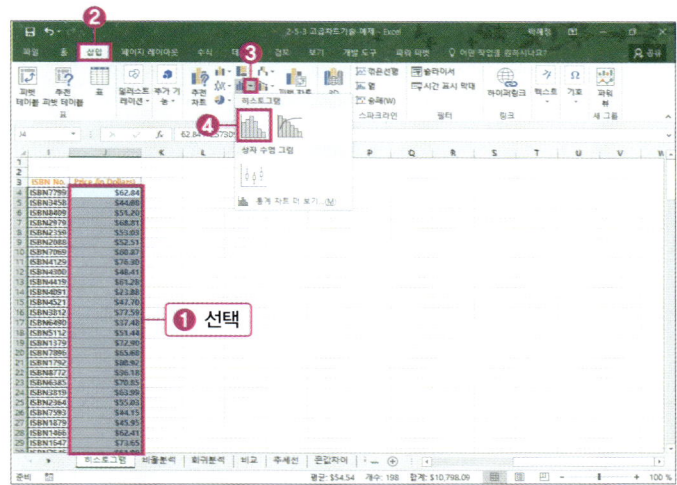

07 삽입된 차트의 가로축을 더블클릭하고 [축 서식] 창이 나타나면, [축 옵션]-[축 옵션]의 [계급구간 너비]를 체크하고 '9'를 입력합니다. 계급구간을 생략하면 데이터의 최소값과 최대값 사이에 균등하게 분포된 계급 집합이 만들어집니다. $19.95보다는 크거나 같고, $28.95는 포함하지 않습니다.

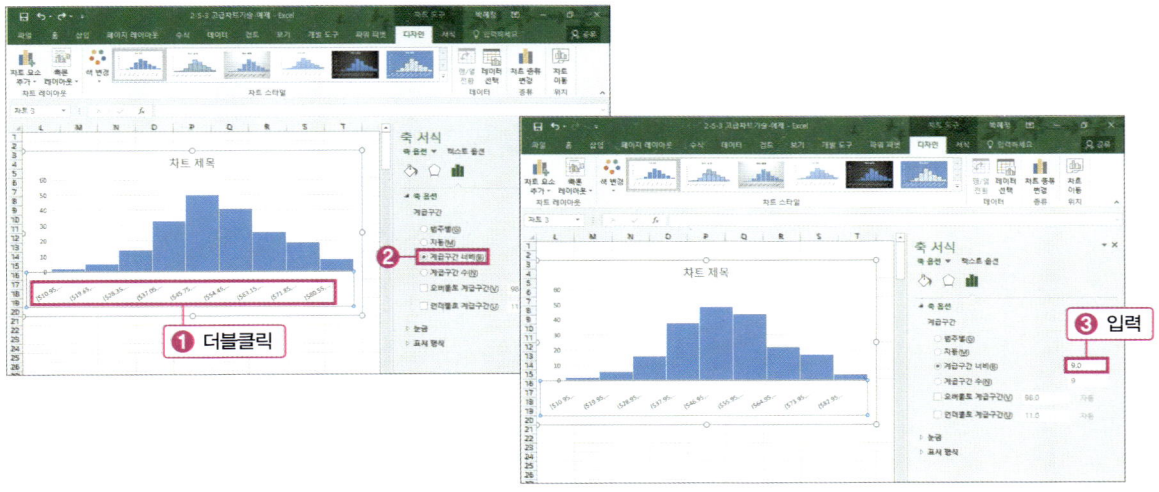

08 [계급구간 너비]를 '6'으로 수정하고 '9'일 때와 비교해봅니다. [축 서식] 창의 [닫기]를 클릭합니다.

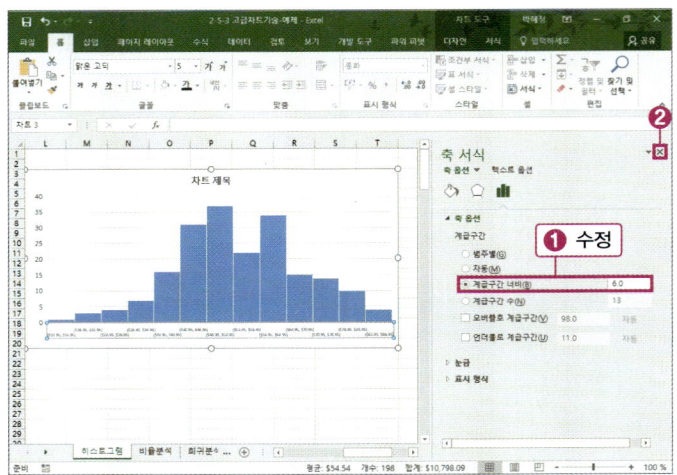

09 [차트 요소]-[데이터 레이블]을 체크하고 위에 히스토그램과 비교합니다.

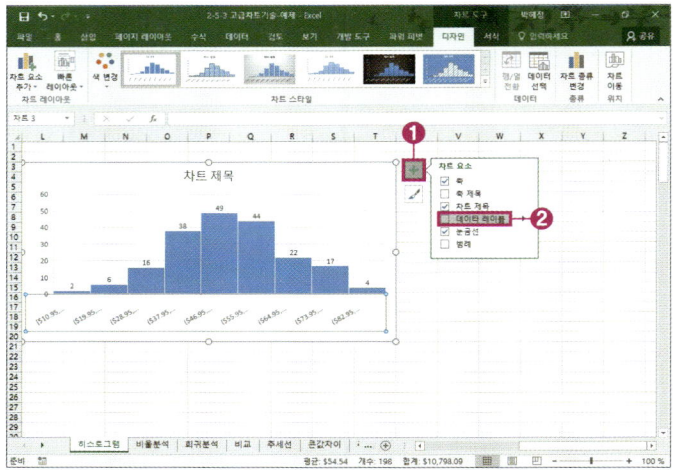

10 하나의 구간 막대를 선택하면 다른 구간 막대는 흐려집니다.

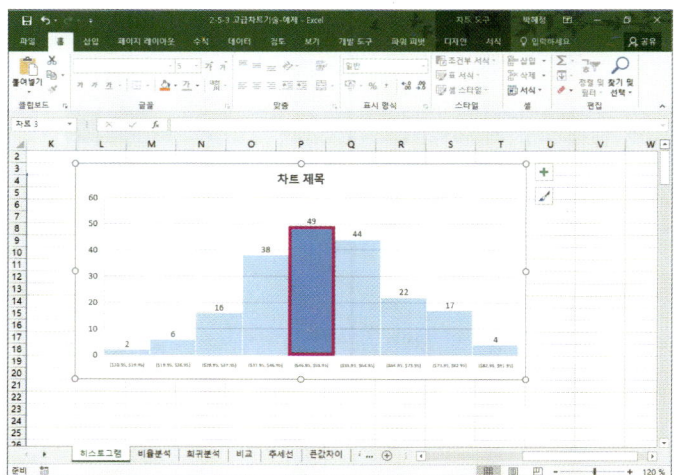

범위를 지정하고 히스토그램 차트를 선택하면 자동으로 기본 계급구간이 결정됩니다. 엑셀 2016은 동의를 얻어 사용되는 Scott's binning algorithm을 사용하여 최상의 계급구간을 계산합니다. 계급구간의 너비를 결정하는 수식은 아래의 표를 참고합니다. 만약 계급구간을 변경하기를 원하거나 오버플로/언더플로의 값을 새로 지정하려면 [축 옵션]을 이용하면 됩니다.

옵션	설명	비고
범주별 (By Category)	가로축에 숫자 대신 텍스트를 기반으로 하는 경우 사용하며, 히스토그램 같은 범주를 그룹화하고 값 축에서 값이 합계됩니다. 만약 텍스트 문자열이 표시되는 개수를 계산하려면 열을 추가하고 값을 '1'로 채운 다음 히스토그램을 그리고 계급구간을 [범주별]로 설정합니다.	
자동 (Automatic)	히스토그램에 대한 기본 설정으로 스콧(Scott's)의 기본 참조 규칙을 따라 만들어집니다. 스콧의 기본 참조 규칙에서는 데이터가 정규 분포되어 있다고 가정하며 데이터 집합에 비해 히스토그램 분산의 계급구간(bin size)을 최소화합니다.	Scott's binning algorithm 계급구간 너비(h)=$(3.5 \times \sigma)/\sqrt[3]{n}$ σ=데이터 원본의 표준 편차 n=데이터 원본의 값의 수
계급구간 너비 (Bin width)	각 범위의 데이터 요소에 대한 수로 양의 십진수를 입력합니다.	
계급구간 수 (Number of bins)	(오버플로 및 언더플로 계급구간 포함)히스토그램의 계급구간 수를 입력합니다.	
오버플로 계급구간 (Overflow bin)	오른쪽 상자에 값보다 큰 모든 값에 대한 저장소를 만들려면 확인란을 선택합니다. 값을 변경하려면 다른 10진수를 상자에 입력합니다.	$\bar{x}+3 \times \sigma$ $\bar{x}$=데이터 원본의 평균 σ=데이터 원본의 표준 편차
언더플로 계급구간 (Underflow bin)	오른쪽 상자에 모든 값 아래쪽 또는 값에 대한 저장소를 만들려면 확인란을 선택합니다. 값을 변경하려면 다른 10진수를 상자에 입력합니다.	$\bar{x}-3 \times \sigma$

세상의 수많은 현상들은 대부분 정규분포를 따른다고 가정하에 계급구간의 크기를 통해 통찰력을 얻을 수 있는데, 계급구간을 '9.0'으로 입력했을 경우에 종 모양의 곡선 또는 정상 곡선으로 나타난다는 것은 '지극히 정상적인 분포다'라는 의미인 것입니다. 계급구간을 '6.0'으로 입력했는데 [$52.95, $58.95] 경우는 종 모양의 곡선이 깨진다는 것은 어떤 현상을 관찰한 결과가 정규분포를 따르지 않는다는 것은 반대로 정상적인 분포가 아닙니다. 뭔가 문제가 있다는 것으로 생각할 수 있습니다.

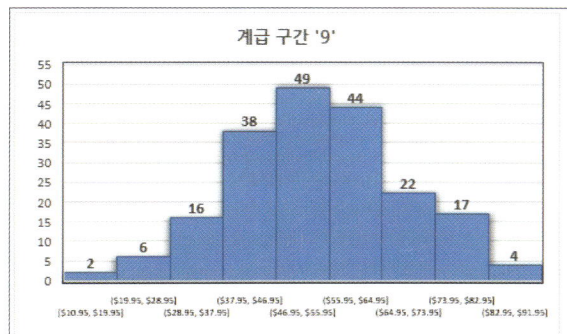

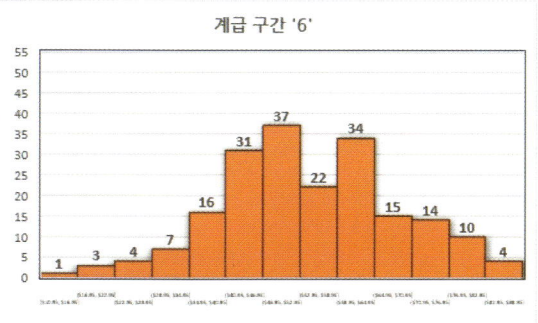

점유율을 확인하는 차트 _ 원형 또는 도넛형, 100% 기준 세로 막대형

예제 파일 2-5-3 고급차트기술-예제.xlsx ㅣ 완성 파일 2-5-3 고급차트기술-완성.xlsx

전체를 100% 놓고, 각각의 요소들이 전체에서 차지하는 비율을 쉽게 볼 수 있는 차트로 원형 또는, 도넛형, 100% 기준 세로 막대형 차트가 있습니다. 원형 차트의 모든 구성 요소를 합하면 100% 즉, '1'이 됩니다.

01 '비율 분석' 시트에서 차트 원본 데이터 범위 [G5:H6]을 선택하고 [빠른 분석 도구]를 클릭한 후 [차트]-[원형]을 클릭합니다.

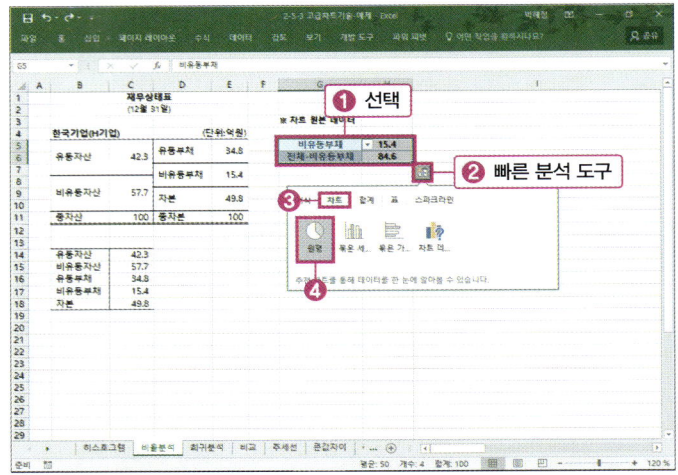

02 데이터 유효성이 적용된 [G5] 셀의 목록을 선택해 '비유동자산'으로 변경해봅니다.

....

팁 :: 원형 차트는 원형 차트에 포함된 조각의 수가 적을 때 좋습니다.

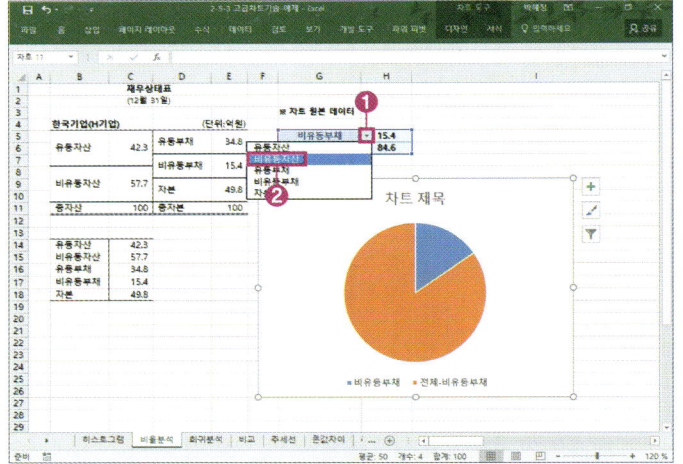

03 이번에는 도넛형 차트로 표현하기 위해 차트 원본 데이터 범위 [G5:H6]을 선택하고 [삽입] 탭-[차트] 그룹에서 [원형 또는 도넛형 차트 삽입]-[도넛형]을 클릭합니다.

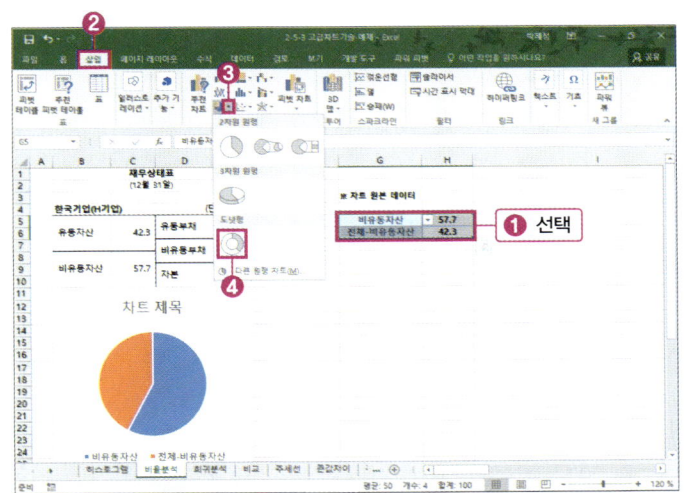

04 삽입된 두 개의 차트를 같은 크기로 변경하기 위해 **Shift**를 누른 상태로 두 차트를 모두 선택한 다음 [그리기 도구]-[서식] 탭-[크기] 그룹의 [가로], [세로]에 모두 '7'을 입력합니다.

....

팁 :: 합쳐서 더 큰 값을 이루는 여러 개의 계열이 있을 경우 원형 차트 대신 도넛형 차트를 사용합니다.

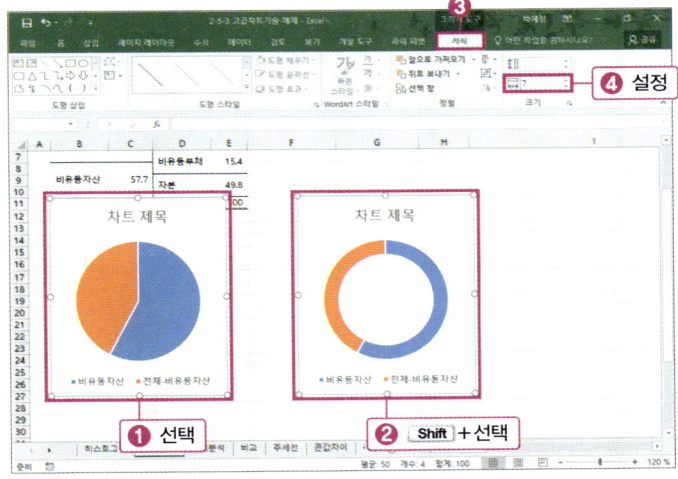

05 도넛형 차트를 선택하고 [전체-비유동자산] 계열을 선택한 다음 [차트 도구]-[서식] 탭-[도형 스타일] 그룹의 [도형 채우기]-[흰색, 배경1, 5% 더 어둡게]를 클릭합니다.

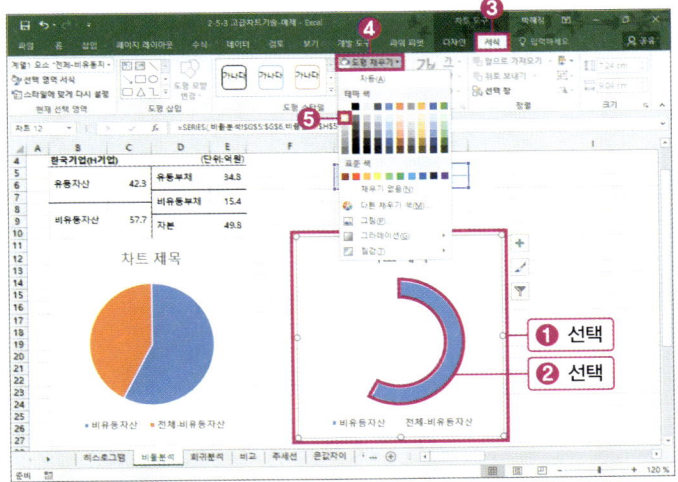

06 도넛의 두께 조정을 위해 도넛을 더블클릭하고 [데이터 요소 서식] 창이 나타나면 [계열 옵션]-[계열 옵션]-[도넛의 구멍 크기]를 '60'으로, [쪼개진 요소]를 '2'로 설정합니다.

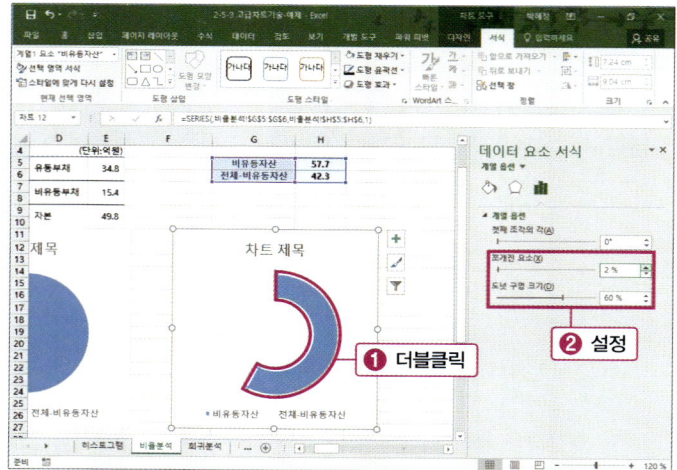

07 원형 차트의 계열을 분리하기 위해 '전체-비유동자산'을 선택하고 이동 마우스 포인터 상태에서 왼쪽으로 드래그합니다.

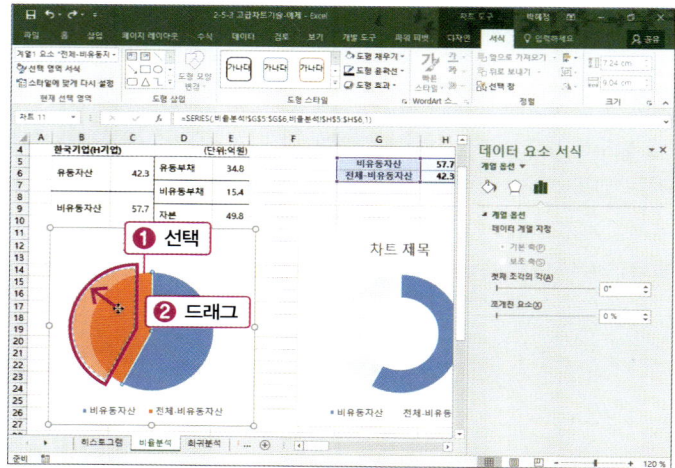

08 데이터 유효성이 적용된 [G5] 셀의 목록을 '유동부채'로 변경해봅니다.

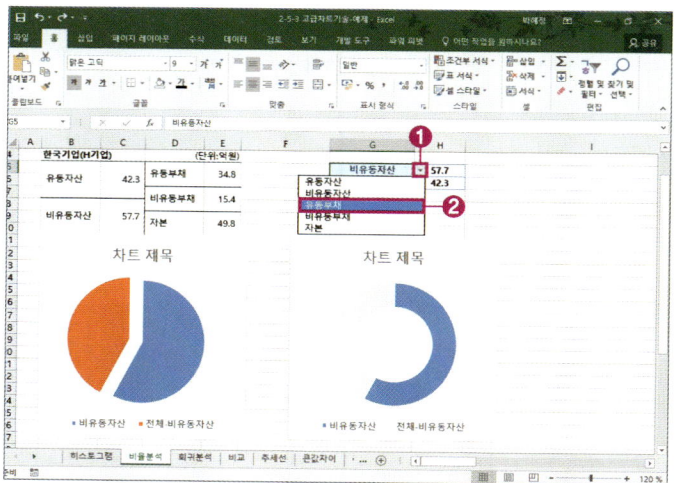

09 이번에는 차트 원본 데이터 범위 [J3:M12]를 선택하고 [삽입] 탭–[차트] 그룹에서 [세로 또는 가로 막대형 차트]–[100% 기준 누적 세로 막대형]을 클릭합니다.

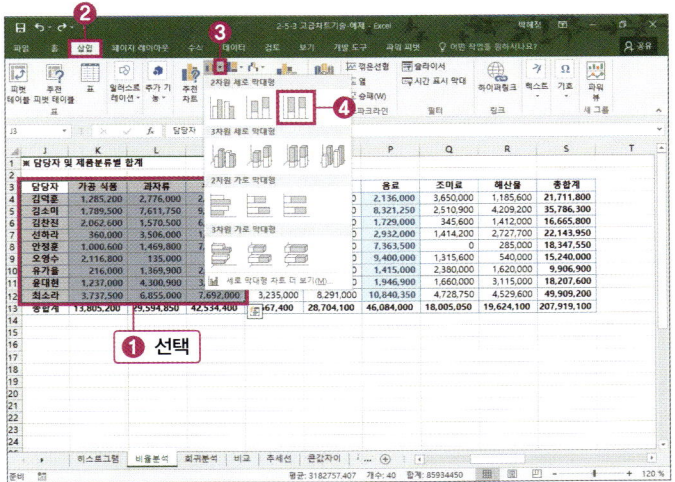

10 음료 범위를 차트에 추가하기 위해 [P3:P12]를 선택하고 Ctrl + C 를 눌러 복사한 다음 차트를 선택하고 Ctrl + V 를 눌러 붙여 넣습니다.

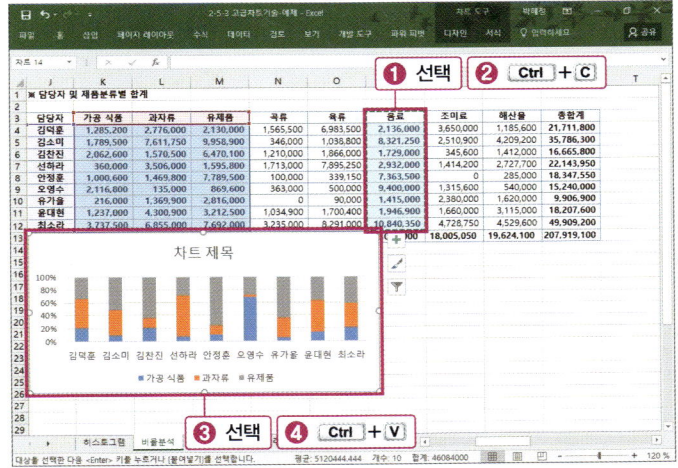

11 음료가 차트에 추가됩니다. 다른 시트에 있는 범위도 같은 방법으로 추가할 수 있습니다. 100% 기준 누적 세로 막대형 차트를 이용하면 많은 계열의 점유율을 하나의 차트에 표시하여 비교할 수 있습니다.

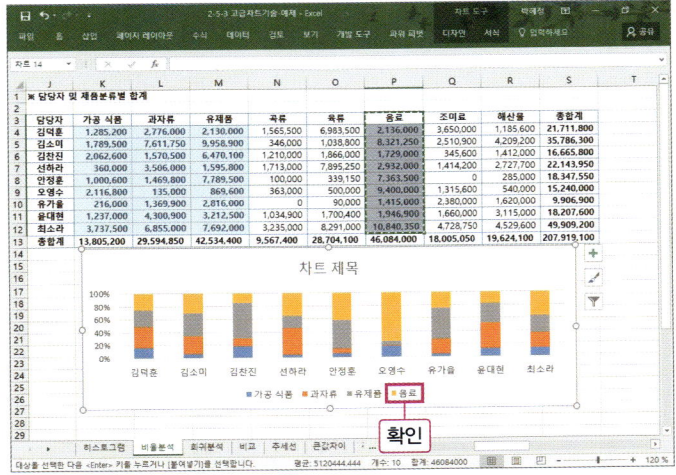

회귀 분석을 위한 차트 _ XY(분산형), 거품형

예제 파일 2-5-3 고급차트기술-예제.xlsx
완성 파일 2-5-3 고급차트기술-완성.xlsx

두 개의 숫자형 변수로 분산형(X,Y)과 거품형으로 만든 다음 그려진 결과를 어떻게 해석해야 하는 지에 대한 대략적 개념과 사용 방법에 대해 알아볼 예정입니다. 그리고 거품형 차트에 수치의 크기를 거품의 크기로 표현하고 수치의 구간을 A, B, C, D, E, F로 구분하여 거품 위에 표시하고, 분산형과 거품형의 기능을 비교해보겠습니다.

01 '회귀 분석' 시트의 데이터 원본 범위 [B3:C22]를 선택하고 [삽입] 탭-[차트] 그룹의 [분산형(X,Y) 또는 거품형 차트]-[거품형]을 클릭합니다.

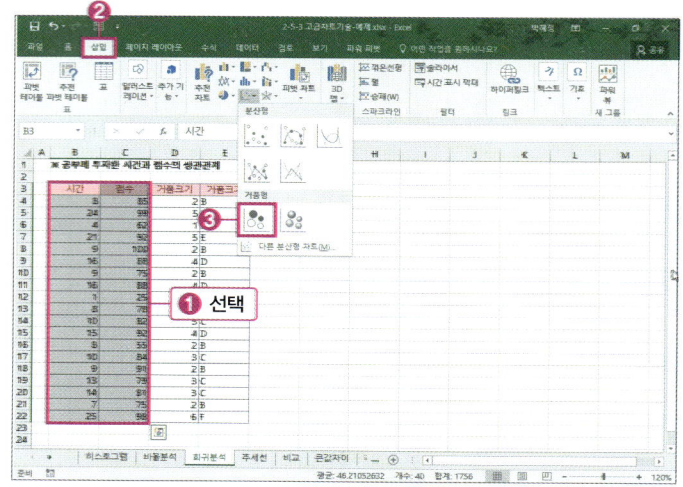

02 각각의 값을 시간을 가로, 점수를 세로축으로 읽어 거품을 위치시킵니다. 거품의 크기를 인식시키기 위해 준비된 범위 [D3:D22]를 그려진 차트에 적용하기 위해 차트를 선택하고 [차트 도구]-[디자인] 탭-[데이터] 그룹의 [데이터 선택]을 클릭합니다.

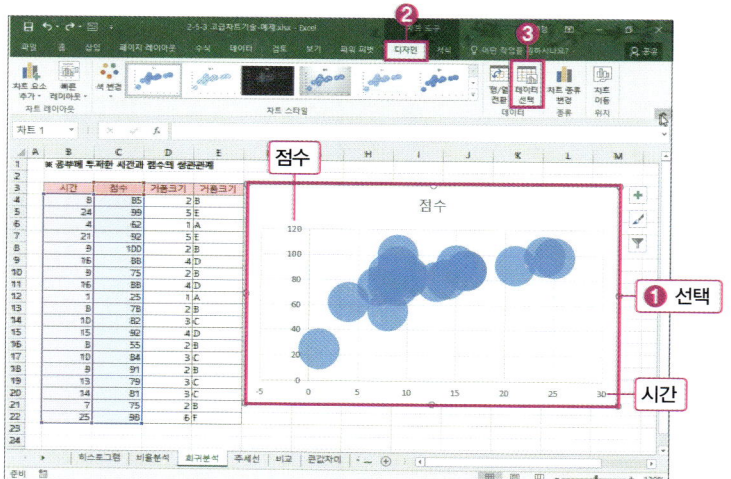

03 [데이터 원본 선택] 대화상자에서 [점수] 계열을 선택하고 [편집]을 클릭합니다. [계열 편집] 대화상자에서 기존 [계열 거품 크기]를 지우고 범위 [D4:D22]를 참조한 다음 [확인], [데이터 원본 선택] 대화상자에서도 [확인]을 클릭합니다.

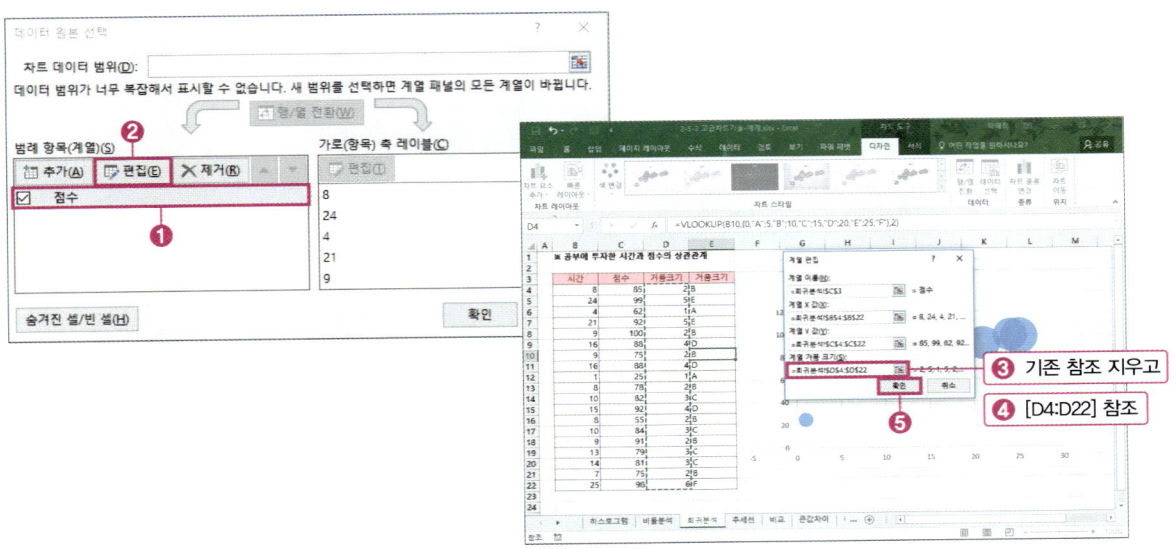

04 거품의 크기가 변경된 것을 확인합니다. 데이터 계열에 데이터 레이블을 표시하고 범위 [E4:E22]를 데이터 레이블로 사용하기 위해 [차트 요소]를 클릭하고 [데이터 레이블]을 체크합니다.

··

팁 :: [E4:E22]는 거품의 크기를 숫자가 아닌 문자로 표현하기 위해 거품 크기의 값의 구간을 나눠 [A, B, C, D]를 부여해 놓은 것입니다.

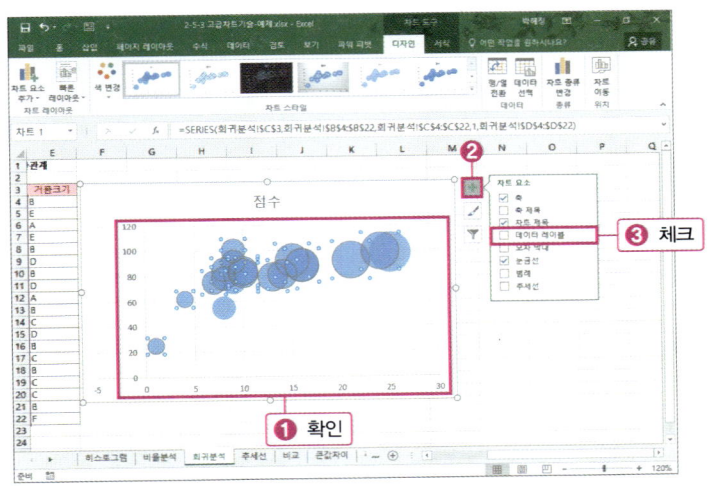

05 표시된 데이터 레이블을 더블클릭하여 오른쪽에 [데이터 레이블 서식] 창을 표시합니다. [데이터 레이블 서식]–[레이블 옵션]에서 [셀 값]을 체크합니다.

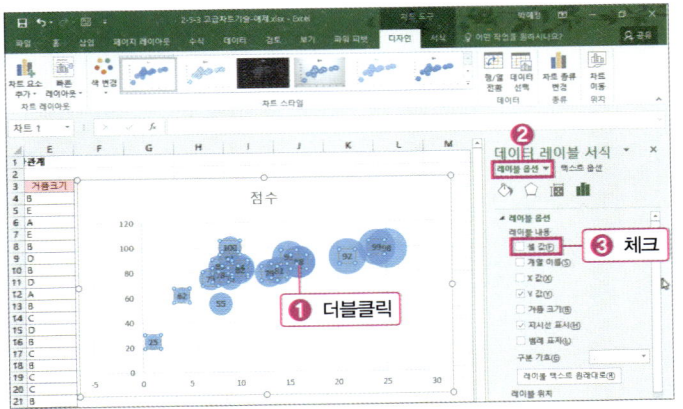

06 나타난 [데이터 레이블 범위] 대화상
자에서 [E4:E22]를 참조한 다음 [확인]을
클릭합니다.

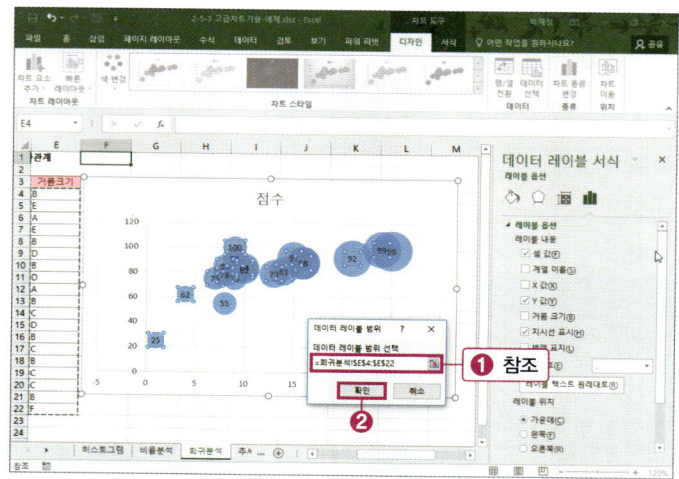

07 [레이블 옵션] 중에 [Y 값]의 체크를 해제합니다.

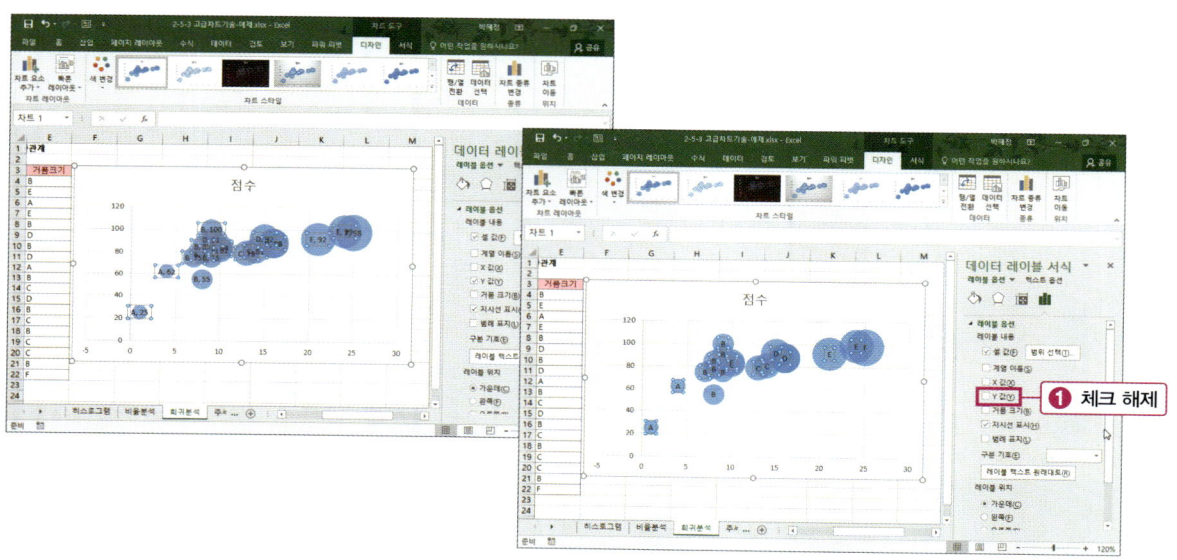

체크해봐요 :: 분산형과 거품형은 어떤 차이가 있나요?

분산형와 거품형 차트의 [계열 편집] 대화상자를 보면 분산형 차트는 X(시간)와 Y(점수)를 점으로 표시하기 때문에 거품형 차트처럼 거
품의 크기를 이용한 정보 전달을 할 수는 없습니다. 그 외에는 사용 방법이 동일합니다.

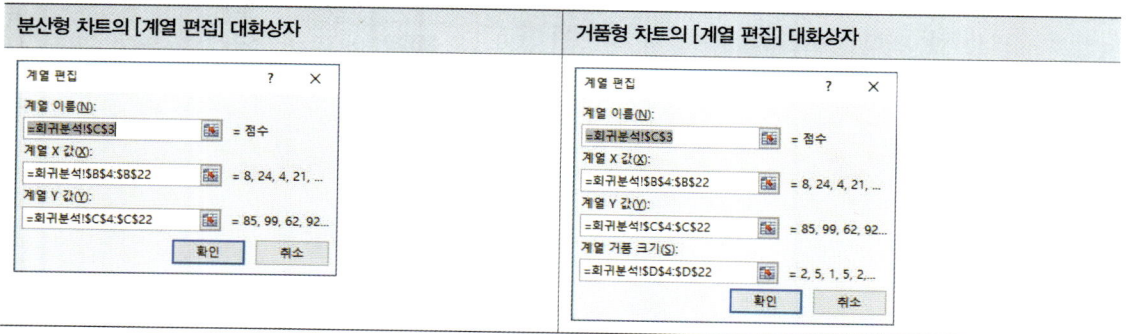

분산형 차트의 [계열 편집] 대화상자	거품형 차트의 [계열 편집] 대화상자

추세선을 추가하고 추세선의 값 구하기 _ TREND, GROWTH 함수

예제 파일 2-5-3 고급차트기술-예제.xlsx ㅣ 완성 파일 2-5-3 고급차트기술-완성.xlsx

회귀 분석은 변수와 변수 사이의 관계를 알아보기 위한 통계적 분석 방법으로 엑셀의 차트에는 추세선을 통해 쉽게 회귀 분석을 할 수 있습니다. 우리가 실험이나 경험으로 얻어진 데이터들은 모두 수학적인 수식으로 변경이 가능하며, 수학적인 그래프를 통해 미래의 변화 등을 예측하는 것입니다. 추세선은 다양한 분석을 할 수 있지만 그 값을 보여주진 않기 때문에 값을 얻으려면 복잡한 수식을 입력하고 직접 데이터를 입력해야 합니다. 그러나 추세선이 그려지는 값을 바로 보여주는 함수들이 있는데 그중에 가장 많이 쓰이는 함수가 TREND와 GROWTH입니다.

01 '추세선' 시트에서 [B3:E33]을 선택하고 [삽입] 탭-[차트] 그룹에서 [꺾은선형 또는 영역형 차트삽입]-[꺾은선형]을 클릭합니다.

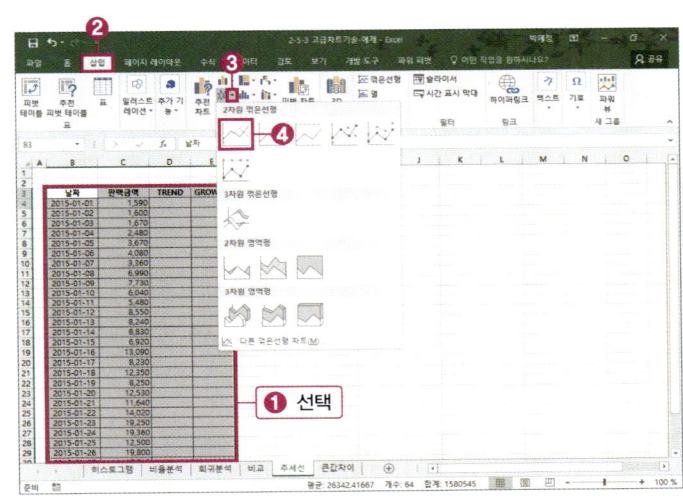

02 삽입된 차트를 선택하고 [차트 요소]를 클릭한 다음 [추세선]을 체크합니다. [추세선 추가] 대화상자가 나타나면 '판매금액'을 선택하고 [확인]을 클릭합니다.

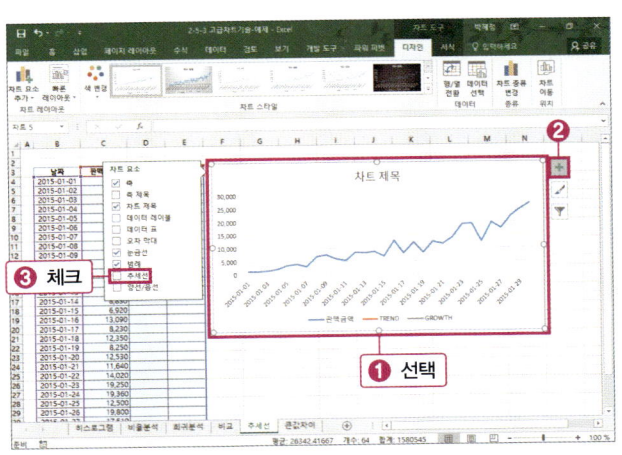

03 추가된 추세선을 더블클릭하면 [추세선 서식] 창이 오른쪽에 나타납니다.

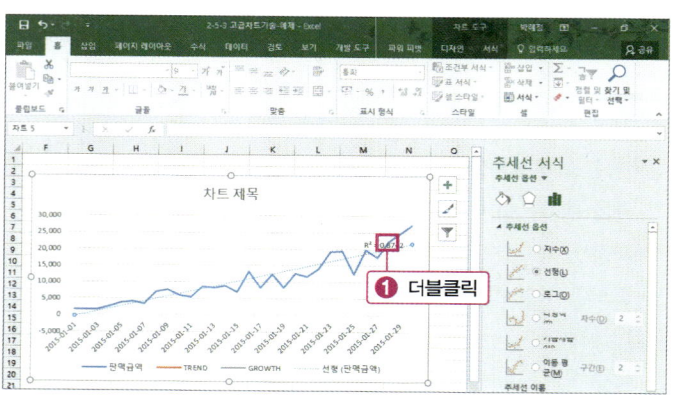

체크해봐요 :: 화면에 R2 수식은 나타나지 않는데요?
화면에 R2 수식을 표시하려면 [추세선 옵션] 창에서 [추세선 옵션]을 클릭하고 아래쪽에 [R제곱 값을 차트에 표시]를 체크하면 됩니다. R2의 결과 값은 0~1 사이의 값을 갖습니다. 1에 가까울수록 데이터 계열과 선택한 추세선의 연관성이 높다고 할 수 있습니다.

04 TREND는 배열 함수이므로 먼저 [D4:D33]을 선택하고 수식 '=TREND(C4:C33)'을 입력한 다음 Ctrl + Shift + Enter 를 누릅니다.
결과 수식의 모양 : {=TREND(C4:C33)}

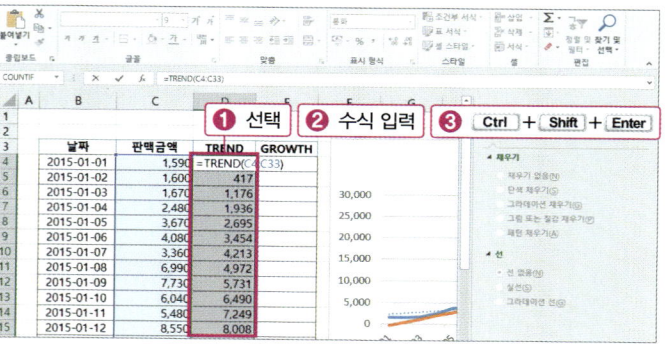

05 GROWTH도 배열 함수이므로 먼저 [E4:E33]을 선택하고 수식 '=GROWTH(C4:C33)'을 입력한 다음 Ctrl + Shift + Enter 를 누릅니다.
결과 수식의 모양 : {=GROWTH(C4:C33)}

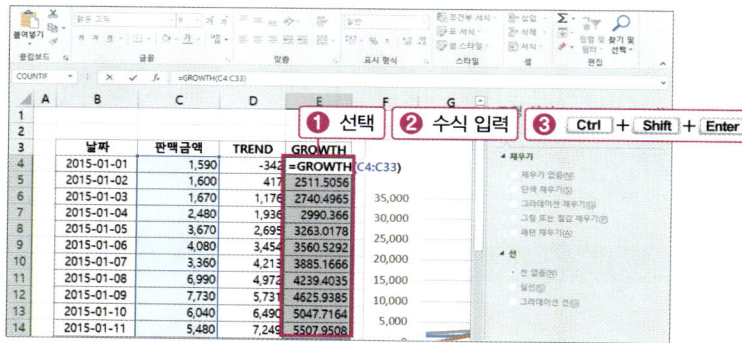

06 선형 분석이 적용된 추세선과 TREND 함수로 만들어진 꺾은선 그래프가 정확하게 일치합니다. 1차 방정식으로 분석한 선형의 값은 TREND 함수로 만들어진 것입니다. 여기서 [지수]를 클릭해보면 GROWTH 함수의 값으로 만들어진 꺾은선과 일치합니다.

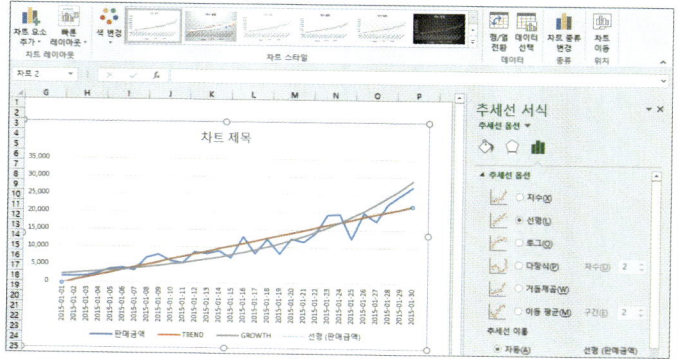

팁 :: 예측 작업을 위해서는 선형, 로그, 다항식, 거듭제곱, 지수 추세선을 사용합니다. 이동 평균은 값을 예측하는데 사용할 수 없습니다.

계열 겹쳐 표시 _ 2차원 묶은 세로 막대 그래프

예제 파일 2-5-3 고급차트기술-예제.xlsx
완성 파일 2-5-3 고급차트기술-완성.xlsx

타사와의 비교 또는, 작년과 올해의 매출 비교 등 두 개의 계열을 비교할 때 사용하면 매우 적절한 방법으로 막대 그래프를 이용하여 두 계열의 값을 겹쳐 비교해보겠습니다.

01 데이터 원본 범위 [B3:D8]을 선택하고 [삽입] 탭–[차트] 그룹에서 [세로 또는 가로 막대형 차트 삽입]–[묶은 세로 막대]를 클릭합니다.

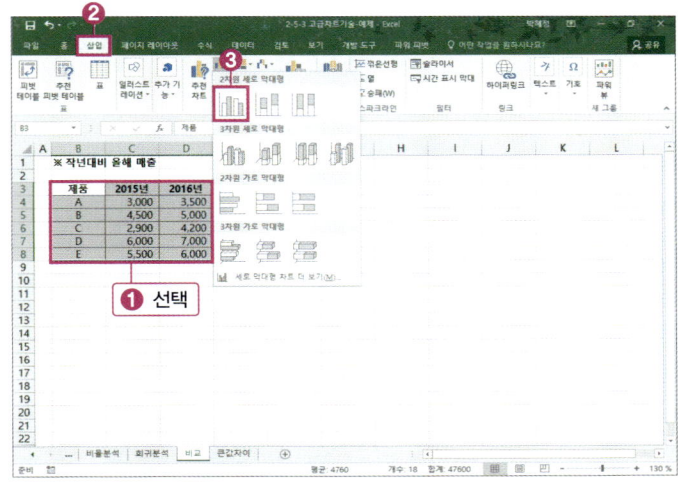

02 삽입된 차트를 선택하고 [차트 도구]–[디자인] 탭–[종류] 그룹의 [차트 종류 변경]을 클릭합니다. [차트 종류 변경] 대화상자에서 '2015' 계열의 [보조 축]을 체크한 후 [확인]을 클릭합니다.

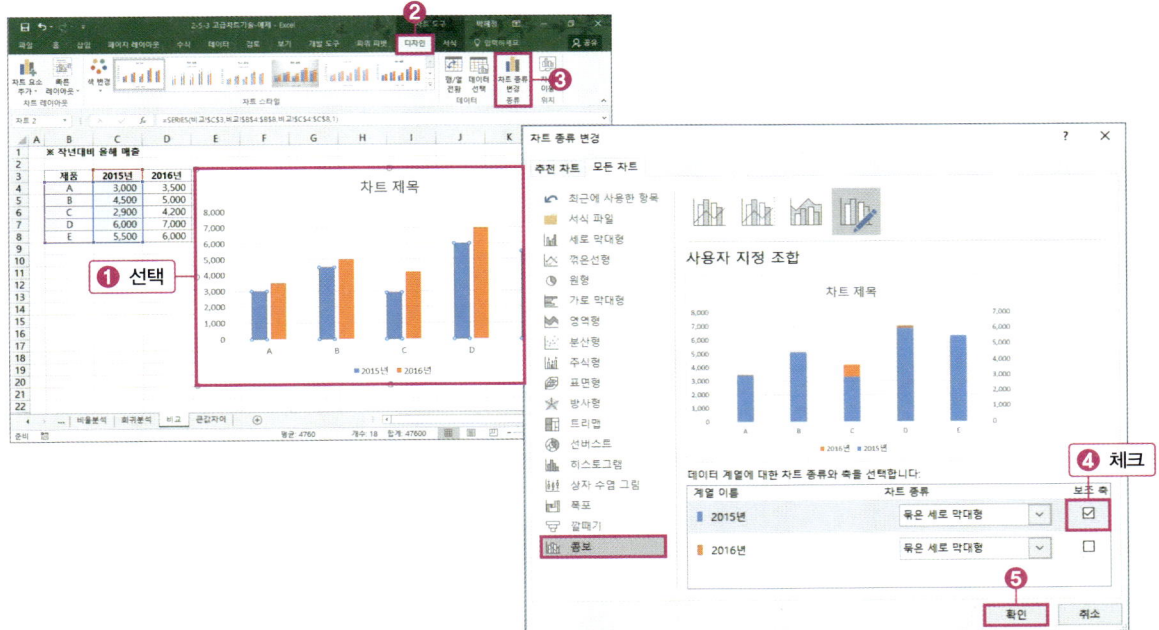

03 오른쪽에 보조 축이 추가되고, 두 계열이 겹쳐 표시됩니다. '2016년' 계열을 더블클릭하고 [데이터 계열 서식] 창의 [계열 옵션]-[계열 옵션]에 [간격 너비]를 '100'으로 수정합니다.

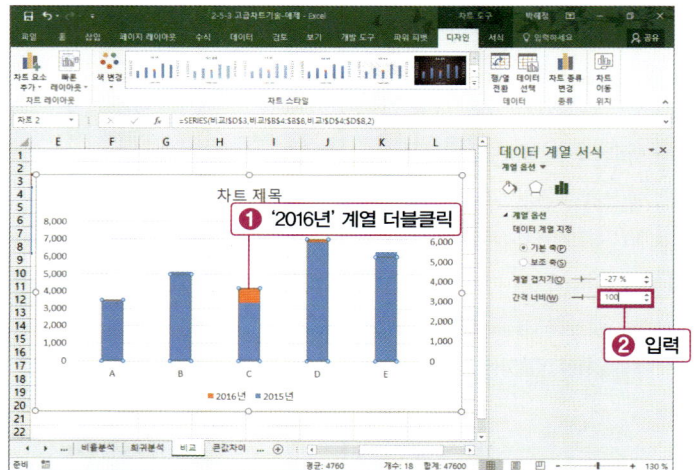

04 계열 요소 간의 간격이 좁아지면서 '2016년' 계열의 요소 너비가 넓어집니다. 보조 축을 선택하고 Delete 를 눌러 삭제합니다.

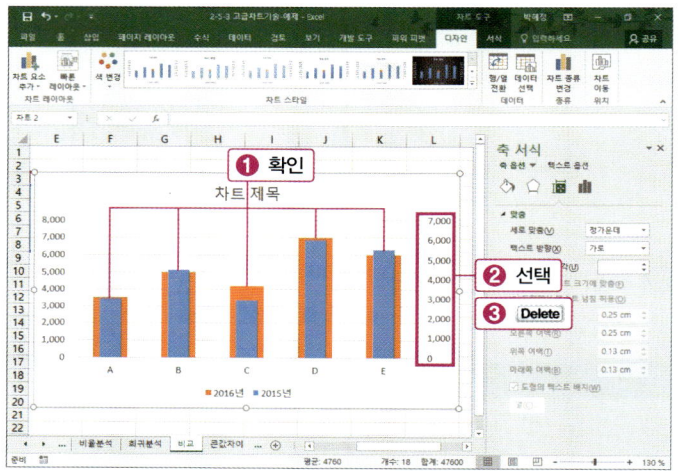

05 눈금선과 왼쪽 축도 선택하고 Delete 를 눌러 삭제합니다.

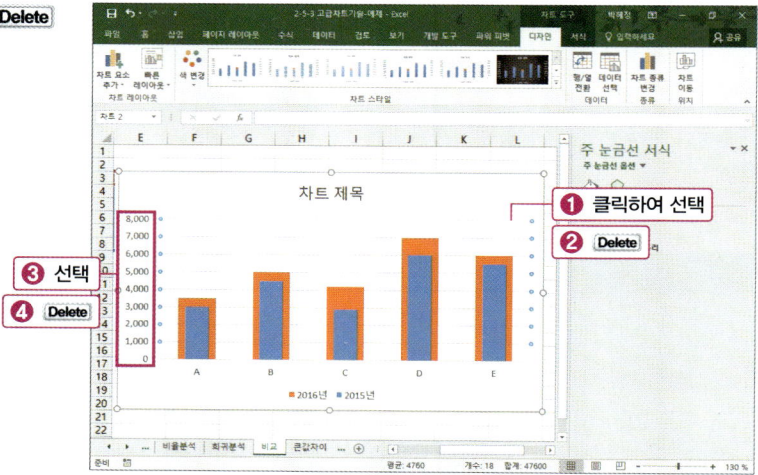

06 축을 모두 삭제했기 때문에 계열의 수치를 읽을 수 없으므로 값을 데이터 계열 근처에 표시하기 위해 먼저 '2016년' 계열을 선택하고 [차트 단추]-[차트 요소]의 [데이터 레이블]을 체크합니다.

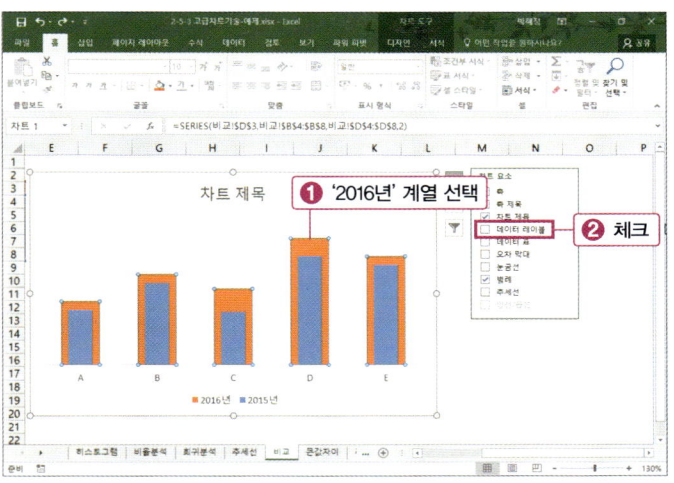

07 '2015년' 계열을 선택하고 [차트 단추]-[차트 요소]에서 [데이터 레이블]-[안쪽 끝에]를 클릭합니다.

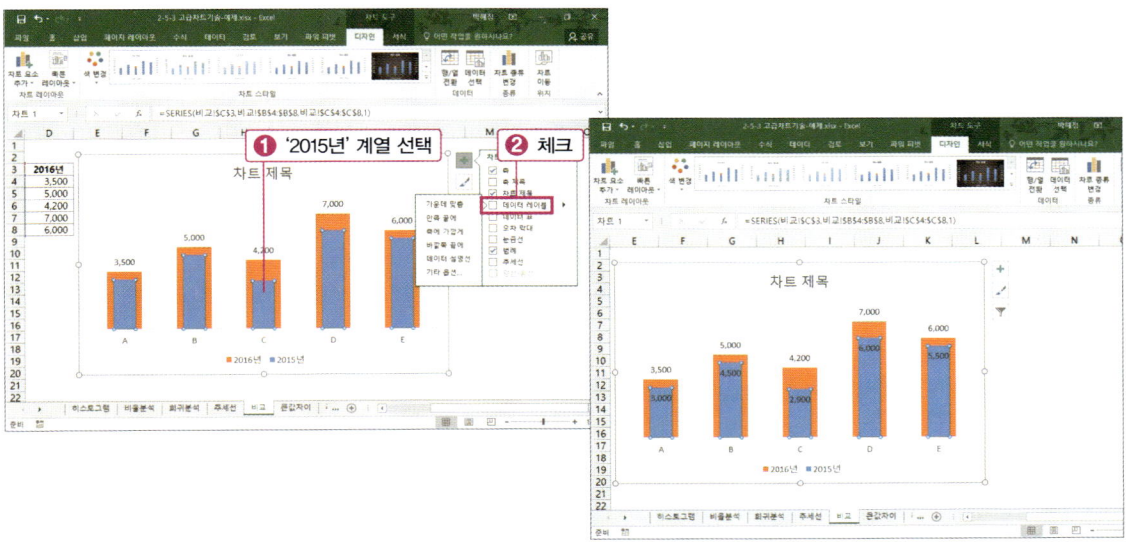

08 차트 오른쪽 상단에 단위를 표시하기 위한 텍스트 상자를 삽입하기 위해 차트를 선택하고 [삽입] 탭-[텍스트] 그룹의 [텍스트 상자]-[가로 텍스트 상자]를 클릭합니다.

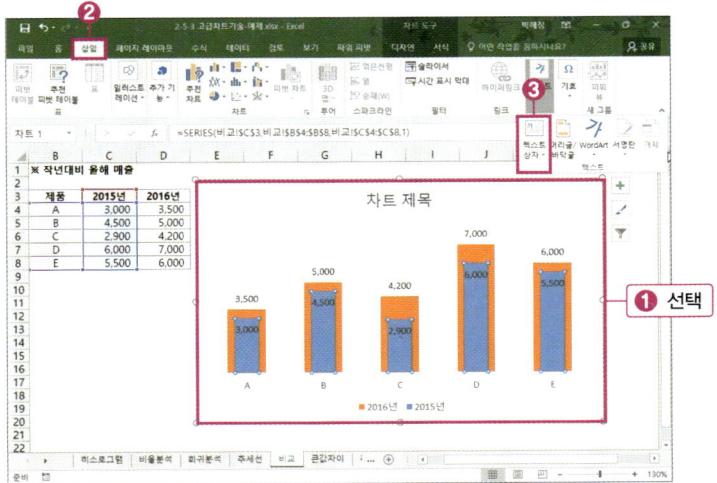

09 적절한 위치에 상자를 그리고 '(단위: 억원)'을 입력합니다. 차트의 제목 및 구성 요소를 적절히 서식을 적용합니다.

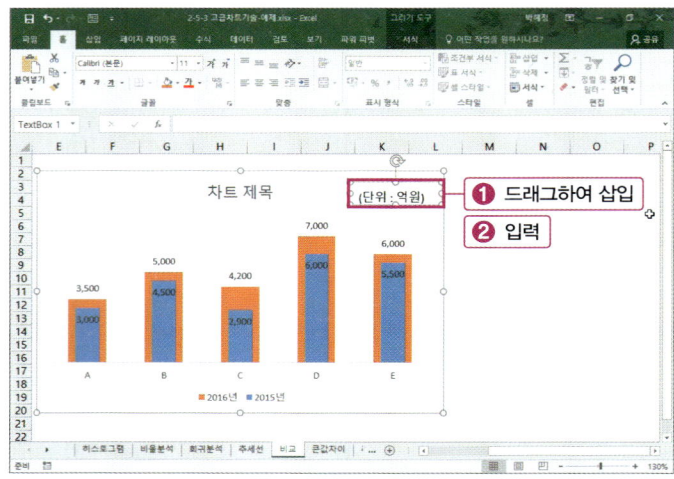

체크해봐요 :: 굳이 차트를 선택하고 그 위에 개체를 그려야 하는 이유는 뭘까?

차트를 선택하고 이동 마우스 아이콘 상태(⊕)에서 드래그하여 차트를 이동해보면 차트에 그려진 텍스트 상자도 함께 움직임을 확인할 수 있습니다. 이런 효과를 내기 위해서는 차트 안에 개체를 삽입할 때 반드시 차트를 선택한 상태에서 작업해야 합니다.

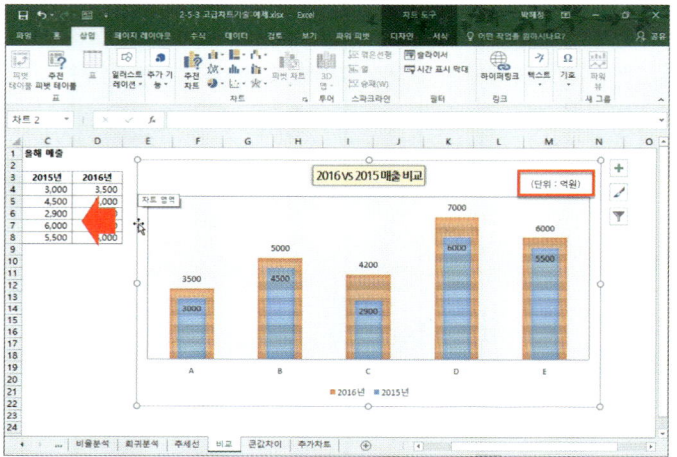

값의 차이가 클 때 처리 방법

여러 제품의 매출을 차트로 그리는 과정에서 특정 한 제품이 다른 제품과의 값 차이가 너무 많이 나서 모든 제품을 하나의 차트에 표시했을 때 매출 금액을 읽기 어려운 경우가 있습니다. 이런 경우 큰 제품의 값을 임의로 조정하고 간극이 있음을 이미지로 연출하는 방법이 있습니다.

01 [D4] 셀을 선택하고 수식 '=IF(C4〉10000,C4/10,C4)'을 입력한 다음 [D9] 셀까지 복사합니다.

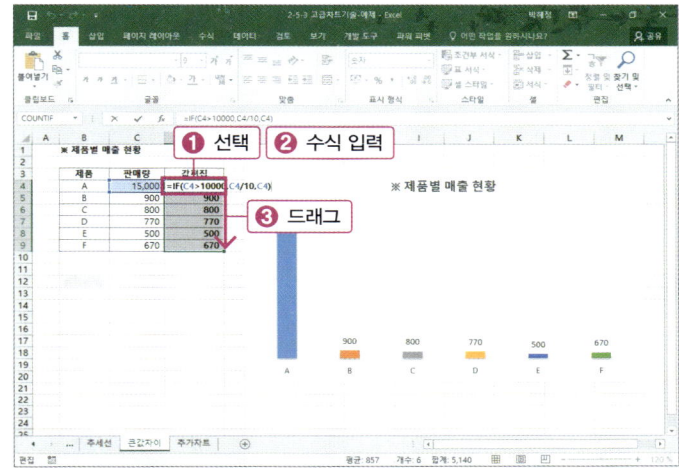

02 차트 데이터 원본을 조정한 값으로 변경하기 위해 차트를 선택하고 원본이 표시되면 원본 테두리에 마우스 포인터를 옮기고 드래그하여 [D4:D9]로 조정합니다.

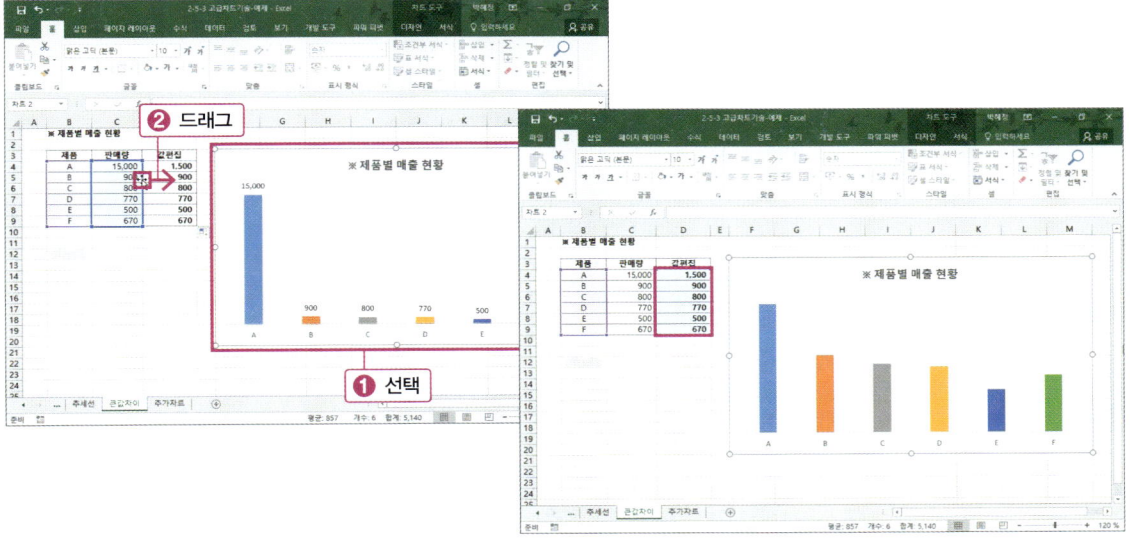

03 'A' 제품의 간극을 표시하기 위해 왼쪽에 개체를 선택하고 Ctrl 을 누른 상태로 드래그하여 'A' 제품 위에 배치합니다.

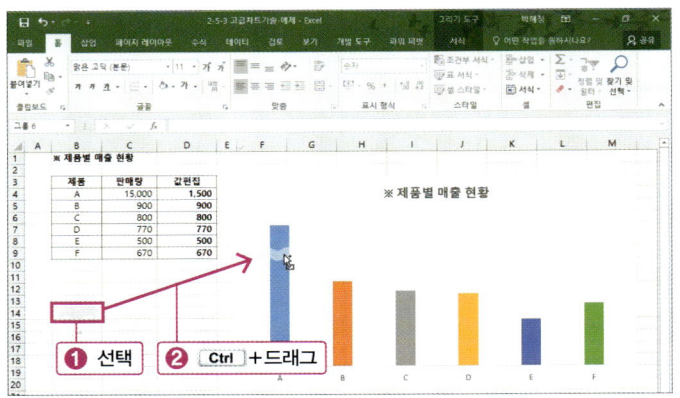

04 각각의 막대에 수치를 표시하기 위해 차트를 선택하고 [차트 요소]-[데이터 레이블]을 클릭합니다.

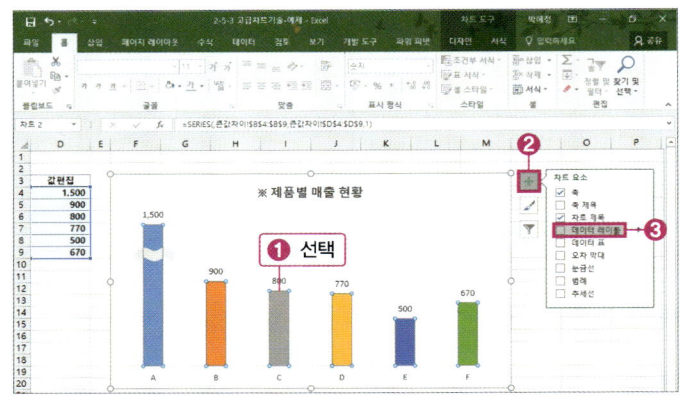

05 'A' 제품의 데이터 레이블 조정을 위해 클릭하고 수식 입력줄에 '='을 입력한 다음 [C4] 셀을 클릭하여 참조한 후 Enter 를 누릅니다.

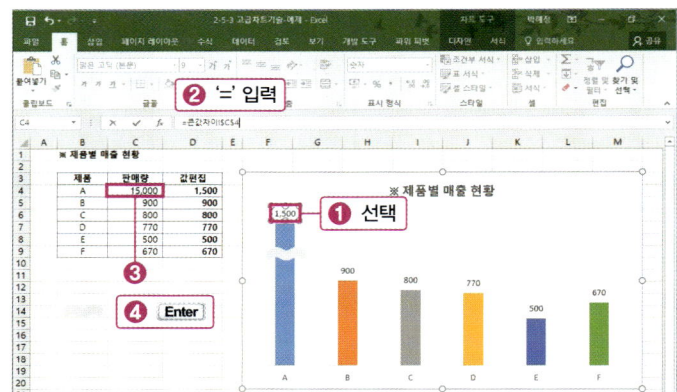

06 [C4] 셀에 값이 데이터 레이블에 표시되며 연결됩니다.

엑셀 2016 추가 차트 _ 트리맵, 선버스트, 깔때기, 폭포

예제 파일 2-5-3 고급차트기술-예제.xlsx
완성 파일 2-5-3 고급차트기술-완성.xlsx

선버스트 차트는 계층 구조 데이터를 표시하는 데 적합합니다. 하나의 고리 또는 원이 계층 구조 각 수준을 나타내며 가장 안쪽에 있는 원이 계층 구조의 가장 높은 수준을 나타냅니다. 선버스트 차트의 경우에 하나의 고리가 어떤 요소로 구성되어 있는가를 보여주는 데 가장 효과적인 반면, 또 다른 계층 구조 차트인 트리맵 차트는 상대적 크기를 비교하는 데 적합합니다.

01 차트 원본 데이터 범위 [B3:D17]을 선택하고 [삽입] 탭-[차트] 그룹의 [계층 구조 차트 삽입]-[트리맵]을 클릭합니다.

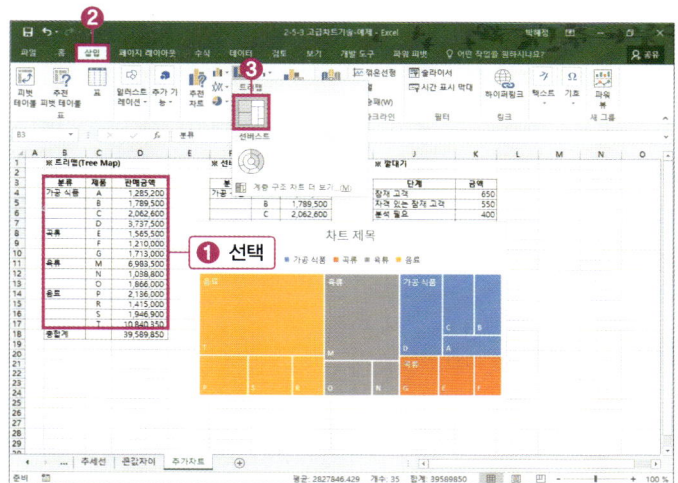

02 차트 원본 데이터 범위 [F3:H22]를 선택하고 [삽입] 탭-[차트] 그룹의 [계층 구조 차트 삽입]-[선버스트]를 클릭합니다.

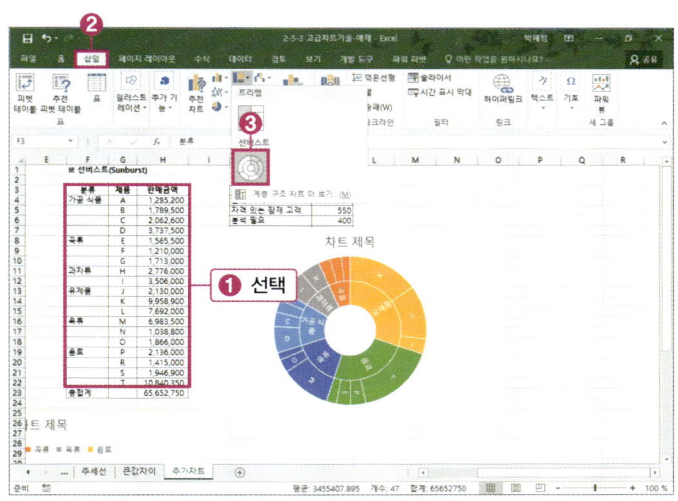

체크해봐요 :: 피벗 테이블 결과로 선버스트 차트를 만들 수 없나요?
피벗 테이블 상태에서는 선버스트 차트를 만들 수 없습니다. 피벗 테이블의 분석 결과를 복사한 후 다른 곳에 붙여넣어서 사용하세요.

03 차트 원본 데이터 범위 [J3:K9]를 선택하고 [삽입] 탭-[차트] 그룹-[폭포 또는 주식형 차트 삽입]-[깔때기]를 클릭합니다.

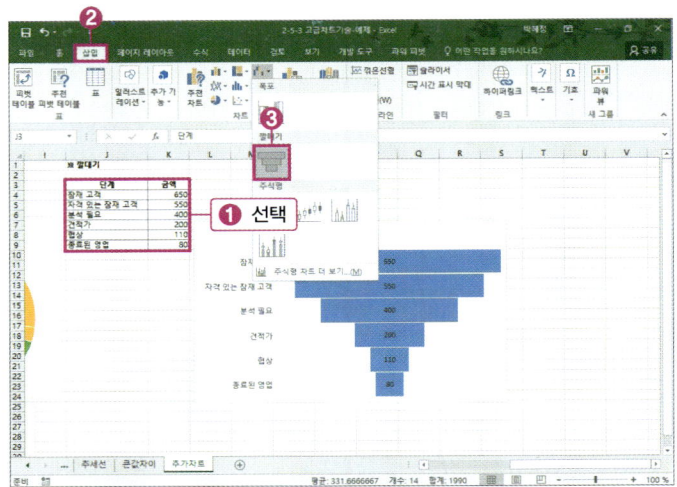

04 차트 데이터 원본 범위 [M3:N13]을 선택하고 [삽입] 탭-[차트] 그룹의 [폭포 차트 또는 주식형 차트 삽입]-[폭포]를 클릭합니다. 폭포 차트는 값을 더하거나 빼는 경우에 누계를 나타내며 초기 값이 양의 값 및 음의 값에 의해 어떤 영향을 받는지 이해하는 데 유용합니다.

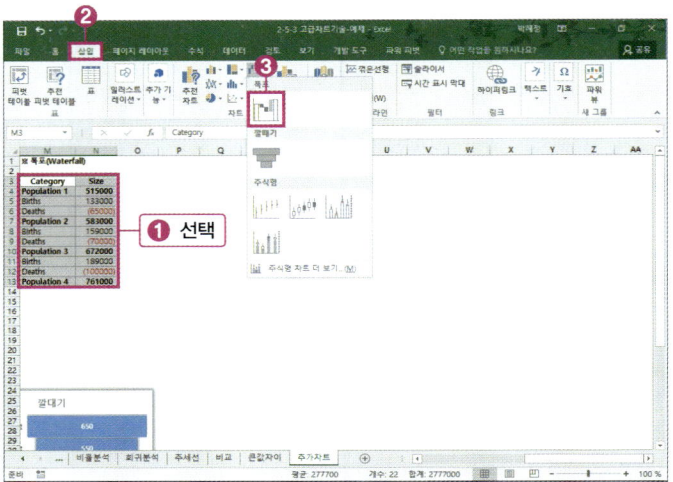

05 'Population 1', 'Population 2', 'Population 3', 'Population 4'를 합계로 설정하기 위해 먼저 'Population 1' 요소를 더블클릭하여 선택하고 마우스 오른쪽 버튼을 클릭한 후 [합계로 설정]을 선택합니다.

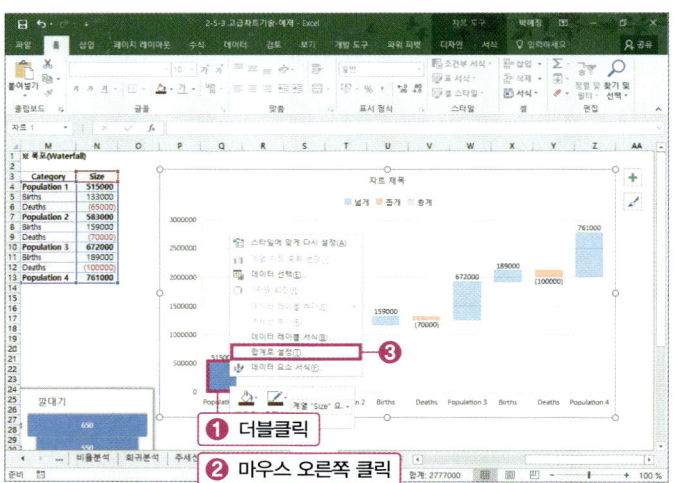

06 'Population 2' 요소를 더블클릭하여 선택하고 마우스 오른쪽 버튼을 클릭한 후 [합계로 설정]을 선택합니다. 같은 방법으로 나머지도 합계로 설정합니다.

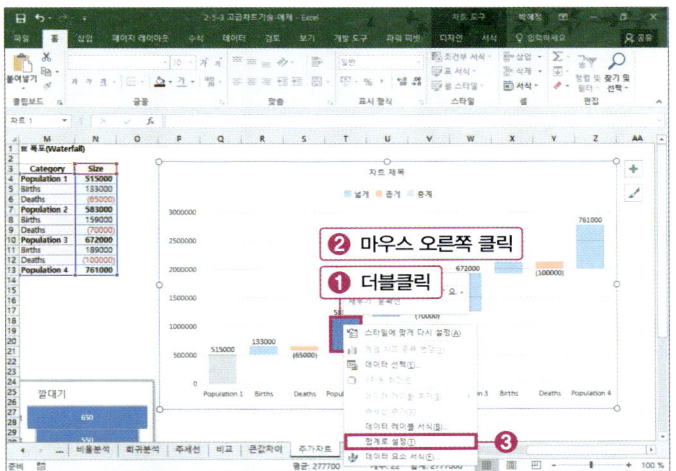

07 세로 축을 더블클릭하여 나타난 [축서식] 창에서 [축 옵션]-[축 옵션]-[축 옵션]의 [표시 단위]를 '천'으로 설정합니다.

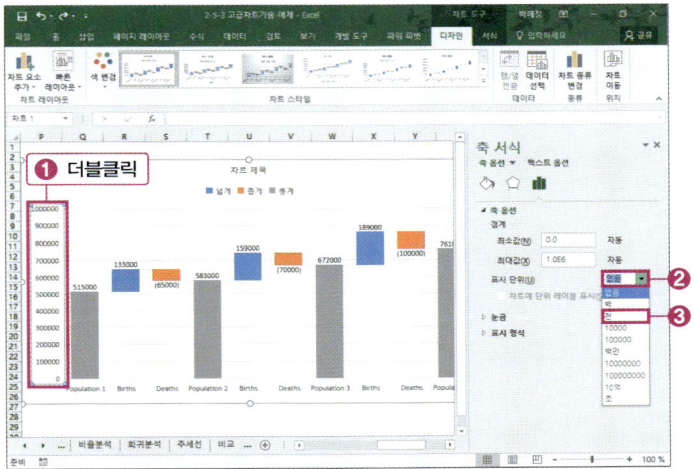

08 세로 축과 데이터 계열에 표시된 데이터 막대의 단위가 표시됩니다. [차트에 단위 레이블 표시]를 체크하면 세로 축 옆에 '천'이라고 레이블이 나타납니다.

....

팁 :: 차트 범례는 차트의 다양한 데이터 요소 종류를 증가치, 감소치, 합계 등으로 그룹화합니다. 범례 항목을 클릭하면 차트에서 해당 그룹을 구성하는 모든 막대가 강조 표시됩니다.

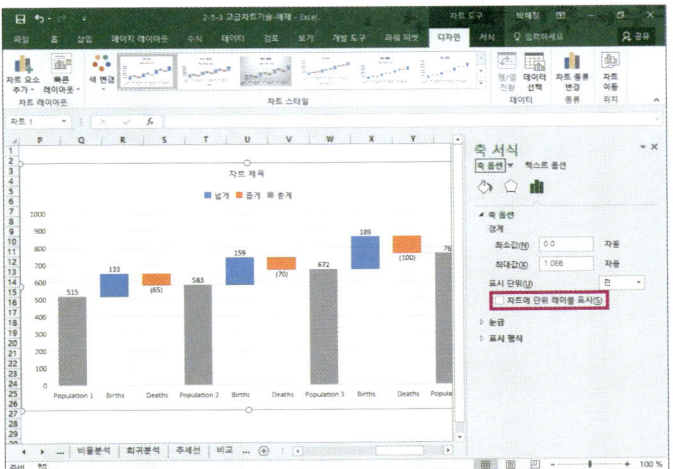

엑셀로 만들어 내는 판매 현황 대시보드(DashBoard)

예제 파일 2-5-3-대시보드.파워뷰-예제.xlsx | **완성 파일** 2-5-3-대시보드.파워뷰-완성.xlsx

만들어진 피벗 차트를 하나의 시트에 모아 대시보드를 구성하고, 파워 뷰의 간단한 사용 방법을 알아봅니다.

작업 순서	결과 미리 보기
❶ 피벗 차트에 있는 피벗 차트를 대시 보드 차트에 복사하여 붙여 넣기 ❷ 슬라이서 삽입하기 ❸ 슬라이서와 피벗 테이블 보고서와 연결하기 ❹ 슬라이서와 피벗 차트와 잘 연계되는지 확인	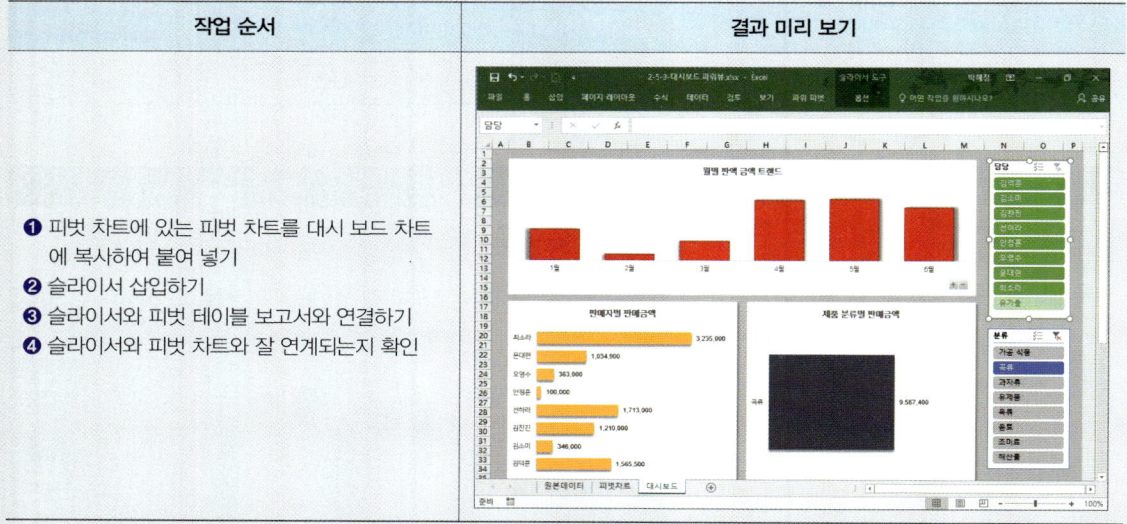

01 '피벗차트' 시트의 첫 번째 차트를 선택하고 `Ctrl`+`C`를 눌러 복사한 다음 '대시보드' 시트의 [B2] 셀에서 `Ctrl`+`V`를 눌러 붙여넣습니다.

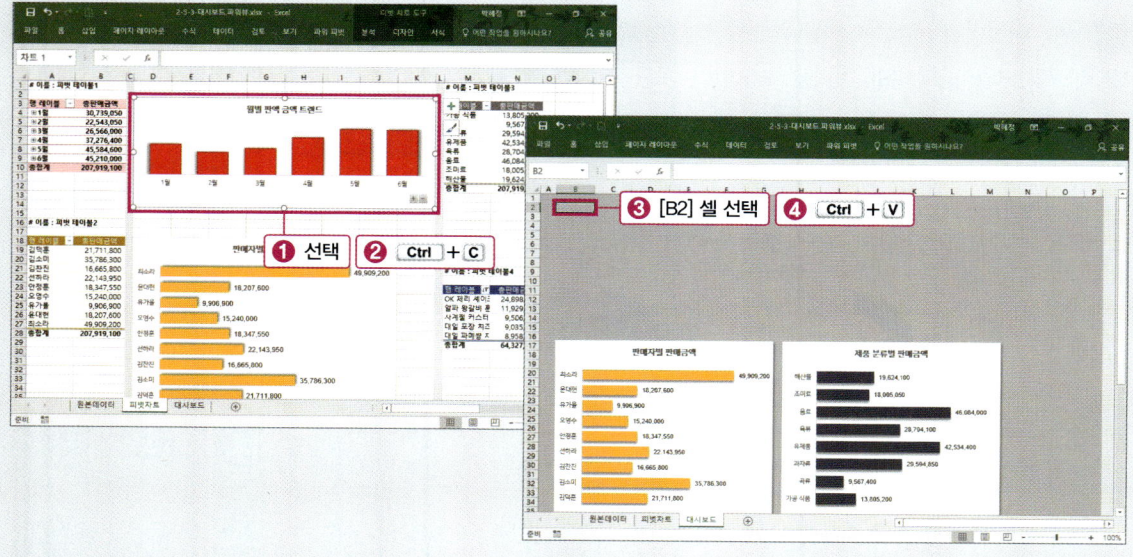

02 붙여넣은 차트를 선택하고 [피벗 차트 도구]-[서식] 탭-[크기] 그룹에서 [높이]는 '20', [너비]는 '6'으로 설정합니다. 차트가 선택된 상태에서 [피벗 차트 도구]-[분석] 탭-[필터] 그룹의 [슬라이서 삽입]을 클릭하고, [슬라이서 삽입] 대화상자에서 [담당]과 [분류]를 체크한 후 [확인]을 클릭합니다.

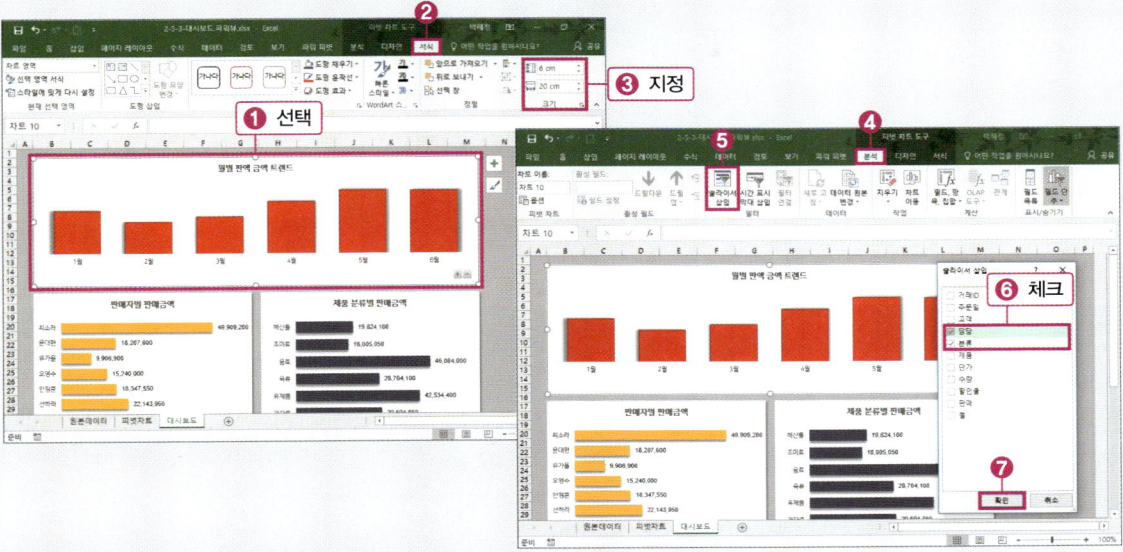

03 삽입된 두 슬라이서를 선택하고 [슬라이서 도구]-[옵션] 탭-[크기] 그룹에서 [너비]를 '3.5'로 설정합니다. 담당 슬라이서에 '김소라'를 클릭해 필터해보면, 첫 번째 그래프에만 반영되는 것을 확인할 수 있습니다.

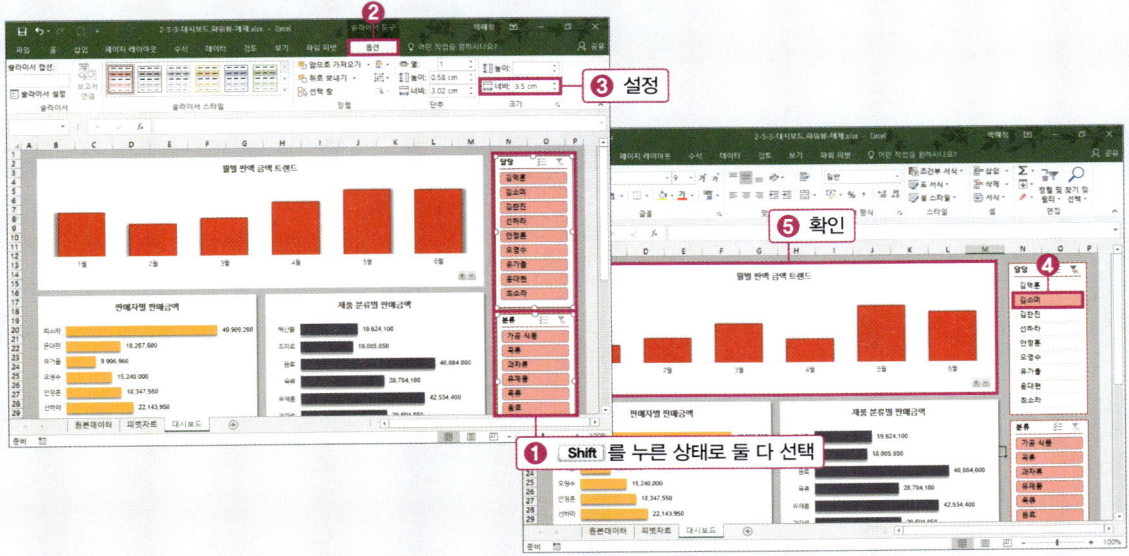

04 나머지 그래프와 슬라이서를 연결하기 위해 [담당 슬라이서]를 선택하고 [슬라이서 도구]-[옵션] 탭에서 [보고서 연결]을 클릭합니다. [보고서 연결(담당)] 대화상자에서 모두 체크한 후 [확인]을 클릭합니다.

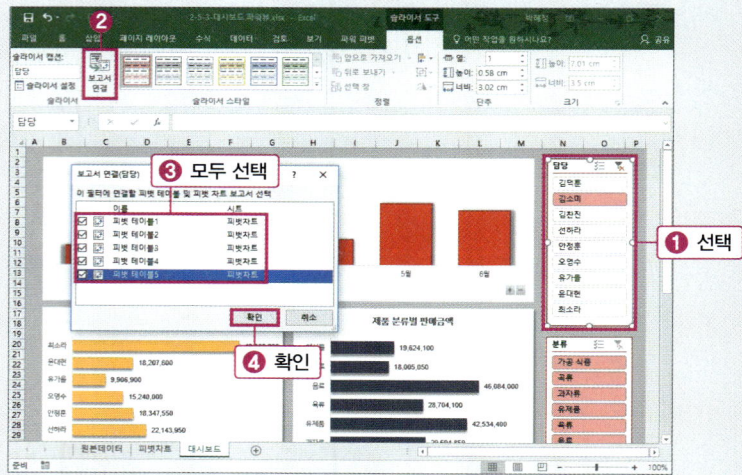

05 다른 담당자를 눌러 확인해보고, [분류]도 같은 방법으로 연결합니다.

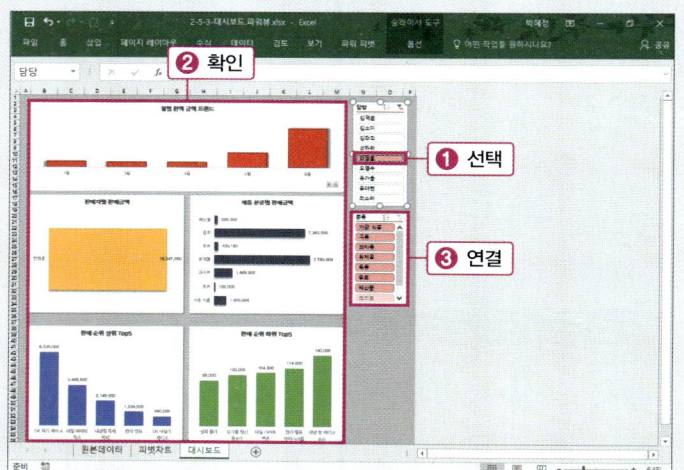

팁 :: 대시보드(Dashboard)는?
엑셀에서 대시보드는 한 화면에서 요약된 데이터나 표 등 사용자의 다양한 의사 결정에 도움이 되는 자료를 적절하게 시각화하기 위한 강력한 인터페이스입니다.

06 '원본데이터' 시트에서 하나의 셀을 선택하고 [삽입] 탭-[파워 뷰]를 클릭한 다음 삽입된 'Power View' 시트를 확인합니다. 오른쪽의 [Power View 필드] 창에 나타난 필드 목록 중 [분류]와 [판매] 필드만 체크합니다. 삽입된 표를 선택하고 [디자인] 탭-[시각화 전환] 그룹에서 [묶은 새로 막대형]을 클릭합니다.

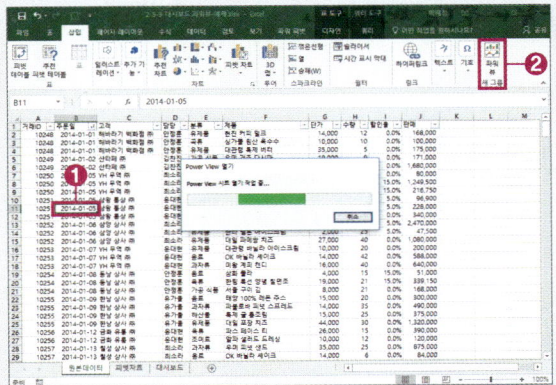

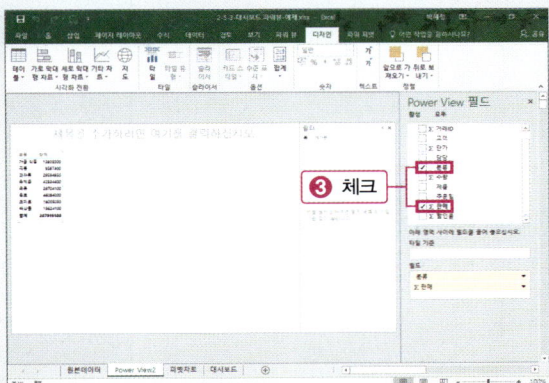

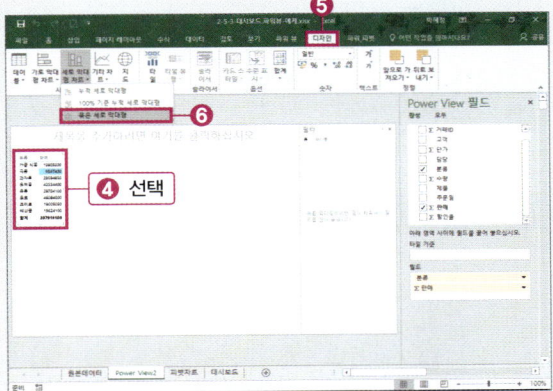

07 표가 차트로 변경되면 크기를 적절히 조절합니다. 새로운 요약 표로 그래프를 만들기 위해 빈 공간을 클릭합니다. 클릭하면 새롭게 판매금액 원본 자료 목록이 나타나는데, 버튼을 클릭해서(▷📋판매관리) 모든 목록이 표시되면 [담당]과 [판매]를 클릭합니다.

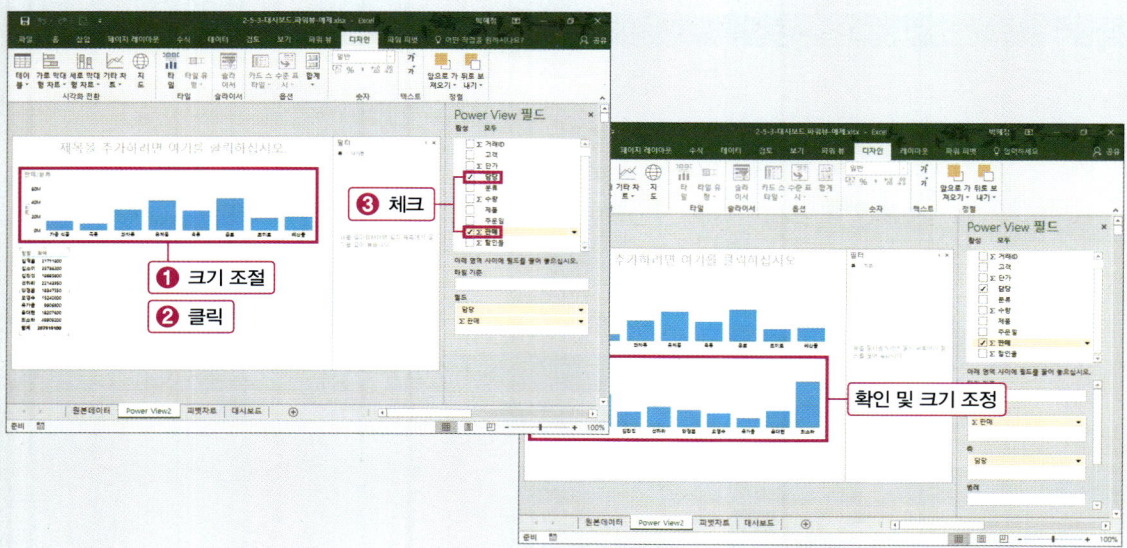

08 이렇게 만들어진 차트와 차트는 연결이 되어있습니다. 막대 차트의 요소인 '음료'를 클릭해보면, 두 번째 만들어진 '판매/담당' 차트에 반영되는 것을 확인할 수 있습니다.

팁 :: 파워 뷰는 BI를 위한 강력한 시각화 툴로 테이블 및 행렬에서 원형, 가로 막대형 및 거품형 차트와 여러 개의 차트 집합까지 다양한 시각화를 빠르게 만들 수 있습니다. 파워 뷰를 사용하려면 Silverlight가 컴퓨터에 설치되어 있어야 합니다.

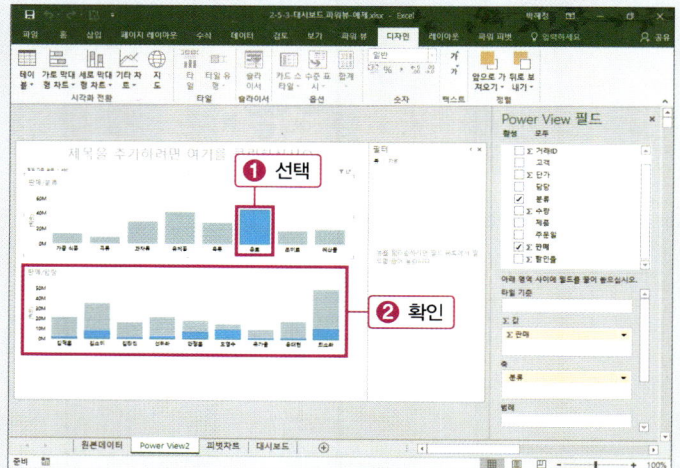

스토리가 살아있는
EXCEL
2016

1판 1쇄 발행   2017년 1월 4일
1판 2쇄 발행   2018년 1월 25일

저　　자 | 박혜정
발 행 인 | 김길수
발 행 처 | (주)영진닷컴
주　　소 | (우)08505 서울시 금천구 가산디지털2로 123
　　　　　　월드메르디앙벤처센터2차 10층 1016호
등　　록 | 2007. 4. 27. 제16-4189

©2017., 2018. (주)영진닷컴
ISBN | 978-89-314-5522-9

도서문의처 | http://www.youngjin.com

YoungJin.com **Y.**
영진닷컴